Deborah Copaken

LADYPARTS

Memoiren eines Frauenkörpers
im 21. Jahrhundert

Aus dem Englischen von
Sophie Zeitz und Nina Lieke

btb

Für Sasha, wieder
&
in Erinnerung an Nora

»Vor allen Dingen sei deine eigene Heldin,
nicht das Opfer.«

Nora Ephron

»Ihre Seelen wollten sie retten, dabei konnte jeder, der kein
ausgemachter Esel war, doch sehen, dass ihren Seelen nichts
weiter fehlte, als dass sie keine menschenwürdige Existenz
für ihre Körper hatten finden können.«

Upton Sinclair, *Der Dschungel*

Inhalt

Anmerkung der Autorin

Das menschliche Hirn ist kein Tonbandgerät. Was beim Schreiben von Memoiren ein Nachteil ist. Habe ich jedes gesprochene Wort auf diesen Seiten eins zu eins transkribiert? Nein. Unmöglich. Mit Ausnahme von E-Mails, die dokumentiert sind, und Zitaten aus Studien sind alle Dialogpassagen durch den Zerrspiegel meiner – zum Teil traumatischen – Erinnerung gefiltert, wo sie einen tiefen, aber subjektiven Eindruck hinterlassen haben. Habe ich mich trotzdem bemüht, jeden Satz zwischen den Anführungszeichen, meine eigenen Äußerungen eingeschlossen, nach bestem Wissen und Gewissen wahrheitsgemäß wiederzugeben? Ja. Auf jeden Fall. Daneben habe ich viele Namen geändert oder weggelassen (z. B. »mein Ex«, »mein Sohn«, »meine Tochter«, »der Schauspieler«, »die PR-Firma«) und identifizierbare Merkmale unterschlagen, um niemandes Privatsphäre zu verletzen, denn alle Personen und Unternehmen, über die ich hier spreche, sind real, nicht fiktiv. Jede Szene in diesem Buch hat tatsächlich so stattgefunden, ohne Verdichtung der Ereignisse, Zeitverschiebungen oder Änderungen des narrativen Bogens. Dabei wurde jede Szene – wenn nicht anders gekennzeichnet, etwa während meiner Bewusstlosigkeit – ausschließlich aus meiner eigenen Perspektive geschildert. Ich bin die Person im Krankenbett, nicht die, die das Bett schiebt oder zusieht, wie es im OP verschwindet. Will sagen: Das hier ist mein Blutbad. Meine Geschichte. Die Flecken auf dem Boden sind echt, aber die Interpretation ist, wie bei jedem Rorschach-Test, allein meine.

Vorwort

Die Idee zu diesem Buch kam mir im Sommer 2018 unter der Dusche, ein Jahr nach meinem Nahtod-Erlebnis infolge einer Vaginalstumpf-Dehiszenz*. Als ich an meinem narbenübersäten Oberkörper hinunterblickte und ihn im Geiste in seine Teile zerlegte – wie ein Metzger, der eine Kuh betrachtet, oder ein Werber vor #MeToo eine junge Praktikantin –, fiel mir auf, dass jedes defekte Teil von mir nicht nur für das zeitliche Kapitel meines Leben stand, in dem es mich im Stich gelassen hatte, sondern dass die Teile in der Summe auch eine seltsam passende Erzählstruktur ergaben: Organ für Organ, Schnitt für Schnitt, jede Diagnose eine treffende Metapher für die parallel stattfindenden Umbrüche in meinem Leben.

Nämlich: In denselben Stunden, als mir die Gebärmutter entfernt wurde, starb meine geliebte Mentorin und Ersatzmutter an Krebs, und meine Tochter bekam das erste Mal ihre Tage. In dem Monat, als ich einen Knoten in meiner Brust entdeckte, wurde ich erst alleinerziehende Mutter meiner Kinder und dann Herbergsmutter einer bunten Kommune in Harlem. Als ich gerade wieder den Sprung ins Dating-Gewässer wagte, geriet mein Herz aus

---

* Falls du diese Diagnose googelst, wovon ich abrate, hafte ich nicht für entstehende Traumata. Ich habe es am Tag nach meinem Krankenhausaufenthalt getan und werde die Bilder nicht mehr los. Ernsthaft. Sei gewarnt. Ich verspreche, dass ich die relevanten Details in diesem Buch zwar nicht geschmackvoll, aber mit genug komischer Distanz beschreibe, um die Sache hinter uns zu bringen.

dem Rhythmus. Als die ersten Interessenten auftauchten, machte mein Gebärmutterhals dicht. Während ich an meiner Wiedergeburt arbeitete, versuchte meine Vagina mich umzubringen. Und mein Gehirn musste um den halben Globus reisen, um zu lernen, wie man die Lautstärke herunterdreht, nachdem seine sterbliche Hülle fast den Löffel abgegeben hatte. Und am Ende meldete sich auch noch meine Lunge zu Wort – die im ursprünglichen Entwurf nicht vorkam –, als Mahnung an uns alle, besonders in den USA, dass das Recht zu atmen nicht selbstverständlich ist.

Mit anderen Worten, die Narben, die meinen weiblichen Körper bedecken, lieferten die Struktur einer Geschichte, die darum bettelte, geschrieben zu werden, Körperteil für Körperteil, wie die Punkt-zu-Punkt-Bilder, die, wenn man die Zahlen in der richtigen Reihenfolge verbindet, einen Elefanten, einen Schneemann oder ein Hündchen ergeben. Nur dass dabei ich herauskäme. Mehr noch, dachte ich, als ich mich an jenem Morgen abtrocknete und anzog, wenn ich meinen Körper in seine Teile zerlegen und objektivieren würde, ohne die übliche Misogynie, hätte ich eine Art Mikroskop, durch das sich die Komplexität der ganzen Welt betrachten ließe. Nicht nur die Schnitte, Narben und gelegentlichen Bananenschalenausrutscher, sondern auch die Freuden, Triumphe und Lachanfälle, die bei den unzähligen Werkstattbesuchen nebenbei entstehen. Denn was sich zunächst wie ein ständiges Wegducken vor dem Niederschlag eines endlosen Shitstorms anfühlte, kam mir plötzlich wie das schicksalhafte Geschenk einer extrem großzügigen Muse vor – *Hier, Deb, nimm noch eins! Und noch eins! Juhu!* Und der schlichte Akt dieser Umdeutung gab mir unversehens einen Regenschirm, mit dem ich mich schützen konnte. Und die Struktur, ihn zu beschreiben.

Diesen Heureka-Moment hatte ich schon einmal erlebt, im Café Xando, das nicht mehr existiert, Ecke Broadway und West 76th Street, im Mai 1998 gegen 7.30 Uhr morgens. Ich hielt den Doppelbuggy mit meinen damals ein- und zweijährigen Kindern fest, als mir plötzlich die Idee kam, wie ich meine traumatischen und chaotischen Erfahrungen als Kriegsfotografin in Krisengebieten ordnen könnte. Mir fiel auf, dass in jeder meiner Erinnerungen nicht nur ein Ort zu sehen war – Afghanistan, Israel, Rumänien, Zimbabwe, die UdSSR –, sondern im Hintergrund auch eine männliche Figur: ein Schurke, ein Liebhaber, ein guter Samariter, ein schwieriger Freund, ein Ehemann, mein erstgeborener Sohn. Ich fischte einen Stift aus der Handtasche. Fand eine Serviette. *Ich drehe Laura Mulveys male gaze um,*[1] dachte ich, als ich die Namen der Männer auf der Café-Serviette notierte, *und gebe jedem Kapitel meines Lebens als selbstständige Frau in der Welt und im Krieg den Namen eines Mannes (oder kleinen Jungen), der im Off steht.* Ich bin das sehende Subjekt. Die Männer sind das Objekt – meiner Zuneigung, meiner Wut, meiner Lust, meiner Dankbarkeit, meiner Liebe. *Der female gaze,* schrieb ich darunter, zweimal unterstrichen: die tägliche Erinnerung daran, wie ich meine Geschichte deuten will.

Ladyparts ist das Gegenstück und die Fortsetzung dieses weiblichen Blicks, diesmal auf meinen eigenen Körper gerichtet. Nicht um meine Identität auszulöschen, wie der männliche Blick es tun würde, sondern um sie mir zurückzuholen.

In den zwanzig Jahren, die seit *Shutterbabe** (deutsch: *Das Abenteuer leben*) vergangen sind,[2] sind mein Körper und ich durch eine relativ hohe Zahl narrativer Schlaglöcher gerumpelt: medizinisch, familiär, finanziell, beruflich, emotional, und hoppla, wer rech-

---

* Ich wollte das Buch »*Shuttergirl*« oder »*Develop Stop Fix*« nennen, aber man sagte mir, der Titel sei nicht meine Entscheidung. Traurig, da es in *Shutterbabe* darum geht, den männlichen Blick umzukehren, nicht vor ihm zu kapitulieren, aber, hey: Hier bin ich wieder, bei Random House. Zwanzig Jahre, sieben Bücher, drei Verlage und eine #MeToo-Bewegung später. Heute sitzen andere am Ruder. Schwamm über den Sexismus.

net mit sowas? Plötzlich stand das FBI vor meiner Tür. Oft sah ich mich gezwungen, mich hartnäckig, lautstark und teils unter großen persönlichen Opfern zu wehren, während ich gleichzeitig vier Abstürze auf einmal auffing: den der Medienindustrie, den meiner Ehe, den meiner Gesundheit und den der amerikanischen Mittelklasse. Ist meine Stimme vom vielen Schreien etwas schrill geworden? Darauf kannst du Gift nehmen. Ich weiß, ich spreche für viele Frauen in den USA, wenn ich sage: Wir sind es leid! Wir sind es leid, dass die Care-Arbeit am Ende immer auf uns zurückfällt. Wir sind es leid, dass Konzerne Gesetze brechen und die Regierung die Bedürfnisse arbeitender Familien ignoriert. Wir sind es leid, für unseren »Ton« kritisiert zu werden, wenn dieses Wort als Waffe verwendet wird, um uns zum Schweigen zu bringen. Wir sind es leid, weniger Geld zu verdienen als Männer, beim Sprechen unterbrochen zu werden, willkürlich gefeuert zu werden und in der Menopause, wenn wir gerade zur Hochform auflaufen, aussortiert zu werden. Wir sind es leid, ganze Arbeit zu leisten, ohne ganz gewürdigt zu werden. Wir sind es leid, uns reinhängen zu müssen, während wir rausgedrängt werden. Wir sind Geheimhaltungsverträge, Grapscher, Datenlücken und Versorgungslücken leid. Wir sind es leid, von der Forschung vernachlässigt zu werden.

Wir sind Schlagzeilen wie diese leid, aus der ersten Woche nach dem *annus horribilis* 2020, als im Schwarzlicht eines neuen Virus die riesigen Löcher im Sicherheitsnetz unseres Landes zum Vorschein kamen: »Die US-Wirtschaft hat im Dezember 140 000 Jobs verloren. Alles Frauen.« Und wir sind die Folgen leid, die das alles für unsere Psyche, unsere beruflichen Entscheidungen, unsere Lebensqualität, unser Konto und unsere Gesundheit hat.

Denn selbst wenn die Zahl meiner Operationsnarben ungewöhnlich hoch ist, sind die einzelnen Diagnosen ungewöhnlich? Nein. Bin ich eine Ausnahme? Nein, im Gegenteil. Ich bin jederfrau: geboren mit weiblichen Organen in einer Welt, die uns aufgrund dieser Organe übersieht und überhört, unterbezahlt und untererforscht und unterversorgt und unterfinanziert und uns nicht die gleichen Rechte garantiert.

Also. Willkommen in meinem Körper! Hereinspaziert. Ich führe dich herum.

Teil 1

VAGINA

2017

1

Feuerwerk

2. Juli 2017

Ich krieche auf allen vieren durchs Bad und sammle Stücke von mir ein. Das ist keine Metapher. Da liegen wirklich Stücke von mir. Pflaumengroß, weinrot, glibberig und glänzend wie Hühnerlebern, drei davon, die wie Geschosse aus mir herausgeflogen sind. Ich blute aus. Aber mein Gehirn, das unterversorgt ist und unter Schock steht, kann diese Information nicht verarbeiten. Stattdessen bilde ich mir ein, die Brocken auf den Fliesen wären meine Organe, und ich müsste sie einsammeln, damit man sie mir wieder einsetzen kann. Ich schleppe mich in die Küche und suche nach Tupperware. Keine Plastik-Tupperware. Die aus Glas. Auf keinen Fall dürfen meine Leber und Nieren mit krebserregendem BPA in Kontakt kommen. In meinem Zustand ist mir nicht klar, dass ich, wenn mir tatsächlich die Organe herausgefallen wären, nicht mehr in der Lage wäre, in der Küche nach dem richtigen Behälter zu suchen.

Es ist Samstagabend, nein, Sonntagmorgen, halb eins, am verlängerten Fourth-of-July-Wochenende 2017. Draußen explodieren Schwarzmarkt-Böller. Gegen mein persönliches Feuerwerk kommen Binden und Unterhosen nicht mehr an, und ich trage nur noch einen Bademantel. In der Küche lässt die Schwerkraft den nächsten handtellergroßen Klumpen auf die Fliesen schießen – *platsch!* Und der rote Schein des Feuerwerks: Ich gratuliere mir zum Unabhängigkeitstag. (Ich bin mitten in der Scheidung.)

Dann hebe ich den Klumpen auf und lege ihn zu den anderen in den Glasbehälter.

Als ich den BPA-freien Behälter in den Kühlschrank gestellt habe – ich weiß, wie wichtig die Kühlung beim Organtransport ist –, rufe ich die Handynummer der Chirurgin an, die mir vor drei Wochen den Gebärmutterhals entfernt hat, und lande auf dem Anrufbeantworter. Diese postoperative Komplikation, deren Ernst mir noch nicht ganz klar ist, tritt selten auf. Nur nach einem kleinen Bruchteil der Trachelektomien, dem medizinischen Namen für die Entfernung eines Teils des Gebärmutterhalses, kommt es zu einer Vaginalstumpf-Dehiszenz, dem medizinischen Namen für: »Hoppla, die Naht, mit der sie dir das obere Ende der Scheide zugenäht haben, ist gerissen, und du hast einen Blutsturz.«

Ohne medizinische Hilfe wäre ich in zwölf Stunden tot. Vielleicht früher.

Doch das weiß ich zu diesem Zeitpunkt nicht. Weder wie viele Stunden mir bleiben, noch den Namen für das, was ich habe. Ich weiß nur, dass ich völlig erschöpft bin und sehr stark blute. Dass ich vor kurzem eine schwere Operation hatte und noch in der Genesungsphase bin. Dass ich sechs Tage nach der OP schon einmal in der Notaufnahme war, weil ich während einer Sorgerechtsverhandlung, bei der ich mich selbst vertrat, vor Schmerz fast in Ohnmacht fiel. Aber die Ärzte hatten mich nach Hause geschickt und gesagt, alles sehe gut aus.

Ich sträube mich, noch einmal falschen Alarm zu schlagen. Lieber klopfe ich ganz leise an. Aber ach, keiner ruft zurück, keiner hört mein Klopfen. Ich rufe noch einmal bei der Nummer an. Ich schicke ein Foto von dem Klumpen in meiner Hand als Maßstab – handtellergroß. Nada.

Ich komme mir vor wie eine überanhängliche Freundin, die von der Klinik geghostet wird.

Inzwischen ist die Uhr auf 1.30 gesprungen. Ich denke an

Godard. *Qu'est-ce que c'est, dégueulasse?* Was ist das, ›widerlich‹? Na ja, mein Badezimmerboden zum Beispiel. Unwillkürlich frage ich mich, ob die blutigen Geschütze doch Metaphern sind: der Ausstoß von jahrzehntealten ehelichen Sedimenten. Doch während ich froh bin, meiner toxischen, einsamen Ehe entkommen zu sein, war ich in letzter Zeit so allein wie immer und so einsam wie nie. Mein ältester Sohn lebt mit seiner Freundin in Bangkok, wo er Englisch unterrichtet. Mein Jüngster ist im Ferienlager. Meine Tochter war bis gestern in Israel, sodass ich allein den Hund ausgeführt, das Geschirr gespült, den Müll rausgebracht und die Wäsche in den Gemeinschaftswaschkeller geschleppt habe.

Nichts davon steht auf der Liste der erlaubten Dinge, die sie mir in der Klinik am Morgen nach der OP in die Hand gedrückt haben, bevor sie mich vor die Tür setzten und sagten, ich solle mich schön ausruhen. Aber meine Stelle wurde vor kurzem gestrichen, und ich kann mir keine Haushaltshilfe leisten. Ich kann mir schon kaum die Miete und das Essen leisten. Bis auf ein paar Freelance-Aufträge, die ich vom Krankenbett aus erledigen konnte, habe ich null Einkommen, dafür aber zusätzliche Krankenversicherungskosten von 2314,20 Dollar monatlich in Form von COBRA-Beiträgen*. Wenn du in den USA deinen Job verlierst, sind die COBRA-Beiträge der Gipfel des Zynismus: *Bye! Hab ein schönes Leben! Hier hast du null Monate Abfindung und den dreifachen Versicherungssatz!*

Der Rest der Nacht ist verschwommen, weil ich immer wieder das Bewusstsein verliere, also schildere ich nur die Szenen, an die

---

* COBRA steht für Consolidated Omnibus Budget Reconciliation Act, nicht für Chronische Offensive Bekämpfung Rüstiger Arbeitswilliger. Diese Verordnung von 1985 erlaubt es Arbeitnehmer*innen, die kündigen oder gekündigt werden, für eine begrenzte Anzahl an Monaten weiter versichert zu bleiben, allerdings zu irrsinnig gesteigerten Kosten.

ich mich erinnere, in der Reihenfolge, in der sie meines Wissens passiert sind. Das soll kein postmoderner Kunstgriff sein. Es sind bloß die *jump cuts* meines Gedächtnisses ohne die Übergänge, die einer Erzählung Form geben.

»Hey, Liebes, tut mir leid, dass ich dich störe …« Mit schlechtem Gewissen wecke ich meine schlafende Tochter auf. Sie ist gerade nach mehreren Zwischenstopps und ohne Schlaf aus Tel Aviv zurückgekommen. Als ich so alt war wie sie, gab es Birthright Israel* noch nicht, deshalb war meine erste Reise nach Israel gleichzeitig mein erster Auftrag als Fotojournalistin, um von der Ersten Intifada zu berichten. Steine und Übertragungswagen. Die Jungs warteten immer, bis die CNN-Trucks kamen, bevor sie ihre Steine warfen. Marshall McLuhan hatte recht. Das Medium ist die Message. Was wollen mir diese Klumpen mitteilen?

»Ich glaube, mir ist eine Niere rausgefallen«, sage ich mit dem Glasbehälter in der Hand zu meiner Tochter, »und es kann sein, dass ich ins Krankenhaus muss. Aber du bleibst hier bei Lucas und gehst morgen früh mit ihm Gassi.« Lucas ist unser Hund. Wie alle Hunde hasst er Feuerwerk. Vor lauter Angst saß er den ganzen Abend auf mir drauf.

Meine Tochter reißt die verschlafenen Augen auf. Sie starrt den Inhalt meiner Tupperware an.

Draußen knallen Raketen. Durchs Fenster scheint Technicolor. Der Hund bellt. Die Welt dreht sich.

»Mom! Oh Gott! Das ist keine Niere. Wenn es deine Niere wäre, wärst du tot.« Unerschrocken sieht sie sich die Klumpen an. Sie studiert Neurowissenschaften und hat Grundkurse in Medizin.

---

* Birthright Israel ist eine etwas kontroverse zionistische Organisation, die jedes Jahr 50 000 kostenlose Bildungsreisen nach Israel für junge jüdische Erwachsene finanziert. »Genieß das Land! Ignorier das Dogma!«, hatte ich meiner Tochter mit auf den Weg gegeben, worauf sie entgegnete: »Ist doch klar.« Wir wussten beide, dass ich nicht die Mittel hatte, ihr die Reise selbst zu bezahlen.

»Ich glaube, das sind sehr große Blutklumpen«, sagt sie. »Du musst ins Krankenhaus. Sofort.«

»Ich bin todmüde. Die Klinik ruft nicht zurück. Vielleicht warten wir einfach bis morgen.«

Meine Tochter steht auf und entdeckt die Blutlachen im Bad. Im Bett. Im Flur. In der Küche vor dem Kühlschrank. Ich wollte die Sauerei wegmachen, aber dann war das Küchenpapier alle. »Ist das dein Ernst? Los, komm. Ich rufe den Notarzt.«

»Nein! Auf keinen Fall. Das können wir uns nicht leisten.« Zurzeit lebe ich vom Rest meiner mageren, vorzeitig angezapften privaten Altersvorsorge, Modell 401k, wofür mich eine saftige Steuerstrafe erwartet. Nach mehrmonatiger Krankheit, gefolgt von einer Operation, die ich mitfinanzieren musste, und den COBRA-Beiträgen habe ich nur noch knapp 3000 Dollar Reserve auf dem Konto und keine Kreditkarten. Ich kenne die Horrorgeschichten von unerwarteten Rechnungen nach Krankenwagenfahrten, die bis zu 8000 Dollar kosten können. Ich muss schon genug bluten.

»Na gut«, sagt sie. »Ruf ein Uber.«

Ich bleibe hart. »Nein. Ich nehme die U-Bahn. Und du bleibst hier. Du musst den Hund trösten.«

Sie hört nicht zu. Ich werde nach draußen gezogen. Straßenlaternen. Dunkelheit. Ich rieche Pot.

»Pot sagt man heutzutage nicht mehr«, korrigiert mich meine Tochter. »Es heißt Gras. Ruf ein Uber. Jetzt!« Mein Handy. Die Zahlen 1:43 leuchten über meinen drei lächelnden, von der Sonne geküssten Kindern. Ich suche das schwarze Quadrat mit dem weißen U, erinnere mich, dass 143 laut Mr. Rogers *I love you* heißt. Lustig, was man sich merkt. I = 1, love = 4, you = 3. Ich habe eine Weile gebraucht, um den Code zu knacken.

»Ich hab dich lieb«, sage ich zu meiner Tochter. UberX Share kostet die Hälfte von UberX, also nehme ich das. Der Fahrer heißt Faraj. Ob Faraj um 1.43 Uhr morgens noch weitere Passagiere hat?

Offenbar nicht. Falls ich überlebe, werde ich mit dem Geld, das ich spare, unseren Vorrat an Küchenrollen aufstocken.

Meine Tochter drückt mir die Hand. »Ich hab dich auch lieb.« Mehr Feuerwerk. Es fühlt sich an wie im Film. Ich wäre lieber im Bett.

Meine Tochter zum Fahrer: »Ja, es ist ein Notfall!« Warmes Blut. Viel. Unter mir. Auf dem Sitz des Uber, an meinen Beinen, in meinen Schuhen. Es ist mir sehr peinlich, dass mein Körper so viel Dreck macht. Ich entschuldige mich bei Faraj. »Schon gut«, sagt er. »Gehen Sie nur. Gott segne Sie.« Vor zwei Jahrzehnten, als in einem Taxi meine Fruchtblase platzte, hatte der Fahrer genau die gleichen Worte gesagt. *Schon gut. Gehen Sie nur. Gott segne Sie.*

Ich leere meinen Geldbeutel und will Faraj die Scheine geben. Er nimmt sie nicht an. Ich versuche es noch mal, aber er weigert sich.

Er legt sich die Hand aufs Herz.

»*Salaam alaikum*«, sage ich. Worte, die ich in Ramallah gelernt habe, als ich eine Woche im Lockdown bei einer palästinensischen Familie wohnte. Das war die wahre Tragödie der Intifada: nicht die David-und-Goliath-Szenen, die für CNN inszeniert wurden, sondern die versteckten Demütigungen als Bürgerinnen und Bürger zweiter Klasse, Armut und Ausgangssperre.

Beim weiblichen Körper ist es dasselbe. Die schlimmen Dinge passieren innen, wo es keiner sieht. Wenn eine Frau in die Notaufnahme geht und sagt: »Ich habe Schmerzen«, wie ich vor zwei Wochen, nicken sie, als würden sie zuhören, und dann lassen sie dich stundenlang auf einer Liege im Gang warten, geben dir zwei Aspirin und schicken dich nach Hause. Fast bin ich froh über den Blutsturz. Ein handfester Beweis für die Schmerzen in meinem Inneren. Bei Feuerwerk sehen Ärzte und CNN-Trucks genauer hin.

Die Fotos von der palästinensischen Familie, die nicht aus dem Haus durfte, wollte niemand. Nur mit Fotos von Waffen und Steinen habe ich Geld verdient.

»*Alaikum salaam*«, sagt Faraj.

Die sieben Meter vom Auto bis zum Eingang der Notaufnahme wirken so unüberwindbar wie damals in den Wehen. Beim Aussteigen bietet mir meine Tochter ihre Schulter zum Anlehnen an. Ich bin dankbar und schäme mich. Wie kann es sein, dass wir in den zwanzig Jahren zwischen den zwei versauten Taxis die Rollen getauscht haben?

Ich erinnere mich nicht, wie ich durch die Tür kam, aber eine Blutspur zeigt, dass ich zu Fuß gegangen bin.

Am Empfang muss meine Tochter meinen Namen nennen. Ich habe keine Worte mehr. Andere Stimmen haben für mich übernommen. Mein Name? Unauffindbar.

Mein Name! Kurzer Sprung aus dem postverbalen Abgrund. Mein Name: etwas, das simpel sein sollte, aber es nicht ist. Weil die Scheidung länger dauert als erwartet – inzwischen fast vier Jahre, weil uns für Anwälte die Mittel fehlen –, habe ich bei Gericht beantragt, meinen Geburtsnamen schon vor dem Scheidungsspruch wieder anzunehmen, doch der Beamte hat mir mitgeteilt, dass ich dafür die unterschriebene und beglaubigte Erlaubnis meines Exmannes brauche.

»Seine Erlaubnis?«, hatte ich gefragt. »Das ist sexistisch.«

»Nein«, entgegnete der Beamte, »für Männer gilt dasselbe.«

»Ja, die stellen sicher einen Haufen solcher Anträge.«

»Gib ihnen Daddys Nachnamen«, sage ich zu meiner Tochter, mein letzter vernünftiger Satz, bevor alles schwarz wird. Ich habe meinem Exmann die Formulare für den Namenswechsel vor über einem Monat auf einer Parkbank in der Mitte zwischen unseren beiden Wohnungen gegeben. Das Treffen fühlte sich schäbig an, wie ein mickriger Drogendeal. Jetzt muss er die Papiere noch beglaubigen lassen. Ich frage mich, ob sie auf der Sterbe-urkunde meinen Ehenamen eintragen werden, wenn ich heute sterbe. Allein um das zu verhindern, muss ich unbedingt am Leben bleiben.

Die Welt kippt. Ich falle in Zeitlupe. Das gibt es wirklich, es ist wissenschaftlich erwiesen: In traumatischen Momenten dehnt sich unsere Wahrnehmung der Zeit. Beim Aufprall auf dem Kran-kenhausboden breche ich mir eine Rippe.

Der Glasbehälter fliegt mir aus der Hand, zerspringt am Boden, spritzt Blut auf den Ärmel des Flanellhemds meiner Tochter und verteilt überall Glasscherben. Ich kann mich an nichts davon er-innern. Sie haben mir versichert, dass alles schnell weggewischt wurde.

»Es tut weh, wenn ich atme!«, rufe ich. Hört mich jemand?

Licht von oben. Grüne Neonröhren. Laute Stimmen. Was pas-siert hier?

»Wir müssen sie in ein anderes Bett legen. Da ist zu viel Blut.« Wie lange bin ich schon hier?

Hände unter mir. Eine halbbewusste Levitation: leicht wie eine Feder, steif wie ein Brett. Luft unter mir, dann, rumms, die harte Liege. Der Desinfektionsgestank, als die letzte Liege mit Blei-che abgespritzt wird. Ich öffne die Augen. Keine gute Idee. Eine Stimme: »Schiebt sie in ein Zimmer! Sofort!«

Dunkelheit.

Irrationale Wut, als mir die Schwester mit einer Schere die grüne, rot getränkte Yogahose aufschneidet. »Nein, bitte! Das ist meine Lieblingshose!« Zu spät. Sie landet im Müll. Gut, dass ich ein Ventil für meine fehlgeleiteten Gefühle habe.

Piepen.

Das ständige Auslaufen von Flüssigkeit unter mir. Wie ein umgekippter Kanister. Gluck, gluck, gluck. Wie viel Blut hat ein Mensch? Kleine Schweißperlen auf der Oberlippe. Ich bin Salz.

Bei der Rückkehr ins Meer. Ich spüre tatsächlich, wie mein Körper stirbt. Mein Gehirn hat weniger Angst, als ich dachte. Ich fühle mich eher wie eine Beobachterin meiner Desintegration, nicht wie eine aktive Teilnehmerin. Das tröstet mich für den Fall, dass ich eine Zukunft habe, in der diese Information nützlich sein könnte.

Dunkelheit. Piepen.

Weitere dicke Klumpen sprudeln heraus. Nein. Nicht tausend, korrigiert mich meine Tochter. Sie zählt mit. Wir sind bei sechzehn. Ihre Stimme:»Oh Gott, oh mein Gott ...« Dann in den Flur hinein:»Kann bitte jemand kommen! Jetzt!« Sie ist 1,53 groß. Ihre Stimme klingt viel größer.

Der achtzehnte Klumpen. Das Gesicht meiner Tochter, das sie immer macht, wenn sie sich zu viel Mühe gibt, gelassen zu wirken. Ich sehe deine vorgetäuschte Fassung, junge Dame.»*Chai*!«, sage ich. Das hebräische Zeichen *chai* steht sowohl für die Zahl 18 als auch für das Leben. Das ist das Erste, was sie einem an der Hebrew School beibringen. Meine Tochter lacht.

Religiöse Jüdinnen und Juden glauben nicht an die Einäscherung. Sie beerdigen ihre Toten am nächsten Tag. Ich bin keine religiöse Jüdin. Ich bin eher eine Bagel-Jüdin. Ich will meine Tochter daran erinnern, dass ich verbrannt werden will, wenn ich sterbe, und dass sie meine Asche in die Seine streuen soll, aber jetzt ist nicht der richtige Moment dafür. Wir haben eh schon darüber geredet. Sie kennt meine Wünsche. Außerdem, was interessiert es mich, wenn ich tot bin? Es war bloß ein Plan, um einen zu haben. Jetzt, wo es zur Sache geht, kommt es mir albern vor. *Geh zum nächsten Baum, und dann ist gut,* will ich ihr sagen, aber ich habe die Fähigkeit verloren, Gedanken in Sprache zu übersetzen.

Dunkelheit. Piepen.

Eine Schwester schiebt mir ein faustgroßes Mullknäuel in die Scheide:»Das wird die Blutung nicht stoppen, aber bis der Chirurg kommt, haben wir keine andere Wahl.«

Druck. Extremer, wachsender Druck, als der Mullstopfen das Loch blockiert, aus dem meine Eingeweide herauswollen. Au! Au! Raus damit!

Ich springe vom Bett, um den Druck zu lösen. Stimmen rufen, ich soll mich wieder hinlegen, aber ich kann nicht. Mein Bedürfnis nach Schwerkraft ist stärker als ihr Bedürfnis nach Compliance. Der Korken ist schon halb aus der Flasche. »Es kommt! Es kommt!«, schreie ich. Die blutgetränkte Gaze fliegt heraus und landet platschend in der Bettpfanne, die eine Schwester unter mich hält wie eine Baseball-Catcherin. Einen zu stillen Moment lang stehen wir unter Schock. Ist das gerade wirklich passiert? War dieses ... *Ding* wirklich in mir drin? Der Mullklumpen sieht monströs aus, wie die Requisite eines Horrorfilms. »Treffer!«, sage ich. Meine Tochter lacht. Treffer versenkt. Leichtigkeit ist das Einzige, was uns bleibt.

Dunkelheit. Piepen.

Die Stimme meines Kindes, die schließlich bricht, als sie den Raum verlässt und ins Telefon flüstert: »Jen? Jen? Oh Gott, Jen! Es ist schrecklich. Wie schnell kannst du kommen?« Jen ist meine Schwester. Sie ist Choreografin und lebt in der San Francisco Bay Area, aber das lange Wochenende verbringt sie ausnahmsweise mit der Familie in New York und sucht nebenbei im Archiv des Lincoln Center nach Filmmaterial zur Uraufführung von *Fiddler on the Roof* (deutsch: *Anatevka*).

Ein Ohrwurm aus dem Musical: *Is this the little girl I carried?* Wieder Grauen bei dem Gedanken daran, was ich meiner zwanzigjährigen Tochter zumute. Gleichzeitig Dankbarkeit für ihre Haltung und ihre Kraft. Ich habe meine Lebensretterin durch den Kanal geboren, der mich gerade zu töten versucht. Mein Gehirn verknotet sich.

Mit dreizehn hat sie mir einmal erzählt, sie würde sich mit einer Freundin treffen. In Wirklichkeit ist sie zwei Freundinnen retten gegangen, die zu zweit eine Flasche Wodka ausgetrunken und sie panisch angerufen hatten. Meine Tochter kam gerade noch rechtzeitig. Rief sowohl die Eltern als auch den Krankenwagen. Sprach mit dem Notarzt. Rettete zwei Leben.

Die Eltern der Mädchen waren stinksauer. Einerseits wegen des Fehlverhaltens ihrer Töchter, aber mehr noch, hatte ich den Eindruck, wegen der Rechnung für den Krankenwagen. Die Flipflops der Chirurgin. Kleine Sandkörner. Ich habe sie vom Strand geholt.»Tut mir sehr leid«, sage ich.»Schon gut«, sagt sie.»Das ist mein Job.« Sie hat kein Gesicht. Ich erinnere mich nur an ihre Beine, die um das Bett herumgehen, und an ihre Stimme, die nach der Untersuchung ruft:»Sie muss sofort in den OP. Ist mir egal. Werfen sie die anderen raus, wenn es sein muss. Ja, jetzt!«

Wir warten immer noch.

Lisa, meine Freundin und Literaturagentin, ist auch da. Cool. Wann ist das passiert? Meine Tochter hat ihr eine Nachricht geschickt, als sie mein Handy nach Verbündeten durchsuchte. Lisa ist mein Fels. Sie hat letztes Jahr gegen meinen Protest einen Lunch zu meinem fünfzigsten Geburtstag ausgerichtet. Jetzt wird darüber geredet, wer sich um den Hund kümmern soll. Es gibt da eine App.»Wag!«? Nein, die habe ich nicht. Noch ein Problem, das ich nicht lösen kann.

Dunkelheit. Piepen.

Meine Schwester ist angekommen. Nach Lisa, glaube ich, aber ich weiß es nicht genau. Das beruhigende Gemurmel von drei Frauen am Fußende des Bettes. Wunderschöne Frauen, die aussehen, als kämen sie aus demselben Schtetl. Selbst Lisa, die gar nicht mit uns verwandt ist. Fast erwarte ich, dass sie»Matchmaker« anstimmen. Ich habe ein Team! Nachdem ich mein ganzes Leben allein war, im Großen wie im Kleinen. Vor allem in meiner Ehe. Sie verstecken die Angst hinter ihrem Lachen. Doch ich höre die Untertöne. Wie viel Uhr ist es? Worauf warten wir?

Neonröhren flitzen vorbei, Kamerafahrt. Mein Leben auch. Bild für Bild, in keiner bestimmten Reihenfolge: Vorschulapfelsaft, Kürbisfeld, rotes Fahrrad, blaue Augen: die von Dad. Zu früh gestorben. »Ich wünschte, Dad wäre hier«, sage ich. Laut? Später frage ich meine Schwester: Habe ich nach Dad gerufen? »Nein, nur nach deiner Yogahose.« Mein Schtetl wird von der automatischen Tür gestoppt. Team Deb darf nicht mit rein. »Alles wird gut«, sagen sie nicht sehr überzeugend und entfernen sich.

Lügnerinnen. Das müssen sie sagen. Wo ist die Ärztin? Da ist sie. Mit Maske. Jetzt werde ich nie erfahren, wie sie aussieht. Nur ihre sandigen Zehen werden mir für immer in Erinnerung bleiben.

Der OP. Eiskalt. Grelle Deckenlampen. Über mir ein gleißender Kreis. Die Beine gespreizt. Ich war doch gerade hier. Vor drei Wochen. Fünf Schnitte, die nicht verheilt sind. Bedeutungen wachsen zusammen, wie bei meinem ersten LSD-Trip, als Geld Arbeit wurde, die Polizei menschliche Aggression, Türknäufe Ausgangssperre. Der Kreis über mir wird das Leben. Wie meine gespreizten Beine, die drei Mal Leben schenkten, aber diesmal Eingeweide hervorbringen, die durch den Geburtskanal entwischen und mich töten wollen.

Das alles sehe ich von oben, ein blutender Körper auf einer Pritsche, Arme ausgebreitet, Handgelenke festgeschnallt. Jüdin, Muslima, Buddhistin, Hindu, Atheistin, es spielt keine Rolle: Unter dem Messer sind wir alle Christus. Das Spekulum wird eingeführt. *L'chaim!* Liebe Wissenschaft: Ich werde nicht für deine Sünden sterben. Ihr hättet mir die Zervix vor Jahren mit rausnehmen lassen sollen, gleich bei der Entfernung der Gebärmutter. Damals habt ihr behauptet, sie spiele eine Rolle bei der Lust. In dieser unpersönlichen Konstruktion: *Man geht davon aus, dass die Zervix bei der Libido eine Rolle spielt.* Du, liebe Wissenschaft, hast mir eingeredet, es wäre besser, sie zu behalten, dabei hätte ich, hätte jede Frau dir sagen können, dass beim Sex die Klitoris die erste Geige spielt, dass ein Gebärmutterhals ohne Gebärmutter keinen Sinn im Körper hat, außer Chaos zu stiften. Chaos wie das hier. Masken. Klappernde Skalpelle.

Lachgas. Eine Stimme. »Zählen Sie von zehn abwärts.« Zehn. Neun. Acht ...

Alles wird schwarz.

Sechs Jahre zuvor ...

Teil 2

GEBÄRMUTTER

2011–2012
(mit zwei Ausflügen ins Jahr 2001)

2

Lunch mit Nora, Freds

Mai 2011

»Irgendwann ist die Gebärmutter nur noch dafür gut, Schmerzen zu erzeugen und dich umzubringen. Warum reden wir überhaupt darüber?« Nora rammt die Gabel in ihren Hühnchensalat, zu dem sie mich auch überredet hat. »Wenn dein Arzt sagt, sie soll raus, dann lass sie rausnehmen.« Ein Vierteljahrhundert älter als ich, ganz in Schwarz mit einem Schal um den Hals, tut Nora ihre Meinung kund, so wie andere atmen: ein unwillkürlicher Reflex, keine bewusste Entscheidung.

»Aber die Gebärmutter …«, sage ich und spieße eine Scheibe Ei auf. »Sie ist so …«

»Symbolisch?«

»Ja. Verdreh nicht die Augen.«

»Ich verdrehe die Augen nicht.« Sie beugt sich vor. »Ich versuche dich dazu zu bringen, den harten Fakten ins Gesicht zu sehen. Die Lösung ist einfach. Versprich mir, dass du gleich nach dem Mittagessen zum Telefon greifst und dir einen Termin für eine Hysterektomie geben lässt. Nicht morgen. *Heute.*«

»Warum die Eile?«

»Warum zögern?« Nora hat Leukämie. Sie weiß es. Ich nicht.

»Warte – sag nicht, dass du noch mehr Kinder willst?«

»Ha!«, lache ich. Ich bin 45. »Nein. Natürlich nicht. Ich könnte keine Kinder mehr kriegen, selbst wenn ich wollte.«

Sie legt den Kopf schief. Zieht die Augenbrauen hoch.

»Was?«

»*Du* wirst schwanger, wenn du es nicht willst.«

Ich war fünf Mal schwanger. Zwei der Schwangerschaften waren geplant, drei nicht, und ich hatte keine Fehlgeburt. Mathematisch ausgedrückt: 5 Schwangerschaften – 3 Lebendgeburten = 2 Abtreibungen. Die erste Abtreibung hatte ich mit siebzehn. *Ich* hatte nach Vorschrift verhütet, aber das Diaphragma, das ich bei Planned Parenthood bekommen hatte, hatte nicht nach Vorschrift verhütet.

Die zweite Abtreibung hatte ich im Jahr 2000, nach der Geburt meiner ersten beiden Kinder. In der Ultraschallpraxis scharte sich die ganze Belegschaft um den Bildschirm, um sich die Blastula neben meiner Spirale anzusehen. »Oh, wow, sieh dir das an! Das ist ungewöhnlich!«, sagten sie, von dem seltenen Anblick offenbar so begeistert, wie ich davon erschüttert war. Ich war 34, ging wöchentlich zur Paartherapie, die keine Früchte trug, und hatte ein Antimyotikum gegen Nagelpilz eingenommen, das bei Schwangerschaften kontraindiziert ist.

Wieder ließ ich eine Ausschabung vornehmen, diesmal im Krankenhaus statt in einer Abtreibungsklinik, weil ich weder Lust auf die kreischenden Demonstranten vor dem Gebäude noch auf die gängelnden Fragen der Ärzte hatte, ob ich mir sicher sei, dass ich mir sicher sei, dass ich mir sicher sei. »Ja, ich bin mir sicher, dass ich mir sicher bin!«, hatte ich mit siebzehn gefühlt zwanzig Mal gesagt. Warum sonst saß ich nackt unter einem Kittel auf einem Stuhl und verpasste einen Schultag, während meine Eltern nebenan auf mich warteten?

Auch meine fünfte Schwangerschaft mit 39 war ungeplant, aber ich traf die bewusste, hoffnungsvolle Entscheidung, das Kind zu behalten, meinen jüngsten Sohn, der 2006, kurz nach meinem vierzigsten Geburtstag, zur Welt kam. Mit meiner Ehe ging es aufwärts, dachte ich wenigstens. Der Vater versprach, mir diesmal zu helfen.

Mit einer Gebärmutter zur Welt zu kommen, heißt, sich ihrer

ständig bewusst zu sein. Nicht nur, wenn sich plötzlich ein befruchtetes Ei darin einnistet oder wenn ein Fötus darin wächst oder wenn sie Monat für Monat ein Ei reifen lässt oder blutet. Sondern die ganze Zeit, seit dem Tag, an dem du erfahren hast, was sie tut, wie sie es tut, und dass sie zu einem ungewissen Zeitpunkt in der Zukunft den ersten von vielen nicht auswaschbaren Flecken hinterlassen wird.

Wer bin ich ohne meine Gebärmutter?

»Ach, bitte«, sagt Nora. »Du brauchst sie nicht mehr. Sie hat dir gute Dienste geleistet, aber der Teil deines Lebens ist vorbei. Je früher du das akzeptierst, desto besser. Wie gut ist dieser Hühnchensalat?«

»Köstlich.«

Wir sitzen an ihrem bevorzugten Tisch bei Freds im achten Stock des Kaufhauses Barneys zwischen der Fensterwand und einer breiten Säule. Die Säule schützt uns vor neugierigen Blicken, genau wie die Säule bei E.A.T., unserem anderen Stammlokal. Bei E.A.T. bestellen wir immer die Drei-Salate-Platte: Gurke-Dill plus zwei Überraschungen. Bei Freds nehmen wir den Hühnchensalat. Einmal bin ich ausgeschert und habe das Tagesgericht bestellt, aber nein. Mir wurde schnell klar, dass Noras starke Meinungen daher rühren, dass sie fast immer recht hat: Bei Freds ist der Hühnchensalat das Beste auf der Karte. Warum etwas anderes bestellen?

Bei unseren Lunchverabredungen bringt mir Nora häufig Geschenke mit und gibt mir genaue Anweisungen für ihre Benutzung: Dr. Hauschkas Zitronenöl (»Kipp mindestens die halbe Flasche in die Badewanne. Bloß nicht geizen. Wenn es dir gefällt, besorge ich dir mehr ...«), eine schwarze Strickjacke von Zara (»Ich hab mir fünf davon gekauft, sie waren so günstig. Du kannst sie auf der Lesereise tragen. Schau, die Knöpfe sehen aus wie von Chanel ...«), ein Armband mit bunten Edelsteinen (»Ich bin zu alt dafür, aber du kannst es tragen ...«), einen verspiegelten Bilderrahmen (»Du hast bestimmt ein schönes Schwarzweißfoto, das hübsch darin aussieht, aber es muss schwarzweiß sein. Farbe funktioniert nicht ...«).

»Ich weiß nicht«, sage ich. »Fühle ich mich nicht weniger wie eine Frau, wenn ich keine Gebärmutter mehr habe?«

»Ach, bitte.« Wieder verdreht Nora die Augen. »Was wärst du lieber, gebärmutterlos oder tot? Das ist die Frage, die du dir stellen musst. Ohne Gebärmutter bist du immer noch durch und durch eine Frau, nur dass du nicht mehr deine Tage kriegst, und allein deswegen würde ich sie mir an deiner Stelle morgen rausnehmen lassen. Die machen das inzwischen mit zwei Robotern. Du hast kaum Narben. Was genau ist diese Adeno... – wie heißt diese Krankheit?«

»Adenomyose«, sage ich, nachdem ich noch mal schnell auf dem Smartphone gegoogelt habe, damit ich nichts Falsches sage. Ich lese vom Bildschirm ab: »Eine chronische Erkrankung des Uterus, die durch das Einwandern von gebärmutterschleimhautähnlichem Gewebe in die Muskelschicht gekennzeichnet ist und unter anderem zu starken Menstruationsblutungen, Anämie, schweren Krämpfen und Blähungen führt.«

»Klingt reizend. Jetzt verstehe ich, warum du sie behalten willst.«

Ich lache. Dann seufze ich. Wie die meisten Frauen mit Adenomyose habe ich die Krankheit den Großteil meines Erwachsenenlebens einfach ausgehalten, weil ich keine Ahnung hatte, dass ich sie habe. »Wie ist Ihre Regel?«, fragte mich die Gynäkologin jedes Jahr, und immer antwortete ich: »Stark«, mit einem Schulterzucken, das implizierte, dass alles unter Kontrolle war. Dabei war meine regelmäßig zehn bis fünfzehn Tage lang, und ich überstand keine, ohne mindestens sechzehn Ibuprofen einzuwerfen, die Maximaldosis, und Supertampons nahm ich schon lang nicht mehr, weil sie gegen die Flut machtlos waren. Na und? Das gehört zum Los der Frau, oder?

Um die Situation in den Griff zu kriegen und weniger von meinem Einkommen Procter & Gamble in den Rachen zu werfen, begann ich, eine Menstruationstasse zu benutzen – ein hütchenförmiges, wiederverwendbares Silikongefäß, das man sich wie eine Portiokappe bis unter den Muttermund in die Vagina schiebt, um den Monatsfluss aufzufangen.* Eine Menstruationstasse fasst etwa 35 Milliliter Blut. Ich leerte sie im Halbstundentakt, damit sie nicht überlief. Zur Veranschaulichung: Die durchschnittliche Regel dauert etwa vier bis sechs Tage, in denen insgesamt etwa ein bis zwei Menstruationstassen Blut zusammenkommen. Bei mir war die Tasse *jede halbe Stunde* voll. Im Schnitt zwölf Tage lang. Weil ich die Tasse nachts, wenn ich schlief, nicht leeren konnte, blutete ich durch Maxibinden in der Größe von Nackenrollen und ruinierte Laken im Wert von mehreren Hundert Dollar, bis ich auf die Idee kam, die wasserdichten Unterlagen zu benutzen, die sie einem nach der Geburt mitgeben – die Dinger, die man auch Senioren mit Inkontinenz und Hundewelpen ins Bett legt.

»Wie stark?«, fragte meine Ärztin mit hochgezogenen Augenbrauen.

»Ach, Sie wissen schon, normal stark. Unangenehm, aber machbar.«

Frauen lernen von klein auf zu untertreiben. Natürlich lernen wir es nicht in der Schule. Die Gesellschaft erzieht uns dazu, unser Leid kleinzureden und den Zweifel anderer an unseren Schmerzen zu internalisieren, damit wir ja nicht als Heulsuse oder als »hysterisch« gebrandmarkt werden, diese unsinnige, sexistische Diagnose unspezifischer weiblicher Beschwerden, die im 19. und

---

* Mein männlicher Lektor findet, ich solle für die männlichen Leser die Erklärung mitliefern. Frauen, ich weiß, dass ihr Bescheid wisst.

20. Jahrhundert mitunter dazu führte, dass du ohne Klitoris aus der Arztpraxis zurückkamst.[3] Warum sagte ich meiner Ärztin nicht, dass ich unter lähmenden Krämpfen litt, die Hälfte des Monats auf einer Hundepipimatte schlief und bei jeder Regel 500 Mal so stark blutete wie der Durchschnitt? Was sind schon 17 Liter Blut mehr? Peanuts.

Jede Frau, die untenherum nackt vor ihrem Arzt oder ihrer Ärztin sitzt, weiß, dass sie bewertet wird. Das ist keine Paranoia oder Übertreibung. Es ist eine Tatsache, die von zahlreichen Studien belegt wird. Ich sammle diese Studien, wie andere Leute Glücksbringer für ihr Armband sammeln. Im Durchschnitt warten Frauen in der Notaufnahme 65 Minuten, bis sie ein Schmerzmittel bekommen, Männer nur 49 Minuten.[4] Nach einer Bypass-Operation bekommen Frauen nur halb so häufig Schmerzmittel wie Männer nach dem gleichen Eingriff.[5] Bewertet eine Frau ihren Schmerz auf einer Skala von 1 bis 10 mit 7, geht der Arzt oder die Ärztin von einer 5 aus, während bei Männern eine 7 eine 7 ist, oder vielleicht sogar eine 8.[6] Daran sind weder die Ärzte noch die Patientinnen schuld. Es hat historische Gründe, denn obwohl unsere Lebenserwartung höher ist, werden Frauen seit den Anfängen der Medizin als das schwache, kränkliche Geschlecht eingestuft, geplagt von der Hysterie, die der weiblichen Psyche innewohnt (*hystera* ist natürlich das griechische Wort für Gebärmutter).

Das Thema Dysmenorrhoe (Regelschmerzen), von einer britischen Professorin für Reproduktionsmedizin als »fast so schlimm wie ein Herzinfarkt«[7] beschrieben, ist derart untererforscht und unterfinanziert, dass die meisten Ärzt*innen wenig mehr anbieten können als nicht steroidale Antirheumatika und ein Schulterzucken. Gleichzeitig hat eine doppelblinde, randomisierte, kontrollierte Studie mit Sildenafil-Citrat – im Volksmund Viagra – kürzlich ergeben, dass die Einnahme bei Menstruationskrämpfen zur

»vollständigen Schmerzlinderung über vier aufeinanderfolgende Stunden […] ohne beobachtete Nebenwirkungen« führt.[8] *Warte mal. Wie bitte?!*, dachte ich, als ich in einem Buch auf diese Info stieß.[9] Viagra führt bei Menstruationsbeschwerden zur *vollständigen Schmerzlinderung über vier Stunden ganz ohne Nebenwirkungen?* Ihr meint, der heilige Gral der Gynäkologie, von dem alle Frauen, die ich kenne, ihr Leben lang geträumt haben, existiert wirklich? Und keiner hat uns was gesagt?

Falls du eine Frau bist und bisher nichts davon wusstest, nimm dir ruhig einen Moment oder zwei, um dich nach dem Schreien wieder zu sammeln. Nur zu. Schließ die Augen. Atme tief ein. Wirf ein bisschen Porzellan.

Ich warte.

Warum wird Viagra dann nicht ab sofort allen Frauen verschrieben, die unter schwerer Dysmenorrhoe leiden? Ganz einfach. Es wurden keine weiterführenden Studien gemacht. Nachdem der lukrative Einsatz von Viagra bei schlaffen Penissen klinisch getestet war, hat man dem weiblichen Uterus – der mindestens ebenso lukrativ sein könnte, wenn man bedenkt, dass 90 Prozent der Uteri monatlich bluten und wehtun – die Mittel gestrichen, bevor eine größere Studie gestartet werden konnte. Der Antrag des leitenden Wissenschaftlers Dr. Richard Legro für weitere Studien über die Wirkung von Viagra bei Dysmenorrhoe wurde von der Gesundheitsbehörde nicht nur zweimal abgelehnt, er wurde nicht einmal gelesen. Für die Gutachter stelle Dysmenorrhoe kein vorrangiges Problem der öffentlichen Gesundheit dar,[10] berichtet er. Und warum? Weil »Männer weder Interesse noch Verständnis für Dysmenorrhoe haben«.[11] Und natürlich sind es Männer, die bei der Verteilung der Gelder in der Wissenschaft immer noch das Sagen haben.

Ich hatte mein ganzes postadoleszentes Leben an Dysmenorrhoe gelitten, doch nach der Geburt meines ersten Kindes 1995 wurde es exponentiell schlimmer. Trotzdem dauerte es noch sechzehn Jahre, bis mein Hausarzt kurz nach meiner jährlichen Untersuchung 2011 Handlungsbedarf sah. »Sieben? Das kann nicht sein«, sagte Dr. Bertie Bregman, als er meinen Hämoglobinwert ablas und die Krankenschwester bat, mir noch einmal in den Finger zu piksen. Wieder war das Ergebnis 7 g/dl. Ab einem Wert von unter 12 g/dl spricht man bei einer Frau von Blutarmut. »Wie können Sie noch stehen?«

Ich saß. »Ich bin ein bisschen müde in letzter Zeit.« (*Ich bin völlig fertig! Rund um die Uhr!*)

»Wie stark ist Ihre Periode?«

(*Kennen Sie die Niagara-Fälle?*) »Stark.«

»Wie steht es mit Ihrer Energie? Können Sie arbeiten und sich um die Kinder kümmern?«

»Ich gebe mein Bestes.« (*Wer soll es sonst machen?*)

Doch weil ich zum ersten Mal in meinem Leben das Gefühl hatte, ein mitfühlender Mediziner würde mir zuhören, erzählte ich ausführlicher. Von den fünfzehntägigen Perioden. Von der Menstruationstasse, die ich halbstündlich leeren musste. Den traubengroßen Klumpen. Dem nächtlichen Blutbad. Den begleitenden Verdauungsstörungen. Den gnadenlosen Schmerzen.

Zum Glück war Dr. Bregman, als er meine Splatter-Liste hörte, so beunruhigt, dass er weitere Untersuchungen anordnete, die schließlich zur Diagnose führten: Adenomyose, eine Krankheit, die ich, der Größe meiner Gebärmutter nach zu urteilen, wahrscheinlich schon seit Jahrzehnten hatte. Mein Uterus war dermaßen vergrößert, dass er seinen hinteren Nachbarn, das Rektum, bei der Arbeit störte. Kein Wunder, dass ich während der Periode Probleme mit dem Stuhlgang hatte und mich jedes Mal mental gegen den Schmerz wappnen musste.

»Also«, sagte mein Hausarzt in der nächsten Sprechstunde, nachdem ich bei meiner Gynäkologin eine zweite Meinung eingeholt hatte, die seine Diagnose bestätigte und mich ebenfalls dazu drängte, meinem Uterus den Laufpass zu geben. »Entweder Sie landen jeden Monat mit Anämie im Krankenhaus, oder Sie lassen sich die Gebärmutter entfernen. Sie haben die Wahl, aber nicht wirklich. Ich bezweifle, dass monatliche Bluttransfusionen eine angenehme Alternative sind.«

»Egal wie die Krankheit heißt«, sagt Nora, »versprich mir, dass du noch in diesem Jahr eine Hysterektomie machen lässt. Außerdem gefällt mir der neue Cover-Vorschlag für *The Red Book* nicht, den sie dir geschickt haben.«

»Die Frau, die mit dem Buch in der Hand auf der Parkbank liegt?«

»Genau. Kann man den noch ändern?«

»Ich glaube schon.«

»Gut. Sie sieht aus, als wäre sie tot. Als hätte das Buch sie zu Tode gelangweilt.«

Nora Ephron hatte vor zehn Jahren aus heiterem Himmel bei mir zu Hause angerufen, genervt, weil sie meine Nummer erst durch eine gemeinsame Freundin herausbekommen musste. Ihre eigene Telefonnummer stand immer im Telefonbuch. »Warum stehst du nicht im Telefonbuch?«, hatte sie mich gefragt. »Was ist, wenn dich jemand erreichen muss?« Aber zuerst sagte sie: »Hi, Deb, hier ist Nora Ephron. Ich fand dein Memoir großartig, und ich würde dich gern zum Mittagessen einladen.«

»Ja, sicher«, sagte ich. »Und ich bin Jeanne d'Arc. Meg, bist du das?« Meine Freundin Meg kann wunderbar Leute imitieren. Nora hatte zu Megs Roman *Das ist dein Leben* das Drehbuch geschrieben, und die zwei hatten sich angefreundet. Meg wusste, dass Nora Ephron meine Heldin war. Drehbuchautorin, Regisseurin, Schriftstellerin, Komikerin, Essayistin, Journalistin: Nora tat all die Dinge, die ich schon immer tun wollte, nur besser, schneller und stärker, und wenn sie auch nicht über Wolkenkratzer springen konnte, so schaffte sie es, ihnen auf der Leinwand ein Denkmal zu setzen, weswegen das Empire State Building aus *Schlaflos in Seattle* für immer mein Empire State Building sein wird. Ich habe *Sodbrennen* dreimal im Kino gesehen; *Harry und Sally* öfter, als ich zählen kann.

Noras Essays im *Esquire* sind Meisterwerke der Form und haben für alle, die nach ihr kamen, den Standard gesetzt. Tatsächlich kann ich eine direkte Verbindungslinie von Noras »A Few Words About Breasts«[12] im *Esquire* zu meinen ersten jugendlichen Versuchen in *Seventeen* bis hin zu meinem ersten Buch *Shutterbabe* ziehen, das Nora später wie einen guten Geist in mein Leben gerufen hat.

Was Nora in ihren Essays gelingt – vor allen anderen und besser als allen anderen –, ist, das subjektive Ich-Ich-Ich des männlichen Gonzo-Journalismus zu untergraben und mit einem selbstironischen Schuss Dorothy Parker zu verfeinern, um dem höheren Ziel eines kollektiven *Wir* zu dienen: das Persönliche als anschaulicher und mitunter urkomischer Weg zum Universellen. Sie nahm ihre peinlichsten Schwachstellen – das krause Haar, den faltigen Hals, die Tatsache, dass sie unter JFK die einzige Praktikantin im Weißen Haus war, der der Präsident keine Avancen machte – und stellte sie ins Rampenlicht, nicht um sich klein zu machen, sondern um eine Superpower daraus zu machen. »Wenn du auf einer Bananenschale ausrutschst, lachen dich die Leute aus«, schrieb sie. »Aber wenn du den Leuten erzählst, dass du auf einer Bananenschale ausgerutscht bist, sind es deine Lacher.«

»Nein, Deb. Hier ist Nora. Und ich würde dich gerne zum Mittagessen einladen.« Die Stimme wechselte zwischen weiblichem Tenor und männlichem Sopran mit dem Unterton eines Schuldirektors.

Ich erstarrte. Sie war es wirklich. Nora Ephron. Am anderen Ende meiner Leitung. Was sagt man zu einer Frau, deren Arbeit man sein Leben lang bewundert hat? Am besten nicht: »Ähhhhh ...«

»Bist du noch da?«, fragte Nora.

»Ja, tut mir leid. Lunch?«

Eine lange, peinliche Pause. »Ist das ein Ja?«, fragte sie.

»Tut mir leid. Ja!«

»Wunderbar! Wie wäre es diesen Mittwoch um eins bei E.A.T.?«

»Auf der Madison Avenue?«

»Gibt es noch ein E.A.T., das ich nicht kenne?«

Manche Momente sind so einschneidend, manche Beziehungen so wichtig, dass du dich genau erinnerst, wo du warst und was du in der Hand hattest – in meinem Fall Luftpolsterfolie –, als sich deine Welt gedreht hat. Als Nora mich das erste Mal anrief, stand ich im Flur meiner alten Wohnung in der Upper West Side und starrte auf eine Wand mit Familienfotos, die ich abhängen musste. Unsere dunkle, stickige Anderthalb-Zimmer-Wohnung im Erdgeschoss von 70 Riverside Drive lag über einer Tiefgarage, die sich im Sommer so stark aufheizte, dass die Küchenfliesen zu heiß wurden, um barfuß zu gehen. Direkt vor den Fenstern war die Endstation der Buslinie M79. Die Busse, die dort ununterbrochen mit laufendem Motor standen, bliesen giftige Wolken in unser Schlafzimmer, als wären es Metaphern.

Überall stapelten sich Umzugskartons. Mein Mann und ich waren seit acht Jahren verheiratet, atmeten seit sieben Jahren Busabgase, hatten seit sechs Jahren Kinder und wollten in fünf Tagen herausfinden, ob mehr Licht, mehr Luft und mehr Raum unsere Ehe retten konnten. Unsere beiden Kinder waren aus ihrem halben Zimmer herausgewachsen. Unsere von Kohlenmonoxid gequälten Atemwege hatten jeden Husten, jede Grippe und jede Erkältung im Großraum New York mitgenommen. Ich sehnte mich nach dem schrägen Einfall von Sonnenlicht durch die Jalousien eines Fensters, und sei es nur für eine New Yorker Minute.

Von unserem neuen Wohnzimmer aus, das hell und abgasfrei war, konnte man im Süden das World Trade Center sehen. Bis man es vier Monate später nicht mehr sah.

3

An jenem klaren blauen Morgen

11. September 2001

An jenem klaren blauen Morgen, als ich mit meiner damals vierjährigen Tochter auf dem Dach stand, ihre speckigen Beinchen um meine Hüften geschlungen, und ihren Fragen auswich, während wir zusahen, wie feste Masse in zwei Zwillingswolken aufging – »Fliegt das nächste Flugzeug in unser Haus?« (*Nein, das passiert nicht, versprochen ...*), »Wo ist Daddy?« (*Der ist bestimmt gerade auf dem Heimweg ...*), »Was passiert jetzt mit den Kindern?« (*Welche Kinder?*), »Die Kinder von den Leuten im Feuer?« –, erschütterte mich gleichzeitig auch die Implosion meiner Familie. So furchtbar der Gedanke war, dass der Vater meiner Kinder es nicht aus seinem Büro direkt gegenüber von dieser Fackel aus Stahl und verkohltem Fleisch geschafft hatte, fragte sich eine leise schamerfüllte Stimme tief in mir, wie sich eine von außen herbeigeführte Erlösung von unseren zermürbenden Konflikten anfühlen würde.

Die Telefonleitungen waren überlastet. Der Nahverkehr stand still. Während der ersten chaotischen Stunden, nachdem die Flugzeuge ins World Trade Center gerast waren, hatte ich keine Nachrichten von ihm. Dafür wurde mein Postfach von E-Mails geflutet, mehr, als ich beantworten konnte, viele davon zu schlimm, um sie zu verarbeiten. Ted Hennessy, ein Freund einer Kollegin, hatte in einem der Flugzeuge gesessen. Carlton Valvo, der Vater von Dante, einem Zweitklässler aus der Grundschule meines Sohns, war in den Türmen gefangen. Mike Pescherine, der Onkel von Max, dem besten Freund meines Sohns, saß auch dort drin. Ja, antwortete ich Max' Eltern Tom und Maria. Ich würde später mit den Kindern und etwas zu essen vorbeikommen, um ihnen beizustehen. Vielleicht schaffte es Mike irgendwie aus den Trümmern, wer weiß? In den ersten Stunden war diese Art von magischem Denken noch möglich. Dass ein Mensch einen Brand, gefolgt von einem Sturz aus dem hundertsten Stock, überleben könnte. Vor ein paar Wochen hatten wir alle zusammen zu Abend gegessen. Mike hatte zwischen Hauptgang und Dessert stolz verkündet, dass seine Frau Lyn ihr erstes Kind erwartete.

Ich klappte den Laptop zu. Es war zu viel. Der Rauch zog stadtaufwärts, in unsere Wohnung. Er roch sauer, toxisch. Ich schloss die Fenster, dann schnallte ich meine Tochter in den Fahrradsitz, um den Film, den ich von den brennenden Türmen gemacht hatte, persönlich bei meinem Fotoagenten vorbeizubringen, der dringend Bildmaterial der Ereignisse suchte.

Als ich auf dem Fahrradweg am Hudson River den amöbenhaften Strom weißgesichtiger Gestalten sah, der mir von der Südspitze Manhattans entgegenkam, fühlte ich mich wie damals im Krieg, so vertraut wirkten der Marsch und das Ausmaß des Traumas, die vor Gewalt fliehende Menschenherde und der im Hintergrund aufsteigende Rauch. Ich wollte anhalten und Fotos machen, aber meine Tochter war im Fahrradsitz eingeschlafen, die Kameratasche auf ihrem Schoß, und das Fahrrad wäre umgefallen, wenn ich es abgestellt hätte, um auf einen Baum zu klettern und zu fotografieren. Stattdessen prägte sich das Bild so tief in mein Gedächtnis ein, dass ich seitdem nie wieder am Hudson River entlangfahren kann, ohne diese staubbedeckten Geister zu sehen.

»Verdammt, tut mir leid. Ich hatte vergessen, dass du ein kleines Kind hast«, flüsterte Jeffrey, mein Agent, als ich das Fahrrad mit dem schlafenden Kind aus dem Lastenfahrstuhl schob und ihn bat, das Rad festzuhalten, während ich den Film aus der Tasche kramte. Ich entschuldigte mich, dass ich nicht weiter in Richtung Downtown gekommen war, ins Herz des Chaos. Ich musste noch meinen Sohn von der Schule abholen. Seine Lehrerin hatte vorgeschlagen, dass wir die Erstklässler bis Schulschluss dort ließen, um ihnen keine Angst zu machen, aber langsam kamen mir Zweifel.

Ich sprang aufs Fahrrad und strampelte stadtauswärts, so schnell ich konnte, weg von dem, was sich später als toxische Luft entpuppte. Doch was sollte ich mit meiner vierjährigen Tochter machen, die immer noch im Fahrradsitz schlief? Die Grundschule war zu weit weg, um zu Fuß zu gehen. Ihren Buggy hatte ich verschenkt. Unsere Babysitterin saß drüben in Brooklyn fest. Die Stadt war im Lockdown, denn weder Subway, noch Taxi, Auto oder Bus fuhren. Auf dem Fahrrad konnte ich nur ein Kind mitnehmen. Es fühlte sich an wie das Logikrätsel mit dem Bauern, der einen Fuchs, ein Huhn und einen Getreidesack über den Fluss bringen muss, aber nur einen Platz im Boot hat.

»Wo ist er?«, fragte ich laut, als ich an der *Intrepid* vorbeifuhr, dem Museumsschiff, das mein Mann so liebte. Inzwischen liefen mir Tränen übers Gesicht, und über mir heulten Kampfjets. Ich meinte damit: *Wo ist mein Ehemann in diesem Moment? Ist er tot? Lebt er?*, aber auch: *Wo ist er, immer?*

Im Frühjahr 1995, zwei Wochen vor dem Geburtstermin unseres ersten Kindes, wollte er unbedingt die *Intrepid* mit mir besichtigen, den ehemaligen Flugzeugträger aus dem Zweiten Weltkrieg, der als Museum am Ufer des Hudson River liegt. Im Einsatz hatte das Schiff fünf Kamikaze-Angriffe und einen Torpedoeinschlag überlebt. Ich hingegen überlebte kaum die steile, schmale Treppe aufs Deck. Auf halber Strecke blieb ich stehen, vor Schmerz gekrümmt und außer Atem, weil die Gebärmutter gegen meine Lunge drückte. »Ich kann nicht mehr«, ächzte ich. »Tut mir leid. Geh ruhig ohne mich. Ich setze mich unten auf die Bank und warte.«

»Nein!«, sagte mein Ehemann sichtlich verärgert. »Du hast es mir versprochen!« Er liebt Militärmuseen. Am Anfang fand ich seine Leidenschaft für Geschichte und Waffen süß und sah mir auf gemeinsamen Städtereisen alle Militärmuseen mit ihm an, auch wenn sie mich nicht besonders interessierten, denn darum geht es in einer Ehe, dachte ich. Um Kompromisse.

Weil ich ihm zwischen den Tourist*innen auf der Schiffstreppe keine Szene machen wollte, schleppte ich mich bis hinauf aufs Deck, dann setzte ich mich auf den Boden und wurde prompt allein gelassen. (Bänke gab es nicht, jedenfalls sah ich keine.) Ich überlegte, ob ich an diesem schönen Maisonntag wieder hinuntersteigen und mich an den Fluss setzen sollte, aber dann dachte ich, mein Mann würde sich nur kurz umsehen und bald zu mir zurückkommen. Stattdessen besichtigte er das Schiff von oben bis unten alleine, was Stunden dauerte, während ich hochschwanger auf dem Deckboden saß und wartete. Und wartete. Und wartete. *Wo ist er?*, fragte ich mich. Tragbare Telefone gab es erst drei Jahre später. Die Bauchkrämpfe – vermutlich Übungswehen – wurden von Minute zu Minute stärker. Oder waren es die richtigen Wehen? (Ja, es waren die richtigen.)

»Wo warst du?«, fragte ich, als er endlich zurückkam, und schluckte die Tränen hinunter.

»Wieso? Ich habe mir das Museum angesehen«, sagte er.

Zwei Stunden später platzte im Rockefeller Park, einer aufgeschütteten Grünanlage im Schatten der Zwillingstürme, meine Fruchtblase.

Als ich sechs Jahre später von der Fotoagentur zurückkam, hob ich meine schlafende Tochter aus dem Fahrradsitz, legte sie ins Bett und versuchte, irgendjemanden aufzutreiben, der auf sie aufpassen konnte, solange ich meinen Sohn abholte. Das Telefonnetz war immer noch überlastet. Und während die Elternratgeber in meinem Regal gute Tipps hatten, wenn es ums Einschlafen, Gemüse und Wutausbrüche ging, stand in keinem davon, wie man bei einem Terrorangriff ein Kind von der Schule abholt, während das andere schläft.

Dann, zum Glück: ein Vater aus der Nachbarschaft, der klingelte und fragte, ob ich Hilfe bräuchte. Ich bedankte mich, bat ihn, auf mein schlafendes Kind aufzupassen, und sprang auf das Fahrrad meines Mannes, an dem ein Tandemanhänger für ältere Kinder festgemacht war. Auf dem Weg nach Osten durch Manhattan lief in meinem Kopf in Endlosschleife R.E.M.s »It's the End of the World as We Know It«. Die auto- und menschenfreie Stadt lag funkelnd unter dem kobaltblauen Himmel, zwischen dem Heulen der Sirenen in unheilvolle Stille getaucht. Ich hatte ein schlechtes Gewissen, dass ich die Schönheit bemerkte und genoss.

»Du bist zu spät«, sagte mein Sohn mit zitternder Unterlippe, als ich endlich vor ihm in die Knie ging und ihn umarmte. Es war erst kurz nach Mittag, aber er war einer der letzten Erstklässler*innen, die abgeholt wurden. Anscheinend hatten alle anderen Eltern auch beschlossen, nicht bis zum Schulschluss zu warten.

»Tut mir leid, Liebling«, sagte ich und schluckte die Tränen hinunter. »Ich bin gekommen, so schnell ich konnte.«

»Max' Onkel ist in dem Hochhaus. Und Dantes Daddy.«

»Ich weiß. Ich habe es gehört. Das ist schrecklich.« Ich hielt ihn fest, als er zu schluchzen begann.

»Geht es Daddy gut?« Erst letzte Woche hatte ihn mein Sohn in seinem Büro gegenüber vom World Trade Center besucht. Sie waren zusammen hinaufgefahren, um die Aussicht aus dem Restaurant Windows on the World zu sehen.

»Daddy geht es gut«, versicherte ich ihm und behielt für mich, dass ich seit Stunden nichts von ihm gehört hatte. Die Handynetze waren seit den Anschlägen zusammengebrochen, aber warum rief er nicht vom Festnetz im Büro oder von einer Telefonzelle[*]

---

[*] Erst später erfuhr ich, dass die Telefonzellen auch nicht mehr funktionierten.

an, um Bescheid zu sagen, dass es ihm gut ging? Die Menschen, die in den Hochhäusern starben, hatten Wege gefunden, ihre Ehepartner*innen und Kinder zu erreichen und ihnen in ergreifenden, später veröffentlichten Botschaften zu sagen: »Ich liebe dich.« Es war fünf Stunden her, dass er zur Arbeit gegangen war.

Nein. Nein. Hör auf, dich hineinzusteigern, ermahnte ich mich. *Es geht ihm gut. So ist er einfach.*

Als wir ein Jahr zusammen waren, hatte ich ihn an einem überfüllten Bahnhof in Mailand fünf Minuten allein gelassen, um uns zwei Flaschen Wasser zu besorgen. Als ich zurückkam, war er weg. Er war über eine Stunde weg – Handys gab es damals noch nicht –, und er verstand meine Tränen und meinen Ärger nicht, als ich ihn endlich fand. »Wo warst du?«, fragte ich. »Ich habe dich überall gesucht.«

»Ich habe mich umgesehen«, sagte er verwirrt und von meinem Unverständnis gekränkt.

Vieles an ihm, das ich liebte, hatte mit seiner Arglosigkeit zu tun: die unstillbare Neugier, die kindliche Ehrfurcht und Unschuld, die sich manchmal in unbeabsichtigter Ignoranz niederschlugen. Allerdings muss Ignoranz nicht beabsichtigt sein, um zu verletzen.

Als mein Sohn und ich aus der Schule kamen, dröhnten wieder Kampfjets über uns hinweg. Wir sahen zum Himmel. Was passierte da oben? Versuchten noch mehr Flugzeuge in Häuser zu fliegen? »Woher weißt du, dass es Daddy gut geht?«, fragte mein Sohn.

»Ich weiß es einfach«, sagte ich einigermaßen zuversichtlich, doch als wir nach Hause kamen, stieß ich in meinem Posteingang auf eine Frage, die von mehreren Absendern gestellt wurde: Ob mein Mann an dem Frühstück im Windows on the World teilgenommen habe?

Welches Frühstück im Windows on the World? Ich sah nach. Mir wurde schlecht.

Ausgerechnet die Risk Water Group hatte Delegierte aus dem Finanzsektor in der Tech-Branche zu dem unglückseligen Frühstück eingeladen. Zu dieser Zeit arbeitete mein Mann im Finanzsektor der Tech-Branche. War er dort gewesen? Wir erzählten uns fast nie von unseren beruflichen Terminen. Oder sonst irgendetwas. Ich schrieb meine Artikel, und er machte, was er so machte, und am Ende des Tages, wenn ich die Kinder gefüttert, gebadet und ins Bett gebracht hatte, die Spülmaschine eingeräumt, die Wäsche zusammengelegt, Schulzettel unterschrieben und die Plastikfiguren und verirrten Spiralnudeln aus den Legosteinen sortiert hatte, unterhielten wir uns manchmal für fünf Minuten, bevor ich mich noch mal an den Schreibtisch setzte, um ein oder zwei Stunden zu schreiben. Ich fragte nicht mehr, wo er war, oder bettelte, dass er zum Essen nach Hause käme. Ich fand es leichter, um zehn ins Bett zu gehen, als wach zu bleiben, bis er kam, und den nächsten Streit darüber vom Zaun zu brechen, wie ungleich unsere häuslichen Pflichten verteilt waren, wie sehr dieses Ungleichgewicht meine Karriere belastete und wie einsam ich mich in unserer Ehe fühlte.

Womit ich sagen will, es sprach genauso viel dafür wie dagegen, dass er zum Frühstück im Windows on the World gegangen war. Oder dafür, dass er ganz woanders war. Sich ein bisschen umsah.

Sollte ich ein Vermisstenplakat malen? Am nächsten Tag gab es Abertausende davon, als hätten alle New Yorker*innen im gleichen Moment die gleiche Idee gehabt, nämlich Fotos von Angehörigen mit dem Schriftzug auszudrucken: »MISSING!«, »WER WEISS, WO MEIN DADDY IST?« oder »ZULETZT GESEHEN UM 7 UHR, WER HINWEISE HAT, BITTE JUANITA ANRUFEN.«

Nein, dachte ich. Keine Panik. So ist er einfach. Vier Wochen nach unserem ersten Kuss 1990 in Paris kam ich pünktlich zu einem Rendezvous in einer Brasserie, die er ausgesucht hatte.

Fünfzehn Minuten vergingen. Dann zwanzig. Dann fünfundvierzig. Ich fragte mehrmals nach, ob jemand für mich angerufen habe. »Non«, sagte der Kellner mit wachsendem Mitleid und steigender Ungeduld.

Das war's, dachte ich, als ich nach Hause stampfte, zu wütend, um zu heulen. Als ich die Tür aufschloss, klingelte mein Telefon. »Bitte«, flehte er reumütig. Versuch zu verstehen: Sein Französisch sei nicht gut genug gewesen, um dem Kellner zu erklären, dass er bei der Arbeit aufgehalten worden war. Außerdem habe er die Nummer des Restaurants nicht gehabt.

»Du hattest die Nummer nicht? Warum hast du nicht im Minitel nachgesehen?« Minitel war der Online-Dienst, den es in Frankreich gab, bevor es das Internet gab – eine kleine Zauberkiste, die die französische Télécom mit dem Telefonanschluss zur Verfügung stellte. Man konnte darauf mit Fremden sprechen. Sexten, bevor »sexten« ein Verb war. Jede Telefonnummer in Frankreich finden.

»Ich saß in einem Meeting fest«, sagte er. Er bot an, als Wiedergutmachung am nächsten Abend für mich zu kochen. Erst lehnte ich ab. Dann dachte ich, jeder verdiene eine zweite Chance.

Jahre später würde ich das Zitat von Maya Angelou lesen – »Wenn dir jemand zeigt, wer er ist, glaub ihm beim ersten Mal« – und mich an meine Entscheidung erinnern. Doch ich nahm sein Angebot an, als Wiedergutmachung für mich zu kochen, und es war köstlich, und als er am nächsten Morgen zur Arbeit ging, schloss er mich versehentlich in seiner Wohnung ein. Auch dafür entschuldigte er sich überschwänglich – ich musste einen wichtigen Termin mit dem Fotoredakteur von *GEO* absagen –, und hier waren wir nun: Mein Mann wieder einmal spurlos verschwunden, aber wahrscheinlich auf dem Heimweg nach einem Terroranschlag; ich mit den Kindern im Ausnahmezustand, während ich so tat, als wäre alles in Ordnung.

Als er mehrere Stunden nach dem Anschlag endlich nach Hause kam, brach ich in Tränen aus. So unglücklich ich über den Zustand unserer Ehe war, mit keiner Faser meines Körpers wollte ich, dass meine kleinen Kinder, die ihn jetzt mit Küssen überschütteten, ihren Vater verlören. In diesem Moment nahm ich mir mit neuer Entschlossenheit vor zu reparieren, was zwischen uns nicht stimmte.

Der nächste Tag, der 12. September 2001, war unser achter Hochzeitstag. Angesichts der Tausenden von Vermissten, die uns von handgesetzten Flyern anstarrten, der bewaffneten Nationalgardisten an jeder Ecke, der toten Freunde und Nachbarn, die zu beklagen waren, des zusammen mit den Türmen verschwundenen Jobs meines Mannes und der Tatsache, dass der Tisch, den wir reserviert hatten, jetzt jenseits eines rauchenden Massengrabs stand, schien es mir nicht richtig, unseren ehelichen Müll auf die Waagschale zu legen.

Ich konnte unsere spezifische Dysfunktion nicht benennen. Oder besser, ich war noch nicht bereit, ihr einen Namen zu gehen. Denn sie zu benennen, hätte bedeutet, die Ehe zu beenden. Ich war gut darin, unter suboptimalen Bedingungen zurechtzukommen, und ich war noch besser im Verdrängen. *Wir haben gerade eine schwierige Phase,* redete ich mir ein. Und engen Freunden. Und meiner verheirateten Schwester. Und Nora. *Es ist gerade etwas holprig.*

Aber es ging nicht darum, dass es *gerade etwas holprig* war. Wir waren uns in gar nichts einig. Wo wir wohnen wollten: Ich wollte Miete sparen und nach Brooklyn ziehen; er wollte sich weiter abrackern, nur um in Manhattan zu bleiben. Wie wir die Verantwortung im Haushalt aufteilen sollten: »Du bist die Mutter, das ist deine Aufgabe«, wehrte er jede meiner Bitten ab, als hätte es Betty Friedan nie gegeben. Wie wir unsere Berufe unter einen Hut bringen sollten: Er glaubte fest daran, dass seine Arbeit Vorrang hatte, obwohl ich jahrelang die Hauptverdienerin gewesen war. Wir waren uns nicht einig über den Umgang mit Geld, den Ton unserer Gespräche, unsere Bereitschaft, die Psyche unserer Kinder von Sticheleien zu verschonen. Und vor allem nicht darüber, was Liebe war.

So vergingen zehn Jahre.

4

Lunch mit Nora, East Hampton

Juli 2011

»Ich kann nicht mehr«, erkläre ich Nora endlich. Ich rufe sie früh-morgens an, aber ich bin zu aufgewühlt, um ins Detail zu gehen, nachdem ich am Abend zuvor einen besonders unangenehmen Streit mit meinem Mann hatte. In einer Woche will mein Lektor die finale Version meines neuen Romans auf dem Tisch haben. Eigentlich sollte ich den Vormittag mit meinem Rotstift verbrin-gen. Aber die Buchstaben verschwimmen auf den Manuskript-seiten. Mein Gehirn ist wie gelähmt, weil mir der Streit nicht aus dem Kopf geht.

»Ich reserviere dir einen Platz im nächsten Bus«, sagt Nora und schickt mir, noch während wir telefonieren, den Link. Sie ist in ihrem Haus in East Hampton und schreibt an *Lucky Guy*, einem Stück über einen Boulevardjournalisten, der an Krebs stirbt. Es sollte ihr letztes Stück sein. »Ich hole dich vom Bus ab. Iss nichts. Ich mache dir Lunch.« Als ich sie vor fünf Jahren angerufen hatte, um ihr zu sagen, dass ich nicht zu der Babyparty kommen konnte, die sie für mich organisiert hatte, weil ich für den Rest meiner Schwangerschaft liegen musste, kam sie mit einem Dutzend Hum-mern, zwei hausgemachten Zitronenbaiserkuchen und unseren gemeinsamen Freunden bei mir vorbei und erledigte im An-schluss den ganzen Abwasch.

Bis heute habe ich niemandem außer meiner Therapeutin von den dunklen Seiten meiner Ehe erzählt. Zu groß war die Scham, die Worte auszusprechen, aber auch die Scham, die Selbstvorwürfe und das Unbehagen, mich für eine starke, selbstständige Frau zu halten und gleichzeitig zu schwach zu sein, um mich aus einer dysfunktionalen Ehe zu retten. Oder um auch nur zuzugeben, dass sie dysfunktional war. (*Wir haben eine schwierige Phase. Es ist gerade etwas holprig.*) Außerdem will ich nicht schlecht über den Vater meiner Kinder reden, erst recht nicht vor meiner Mentorin und Superheldin. Aber als ich an jenem Nachmittag in Noras lichtdurchfluteter Küche sitze, in der Geborgenheit ihrer mütterlichen Präsenz und Diskretion, lege ich alles auf den Tisch. Bis zum letzten Knochen.

Später, nach dem Exorzismus, gesellt sich Noras Mann Nick zu uns, legt seiner Frau sanft die Hände auf die Schultern und gibt ihr einen Kuss auf den Scheitel. »Ist das echt?«, frage ich ungläubig und zeige auf die innige Geste. »Ist es so gut, wie es aussieht?« Der Heiligenschein, den die Nachmittagssonne auf ihr Liebesglück wirft, ist fast zu viel: Harry und Sally in ihren goldenen Jahren. Mein Neid auf ihre Bindung lodert fast so hell wie meine Bewunderung.

»Nein«, sagt Nick. »Besser.«

»Deb!« Nora steht lachend auf und geht zur Küchentheke. »Nick ist mein dritter Mann! Wenn man es beim dritten Mal nicht richtig macht ... Komm, hilf mir, den Tisch zu decken.« Sie schneidet dicke Scheiben Bauernbrot. »Bleibst du über Nacht?«

»Ich kann nicht«, sage ich. »Ich muss meinen Sohn um halb sechs vom Bus abholen.«

Nora schürzt die Lippen und neigt den Kopf, sodass nur die Augenbrauen an Ort und Stelle bleiben. »Kann das vielleicht sein Vater machen?«

»Ich frage ihn«, sage ich, auch wenn ich die Antwort kenne, bevor ich zum Handy greife. Bis heute ärgere ich mich, dass ich nicht einfach gesagt habe: »Ist mir egal. Sieh zu, wie du es hinkriegst. Ich komme nicht nach Hause. Ich bin zu verletzt und zu wütend.

Ich übernachte bei Nora.« Aber ich hasse Streit so sehr, dass mir das Abholen der Kinder weniger ausmacht.

Nach dem Mittagessen fährt mich Nora wieder zum Bus und schreibt mir den Namen und die Nummer ihrer Freundin Joyce auf, einer analytischen Psychotherapeutin, die auf Paare in der Sackgasse spezialisiert ist. Die letzte Paartherapie hatten wir beendet, als unser Sohn in den Kindergarten kam und wir bei der Läusekontrolle feststellten, dass das Kind unserer Therapeutin in die gleiche Gruppe ging. »Du weißt, dass ich für dich da bin«, sagt Nora, »falls du beschließt, den Stecker zu ziehen. Aber bitte: Versuch, deine Ehe zu retten, bevor du zu drastischen Mitteln greifst.«

»Ich glaube, über den Punkt sind wir hinaus«, sage ich. »Ich glaube, es ist zu spät.«

»Du weißt, dass ich es immer sage, aber ich sage es noch mal: Ehen kommen und gehen, aber eine Scheidung ist für immer. Er liebt dich. Ich hab es mit meinen eigenen Augen gesehen. Auch wenn er ein verdammt guter Lügner ist.« Nora und ich haben regelmäßig Dinnerpartys für zwanzig Leute veranstaltet, bei denen wir nach dem Essen stundenlang, knallhart, gnadenlos Mafia spielten, und mit einer Lüge hatte mein Mann uns alle beeindruckt.

Lügen gehört natürlich zum Spiel, wenn man eine der drei Mafia-Karten zieht: Du musst lügen und behaupten, du wärst ein ehrlicher Bürger, um die anderen Bürger*innen zu überzeugen, dass du kein Mafioso bist, während du sie gleichzeitig überredest, ihre unschuldigen Nachbarn umzulegen.

Am Abend seiner infamen Lüge war mein Mann Mafioso, und ich war es nicht. Das hieß, er wusste, wer von denen, die noch übrig waren, zu seinem Team gehörten. Ich war Bürgerin und spielte daher blind. Es war kurz vor dem Showdown, nur noch wenige von uns waren im Spiel. Wenn wir Bürger*innen einen von uns umbrachten, hatte die Mafia gewonnen. Wenn wir einen Mafioso erwischten, hatte das Gute gesiegt. Vor achtzehn Freunden sah mir mein Mann tief in die Augen und sagte: »Deb, schau mich an. Ich liebe dich. Du bist meine Frau. Du weißt, dass ich dich nie anlügen würde. Ich verspreche es. Ich *schwöre* es. Ich bin nicht in der Mafia. Wenn du mich umbringst anstatt Adam, hat die Mafia gewonnen.« Vor versammelter Mannschaft das eheliche Vertrauen ins Spiel zu bringen, war eine verzweifelte Taktik. Ich hatte es nur wenige Male erlebt, und immer nur zum Wohl der Bürgerinnen und Bürger. Völlig arglos – ich traute ihm sogar zu, der Kommissar zu sein, der sich ins Messer stürzte, um die Bürger*innen zu retten – stimmte ich mit ihm dafür, unseren Freund Adam abzumurksen, den letzten aufrechten Bürger. Und damit hatte die Mafia gewonnen.

Später lachten alle darüber. Ich am lautesten. Aber je länger ich in den folgenden Monaten darüber nachdachte, desto mehr wurmte mich die schlichte Wahrheit, die seine Lüge aufgedeckt hatte. Ich fühlte mich nicht bloßgestellt. Ich war auch nicht wütend oder empört. Das Problem war, dass mir das Gefühl, nicht im selben Team zu spielen, viel zu vertraut vorkam. Und dieser intime, problematische Umstand, den ich immer, wie mir jetzt erst auffiel, unter großem Energieaufwand zu vertuschen versuchte, lag plötzlich auf dem Tisch, vor all unseren Freunden.

»Ja, die Mafialüge war ein Schocker«, sage ich zu Nora, »aber es geht nicht um seine Lügen oder um seine Liebe.« Mein Mann sagte mir häufig, dass er mich liebte. An seinen Gefühlen zweifelte ich nicht. »Es geht um Empathie. Besser gesagt darum, dass er keine hat. Und dass mich seine fehlende Empathie langsam umbringt.«

»Joyce ist ein Genie«, sagt Nora. »Ruf sie an.«

5

Empathie

Joyce hat eine helle, einladende Praxis auf der West 67th Street in der Nähe des Central Park, und sie bittet uns, an der Tür die Schuhe auszuziehen: ein entwaffnender Trick, den alle Psycholog*innen anwenden sollten, denn er verbannt die Äußerlichkeiten nach draußen und lädt zum Wohlfühlen ein. Wer seine Füße entblößt, kann auch seine Seele entblößen, davon bin ich inzwischen überzeugt. Außerdem ist es am Ende der wöchentlichen Sitzung eine gute Erinnerung daran, dass die Eheleute jeweils in ihren eigenen Schuhen stehen, und die Herausforderung der Ehe darin besteht, sich in die Schuhe des anderen hineinzuversetzen. »Warum sind Sie hier?«, fragt Joyce.

»Weil sie mich gezwungen hat«, scherzt mein Mann.

Ich lache. Sein Humor ist einer der Gründe, warum ich mich in ihn verliebt habe. Im nächsten Moment spüre ich das Kribbeln, das die Tränen ankündigt. »Empathie«, sage ich, und die Schleusen öffnen sich.

Aber, ach!, wie wir bald herausfinden, ist Empathie, dieses Schlüsselelement der reifen Liebe, im Baukasten des Mannes, den ich geheiratet habe, nicht vorhanden. Er ist neurologisch nicht in der Lage dazu. Jahrelang hatte ich das nicht verstanden. Ich dachte, er würde sich mit Absicht weigern, sich in mich hineinzuversetzen, eine Unterstellung, die meine Wut und Frustration nur noch schlimmer machte. Nach 21 Jahren Beziehung muss erst Joyce kommen und die Vermutung anstellen, dass mein Mann vielleicht einfach nicht dazu fähig ist. Und dass die täglichen Irritationen, die er damit auslöst, vollkommen unbeabsichtigt sind.

Sie sieht Woche für Woche zu, wie wir in ihrer Praxis interagieren, und stellt fest, dass der Mann, der einst gelobt hat, die Frau neben ihm zu lieben, zu achten und zu ehren, nicht einmal die Hand auf mein Bein oder meine Schulter legt, wenn ich weine. Er sitzt einfach auf seiner Seite der Couch und sieht zu, wie meine Tränen fließen. Joyce' Beobachtung führt zu einem Termin bei einem Autismus-Experten, der uns beiden einen EQ-Test für emotionale Intelligenz vorlegt. Der Test misst die Empathiefähigkeit auf einer Skala von 0 bis 80. Mein Ergebnis ist 68. Das Ergebnis meines Mannes ist 8: eins der niedrigsten Ergebnisse, die der Arzt je gemessen hat.

Bei 30 liegt der grobe Grenzwert für das, was damals Asperger-Syndrom (AS) hieß und heute als hochfunktionale Ausprägung einer Autismus-Spektrum-Störung (ASS) zählt. Ein anderes Wort dafür ist »Gefühlsblindheit«. Was bedeutet, dass er auf neurologischer Ebene nicht erfassen kann, was in mir vorgeht, und nicht angemessen reagieren kann, wenn ich ihm sage, wie ich mich fühle. Bis dahin war ich davon ausgegangen, dass die emotionale Schwäche meines Mannes auf seine Kindheit zurückging und reversibel wäre, solange er die richtige Dosis Liebe, guten Willen und Therapie bekäme. Dass an unseren Eheproblemen seine Biografie schuld war, nicht seine neurologische Hardware.

Ich hatte mich geirrt.

Aber der Fehler geschah im guten Glauben. Er hatte mir schon beim ersten Date von seiner traurigen Kindheit erzählt: von seinem nichtsnutzigen Vater, von seiner Emigration aus Breschnews Russland in die USA, als er neun Jahre alt war, mit seinem Zwillingsbruder und seiner alleinerziehenden Mutter, vom Tod seiner Mutter, als er erst fünfzehn war, von den Anpassungsschwierigkeiten an der Talmudschule und in der orthodoxen Familie, die ihn aufnahm, nach seiner bis dahin nicht religiösen Erziehung. Wir waren 24 und saßen am Ufer der Seine in Paris, wo wir damals beide lebten. Seine Geschichte berührte mich tief. Brachte mich zum Weinen. Ich verzieh ihm die ganzen Macken und Spleens, die ich schon am Anfang sah. Dachte an seine emigrierte Mutter, die brillante Kunsthistorikerin, die im Nebenjob Diamanten sortierte, um ihren Söhnen das Essen auf den Tisch zu stellen. Die sich in einem fremden Land aufopferte, damit ihre Kinder es eines Tages besser hatten, nur um wenige Jahre später an einer Herzkrankheit zu sterben.

Rückblickend verliebte ich mich an jenem Abend wahrscheinlich mehr in seine Mutter als in ihn: ihren Mumm, ihre Tapferkeit, die Bereitschaft, für die Zukunft ihrer Söhne alles zu geben. Und irgendwie, bewusst oder unbewusst, war ihm das klar. »Frauen verlassen mich immer«, sagte mein zukünftiger Ehemann am gleichen Abend, der erste von vielen Ködern: *Mal sehen, ob du die Frau bist, die bleibt.* Der nächste Köder war die Topfpflanze, die er mir als Willkommensüberraschung in die Wohnung stellte, während ich aus dem postrevolutionären Rumänien berichtete. »Kümmer dich um mich«, stand auf einem Zettel, der an den Blättern klebte. »Ich brauche viel Wasser, Sonne und vor allem Liebe.«

Zwei Wochen bevor ich nach Hause kam und die in der Nachmittagssonne strahlende Pflanze entdeckte, hatte ich erlebt, wie die Leiche eines rumänischen Waisenkindes, das einmal zu oft den Kopf gegen die urinfleckige Wand geschlagen hatte, auf einem Holzbrett mit einer rostigen Säge ausgeweidet wurde. Das war 1990 in Vultureşti in einem der inzwischen berüchtigten Heime für die Unrettbaren, wo Kinder mit Behinderungen unter derart entsetzlichen Bedingungen lebten, dass ich sie nie vergessen würde: Bettgestelle ohne Matratzen, zerlumpte, schmutzige Kleidung, ein Kleinkind mit dem Fuß ans Bett gefesselt, dünne Grütze, die gierig und ohne Löffel geschlürft wurde, um Bäuche zu füllen, die man kaum so bezeichnen konnte. Eher stramm über Knochen gespannte Haut.

Die Öffnung der Leiche des Jungen, wurde mir gesagt, sei vom rumänischen Gesetz vorgeschrieben. Bei jedem Toten müssten die Organe entnommen und wieder an ihren Platz gelegt werden, allerdings reichte der Nachweis ihrer Entfernung, um dem lächerlichen Gesetz zu entsprechen: eine lange Narbe in der Körpermitte, eine weitere quer über der Stirn, die heruntergezogen war, um das Gehirn freizulegen, bei dessen Anblick ich würgen musste.

»Und jetzt?«, hatte ich die Frau mit der rostigen Säge mithilfe einer Übersetzerin gefragt, als sie vor der leeren Kinderleiche stand, um die herum die leblosen Organe lagen. Die Frau war weder Ärztin, noch Gerichtsmedizinerin oder Krankenschwester. Sie war eine arme Dorfbewohnerin mit der Aufgabe, sich um zu viele verlassene und behinderte Kinder zu kümmern, ohne dass ihr irgendwelche Mittel zur Verfügung gestellt wurden. Würde sie einen Bericht über die Obduktion schreiben? Hatte sie Instrumente, um sein Herz, seine Lunge, sein Gehirn zu messen? Würden irgendwelche dieser Daten Aufschluss über sein Leiden oder seinen Tod geben?

»Jetzt legen wir alles wieder rein«, sagte sie achselzuckend. Die Operation war nur Theater. Ich musste zum zweiten Mal den Raum verlassen, um mich zu übergeben.

Als ich zwei Wochen später in meine Pariser Wohnung zurückkam und die leuchtende Zimmerpflanze sah, die mein zukünftiger Ehemann mit der Bitte um Liebe, Hege und Pflege, Sonne und Wasser dorthin gestellt hatte, kann es sein, dass mein Unterbewusstsein zu dem Schluss kam: »Hier ist ein Waisenkind, das du vielleicht retten kannst?« Ja. Auf jeden Fall.

Und sein Unterbewusstsein wird erkannt haben, dass hier eine Kümmerin kam, die sich seiner annehmen würde. Die meisten Ehen, in denen ein Partner Asperger hat und der andere nicht, beruhen auf dieser Dynamik. Wir liefen in eine Falle wie aus dem Autismus-Spektrum-Bilderbuch.

Nach seiner Diagnose, die für uns beide eine Erleichterung war, weil sie alles erklärte, womit wir als Paar zu kämpfen hatten, las ich jedes Buch zum Thema Asperger und Paarbeziehungen, das ich in die Finger bekam. Absatz für Absatz wurde unsere Dynamik mit wissenschaftlicher Detailfreude beschrieben. Die begrenzten sozialen Fähigkeiten des Betroffenen, schreibt Tony Attwood, der auf das Asperger-Syndrom spezialisiert ist, könnten starkes mütterliches Mitgefühl auslösen, gepaart mit der Überzeugung, seine soziale Unsicherheit und der Mangel an sozialem Vertrauen würden auf Kindheitserfahrungen zurückgehen und könnten mit der Zeit behoben werden, da die Liebe alles ändern würde.[13]

Als ich diese Bücher las, wurde mir plötzlich klar, dass ich an der Nicht-Erfüllung meiner Bedürfnisse von Anfang an zu 100 Prozent beteiligt gewesen war. Und damit mindestens 50 Prozent der Verantwortung für das Scheitern unserer Ehe trug. Weder auf dem Zettel an der Zimmerpflanze noch in unserem späteren Ehegelübde, das wir gemeinsam verfassten, hatte mein zukünftiger Mann mir jemals gegenseitige Fürsorge versprochen oder auch nur in Aussicht gestellt. Ohne handfeste Beweise für das Gegenteil hatte ich mir einfach eingeredet, dass er, wenn ich den ausgetrockneten Boden seiner zerrütteten Kindheit mit Liebe goss, bald in der Lage wäre, den emotionalen Sauerstoff zu produzieren, den auch ich zum Leben brauchte. Stattdessen bekam ich in den nächsten zwanzig Jahre keine Luft. »Du hast keine Empathie!«, schrie ich, immer und immer wieder.

»Ich verstehe nicht, was du meinst!«, schrie er zurück, sichtlich getroffen und verletzt. Ich dachte, er würde sich absichtlich dumm stellen.

»Nein«, sagte Dr. Richard Perry, unser Asperger-Therapeut, nachdem sich dieser Dialog über Jahrzehnte fest verankert hat,

»er stellt sich nicht dumm. Er versteht tatsächlich nicht, was Sie meinen.«

Wie zeigte sich die Dynamik in unserem Alltag? In kleinen wie in großen Dingen, erklärte ich unserem Therapeuten. Wenn ich in eine Glasscherbe trat oder mir beim Zwiebelschneiden in den Finger schnitt und »Aua!« sagte, fragte er nicht: »Alles in Ordnung?«, sondern reagierte mit tadelndem Schweigen oder Vorwürfen, weil ich barfuß ging oder ungeschickt war. Meine Tränen über den Tod einer geliebten Professorin kommentierte er nur mit »Ach, der Tod« und einer gleichgültigen Handbewegung. An unserem fünften Hochzeitstag stand er im Restaurant vor der Vorspeise auf, um einen nicht dringenden Anruf seines Zwillingsbruders entgegenzunehmen, und kam erst wieder an den Tisch, als der Hauptgang kalt geworden war. Als in einer besonders kalten Februarwoche der Boiler kaputtging, sodass wir weder Heizung noch warmes Wasser hatten, und ich ihn nach der kalten Dusche zähneklappernd bat, mir ein trockenes Handtuch zu bringen, weil er meins genommen hatte, war seine Antwort ein knappes »Nein«.

Einer der deutlichsten Hinweise auf Asperger, erklärt uns Dr. Perry, ist, dass vermeintlich vorsätzliche Kränkungen völlig unbeabsichtigt sind. Die Beschreibung klingt schmerzhaft vertraut. Mein Mann meint es nicht böse, sage ich, aber sein Handeln, oder in vielen Fällen sein Nichthandeln, ist oft verletzend. Nicht nur für mich, auch wenn ich das meiste abkriege, sondern manchmal auch für unsere Kinder und Freunde.

Als unser vierjähriges Kind mit dem Kawasaki-Syndrom, der häufigsten Ursache für Herzinfarkte bei Kindern unter fünf Jahren, ins Krankenhaus eingeliefert wurde und ich meinen Mann anflehte, mir beizustehen, ging er stattdessen zu einem Umtrunk, weil sein Chef Geburtstag hatte. Als fünfzehn Jahre vorher unser Ältester mit acht Monaten mehrmals hintereinander gallertartiges Blut in der Windel hatte, vermutete die Kinderärztin, die Telefonbereitschaft hatte, zu Recht eine Darmeinstülpung und forderte uns auf, sofort zu ihr ins Krankenhaus zu kommen. »Deb, es ist 22 Uhr!«, sagte der Vater unseres blutenden Kindes. »Hätte das nicht bis morgen warten können?« Intussuszeption sei bei Jungen zwischen fünf und neun Monaten zwar nicht ungewöhnlich, hatte die Ärztin am Telefon gesagt, führe aber zum Darmverschluss, der unbehandelt lebensbedrohlich ist.

Das soll nicht heißen, dass er ein schlechter Vater war. Im Gegensatz zu seinem eigenen abwesenden Vater war er das nicht. In vielen wichtigen Dingen war er sogar besser als die meisten Väter, insbesondere als die Kinder älter als fünf waren. (»Ruf mich, wenn sie fünf sind«, sagte er oft. Es dauerte eine Weile, bis ich merkte, dass es kein Scherz war.) Er konnte stundenlang mit ihnen vor einer Obstschale sitzen und zeichnen. In den Ferien hatte er die Energie, die Ideen und die Begeisterung eines Sommercamp-Betreuers. Er liebte es, mit ihnen fremde Städte zu erkunden und Kunst-, Musik- und Naturerlebnisse zu teilen, und plante Wanderungen, Ausflüge und Exkursionen oft schon Wochen im Voraus.

Aber diese sorgfältig geschmiedeten Pläne konnten auch äußerst starr sein. Wenn er sich vorgenommen hatte, mit unseren Kindern in ein Museum zu gehen, aber sie viel lieber zum Bowling wollten, konnte der daraus resultierende Streit ein ganzes Wochenende ruinieren. Gleichzeitig führten seine eigenen spontanen Eingebungen zu Situationen wie der, als wir unsere Freunde Rebecca und Matt zum Abendessen einluden: Wir hatten uns gerade gesetzt, als mein Mann aufstand und sich verabschiedete, um ins Fitnessstudio zu gehen.

Zwanzig Jahre nach unserer Hochzeit erfuhr ich bei einem Gespräch mit Dr. Perry, dass das Veranstalten von Dinnerpartys – eine Aufgabe, die mein Mann besonders gut plante und zu genießen schien – ihn so viel Kraft kostete, dass er von Zeit zu Zeit vom Tisch aufstand und sich im Schlafzimmer auf den Boden legte, um an die Decke zu starren und sich zu regenerieren – was ich immer als häufige Toilettengänge interpretiert hatte. Ich war umso überraschter, weil meistens er der Initiator und Ausführende dieser Einladungen war, zum Beispiel seines ganztägigen Cassoulet-Fests, das er seit Jahren jeden Winter sorgfältig plante, kochte und organisierte.

Die Vorbereitung des Cassoulet-Tages, den unsere Kinder fälschlicherweise für einen offiziellen Feiertag hielten (»Was machen andere Familien am Cassoulet-Tag?«), nahm drei volle Tage in Anspruch, und jedes Jahr notierte er die Schritte Bohne für Bohne, Wurst für Ente, Speckwürfel für Knoblauchzehe gewissenhaft in einer wachsenden Datei auf seinem Computer. Ich las dieses verrückte Dokument zum ersten Mal, als wir gebeten wurden, gemeinsam einen Essay für eine kulinarische Anthologie zu schreiben, die später den Titel unseres Texts übernahm: *The Cassoulet Saved Our Marriage*. Unser Beitrag hatte die Form einer E-Mail-Korrespondenz: seine Nachrichten herzzerreißend hoffnungsvoll und verharmlosend; meine von tiefer Ambivalenz und Traurigkeit belastet, die das Ende unserer Ehe vorwegnahmen. Ich flehte die Herausgeberin an, den Titel der Anthologie zu ändern, die genau zu dem Zeitpunkt erschien, als unsere Ehe endgültig abstürzte, aber es war zu spät.

Doch die wahre Erkenntnis, die mir bei der gemeinsamen Arbeit an dem Beitrag kam, war diese: Bevor ich sein viele Seiten langes Cassoulet-Dokument las, in dem er Schritt für Schritt, Minute für Minute Arbeitsgänge, Temperaturen und Zeiten festhielt, war mir nicht klar, dass die dreitägige Vorbereitung nicht die Herausforderung war, die er jedes Jahr auf sich nahm, um das Essen mit Freunden genießen zu können, sondern der eigentliche Spaß. Die Herausforderung für ihn war, mit unseren Gästen – Nora, Nick und anderen – am Tisch zu sitzen.

Es gab noch weitere Eigenarten, die ich vor der Diagnose für liebenswerte Spleens hielt, aber später als typische Anzeichen für hochfunktionalen Autismus verstand. Sein enzyklopädisches Wissen über Rüstungsgüter war so präzise, dass er 1991 in Moskau, als wir zufällig am Morgen des Augustputsches auf dem Roten Platz waren und ich beim Anblick der Panzer auf der Gorki-Straße schrie:»Oh Gott! Panzer! Lauf!«, mitten auf dem Roten Platz stehenblieb, um meine Fehleinschätzung zu korrigieren.»Nein, das sind keine Panzer. Das sind MTWs. BTR-60s, um genau zu sein. Wie kommst du auf Panzer?«

Als die Peak-Oil-Theorie in den Nachrichten auftauchte, begann er, sich so besessen mit dem Thema zu beschäftigen, dass ich mich immer wieder bei Freundinnen und Freunden entschuldigen musste, wenn er sie mit akribisch recherchierten Untergangsszenarien volltextete, während sie verzweifelt versuchten das Thema zu wechseln.

All diese Marotten und empathieblinden Flecken hätte ich zugunsten unserer Ehe akzeptieren können, sage ich zu unserem Autismus-Therapeuten, wäre unser Ehebett, das unser Rettungsboot hätte sein sollen, nicht stattdessen zu unserer *Titanic* geworden.

Andere Frauen, die mit Aspie-Männern verheiratet sind, erzählen von ähnlichen täglichen Kämpfen, wenn Partner die Intimität als zweckmäßiges Ereignis sehen oder die Bedürfnisse beider nicht mehr zusammenkommen.[14] »Wenn ich sage, dass ich zu müde für Sex bin«, berichtet eine, »sagt er, ich müsse doch nichts machen: ›Von mir aus kannst du einschlafen‹ (…) Meistens bin ich zu müde, um ihm zu erklären, warum mir von diesem Argument schlecht wird.«[15]

Weil ich nicht streiten und unsere Ehe nicht gefährden wollte, gab ich oft den Bedürfnissen meines Mannes nach, statt auf meine zu hören: im Rückblick die schlechteste Lösung, auch wenn sie lehrbuchmäßig ist, denn sie führte zu Frustration auf seiner Seite und zur Aufweichung meiner Grenzen. Indem ich ihm meine Grenzen nicht aufzeigte – was ich zu verantworten habe und bereue –, brachte ich ihn dazu, sie immer wieder zu überschreiten, was einen Teufelskreis der Verzweiflung erzeugte, statt unsere Bindung zu stärken.

In den meisten scheiternden Ehen, so auch bei uns, graben sich die Kratzer so tief in die Platte ein, dass die Nadel jedes Mal springt und den Song ruiniert. Ab dem Zeitpunkt, da nur noch Dissonanz und Wiederholung übrig sind, sind beide Partner schuld, wenn es so weitergeht. Ob zuerst das Huhn oder das Ei da war, spielt keine Rolle mehr. Die Nadel hängt für immer an derselben Stelle, und der Klang der kaputten Platte ist für beide unerträglich. Die lieblosen Handlungen auf der einen Seite führen zu Wut und Abwehrverhalten auf der anderen, und es entsteht eine endlose negative Rückkopplungsschleife, die bei uns in etwa so aussah: Seine Empathielosigkeit, Abwesenheit und fehlende Beteiligung zu Hause und sein Kontrollzwang lösten bei mir Tränen und Wutanfälle aus; meine Tränen und Wutanfälle führten dazu, dass er noch weniger nach Hause kam und noch mehr zu Kontrollzwang neigte. Immer so weiter. Ad infinitum.

Was in dieser Abwärtsspirale verloren ging, war die Liebe.

Weil mir keine Lösung einfiel, die nicht zur Trennung führte; weil ich wusste, dass unsere Kinder unter der Trennung leiden würden; weil mir das Eheversprechen immer noch heilig war; weil sich in meiner Familie noch nie jemand hatte scheiden lassen – außer Großtante Ruth eine Woche nach ihrer Hochzeit, und das auch nur, weil ihr Bräutigam seine Mutter mit in die Flitterwochen nahm; weil mich bis zu dem schicksalhaften Lunch mit Nora, als ich endlich darüber sprach, die Scham davon abhielt, die problematischen Details unseres Liebeslebens in Worte zu fassen; weil es in den USA in einer Zeit, da die Mittelschicht schneller zerfiel, als man »Subprime-Hypothekenkrise« sagen kann, selbst als Ehepaar nicht einfach war, über die Runden zu kommen, wenn ein Partner im Autismus-Spektrum war und der andere in der schrumpfenden Medienbranche arbeitete; weil unsere Krankenversicherung an den Job meines Mannes geknüpft war, nicht an meinen; weil ich richtig davon ausging, dass ich als alleinerziehende Mutter mit finanziellen und emotionalen Engpässen rechnen musste; weil drohende Pleite und Obdachlosigkeit keine irrationalen Ängste einer Katastrophentheoretikerin waren, sondern real und unmittelbar bevorstanden; weil mein Bett ein Ort der Angst und Traurigkeit war statt ein Hafen der Sicherheit und Liebe: Aus all diesen Gründen habe ich mir immer wieder kleine Auszeiten von meiner Ehe genommen. Viele davon begründete ich auch vor mir selbst mit meinem Beruf.

»Warum bist du nicht einfach gegangen?«, werde ich heute oft gefragt, als hätte ich nicht täglich und manchmal stündlich daran gedacht. Doch wie bei den meisten Frauen in ähnlichen Beziehungen – im Schnitt braucht es sieben Anläufe, bis man die Sachen packt und geht –, waren meine ersten Versuche kurzfristige Fluchten.

6

Fluchten

2001–2003

Ein paar Wochen nach 9/11 überzeugte ich die Redaktion von *O, The Oprah Magazine*, mich und meinen damals sechsjährigen Sohn an meine alte Wirkungsstätte Peschawar in Pakistan zurückzuschicken, um nach Beginn des Bodenkriegs Hilfsgüter für geflüchtete Kinder nach Afghanistan zu bringen.[16] Ich hatte von der Kriegsfotografie auf Fernsehjournalismus und schließlich auf die Printmedien umgesattelt, um das Risiko, dass meine Kinder ohne Mutter aufwachsen mussten, möglichst zu reduzieren. Doch in den Anthrax-verseuchten Wochen nach 9/11, als sich New York plötzlich so gefährlich wie ein Kriegsgebiet anfühlte, begannen Eltern in der ersten Klasse meines Sohnes zu hinterfragen, warum die Lehrerin Lesezeichen für ein humanitäres Projekt zugunsten von afghanischen Flüchtlingen basteln ließ. »Wenn wir afghanischen Flüchtlingen Geld geben, unterstützen wir dann nicht den Feind?«, hörte ich eine von ihnen fragen, und das war der Moment, in dem ich eine Entscheidung traf.

1989 hatte ich als 22-jährige Nachwuchsjournalistin bei meinem zweiten großen Einsatz über das Ende des Kriegs in Afghanistan berichtet – den Krieg, in dem die USA im Namen der Bekämpfung des sowjetischen Kommunismus die Mudschahedin mit Stinger-Raketen unterstützten. Ich wusste, wie viel Schaden wir angerichtet hatten, wusste um die moralische Korruptheit unseres Eingreifens damals, und wie später mit den Angriffen auf die Zwillingstürme, die ich mit meiner Tochter vom Dach aus beobachtet hatte, alles auf uns zurückfiel. »Wir liefern das Geld persönlich dort ab«, versprach ich der Lehrerin meines Sohnes schnell und sagte, dass wir uns in relativ geringe Gefahr begäben, wenn wir uns auf die Lager in Peschawar konzentrierten, viele Kilometer vom Bodenkrieg in Afghanistan entfernt.

Genau das taten wir zehn Tage später und brachten außerdem Spielsachen, Trockenfrüchte, Schulmaterial und alle möglichen Sportgeräte mit, als wir mit missionarischem Eifer von Schule zu Schule und von Flüchtlingslager zu Flüchtlingslager zogen, um ein Häufchen kriegstraumatisierter Kinder davon zu überzeugen, dass nicht alle Amerikaner*innen sie tot sehen wollten.

Dort in der Lobby des Pearl Continental Hotel freundete ich mich mit dem *Wall-Street-Journal*-Korrespondenten Daniel Pearl an, einem der wenigen anderen Journalist*innen, die nach Ausbruch des Konflikts in Peschawar geblieben waren. Ich sprach Danny an, weil mein Sohn bedenklich lange auf der Herrentoilette blieb, und bat ihn, nach dem Rechten zu sehen. »Ihm geht's prima«, sagte Danny, als er zurückkam. »Er macht sein Ding und singt dabei Fernsehmelodien.« Während wir auf meinen Sohn warteten, fragte ich Danny, warum er nicht drüben in Afghanistan sei wie alle anderen. Das Hotel, das früher immer ausgebucht war und von Journalist*innen wimmelte, war fast leer. »Meine Frau erwartet unser erstes Kind«, sagte er. Er wolle sich nicht unnötig in Gefahr bringen. Er berichte über eine andere Seite der Geschichte, sagte er. Eine relativ sichere Seite.

»Genau wie bei mir«, sagte ich und erzählte ihm von unseren Projekten.

Drei Monate später wurde Danny von dem hochrangigen Al-Qaida-Mitglied Sheikh Mohammed enthauptet, der sich später auch zum Führen des Messers bekannte. Ich war gerade auf Lesereise, als ich die Nachricht erhielt. In irgendeinem Hotel, heulend.

Einige meiner Freunde und Familienmitglieder äußerten Besorgnis und zum Teil Entsetzen über meine Entscheidung, meinen Sechsjährigen mit nach Peschawar zu nehmen. Ich verstand ihre Argumente natürlich, aber ich bereue die Reise nicht. Mein inzwischen erwachsener Sohn erinnert sich bis heute, wenn auch vage, an die Besuche in den Flüchtlingslagern als entscheidenden Moment für sein Verständnis der Welt und seines Platzes darin. Er hatte seine eigenen Legosteine mitgebracht, um sie den Kindern zu schenken, aber anstatt gemeinsam zu spielen, versuchten alle, Steine zu horten und in Händen, Taschen und Mündern zu verstecken. »Nein!«, hatte er gesagt. »Macht das nicht. Wir müssen gemeinsam etwas bauen. Schaut her, so ...« Die Kinder verstanden sofort, was er meinte, und begannen, gemeinsam ein Haus zu bauen.

Als seine kleine Schwester am Tag nach unserer Rückkehr jammerte, weil sie zum Nachtisch keinen zweiten Cupcake bekam, stellte er sich auf den Stuhl, zeigte mit dem Finger auf sie und sagte: »Es gibt Orte auf der Welt, *wo es überhaupt keine Cupcakes gibt*!«

Wenn ich heute mit unverstelltem Blick daran zurückdenke, wird mir klar, dass die Hilfe für die Geflüchteten und die humanitäre Erziehung meines Kindes nicht meine einzigen Gründe für die Reise waren. Weniger romantisch ist die Tatsache, dass wir Geld brauchten. Mein Mann hatte am 11. September mit dem Büro auch seinen Job verloren, und *O, The Oprah Magazine*, für das ich schrieb und die Fotos machte, zahlte für beides gut. Ein anderer wichtiger Grund war sicherlich auch die zehntägige Auszeit von meiner Ehe. Was die Frage aufwirft: Wie unglücklich muss eine Frau in ihrer Ehe sein, um mit ihrem sechsjährigen Sohn in das Grenzland eines Kriegsgebiets zu reisen?

Kurz nach unserer Rückkehr aus Peschawar, als ich unter Depressionen litt und Raum für mich brauchte, mietete ich das billigste Büro, das ich finden konnte, in einer ehemaligen Textilfabrik am unteren Broadway, die noch kein Spekulationsobjekt war, und zog mich täglich dorthin zurück, um mein zweites Buch zu schreiben, den Roman »Suicide Wood« (später unter dem Titel *Between Here and April* erschienen*). Der dunkle, ungeheizte Raum, der 179 Dollar im Monat kostete und schmutzig, zugig und baufällig war, mit einem rußschwarzen Fenster, das auf einen Luftschacht hinausblickte, schien mir passend für die Aufgabe, die ich mir vorgenommen hatte: meine schwärzesten Winkel auszuloten.

Dem Roman liegt die wahre Geschichte meiner besten Grundschulfreundin Connie Hummel zugrunde, deren Mutter 1972 Connie, ihre beiden Geschwister und sich selbst tötete, indem sie einen Staubsaugerschlauch am Auspuffrohr des Familienautos anschloss. Ich zwang dann meine stellvertretende Protagonistin und Erzählerin des Romans, Lizzie, den Kummer und das Elend meiner Ehe zu durchleben, wenn auch in abgeschwächter Form: An den Rand einer Szene hatte meine Agentin geschrieben: »Zu viel. Zu schlimm. Sprengt die Grenzen der Glaubwürdigkeit.« Doch ich ließ die Szene drin, als ich das Manuskript abgab, nur um auch von meiner Lektorin mit Rotstift gemaßregelt zu werden. »Nein«, sagte sie, als ich sie anrief und bat, die Szene zu behalten. »Tut mir leid. Das kaufe ich der Figur nicht ab. Keine Frau würde sich so behandeln lassen. Nicht einmal eine schwache Frau, und Lizzie ist keine schwache Frau.« Damals konnte ich noch nicht zugeben – vor ihr oder sonst wem –, dass ich eine vermeintlich starke Frau kannte, die genau das tat: mich.

Heute schäme ich mich weniger als damals, es auszusprechen, aber es gab viele Tage in der jahrzehntelangen Abwärtsspirale mei-

---

* Ich hing an »Suicide Wood«, aber der Verlag machte mir wieder einmal klar, dass der Titel nicht meine Entscheidung war. Man war der Meinung, der Dante-Bezug (der »Wald der Selbstmörder«) könne dem Verkauf schaden. Der Roman ist eine Allegorie auf Dantes Inferno.

ner Ehe, an denen ich mich wie meine Protagonistin nach einer Flucht ins Nichts sehnte. An besonderen Tiefpunkten waren meine Kinder der einzige Anker, der mich davon abhielt, zur Schaufel zu greifen und mir mein eigenes Grab zu schaufeln.

Der Psychologe Tony Attwood schreibt, dass die große Mehrheit von Partner*innen ohne Asperger sagen würde, ihr psychisches Wohlbefinden habe sich während der Beziehung deutlich verschlechtert. Viele berichteten außerdem von einer Verschlechterung ihrer physischen Verfassung.[17]

Aus Angst, ich könnte mir etwas antun, begab ich mich in die Obhut eines Psychiaters, dessen wöchentliche Sitzungen ein Muster von Schmerz und Flucht, Aktion und Reaktion sichtbar machten, das bis in meine Kindheit zurückreichte. Unbeständigkeit? Ich wurde zur Musterschülerin ohne Fehl und Tadel. Übergriff, Vergewaltigung? Ich zog in den Krieg und ließ mich mit missbräuchlichen Liebhabern ein. Schmerz? Flucht. Mit allen Mitteln.

Zu meinen Fluchten gehörten zeitweise Zigaretten, obwohl ich eigentlich mit Ende zwanzig mit dem Rauchen aufgehört hatte. Ich rauchte heimlich, wenn die Kinder im Bett waren und bevor ich schlafen ging, und blies den Rauch wie ein Sträfling in Einzelhaft durch das vergitterte Küchenfenster. Zu meinen Fluchten gehörten alle großen Romane über schwierige Ehen, die ich in die Finger bekam: Roth und Updike, Tolstoi und Flaubert, Woolf, Plath, und ja, Ephron, bei deren *Heartburn* (deutsch: *Sodbrennen*) mir vor lauter Selbsterkenntnis buchstäblich das Herz brannte. Zu meinen Fluchten gehörte Ende der 90er Jahre auch eine unangemessen enge Beziehung zu einem Vater aus der Nachbarschaft, der ebenfalls Eheprobleme hatte: eine Freimaurerei der Leidensgefährten, um mit Charles Dickens zu sprechen.

Mein Therapeut nannte es eine emotionale Affäre.

Mit meinen verdrehten Synapsen rechtfertigte ich unseren ständigen E-Mail- und Telefonkontakt als notwendiges Korrektiv. Für uns beide. Er war ein Mann, redete ich mir ein, der auch unglücklich in seiner Ehe war, der mir zuhörte und mich sah, so wie ich ihm zuhörte und ihn sah; der mit Aufmerksamkeit und Empathie für mich da war, manchmal sogar zu viel. Doch je länger ich diese Monate und Worte aus der Distanz von Jahren und Sprache betrachte, desto klarer erkenne ich die Fata Morgana als das, was sie war (zwei Ertrinkende, die sich gegenseitig unter Wasser zogen) und was sie nicht war (Liebe).

Der Nachbarschaftsvater und ich ruderten zurück, als er sich von seiner Frau trennte und begann, eine neue Ehe ins Spiel zu bringen: unsere. Aber ich wollte meine Ehe reparieren, sagte ich, statt mich in die nächste Katastrophe zu stürzen. Ich bat ihn aufzuhören, mir E-Mails zu schicken, mich anzurufen, mir CDs zu brennen, mich zum Tanzen einzuladen, unangekündigt in meinem Büro aufzutauchen, damit ich mich ohne äußere Komplikationen auf meine Beziehungsarbeit konzentrieren konnte. Seine ständigen Aufmerksamkeiten wurden zur Belastung. Als er mich am Morgen des 11. September anrief, wenige Monate nachdem ich ihn gebeten hatte, meinen Wunsch zu respektieren und mich in Ruhe zu lassen, verlief das Gespräch ungefähr so:

Er: »Mach den Fernseher an.«

Ich: »Ich habe dir gesagt, du sollst aufhören, mich anzurufen.«

Er: »Ich weiß, aber … ein Flugzeug ist in das World Trade Center geflogen.«

Ich dachte an ein Kleinflugzeug, eine ungünstige Windböe. »Das ist kein Grund, mich anzurufen. Bitte, lass mich in Ruhe.«

»Herrgott noch mal, mach einfach den Fernseher an!«

Ich schaltete den Fernseher gerade noch rechtzeitig an, um das zweite Flugzeug in die Türme rasen zu sehen. Den Rest kennst du bereits, außer dass ich bei der ersten Fassung nicht erwähnt habe, wer der Vater aus der Nachbarschaft war, der bei mir klingelte und anbot, auf meine Tochter aufzupassen, während ich meinen Sohn von der Schule abholte. Einerseits war ich wütend, dass er einen Terroranschlag als Vorwand benutzte, um wieder bei mir aufzutauchen. Andererseits war ich dankbar und eiskalt auf Autopilot: Eine Tragödie spielte sich ab, und mein sechsjähriger Sohn war in der Schule und hatte Angst – ich musste ihn nach Hause holen. Heute muss ich immer, wenn über 9/11 gesprochen wird – und das passiert häufig in New York –, nicht nur an die große Tragödie und die Trauer um verlorene Freunde denken, sondern auch an meine moralische Schwäche.

Es brauchte noch zwölf Jahre, ein drittes Kind, den Tod meines Vaters und zwei Umzüge, bis ich endlich zugab, erst vor Nora, dann vor mir selbst, dass keine Luftpolsterfolie der Welt reichte, um unsere Familie zu beschützen.

7

Lunch mit Nora, E.A.T.

Dezember 2011

»Du isst gar nichts«, sagt Nora. Wir sitzen an unserem gewohnten Tisch bei E.A.T., einem Restaurant in der Nähe von Noras Wohnung, aber heute schmeckt mir nicht einmal der Gurkensalat mit Dill. Der Stress hat meinen Appetit erledigt. Die fortschreitende Adenomyose hat meine roten Blutkörperchen erledigt. Im April kommt *The Red Book* heraus, mein jüngster Roman, und im Vorfeld stehen jede Menge Pflichten an: Buchtrailer, Essays, neue Website, Werbung in den sozialen Medien – alles, was geht, um nach dem Tod der Lokalzeitungen die Geburt eines Buches bekanntzugeben. Außerdem habe ich noch drei andere Kinder, sechzehn, vierzehn und fünf Jahre alt, die auch jede Menge Einsatz von mir erfordern. Der Tod meines Vaters hinterlässt eine Empathie-Lücke in meinem Leben.

»Ich habe gut gefrühstückt«, sage ich. »Ich habe keinen Hunger.«

»Nein. Tut mir leid«, widerspricht Nora. »Kommt nicht in Frage, dass du zusätzlich zu deiner Ado…-Dings auch noch magersüchtig wirst. Hast du schon einen OP-Termin?«

»Adenomyose. Nein, ich habe noch keinen Termin für die Hysterektomie. Ich kann gerade keine größere OP machen lassen. Kein guter Zeitpunkt. Ich mache es, wenn das Buch draußen ist. Wo kriege ich hier in der Gegend eine Yahrzeit-Kerze?«

Nora lacht. »An der Upper East Side?« Sie zeigt auf die Madison Avenue, wo sich die Weihnachtsgeschenkkäufer*innen tummeln. »Die gibt es hier wahrscheinlich in jeder Reinigung.«

Am Vorabend des Todestages eines Elternteils wird im Judentum das Yahrzeit-Licht angezündet, das 24 Stunden lang brennt. Es ist Anfang Dezember 2011, und der Tod meines Vaters jährt sich am nächsten Tag zum dritten Mal.

Erst lache ich, dann beginnt meine Unterlippe zu zittern. Nora nimmt meine Hand, eine untypische Geste. Auch wenn sie für mich zurzeit mehr Ersatzmutter als Mentorin ist, neigt sie nicht zu Rührseligkeiten. Sie zeigt ihre Zuneigung mit unsentimentalen, direkten Wahrheiten, die sie klar, aber mit Humor und praktischer Ermutigung ausspricht, nach dem Motto: Hinfallen, aufstehen, Krone richten, weitergehen. Aber nicht heute. Heute darf ich weinen. »Ich weiß«, sagt sie, offenbar ebenfalls den Tränen nah. »Er war ein besonders feiner Mensch.«

Bei meiner letzten Buchvorstellung 2008 saßen Nora und mein Vater Richard Copaken – Anwalt, Hobby-Künstler, Cineast und Gründer einer Firma, die mithilfe von Algorithmen den Erfolg von Filmen voraussagte – den Großteil des Abends zusammen in einer Ecke und redeten. Sie waren gleich alt, 67, mit einem Monat Abstand. Beide hatten Krebs, allerdings sprach nur mein Vater offen über seine Diagnose – Bauchspeicheldrüse, Stadium 4, Prognose: schlecht. Zu diesem Zeitpunkt hatte Nora noch nicht einmal ihren Söhnen von ihrem Krebs erzählt.

Was seltsam ist, denn sie war die selbsternannte Königin der Indiskretion. Jahre, bevor die Welt davon erfuhr, erzählte sie mir und jedem, der es hören wollte, dass »Deep Throat«, der Hauptinformant der Watergate-Affäre, Mark Felt war. Als mein Freund und Nachbar Marco, der für die italienische *Vanity Fair* schrieb, Nora bei einer meiner Dinnerpartys fragte, ob sie an einem neuen Film arbeite, sagte sie Ja, aber das Projekt sei geheim, sie dürfe leider nicht darüber sprechen. Dann erzählte sie ihm ausführlich von *Julie & Julia*, einschließlich der Tatsache, dass sie wenige Stunden zuvor mit Meryl Streep über die Hauptrolle gesprochen hatte.

Ich frage mich, ob sie meinen Vater damals bei meiner Buchvorstellung in das Geheimnis ihrer Krankheit einweihte, so in-
tensiv wirkte ihr Gespräch. Er war einer dieser Menschen, denen
man sich gern anvertraute. Vor allem, wenn man sah, wie ihm die
Anzugjacke von den Schultern hing – schlaff wie eine leere Luftmatratze –, und ahnte, dass seine Zeit begrenzt war: auf ein paar
Wochen, wie sich herausstellte. Als ich von Noras Krankheit erfuhr, war es zu spät, sie danach zu fragen.

»Er ist ein toller Mensch«, sagte Nora, nachdem sie ihn kennengelernt hatte. Das sagten alle, die ihm begegneten, von der
Taxifahrerin bis zur Lehrerin, vom Obdachlosen bis zum Staats-
oberhaupt. Als Malcolm Gladwell, der Schriftsteller, meinen Vater
kennenlernte, schrieb er für den *New Yorker* einen Artikel über
ihn, in dem er seine arglose Fröhlichkeit, seinen großen Charlie-
Brown-Kopf und seine Tränen der Rührung erwähnte, wenn er
von einer besonders bewegenden Filmszene erzählte.[18] In mancher
Hinsicht lag es an meinem Vater, dass ich es schaffte, meine Ehe
weit über das Verfallsdatum hinaus aufrechtzuerhalten: Er stand
mir nach der Blinddarm-Notoperation im Krankenhaus bei; er
beantwortete meine Anrufe mit offenem Ohr und beruhigenden
Worten; er schlief sechs Wochen lang auf dem Fußboden im Kinderzimmer, weil mein Ältester in einem Film mitspielte und eine
Aufsichtsperson am Set brauchte, während ich in der Schwangerschaft mit meinem Jüngsten das Bett hüten musste. »Ich war sehr
beeindruckt, wie aufgeräumt er über die Diagnose sprach«, sagte
Nora damals. »Er machte Witze über den missionarischen Klempner, der das Klo reparieren sollte und ihn überreden wollte, Jesus
in sein Herz zu lassen.«

Dad liebte Harold, den Klempner. Er half Harolds Sohn, am
College angenommen zu werden. Nach jedem verstopften Ab-
fluss, den Harold reparierte, saßen sie stundenlang in der Küche
und quatschten. Als Harold, der sich zu den Born-Again-Christen

zählte, erfuhr, dass mein Vater sterben würde, war er völlig fertig. Er knöpfte ihn sich vor und wollte ihn unbedingt zum Christentum bekehren. Mein jüdischer Vater nickte nur und versprach Harold, alles zu tun, um am Leben zu bleiben, sogar Jesus in sein Herz zu lassen, wenn es Harold dann besser ging. »Ich muss sagen«, schrieb mein Vater in seinem Blog *Happy Dick Is Sick*, den ich ihm einzurichten half, um Freunde und Familie auf dem Laufenden zu halten, »ob es an der Gnade Christi oder Harolds Handwerk liegt, die Toilette spült wieder ausgezeichnet«.[19]

»Pass auf«, sagt Nora und schlägt wieder ihren gewohnt sachlichen Ton an. »Wovor genau hast du bei der Hysterektomie Angst? Vor dem Messer oder davor, dass du dich nicht mehr ›als Frau‹ fühlst? Denn das ist wirklich Quatsch.«

»Weder noch«, sage ich und schiebe die Gurkenscheiben über meinen Teller wie Schachfiguren. »Ich habe Angst vor der Zeit danach. Hilflos einem Mann ausgeliefert zu sein, der mir noch nie geholfen hat, wenn ich Hilfe brauchte. Erinnerst du dich, was nach meiner Blinddarmoperation passiert ist?«

»Ja«, sagt Nora, »das war nicht gerade ideal.«

Fun Fact, den einem keiner sagt, wenn man schwanger wird, jedenfalls nicht mir: Das Risiko einer akuten Blinddarmentzündung bei postpartalen Frauen über 35 – auch »Spätgebärende« genannt – ist 84 Prozent höher als beim Durchschnitt. Also lag ich 2006, als ich vierzig war, vier Monate nach der Geburt meines jüngsten Kindes vor Schmerzen gekrümmt auf dem Boden der Notaufnahme und versuchte verzweifelt, mit Dan Jones, dem Herausgeber der Kolumne »Modern Love« in der *New York Times*, meinen Beitrag durchzusprechen, bevor ich in den OP geschoben wurde. Aber die Notaufnahme war überfüllt, der Wachmann schrie mich immer wieder an, ich solle aufstehen und mich auf einen Stuhl setzen, und ich antwortete immer wieder, dass Sitzen bei mir gerade nicht in Frage kam. Dann musste ich Dan am

Telefon erklären, was es mit dem Geschrei auf sich hatte. »Warte mal, was?«, fragte Dan, als er erfuhr, wo ich war und warum, und dass ich zuerst ihn angerufen hatte, um den Text freizugeben, bevor ich meinen Ehepartner anrief, um ihn zu bitten, mir beizustehen. Dan verlangte, dass ich sofort auflegte und meinen Mann anrief, damit er mich durch den Krankenhausdschungel manövrierte und dafür sorgte, dass ich aufgenommen wurde. Wie sollte ich Dan erklären, dass mein Mann in Zeiten der Not, selbst wenn er da war, nicht da war? Las er das nicht aus meinem »Modern-Love«-Beitrag heraus?[20]

»Vielleicht überrascht er dich«, sagt Nora. »Außerdem kommst du nicht von A – meine Gebärmutter ist krank und muss raus – zu B – meine Gebärmutter ist draußen –, wenn du nicht den ersten Schritt machst. Du bist kreidebleich. Anämisch. Wie alt bist du, 44?«

»45.«

»Deine Haut sollte nicht mal in meinem Alter so grau sein, geschweige denn in deinem. Lass die Ausreden. Bring es hinter dich.« Noras Tonfall ist ungewöhnlich scharf: Es ist kein Rat, sondern ein Befehl. Sieben Monate später ist sie tot. Sie ist dabei, ihre Angelegenheiten zu regeln und ihre Lieben auf Linie zu bringen. »Versprich mir wenigstens, dass du dir so schnell wie möglich einen Termin geben lässt. Ich komme dich besuchen. Versprochen.«

»Ja, ja, mache ich. Ich besorge mir einen OP-Termin, sobald das Buch draußen ist.« Ich drehe meinen Ehering, ein neuer Tick von mir.

Nora sieht es. Sie sieht alles. »Wie läuft es mit Joyce?«

Ich lache. »Joyce ist großartig. Sie ist wirklich super. Danke für den Tipp.«

»Und deine Ehe?«

Ich seufze. Ich will Nora nicht enttäuschen, aber mir fallen keine hoffnungsvollen Worte ein.

Meine verzweifelte Sehnsucht nach Liebe – gesehen, gehört, verstanden und gespiegelt zu werden – ist inzwischen pathologisch. Ich fühle mich immer einsam. Anfang des Jahres hatte ich mich mit einem Exfreund zum Mittagessen getroffen, der am anderen Ende des Landes wohnt und beruflich in der Stadt war, und danach hatten wir uns lange E-Mails geschrieben. Als wir uns mit Anfang zwanzig in Jamaika kennengelernt hatten, hatten wir uns Hals über Kopf verliebt und eine gemeinsame Woche in London verbracht, wo er studierte. Doch unsere aufkeimende Beziehung hatte abrupt geendet, nicht weil wir uns trennten, sondern weil er, als er mich in Paris besuchen wollte, den Zettel mit meiner Adresse und Telefonnummer verloren hatte und zwei Nächte allein in einer Jugendherberge verbrachte.

Zwanzig Jahre lang hatte ich gedacht, er hätte mich einfach versetzt.

»Es war verrückt«, sagte er über das Missgeschick, das im Internet-Zeitalter kaum noch vorstellbar ist. Ich stand nicht im Telefonbuch. Er war das ganze Wochenende durch Paris gelaufen und hatte versucht, Hinweise zu finden: den Namen meiner Fotoagentur, mein Viertel, eine Adresse, irgendwas. Zwei Jahre nach dem verpatzten Wochenende zeigte ihm ein Freund einen Stapel Urlaubsfotos aus Paris, und offenbar war ich im Hintergrund einiger seiner Bilder von Père Lachaise zu sehen. Ich war im Auftrag von *Libération* dort gewesen, um an Jim Morrisons Todestag Fotos von seinem Grab zu machen. »Das war meine Freundin!«, sagte mein Exfreund zu seinem Freund. »Hast du mit ihr gesprochen? Hast du ihre Nummer?«

Der Freund hatte sie nicht. Aber selbst wenn er sie gehabt hätte, wäre es zu spät gewesen. Als er mich auf diesen Fotos entdeckte, lebte ich bereits mit meinem zukünftigen Ehemann zusammen. Als Google aufkam, googelte der verlorene Freund meinen Namen. Er stieß auf einen Artikel über mein erstes Buch mit einem Foto von mir mit Kindern. Bis dahin, sagte er, hatte er immer noch die vage Hoffnung gehabt, dass wir uns wiederfinden würden. Doch dann heiratete er die nächste Frau, die ihm über den Weg lief, und gründete eine Familie. So ist das Leben.

Aus verschiedenen Gründen – weil er nicht zu meinem sozialen Umfeld gehörte; weil unsere Beziehung so geendet hatte, wie sie geendet hatte, und wir eine Menge nachzuholen hatten; weil er eine frühere Version von mir kannte, bevor die jetzige Version ihren Platz einnahm; weil mir die physische Distanz und der blinkende Cursor auf dem Bildschirm Schutz boten – hatte ich das Gefühl, ich konnte mit ihm brutal ehrlich über die täglichen Herausforderungen des Lebens mit einem Partner im Autismus-Spektrum sprechen. In seinen Antworten verblüffte er mich mit seiner Aufmerksamkeit und seinem Einfühlungsvermögen. Wie konnte es sein, dass dieser Mensch, mit dem ich mit Anfang zwanzig ein paar Wochen verbracht hatte und der über 4000 Kilometer entfernt lebte, mich klarer wahrnahm als der Mann, mit dem ich seit zwanzig Jahren verheiratet war? Das war die Art von Liebe, nach der ich mich sehnte: mich erkannt zu fühlen. Mich gesehen zu fühlen. Mich gehört und verstanden zu fühlen. Nein, ich wollte nicht den verlorenen Freund zurück – er war verheiratet und hatte drei Kinder mit einer wunderbaren Frau. Sondern ich wollte jemanden *wie* ihn, oder wenn es keinen empathischen Ersatz gab, dann eben keinen: Die Einsamkeit als Alleinerziehende war mir lieber, als mich in meiner Ehe allein zu fühlen.

Und mit dieser unoriginellen Erkenntnis, die ich schon Jahre früher hätte haben sollen, sprach ich den Satz in der Paartherapie endlich laut aus: »Ich will die Scheidung.« Mein Mann war schockiert und bat mich um eine letzte Chance, die Dinge in Ordnung zu bringen. Mit dem Segen unserer Therapeutin stimmte ich zu, nachdem wir über konkrete Veränderungen gesprochen hatten, die Bedingung für den Fortbestand unserer Ehe waren.

In dieser Woche bemühte sich der Mann, den ich geheiratet hatte, spürbar, ein liebevoller Partner und ein guter Vater zu sein. Er kommunizierte klar und deutlich. Er kam pünktlich zum Abendessen nach Hause. Er half beim Abwasch. Er hörte zu. Er strengte sich an. Er stellte die Radionachrichten leiser, wenn die Kinder ihn darum baten, und er entschuldigte sich, wenn er Fehler machte. Er war sanft und rücksichtsvoll. Er ging auf die Bedürfnisse anderer ein. Er brachte Blumen mit. Er meckerte nicht oder machte mir kein schlechtes Gewissen, als ich zu meiner monatlichen Tora-Stunde ging, deren Thema diese Woche ironischerweise Empathie war. Es ging um die Stelle im Exodus, als Moses Gott fragt, warum ausgerechnet er die Juden aus Ägypten herausführen solle. Wozu Gott sagt: »Ich werde mit dir sein.« Nicht: »Reiß dich zusammen, Junge!« oder »Weil ich keine Zeit habe«, oder »Was ist so schwer daran?«, sondern ein einfacher Ausdruck von Mitgefühl angesichts der schwierigen Reise, die bevorsteht, und das Versprechen: »Ich werde mit dir sein.« Das war alles, was ich mir je von meiner Ehe gewünscht hatte.

Unter Tränen der Dankbarkeit sagte ich in der Therapiestunde am Ende der Woche, dass ich, wenn er so bliebe, mehr als bereit wäre, unserer Ehe noch eine Chance zu geben: Ich würde alle Verletzungen und Merkwürdigkeiten vergessen und mit ihm noch einmal von vorne anfangen.

Es war Freitagabend. Ich kochte Abendessen: Brathähnchen, Kartoffeln, Spinat, Challa. Wir zündeten Kerzen an. Er räumte den Tisch ab. Ich wischte den Boden. Die Kinder verschwanden in ihren Zimmern, und wir saßen Knie an Knie auf der Couch, hielten Händchen wie verliebte Teenager und hörten »Slow Show« von The National: mein Lieblingssong zu dieser Zeit. Auch wenn er ihn nicht besonders mochte, verzichtete er ausnahmsweise darauf, eine abfällige Bemerkung zu machen und das Lied zu überspringen. Er ließ den Song laufen, weil er wusste, dass er mir Freude machte.

Endlich, dachte ich und die Freude über den konfliktfreien Freitagabend trieb mir Tränen in die Augen: eine echte Ehe. Wir konnten es schaffen. Ich dankte ihm für sein Bemühen. Ich sagte, ich würde sehen, dass er sich anstrengte, und sei ihm dankbar dafür. Sagte, dass wir es schaffen würden, wenn wir so weitermachten. Doch dann vibrierte sein BlackBerry, weil neue E-Mails ankamen, und er nahm es aus der Hosentasche, um sie sich anzusehen. Auf dem Display blitzten rund ein Dutzend E-Mails von Jdate auf, einer Dating-App für jüdische Singles – lauter reizende Rebeccas und heiße Hannahs. Er drehte rasch den Bildschirm weg, aber es war zu spät. Ich war im freien Fall.

»Warum bekommst du E-Mails von Jdate?« Mir war so schlecht, dass ich kurz davor war, Challa und Hühnchen auf den Wohnzimmerteppich zu kotzen.

»Das ist bloß Spam«, sagte er.

»Bitte lüg mich nicht an«, sagte ich. »Es abzustreiten, macht es noch schlimmer. Ich verstehe. Letzte Woche habe ich gesagt, ich will mich scheiden lassen, also hast du dich bei Jdate angemeldet, um schon mal zu testen, was so auf dem Markt ist, und …«

Er schnitt mir das Wort ab. Sah mir tief in die Augen, wie bei dem Mafia-Spiel mit Nora. »Ich schwöre bei Gott, Deb. Sieh mich an. Ich habe mich nicht bei Jdate angemeldet. Das ist nur Spam.«

»Lüg mich nicht an!«, sagte ich. »Firmen schicken nicht fünfzehn Spam-Mails auf einmal! Wieso sollten sie dir überhaupt Werbung schicken? Du bist über vierzig und verheiratet! Gib es einfach zu, bitte, lass uns nächsten Freitag mit Joyce darüber sprechen und von da aus ehrlich weitermachen.«

»Ich lüge nicht!«, beharrte er. »Ich schwöre bei Gott! Beim Leben unserer Kinder!«

Das Gaslighting dauerte fünf Tage an, hin und her, hin und her – »Lüg mich nicht an!«, »Ich lüge nicht!«, »Lüg mich nicht an!«, »Ich lüge nicht!« –, bis ich am fünften Morgen, als die Kinder zur Schule gegangen waren, die Nerven verlor. Ich schrie. Ich fluchte. Ich brüllte so laut, dass ich heiser wurde – was ungünstig war, denn am selben Abend hatte ich im 92NY eine Performance als Storyteller. Ich nannte ihn einen verdammten Lügner und ein Arschloch und einen Manipulierer und alles Schreckliche, Hässliche und Beleidigende dazwischen. »Lüg mich nicht an! Lüg mich nicht an! Lüg mich nicht an!«, heulte ich fassungslos. Mir lief der Rotz aus der Nase. Ich war halb eingesperrtes Tier, halb Monster, kurz davor, ihm mit meinen riesigen Monsterzähnen den Kopf abzureißen. Wenn er die Geschichte unserer Ehe erzählen würde, könnte er auf jenen Morgen verweisen und sagen: »Meine Frau ist völlig durchgedreht.« Denn das war ich, wie Ingrid Bergman in *Das Haus der Lady Alquist*. Der hässliche Streit ging etwa eine Stunde so weiter, bis er am Ende doch die Wahrheit zugab. »Okay, gut, ich habe mich bei Jdate angemeldet! Na und? Was ist so schlimm daran?«

Ich schüttelte den Kopf und ging aus dem Zimmer. Wenn er nicht verstand, was so schlimm daran war – oder besser, was so schlimm daran war, mich fünf Tage deswegen anzulügen –, dann waren wir fertig.

»Wie es meiner Ehe geht?«, sage ich zu Nora. »Ungefähr so wie meiner Gebärmutter.«

»Schreibst du noch mit deinem Exfreund?«

»Nein. Es hat gutgetan, aber es war dumm.«

»Gott sei Dank«, sagt Nora. »Das hätte nur Scherereien gebracht.«

Wie üblich greift Nora nach der Rechnung.

»Nein«, sage ich. »Diesmal will ich bezahlen. Bitte. Ich bestehe darauf.«

»Na gut«, sagt sie nach kurzem Gerangel und überlässt mir widerwillig die Rechnung. »Aber ich muss dir eins sagen, und ich möchte nicht, dass du dich aufregst.« Sie zögert, wählt die Worte mit Bedacht. »Er hat kein Asperger-Syndrom. Ich bin mir ganz sicher, dass er es nicht hat.«

»Was? Nein, hör auf.« Das ist der einzige Streit, den wir in unserer elfjährigen Freundschaft je hatten, das einzige Mal, dass ihre wohlverdiente Zuversicht, immer recht zu haben, der Wahrheit in die Quere kommt. Zum Teil ist es meine Schuld. Jahrelang habe ich vor ihr, meiner Vertrauten, die Schattenseiten meiner Ehe abgeschirmt, so wie ich vor den Ärzt*innen die Schattenseiten meines Körpers abgeschirmt habe. Warum? Eine Mischung aus Scham und fehlgeleiteter Tapferkeit. »Du irrst dich«, sage ich.

Nora und ich haben viele Gemeinsamkeiten: Wir sind beide die ältesten von vier Mädchen, wir schreiben beide persönliche Essays, Memoirs und Romane, unsere ältesten Söhne haben den gleichen Vornamen. Und weil wir so an unseren Gemeinsamkeiten hingen, wollte ich nicht auf den riesigen Unterschied hinweisen: Als Noras zweiter Mann, Watergate-Wunderkind Carl Bernstein, etwas Unverzeihliches tat – er betrog sie, als sie mit ihrem zweiten Kind schwanger war –, verließ sie ihn und blickte nie zurück. Als mein Mann etwas Unverzeihliches tat, kehrte ich es unter den Teppich, behielt es für mich und blieb. Und blieb. Und blieb. Und blieb. Ich verdrängte die Erinnerung wie einen alten Splitter unter der Haut: ein unbestimmter Schmerz, doch wenn man hinfasst, tut es höllisch weh.

Asperger, kein Asperger, was zählt der Name? Verletzungen müssen nicht sichtbar sein, um wehzutun, und ich blieb jahrzehntelang in einer zeitweise missbräuchlichen und empathielosen Ehe, anstatt sie zu verlassen. Das geht allein auf meine Kappe, und ich bereue, dass ich nicht Jahre früher gegangen bin. Es war nicht so, dass ich es nicht gekonnt hätte, auch wenn ich mir das damals einredete. Ich traf jeden Tag die Entscheidung zu bleiben. Ich war schon als Kind eine Friedenswächterin. Es ist ein antrainiertes Verhalten – vermeiden und verdrängen. Mich immer erstmal entschuldigen, egal ob ich schuld war oder nicht. Aus Loyalität zur Familie der Welt eine falsche Fassade präsentieren: ultimative, selbstzerstörerische Omertà. Hast du dieses Verhalten erst drauf, wirst du es nicht mehr los. Bis heute, nach jahrelanger Therapie und im vollen Bewusstsein meiner Neigung, den Frieden zu wahren und meine Bedürfnisse zu unterdrücken, ertappe ich mich, dass ich zu jemandem, der mich verletzt hat, freundlich »Schon gut!« sage, wenn ich eigentlich »Du Arschloch!« meine.

»Ich irre mich nicht«, sagt Nora, »aber reden wir nicht weiter darüber, ich sehe, dass du aufgebracht bist.«

»Du irrst dich, und wir reden weiter«, sage ich. Bei sehr wenigen Menschen gelingt es mir manchmal, das Verdrängen zu verdrängen und der Friedensliebe den Kampf anzusagen. Nora, am Ende ihres Lebens, war eine von ihnen. Die Diagnose meines Mannes, sage ich in etwas anderen Worten zu ihr, ist nicht das Tagesgericht anstelle des Hühnchensalats bei Freds oder die Rote Bete anstelle des Gurkensalats bei E.A.T. Du kannst dich nicht gegen das Asperger-Syndrom entscheiden, nur weil du denkst, der Arzt liegt falsch. »Er war bei einem der führenden Experten für Autismus-Spektrum-Störungen in New York«, erkläre ich ihr. »Er hat beim EQ-Test 8 von 80 Punkten erreicht. Er hat alle Merkmale aus dem Lehrbuch und noch ein paar mehr, ob du es nun Asperger nennst oder Großstoffeligkeit.« Nora weiß das alles. Wir haben unzählige Male darüber gesprochen. Außerdem kennt keiner eine Ehe so gut wie die Beteiligten, und selbst bei denen gibt es zwei Wahrheiten.

»Aber bei unseren Dinnerpartys ist er immer so locker. Und er scheint dich wirklich zu lieben. Es kann nicht sein. Ich kenne Leute, die viel dysfunktionaler sind als er. Ich habe ein paar Aspergers aus der Nähe erlebt, und ich sage dir: Er hat es nicht.«

»Seine Lockerheit ist Show«, sage ich. »Er imitiert es. Er war als Kind Schauspieler, erinnerst du dich?« Als seine Mutter unter

Breschnew ihre Arbeit verlor, weil sie Asyl beantragt hatte und ihr die Ausreise verweigert wurde, verdienten er und sein Zwillingsbruder Geld dazu, indem sie Rollen in russischen Filmen annahmen. »Er ist ein Chamäleon. Das ist seine Überlebensstrategie. Wenn er mit seinem Freund Joe zusammen ist, übernimmt er dessen Dialekt aus Reno und sein Hollywood-Gehabe. Wenn er bei seiner orthodoxen Familie ist, könnte er Chassid sein. Wenn er mit dir und Nick zusammen ist, ist er der urbane Intellektuelle. Er ist ein hervorragender Beobachter und Zuhörer und kopiert Verhaltensweisen. Er hat sich Liebesfilme angesehen, um sich abzuschauen, wie er mich rumkriegt.«

»Im Ernst?«, sagt Nora, die Rom-Com-Autorin.

»Ja, im Ernst.« Am Ende unseres ersten verliebten Wochenendes zusammen in Paris bestand er darauf, dass wir in verschiedenen Richtungen um das Centre Pompidou herumgingen, damit wir nach 48 gemeinsamen Stunden den Schmerz und die Einsamkeit des Getrenntseins wieder spürten. Ich hatte es nicht gewollt – warum in masochistischer Absicht das Drehbuchmuster »Trennung der frisch Verliebten« künstlich erzwingen, wenn es nicht nötig ist –, aber ihm zuliebe habe ich mitgemacht.

Das anschließende Wiedersehen vor einer Schlange von Kinobesuchern war tatsächlich filmreif, aber vielleicht nicht so, wie er es geplant hatte. Jahrelang ging mir die Szene nicht aus dem Kopf, bis ich verstand, was mich daran störte: Es war nicht die Geschichte eines Paars, das sich nach einer künstlichen Trennung vor einer Schlange von Kinobesuchern glücklich in die Arme fällt. Es war die Geschichte einer Frau, die sich wider besseres Wissen und gegen ihren Willen auf einen unnötigen Moment erzwungenen Missbehagens einlässt, um einem anderen eine Freude zu machen.

Nora schüttelt verwirrt den Kopf. »Du meinst, er hat studiert, was Männer in Liebesfilmen machen, und es dann ... abgekupfert?«

»Ja, mehr oder weniger«, sage ich. »Das Problem ist: Liebes-filme enden immer mit der Hochzeit, richtig? Oder kurz davor. Oder kurz danach, vielleicht mit einer Montage des glücklichen Paars ein Jahr später mit neugeborenem Baby wie am Ende von *Vier Hochzeiten und ein Todesfall.* Deswegen hatte er für das, was nach dem Happy End kommt, kein Skript und musste improvi-sieren. Er hatte auch kein Drehbuch für die Vaterrolle. Ja, er liebt seine Kinder, und anders als sein Vater ist er nicht abgehauen, und er ›liebt‹ mich«, ich mache mit den Fingern Anführungszeichen, »auf seine Weise, ja, okay. Ich kümmere mich auch um ihn. Ich ebne ihm den Weg. Ich sorge für die Kinder und unseren Haus-halt, ich verdiene Geld und helfe ihm, die Welt mit meinen neu-rotypischen Augen zu sehen. Aber er hat keine Ahnung, wie man Geborgenheit erwidert, und bis auf die Woche vor dem Jdate-Fi-asko hatte er auch kein besonderes Interesse daran, zu lernen, wie man es vortäuscht, wie viele andere Asperger-Patienten es tun. Für ihn war die Diagnose übrigens eine Erleichterung: Sie hat ihm ge-holfen zu verstehen, wie weit seine Selbstwahrnehmung und die Wahrnehmung anderer auseinanderklaffen.«

Ich gebe ihr noch ein Beispiel, das mich gleichzeitig zum Lachen und zum Weinen bringt: Am Sonntagabend nach Thanks-giving vor vielen Jahren sitze ich mit den Kindern am Bahnhof im Amtrak-Zug nach New York und warte auf ihn. Er ist wieder auf einer seiner Entdeckungsreisen. Meine Tochter ist acht Monate alt, unserer Ältester ist gerade zwei geworden. Die beiden sind zappelig, ungeduldig und erschöpft nach dem langen Wochen-ende bei meinen Eltern. Dem Gestank nach zu urteilen, brau-chen beide eine frische Windel. »Ja, dieser Platz ist besetzt«, sage ich zum hundertsten Mal, während die frustrierten Fahrgäste, die im Großraumabteil stehen müssen, mich wütend anstarren. Die Zugtüren schließen. Wir setzen uns in Bewegung. Na dann, denke ich. Er hat es nicht geschafft. Ich überlasse den leeren Sitz einer freundlichen älteren Dame, die meinen Sohn mit ihrem Kompakt-spiegel unterhält, während ich dem Baby ein Fläschchen gebe. Ein paar Minuten später taucht mein Mann am Ende des Wagens auf, mit seinem arglosen Lächeln – ein Lächeln, das ich trotz allem immer lieben werde – und einem großen Seesack über der Schul-ter, quer zum Gang. Als er auf uns zugeht, überglücklich, weil er in dem überfüllten Zug endlich seine Familie gefunden hat, schlägt er jedem der stehenden Fahrgäste den Seesack an den Kopf, einem nach dem anderen. Sie schreien: »Au!« oder »Hey!« oder »Können Sie nicht aufpassen?« – ohne Erfolg. Mein Mann hört sie nicht. Er sieht sie nicht. Er bekommt nichts von dem Chaos in seinem Kielwasser mit. Er hat nur ein Ziel – uns –, und geht mit seinem Tausend-Watt-Lächeln fest entschlossen darauf zu.

»Na schön. Ich höre auf«, sagt Nora. Sie wirft mir den gefürch-teten Nora-Blick© zu: eine Augenbraue hochgezogen, das Kinn gesenkt, der Mund schief, zurechtweisend. »Aber das heißt nicht, dass ich glaube, dass du recht hast.«

Ich lache. »Das würde ich niemals von dir verlangen.« Ich sehe die tochterlose Frau mir gegenüber an, die mich quasi adoptiert hat, und auch meine Freundin Meg und ein paar andere: Rebecca Traister, Lena Dunham, Meghan Daum, Natasha Lyonne. Die nie ein Urteil über meine Handlungen fällt, sondern versucht, mich zu verstehen, und wenn nötig, umzustimmen. Die sich anhört, was ich zu sagen habe, und ihre Antwort entsprechend anpasst. Die sich für meine Arbeit einsetzt, selbst wenn es nicht gut läuft, und die meine Kinder liebt, als wären es ihre eigenen. »Ich habe deinen bezaubernden Sohn auf der Straße gesehen«, schrieb sie mir kürzlich in einer E-Mail, »oder besser, er hat uns gesehen. Er ist entzückend. Wir haben uns stürmisch begrüßt und uns über eure neue Wohnung unterhalten, und dann ging er über die Straße und wurde von einer anderen Gruppe in die Arme geschlossen. Wie ist die Wohnung?« Mit einem Mal bin ich überwältigt von

Dankbarkeit für ihren Platz in meinem Leben, ihre nie versiegenden freundlichen Worte und Geschenke, ihren Humor und ihre Lebensfreude, ihre Liebe zu gutem Essen und guter Unterhaltung, ihre messerscharfe Intelligenz und ihre starken Meinungen, und ja, auch für ihre Kritik. Ich sage: »Ich habe dich lieb, weißt du das? Auch wenn du nicht glaubst, dass mein Mann Asperger hat.«

Sie sagt: »Ich weiß«, und verdreht die Augen. Gefühlsduselei macht sie nervös. »Und ich habe dich auch lieb. Aber ob er Asperger hat oder nicht, ist unerheblich. Er ist, wer er ist, und deswegen hast du ihn geheiratet, also bitte ich dich: Gib ihm noch eine Chance. Tu es für mich, okay? Nicht für dich. Diese Jdate-Sache, na ja, das war einfach idiotisch. Aber kein Grund, sich deswegen scheiden zu lassen.«

»Gut«, sage ich, während mir hundert andere Gründe einfallen. »Versprochen. Ich gebe ihm noch eine Chance.«

Zum ersten und letzten Mal lässt Nora mich für das Mittagessen bezahlen. »Oh! Weißt du, wer Yahrzeit-Kerzen hat?«, sagt sie, als wir gehen. »Eli's. Geh zu Eli's. Sie stehen ganz hinten. Du kannst sie nicht verfehlen.«

»Super«, sage ich. Der Weg zu Eli's führt an Noras Wohnung vorbei. »Willst du mitfahren?«, frage ich und zeige auf meine Vespa. Es ist natürlich ein Scherz. Nora würde nie auf das Ding steigen. Außerdem wohnt sie nur einen kurzen Block und zwei lange Blocks entfernt: fünf Minuten zu Fuß, wenn überhaupt.

»Ich hasse es, wenn du mit dem Ding fährst«, sagt sie nicht zum ersten Mal. Aber ohne Auto in einer teuren Stadt, in der Taxis unerschwinglich und Busse zu langsam sind, und meine drei Kinder nach Osten und Westen müssen, während die U-Bahnen nur von Norden nach Süden fahren, hat mich die Vespa schon oft gerettet. Außerdem bekam ich sie geschenkt, nachdem ich sechs Jahre lang immer das Weihnachtsfoto einer reichen Bekannten aufnahm, die die Vespa für ihren Exmann in spe zum vierzigsten

Geburtstag gekauft hatte. Nora weiß das, und normalerweise hält sie sich raus, aber heute nicht. »Eine falsche Kurve, und zack. Das war's mit Deb«, sagt sie kopfschüttelnd.

»Ich verspreche dir«, sage ich, »ich fahre wirklich vorsichtig.«

»Um deine Fahrweise mache ich mir keine Sorgen.« Sie winkt ein Taxi heran. Wie auf Stichwort kracht es beinahe, als das Taxi, ohne zu blinken, zwei Fahrspuren wechselt und dabei fast in zwei andere Autos brettert. Sie hebt die Hände. »Was zu beweisen war.«

Ich lache und umarme sie zum Abschied. »Warte, wo willst du hin?«, frage ich. Nach dem Mittagessen bei E.A.T. geht sie sonst immer nach Hause.

»Nach Hause«, sagt sie und steigt ins Taxi.

»Ist dir nicht gut?« Es ist so untypisch für sie.

»Doch, alles in Ordnung«, sagt sie. Sie schließt die Tür und lässt das Fenster herunter. »Mach endlich den OP-Termin aus, bitte! Und sei nett zu deinem Mann. Noch ein Versuch, okay? Mir zuliebe.«

»Ja, okay«, erwidere ich. Ich sehe zu, wie der gelbe Fleck ihres Taxis auf der Madison Avenue verschwindet. Dann setze ich mir den Helm auf und sause los, um eine Kerze für meinen toten Vater zu kaufen.

8

Wo ist der Ehemann?

Juni 2012

Die Hysterektomie soll nach meiner Lesereise in der letzten Juni-woche 2012 stattfinden. Die Chirurgin fragt mich, was für eine Hysterektomie ich gerne hätte: radikal, total oder suprazervikal? Keine Ahnung, sage ich, und sie erklärt mir die Optionen wie ein Kellner die Tageskarte. Bei der radikalen Hysterektomie mit Ent-fernung der Eierstöcke verliere ich hormonelle Vorteile. Da meine Mutter bei der Menopause viel älter war, als ich zu diesem Zeit-punkt bin, und es in meiner Familie keine bekannten Fälle von Eierstockkrebs gibt, kommen wir überein, dass die Vorteile des Erhalts der Eierstöcke und ihrer regulierenden Hormone die Risi-ken überwiegen. Was den Gebärmutterhals betrifft, erhalte ich die Information: »Man geht davon aus, dass die Zervix eine Rolle bei der sexuellen Lust spielt.« Wie bitte? Ich bin skeptisch gegenüber Formulierungen mit dem Pronomen »man«. Vor allem, wenn es um die Funktionen meines weiblichen Körpers geht. *Man geht da-von aus?* Wer? Gibt es Beweise? Studien? Irgendwas? Hallo? Ich hole eine zweite Meinung ein, und die zweite Ärztin sagt dasselbe: »Wir wissen es nicht«, erklärt sie, »aber es gibt Theorien, dass die Zervix irgendwas mit dem weiblichen Orgasmus zu tun hat.«

»Wir *wissen* es nicht?«, sage ich. »Wir schicken Menschen auf den Mond, aber wir kennen die physiologischen Grundlagen der weiblichen Lust nicht? Wie kann das sein?«

Sie seufzt. »Ich weiß. Es klingt verrückt, aber die meisten me-dizinischen Studien werden an Männern durchgeführt. Wenn Sie zum Beispiel eine neue Hüfte oder ein neues Knie bekommen, ist das eine Hüfte oder ein Knie, die für einen Mann entwickelt wurden.«

»Na toll«, sage ich. »Daran werde ich denken, falls mir als 1 Meter 60 große Frau jemals eine neue Hüfte eingesetzt wird, die für einen 1 Meter 90 großen Mann designt wurde.«

Es sollte noch vier Jahre dauern, bis 2016, bis ein anatomisch korrektes 3D-Modell der Klitoris vorliegt und Theorien um die Beteiligung der Zervix am Orgasmus widerlegt werden.[21] Doch im Jahr 2012 höre ich auf den Rat von zwei Ärztinnen, und weil ich mich in meinem eher freudlosen Leben nicht um das eine sichere Vergnügen bringen will, wähle ich die suprazervikale Variante, bei der nur der Gebärmutterkörper entfernt wird, während Zervix und Eierstöcke erhalten bleiben.

»Ich freue mich so auf dich«, schreibe ich Nora am Morgen nach der Operation, die jedoch zu diesem Zeitpunkt, ohne dass ich oder ihre anderen Ersatztöchter es ahnen, mit dem Sterben beschäftigt ist.

Das letzte Mal habe ich sie im März beim Dinner zu meinem 46. Geburtstag gesehen, was wegen meiner Lesereise und allem, was dazugehört, ungewöhnlich lange her ist. Am Morgen danach hat sie mir ein Foto gemailt, das sie von mir gemacht hatte, als hinter ihr die Torte mit den brennenden Kerzen hereingetragen wurde. Sie hatte es mit dem iPhone bei extrem schlechtem Licht gemacht und war unzufrieden, weil es so dunkel war, also habe ich es aufgehellt, in Schwarzweiß umgewandelt und ihr zurückgeschickt. »Schau, was ich rausgeholt habe«, schrieb ich. »So ein tolles Bild. Ich habe sogar ein Dekolleté. Anscheinend kannst du zaubern.«

Als sie sah, dass ich Licht ins Dunkel bringen konnte, schickte sie mir zwei Stunden später noch ein Foto: »Bruce im Apollo«, schrieb sie kurz vor Mitternacht. »Lässt sich da auch was machen?« Es war tatsächlich Bruce Springsteen, zwei Abende zuvor aus nächster

Nähe aufgenommen, das Gesicht im Schatten, im Gang des berühmten Apollo Theater in Harlem. Ich benutzte Lightroom, um sein Gesicht so gut es ging aufzuhellen, und schickte ihr das Bild wieder in Schwarzweiß zurück.

»Tolle Aufnahme, Nora«, schrieb ich. »Wie Christus. Brava.« Die beiden Fotos waren völlig verschieden, und doch hatten sie Ähnlichkeiten, als ich sie nebeneinander sah: zwei glückliche Menschen an der richtigen Stelle eines gut komponierten Ausschnitts. Nora kokettierte immer damit, dass sie nicht fotografieren konnte, aber das stimmte nicht. Obwohl sie die Fotos bei wenig Licht gemacht hatte, hatte sie das Leuchten eingefangen und einen Teil von sich selbst. Denn egal in welchem Medium eine Künstlerin oder ein Künstler arbeitet, sie senden immer die gleiche Botschaft: So sehe ich die Welt.

Ich liebte die Art, wie Nora die Welt sah.

Das letzte Mal hatten wir Mitte April telefoniert, als *The Red Book* auf der Bestsellerliste der *New York Times* stand und sie mich während der Lesereise in Washington anrief, um mir zu gratulieren. »Siehst du, ich wusste es«, sagte sie. »Wir feiern, wenn du wieder da bist.«

Unsere letzten E-Mails waren ein paar Wochen her. Ich schickte ihr meinen Artikel über Erich Segals *Und sie wollten die Welt verändern* für die *New York Times Book Review*, in dem ich einen alten Essay von ihr aus dem *Esquire* zitierte. Sie schrieb zurück: »Wunderbar. Der Artikel ist toll geworden. Xxx.« Natürlich war der Artikel gut geworden. Nora hatte mir geholfen. Vom Krankenbett aus, wie sich herausstellte, auch wenn ich das damals nicht wusste.

Jetzt tippe ich aus meinem Krankenhausbett: »Komme gerade von der Hysterektomie, allerdings kam es dabei zu einem Leistenbruch, der vielleicht operiert werden muss. Will heißen, keine Ahnung, wann ich wieder fit bin, aber ich wollte hören, wie dein

Sommer aussieht, damit wir was planen können für, weiß nicht, Ende Juli? Albern, ich weiß, aber du fehlst mir. xx, D.«

Untypischerweise schreibt sie nicht zurück. Oder ruft an. Das beunruhigt mich, zumal sie mich seit über einem Jahr zu dieser Operation gedrängt hat und sonst immer spätestens nach ein, zwei Stunden auf meine E-Mails antwortet. Ich klappe den Computer zu, nehme eine Schmerztablette und schlafe ein.

Die Hysterektomie, die, wie Nora vorausgesagt hatte, mit Roboterarmen durchgeführt wurde, hat etwas über acht Stunden gedauert. Als ich im Aufwachraum zu mir kam, hörte ich die Krankenschwestern flüstern: »Wo ist der Ehemann? Hat jemand den Ehemann gesehen? Wir können ihn nicht erreichen. Gibt es noch eine Telefonnummer?«

»Was?«, sagte ich plötzlich klar im Kopf, wenn auch groggy und unter Schmerzen.

»Wir finden Ihren Mann nicht«, sagten die unbekannten Gesichter, die über meinem Kopf schwebten. »Gibt es noch jemanden, den wir anrufen können?«

»Ahhhhhhhhh!!!!!«, schrie ich, als ich spürte, wie meine Bauchwand nachgab. »Ahhhhhhhhhhhhhhhhhhhh!!!!!!«

Ich fing an zu strampeln und versuchte, mir die Infusionen und Schläuche herauszureißen, bis ich an der Trage festgeschnallt wurde. »Lorazepam!«, sagte eine Stimme links von meinem Kopf. Postoperatives Delirium, hieß es später. Eine verbreitete Nebenwirkung der Narkose, besonders bei älteren Patienten. Aber ich war nicht alt. Ich war 46, und abgesehen von der angeschlagenen Gebärmutter, wegen der ich dort war, war ich in bester Verfassung. Vielleicht hatte die Narkose meine postoperative Erregung verstärkt, aber wenn Delirium durch geistige Inkohärenz definiert ist, war ich ganz sicher nicht im Delirium. Ich war zu 100 Prozent kohärent. Und außer mir vor Schmerz. »Wo ist er?«, schrie ich. »Wo ist er, wo ist er, wo IST ER? Ahhhhhhhhhhhh!!!!!!!!!«

Dann flossen Tränen, sintflutartig. Natürlich war er nicht da. Er war nie da. »Ich will meinen Dad ... Ich will meinen Dad ... Ich will meinen Dad ... Ich will meinen Dad ...«, schluchzte ich keuchend.

»Möchten Sie, dass wir Ihren Vater anrufen?«, fragte die Krankenschwester.

»Nein!«, sagte ich. »Er ist tot. Rufen Sie Nora an, bitte.«

»Wer ist Nora?«, fragte die Schwester.

»Nora Ephron. Sie steht im Telefonbuch. Rufen Sie die Auskunft. E-p-h-r- ...«

»Nora Ephron ... die Filmemacherin? Die *Harry und Sally* gemacht hat?«

»Ja! Sie hat versprochen, dass sie kommt, falls mein Mann abhaut. Bitte rufen Sie sie an.«

»Delirium«, hörte ich die Krankenschwestern flüstern. Dann, laut zu mir: »Haben Sie Schmerzen?«

»Ja«, sagte ich. »Starke Schmerzen.« Extrem starke Schmerzen.

Sie erklärte mir, wie der Morphium-Knopf funktionierte. »Drücken Sie hier, aber nur, wenn es wirklich nötig ist«, sagte sie. *Definieren Sie »nötig«*, dachte ich. Eine schweißtreibende, göttliche Wärme durchlief meinen Körper. Kein Wunder, dass Menschen süchtig nach Heroin werden. Darf ich den Knopf mit nach Hause nehmen?

Als ich aus dem Morphium-Dämmer erwachte, tauchte wie ein Wunder mein Mann mit einem Blumenstrauß auf. Acht Stunden nach meiner planmäßig verlaufenen achtstündigen Operation war er losgezogen, um Blumen und etwas zu essen zu besorgen. Ich begann erneut zu weinen. Es war wie eine schlechte Pointe von O. Henry: Die Blumen waren ein Akt der Liebe, aber das einzige Geschenk, das ich je wollte, war seine Anwesenheit.

»Gefallen sie dir nicht?«, fragte mein Mann verletzt.

»Doch, sie sind wunderschön«, sagte ich. »Danke. Es ist nur ... niemand wusste, wo du warst. Ich war ganz allein.«

»Nein, warst du nicht«, sagte er. »Die Schwestern waren da.«

»Aber ich wollte ... dass mein Mann bei mir ist, wenn ich aufwache. Sie haben dich nicht gefunden. Du bist nicht ans Handy
gegangen.«

»Ich habe es nicht gehört. Außerdem bin ich jetzt hier«, sagte
er. »Was macht es für einen Unterschied?«

Der Unterschied, hätte ich ihm gern gesagt, war zu groß, um
ihn zu erklären.

Als ich am nächsten Morgen entlassen werde, wache ich nach
einem langen Mittagsschlaf in meinem eigenen Bett auf. Ich checke meine E-Mails, doch Nora hat sich immer noch nicht gemeldet. Seltsam. Es ist Stunden her, dass ich ihr aus dem Krankenhaus
gemailt habe. Normalerweise antwortet sie immer schnell. Mein
Magen knurrt. Vor der Operation musste ich fasten, und die erste
Mahlzeit, die ich nach der OP hingestellt bekam, war so widerlich, dass ich die Krankenschwester bat, das Tablett wegzunehmen,
bevor ich mich übergeben musste. Mit anderen Worten, ich habe
seit drei Tagen nichts gegessen. »Hey, Liebling, kannst du mir bitte
etwas zu essen bringen?«, sage ich. Mein Mann schaukelt in dem
Stillsessel, den wir immer noch haben, obwohl unser Jüngster inzwischen sechs ist. Mein Mann schaukelt gern darin, während er
telefoniert – in der Psychologie nennt man das »Stimming«, kurz
für selbststimulierendes Verhalten, das die meisten Menschen in
gewissem Maße betreiben. Ich zum Beispiel zwirbele Haarsträh-
nen. Andere kauen an den Nägeln oder klopfen mit dem Bleistift
auf den Tisch. Häufiges Schaukeln ist jedoch in vielen Fällen ein
Symptom für eine Autismus-Spektrum-Störung.

Er hält den Finger hoch: Warte. Es ist ein berufliches Telefonat.
Er hat nach einer weiteren Unterbrechung wieder Arbeit, und darüber bin ich froh, also warte ich geduldig eine Stunde, bis er auf-
legt. Dann bitte ich ihn noch einmal, mir etwas zu essen zu bringen. »Nur noch ein Anruf«, sagt er und tippt eine Nummer ein.

»Bitte!«, flehe ich. »Ich habe echt Hunger. Kannst du mir vorher ein Sandwich machen? Oder irgendwas. Mir egal.«

»Nein«, sagt er, »es ist eine Telefonkonferenz.«

»Dann nimm das Telefon mit. Setz den Kopfhörer auf. Schalte dich stumm. Das versteht jeder! Deine Frau hatte gerade eine OP.« Ich weiß, dass Multitasking nicht seine Stärke ist, aber ich habe solchen Hunger, dass ich nicht klar denken kann.

»Pssst!«, zischt er und versucht, sich bei der Telefonkonferenz einzubringen. »Nein. Nein, das geht nicht …«, sagt er. »Dann müssten wir …« Ein paar Wochen später werde ich verstehen, unter welchem Druck er steht. Auch diese Firma geht in Konkurs, und er verliert wieder einen Job, ohne dass er etwas dafür kann.

Ich ziehe mein T-Shirt hoch, unter dem mein aufgeblähter, aufgeschlitzter, mit mehreren Pflastern beklebter Bauch zum Vorschein kommt. Sie haben mir für den Eingriff Gas in den Bauch gepumpt, hat man mir gesagt. Es wird noch eine Weile dauern, bis mein Körper das Gas absorbiert und abgeatmet hat. Ich bin geistig noch nicht in der Verfassung dazu, das Organ, das mich als weiblich definiert hat, zu betrauern. Aber der Schmerz an der Stelle, wo es gewesen ist, ist unerträglich geworden, also nehme ich noch eine Paracetamol und warte darauf, dass mein Mann endlich zu telefonieren aufhört. Eine weitere Stunde vergeht. Vielleicht zwei. Ich dämmere weg. Ich wache auf. Ich dämmere wieder weg, wache wieder auf. Inzwischen bin ich wie von Sinnen vor Hunger und Schmerz und habe kein Zeitgefühl mehr. »Essen!«, rufe ich. »Bitte! Ich muss was essen!« Er beantwortet E-Mails. Das heißt, ich weiß nicht, was er tut, jedenfalls steht er nicht auf, um mir etwas zu essen zu holen. Ich rufe Nora an. Sie geht nicht ans Telefon. Wo ist sie bloß? Warum geht sie nicht ran? »Bitte!«, schreie ich aus dem Bett. »Bitte, ich muss was essen!«

»Ich brauche nur noch eine Minute!«, sagt er. »Mein Gott.«

»Keine Treppen, kein schweres Heben«, hatte uns die Ärztin

gewarnt. Eine Treppe trennt mich von Nahrung. Wir wohnen inzwischen in den oberen zweieinhalb Stockwerken eines schmalen Brownstones in Harlem, weil die Miete an der Upper West Side so stark gestiegen war, dass wir sie uns nach der Geburt unseres dritten Kindes nicht mehr leisten konnten.

Unsere Wohnung fängt im zweiten Stock mit unserem Schlafzimmer an. Als ich aus dem Krankenhaus kam, musste ich die Treppe seitlich hochsteigen und mein Mann musste schieben, als wäre ich ein Esstisch: Der Aufstieg war so qualvoll, dass ich mich bis heute an die Schmerzen erinnere. Die Küche und das Esszimmer liegen noch eine Treppe höher, im dritten Stock. Allein dorthin zu kommen, ohne eine helfende Hand im Rücken, scheint mir in meinem Zustand unmöglich, aber ich habe keine Wahl. Die Kinder sind in der Schule. Keines der Restaurants, die ich kenne, liefert oberhalb der 96th Street aus. Im Frühjahr 2012 ist die gastronomische Infrastruktur in Hamilton Heights, unserem Teil von Harlem, noch bescheiden, und die Lokale hier haben keinen Lieferservice, soweit ich weiß. Meine Freunde wohnen zu weit weg, um in fünf Minuten hier zu sein, und länger überlebe ich nicht.

Also krieche ich vor Schmerzen gekrümmt aus dem Bett.

»Mach nicht so ein Drama. Ich bringe dir gleich was. Leg dich wieder hin!«, sagt mein Mann, aber er versucht nicht, mich aufzuhalten oder mir zu helfen, und ich kann nicht mehr warten. Ich muss etwas essen. Jetzt.

Auf allen vieren schleppe ich mich die Stufen hinauf, eine nach der anderen. Die Ausdehnung und Intensität der Schmerzen sind ein Schock, nicht nur in der ausgeräumten Beckenhöhle, sondern im ganzen Bauchbereich und an jeder Einstichstelle. Nach der halben Treppe mache ich Pause. Ich weiß nicht, ob ich es schaffe. Mein weißes T-Shirt hat rote Flecken, weil die Wunden von der Anstrengung wieder bluten. Noch acht Stufen. Drei. Eine. Ich komme auf die Füße, halte mich am Treppengeländer fest, aber es ist zu schmerzhaft. Also sinke ich wieder auf alle viere und krabbele wie ein Kleinkind, bevor es laufen lernt.

Ich muss endlich mit Nora sprechen. Ich will ihr sagen, dass es mir leidtut: Es tut mir leid, dass wir nicht einer Meinung sind, was das Asperger-Syndrom meines Mannes angeht; es tut mir leid, dass ich es nicht mehr aushalte, wie auch immer wir »es« nennen. Und es tut mir leid, dass ich auf sie gehört und ihm noch eine Chance gegeben habe. Er hat inzwischen so viele letzte Chancen gehabt, dass ich die Schuld an diesen Schmerzen ganz allein trage: wegen meiner Untätigkeit, wegen meiner mangelnden Entscheidungsfähigkeit, weil ich geblieben bin, obwohl ich vor Jahren hätte gehen sollen. Ich war nicht ehrlich zu dir, Nora. Selbst heute Morgen in der E-Mail habe ich geschrieben, der Leistenbruch wäre bei der OP passiert, dabei gab meine Bauchwand nach, als ich schrie, weil mein Mann nicht aufzufinden war. Ich habe dir ein paar unangenehme Details aus meiner Ehe erzählt, aber nicht alle, weil jeder sein Päckchen zu tragen hat, und wer hat so viel Zeit? Unsere Mittagessen dauerten immer nur ein bis höchstens zwei kostbare Stunden, und wir hatten immer so viel zu reden, dass ich unsere Zeit nicht mit Gejammer über etwas verschwenden wollte, das ich jederzeit selbst beenden könnte. Sie wird es verstehen. Sie muss es verstehen. Wenn sie ihren Mann verlassen konnte, weil er sie betrog, als sie ein Kind im Bauch hatte, kann ich meinen verlassen, weil er mich allein ließ, als mein Bauch ausgeräumt wurde. Wenn ich mich an die Regel halten soll, die Nora aufgestellt und stets befolgt hat – »Sei deine eigene Heldin, nicht das Opfer« –, dann sind meine einzigen Optionen in diesem Moment, Nahrung zu finden und die Scheidung einzureichen. In dieser Reihenfolge.

Ich erreiche die Kühlschranktür, aber ich habe nicht mehr die Kraft, sie zu öffnen. Meine massakrierten Bauchmuskeln rebellieren, als ich am Griff ziehen will. Wer hätte gedacht, dass das Öffnen eines Kühlschranks so viel Rumpfkraft erfordert? Gedemütigt sinke ich vor dem Kühlschrank auf den Boden. Ein hässlicher Schrei bricht aus meiner Kehle, mit Rotz und Wasser.

Dann entdecke ich auf der Küchentheke die Rettung: drei gelbe Bananen in Reichweite. Ich ziehe mich hoch, wimmere vor Schmerzen, schnappe mir die Beute und sinke zurück auf den Boden, wo ich alle drei mit der Anmut von Jane Goodalls Schimpansen verzehre. Das heißt, ich stopfe sie unmanierlich und primatenhaft in mich hinein.

Später am Tag, als ich wieder im Bett liege, weckt mich eine Reihe dringender Nachrichten einer Freundin, die fragt, ob ich es schon gehört habe: Nora ist offenbar im Krankenhaus, schwer krank. Was????!!!!! Sofort durchsuche ich das Internet nach irgendwelchen Nachrichten. Nichts. Ich rufe wieder Noras Handy an. Sie nimmt nicht ab. »Das darf einfach nicht wahr sein«, schreibe ich verzweifelt und weinend in die Betreffzeile meiner nächsten E-Mail. »Ich kann mir mein Leben ohne dich nicht vorstellen. Bitte, bitte, bitte. Ich liebe dich. Ich liebe dich. Ich liebe dich.«

Nachts klingelt nach Mitternacht das Handy meines Mannes, das im Schlafzimmer auf dem Schreibtisch liegt. Ich suche den abgedunkelten Raum nach ihm ab. Er ist nicht da. Ich lasse es klingeln, bis es aufhört. Wer immer es ist, kann eine Nachricht hinterlassen. Ein paar Sekunden später klingelt das Telefon wieder. Beim dritten Mal schreie ich seinen Namen. »Dein Telefon! Bist du da?« Nichts. Ächzend kämpfe ich mich aus dem Bett und hole das Handy vom Schreibtisch, auf dem ich jetzt den Namen unseres Sohnes sehe. Die Sommerferien haben gerade angefangen. Nach den Ferien kommt er in die zwölfte Klasse. Er ist vor ein paar Stunden zur Party eines Freundes aufgebrochen. »Was ist passiert?«, frage ich, als ich den Anruf annehme. »Geht es dir gut?«

»Oh, Mom!«, sagt er. »Tut mir leid. Ich habe extra bei Dad angerufen. Ich wollte dich nicht wecken. Wie geht es dir? Hast du Schmerzen?«

»Alles gut«, lüge ich. »Was ist denn los?«

»Also, es tut mir total leid. Ich bin unten vorm Haus in einem Taxi, und ich habe nicht genug Geld dabei. Ich brauche nur drei Dollar. Ich zahle es euch zurück, versprochen. Kannst du Dad sagen, er soll sie mir runterbringen? Der Fahrer lässt mich erst aussteigen, wenn ich bezahlt habe.«

»Natürlich«, sage ich. »Kein Problem.«

Meine Abmachung mit meinen Teenagern ist: Ich fahre U-Bahn, also fahrt ihr auch U-Bahn. Wenn ihr so lange auf einer Party bleibt, dass die Heimfahrt mit der U-Bahn zu gefährlich ist, nehmt bitte ein Taxi, aber zahlt es selbst. Auf die Art ist es in ihrem eigenen Interesse, zu einer anständigen Zeit nach Hause zu kommen.

Ich schleppe mich zur Schlafzimmertür, halte mich am Türrahmen fest und rufe die Treppe hoch nach meinem Mann.

»Was?«, ruft er zurück. Von ganz oben höre ich das leise Summen des Fernsehers.

»Bitte komm runter«, sage ich.

»Warum?«

»Unser Sohn sitzt unten in einem Taxi fest!« Ich spüre bei jedem Wort, wie sich der Leistenbruch weiter vorwölbt. »Bitte, komm runter. Es tut weh zu schreien. Er braucht drei Dollar.«

»Ich schaue gerade einen Film. Kannst du sie ihm bringen?«

»Mein Gott, nein!« Ich hatte vor 24 Stunden eine Hysterektomie. In jeder anderen Industrienation würde ich immer noch im Krankenhaus liegen und mich unter der Obhut von Krankenschwestern und Pflegern erholen. In Großbritannien kommt der NHS nach einer Hysterektomie für bis zu fünf Tage im Krankenhaus auf.[22] In Frankreich und Kanada sind es bis zu vier Tage.[23] Aber wir sind hier in den USA. Die Krankenhäuser müssen Gewinn abwerfen. Ich lohne mich für das Krankenhaus, wenn ich auf dem OP-Tisch liege, aber nicht, wenn ich auf der Station liege.

Deshalb habe ich morgens eingecheckt und wurde am nächsten Morgen wieder entlassen.

»Okay, okay, sag ihm, ich komme gleich runter.«

»Mom, gib Dad einfach das Telefon«, sagt mein Sohn. »Du sollst dich nicht mit sowas befassen.«

»Geht nicht«, sage ich. »Ich bin im Schlafzimmer, und Dad ist oben und sieht fern. Keine Sorge. Er sagt, er kommt gleich runter.«

»Danke, Mom. Ich hab dich lieb. Tut mir leid, dass ich dich geweckt habe.«

»Schon gut. Ich hab dich auch lieb.«

Zehn Minuten später klingelt das Handy wieder. Ich hatte es auf den Nachttisch gelegt, damit ich nicht wieder aufstehen muss, um es zu holen.

»Mom, warum bist du schon wieder am Telefon? Wo ist Dad?«, fragt mein Sohn.

»Hat er dir das Geld nicht gebracht?«

»Nein, noch nicht. Aber die Uhr läuft. Ich brauche jetzt … acht Dollar, glaube ich? Plus Trinkgeld. Und der Fahrer wird sauer. Was macht er denn?«

»Ich hole ihn«, sage ich.

Ich lege auf, damit mein Sohn meinen Urschrei nicht hört. Mein Urschrei ist lang. Sehr lang. Extrem lang, quasi unendlich. Zum Glück habe ich unsere anderen Kinder ausquartiert, denn die gutturalen Geräusche, die ich ausstoße, erschrecken selbst mich. Ich gebe einen geifernden Schwall von Schimpfwörtern und dämonischem Gebrüll von mir. Der Leistenbruch ragt inzwischen in der Größe einer Babyfaust aus meinem aufgeblähten Becken heraus. Wenn ich weiter schreie, platzt mein Bauch, aber ich kann mich nicht mehr beherrschen.

»Spinnst du?«, sagt mein Mann, als er endlich die Treppe herunterkommt. »Du weckst die Nachbarn!«

»*Das* ist dein Problem?«, brülle ich. »Dass ich DIE SCHEISS-

NACHBARN AUFWECKE? Ich hatte gestern eine große OP! Wie
wäre es, wenn du mal an mich denkst? Wie wäre es, wenn du an
deinen Sohn denkst, der seit einer Viertelstunde mit einem wütenden Taxifahrer auf der Straße hockt?«

»Mach nicht so ein Drama daraus«, sagt er, seine übliche Reaktion, wenn ich mich aufrege.

»Sieh dir das an!« Ich ziehe mein T-Shirt hoch und zeige auf
den Leistenbruch, der jetzt aus einem der größeren Schnitte ragt
und nässt. Ich bin buchstäblich vor Wut geplatzt.

»Igitt!«, sagt er. »Was ist das?«

»Wut!!!!!«, schreie ich und heule laut. »Das war's. Ich will die
Scheidung. Keine zweite Chance mehr. Keine 35. Chance mehr.
Wir reden morgen früh, aber schlaf heute Nacht bitte oben. Ich
kann dich nicht mal ansehen, so wütend bin ich.«

»Nein«, sagt er. »Ich schlafe, wo es mir passt.«

Ich weine mich neben ihm in den Schlaf.

Am nächsten Tag ist Noras Tod offiziell. Ich muss Fernseher und Radio abschalten, weil ich immer weinen muss, wenn
ich ihr Gesicht sehe oder ihre Stimme höre. Ihr Ehemann Nick
lädt uns am folgenden Abend alle ein, um die Hühnchensalat-
Sandwiches zu essen, die Nora für den Anlass bei William Poll
bestellt hat. Ich habe immer noch starke Schmerzen und kann
kaum stehen, aber ich schleppe mich die Treppe hinunter und
fahre mit dem Taxi zu Nora und Nick – ach ja, *nur noch Nick* –
und weine wieder.

Ich nehme Nick in den Arm. Er erzählt mir von Noras Quallen-
stich, nach dem ihr Krebs auf mysteriöse Weise mehrere Jahre in
Remission gegangen war. Erschöpft lasse ich mich in die weichen
Polster von Noras weißer Couch sinken und fühle mich plötzlich
wie von ihr umhüllt. »Alle Sofas sollten weiß sein«, hat sie einmal
zu mir gesagt. »Man kann die Bezüge beim Waschen bleichen, so
sehen sie immer wie neu aus. Außerdem ist Weiß hell und frisch

und sieht in jedem Zimmer gut aus. Es gibt überhaupt keinen Grund für eine andere Couchfarbe.«

Ich stehe unter Schock. Wir alle stehen unter Schock, denn die meisten von uns wussten nicht, dass Nora krank war. Da ist Meg Ryan, die weinend am anderen Ende der weißen Couch sitzt. Da ist Rosie O'Donnell, die sich mit einer von Noras Schwestern unterhält und ungläubig ins Leere starrt. Da ist J. J. Sacha, Noras Assistent, der wie immer versucht, die Lage zu retten, aber diese Falte kann er nicht ausbügeln. Da ist Barbara Walters, die mit Tränen in den Augen den Kopf schüttelt. Da ist Diane Sokolow, eine von Noras besten Freundinnen und meine Lieblingspartnerin bei Scharade, die mit offenen Armen auf mich zukommt. »Warum hat sie uns nichts erzählt?«, frage ich sie. Das ist die Frage, die sich fast jede hier stellt. Bei der Gedenkfeier zwei Wochen später drückt Meryl Streep den Schmerz dieses Nichtwissens in ihrer Trauerrede aus, indem sie ihre Hände zu Noras Händen werden lässt: Sie öffnet die Hände wie die Queen, dreht sie langsam nach außen, dann nach innen, berührt mit dem Daumen die Fingerspitzen. Tom Hanks und seine Frau Rita Wilson spielen Nick und Nora an einem typischen Abend zu Hause. Der fliegende Wechsel zwischen Lachen und Weinen ist genau wie in Noras Filmen. Ein Jahr später wird Tom Hanks in einer anderen Hommage an Nora über ihren Appeal als Mutterfigur sprechen, trotz der Tatsache, dass das Muttersein, wie er sagt, am wenigsten ihren Instinkten entspreche.

Nein, werde ich denken. Das Muttersein entsprach ihrem innersten Wesen. Nicht nur für mich. Für jeden, den sie liebte.

Zu Hause kommt meine halbwüchsige Tochter hinter mir her, als ich gerade ins Bad gehe.

»Mom«, sagt sie und schließt die Tür hinter uns. »Ich muss dir was sehr Persönliches erzählen, aber ich wollte es dir nicht sagen, als du gerade aus dem Krankenhaus gekommen bist. Ich wollte dich nicht stören. Aber der Zufall ist einfach so … komisch.«

»Schieß los«, sage ich.

»Okay, also«, fängt sie an, »Als du im Krankenhaus warst ... also, genau zu der Zeit, als sie dir die Gebärmutter rausgenommen haben?«

»Ja?«, sage ich.

»Habe ich meine Tage bekommen.«

»Was?!!! Nein!!! Das ist ja verrückt! Herzlichen Glückwunsch!« Ich nehme sie in den Arm. Ich küsse sie. Ein plötzliches Glück durchströmt mich. Die Fackel ist weitergewandert. Das Leben nimmt seinen Lauf. Die nächsten Geräusche, die aus mir herauskommen, sind Geräusche des Lachweinens: diese besondere Kombination, wenn keine der beiden Emotionen gewinnt. Sie existieren einfach nebeneinander, in perfektem Gleichgewicht. »Warte. Hast du alles, was du brauchst? Lieber Himmel, es tut mir so leid, dass ich nicht für dich da war. Weißt du überhaupt, wie man ...«

»Mom! Oh Gott, hör auf. Ja. Ich bin die letzte meiner Freundinnen, die ihre Tage kriegt. Sie haben mir alles erklärt.«

»Okay, okay, aber versprich mir eins«, sage ich und versuche Nora zu kanalisieren.

»Natürlich«, sagt sie, »was denn?«

»Versprich mir, dass du nie Angst hast, mit mir über irgendwas zu reden.«

»Ach, Mom. Chill mal. Es ist bloß meine Periode.«

»Nein, nein!« Ich lache. »Ich meine nicht die Periode. Ich meine ... alles.«

»Ist doch klar«, sagt sie, und als sie geht und die Tür hinter sich schließt, kommt mir eine Erkenntnis: Deswegen hat Nora niemandem von ihrer Krankheit erzählt. Die Weitergabe von Leid ist eine Einbahnstraße vom Kind zur Mutter. Eine gute Mutter belastet ihr Kind nicht mit ihren Sorgen. Sie behält sie für sich, bis sie so schwer werden, dass sie sie entweder in die Knie zwingen oder umbringen, je nachdem, was zuerst kommt.

»Was ist passiert?«, fragt meine Ärztin am nächsten Morgen, als sie im Krankenhaus den Leistenbruch abtastet, der aus dem Einschnitt ragt. Vor meiner Entlassung war der Hubbel so klein gewesen, dass sie mich mit dem Ratschlag, mich zu schonen, nach Hause geschickt hatte: Wahrscheinlich würde er sich von selbst zurückbilden, sobald die Wunden verheilt wären.

Was passiert ist? Ich weiß nicht, wo ich anfangen soll. »Ich habe mich mit meinem Mann gestritten und angefangen zu schreien«, sage ich. Klar. Das funktioniert. Vage bleiben, wie immer. Wenn du alles erzählen würdest, würden dich die Leute anschauen, als wärst du verrückt.

In der Literatur über Autismus-Spektrum-Störungen nennt sich dieses Verhalten das Kassandra-Syndrom.[24] In der griechischen Mythologie besaß Kassandra, die Tochter des trojanischen Königs, die Gabe der Weissagung, aber sie war dazu verdammt, dass keiner ihren Prophezeiungen glaubte. Beim Kassandra-Syndrom ist es beinahe unmöglich, Außenstehenden – geschweige denn dir selbst – das wahre Ausmaß deiner Situation zu Hause zu vermitteln: das chronische, sich wiederholende Trauma, das sich hinter der Kulisse einer Partnerschaft mit einem Menschen im Autismus-Spektrum verbergen kann.

»Worum ging es denn?«, fragt die Ärztin.

»Das Übliche«, sage ich. Dass er mir nach meiner Entlassung aus dem Krankenhaus nichts zu essen gebracht hat. Dass er unseren Sohn ohne Geld im Taxi vor dem Haus sitzen hat lassen, weil er fernsehen wollte.

Die Ärztin runzelt die Stirn. »Haben Sie genug Unterstützung im Haushalt? Sie sollten möglichst nicht aufstehen.«

»Es geht schon«, sage ich.

Sie verordnet einen CT-Scan. Ich schlucke das Kontrastmittel, ohne zu wissen, dass ich allergisch gegen Kontrastmittel bin. Als ich nach Hause komme, ist mein ganzer Körper mit roten, juckenden Quaddeln bedeckt, war ja klar. Nach einer Woche Juckreiz, in der ich mich bis aufs Blut gekratzt habe, schwellen die Quaddeln ab. Bald darauf bildet sich der Bruch von selbst hinter die Muskelwand zurück.

Ich bitte meinen Mann wieder um die Scheidung. Wieder will er nicht akzeptieren, dass es vorbei ist. Auch dies ist lehrbuchmäßig in einer Ehe mit einem Menschen im Spektrum. Also beschließe ich einfach, so zu tun, als wären wir getrennt und würden uns scheiden lassen, auch wenn wir immer noch unter einem Dach leben. Am Ende bleibt er noch ein Jahr und drei Monate, sowohl in unserer Wohnung als auch in unserem Ehebett, und bucht sogar einen gemeinsamen Urlaub, den wir uns nicht leisten können, in der Hoffnung, unsere Beziehung zu kitten.

Zwei Monate nach der Hysterektomie, als es mir etwas besser geht, ergreife ich erneut die Flucht, diesmal nach Sun Valley in Idaho, um zwei Vorträge auf der Sun Valley Writers' Conference zu halten. Dort begegne ich dem Autor eines Romans, der in diesem Jahr ein Riesenerfolg war, und lande mit ihm im Bett. Ich zeige ihm meine noch frischen Narben. Sie schrecken ihn nicht ab. Im Gegenteil: Er fragt nach, zeigt Mitgefühl für die Tortur, die ich hinter mir habe. Seine ruhige, zurückhaltende Art wirkt heilsam. Sein trockener Humor bringt mich zum Lachen. Als Bon Jovis »Livin' on a Prayer« im Radio läuft, reißt er im Bett die Faust hoch und singt perfekt im Takt: »Whoa, we're halfway there, whoa, livin' on a prayer ...« Ich pruste los, und als ich zu lachen anfange, kann ich nicht mehr aufhören. Dieses Lachen bringt mich an einen neuen Ort: Freude. Das ist es also, was ich verpasst habe, denke ich kichernd und blicke hinaus auf den Berg, den ich gerade bestiegen habe, fast ohne Restschmerzen nach der OP. Das ist die Magie, die möglich ist, sogar zwischen Fremden.

Plötzlich habe ich das eindeutige Gefühl, dass Nora im Zimmer ist und den Kopf schüttelt. Mir den Nora-Blick© zuwirft. So wird es für den Rest meines Lebens sein – immer dann, wenn ich etwas tue, das sie nicht getan und nicht gutgeheißen hätte. »Dieser Typ?«, sagt sie. »Im Ernst? Der Liebling der Literaturszene?«

»Nein, nein!«, antworte ich im Kopf. »Es ist nicht so, wie du denkst.« Er ist neun Jahre jünger als ich und kann noch eine Familie gründen, wenn er will. Ich bin 46, habe drei Kinder und keine Gebärmutter mehr. Tatsächlich werden wir uns nie wieder sehen. Wir schreiben nur kurz, als wir in unsere jeweilige Stadt zurückgekehrt sind, und dann auch nur ein, zwei Tage, um »Danke« und »Bist du gut angekommen?« zu sagen, und »Ja«, aber trotzdem: *Carpe fucking diem.* »Keine Angst, Nora. Er war nur ein Ventil. Ich habe den Rest meines Lebens, um herauszufinden, was als Nächstes kommt.«

Teil 3

BRUST

2013–2014

9

Erdrutsch

September 2013

Ich entdecke den Knubbel an dem Tag, als ich meinen ältesten Sohn, der mit dem Studium anfängt, zum College fahre und meine Ehe endet. Ich hätte diese drei wichtigen Großereignisse lieber einzeln verarbeitet, aber du kriegst, was du kriegst, also Klappe halten und weitermachen. Was eigentlich ein mieser Rat ist. Nachhaltiger wäre: »Wenn du nicht weißt, wie du alles schaffen sollst, atme tief durch und sortier dich erstmal. Am besten in Jogginghose.«

Nicht immer praktikabel, aber viel gesünder für den Cortisolspiegel, der steigt, wenn wir überfordert sind und unsere Gefühle herunterschlucken; und ein dauerhaft erhöhter Cortisolspiegel hat eine ganze Reihe von schädlichen Auswirkungen. Oder wie der Direktor des Programms für Integrative Medizin am MD Anderson Cancer Center Lorenzo Cohen ganz direkt sagt: »Stress macht den Körper anfälliger für Krebs.«[25] Chronischer Stress, zum Beispiel der tägliche Druck einer emotional herausfordernden Langzeitehe, hemmt einen natürlichen Prozess namens Anoikis, der kranke Zellen abtötet und ihre Ausbreitung verhindert. Tatsächlich hat eine Vielzahl an Studien einen kausalen Zusammenhang zwischen chronischem Stress und der Produktion bestimmter Wachstumsfaktoren gezeigt, die die Entstehung von Krebs begünstigen.[26]

Der Knubbel fühlt sich hart an. Er ist eindeutig da. Ich kann ihn mit der rechten Hand an der Außenkurve der linken Brust ertasten. Zunächst war da ein unangenehmes Gefühl: nicht schmerzhaft wie die Brustentzündungen, die ich beim Stillen jedes meiner Kinder hatte, sondern *vorhanden*, Aufmerksamkeit fordernd, wie ein Kind, das am Rockzipfel zieht. War ja klar, denke ich, als ich den Knoten spüre. Genau jetzt, wo meine Krankenversicherung ausgelaufen ist.

Von 1992 bis 1998 war ich über *ABC* und *NBC News* versichert, für die ich Features schrieb und produzierte, erst bei *Day One*, später bei *Dateline NBC*. Davor hatte ich vier Jahre in Paris gelebt, wo es eine Grundsicherung gibt: Wenn ich zum Arzt musste, zahlte ich keinen *centime*, und die Kosten der Antibabypille waren nicht der Rede wert. Als ich 1998 für mein Buch *Shutterbabe* das Doppelte meines *Dateline*-Gehalts bekam, wechselte ich in die Familienversicherung meines Mannes, der über seinen neuen Job versichert war. Das war, nachdem die Geschäftsleitung von *NBC News* meine Vereinbarung mit meinem Vorgesetzten bei *Dateline NBC*, vier Tage pro Woche zu arbeiten, gekippt hatte. Vierzehn Jahre später, als ich meinen Roman *The Red Book* in der *Today Show* vorstellte – zufällig an dem Tag, als Sarah Palin Co-Moderatorin war, die Erfinderin des »Todesgremiums«* –, fragte mich die Produzentin, mit der ich im Vorfeld telefonierte: »Ihr Name kommt mir so bekannt vor. Haben Sie nicht früher hier gearbeitet?«

»Ja«, sagte ich. »Von 1994 bis 1998.«

»Oh mein Gott! Kann es sein, dass Sie ein etwas … pikantes Kündigungsgespräch hatten?«

»Ja«, antwortete ich alarmiert. »Woher wissen Sie das?«

Damals hatte mein aufgeklärter Chef Neal Shapiro meinen Vorschlag, vier Tage die Woche für vier Fünftel des Gehalts zu arbei-

---

* Bei einer Debatte über die Gesundheitsreform 2009 setzte Sara Palin die Lüge des »Todesgremiums« in die Welt, das unter Obamacare darüber entscheiden würde, wer es wert sei, medizinisch versorgt zu werden.

ten, ohne zu zögern angenommen. Ihm war klar, dass ich dieselbe Arbeit in weniger Zeit erledigen würde, wofür er mir weniger Geld zahlen müsste, während ich mehr Zeit mit meinen kleinen Kindern haben würde, sodass ich weniger Betreuungskosten hatte, meine Familie weiter krankenversichert wäre und er eine engagierte Mitarbeiterin behielt: Win-win-win-win-win-win. Doch dann grätschte die stellvertretende Geschäftsführerin von *NBC* dazwischen, die die Vereinbarung absegnen musste – eine Frau, die selbst Kinder hatte –, und erklärte, eine Mutter müsse sich entscheiden: Entweder sie arbeitete zehn bis zwölf Stunden am Tag, fünf Tage die Woche und an den Wochenenden, oder sie ging nach Hause und war Mom. So lautete das ungeschriebene Gesetz bei *NBC* und vielen anderen amerikanischen Unternehmen: Eine Festanstellung – besonders auf den unteren Rängen – bedeutete, dass die Firma jede Stunde jeden Tages, fünfzig Wochen im Jahr und manchmal sogar während der zwei Wochen Jahresurlaub über dich verfügen konnte. (Damals, als es noch keine Handys gab, hatten alle Piepser.) Dieses System der Leibeigenschaft begünstigt – bis heute – Eltern, deren Partnerinnen oder Partner zu Hause bleiben, um sich um Kinder und Haushalt zu kümmern. Die betriebliche Krankenversicherung erschwert es außerdem, sich selbstständig zu machen. Als Selbstständige wirst du zwar für jede Stunde Arbeit bezahlt, aber dafür bist du aufgeschmissen, wenn du einen Unfall hast oder ernsthaft krank wirst.

Für ein Land, das sich Freiheit und Gerechtigkeit auf die Fahne schreibt, ist der Umstand, dass nur Festangestellte in den Genuss einer erschwinglichen Krankenversicherung kommen, bestenfalls ironisch und häufig eine fatale Zwangsjacke. Die Situation widerspricht auch einem weiteren Pfeiler des amerikanischen Selbstverständnisses: dem Unternehmertum. Wie viele neue Ideen, neue Therapien und Erfindungen sind uns entgangen, weil ein helles Köpfchen ohne das Sicherheitsnetz einer Krankenversicherung für sich und seine Familie den Sprung ins kalte Wasser nicht wagen konnte und für immer ein Rädchen im Getriebe einer großen Firma blieb?

Mein Antrag, vorübergehend vier Fünftel zu arbeiten, solange meine Kinder klein waren, fiel in eine Zeit irreführender Berichterstattung: Leitartikel über Mütter, die »freiwillig« aus dem Berufsleben ausstiegen, als wäre es ihre Entscheidung und nicht die Konsequenz der Firmen- und Regierungspolitik – oder vielmehr der fehlenden Firmen- und Regierungspolitik. Acht Jahre später, 2006, veröffentlichte Joan C. Williams, Gründungsdirektorin des Center for WorkLife Law am Hastings College of the Law der University of California eine bahnbrechende Studie über das falsche Framing der Opt-out-Geschichten, die amerikanischen Frauen seit den 1950er Jahren aufgezwungen werden. »Unsere Untersuchung zeigt, dass sich die Opt-out-Darstellung, die in den US-Zeitungen vorherrscht, einseitig auf die psychologische bzw. biologische ›Sogkraft‹ konzentriert, die Frauen in traditionelle Rollen zurückzieht, statt auf die belastenden Faktoren, die sie aus dem Arbeitsplatz herausdrängen«,[27] schrieb sie.

Als mir klar wurde, dass die stellvertretende *NBC*-Geschäftsführerin fest entschlossen war, ihr Veto gegen meinen Antrag einzulegen, und nichts, was ich sagte oder tat, sie umstimmen würde, ging ich zu ihr, sah ihr in die Augen und sagte laut genug, dass es die ganze Führungsebene hörte: »Allein auf meiner Etage arbeiten zurzeit ein Dutzend schwangere oder bald schwangere Frauen. Sie alle haben meinen Antrag und sein Genehmigungsverfahren aufmerksam verfolgt. Es ist keine Übertreibung, wenn ich sage, dass Sie fast jede einzelne davon verlieren, wenn Sie weiter so tun, als gäbe es ihre Kinder nicht. Wollen Sie wirklich, dass in Ihren Redaktionen nur kinderlose Frauen und Männer sitzen, deren Frauen den Haushalt machen? Was daran ist auch nur entfernt repräsentativ für die Welt, in der wir leben, und die Sorgen, die wir haben, zum Beispiel die enormen Belastungen von Familien, in denen beide Eltern berufstätig sind?«

Einige junge Mütter bei *NBC*, wo sechs Wochen bezahlte Elternzeit die Norm waren und als großzügig betrachtet wurden, kehrten an ihren Arbeitsplatz zurück, bevor ihr Dammschnitt, die traubengroßen Hämorrhoiden oder die Komplikationen nach dem Kaiserschnitt verheilt waren. Oder sie machten es wie ich und verschuldeten sich, indem sie sich unbezahlt zusätzliche Monate freinahmen, um ihrem Säugling in den nachweislich wichtigen ersten drei Monaten der frühkindlichen Gehirnentwicklung beizustehen.[28]

Bei meinem zweiten Kind endete die Elternzeit abrupt, bevor mein Baby abgestillt war, als Princess Diana starb und ich so schnell ins Flugzeug steigen musste, dass ich nicht einmal Zeit hatte, mir eine Milchpumpe in Reisegröße zu besorgen. Während der zehn Tage meiner Abwesenheit schrie meine Tochter fast ununterbrochen und verweigerte die Flasche. Wenn mein Milchstau unerträglich wurde, musste ich die nächste Pariser Toilette finden und die Brust von Hand ausstreichen. Als ich zurückkam, hatte mein Baby gelernt zu krabbeln und meine unterste Kommodenschublade zu öffnen, aus der es meine Still-BHs klaute und sie sich dekorativ um den Hals hängte. Am Ende kosteten die Überstunden der Babysitterin mehr, als ich in den anderthalb Wochen im Ausland verdient hatte.

Viele meiner Kolleginnen kündigten bald nach ihrer verfrühten Rückkehr den Job, als sie merkten, wie schnell die Betreuungskosten ihr Einkommen aufzehrten; wie anstrengend es war, die Nächte mit einem schreienden Säugling zu verbringen und tagsüber zehn Stunden im Büro zu sitzen; wie unhygienisch und unpraktisch es war, heimlich in Toilettenkabinen abzupumpen. Auch die Babysitter*innen und Nannys waren überfordert. Sie verdienten zwar mehr Geld, wenn wir Überstunden machten und auf

Geschäftsreisen gingen, aber auch sie wollten geregelte Arbeitszeiten, und sie arbeiteten oft mehr als zehn Stunden am Tag, wenn der nicht verreiste Elternteil – meistens der Vater – nicht einspringen wollte oder konnte.

»Junge Eltern wollen nicht nur arbeiten, wir *müssen* arbeiten und unsere Versicherung behalten, weil Kinder zusätzliche Ausgaben und zusätzliche Krankheiten bedeuten!« Inzwischen bin ich laut geworden und zeige mit dem Finger auf die stellvertretende Geschäftsführerin. »Das gängige Modell ist weder für berufstätige Eltern noch für deren Kinder geeignet. Teilzeit ist die Lösung! Jobsharing ist die Lösung. Sie bekommen mehr Arbeit für weniger Geld! Sie müssen keine neuen Mitarbeiter*innen einarbeiten! Die Kinder wachsen! Nach ein, zwei Jahren sind die Eltern wieder in Vollzeit da. Was ist aus unternehmerischer Sicht daran auszusetzen?« Als ich ging, knallte ich die Tür hinter mir zu und fühlte mich wie Ibsens Nora im Powersuit.

»Wahnsinn!«, sagte die Produzentin der *Today Show* anderthalb Jahrzehnte später. »Dank Ihres Entlassungsgesprächs arbeitet die Hälfte von uns Teilzeit! Vielen Dank!«

Als ich das hörte, kamen mir fast die Tränen. Nicht nur, weil mein Türenknallen von damals nicht nutzlos verhallt war, sondern auch, weil ich als junge Mutter, nachdem mein Antrag abgelehnt worden war und ich mich selbstständig machte, auf die Krankenversicherung meines Mannes angewiesen war, was mich noch enger an meine zunehmend schwierige Ehe band. Wie viele schlechte Ehen in den USA blieben nur wegen der Krankenversicherung erhalten? Es klang wie eine Geschichte, die ich für *Dateline NBC* gepitcht und produziert hätte, wäre die Stelle mit kleinen Kindern nicht so schwer zu bewältigen gewesen.

Trotz allem muss ich sagen: Dass ich meinem Mann die Verantwortung für den Job mit der Krankenversicherung überließ (nachdem ich ihn in den ersten sechs Jahren unserer Beziehung bei verschiedenen un- und unterbezahlten Tätigkeiten unterstützt hatte), ermöglichte mir mit 32 den Sprung in die Selbstständigkeit, womit ich am Ende mehr Geld verdiente als bei *NBC* und gleichzeitig die Hälfte der Betreuungskosten hatte. Kinder sind nur einmal klein, dachte ich damals. Ich wollte etwas davon miterleben.

Und plötzlich ist mein erstes Kind kein Kind mehr, sondern ein junger Mann, den ich zum College fahre, und liegt schlafend über die Knie gebeugt auf dem Beifahrersitz, in dieser unfassbaren Position, in der ich ihn früher oft morgens vor der Schule im Bett fand. »Wie kann das bequem sein?«, fragte ich ihn damals, und er zuckte nur die schmalen, unglaublich dehnbaren Schultern. Es war einfach so. Und offenbar ist es immer noch bequem, selbst nachdem seine Schultern über Nacht breit geworden sind.

Die verschiedenen Jobs meines Mannes in den nächsten Jahren waren leider nicht von Dauer und reichten ohne meine Einkünfte als Autorin nicht für unsere wachsenden Ausgaben und die unangenehmen COBRA-Beiträge zwischendurch. Nur wenn wir über ihn mitversichert waren, hatte unsere Familie das Sicherheitsnetz, das in jeder anderen Industrienation kein Privileg, sondern gesetzlich vorgeschrieben ist. Doch als ich unseren Sohn zum College fahre, am 15. September 2013, ist seine letzte Anstellung so lange her, dass die COBRA-Beiträge unsere Ersparnisse aufgezehrt haben und die Krankenversicherung ausgelaufen ist.

Ich war auf Lesereise, um für meinen Roman zu werben, der zwei Wochen lang auf der *New-York-Times*-Bestsellerliste stand, bevor er sang- und klanglos in der Versenkung verschwand. Zwar darf ich mich fortan *New-York-Times*-Bestsellerautorin nennen, aber Geld habe ich damit nicht verdient, da die Verkäufe mit dem Vorschuss verrechnet werden. Obama hat den Affordable Care Act verabschiedet, aber die staatlichen Vergleichsportale, über die man sich einschreiben kann, öffnen erst in einigen Wochen, und der Versicherungsschutz beginnt am 1. Januar 2014, in dreieinhalb Monaten. Kann ein Knoten in der Brust dreieinhalb Monate warten, bevor man zum Arzt geht?

Die Frage erübrigt sich. Natürlich kann er warten. Weil er muss. Außerdem muss ich mich heute mit dem Ende meiner Ehe und der Nestflucht meines Erstgeborenen auseinandersetzen, ich habe keine Kapazitäten für ein drittes Ereignis. Ich hatte immer schon knotige Brüste, rede ich mir als Expertin im Leugnen ein. Besonders seit der Geburt meiner Kinder. Der medizinische Name dafür ist fibrozystische Mastopathie, eine gutartige Veränderung des Bindegewebes, die die Hälfte der Frauen zwischen zwanzig und fünfzig betrifft. Ich gehe einfach davon aus, dass der neue Knoten, auch wenn er an einer ungewöhnlichen Stelle sitzt, zu den harmlosen Knubbeln gehört und nichts, nichts, nichts ist. Er muss harmlos sein. Denn ich habe weder die Zeit, noch das Geld, noch die Infrastruktur, noch die Versicherung, noch die emotionalen Reserven, um mich darum zu kümmern.

Ich taste noch mal. Es ist nicht nichts.

Der Scheibenwischer imitiert die Bewegungen meiner linken Hand, mit der ich mir in regelmäßigen Abständen die Tränen wegwische. Draußen breitet sich die graue Landschaft von Pennsylvania aus, langweilig und symmetrisch wie die perspektivische Zeichnung eines faulen Künstlers, der sich nicht die Mühe macht, den Bleistift anzuspitzen oder die Details einzufügen. Ich schaue meinen Sohn an, bin dankbar, dass er schläft und mir damit einen stillen, privaten Moment ermöglicht, um seinen Aufbruch und das Ende meiner Ehe zu verarbeiten.

Sieh ihn dir an: dieser große Brocken aus Fleisch und Blut, der über die Knie gebeugt da liegt wie eine Marionette mit schlaffen Fäden. Gestern war er wie ein hungriger Flüchtling aus meinem dunklen Inneren gekrochen und hatte mir mit überraschender Kraft Nahrung aus den schmerzenden Brüsten gesaugt. Heute habe ich das Auto bis oben hin vollgepackt mit Männerkleidung und extralanger Bettwäsche.

Morgens um sieben hatte ich bei Hertz in Midtown den Mietwagen abgeholt und war zurück nach Harlem gefahren, um meinen Sohn und das Gepäck einzuladen und nach Chicago aufzubrechen. Wenn es gut läuft, dauert die Fahrt zwölf Stunden, Pinkel- und Tankpausen nicht eingerechnet. In der Zwischenzeit stand mein Mann mit zwei Koffern vor dem Haus und wartete auf den Wagen, der ihn zum Flughafen und fort aus unserem Leben bringen würde. Er zieht nach San Francisco und will ein Mitfahrunternehmen gründen, das im Gegensatz zu Newcomern wie Uber und Lyft Fahrgemeinschaften organisiert, mit denen die Nutzer billiger, schneller und nachhaltiger auf der HOV-Spur (*high-occupancy vehicle lane* für Fahrzeuge mit mindestens vier Insassen) zur Arbeit kommen: eine edle, umweltfreundliche Idee, die ich theoretisch unterstütze, aber skeptisch betrachte, weil sie logistisch schwer umzusetzen ist, selbst wenn er statt unserer letzten gemeinsamen Ersparnisse ein ordentliches Startkapital zum Investieren gehabt hätte. Genau genommen sind es keine Ersparnisse, sondern der letzte Rest eines Darlehens meiner Mutter, das sie uns gewährt hatte, als nach meiner Hysterektomie die Firma meines Mannes pleiteging und die COBRA-Kosten einfach zu hoch waren – das erste und letzte Mal, wie sie sagte, dass sie uns mit ihrer kleinen Rente helfen könne.

Zu diesem Zeitpunkt ist mir noch nicht klar, dass mein Mann – jetzt Exmann – sich darauf verlässt, dass ich unsere drei Kinder in den nächsten drei Jahre allein erziehe und in den nächsten sechs Jahren allein finanziere. Mir ist auch nicht klar, dass er Kreditkarten benutzt, die unter meinem Namen laufen. Oder dass seine ultimative Geschäftsidee darin besteht, mich zurückzugewinnen, weswegen er sich geweigert hat, unseren Kindern gemeinsam mit mir zu eröffnen, dass wir uns scheiden lassen. »Ich bin noch nicht so weit«, hatte er gesagt und es dabei belassen. Er hatte immer noch nicht verstanden, dass sein Mangel an Empathie unser Verhängnis war, nicht das Geld.

»Was sage ich den Kindern, wenn ich irgendwann mal ein Date habe?«, hatte ich in der Woche vorher gefragt.

Er hatte die Achseln gezuckt. »Mach es heimlich.«

»Was ist mit meinen Freundinnen?«, hatte ich gesagt. »Ich kann ihnen nicht verheimlichen, dass wir uns trennen.«

»Sag ihnen, was du willst, solange sie den Kindern nichts erzählen.«

»Aber dann muss ich von ihnen verlangen, dass sie unsere Kinder anlügen! Damit fühle ich mich nicht wohl. Ich will mich nicht verstecken und die Wahrheit verbergen müssen.«

Jetzt leuchtete sein Gesicht auf dem Display meines Handys auf. »Ich muss los«, sagte er am letzten Tag unserer Ehe ins Telefon. »Mein Wagen ist da.«

»Ich bin nur elf Blocks entfernt. St. Nicholas Ecke 135th. Kannst du dem Fahrer bitte sagen, er soll ein paar Minuten warten? Ich finde es nicht richtig, unsere Ehe am Telefon zu beenden.« Bei Hertz war viel los gewesen, er war ungeduldig, aber ich überzeugte ihn zu warten. Als ich noch zwei Blocks entfernt war, rief er wieder an und sagte, er könne nicht länger warten. Bevor ich ihn überreden konnte, stand ich schon vor dem Haus.

»Okay, tschüs«, sagte er. Wir umarmten uns ein letztes Mal nominell als Ehepaar. Seine Umarmung fühlte sich oberflächlich an, pro forma, pflichtschuldig, weil seine Frau auf die symbolische Geste bestand. Doch als er sich aufrichtete, hatte er plötzlich Tränen in den Augen. In unseren 23 gemeinsamen Jahren hatte ich ihn nur zweimal weinen sehen: einmal, als sich sein bester Freund das Leben nahm, und das andere Mal am Ende von *Schindlers Liste*.

»Alles in Ordnung?«, fragte ich.

»Ich verpasse die Kindheit meines Sohnes«, sagte er und brach zusammen. Unser Nesthäkchen war sieben Jahre alt.

»Du musst nicht ans andere Ende des Landes ziehen, um ein Unternehmen zu gründen«, sagte ich. »Du kannst in New York bleiben. Such dir einen normalen Job. Wir teilen uns die Erziehung.«

»Nein. Ich muss das tun«, sagte er. Wie jeder Goldsucher vor ihm war er überzeugt, dass in Kalifornien der Schlüssel zu seiner Zukunft lag. Er hatte die Nase voll von der Ostküsten-Tech-Szene, von kurzfristigen Vertriebsjobs im mittleren Management mit lauen Gehältern, von der Rechenschaftspflicht gegenüber Vorgesetzten. Er wollte zu den neuen Königen des Silicon Valley gehören. Sein eigener Chef sein.

Ich hatte sogar überlegt, unser aller Leben umzukrempeln und auch nach Kalifornien zu ziehen, trotz unserer Trennung, weil meine Schwester in der Bay Area lebt und mir beim Neuanfang ein vertrauter Hafen sein könnte, und meine Kinder ihre Cousinen und Cousins in der Nähe hätten. Aber inzwischen war das Leben in Silicon Valley noch teurer als in New York, und meine Tochter fühlte sich an der Bronx Science wohl, einer guten öffentlichen Schule, sie schnitt gut ab und wollte die letzten beiden Schuljahre mit ihren Freunden genießen: Falls ich nach Kalifornien wollte, sagte sie, würde sie bei ihrer Freundin Louisa einziehen und in New York bleiben. Geraldine, Louisas Mutter, hatte schon zugestimmt, aber am Ende entschied ich mich dagegen. Ich hatte meinen ganzen Freundes- und Bekanntenkreis in New York: Menschen, die ich seit Jahrzehnten kannte und die meine Verbündeten waren, wenn ich mein Leben neu aufbaute. Auch die wenigen Medienjobs, die es noch gab, waren in New York. Und mein jüngster Sohn und sein bester Freund waren gerade an einer fortschrittlichen, kunstorientierten öffentlichen Grundschule bei uns in Inwood aufgenommen worden, nach zwei schwierigen Jahre an einer nagelneuen Schule in Harlem, auf die wir große Hoffnungen gesetzt hatten.

Die Schule in Harlem gehörte zu einem Deal zwischen der Columbia University mit den nördlichen Anwohnern, nachdem die Universität für eine Erweiterung mehrere Blocks im Herzen des Viertels erworben hatte. Als Anreiz für die mehrheitlich Schwarze, Latino- und einkommensschwache Gemeinde des Viertels, in dem die meisten öffentlichen Schulen auf den meisten Ebenen als gescheitert galten,[29] beteiligte sich die Columbia University an der Gründung und Aufsicht einer neuen Grundschule, die als Leuchtturm der Hoffnung und des zeitgemäßen Lernens die Nachbarschulen mitziehen sollte.

Doch leider gehörten laute Trillerpfeifen zur disziplinarischen Norm, um die Kinder in den Fluren und der Cafeteria zurechtzuweisen, obwohl es nur zwei Eröffnungsklassen mit insgesamt fünfzig wohlerzogenen, wissbegierigen Sechsjährigen gab, die ihren Platz wie mein Sohn im Losverfahren gewonnen hatten.

»Wozu die Trillerpfeifen?«, begannen die Eltern zu flüstern, wenn sie ihre Kinder morgens zur Schule brachten. Bei einem Gespräch mit der Schulleiterin, die sich von den pädagogischen Methoden der Columbia University völlig abgewendet zu haben schien, erwähnte ich die Angst meines Sohns vor den Trillerpfeifen und fragte, ob man nicht mit weniger rigorosen Mitteln für Disziplin sorgen könne. Die Schulleiterin sah mir eisig in die Augen und sagte, wegen meiner Privilegiertheit könne ich unmöglich verstehen, warum diese spezielle Gruppe von Kindern nur mit Trillerpfeifen kontrolliert werden könne.

»Bitte, könnten wir es nicht mit der Klatsch-Methode versuchen?«, sagte ich. »Nur für einen Tag?« In allen Schulen, die meine älteren Kinder besucht hatten, hatte das Klatschen bei Kindern aller Ethnien, Glaubensrichtungen und Hintergründe gut funktioniert. Es hatte sogar funktioniert, um ihre viel lauteren Eltern bei den Elternabenden zu beruhigen.

»Nein«, bellte sie. Natürlich war es ihr gutes Recht als Schulleiterin, ihre Schüler so zu disziplinieren, wie sie es für richtig hielt. Ich versuchte, mich durch ihre Augen zu sehen, eine ahnungslose, weiße Nervensäge. Doch nicht nur für meinen Sohn waren die Pfiffe eine tägliche Folter. All seinen Freunden ging es genauso.

»Ich schlage vor, Sie schreiben Ihre Bücher, und ich leite meine Schule«, sagte sie.

»Meinetwegen«, sagte ich. 2009 waren wir von der Upper West Side (7,8 % Schwarze, 74,6 % Weiße) fünf Kilometer weiter nördlich nach Harlem gezogen (61,7 % Schwarze, 18,4 % Weiße), weil wir mehr Platz für die Familie brauchten und uns die Miete nicht mehr leisten konnten. Unser Jüngster war fast drei. Wenn ich weißen Freunden erzählte, dass wir nach Harlem gingen, fragten sie: »Und wenn er in die Schule kommt?«

»Ich schicke ihn auf die Grundschule dort«, antwortete ich.

Ich bin selbst ein Produkt öffentlicher Schulen. Ich bin in Potomac, Maryland, aufgewachsen, in der Nähe von Washington, D.C., als Jimmy Carter Präsident war. Als ich in der White Flint Mall meinen ersten BH anprobierte, probierte Amy Carter zwei Kabinen weiter ebenfalls BHs an, nur dass bei ihr der Secret Service vor der Kabine stand. Carter war nach Theodore Roosevelt der zweite und letzte US-Präsident, der sein Kind auf die örtliche öffentliche Schule schickte, was in seinem Fall eine überwiegend Schwarze Schule war. Nach *Brown vs. Board of Education* hatte die Flucht der Weißen aus den öffentlichen Schulen in den Städten mehr zur Segregation im amerikanischen Bildungssystem beigetragen und die Aufstiegschancen von Minderheiten behindert als jede offen rassistische Politik oder reaktionäre Gesetzgebung seither, das wusste Carter. Wie konnte er den Grundsatz der Gleichheit aller Menschen propagieren, an den er so fest glaubte, wenn er seine eigene Familie davon ausnahm?

Wie Carter versuche ich, mich meinen Überzeugungen gemäß zu verhalten. Wir können uns über die dringend nötige Reform der öffentlichen Schulen in den USA den Mund fusselig reden, aber das ist nur heiße Luft, wenn wir unsere eigenen Kinder davon ausnehmen. Ich als Heuchlerin muss es wissen.

Als mein Erstgeborener eingeschult wurde – den ich heute zum College fuhr –, gehörte ich zu den vermeintlich egalitären Eltern, die Angst hatten, ihr Kind auf eine Brennpunktschule zu schicken. Natürlich stehe ich damit nicht allein da. Kenneth Clark, der Schwarze Sozialpsychologe, dessen bahnbrechende Studie über das Selbstwertgefühl Schwarzer Kinder entscheidend dazu beigetragen hat, im Fall *Brown v. Board of Education* den Obersten Gerichtshof zu überzeugen, zog mit seiner Familie von Harlem nach Westchester, als seine Kinder in die Schule kamen. Warum? »Meine Kinder haben nur ein Leben«, sagte er.[30]

Auf den Rat seiner Kindergärtnerin und der quirligen Sommercamp-Betreuerin meines ersten Sohns hin, deren Mutter, wie sich herausstellte, die Leiterin einer sehr gefragten privaten Grundschule war, bewarb ich mich also dort und schaffte es, einen Platz für mein Kind zu bekommen. Mich überzeugten ein großzügiges Stipendium, die sauberen, hochmodernen Räumlichkeiten, der Ruf als Schule, für die sich Kunst- und Literaturschaffende wegen ihrer modernen pädagogischen Methoden entschieden (auch wenn die Schule für diese Leute längst unerschwinglich war), die falschen Gerüchte über die minderwertige Bildung an öffentlichen Schulen, die besonderen Interessen und Bedürfnisse meines Sohnes und der angebliche Vorteil bei der College-Bewerbung später.

Erhielt mein Sohn dank der individuellen Betreuung durch hervorragende Lehrerinnen und Lehrer in deutlich kleineren Klassen eine gute Ausbildung? Absolut. War die Ausbildung dort nachweislich besser als die seiner jüngeren Geschwister an öffentlichen Schulen? In mancher Hinsicht ja, besonders was klares Schreiben, kritisches Denken und eigenständige Recherche anging, sowie die Ausstattung der Kunst- und Naturwissenschaftsräume. Waren die

Lehrerinnen und Lehrer an den Privatschulen besser als die an den öffentlichen Schulen? Manche ja, manche nein, aber womit die Privatschule meines Sohnes eindeutig punktete, war die Tatsache, dass sie im Gegensatz zu den öffentlichen Schulen seiner Geschwister durchgehend guten Unterricht bot, in jedem Fach, in jedem Jahr.

»Warum bin ich rosa?«, fragte mein Jüngster weinend, als ich ihn nach dem ersten Schultag in Harlem abholte. »Alle anderen sind braun.« Er übertrieb. Von den fünfzig Kindern in der Vorschulklasse waren fünf rosa und fünfundvierzig braun.

»Deine Haut hat andere Pigmente als die der meisten deiner Klassenkamerad*innen«, sagte ich. »Darunter seid ihr gleich.«

»Oh.«

Sofort haderte ich mit meiner Antwort. Hätte ich tiefer einsteigen sollen? Das historische Unrecht nicht unter den Tisch kehren sollen? Ich hatte in einem Sekundenbruchteil entschieden, dass er mit seinen fünf Jahren noch zu jung für den Versuch einer Erklärung des ungerechten, tiefsitzenden amerikanischen Kastensystems war.[31] Welche unfairen Privilegien ihm seine rosa Pigmente verschafften, indem sie seine Chancen erhöhten, am Leben zu bleiben und nicht im Gefängnis zu landen. Diese Lektionen musste (und würde) er noch früh genug lernen. Aber selbst seine Unwissenheit – und meine Entscheidung, ihn noch eine Weile in diesem Zustand zu lassen – war ein Privileg. Die Eltern seiner Klassenkamerad*innen hatten nicht den Luxus, ihre kleinen Kinder vor diesen harten Wahrheiten zu verschonen. Ihre Kinder brauchten das Wissen sofort, zu ihrer eigenen Sicherheit, für ihre Psyche.

»Gespräche über Rassismus und Diskriminierung sehen in jeder Familie anders aus«,[32] heißt es bei UNICEF. »Es gibt kein Patentrezept, aber erwiesen ist: Je früher Eltern das Gespräch mit ihren Kindern beginnen, desto besser.«

Natürlich kann ich weder unser systemisches Rassismus-Problem lösen noch das amerikanische Bildungssystem ändern, indem ich mein rosa Kind auf eine überwiegend Schwarze Schule schicke. Ich kann nur zusammenfassen, was ich aus der Erfahrung mit den Ungleichheiten des Systems in verschiedenen Anordnungen gelernt habe: öffentliche Vorstadtschule (ich), innerstädtische Privatschule (ältestes Kind), öffentliche Schule mit Aufnahmetest (mittleres Kind), traditionelle öffentliche Schule in einkommensschwacher Gegend (jüngstes Kind) und progressive öffentliche Schule in einkommensschwacher Gegend (ebenfalls jüngstes Kind). Einer der Aspekte, über die am wenigsten gesprochen wird, ist folgender: Viele Eltern schicken ihre Kinder nicht nur wegen der vermeintlich besseren Bildung auf Privatschulen, sondern auch, weil sie von der Elterngemeinschaft solcher Schulen persönlich und beruflich profitieren können.

Wenn du dein Kind in einer Stadt wie New York auf eine renommierte Privatschule schickst, kannst du davon ausgehen, dass du dich beim Elternabend mit der finanziellen und kulturellen Elite auf die kleinen Stühlchen quetschst. In die Klasse meines Ältesten gingen die Kinder eines Oscar-prämierten Regisseurs, einer weltberühmten Opernsängerin, mehrerer Bestsellerautorinnen und -autoren und hoher Tiere aus der Wirtschaft.

Fühlte sich mein Sohn, der ein Stipendium hatte, an seiner Schule »arm« und bekam eine völlig verzerrte Wahrnehmung von dem, was normal ist? Absolut. Im Jahr 2000, als er in den Kindergarten kam, verdienten Vorstände im Schnitt 344-mal so viel wie ihre Angestellten.[33] Und diese Ungerechtigkeit in den Gehältern nimmt seitdem exponentiell zu.[34] 2019 verdienten die CEOs der 350 größten amerikanischen Unternehmen im Schnitt 21,3 Millionen Dollar jährlich,[35] angeführt von Google-CEO Sundar Pichai mit saftigen 280 621 552 Dollar.[36] Im gleichen Jahr lag das Durchschnittseinkommen in den USA bei 41 442 Dollar. Umgerechnet verdient ein CEO mit 21,3 Millionen Dollar Jahreseinkommen 10 240,00 Dollar pro Stunde – das sind 170,67 Dollar pro Minute –, während ein Durchschnittsarbeiter oder eine Durchschnittsarbeiterin mit 19,92 Dollar Stundenlohn kaum über die Runden kommt – in der naiven Annahme, er würde nur vierzig Wochenstunden arbeiten. Sundar Pichai verdiente 2019 134 914,21 Dollar *pro Stunde.* (Ich habe dreimal nachgerechnet.) Ein paar Anrufe, ein paar E-Mails und die erste Tasse Kaffee, und schon hat er mehr als das Fünffache des Jahreslohns der Person verdient, die den Kaffee zum Mindestlohn gekocht hat.

Und wie sieht der Unterschied zwischen 134 914,21 Dollar Stundenlohn und einem Mittelklasse-Einkommen in freier Wildbahn aus? Aufgepasst, Leute.

Während wir uns abstrampelten, um ruinöse Mietsteigerungen und Arztrechnungen zu bewältigen, stiegen die bessergestellten Familien an der Schule meines Sohnes – Fondsmanager*innen, Banker*innen, Wirtschaftsbosse, reiche Erb*innen und andere Mitglieder der oberen Zehntausend – im Zeitraum vom ersten Vorschultag unserer Kinder 2000 bis zum Highschool-Abschluss 2013 von Durchschnittsmillionär*innen zu Privatjet-Superreichen auf. Familien, die zuvor eine Nanny und eine Haushälterin hatten, beschäftigten plötzlich eine Nanny pro Kind, eine Wäschefrau, eine Haushälterin, einen Koch, einen Fahrer, eine persönliche Assistentin, einen Personal Trainer, einen Masseur, und wer weiß, wer sich sonst noch in den frisch renovierten Zimmern herumtrieb, die durch den Kauf angrenzender Wohnung zur Kernwohnung dazukamen. Manchmal, wenn ich meinen Sohn von einem Freund in einem Apartment abholte, das zwanzigmal so groß war wie unseres, sah ich einen ganzen Stab an Hausangestellten herumwuseln, um all die Aufgaben zu erledigen, die der Rest von uns nach Feierabend vor dem Schlafengehen machen muss.

Ich erinnere mich besonders gut an den Kommentar einer

strahlenden Botox-Mutter morgens vor der Schule, die klagte, wie schwierig das Packen für die Frühjahrsferien sei, wenn man eine Woche in der Karibik war und eine Woche Skifahren ging. »Ein Albtraum!«, sagte sie ohne jede Ironie. »Ich musste die Skiausrüstung mit FedEx nach Gstaad schicken.« Und dann war da noch die Bar-Mizwa im obersten Stock des Mandarin Oriental Hotel. An den Wänden hingen riesige, von Warhol inspirierte Porträts des Jungen und im Nebenzimmer hatten die Partyplaner*innen eine Station zum Selbstbauen von Skateboards eingerichtet. Und ich erinnere mich an die Party meines Sohnes kurz nach unserem Umzug nach Harlem 2009, vor der mich Dutzende der weißen Eltern seiner Klassenkamerad*innen anriefen, weil sie sich Sorgen wegen der Sicherheit in unserem Schwarzen Viertel machten. Ich verwies auf die Kriminalstatistik, die in beiden Gegenden identisch war: 0,8 Verbrechen pro 1000 Einwohner*innen in unserem Teil von Harlem gegenüber 0,8 Verbrechen pro 1000 Einwohner*innen in den reichsten Teilen der Upper East Side.

Auf der Party tauchten ein paar betrunkene Mädchen von einer anderen Privatschule auf, und einer davon ging es plötzlich so schlecht, dass sie medizinische Hilfe brauchte. Doch als ich sie mit meinem Mann nach draußen trug, um sie ins Krankenhaus zu bringen, hielten plötzlich zwei riesige SUVs auf der Straße: Ron Perelmans Personenschützer, deren Aufgabe es war, seine Tochter mit ihren sieben Freundinnen, einschließlich des Mädchens mit der Alkoholvergiftung, sicher von der Party meines Sohnes in Harlem ins Haus der Perelmans in den Hamptons zurückzubringen.

»Wir regeln das«, sagte einer der Bodyguards und schnappte sich das Mädchen. Aus dem anderen Wagen stieg eine elegante, streng wirkende Frau, Typ Clarice Starling, aus, die die anderen Mädchen derart zielstrebig von der Party einsammelte, dass sie keine Zeit mehr hatten, ihre Lederjacken oder Handys einzupacken. Am nächsten Morgen um 8 Uhr klingelte einer von Perelmans Fahrern, der drei Stunden von den Hamptons nach Harlem gefahren war, um die Sachen abzuholen.

Selbst wenn ich das Geld gehabt hätte, um meine beiden anderen Kinder auch auf Privatschulen zu schicken – was wir uns nicht einmal mit Stipendien hätten leisten können –, wollte ich das nicht für sie. Meine Tochter, die eine öffentliche Schule besuchte, wurde übrigens später am selben College angenommen wie ihr älterer Bruder, der Privatschüler, sodass ich Vorteile bei der College-Bewerbung aus eigener Erfahrung nicht bestätigen kann. Wenn ich meinen Sohn heute frage, ob seine Privatschulausbildung das ganze Geld wert war, würde er abwinken, denn er hat gesehen, dass sich seine Schwester und sein Bruder auch an öffentlichen Schulen gut entwickelt haben, ohne dass sie als arme Schlucker dastanden.

Jedenfalls hatte die Harlemer Schulleiterin völlig recht: An einer überwiegend Schwarzen Schule in einem einkommensschwachen Viertel, und an jedem anderen Ort in den USA, waren wir als Weiße extrem privilegiert. Daran hat sich nichts geändert. Aber die gefängnisartige Disziplin, der unterdurchschnittliche Unterricht, die Gewichtung standardisierter Tests und das Fehlen von sicheren Außenbereichen waren spätestens im nächsten Schuljahr so problematisch, dass viele Eltern – Schwarze wie weiße – begannen, ihre Kinder von der Schule zu nehmen und anderswo anzumelden. Also griff ich sofort zu, als ich hörte, dass an einer reformpädagogischen, trillerpfeifenfreien, mit Spielplätzen ausgestatteten und äußerst vielfältigen öffentlichen Grundschule im überwiegend dominikanischen Viertel Inwood (9,1 % Schwarze, 15,1 % Weiße, 72,4 % Hispanics/Latinx) ganz im Norden von Manhattan ein Platz zu haben war.

An der neuen Schule, an der er glücklich war, riet man der kulturell und finanziell diversen Elternschaft aktiv davon ab, ihre

Kinder an dem landesweiten standardisierten State Achievement Test teilnehmen zu lassen, der sie benachteiligte und wenig dazu beitrug, die Leistungen oder die Intelligenz von Schülerinnen und Schülern in einkommensschwachen Vierteln wie dem unseren zu beurteilen. »Opt out«, war der Ruf, der an immer mehr öffentlichen Schulen in New York City laut wurde, weil die Lehrkräfte es leid waren, ihren Lehrplan mit Tests abzustimmen, die sich an eine weiße Mittelschicht richteten – wo Kinder Vokabeln wie Kamin und Rasenmäher aus erster Hand kannten, Dinge, die viele Schwarze oder lateinamerikanische Kinder aus einkommensschwachen Gegenden nie mit eigenen Augen gesehen hatten –, statt Kindern aller Hautfarben und sozioökonomischen Hintergründe handfeste Kompetenzen, Literatur und Geschichte beizubringen. Dass unser Sohn einen begehrten Platz an einer ethnisch vielfältigen öffentlichen Schule mit solchen Grundsätzen und einer empathischen Schulleiterin bekam, grenzte für mich an ein Wunder.

Mein Mann verstand dies, und auch den Wunsch unserer Tochter, die letzten beiden Jahre an ihrer geliebten Highschool in der Bronx zu beenden. Ich wusste, dass sein Umzug ans andere Ende des Landes auch ins Leere laufen konnte. Und so wurde die Idee, wegen seiner Silicon-Valley-Träume die ganze Familie umzusiedeln, leise unter den Teppich gekehrt.

»Willst du nicht doch mit uns nach Chicago fahren?«, fragte ich. Seine Tränen gingen mir ans Herz und erinnerten mich an die Liebe, die uns, unsere Kinder, unser Leben geschmiedet hatte. »Du könntest deine Abreise um einen oder zwei Tage verschieben oder einfach von O'Hare fliegen?«

»Nein«, sagte er. »Ich kann nicht. Ich muss los.«

Unser Ältester hatte vor dem Studium eigentlich ein Jahr Pause machen wollen, aber er hatte seine Meinung in letzter Minute geändert – vor sechs Tagen, um genau zu sein. Es war eine ziemliche Herausforderung gewesen, ihn wieder einschreiben zu lassen, einen Wohnheimplatz aufzutreiben, ein Hotelzimmer in Campus-Nähe für den Einzugstag zu finden, die Studiengebühren für das erste Semester von meinem leeren Konto zu bezahlen und Freunde in New York zu organisieren, die meinen Jüngsten für drei Tage aufnahmen, fütterten und zu seiner neuen Schule brachten.

»Buch einfach dein Ticket um«, sagte ich zu meinem Mann, als der neue Plan stand. Aber wir waren so knapp bei Kasse, dass er sein One-Way-Ticket nach San Francisco nicht ändern wollte. Außerdem widerstrebte es seinem Wesen, Pläne spontan zu ändern. Sechs Tage hatten ihm nicht gereicht, um sich an die neue Realität zu gewöhnen: Sein Erstgeborener zog aus.

»Okay, also …«, sagte ich. »Pass auf dich auf.« Vor drei Tagen war unser zwanzigster Hochzeitstag unbeachtet vorbeigezogen.

»Du auch.« Mein Mann – von nun an mein Ex – drehte sich um und stieg in das Auto, auf dessen Heckscheibe die Telefonnummer 777–7777 prangte. Als die Glückszahlen, die den Kopf meines ex-werdenden Mannes verbargen, auf der St. Nicholas Avenue verschwanden, wurde mir das Herz schwer. Ich war traurig und voller Selbstmitleid. *So beenden wir zwanzig Jahre Ehe?*, fragte ich mich und schluckte die Tränen hinunter.

Liebe ist kein An-Aus-Schalter. Die seltsame Alchemie, die zwei Menschen in einer Ehe verbindet, erlischt nicht plötzlich, wenn der Vorhang fällt, egal wie schwierig die Beziehung war. Liebe ist wie ein Dimmer, der stufenlos von gleißend hell zu fast dunkel schaltet und zurück, manchmal mehrmals in der Stunde. Im Moment der Implosion unserer Ehe dehnte sich das Licht plötzlich aus und strahlte über den Ereignishorizont hinweg, heller als es seit Jahren gebrannt hatte. Aber die Erinnerung an einen Stern ist kein Stern. Es ist die Illusion eines alten Glänzens, das man aus Lichtjahren Entfernung sieht.

Hinter meinen Augen stieg der Druck, aber ich durfte die

Schleusen nicht öffnen, denn sonst müsste ich die Tränen unserem Sohn erklären, der gerade mit zwei Gitarren und einem Karton Bettwäsche aus der Haustür kam und keine Ahnung hatte, was sich zwischen seinen Eltern abspielte.

»Dad ist *weg*?«, fragte er.

»Er hat gesagt, ihr habt euch oben schon verabschiedet.« Ich schob die Wäsche und die Instrumente in den Kofferraum. »Wo ist dein Koffer?«

»Ich bin noch nicht fertig.«

»Ja, klar.« Die Erziehung von Teenagern hat mich alles gelehrt, was ich über Geduld und Nachsicht weiß.

Eine gute Stunde später, nach mehrfachem Sortieren von Kleiderstapeln und Zusammendrücken von Reißverschlüssen, bis sie unter unserem Gewicht endlich zugingen, waren wir unterwegs.

Mein Sohn kümmerte sich um die Musik. Er legte *Yeezus* auf, das neue Album von Kanye West. Es war laut und unharmonisch: das Gegenteil von meinen Fleetwood-Mac-Gefühlen. Aus den Lautsprechern dröhnte: *Fuck whatever y'all been hearing. Fuck what, fuck whatever y'all been wearing*, und als es um *Black dick und hoes* ging, sträubten sich mir die Nackenhaare.

»Im Ernst?«, sagte ich. »Schwarze Schwänze und Nutten?« Wahrscheinlich hatten sich meine Eltern ähnlich gefühlt, als sie mich in unserem Kombi zum College fuhren und ich Prince auflegte. Es kam mir vor, als wäre es gestern gewesen, nicht vor dreißig Jahren. Mein Vater hatte mehrmals den Wagen gepackt und wieder ausgepackt, bis er meine Schreibmaschine zwischen den Milchkisten mit den Schallplatten verstaut hatte und mit der Platzierung jedes Gepäckstücks zufrieden war. Vielleicht hatte er damit den Moment meiner Nestflucht hinausgezögert. Obwohl er mich vermissen würde, wie er mir unzählige Male versicherte, genoss er es, mich zu meinem nächsten Lebensabschnitt zu begleiten.

In diesem Moment ärgerte ich mich nicht nur über Kanye West, sondern auch darüber, dass meinem Sohn die Erinnerung fehlen würde, wie ihn sein Vater zum College brachte. »Muss er das Wort ›Nutte‹ benutzen?«, schnaubte ich, um meiner Wut ein Ventil zu geben.

»Ach, Mom. Sei offen für neue Musik. Und beurteile nicht jedes Lied nach dem Text. Du kannst es abstellen, wenn ich eingeschlafen bin«, sagte er und knäuelte sein Sweatshirt zu einem Kissen. Die Rückbank war zu voll, um den Beifahrersitz in Liegeposition zu bringen.

Ein paar Minuten später, noch bevor wir die Brücke überquerten, um Manhattan hinter uns zu lassen, sank sein Kopf auf seine Knie, nachdem er die ganze Nacht auf gewesen war, um zu tun, was Achtzehnjährige in den letzten Stunden, bevor sie das Nest verlassen, tun, wenn sie eigentlich packen sollten, und verschlief den größten Teil der vierzehnstündigen Fahrt.

An der nächsten roten Ampel stellte ich Kanye West ab und suchte nach »Landslide«:

Time makes you bolder and children get older ... Wohl wahr, dachte ich und hörte mir alle möglichen Versionen des Songs an, erst die von Fleetwood Mac, dann die der Dixie Chicks*, der Smashing Pumpkins und weniger bekannten Bands. Zeig mir alles, was du an »Landslide« hast, Spotify. Weil, *fuck whatever y'all been hearing.*

Am nächsten Morgen im Frühstückssaal des Hotels ist mein Sohn der einzige unter all den Studienanfänger*innen, der nicht mit beiden Eltern am Tisch sitzt. Bei den meisten sind Mutter und Vater dabei, oder in einem Fall Mutter und Mutter. Die Familien wirken fröhlich und unbeschwert, und überall ist das vertraute Flachsen zu hören, das sich in achtzehn Jahren des Zusammenlebens entwickelt.

---

*   2020 in The Chicks umbenannt.

Erst im Wohnheim begegne ich einer anderen alleinerziehenden Mutter: Ihr Sohn und meiner teilen sich das Zimmer. Doch ich kann ihr nicht sagen, dass ich seit heute auch zum Club gehöre, weil mein Sohn noch nichts davon ahnt. Dabei hätte ich so viele Fragen an sie, angefangen mit der offensichtlichsten: »Wie hältst du die Einsamkeit aus?«

Sie wirkt stark und unverwüstlich, eine bodenständige Tochter des Mittleren Westen in einem praktischen Flanellhemd und Mom-Jeans, die alles mitmachen. Als ich sehe, wie sie einen kleinen Kühlschrank auf das Brett über den Betten unserer Söhne hebt, sage ich: »Warte, ich helfe dir«, und sie nimmt das Angebot gnädig an, obwohl sie offensichtlich keine Hilfe braucht. Falls sie traurig ist, allein zu sein, nachdem ihr einziger Sohn auszieht, versteckt sie es gut. Wir gehen zu viert Mittagessen, was meine Frage, wie man die Einsamkeit aushält, beantwortet – man schließt sich mit anderen Alleinstehenden zusammen. Dann kehren wir ins Wohnheim zurück, packen noch ein bisschen aus und verabschieden uns.

Der Herzschmerz, nachdem ich meinen Ältesten ein letztes Mal umarmt habe, vermischt sich mit dem Schmerz an der Außenkurve meiner linken Brust, bis ich nur noch aus Schmerz bestehe und dem Wunsch, ihn loszuwerden. Aber noch darf ich nicht zusammenbrechen. Ich muss erst den Mietwagen am Flughafen abgeben und zurück nach New York fliegen, mit lauter Menschen, und dort vom Flughafen direkt zu meinen Freunden, den Sylvesters, fahren, um meinen Jüngsten abzuholen. Mit vier Kindern an drei verschiedenen Schulen haben sie die nötige Infrastruktur, um auch noch mein Kind zu seiner neuen Schule in Inwood zu bringen, und sie waren so lieb und geistesgegenwärtig, es mir anzubieten. Zu Hause wartet meine Tochter, die allein war, und ich muss für uns drei Abendessen machen, während ich so tue, als wäre alles gut. Nicht einmal später, als ich allein im Bett liege, darf ich zusammenbrechen, denn die Kinder teilen sich ein Zimmer direkt neben meinem. Am nächsten Morgen bringe ich meinen Sohn in der überfüllten U-Bahn zur Schule und fahre in der noch volleren U-Bahn wieder zurück.

Als ich dann endlich durch die Wohnungstür trete, eine Ehe und ein Kind weniger, hat sich mein Kummer so angestaut, dass ich kaum die Stufen hochkomme, bevor ich mit klagendem, animalischem Geheul zusammenbreche.

Es ist guttural. Es ist laut. Es ist mir vor den Nachbarn peinlich, die mich wahrscheinlich durch die Wand hören, aber mein Körper ist ein Geysir der Trauer, und ich kann nichts tun, als ihn sprudeln lassen, Rotz und Wasser heulend, während sich die harten Holzstufen in meinen Brustkorb, die Arme und die empfindliche Stelle am meiner Brust bohren. Irgendwann schleppe ich mich in mein winziges Büro, lege mich auf den Teppich und weine weiter. Der Kummer drückt mich nieder. Ich kann nicht aufstehen. Der Wunsch, in ein Flugzeug zu steigen und alles hinter mir zu lassen, ist überwältigend. Aber Eat, Pray, Love helfen mir nicht aus dieser Ehe, selbst wenn ich die Mittel hätte und meine zwei jüngeren Kinder nicht auf meinen Schutz, meine Fürsorge und meine Unterstützung angewiesen wären. Der Kleinste kann noch nicht einmal eine Schleife binden. Was für ein Glück, dass es Klettverschlüsse gibt.

Und, igitt, was ist das für ein Geruch? Ich rieche am Teppich: die 90 mal 150 Zentimeter große Belohnung, die ich mir bei einem Literaturfestival in Vermont gekauft habe, als ich mit meinem ersten Roman dort eingeladen war. Pfui. Offenbar hat der Hund wieder daraufgepinkelt, denn der Gestank ist so überwältigend, dass ich mich schließlich hochrappele, den Teppich zusammenrolle, mir die Nase putze und mich an den Schreibtisch setze.

Okay. Ich muss arbeiten. Jetzt.

Mit laufenden Tränen öffne ich die Datei mit dem Roman, an

dem ich seit fast einem Jahr schreibe, und versuche, die Fäden zu entwirren. Es geht um eine außereheliche Affäre. Die Beziehung rettet beide Beteiligten auf unterschiedliche Weise aus ihren schwierigen Ehen (ihn vor der Langeweile, sie vor dem Missbrauch), aber mir fällt kein gutes Ende ein. Natürlich ist die Geschichte offensichtlich eine fiktionale Wunscherfüllung – meine Art, das Ende meiner Ehe zu verarbeiten –, aber wo es mit meinen Protagonist*innen hingeht, ist mir trotzdem schleierhaft.

Wenn sie zusammenbleiben, werden ihre Kinder und Expartner sie hassen, und er wird sich irgendwann wieder langweilen und sie verlassen, genau wie seine erste Frau. Erhalten sie ihre Ehen aufrecht, kann er seine Unreife überwinden und echte Liebe lernen, aber sie bleibt in ihrer dysfunktionalen Situation gefangen und ist womöglich noch selbstmordgefährdeter als zu Beginn des Romans. Und ich will nicht, dass sie unter die Räder kommt, weder im übertragenen noch im wörtlichen Sinn. Sie soll leben, sie soll ihren Mann verlassen, sie soll ihre Probleme selbst lösen, einen neuen Weg als alleinerziehende Mutter gehen, aber wie?

Heute weiß ich wie, ich kenne sogar mehrere völlig vertretbare Varianten, aber damals sah ich weder für meine Protagonistin noch für mich einen guten Weg. Ich hatte auf jeder Ebene den Überblick verloren: über die Geschichte meiner Figuren, über meine eigene, die ihrer Kinder, die meiner Kinder. »Was zum Teufel passiert als nächstes?«, frage ich laut und fange wieder zu weinen an.

Ich schiebe die 60 000-Wörter-Datei in den Papierkorb. Es war von Anfang an ein Kampf, was nie ein gutes Zeichen ist, außerdem *weiß* ich, dass der Roman nicht gut ist, mir fällt nicht ein, wie ich ihn retten soll, und ich brauche sofort Geld, nicht erst in frühestens einem Jahr bei Manuskriptabgabe.

Ich überlege kurz, ob ich einen Jugendroman schreiben soll. In den letzten Jahren hatten mir ein paar Verlage einen Vorschuss angeboten, wenn ich eine gute Idee und ein Exposé einreiche. Auch

J. K. Rowling hatte *Harry Potter* geschrieben und verkauft, als sie plötzlich als alleinerziehende Mutter dastand. Jetzt ist sie die Autorin der erfolgreichsten Kinderbuchserie aller Zeiten und Multimillionärin. An meinem Schreibtisch fällt mir eine Geschichte ein, die ich gern weiterspinnen würde: der erste Kuss zwischen einem dreizehnjährigen Mädchen und einem siebzehnjährigen Jungen und seine Folgen in den Sommerferien am Meer in Delaware. Als Kind war ich begeisterter Judy-Blume-Fan. Sie schrieb über Tabuthemen und -gefühle, die ich in meinem Teenagerherz wälzte und über die damals sonst niemand sprach.

Außerdem hatte ich reichlich Stoff: wie im Sommerlager 1979 der ältere Junge, in den ich verknallt war, auf der Rückfahrt vom Freizeitpark Kings Dominion im Bus meine vorpubertäre Hand nahm und in seine Hose steckte. »Ich glaube, er hat mich angepinkelt!«, sagte ich weinend zu meiner Freundin Nancy, die über meine Naivität den Kopf schüttelte und mir half, das Sperma von der zitternden Hand zu waschen. Oder der Abend in der siebten Klasse, als sich alle bei Adam Glickfield im Keller trafen und anfingen, auf den Sofas und dem Fußboden rumzuknutschen, bis nur dieser rothaarige Junge und ich übrig waren. »Also, ich schätze, wir sollten dann ...«, stammelte er. Sollten was? dachte ich. Woher wussten alle anderen, was sie sollten?

»Okay«, sagte ich achselzuckend. Wir legten uns hin. Er beantwortete meine Frage, indem er mir seinen Finger in die Vagina steckte.

Ja!, denke ich. Das mache ich: Ein Buch über den ersten Kuss. Ich schreibe ein Exposé, schicke es raus und fange sofort an. Das Schreiben wird Spaß machen und mich von meinen inneren Dämonen befreien, und ich werde den Vorschuss sofort bekommen, nicht erst bei Manuskriptabgabe.

Ach ja, stimmt. Während ihrer produktivsten Zeit war Judy Blume verheiratet – unglücklich zwar und kurz vor der Scheidung, aber ihr Mann war Anwalt und wahrscheinlich krankenversichert. Und J. K. Rowling lebt in einem Wohlfahrtsstaat, wo es Sozialhilfe gibt, sei sie noch so gering, und den ausgezeichneten, öffentlich finanzierten National Health Service. Krankenwagenfahrten, Notaufnahme, regelmäßige Mammografien, Krebstherapien, längere Krankenhausaufenthalte: alles übernimmt der NHS, unabhängig vom Einkommen.

Ich habe einen amerikanischen Pass und einen Knoten in der Brust. Eine ungünstige Kombination, wenn man sein Geld als Schriftstellerin verdient.

Andere Autorinnen und Autoren aus meinem Bekanntenkreis schreiben dank der Unterstützung ihrer Familie oder Ehepartner*innen weiter, ohne sich Gedanken über ihre Krankenversicherung machen zu müssen. Oder sie übernehmen eine Dozenten-Stelle an einem College, was ich auch mehrmals versucht habe, aber es hieß jedes Mal, ich bräuchte einen Master-Abschluss, um einen Uni-Job zu bekommen – meine veröffentlichten Bücher und Gastvorträge an zahlreichen Universitäten in den USA zählten nicht. Andere treten der Writers Guild of America bei, der Gewerkschaft der Film- und Fernsehautor*innen, weil sie nebenher Drehbücher für Film und Fernsehen schreiben. Wer damit ungefähr 35 000 Dollar im Jahr verdient (2013), hat Anspruch auf die sehr gute, günstige WGA-Krankenversicherung. Aber man kann der WGA erst beitreten, wenn man einen Drehbuchauftrag von einem mit der WGA affiliierten Unternehmen vorweisen kann, und mit der WGA affiliierte Unternehmen vergeben keine Aufträge an Autorinnen und Autoren, die nicht Mitglied der WGA sind, eine Zwickmühle, die viele umgehen, indem sie gleich nach dem College im sogenannten TV Writers' Rooms in Los Angeles anfangen, erst als Praktikant*innen, später als Assistent*innen. Wenn man jedoch als Frau über vierzig versucht, dort einen Fuß in die Tür zu bekommen, wird man aus Hollywood hinausgelacht, habe ich gehört.

Ich öffne ein neues Dokument auf dem Computer und erstelle eine Liste der dringendsten Anliegen:

1. Ich brauche einen Job mit Krankenversicherung, sofort. Ich habe schon Monate vor der Trennung mit der Suche angefangen und mehrere Vorstellungsgespräche gehabt, aber ich habe noch kein Angebot. Vor kurzem habe ich mich für eine Stelle bei Facebook beworben, für die ich mir gute Chancen ausrechne, weil die COO mich angesprochen hatte und es sogar einen Bezug zum Fotojournalismus gab. Außerdem hatte ich am Ende nur noch einen Konkurrenten, einen jüngeren Mann, der wenig Erfahrung hatte und weniger qualifiziert war als ich. Die COO hatte vor wenigen Monaten ihr sehr erfolgreiches Buch *Lean In* veröffentlicht, in dem es um Frauen in Führungspositionen ging. Doch nach mehreren weiteren Interviewrunden mit ausnahmslos jungen männlichen Mitarbeitern, die ich alle überzeugt zu haben glaubte, verlor ich gegen den Kerl. Laut Statistik keine Überraschung, denn Männer stellen gerne Männer ein.[37] Besonders voreingenommen sind sie gegenüber älteren Frauen.[38]

2. Ich muss das Zimmer meines ältesten Sohns vermieten, weil unsere Monatsmiete gerade um 43 Prozent gestiegen ist, von 3500 auf fast 5000 Dollar, ausgerechnet jetzt, da ich die Miete allein tragen muss. Ein Immobilienkonzern hat unser Brownstone in Harlem gekauft. Jetzt wollen sie uns und die Nachbarn im Erdgeschoss mit absurden, aber aus irgendwelchen Gründen legalen Mieterhöhungen loswerden, um das Haus luxuszusanieren und noch viel höhere Mieten zu verlangen.

3. Ich muss mein Fünf-Quadratmeter-Büro – mein heißgeliebtes, kostbares Schreibzimmer – in ein Au-pair-Zimmer umwandeln, falls ich ein Bett und eine Kommode hineinkriege, damit ich eine Stelle annehmen kann, ohne dass mein Gehalt für die Kinderbetreuung draufgeht. Und ich muss ein Au-pair fin-

den, ohne eine exorbitante Vermittlungsgebühr an eine Agentur zahlen zu müssen. Kinderbetreuung rechnet sich nie, vor allem bei kleinen Kindern, die noch nicht zur Schule gehen. Wenn man vierzig Stunden in der Woche arbeitet, braucht man bei einer Stunde Arbeitsweg mindestens fünfzig Stunden Kinderbetreuung. Bei 20 Dollar Stundenlohn, dem aktuellen Mindestsatz für Tagesmütter in Großstädten wie New York, sind das 1000 Dollar pro Woche, vor Steuer- und Versicherungsabgaben für die betreuende Person. Das sind 52 000 Dollar pro Jahr aus eigener Tasche, von denen 35 Prozent von nur 3000 Dollar steuerlich geltend gemacht können – weniger als die Kosten der meisten Ferienlager, die für berufstätige Eltern oft kein optionaler Luxus, sondern schiere Notwendigkeit sind. Um für die Betreuungskosten aufzukommen, muss man also mindestens einen niedrigen sechsstelligen Betrag verdienen. Kindertagesstätten sind günstiger, aber viel unflexibler, was schwierig ist, wenn man als Alleinerziehende lange Bürozeiten oder Geschäftsreisen hat, die bei den meisten Angestelltenjobs heutzutage dazugehören. Ein Au-pair ist eine gute Lösung: ein junger Mensch, der Auslandserfahrungen machen will und dafür eine Unterkunft und etwas Taschengeld braucht. Aber man muss ein angemessenes Schlafzimmer bieten, was zusätzliche Kosten verursacht, und dann ist da noch das mit den Agenturgebühren, was ich noch recherchieren muss.

4. Ich muss eine E-Mail an meine engsten Freunde schicken, um ihnen mitzuteilen, dass ich mich getrennt habe, aber sie sollen es bitte nicht den Kindern erzählen, und falls jemand etwas von verfügbaren Jobs oder verfügbaren Männern weiß, bitte lasst es mich wissen.

5. Ich muss mich nach einer neuen, billigeren Wohnung umsehen, weil in neun Monaten der Mietvertrag ausläuft.

6. Ich muss umziehen.

7. Ich brauche Geld für den Umzug.

8. Ich brauche eine billige Mammografie, falls es sowas hier überhaupt irgendwo gibt, und ich muss beten, dass dieser Knoten nichts ist denn ich kann mir nicht leisten, dass er nicht nichts ist.

9. Ich muss Kreditkartenschulden in meinem Namen in mittlerer fünfstelliger Höhe begleichen – bis vor kurzem wusste ich nur von der Hälfte.

10. Ich muss verhindern, dass hinter meinem Rücken weitere Kreditkartenschulden in meinem Namen entstehen, indem ich mich so schnell wie möglich scheiden lasse, aber wie soll das gehen, wenn mir die 30 000 Dollar Vorschuss für den Scheidungsanwalt fehlen, um den Ball ins Rollen zu bringen?

11. So wie ich es verstanden habe, brauche ich mindestens 30 000 Dollar, um mich scheiden zu lassen. Viele meiner geschiedenen Freunde und Bekannte haben am Ende ein Vielfaches davon ausgegeben, vor allem die, die vor Gericht mussten. Eine Freundin zahlte ihrer Scheidungsanwältin 700 Dollar die Stunde. 700 Dollar die Stunde!

Und dann: *Oh Mist*, denke ich, als ich den Kalender öffne und eine Veranstaltung sehe, die ich zugesagt hatte, bevor ich wusste, dass der Termin auf mein erstes Wochenende als alleinerziehende Mutter fallen würde:

12. Ich muss jemanden finden, der am Samstag von 7.30 Uhr bis 15 Uhr, während meine Tochter ihren SAT-Test macht, auf meinen siebenjährigen Sohn aufpasst, damit ich um 9 Uhr auf dem eine Stunde entfernten Brooklyn Book Festival einen Vortrag halten kann.

Ich werfe einen Blick auf meinen Kontoauszug. Ein Babysitter oder eine Babysitterin würde den Großteil meiner derzeitigen Reserve auffressen.

Seltsamerweise ist es das Buchfestival, das mein Fass zum Überlaufen bringt: Der Vortrag ist der Tropfen zu viel, der mich in die Knie zwingt. Plötzlich bekomme ich keine Luft mehr. Ich greife mir an die Brust. Ich habe eine Panikattacke. Ja, ich musste raus aus dieser Ehe, und es ist gut, dass ich den ersten Schritt getan habe, aber mir wird jetzt die Tragweite bewusst: Ich bin auf mich allein gestellt. Komplett. Kein: »Du bist dran mit Müll rausbringen.« Kein: »Wenn du ihn badest, spüle ich ab.« Und kein: »Ich halte am Donnerstag einen Vortrag in Houston und bin am Freitag wieder da«, was bedeutet, keine Vortragshonorare zwischen Buchaufträgen mehr, ausgerechnet zu dem Zeitpunkt, als sich die Zeitschriftenbranche, mein anderes Standbein, im freien Fall befindet. Ich kann mir die Selbstständigkeit als freie Autorin nicht mehr leisten, als die ich mich in den letzten fünfzehn Jahren definiert und finanziert hatte. Ach ja, und kein Sex mehr. Warte, ernsthaft jetzt, kein Sex mehr? Ja. Kein Sex mehr. Wie könnte ich rechtfertigen, 20 Dollar pro Stunde für Babysitting auszugeben, um mich mit einem Mann zu treffen, der vielleicht gar nicht auftaucht, und selbst wenn er auftaucht und wir uns tatsächlich gut verstehen, was dann? Ein Quickie bei ihm, bevor ich nach Hause renne, um den Babysitter oder die Babysitterin auszulösen und mit dem Hund Gassi zu gehen? Meine anderen getrennten und geschiedenen Freundinnen legen ihre einschlägigen Verabredungen auf die freien Abende oder Wochenenden, wenn Kinder und Haustiere bei ihrem Expartner sind. Ich habe keine freien Abende. Oder Geld für die Anwältin, die für den Unterhalt der Kinder kämpft. Oder Familie in der Nähe, bei der ich den Kleinen vorbeibringen kann, wenn ich am Wochenende arbeiten muss. Und dazu kommen all die anderen möglichen Situationen, die ich nicht vorhersehen kann.

»Reiß dich am Riemen!«, ermahne ich mich. »Hör auf zu weinen!«

Ich taste wieder nach dem Knoten. Mist. Er ist immer noch da.

10

Chiaroscuro

Dezember 2008

»Reiß dich am Riemen! Hör auf zu weinen!«, sagte meine Mutter und zog mich am Arm in eine nahe gelegene Teeküche, deren Tür man schließen konnte. »Alle hören dich!« Plötzlich saß ich an den Kühlschrank gelehnt auf dem Boden.

»Was soll das?«, fragte ich schockiert. Ich muss dazu sagen, dass ich 42 Jahre alt war. Ich kam gerade aus dem Krankenhauszimmer, in dem mein 67 Jahre alter Vater mit Bauchspeicheldrüsenkrebs im Endstadium lag, der mir gerade gesagt hatte, dass er mich lieb hatte und nicht wusste, ob er mir das noch einmal würde sagen können, was er nicht mehr konnte.

Ein paar Minuten vorher war mir sein Arzt in den Flur gefolgt, wohin ich geflüchtet war, um auf und ab zu gehen und vielleicht ein Sandwich aufzutreiben, weil ich nichts mehr gegessen hatte seit ... Ich hatte es vergessen. Einem Tag? Zwei Tagen? Im Krankenhaus ticken die Uhren anders. Schneller und langsamer zugleich. Du siehst auf, und plötzlich ist ein Tag vorbei, obwohl die Sekunden wie in Zeitlupe kriechen. Seine Leber versage, erklärte der Arzt, und seine Nieren auch. Es würde nicht mehr lange dauern – 24 bis 48 Stunden –, bis auch der Rest seines Körpers aufgab. Bei dieser Nachricht fing ich an zu weinen. Okay, laut.

»Du störst die anderen Familien!«, sagte meine Mutter. Auf dem Flur waren keine anderen Familien zu sehen. Sie waren in den Krankenzimmern bei ihren Lieben und verabschiedeten sich. Konnten sie mich hören? Ja. Wahrscheinlich. Hatte ich auf diesem Flur andere Leute weinen gehört? Ja. Dutzende von Malen. Jeden Tag.

»Das ist die Palliativstation!«, sagte ich. »Ich glaube, die anderen Familien verstehen sowas.«

»Du machst ihnen Angst!«

»Ich mache ihnen keine Angst, Mom! Der Tod macht ihnen Angst.«

»Du bleibst hier drin und reißt dich zusammen, bis du wieder ruhig sein kannst!«

»Verdammt noch mal. Mein Vater liegt im Sterben. Wenn ich jetzt nicht in der Öffentlichkeit heulen darf, wann dann?«

Ich habe unzählige Erinnerungen daran, wie sich meine Mutter um mich kümmert – Pflaster auf blutige Knie klebt, mit mir zum Arzt geht, kocht, Schuhe kauft, Fahrgemeinschaften organisiert, Schulsachen besorgt, bei der Schulaufführung in der ersten Reihe sitzt – sie war immer da, verlässlich, gewissenhaft, aber wonach ich mich sehnte, war Wärme. Ihre Umarmungen waren schnell und präzise und wurden zwischen dem Falten der Wäsche und dem Einräumen des Geschirrs gerecht verteilt. Als ich 1966 zur Welt kam, war Stillen verpönt, sodass ich keine unbewussten Erinnerungen an ihre tröstende Brust habe. Ich werfe es meiner Mutter nicht vor, dass sie meine Schwestern und mich nicht gestillt hat. Absolut nicht. Ich werfe es der industriellen Revolution vor. Falscher Aufklärung. Einem Zeitgeist, der Frauen einredete, Stillen sei eklig, unanständig und nur für arme Leute, die sich Säuglingsnahrung nicht leisten konnten; einem Zeitgeist, der Stillen in der Öffentlichkeit missbilligte, ohne Alternativen zu bieten.[39]

Mein Vater dagegen, dem jede organisatorische Kompetenz fehlte, der nicht einmal eine Bankkarte besaß und meiner Mutter jeden Aspekt der Familien- und Kinderlogistik überließ, sorgte für die Nestwärme. Erst als ich selbst Mutter war, verstand ich, dass dir die Rolle als Alleinverantwortliche für die Kinder die Energie, die Zeit und die Geduld rauben konnte, die nötig sind, um auch noch Trost und Wärme zu spenden. Sanftheit war der Luxus der Ausgeruhten. Dad nutzte den geistigen Freiraum, den er hatte, weil er nie über Wäsche, Kochen und Erziehung nachdenken musste, um seinen vier Töchtern Geborgenheit zu schenken. Er war ein Meister im Umarmen, und wenn ich Trost brauchte, verkroch ich mich auf seinem Schoß.

Aber seine Arme würden in wenigen Stunden erkalten. Und ich saß auf dem Boden einer Krankenhausteeküche und vergeudete kostbare Momente seiner letzten Stunden.

Also riss ich mich am Riemen, putzte mir die Nase, stand auf und ging zurück in das Krankenzimmer, um in seinen letzten Stunden mit meiner Mutter und meinen drei jüngeren Schwestern bei ihm zu sein. Dad war in einem Hydromorphon-Nebel weggedämmert, nachdem er genug Energie aufgebracht hatte, um meiner Schwester Jen, die gerade aus Kalifornien angekommen war, sein druckfrisches Buch zu signieren. »Liebe Jen, ich liebe dich so sehr. Wir haben gestern Abend alles gesagt. Ich werde dich immer liebn. In Liebe, Dad«, schrieb er auf das Titelblatt, in der kurzen Nachricht einen Buchstaben des mehrfach genannten Worts ›lieben‹ unterschlagend – ein deutliches Zeichen dafür, dass sein Herz so groß wie immer war, aber sein scharfer Verstand nachließ.

Target Culebra war sein erstes und einziges Buch. Als Anwalt für internationales Recht hatte er den Staat Puerto Rico gegen die U.S. Navy vertreten, und in dem Buch beschreibt er den jahrelangen Gerichtsprozess, den seine Kanzlei pro bono führte, um ein Ende der Waffenübungen auf der bewohnten Insel Culebra herbeizuführen. Die Information »Hier leben Menschen« hatte offenbar nicht gereicht.

Weil er in seiner alteingesessenen Kanzlei in Washington, D.C., neben der Pro-Bono-Arbeit auch noch einen Haufen bezahlter Stunden einbringen musste, hatte sich die Arbeit an dem

Buch, das er an den Wochenenden, nachts und in jeder freien Minute schrieb, über Jahrzehnte hingezogen. Zu meinen frühesten Erinnerungen gehört das Klappern der Schreibmaschine am Sonntagmorgen. Und nein, mir ist die Parallele nicht entgangen, dass ich neben meinem Vollzeitjob, zwei Nebentätigkeiten und den Aufgaben als alleinerziehende Mutter dasselbe tue, um dieses Buch zu schreiben. Es ist Sonntagmorgen, 5 Uhr, während ich diese Zeilen verfasse. Ich fange jeden Morgen um fünf zu schreiben an. Die Vergänglichkeit des menschlichen Körpers zu begreifen – auf persönlicher, auf zellulärer Ebene –, hat produktive Vorteile.

Während andere Kinder Verstecken spielten, spielten meine Freunde und ich Reise nach Culebra: Du warst entweder bei den Guten, die versuchten, die Insel vor der Bombardierung zu retten, oder bei den Schurken der Navy, die versuchten, ihre Bomben abzufeuern. Wir hatten sogar einen Titelsong, den wir oben auf der Rutsche sangen, bevor wir runtersausten und das Spiel begann: »Going to Culebra, going to Culebra ...« Eines Tages stellte mich eine Freundin zur Rede: In der Schule gelobten wir jeden Morgen den Vereinigten Staaten die Treue. Wie konnte die U.S. Navy der Bösewicht sein?

»Schaust du keine Nachrichten?«, sagte ich.

Es war 1972. Auf CBS News präsentierte Walter Cronkite fast jeden Abend Bilder von amerikanischen Soldaten, die Dörfer in Vietnam niederbrannten. »Ein Land kann auf guten Grundsätzen errichtet sein, und trotzdem gegen diese Grundsätze verstoßen«, pflegte mein Vater zu sagen, wenn wir die schrecklichen Nachrichten sahen, Worte, an die ich mein Leben lang immer wieder dachte, sowohl in der Schule als auch als Journalistin. Der offizielle Erscheinungstermin von Target Culebra war am 9. Dezember 2008, zwei Tage später. Als mein Vater die Belegexemplare in den Händen hielt und jeweils eines für mich und meine Schwestern signierte, hoffte ich – wie sich herausstellte vergeblich –, dass er lange genug durchhalten würde, um den Erscheinungstag zu erleben.

»Bitte, Deb«, hatte er ein paar Tage vorher unter vier Augen zu mir gesagt, »du musst mich auf der Lesereise vertreten.« Ich versprach es ihm natürlich, ohne zu ahnen, dass die Lesereise mit einem Bankett für dreihundert geladene Gäste in einem puerto-ricanischen Ballsaal enden würde, das der ehemalige Gouverneur von Puerto Rico und der ehemalige Bürgermeister von Culebra meinem Vater zu Ehren ausrichteten und bei dem ich, die frisch trauernde Tochter, den Geehrten vertreten sollte. Während des Galadiners lief im Hintergrund ein alter *60-Minutes*-Bericht über den Gerichtssieg meines Vaters gegen die Navy, darunter die Szene, als mein Vater an Culebras berühmtem Flamenco-Strand das Ende der Bombardierungen verkündet und ich als Neunjährige mit auf dem Podium sitze.

Die Kamera schwenkt auf die kleine Debbie, die ihren Vater wild klatschend und voller Stolz anstrahlt, weil sie damals schon wusste, wie hart er für diesen Sieg gekämpft hatte. Als die große Debbie die Clips aus der Vergangenheit an diesem Abend zum ersten Mal sieht, kann sie nicht aufhören zu schluchzen. Am Ende musste ich mich entschuldigen und die Feierlichkeiten eine halbe Stunde früher verlassen. Im strömenden Regen streifte ich durch die Altstadt von San Juan, bis ich im Morgengrauen in einer katholischen Kirche landete. »Ich verstehe es!«, rief ich dem holzgeschnitzten Jesus zu. »Du leidest. Wir alle leiden. Aber was jetzt?« Nervenzusammenbruch, diagnostizierte meine Ärztin später. »Meschugge«, sagte meine Familie. Diese Nachricht wurde Ihnen präsentiert von Escitalopram.

Meine Mutter saß in einer Ecke des Krankenhauszimmers, telefonierte mit dem Handy, nickte in regelmäßigen Abständen und murmelte: »Mhm.«

»Mit wem telefoniert sie?«, flüsterte ich. Meine Schwestern zuckten mit den Schultern.

»Morgen früh um acht?«, sagte sie. »Ja, gut, ich werde da sein. Danke.«

»Wo bist du morgen früh um 8 Uhr?«, fragte ich.

Mom hielt den Finger hoch. »Ja, natürlich. Wenn sich etwas ändert, melde ich mich.«

»Wer war das?«, fragte ich, als sie auflegte.

»Der Bestatter«, sagte Mom. »Wir haben morgen früh um acht einen Termin. Ich möchte, dass eine von euch mitkommt.«

»Aber …« Ich war fassungslos. Was sollte ich dazu sagen? Auf psychologischer Ebene verstand ich zwar das Bedürfnis meiner Mutter nach Kontrolle in einem Moment, in dem sich das Konzept von Kontrolle als Illusion entpuppte. Aber praktisch wollte ich mit ihrer Illusion nichts zu tun haben. Ich wollte meinem Vater beistehen, während er die harte Arbeit des Sterbens leistete. Ich wollte an seiner Seite sein, bis er ging. Flüsternd sprach ich das Offensichtliche aus: »Aber Dad ist noch nicht gestorben.«

»Ich muss sowieso zum Bestatter«, sagte meine Mutter, »wir können es genauso gut gleich erledigen.«

»Aber Bestatter sind es gewohnt, dass man erst nach dem Tod anruft«, sagte ich. »Das ist ihr Geschäftsmodell.«

Meine Schwestern bissen sich auf die Lippen. Als älteste von vier gelte ich als Unruhestifterin, als Wahrheitssagerin, als die, die unangenehme Dinge am Ende ausspricht, ohne Weichspüler oder Samthandschuhe, häufig mit persönlichem Einsatz und zeitweisem Ausschluss aus dem Schoß der Familie. Der Literaturnobelpreisträger von 1980 Czesław Miłosz schrieb einmal: »Wird ein Schriftsteller in eine Familie hineingeboren, ist die Familie am Ende.« Ich würde die Theorie umdrehen: Wenn die Familie am Ende ist, wird eine Schriftstellerin hineingeboren. Schriftsteller fallen nicht vom Himmel. Der Same gedeiht in fruchtbaren

Böden, die mit Familiengeheimnissen und falschen Fronten ge-
düngt sind, bis der Keim aus der Dunkelheit ins Licht wächst und
die Unterschiede erkennt.

Ein paar Monate zuvor hatte ich zur Bestürzung aller die Frage
ausgesprochen: »Warum muss Dad in Stadium vier sofort Chemotherapie machen? Wenn er eine Kreuzfahrt durch die griechischen
Inseln machen will, lasst ihn doch!« Ich war weise genug, nicht
vorzuschlagen, dass er ganz auf die Chemo verzichtete, was ich an
seiner Stelle getan hätte, nicht er. Aber mein Vater wirkte seltsam
versöhnt mit der Diagnose, die er bekam, nicht weil er mit Symp-
tomen zum Arzt ging, sondern weil meinem Onkel Stan, der Onkologe ist, beim gemeinsamen Abendessen zwei Dinge an ihm auf-
fielen: Mein zeitlebens fülliger Vater hatte unbeabsichtigt massiv
abgenommen, und seine Haut und Augen hatten einen Gelbstich.

Nach der Diagnose mit einer Prognose von vier bis sechs Monaten begann Dad, die Kosten und Logistik besagter Kreuzfahrt
zu recherchieren, die er ursprünglich einmal mit meinem Sohn
geplant, aber immer wieder verschoben hatte. Abends beim
Essen – wir waren alle in Bethany Beach in Delaware, um einen
letzten Familienurlaub mit ihm zu verbringen – machte ich den
Vorschlag, er solle alle Bedenken in den Wind schlagen und einfach fahren, doch ich wurde sofort abgebügelt. »Nein, wir können
nicht riskieren, dass er auf dem Boot krank wird.« Worauf ich zu-
rückherrschte: »Verdammt noch mal, er ist schon krank! Dann
stirbt er eben auf dem Schiff und nicht im Krankenhaus!« Aber
Familie und Todesfälle sind heikle Bettgenossen: Erst bringt sie
der Schreck zusammen, dann reißt er sie auseinander. Wenn ein
geliebter Mensch todkrank ist, ist Rationalität nicht der taktvollste
Ansatz. Stattdessen kommt allzu oft magisches Denken ins Spiel:
Vielleicht hat er, wenn er die Chemo macht, doch eine Chance.
Obwohl man uns sagte, dass seine Chance, länger als sechs Monate
zu leben, gleich null war.

Am Ende ließ die Chemo den Tumor tatsächlich etwas schrumpfen, aber der Krebs hatte gestreut und Dad starb planmäßig vier Monate nach der Diagnose. Und so verbrachte er in seinen letzten vier Monaten fast die Hälfte jeder Woche nicht in der Sonne oder an der Staffelei, um das letzte einer Serie abstrakter Bilder zu malen, sondern lag im Bett und litt unter den Nebenwirkungen des Giftes, das ihm in den Kreislauf gepumpt wurde.

»Es ist mir egal, ob das ihr Geschäftsmodell ist«, sagte meine Mutter zunehmend außer sich. »Ich bin um 8 Uhr beim Bestatter, und eine von euch kommt mit.«

»Aber es soll heute Nacht schneien«, sagte ich.

»Die paar Flocken!« Sie ließ sich nicht umstimmen. »Ich brauche eine von euch«, wiederholte sie. Ihr Mann lag im Sterben, und Menschen, deren Partner starben, hatten das Recht, sich irrational zu verhalten. Also wurde beschlossen, dass ich meine Mutter von Baltimore zurück ins eine Autostunde entfernte Potomac begleiten würde, wo wir aufgewachsen waren. Meine Schwestern blieben bei Dad im Johns-Hopkins-Krankenhaus. »Versprich mir«, bat ich meine kleine Schwester, die Orthopädin war, »dass du anrufst, wenn es ernst wird, damit wir da sein können.«

»Versprochen«, sagte sie.

Ich küsste meinen Vater auf die noch warme Stirn. Ich sagte ihm, dass ich ihn lieb hatte und morgen wiederkommen würde, und dann brachen wir auf.

Im Auto fing meine Mutter nach fünf Minuten Schweigen zu reden an. »Ich mache mir Sorgen wegen Bart Dibble«, sagte sie. Nicht das Thema, mit dem ich gerechnet hatte, aber wie ich schnell lernte, förderten unheilbare Krankheiten im engen Familienkreis Seltsames und Unerwartetes zutage. Bart Dibble war der Finanzberater meiner Eltern. Wir hatten den 7. Dezember 2008 und befanden uns mitten in der schlimmsten Finanzkrise, die Amerika seit der Großen Depression erlebt hatte. Bart Dibble zog gerade von einer großen Bank zu einer anderen um, was bedeutete, dass meine Eltern einen Haufen Papiere unterschreiben mussten, um ihre Ersparnisse, die wie bei so vielen anderen in diesem Jahr massiv eingebrochen waren, ebenfalls an die neue Bank zu übertragen.

»Das brauchst du nicht«, sagte ich. »Der macht das schon.«

Doch plötzlich war meine Mutter überzeugt, Bart Dibble hätte seinen Job verloren, und sie würde bald ohne einen Penny dastehen. »Woher weißt du, dass er nicht seinen Job verloren hat?«

Die Frage war berechtigt. Mein Mann hatte gerade seinen Job verloren, wie in jenem Herbst viele andere auch. Schuld waren Bankergier und Spekulation. »Er hat seinen Job nicht verloren«, beruhigte ich sie. »Leute wie er bekommen Millionenboni, um von einer Bank zur anderen zu wechseln. Es geht ihm bestens. Der Papierkram ist reine Formsache.« Mom hatte meinen Vater die notwendigen Papiere im Krankenhaus unterschreiben lassen. Alles war koscher.

»Ich mache mir Sorgen«, sagte sie.

»Ich weiß«, antwortete ich sanft. Ich verstand, dass es einfacher für sie war, die Angst vor dem Tod ihres Mannes durch die Angst um ihre Ersparnisse zu ersetzen. Durch die Angst, die Beerdigung nicht gut genug vorzubereiten. Durch die Angst, dass ein Sterbender auf einem Schiff in Europa stirbt, statt in einem sterilen Krankenhauszimmer in Maryland. »Aber von allem, worüber wir uns im Moment Gedanken machen müssen, ist Bart Dibbles Karriere das Letzte.«

Am nächsten Morgen um vier lag Schnee im Vorgarten meines Elternhauses, und es schneite immer noch in dicken Flocken vom tintenschwarzen Himmel, als meine Schwester, die Ärztin, anrief und ruhig, aber bestimmt sagte: »Kommt jetzt.«

Ich weckte meine Mutter. »Wir müssen zurück«, sagte ich. »Es ist so weit.«

»Okay«, sagte Mom. »Ich muss nur noch schnell duschen.«

»Wir haben keine Zeit!«, erwiderte ich nervös. »Sie sagt, wir sollen jetzt kommen. Und es schneit!«

Doch meine Mutter machte das unerbittliche Gesicht, das ich zu gut kenne. »Ich werde beim Tod meines Mannes nicht ungewaschen sein!«

Einlenken, dachte ich. Nicht wütend werden. Sie hat seit drei Tagen nicht geduscht, was für sie undenkbar ist, aber gleichzeitig verhält sie sich nicht rational. Es geht nicht um Sauberkeit. Es geht darum, das Unvermeidliche zu verdrängen. »Na gut«, sagte ich. »Ich warte unten in der Küche.« Geistesabwesend machte ich mir eine Schale Müsli, aber ich konnte nichts essen. Ich blätterte durch das *People*-Magazin, das auf dem Tresen lag. »NIE DIE HOFFNUNG AUFGEBEN« stand in Großbuchstaben auf der Titelseite über einem Foto des parkinsonkranken Schauspielers Michael J. Fox. Das ist das Problem mit der amerikanischen Gesundheitsversorgung, dachte ich. Nicht bei Parkinson – natürlich sollte Michael J. Fox die Hoffnung nicht aufgeben –, sondern bei der Palliativversorgung.

Hoffnung ist kein Plan, wenn ein Patient im Sterben liegt. Es ist eine gemeinsam vereinbarte Illusion.

Was wäre passiert, wenn ich mich ins Zeug gelegt hätte, damit Dad in die Ägäis segelt, statt Chemo zu machen? Habe ich als seine Fürsprecherin und sein Kind versagt? Oder war das der Tod, den er sich gewünscht hatte: an einem dunklen, verschneiten frühen Morgen in einem nüchternen Krankenhauszimmer eine Autostunde von zu Hause entfernt, wo er am Ende so gut es ging durchhalten musste, bis seine Frau und seine älteste Tochter eintrafen?

»Gehen wir!«, sagte ich entschieden, als Mom endlich frisch geduscht die Treppe herunterkam, doch anstatt zum Mantel zu greifen, fing sie an, die Papiere für Bart Dibble in einen FedEx-Umschlag zu stecken. »Was machst du da?« Ich holte tief Luft. Dann holte ich noch einmal tief Luft. Ich durfte nicht die Fassung verlieren.

»Ich muss die Papiere bei FedEx einwerfen, bevor Daddy stirbt.«
»Warte, was?« *Einlenken. Einlenken. Einlenken. Es geht nicht um die Papiere, es geht um unsere Sterblichkeit.* »Nein, das musst du nicht. Dad hat die Papiere unterschrieben und datiert. Der Umschlag selbst braucht keinen Zeitstempel.«

»Aber was, wenn doch? Das kannst du nicht wissen!« Meine Mutter fing an zu weinen. Sie sah aus wie ein kleines Mädchen, nicht wie eine 66-jährige Großmutter mit fünf Enkelkindern.

Es schneite immer noch. Ich wollte meiner Mutter die Hand reichen und ihr über die eisige Brücke zum Tod ihres Mannes helfen. Aber gleichzeitig wollte ich ganz egoistisch über die Brücke rennen, um bei meinem Vater zu sein, wenn er den letzten Atemzug tat. »Nein«, sagte ich, jetzt noch entschiedener. »Wir fahren nicht bei FedEx vorbei. Wir fahren direkt zum Krankenhaus.«

»Aber es liegt auf dem Weg!«

Wenn ich als Tochter meiner Mutter eins gelernt hatte, dann das: Widerstand war zwecklos. Als mein Vater sterbend in Baltimore im Krankenhaus lag, fuhren wir zum FedEx im nächstgelegenen Einkaufszentrum. In einem Schneesturm. Als ich über den beleuchteten Parkplatz rannte, knirschten meine Stiefel die ersten Spuren in den makellos weißen Schnee, als wollten meine Füße rufen: »Seht her, ich lebe! Ich wandle auf dieser Erde!« Ich steckte den sorgfältig versiegelten Umschlag an Bart Dibble in den FedEx-Einwurfkasten, der nicht direkt auf dem Weg zum Krankenhaus lag, aber egal. Jeder verarbeitet seine Trauer anders. Ich? Ich verarbeitete gar nichts. Ich war zu sehr damit beschäftigt, rechtzeitig ins Krankenhaus zu kommen und an zwei ständig klingelnde Handys zu gehen, Moms und meins. »Wo seid ihr?«, riefen meine traumatisierten Schwestern immer wieder. »Warum braucht ihr so lange?«

Ich zählte die Verzögerungen auf: »Mom hat geduscht. Wir mussten noch zu FedEx ...« Es war, als spräche ich eine fremde

Sprache. *Was?*, fragten sie immer wieder. *WAS?* »Schon gut. Fragt nicht. Wir sind auf dem Weg.«

Draußen war es noch dunkel. Unterwegs bekamen wir regelmäßig Updates. Meine Schwester Julie war zu aufgelöst, um zu sprechen. Jen konnte gerade noch sprechen, aber meine Ohren konnten nicht verarbeiten, was ihre Augen nicht verarbeiten konnten. Laura, die Ärztin, die in ihrem Leben noch nicht einmal einen Lutscher geklaut hatte, stahl einen weiteren Infusionsbeutel aus dem Krankenhauslager, um Dad am Leben zu erhalten, bis wir da waren. »Ich kann ihn nicht ewig mit Flüssigkeit volllaufen lassen«, sagte sie. »Wo seid ihr denn?«

Wir waren noch auf der Umgehungsstraße, kurz vor der Abzweigung zur 95 nach Norden. »Fast da«, log ich. Sie sollte sich nicht auch noch Sorgen wegen des Timings machen.

An dem Morgen, als unser 67-jähriger Vater an Bauchspeicheldrüsenkrebs starb – beziehungsweise an multiplem Organversagen, das sich anbahnte, seit sich an Thanksgiving sein Bauch mit Wasser gefüllt hatte –, hatte Laura als einzige Ärztin in der Familie mit gerade mal 36 Jahren die traurige Aufgabe, einerseits dem Rest der Familie über den Stand der Dinge Bericht zu erstatten und andererseits zwischen der Familie und den behandelnden Ärzt*innen zu vermitteln. Laura hatte also nicht die Möglichkeit, das trauernde Kind zu sein, als ihr Vater im Sterben lag. Sie war im Dienst und musste ihren Vater so lange am Leben erhalten, bis Mom und ich nach unserem überflüssigen Umweg im Krankenhaus eintrafen.

Wir parkten, nahmen den Aufzug und rannten durch den Flur zum Zimmer meines Vaters. Er lebte noch, mehr oder weniger. Die Rasselatmung hatte bereits eingesetzt, ein hässliches, mechanisches Röcheln, das Sauerstoff einsaugte und Kohlendioxid ausstieß. Die Zunge hing ihm rechts aus dem Mund. Der Brustkorb hob sich und geriet aus dem Rhythmus, wenn er zwischendurch nach Luft rang. *Mach, dass es aufhört!*, wollte ich schreien und flehte gleichzeitig irgendeine Gottheit an, die mich hören mochte, mir noch einmal Dads schiefes Lächeln zu schenken. Ich kannte nur die Sterbeszenen in Filmen: Das Anschwellen emotionaler Musik, wenn der Patient nach leisen, bedeutungsvollen Abschiedsworten von dannen gleitet. Die Szene hier war wie in einem Horrorfilm. Mein Vater hatte literweise Wasser in der Lunge. Er ertrank buchstäblich vor unseren Augen.

Die Vitalwerte auf dem Monitor wurden schwächer: niedrige Zahlen, lange Täler zwischen den Herzschlägen, kaum wahrnehmbarer Puls. Meine Mutter war sichtlich überfordert. Als wir vor zehn Stunden losgefahren waren, war ihr Mann eben noch bei Bewusstsein gewesen, jetzt war er nicht mehr von dieser Welt. Mom, die entweder einen Witz machen wollte, um die Stimmung zu heben, oder einen Nervenzusammenbruch hatte, stieß Dad an und sagte: »Hey, Dick, hast du gehört? Bart Dibble hat seinen Job verloren.«

Dads Lebenszeichen schlugen sichtbar aus. Sein Röcheln wurde lauter.

»Mom!«, riefen wir unisono, gefolgt vom geräuschvollen Unterdrücken unseres Kicherns. In der Witzforschung spricht man von der Relief-Theorie, wenn Humor als Mittel zum Abbauen von Anspannung dient.[40] Meine Bart-Dibble-Theorie ist mit Schopenhauers Theorie der Inkongruenz verwandt: Laut Schopenhauer entsteht Humor, wenn etwas eintritt, das gegen unsere Erwartung verstößt, z. B. wenn sechzig Clowns aus einem kleinen Auto steigen oder Dr. Seuss mit unsinnigen Wörtern reimt.[41] War der Kommentar meiner Mutter lustig? Nein. War er während der schrecklichen Todesszene ein unerwartetes komisches Geschenk von unschätzbarem Wert? Oh ja. Immer, wenn ich heute an den tiefen Schmerz in den letzten Stunden meines Vaters denke, wird mein Kummer von dem Seuss'schen Klang des Doppel-B und L und Moms Falschmeldung von Bart Dibbles Jobverlust aufgefangen. (Möge auch Bart Dibble in Frieden ruhen.)

»Dad, wir sind jetzt alle hier«, sagte Laura und holte uns zurück zu der makabren Aufgabe, die vor uns lag: da zu sein, wenn der Mann, den wir liebten, starb.

Mein Vater kam 1941 zur Welt und wuchs in Kansas City als Schlüsselkind auf. Seine Eltern, die beide Anwälte waren, hatten eine Zwei-Personen-Kanzlei – Copaken & Copaken –, mit der sie felsenfest für ihre humanistischen Prinzipien eintraten. Ihre Klienten waren hauptsächlich Mittellose, die sich eigentlich keinen Rechtsbeistand leisten konnten. Deswegen nahmen meine Großeltern auch Naturalien als Zahlung, vom Kartoffelsack bis zum selbstgebackenen Kuchen, was dazu führte, dass in Dads Kindheit die Liebe üppig, aber das Geld knapp war. Mein Großvater war als Jude aus Kiew geflohen und hatte einen lahmen Arm, der kürzer war als der andere und wie bei einer Lumpenpuppe schlaff herunterhing. Als er ein Baby war, hatten Kosaken das Haus geplündert, ihn aus der Wiege gerissen und an die Wand geschmettert. Die Mutter meines Vaters, deren jüdische Eltern aus Vilnius geflohen waren, gehörte in Amerika zu den wenigen Frauen ihrer Generation, die Anwältin wurden. Sie nähte ihre Kleidung selbst, trug vernünftige, flache Schuhe und verzichtete auf Make-up und alle Arten von Schnickschnack. Sie war sanft, ausgeglichen, hochintelligent, unfassbar lieb, schrieb wunderbare Briefe und konnte sehr gut zuhören, aber sie hatte weder Zeit noch Geduld für die traditionelle Rolle, die ihr die Gesellschaft zudachte, vor allem nicht für Hausarbeit. Dafür hatte sich mein Vater als Kind heimlich geschämt, der seine Eltern innig liebte, aber sich nicht traute, nach der Schule Freunde in sein schmuddeliges Elternhaus einzuladen.

Meine Mutter, 1942 geboren, wuchs in der Bronx auf. Ihre Mutter hatte viel Humor, aber keinerlei kulinarisches Talent und hielt

Ketchup für eine ordentliche Nudelsoße. Ihr Vater war ein unterkühlter, teilweise unberechenbarer Militärarzt, der seine Kinder mit dem Gürtel züchtigte, wann immer er es für nötig hielt. Als meine Mutter erklärte, dass sie Ärztin werden wollte, entgegnete ihr Vater, es sei nicht genug Geld für das Medizinstudium eines Mädchens da. Als er jung war, hatte ihm seine Mutter, von der er seitdem entfremdet war, jeden Dollar, den er fürs Studium gespart und unter der Matratze versteckt hatte, gestohlen. Er hatte jahrelang bei der Post gearbeitet, um sich das Medizinstudium doch noch zu finanzieren.

Auch im Elternhaus meiner Mutter war das Geld knapp – der Sold eines Militärarztes reichte kaum für die Drei-Zimmer-Wohnung im Souterrain, in der die Eltern im Wohnzimmer auf der Ausziehcouch schliefen und den drei Kindern, zwei Mädchen und einem Jungen, die Schlafzimmer überließen. Die Behauptung meines Großvaters, er hätte nicht genug für das Medizinstudium meiner Mutter übrig, kam gerade zu dem Zeitpunkt, als Moms älterer Bruder sein Studium beendete, um der Onkologe zu werden, der Jahre später Dads Krebs entdeckte.

Wie viele Eheleute entschieden sich meine Eltern also bewusst oder unbewusst füreinander, um die Wunden der Vergangenheit zu heilen, davon bin ich fest überzeugt. Er bekam ein vorzeigbares Haus in der Vorstadt und eine Frau, die auf ihre Karriere verzichtete, um sich um die Kinder zu kümmern. (Auf meiner Hochzeit tanzten sie zu »Wind Beneath My Wings«.) Sie bekam nach dem Leben in der Souterrainwohnung ein Haus mit Oberlichtern und einen kleinen Steinway-Flügel – sie war eine begnadete Musikerin, hatte Musik und Kunst studiert, spielte Klavier, Flöte und Cello und hatte als Teenager in der Carnegie Hall dirigiert – und genug Geld, um ihren Kindern das Studium zu finanzieren, egal ob Jungs oder Mädchen.

Meine Eltern heirateten jung, mit 20 und 21, in einer Zeit, als

ledige Frauen schon mit 24 »alte Jungfern« waren und von Aka-
demikerinnen wie meiner Mutter erwartet wurde, dass sie Hausfrau wurden. Woher sollten die beiden 1963 an ihrem Hochzeitstag wissen, wie es sich Jahrzehnte später anfühlte, wenn eine
dem anderen ihre Träume opferte? Aber vielleicht haben auch
beide ihre Träume für uns Kinder geopfert. Mein Vater malte am
Wochenende. Er baute ein Atelier an unser Haus an. Dorthin zog
er sich zurück und trug im Stil von Morris Louis Farbfelder auf
große Leinwände auf, die er hier und da verkaufte und ausstellte.
Auch wenn er sich selten beklagte und immer behauptete, er sei
gern Anwalt für internationales Recht in einer renommierten
Kanzlei, hegte ich heimlich den Verdacht, dass er, besonders später im Leben, lieber jede wache Stunde in seinem Atelier verbracht
und an seiner künstlerischen Karriere gearbeitet hätte, wären da
nicht vier Töchter und eine Frau zu versorgen gewesen, wäre da
nicht die Frage der Krankenversicherung gewesen, wäre in seinem
Umfeld Kunst so anerkannt wie Jura gewesen.

Aber vielleicht ist das bloß Projektion, weil ich mit Mitte zwanzig als Fotojournalistin in Paris so glücklich war, als ich von meinen Bildern leben konnte und über die staatliche Krankenkasse
hervorragend versichert war; und in der Zeit von Mitte dreißig
bis Anfang vierzig, als ich meine Tage im geistig anstrengenden,
aber glücklichen Flow des Schreibens verbrachte und dafür bezahlt wurde. Bevor Dad starb, versuchte ich mit ihm über diese
Dinge zu reden, aber er ging nicht darauf ein. »Nein«, sagte der
Optimist mit dem schiefen Lächeln, »ich habe jede Sekunde meines Lebens genossen und würde keinen Tag ändern.« Gleichwohl
hatte er in den letzten Monaten seines Lebens fast rund um die
Uhr den Pinsel in der Hand, wenn er sich nicht gerade von der
Chemo erholen musste. Dank der Hilfe meiner Schwestern hatte
er einen Monat vor seinem Tod sogar eine letzte Ausstellung.

Während der Ausstellung war ich auf Lesereise in zwölf Städ-

ten. »Du darfst deine beruflichen Verpflichtungen nicht vernachlässigen«, hatte Dad zu mir gesagt. »Ich würde es dir übel nehmen,
wenn du kommst.« Bis heute bereue ich extrem, dass ich seine
Ausstellung nicht besucht habe. Wenn ich die Fotos vom Tag der
Eröffnung sehe, tut mir das Herz weh. Was war so wichtig daran,
ein paar Bücher mehr zu verkaufen, dass ich den letzten Triumph
meines Vaters versäumte?

Als in meiner Jugend die traditionellen Rollen meiner Eltern
zu bröckeln begannen, setzte sich meine Mutter mit scharfer
Zunge und Schweigen zur Wehr, während mein Vater heimlich
Süßigkeiten aß – er erkrankte mit Ende fünfzig an Typ-2-Dia-
betes und war kein einsichtiger Patient – und zu Impulskäufen
neigte: Sportwagen, Kameras, hochwertige Stereo- und Videoan-
lagen. Konnte er sich diese zusätzlichen Ausgaben leisten, neben
den Farben und Leinwänden, Lebensmitteln, Kleidung, Studiengebühren für vier Töchter, den jährlichen zwei Wochen Sommerferien in West Harwich, Massachusetts, und der zweiten Hypothek
für den Anbau des Ateliers? Ja. Einigermaßen. Aber dafür blieb
unsere bescheidene Küche klein, obwohl meine Mutter seit der
Geburt der Zwillinge von einer Erweiterung träumte, um mehr
Platz für unsere wachsende Familie zu haben, was sie ihm noch
Jahre nach unserem Auszug vorhielt: Sie nahm es als symbolische
Herabwürdigung der Rolle als Hausfrau wahr, die sie seinetwegen
angenommen hatte.

Einmal stand sie mitten beim Essen vom Küchentisch auf und
sagte: »Kinder, wenn ich morgen früh nicht mehr da bin, wisst ihr,
dass ich euren Vater endgültig verlassen habe.« Damals war ich zutiefst schockiert. Unter meiner jugendlichen Oberfläche brodelte
eine Wut, die ich mit meinem Mangel an Selbsterkenntnis damals
nicht verstand. Bei unserem einzigen Versuch einer Familienthe-
rapie mit Moms Therapeutin kurze Zeit später brach in der letzten Viertelstunde eine Reihe zornerfüllter Kraftausdrücke aus mir

heraus, von denen ich kaum glauben konnte, dass sie aus meinem Mund kamen. Aber da waren sie, standen nackt im Raum. Ich bettelte um weitere Sitzungen, aber keiner aus der Familie wollte noch einmal in dieses Wespennest stechen. Also ließen wir es sein.

Jahrzehnte später, als ich in meiner eigenen Ehe ähnlichen Frust erfuhr, nur mit der doppelten Bürde, dass ich den Haushalt nicht nur führte, sondern auch finanzierte, verstand ich die Drohung meiner Mutter und machte sie sogar wahr.

Was hat meine Mutter davon abgehalten? Einerseits sicherlich die fehlenden Verdienstmöglichkeiten für Frauen ihrer Generation, die aus dem Berufsleben ausgeschieden waren oder nie gearbeitet hatten, und das gesellschaftliche Stigma als Geschiedene. Aber es gab auch ein spürbares Band der Liebe, das meine Eltern zusammenhielt.

Ja, ihre Liebe wurde oft von den vier Reitern der Beziehungs-Apokalypse heimgesucht, die in der Psychologie bekannt sind: Kritik, Verachtung, Groll und Rückzug. Und diese Reiter würden eines Tages auch in meine Ehe galoppieren und mich häufig in ein rasendes Monster verwandeln: ein Trauma, das meine eigenen Kinder, vor allem die älteren, als Erwachsene verarbeiten müssen. (Ich schäme mich, aber ich darf es nicht verschweigen.) Doch mein Vater hatte immer ein Funkeln in den Augen, wenn er vom Anfang ihrer Liebe erzählte. Wenn meine Mutter unzufrieden mit sich war, sagte er ihr immer, sie sei die schönste Frau der Welt. Er sagte häufig: »Ich liebe dich«, und verteilte Komplimente wie Feenstaub. Moms Sprache der Liebe bestand aus selbstlosen Handlungen, die sie pflichtbewusst und täglich ausführte. Sie sorgte dafür, dass Dads Hemden gebügelt waren, seine Arzttermine gebucht, seine Mahlzeiten gekocht und sein Sozialleben organisiert. Wenn er beruflich verreiste, fuhr sie ihn immer zum Flughafen. Und wenn Dad ihr eine seiner selbstgemachten Karten überreichte, mit den lächelnden Vögeln, die sein Markenzeichen waren, mit Zeichentrickfiguren und Worten der Liebe und Bewunderung, errötete sie wie ein Mädchen und sagte: »Oh, Dickie!«

»Oh, Dickie ...«, sagte Mom und begann wieder zu weinen. Sie sah noch verlorener und verängstigter aus: Wie fasst man in wenigen Minuten ein ganzes gemeinsames Leben mit all seinen Höhen und Tiefen zusammen? Vor den Augen ihrer vier Töchter ergriff sie Dads Hand. »Also, Dick«, sagte sie und streichelte mit dem Daumen seine Knöchel. »Wir sind seit fünfundvierzig Jahren zusammen.« Sie stockte, dachte über die Tatsache nach. Was jetzt? Jeder, der einmal den Tod eines geliebten Menschen miterlebt hat, kann wahrscheinlich bestätigen, dass der Versuch, in den letzten Augenblicken etwas Tiefsinniges und Abschließendes zu sagen, sich nicht nur unangenehm performativ anfühlen, sondern sich auch zur Farce entwickeln kann. Wie zum Beispiel, als Mom endlich ihre Pointe fand: »Ich kann nicht sagen, dass es die glücklichsten Jahre meines Lebens waren, aber es waren viele.«

»Mom!«, schnaubte ich über ihren tapferen, doch gescheiterten Versuch, der so unfreiwillig komisch wie ehrlich war.

Mom stotterte, rang um Worte. »Ich meine ... Wie sagt man ... Ich kann nicht ...« Schließlich sagte sie den einzigen Satz, der angemessen war: »Ich liebe dich«, flüsterte sie Dad mehrmals ins Ohr, bevor wir sie zu Dads Füßen setzten, die sie streichelte, während seine vier Töchter einen Arm oder ein Bein ergriffen, um dasselbe zu tun. Was für ein Glück, dachte ich, vier Töchter und vier Gliedmaßen zu haben. Ich hatte den rechten Arm und saß in der Nähe seines rechten Ohrs, und um ihm zu versichern, dass alles in Ordnung war, beugte ich mich vor und flüsterte: »Dad, Bart Dibble hat seinen Job nicht verloren. Mom liebt dich. Wir lieben dich. Wir sind alle hier. Alle fünf. Du kannst gehen.« Meine Schwestern sagten ihm dasselbe: Wir waren alle da. Er musste nicht mehr kämpfen. Bald darauf wurde es still im Zimmer, bis auf den langen, durchgehenden Piepton des EKGs und das gleich-

zeitige Aufschluchzen von fünf Frauen. Kein markerschüttern-
des Röcheln mehr. Kein Atmen. Keine Pulstöne, Blutdruckzahlen
oder Gehirnstrommessungen.

Im selben Augenblick fluteten die ersten Sonnenstrahlen durchs
Fenster, strahlten den noch warmen Körper meines Vaters an und
verwandelten das Tableau unserer neuen, trauernden Familien-
konstellation in ein Chiaroscuro. Die Fotografin in mir wollte die
Kamera zwischen den Schmerz und mein weinendes Auge halten und die Szene aufnehmen. Die vaterlose Tochter in mir war
handlungsunfähig. Sie stand reglos da, gebrochen. Für die nächsten paar Jahre.

Dad hatte zu jeder von uns gesagt, dass er immer, wenn wir
mit ihm sprechen wollten, im Sonnenaufgang oder im Regenbogen erscheinen würde. Und obwohl wir wussten, dass er uns nur
den Abschied erleichtern wollte – schließlich geht die Sonne jeden
Tag auf und Regenbögen sind cool –, war es eine geniale Idee, zwei
wunderschöne Naturphänomene für sich zu beanspruchen.

In seinem Krebsblog postete ich an diesem Morgen ein letztes
Foto von ihm, auf dem er in den Sonnenaufgang über dem Meer
blickt, ein paar Tage, nachdem er erfahren hatte, dass er sterben
würde. »Dad ist heute Morgen um 7.02 Uhr gestorben ...«, schrieb
ich, »... auf den Tag genau vier Monate nach seiner Diagnose.«
In unserem letzten Familienurlaub an der Küste von Delaware
war er jeden Morgen früh aufgestanden, um sich den Sonnenaufgang anzusehen, möglichst mit allen Enkelkindern, die er überreden konnte. Sie wussten, dass es nicht nur darum ging, mit ihrem
Großvater den Aufstieg des magischen Feuerballs zu verfolgen,
sondern ihm zuzuhören, wenn er von Photosynthese, Lichtge-
schwindigkeit, Einsteins Relativitätstheorie erzählte, warum der
Mond die Gezeiten verursacht, von der Parabel der Erdrotation,
warum wir Jahreszeiten haben, wie er Simon and Garfunkel in
einem kleinen Club hatte spielen sehen, bevor sie berühmt wur-

den, von der Kunst, vom Punktualismus der Evolution und von den Geheimnissen des Universums, die noch unbekannt oder für immer unergründlich sind. Wenn ich einen Sonnenaufgang oder einen Regenbogen sehe, spüre ich bis heute die physische Anwesenheit meines Vaters und eine Geborgenheit, die ich nur schwer in Worte fassen kann. »Oh, hallo, Dad«, sage ich dann, genau wie an dem Morgen, als er seinen Körper verließ und als Sonne wiederauftauchte.

11

Ja, und ...

Die letzten Stunden meines Vaters wurden zum Appell und zum Ansporn für mich. Ich wollte am Ende meines Lebens nicht nur Schmerz und unzählige Jahre heraufbeschwören. Außerdem mahnte mich sein Tod, auf die Mechanismen meines Körpers zu achten, dieser fehlerhafte Maschine, die auf Verfall programmiert ist, aber auch darauf, zu verhindern, dass unsere Zellen mutieren, sich unkontrolliert teilen und sich während unserer durchschnittlich 28 835 Lebenstage selbst zerstören.

Wieder betaste ich den Knoten in meiner Brust: inzwischen ein nervöser Tic. Verdammt.

Schritt für Schritt, sage ich mir, als ich am Schreibtisch sitze und meine To-do-Liste anstarre. Ich mache es Schritt für Schritt.

Das Brooklyn Book Festival ist das kleinste Problem, außerdem kann ich nicht absagen, weil das Panel wegen meines Essays »My So-Called ›Post-Feminist‹ Life in Arts and Letters«[42] in *The Nation* zustande kam. Ich hatte den Artikel im Affekt geschrieben, nachdem der Nachruf auf die renommierte Raketenwissenschaftlerin und Trägerin der National Medal of Technology and Innovation Yvonne Brill in der *New York Times* mit folgenden Worten begann: »Sie kochte ein legendäres Bœuf Stroganoff, folgte ihrem Mann von Job zu Job und nahm sich acht Jahre Auszeit, um drei Kinder großzuziehen. ›Die beste Mutter der Welt‹, sagte ihr Sohn Matthew.«

Nach Leserprotesten wurde die Einleitung in der Online-Version umformuliert: »Bœuf Stroganoff« wurde gestrichen, »brillante Raketenwissenschaftlerin« eingefügt, Kleinigkeiten wie diese.[43] Aber solange der Satz da stand, schwarz auf weiß, erinnerte er mich an ähnlich sexistische Herabsetzungen, die ich selbst erlebt hatte.

»Nach zwei Jahren intensiver Arbeit an dem Buch«, schrieb ich in meinem Essay, »werde ich in fast jeder Rezension als Vollzeitmutter bezeichnet. Ein Artikel mit dem Titel ›Battlefield Barbie‹ nennt mich ›Soccer-Mom in Ausbildung‹*. Ich sehe nicht aus wie Barbie. Meine Kinder spielen kein Fußball.«[44] Ich hatte nach Beispielen gesucht, in denen männliche Autoren als Hausmann, Vollzeitvater oder Soccer-Dad bezeichnet werden. Ohne Erfolg. Sie werden einfach »Autor« genannt.

In dem Essay artikulierte ich auch die Sorge, dass ich für diesen Text ebenfalls angegriffen und bestraft werden würde. »Den Literaturbetrieb zu kritisieren, ist beruflicher Selbstmord, sagen meine Kolleginnen und Kollegen; Nestbeschmutzer werden fallengelassen. Aber das ist mir egal. Ich bin zu alt und zu unsichtbar für besagtes Establishment, um tief zu fallen. Außerdem glaube ich immer noch, was Carol Hanisch 1969 schrieb – als meine damals dreijährigen Füße noch in steife Mary-Jane-Schuhe gezwängt wurden: Das Private ist politisch.«

Nach diesem Essays verkaufte ich bei aller Anstrengung sechs Jahre lang kein Manuskript mehr, weder im Literatur- noch im Sachbuchbereich. An niemanden.

Unglücklicherweise wurde der Essay online gestellt, als ich gerade mit meinem Sohn im Flugzeug nach Ohio saß, um uns das

---

* Der Begriff »Soccer-Mom«, als Schlagwort erstmals 1982 verwendet, hat sich zum sexistischen Tropus entwickelt. Ähnlich wie bei den Ausdrücken *Mätresse, berufstätige Mutter, Schlampe,* »*Karen*«, *alte Jungfer,* etc. gibt es kein männliches Pendant: meistens ein guter Hinweis darauf, dass sie eher herabsetzend als beschreibend gemeint sind.

Oberlin College anzusehen. Nach der Landung summte mein Telefon ununterbrochen. Bevor ich beschloss, das Handy einfach ein paar Tage auszuschalten, musste ich mich von der Führung durchs College wegschleichen, um mit mehreren Journalist*innen zu sprechen, die mich mit E-Mails, DMs, Facebook-Nachrichten, SMS und Sprachnachrichten zu erreichen versuchten. Am nächsten Tag erschienen in den USA und im englischsprachigen Ausland Schlagzeilen wie »Für den Women's Prize for Fiction nominierte Deborah Copaken Kogan klärt über Sexismus in der Verlags- und Kunstwelt auf«.[45] Eine Organisation in Hollywood bezeichnete mich in einem Artikel als »Heldin des Tages«.[46] Ein Satz aus meinem Artikel wurde zum Meme: »Was Sexismus am besten kann: Du fühlst dich, als wärst du verrückt, dir Parität zu wünschen, und hast keine Hoffnung, sie jemals zu erreichen.«[47] Natürlich kamen auch die unvermeidlichen frauenfeindlichen Schmäh-Tweets und Messages von Trollen, die alle Frauen bekommen, die den Mund aufmachen, typischerweise mit Ausdrücken wie »Fotze«, »hässliche Schlampe« und »Ich will dir ins Gesicht wichsen«.

Ein Wikipedia-Troll, der sich Qworty nannte und seine Tage damit verbrachte, die Biografien von Schriftstellerinnen zu manipulieren, vergriff sich auch an meiner Biografie, worauf er dauerhaft von der Website verbannt wurde.[48] Wie er meine Biografie veränderte? Nicht durch Beleidigungen und Beschimpfungen, sondern durch Löschungen. Er hat alle meine Bücher entfernt. Er hat meinen Emmy herausgeschnitten. Er hat den Film gelöscht, in dem ich mitgespielt habe, meine Karriere als Fotojournalistin und sogar den Monolog, den ich zu Ehren meiner Heldin Anita Hill auf einer New Yorker Bühne vortrug. Er entfernte meinen Namen aus allen Literatur- und Fotografie-Kategorien, um ihn unauffindbar zu machen. Die einzigen Wikipedia-Kategorien, in denen er mich ließ, waren die der 1966 Geborenen und die der

Living People. Aus Rache für die Veröffentlichung meines Essays über die Auslöschung von Frauen tat er genau das, was die *New York Times* mit Yvonne Brill getan hatte und was der Auslöser für meinen Essay war.

Ich war stolz auf den Essay und die Wellen, die er in verschiedenen literarischen und feministischen Ökosystemen geschlagen hatte, aber wie soll ich am Samstagvormittag über all das sprechen und Bücher signieren, wenn ich einen Siebenjährigen zu Hause und weder Partner noch Geld für Babysitting habe? (Der Vortrag ist unbezahlt, eine der Veranstaltungen, zu denen Verlage uns aus Publicity-Gründen drängen.)

Ich muss meinen Sohn mitnehmen, denke ich. Aber dann fällt mir ein, dass ich vor einem Zweitklässler nicht offen über Vergewaltigung, Slutshaming und Internet-Trolle, die mir ins Gesicht spritzen wollen, sprechen kann. Ich kann auch schlecht erklären, wie das Wort »Mutter« zum Schimpfwort für berufstätige Frauen umcodiert wurde, die entweder als nicht mütterlich genug oder als zu mütterlich verspottet werden. Er könnte die Diskussion missverstehen und denken, er wäre das Problem. Außerdem – er ist gerade sieben geworden, zu jung, um sich samstagmorgens um neun eine einstündige Podiumsdiskussion über Misogynie und Sexismus in der Buchbranche anzuhören.

Ich googele die Adresse des Veranstaltungsorts: nur ein paar Blocks von meinen Freunden Tad und Amanda entfernt. Juhu! Ich rufe Amanda an und frage, ob ich am Abend vorher mit meinem Sohn bei ihnen übernachten könnte.

Ich bin es nicht gewohnt, um Hilfe zu bitten. Es ist mir unangenehm und peinlich zu sagen: »Ich schaffe es nicht allein. Bitte helft mir.« Dabei ist es eine Gnade, um Hilfe bitten zu können, und wie ich bald feststelle, ist es eine Gnade, Hilfe anzunehmen. Tad ist einer meiner ältesten Freunde; ich habe ihn am ersten Abend im College kennengelernt, als ich Freshman und er Senior

war, und er stand mir bei einer Reihe romantischer Fehlentschei-
dungen mitfühlend zur Seite. Tads Frau Amanda ist Balsam für
die Seele. Als sich ihre Beziehung anbahnte, spielte ich begeistert
eine Nebenrolle, nachdem unsere gemeinsame Freundin Jennifer
auf die geniale Idee gekommen war, die beiden zu verkuppeln.
Ihre Zwillinge und mein Sohn kennen sich seit ihrer Geburt. Die
drei sehen sogar fast aus wie Drillinge. Wir haben Thanksgiving,
Silvester, Brunches und Tränen geteilt. Mit anderen Worten, wir
sind Familie.

»Natürlich könnt ihr bei uns übernachten«, sagt Amanda am
Telefon. Sie blasen die Luftmatratze auf und erwarten uns. Mein
Sohn schläft bei den Zwillingen im Zimmer, kein Problem. Ich
kann im Wohnzimmer schlafen. Dann ist Tad am Apparat. »Wir
sind für dich da«, sagt er, und ich weiß, dass er es ernst meint. Als
ich auflege, lächle ich und habe eine neue Art von Tränen in den
Augen: Tränen der Rührung, die mir kommen, wenn ich kleine
Akte der Hilfsbereitschaft erlebe, die mir wie eine Zumutung vorkommen, bis ich zu akzeptieren lerne, dass es nicht peinlich oder
ungebührlich ist, geliebte Menschen um Hilfe zu bitten, sondern –
willkommen bei meinem TED-Talk – eine Gelegenheit zur Trans-
formation und Verbindung.

Als der erste Punkt auf meiner Liste abgehakt ist, fasse ich
den Mut, mich dem nächsten zu widmen. Ich googele »kostenlose Mammografie Harlem« und finde heraus, dass das Memorial
Sloan Kettering Cancer Center hier in der Nachbarschaft kostenlose Untersuchungen für Frauen wie mich anbietet, die ihre Versicherung verloren haben. Kurz zögere ich, wieder, weil ich mich
schäme. Darf ich den karitativen Gesundheitsdienst in Anspruch
nehmen, wenn es hier in der Gegend wahrscheinlich viele andere
Frauen mit verdächtigen Knoten gibt, die schlimmer dran sind
als ich? Dann denke ich daran, dass ich nicht einmal die nächste
Monatsmiete auf dem Konto habe, keine Versicherung, Kredit-

kartenschulden in fünfstelliger Höhe und einen Knoten in der Brust. Das ist schlimm genug, oder? Wenn ich in Paris geblieben wäre, würde sich die Frage gar nicht stellen. Ich würde einfach alle zwei Jahre zum kostenlosen Brustkrebsscreening im nächstgelegenen Mammografie-Zentrum gehen, so wie es das Gesundheitsamt empfiehlt. Ich würde sogar regelmäßig einen Brief bekommen, der mich an die Untersuchung erinnert.

Ich rufe das Brustuntersuchungszentrum in Harlem an. Die Frau am Telefon stellt mir eine Reihe von Fragen, um herauszufinden, ob ich die Voraussetzungen erfülle. Das tue ich. Der nächste freie Termin ist in zwei Monaten. Ich sage zu.

Dann schreibe ich eine E-Mail an meine engen Freunde, um ihnen von der Trennung zu berichten und Bescheid zu sagen, dass ich Arbeit suche. Ich melde mich bei meinem Freund George, um zu fragen, ob er immer noch am Zimmer meines Sohns interessiert ist, der im College ist. Ja, sagt er. Er würde es nehmen. Aber erst müssen wir testen, ob sich unsere Hunde vertragen, und er bringt auch zwei Katzen mit. Bei der Vorstellung, einen Zoo in der Wohnung zu haben, zucke ich zusammen, weil ich es schon anstrengend finde, mich um einen nicht besonders stubenreinen Hund zu kümmern, aber ich liebe George und würde lieber jemand einziehen lassen, den ich kenne, als einen Fremden. Außerdem könnten wir uns beim Gassigehen abwechseln.

George und ich hatten uns im Mai bei unserem 25. College-Treffen nach langer Zeit wiedergetroffen. Er trauerte um seinen Ehemann, der sich sieben Monate zuvor das Leben genommen hatte. Zhang war Chemiker und kam aus China. Als er George heiratete, hatte er seinen Eltern, die in China auf dem Land lebten, noch nicht gesagt, dass er schwul war. Durch Georges Liebe ermutigt schickte Zhang schließlich ein Foto vom Hochzeitstag an seine Familie, mit einem Brief, in dem er alles erklärte: Er hatte einen wunderbaren Mann geheiratet; er war glücklich und beruflich erfolgreich; er hoffte auf ihren Segen. Das Foto zeigte das strahlende Paar mit ihrem Beagle Elvis auf dem Standesamt.

Seine Eltern antworteten nicht. Seine Schwester schickte einen Brief mit nur einem Satz: »Wirst du diesen Hund essen?«

Nach dem Brief, so George, verlor Zhang immer mehr den Mut. Fünf Wochen nach der Hochzeit nahm er sich ein Hotelzimmer und inhalierte Cyanid.

Ein paar Monate nach unserem Wiedersehen las ich einen traurigen Post auf Georges Facebook-Seite, den er kurz vor seinem ersten Hochzeitstag geschrieben hatte. Ich schickte ihm eine lange E-Mail und schlug vor, dass er bei uns einzog. »Du bekommst jeden Abend eine warme Mahlzeit«, schrieb ich, »und die Geborgenheit eines Haushalts mit Kindern (liebe Kinder, versprochen). Es wäre eine radikale Veränderung, ein Schnitt nach dem Ort, an dem du und Zhang ein Leben geteilt habt, und wir könnten uns gegenseitig heilen. Es wird ein hartes Jahr. Lass es uns teilen ...«

Er schrieb zurück, dass er die Idee gut fand und sich melden würde. Jetzt antwortete er, und der Plan kam ins Rollen. Als Dozent für Englisch als Fremdsprache unterstützt George Einwanderer*innen bei den anstrengenden Einbürgerungskursen in einer anderen Sprache. Dank seiner Arbeitszeiten war er oft zu Hause, wenn mein Sohn von der Schule kam.

Ich konnte nicht ahnen, wie therapeutisch seine Anwesenheit in unserer zerbrochenen Familie sein würde. Er backte nachmittags Brot, das die Wohnung mit Duft und unsere Bäuche mit Freude füllte. Er brachte meinem Sohn Figuren für seine Disney-Infinity-Sammlung mit, einfach so, und war immer für ihn da, nicht nur mit offenem Ohr, sondern auch mit guten Antworten. Mit meiner Tochter bondete er über ihre Tierliebe und die Eskapaden seines Katers, eines widerlichen Stinkers und einer unerschöpflichen Inspiration für schwarzen Humor. Georges Witz – geschult durch jahrelange Comedy, aber auch durch seine Jugend als intelligenter, schwuler Mann in den Südstaaten, durch Tragödien, durch Trauer – richtete uns auf, wenn unser Kartenhaus zusammenzustürzen drohte. Ich freute mich, nach der Arbeit mit ihm über die Ereignisse des Tages zu reden: die kleinen Grabenkämpfe im Büro, meine Laborergebnisse, einen interessanten Artikel, den ich gelesen hatte; seine Sorgen mit den Schülerinnen und Schülern, die miese Bezahlung seiner befristeten Stelle, die Erinnerungen an Zhang, die ihn nie losließen. Unsere platonische Wohnpartnerschaft war ein neuer Maßstab dafür, wie das Zusammenleben mit einem Partner aussehen könnte, falls ich das Glück hätte, wieder einen zu finden. George und ich würden uns nicht »gegenseitig heilen«, wie ich naiv in meiner E-Mail salbadert hatte, aber wir standen einander in einem der schwersten Jahre unseres Lebens als mitfühlende Zeugen und komische Sidekicks bei.

Nachdem ich einen Termin für das Kennenlernen unserer Hunde Elvis und Lucas vereinbart habe, recherchiere ich Au-pairs, die meinen Siebenjährigen um 14.45 Uhr von der Schule abholen könnten. Der Schulschluss kam um die Jahrhundertwende der Landbevölkerung zugute, deren Kinder vor Einbruch der Dunkelheit zu Hause sein mussten, um bei der Ernte zu helfen, doch für berufstätige Städter*innen von heute ist er ein Fluch, insbesondere für Alleinstehende. »Aber was ist mit Hobbys?«, lautet ein häufiger Einwand. »Kinder brauchen Zeit für Klavierunterricht, Fußball und den ganzen Rest.«

Ja, bitte! Kunst, Musik, Tanz, Theater und Sport nach der Schule – in der Schule. Offiziell und finanziert. Und man stelle ihnen ein paar Räume und ein oder zwei Lehrkräfte oder Aufsichten zu Verfügung, damit sie ihre Hausaufgaben dort machen können, statt die wenige heilige Zeit damit zu vergeuden, die wir mit ihnen zu Hause haben, oder noch besser: Schafft Hausaufgaben ganz ab, vor allem in der Grundschule. Es gibt Studien dazu.[49] Hausaufgaben sind sinnlos. Und solange der Schultag vor dem Ende der üblichen Bürozeiten endet, muss jede amerikanische Familie zusehen, wie sie die Betreuung in der Zwischenzeit organisiert, eine Bürde, die vor allem – Überraschung – auf den Schultern der Frauen lastet.

Wenn man darüber nachdenkt (was ich häufig tue), läuft es auf eine indirekte Besteuerung von Frauen hinaus, ähnlich der Mehrwertsteuer auf Damenhygieneprodukte und dem monatlichen Geld-/Zeit-/Logistikaufwand* der Antibabypille: beides wichtige Mittel, um die Begleiterscheinungen des Nichtschwangerseins und die Zahl der Kinder zu regulieren, die um 14.45 Uhr von der Schule abzuholen sind. Die US-Regierung erkennt die wahren Kosten der Kinderbetreuung nicht an, wenn das Steuergesetz dafür nur 3000 Dollar im Jahr ansetzt, statt des durchschnittlich mehr als Dreifachen pro Kind.[50] In New York City gibt es nicht einmal eine schlechte Kinderbetreuung für unter 20 000 Dollar im Jahr. Das Ministerium für Gesundheit und Soziales empfiehlt, nicht mehr als 7 Prozent des Haushaltseinkommens für Kinderbetreuung auszugeben, obwohl ein Blick in die Statistik reicht, um festzustellen, dass das in keinem Bundesstaat möglich ist.[51]

Was mich dahin zurückführt, dass die günstigste Lösung für eine berufstätige Alleinerziehende, die eine bewohnbare Kammer frei hat, ein Au-Pair ist, denn Alleinerziehende geben im Schnitt 37 Prozent ihres Haushaltseinkommens für Kinderbetreuung aus.[52] Laut Gesetz steht einem Au-pair neben Kost und Logis ein Gehalt von 195,75 Dollar pro Woche zu: Das sind 10 179 Dollar

---

* Ich weiß nicht, wie oft meine Tochter mir schon panische Nachrichten geschickt hat, weil sie wegen einer Panne beim Medikamentenlieferservice, den unsere jetzige Krankenversicherung vorschreibt, wenn sie einen Teil der Kosten für die Antibabypille übernehmen soll, auf die Pillen ihrer Freundinnen zurückgreifen musste. (Die Pillen ihrer Freundinnen!) Wie alle Amerikanerinnen, die die Pille nehmen, muss sie einmal im Jahr bei ihrer Gynäkologin erscheinen, um sich ein neues Rezept zu holen. Das kostet nicht nur Geld, sondern auch Zeit und Mühe, und immer geht irgendetwas schief.

im Jahr, was bedeutet, dass die ersten 20 000 Dollar des Jahreseinkommens vor der Steuer direkt verschwinden, damit jemand mein Kind von der Schule abholt und es beaufsichtigt, bis ich von der Arbeit komme – vergleichsweise ein Schnäppchen.

Das Problem ist, stelle ich bei meinen Recherchen fest, dass die Au-pair-Agenturen allein für die Vermittlung 8500 Dollar im Voraus verlangen. Meine günstigste Lösung hat also den gleichen Haken wie alle anderen: Sie ist zu teuer. Ich habe keine 8500 Dollar in der Portokasse. Das hat kaum jemand. Laut einer Studie der US-Notenbank von 2019 können rund 40 Prozent der Amerikaner, zu denen ich mich zu jenem Zeitpunkt und lange Jahre später zähle, keinen 400-Dollar-Notfall decken.[53] Das Problem ist nicht, dass wir das Geld zum Fenster hinauswerfen. Das Problem ist, dass wegen der stagnierenden Löhne die Kosten für Kinderbetreuung, Wohnen, Gesundheit und Lebensmittel unser Einkommen übersteigen.

Ich schiebe das scheinbar unlösbare Problem bezahlbarer Kinderbetreuung auf, bis ich einen neuen Job habe. Apropos, schau her! In meinem Posteingang blinkt eine E-Mail, in der ich zur dritten Runde der Vorstellungsgespräche bei einer Firma namens *Health Today** eingeladen werde, eines Online-Gesundheitsmagazins, das eine Textchefin sucht. Ich hatte vorher nie von dem Magazin oder der Firma gehört, aber ich hatte mit dem COO Rick meinen Emmy gewonnen, für ein Feature über ein Zugunglück, als wir beide bei *ABC News* arbeiteten.

Im Gegensatz zu vielen anderen Kollegen bei *ABC News* würdigte Rick den Input seiner weiblichen Mitarbeiterinnen ohne jeden Verdacht auf Unangemessenheit. In den 1990ern war die Mehrheit der Männer in meiner Abteilung Produzenten, die meisten Frauen arbeiteten ihnen zu und Macht-/Sex-Asymmetrien

---

* Name geändert.

waren weit verbreitet. Außerdem legte Rick schon damals Wert darauf, um 18 Uhr nach Hause zu gehen, um mit seiner Frau zu Abend zu essen und den kleinen Sohn ins Bett zu bringen, soweit es möglich war. Er überließ mir die Verantwortung für den Schnitt unseres Beitrags und war mir als Vorgesetzter und als Elternteil ein Vorbild.

Ich hatte von der freien Stelle bei *Health Today* gehört, weil ich Rick im Mai bei einer Schulveranstaltung getroffen hatte und ihm halb im Scherz von meiner erfolglosen Suche nach einer Vollzeitstelle erzählt hatte. Unser Emmy, meine Bücher, meine jahrzehntelange journalistische Erfahrung auf verschiedenen Kontinenten und in verschiedenen Medien: Nichts davon zählte, sagte ich, wenn man als Frau über vierzig in ein Vorstellungsgespräch ging.

»Ich warne dich, es ist ein Schlangennest«, sagte er nach dem ersten Vorstellungsgespräch bei *Health Today* mit einem schiefen Grinsen, »aber sie mochten dich, und wir könnten jemanden mit deinem journalistischem Knowhow und deinen Werten gebrauchen.«

Schlangennest oder nicht, denke ich, checke meinen Kontostand und betaste meinen Knoten – ich brauche einen Job. Sofort. Ich habe keine Zeit, auf eine bessere Stelle zu warten. Seit das Internet die Zeitschriftenbranche gesprengt hat, sind zu viele ehemalige Printredakteur*innen auf der Suche nach Arbeit. Wir vereinbaren einen Termin für das nächste Gespräch in der folgenden Woche. Das erste Vorstellungsgespräch ist über vier Monate her, ein Muster, das mir immer wieder begegnet: Job-Tangos, die sich über sechs Monate und länger hinziehen, bis man entweder eingestellt oder geghostet wird.

Im Herbst bekomme ich schließlich die Stelle als Textchefin bei *Health Today*, allerdings tritt die Krankenversicherung erst kurz vor Weihnachten in Kraft. Bei vielen Unternehmen muss man einen Monat auf den Versicherungsschutz warten, warum eigentlich? Also behalte ich den Termin für das kostenlose Screening Ende November, damit ich wenigstens weiß, was los ist.

Während ich den dreifachen Rittberger mache, um einen schlichten Knoten untersuchen zu lassen, male ich mir aus, was Leute in Schweden, Frankreich, England oder jedem anderen Industriestaat mit staatlichem Gesundheitssystem dazu sagen würden: So schlimm kann es doch gar nicht sein. Doch, würde ich antworten. Genauso schlimm ist es. In den USA sterben Menschen, weil sie sich kein Insulin leisten können oder weil sie das Insulin, das sie haben, rationieren müssen.[54] Manchmal können sie sich nicht einmal die Untersuchung leisten, die dazu führen würde, dass sie Insulin verschrieben bekommen. Oder Ärzt*innen, die möglichst viele Patient*innen behandeln, um ihren Gewinn zu maximieren, übersehen in der Eile, dass etwas nicht stimmt, oder vergessen, einen simplen Test anzuordnen.

Mein Cousin Jeremy Copaken, mit dem ich als Kind alle Thanksgiving- und Pessach-Feste und unzählige Wochenenden verbrachte, starb 2014 kurz nach seinem 39. Geburtstag an nicht diagnostiziertem Diabetes. Allein zu Hause, auf dem Wohnzimmerteppich zwischen Fernseher und Couch, wenige Stunden nach einem Besuch bei einem überbeschäftigten Arzt, zu dem er gesagt hatte: »Ich fühle mich nicht gut.«

In den USA sollten Leute unter vierzig nicht an diabetischem Schock auf dem Wohnzimmerteppich sterben. Diabetes ist eine behandelbare, leicht zu diagnostizierende Krankheit. Jeremy war fettleibig. Hätte nicht irgendwann ein Arzt auf die Idee kommen müssen, ihn auf Diabetes zu testen? Es ist nichts weiter als ein Bluttest. Ein verdammter Bluttest.

1952 erklärte der Pharmaunternehmer George W. Merck auf der Titelseite des *Time Magazine*: »Medizin ist für die Menschen, nicht für den Profit da«,[55] und seit den 1980er Jahren spendete Merck & Co. Medikamente gegen die Flussblindheit in Afrika im Wert von 200 Millionen Dollar, weil es moralisch richtig war. Heute benutzt Merck die Gewinne in Höhe von 6,2 Milliarden Dollar, um eigene Aktien zurückzukaufen und die Aktionär*innen und den CEO bei Laune zu halten. Merck-CEO Kenneth Frazier erhielt 2019 ein Gehaltspaket von 22,6 Millionen Dollar,[56] während er außerdem von Juli 2018 bis Juli 2019 eigene Aktien im Wert von 54,8 Millionen Dollar verkaufte.[57]

Mehrere kluge Wirtschaftsexpert*innen sahen sich 2017 die Zahlen an und diagnostizierten in der Pharmaindustrie eine Art Ponzi-System.[58] Wie kommen die Firmen damit durch? 2018 gab Merck immerhin 10 Milliarden Dollar für Forschung und Entwicklung neuer Medikamente aus.[59] Das klingt nach viel Geld für die Wissenschaft, aber dem gegenüber steht, dass Merck 14 Milliarden Dollar – 40 Prozent mehr – für Aktienrückkäufe und Dividenden ausgab. Von 2008 bis 2017 hat das Unternehmen 133 Prozent seiner Gewinne an Aktionärinnen und Aktionäre ausgeschüttet. Wie bitte: *133 Prozent* der Gewinne? Selbst mir, die ich in meiner Jugend eine miese Monopoly-Spielerin war, ist klar, dass ein Unternehmen, das weit über 100 Prozent seiner Gewinne ausschüttet, auf Bernie-Madoff-Niveau unwirtschaftlich handelt.

Was letztendlich auf Kosten der Leute geht, die auf Medikamente und medizinische Versorgung angewiesen sind, also auf unsere Kosten. Heute steht das Merck-Zitat von 1952 auf dem Kopf: »Medizin ist für den Profit, nicht für die Menschen da.« Das Geschäftsmodell von Pharmaunternehmen und privaten Krankenversicherungen in den USA bietet heute mehr Anreize, einen Dollar zu retten als ein Leben. Es ist bezeichnend, dass Kenneth Frazier in der Presse nicht dafür gelobt wird, dass Mercks bahnbrechendes immuntherapeutisches Krebs-Medikament Keytruda hilft, Millionen von Menschenleben zu retten – ein echter Durchbruch in der Krebsforschung –, sondern dafür, dass er »Keytruda zu einem Franchise entwickelt hat, mit dem Tumoren bekämpft,

politische Herausforderungen gemeistert und hohe Renditen er-
zielt werden können«.[60]

Mit ihrem Bestreben, die Aktionär*innen bei Laune zu halten,
ist die Pharmalobby mit einem Faktor von knapp 2 die mächtigste
Lobbygruppe in den USA und hat seit 1998 fast 4,6 Milliarden
Dollar in Lobbyarbeit gepumpt.[61] Was heißt, dass jährlich nicht
Millionen, sondern Hunderte von Millionen Dollar in Spenden
an solche Kandidat*innen und Gesetzgeber*innen fließen, die die
finanziellen Interessen der Pharmaindustrie schützen.[62]

2017 erklärte der US-Kongressabgeordnete Raúl Labrador, dessen Wahlkampf von Pharmageldern mitfinanziert wurde:[63] »Niemand stirbt, weil er keinen Zugang zu medizinischer Versorgung
hat.«[64] Natürlich wissen wir, dass das nicht stimmt. Sieht man
sich die Statistik an, lässt sich argumentieren, dass der Oberste
Bundesrichter John Roberts mit seinem Mehrheitsurteil im Fall
National Federation of Independent Business v. Sebelius persönlich
für den Tod von 15 600 Amerikanerinnen und Amerikanern verantwortlich ist, indem er die rechtliche Grundlage dafür schuf,
dass Bundesstaaten die Ausweitung des Gesundheitsfürsorgepro-
gramms Medicaid ablehnen können. Laut einer Wirtschaftsstu-
die von 2019, die die Sterberaten seit dem Supreme-Court-Urteil
von 2012 analysiert, sanken die Todeszahlen in den Bundesstaaten, die das Urteil ignorierten und sich für die Medicaid-Erwei-
terung entschieden, um 19 200.[65] Hätten alle Staaten gegen den
Ausstieg optiert, hätten weitere 15 600 Menschenleben gerettet
werden können.

Vor Corona waren diese 15 600 toten Amerikaner*innen – ver-
gleichbar mit Kriegstotenzahlen – eine große Zahl. Unser Gehirn
ist nicht gut darin, hohe Zahlen zu verarbeiten: Am 11. September 2001 wurden 2977 Menschen ermordet, aber obwohl ich drei
davon persönlich kannte, musste ich jeden einzelnen Nachruf
in den »Portraits of Grief« in der *New York Times* lesen, um zu

begreifen, welche klaffende Lücke jeder und jede einzelne davon hinterließ. Denen, die im Krieg oder bei terroristischen Anschlägen ihr Leben lassen, errichten wir Denkmäler, meißeln ihre Namen in blanken Stein, aber wenn mehr als fünfmal so viele Menschen wie Opfer des 11. September waren von der Gier von Unternehmen und der Gleichgültigkeit von Politiker*innen zerrieben werden, bleiben Todesfälle wie der meines Cousins Jeremy ein unbeachteter Rundungsfehler.

Oder wie Josef Stalin, der Meister der Empathie und Menschenfreundlichkeit, gesagt haben soll: Der Tod eines Einzelnen ist eine Tragödie, der Tod von Millionen ist Statistik.[66]

Der in London lebende amerikanische Schauspieler Rob Delaney, bekannt aus der Sitcom *Catastrophe*, verlor 2018 seinen zweijährigen Sohn Henry, der an einem Hirntumor erkrankt war. Er findet das Gesundheitssystem in den USA so absurd, dass er schon deswegen nie zurückziehen würde. »Wie sage ich es einfach?«, schreibt er in einem Twitter-Thread 2019. »Ich lebte in den USA bis 37 & war fast mein ganzes Leben privat versichert. Seit 5 Jahren bin ich in UK & nutze den NHS. Der NHS ist ein GROSSER Faktor, warum ich vielleicht nie in die USA zurückziehe … Am entscheidendsten ist, dass UK pro Patient VIEL WENIGER Geld ausgibt als die USA. ES KOSTET WENIGER.«[67]

Was die sogenannte »vermeidbare Sterblichkeit« angeht – die Rate der Todesfälle, die nach dem aktuellen Stand der Medizin durch Vorbeugung, Früherkennung und optimale Behandlung verhinderbar wären – hinken die USA laut dem Healthcare Access and Quality Index von 2016 (ein niedriger Indexwert deutet auf eine hohe Sterblichkeit aufgrund vermeidbarer Todesursachen hin, ein hoher Wert auf eine niedrige) außerdem folgenden Ländern hinterher, die alle über ein staatlich organisiertes Gesundheitssystem verfügen: den Niederlanden (96,1), Australien (95,9), Schweden (95,5), Japan (94,1), Österreich (93,9), Deutschland

(92), Frankreich (91,7) und dem Vereinigten Königreich (90,5).[68]
Die USA, wo pro Kopf mehr für die Gesundheitsversorgung ausgegeben wird als in jedem anderen Industriestaat,[69] erreichten bei
der vermeidbaren Sterblichkeit nur einen Wert von 88,7 Punkt:
eine ordentliche Zwei, aber wenn es um Leben und Tod geht,
würde ich lieber in einem Land leben, das in dieser Rubrik Ein-
sen schreibt. In nur 88,7 Prozent der Fälle nicht wegen der fehlenden rechtzeitigen und angemessenen Behandlung einer vermeidbaren Krankheit zu sterben, scheint mir kein gutes Ergebnis für
ein Land, dessen Bruttoinlandsprodukt höher ist als das der acht
Länder, die in der Liste vor uns stehen.[70]

Ich frage mich, wie lange ich in den Niederlanden auf ein kos-
tenloses Screening des Knotens in meiner Brust warten müsste.

Leider muss ich feststellen, dass *Title X*, ein wegweisendes staatliches Frauengesundheitsprogramm für einkommensschwache
Amerikanerinnen aus den 1970er Jahren, sieben Jahre nach meiner kostenlosen Brustuntersuchung von der Trump-Regierung
eingestampft wurde.[71] Was dazu führt, dass die vormals kostenlose Brustuntersuchung jetzt 160 Dollar kostet. Der Eigenanteil
für einen Pap-Abstrich zur Früherkennung von Gebärmutterhalskrebs ist von 0 auf 264 Dollar gestiegen. Und die Kosten für zwei
der sichersten Verhütungsmethoden, die einen ärztlichen Eingriff
erfordern – Hormonimplantat und Spirale –, sind zum Teil auf
mehr als 1000 Dollar gestiegen.

Damals sitze ich am Schreibtisch, starre meine Liste an und
hyperventiliere. Die Aufgaben, die nichts mit Geld zu tun haben,
sind abgehakt, aber die anderen liegen auf mir wie Bleischürzen,
eine über der anderen. Mein Herz tut weh. Meine Lunge will sich
nicht aufblähen. Selbst wenn »billigere Wohnung« der einzige
Punkt auf der Liste wäre, hätte ich weiche Knie, aber in Kombination mit dem Rest verfalle ich in Schockstarre. Es gibt ein
amerikanisches Kinderbuch, in dem die kleine Lokomotive »Ich

schaffe das, ich schaffe das« schnaubend große Aufgaben bewältigt, und ich komme mir vor wie die negative Version dieser Geschichte. »Ich schaffe das nicht, ich schaffe das nicht, ich schaffe das nicht ...«, ist das Einzige, was ich denken kann.

Durch das Fenster meines Arbeitszimmers sehe ich nach Osten auf die Backsteinfassade eines großen Wohnblocks an der Edgecomb Avenue. Dort wohnen mehrere Musiker*innen, und wenn ich mich nicht gerade auf das Verfassen von Sätzen konzentriere, öffne ich das Fenster, um ihre Klänge hereinzulassen: Bach, Beethoven, Jazz, Ragtime, Klavier, ein Saxofon, eine E-Gitarre. Ich weiß nie, welche Musikrichtung auf welchem Instrument herüberwehen wird, aber egal was es ist, ich höre sie in stundenlangen Wiederholungen, bis die Interpretin oder der Interpret zufrieden ist. Das Wissen, dass ganz in der Nähe noch jemand allein in seinem Zimmer sitzt und an seinem kleinen Beitrag für die Welt feilt, war mir immer ein Trost.

An einem Septembermorgen wie diesem, wenn die Sonne hoch genug am Himmel steht, flutet Licht durch mein Fenster, bis das Zimmer leuchtet. Ich bin traurig, diesen Raum aufgeben zu müssen. Auch wenn er kaum zwei Meter breit ist und der Boden so schräg, dass die Magnetkugeln, mit denen mein Sohn nach der Schule spielt, von einer Wand zur anderen rollen, passen mein Schreibtisch, ein Stuhl und ein schmales Regal hinein, und ich habe genug Platz, um die Arbeit zu machen, die mich in den letzten Jahren genährt hat, im wörtlichen wie im übertragenen Sinne. Von den schmalen Regalfächern sehen mich die Rücken meiner Bücher und ihrer Übersetzungen an, und ganz oben stapeln sich zehn Exemplare einer neuen französischen Übersetzung und warten auf einen Platz. Mein Arbeitszimmer ist einer der Gründe, warum wir nach Harlem gezogen sind, als die Mieten noch günstig waren. Mein Arbeitszimmer ist einer der Gründe, warum ich es so lange in meiner scheiternden Ehe ausgehalten habe – weil ich hier weiterschreiben wollte, ohne mir Gedanken über die Kosten der medizinischen Versorgung machen zu müssen.

Ich stehe auf. Lehne Arme und Stirn an die Glasscheibe. Starre hinunter auf die rechtwinklige Terrasse meiner Nachbarn und dann wieder hinauf in die Sonne. *Wie schaffe ich das alles bloß?*, frage ich mich und meine den Rest meines Lebens. *Wer bin ich ohne die Arbeit, die ich in diesem Raum verrichte?* Mir kommen wieder die Tränen. Ich überlege, ob ich springen soll. Meinem Vater folgen soll. Das Krachen meines Schädels auf den Schieferplatten. Die Erleichterung des Loslassens. Das endgültige *Nein* und *Ich schaffe es nicht* und *Scheiß auf alles, mir reicht es.*

Ich öffne das Fenster. Strecke den Kopf hinaus. Stelle mir den Aufprall eines Gegenstands vor, der vier Stockwerke fällt. Ich bin extrem schlecht in Physik. Da sind Geschwindigkeit, Zeit und Schwerkraft, aber wie berechnet man den Schwung eines Körpers im freien Fall? Ein Schauer läuft mir über den Rücken, als ich mich zu weit rauslehne. Ich verlagere meinen Schwerpunkt nach hinten und ziehe die Schultern wieder ein. Die Spätsommerluft wird schon kühler. Bald werden die Schieferplatten mit Eis und Schnee bedeckt sein. Manche Äste werden unter dem Gewicht nachgeben. Einmal, als die Bäume vor meinem Fenster auf dem Höhepunkt ihres Herbstlaubfeuerwerks waren, brach mitten im Oktober ein Schneesturm aus. Meine Kinder waren vom pudrigen Weiß auf den roten, orangen und gelben Blättern begeistert. Sie drängten sich in meinem kleinen Büro zusammen und bestaunten die ungewöhnliche Schneelandschaft, die uns daran erinnerte, dass das Leben immer wieder überraschende Schönheit bereithält.

Irgendwo streicht ein Geigenbogen die ersten Töne von »The Sound of Silence«, dem Lied, das sich mein Vater für seine Beerdigung gewünscht hatte. Mein Sohn spielte es auf der Gitarre, und wir sangen mit – meine drei Schwestern, unsere Kinder –, bis wir bei den Worten »silence like a cancer grows« nicht weitersingen konnten.

Ich spitze die Ohren und lausche. *Genug*, denke ich, und stelle mir vor, was mein Dad dazu sagen würde, dass ich mich in Selbstmitleid suhle, wenn die Situation Resilienz und Stärke erfordert. Du kannst nicht Schluss machen. Natürlich nicht. Du hast Kinder. Du kannst ihnen das nicht antun. Du hast einen verdammten Roman darüber geschrieben, dass du ihnen das nicht antun kannst, in einer Zeit, als deine Ehe wie ein giftiges Schlammbad war und Selbstmordgedanken zum Takt deiner Stunden gehörten.

Du rufst dir ins Gedächtnis, dass die Flucht aus der Ehe der erste Schritt in eine gesunde, lebenswerte Zukunft ist. Du hast gewusst, dass der Neuanfang schwer wird. Deswegen hast du ihn immer wieder aufgeschoben, und auch wenn du nicht wusstest, wie schwer, ist dir wie Ibsens Nora klar, dass halbwegs intakt aus deiner Ehe hinauszugehen besser ist, als in deiner Ehe einzugehen. Du wolltest die Trennung, erinnerst du dich. Du hast die Entscheidung getroffen. Du kannst froh sein, verdammt noch mal. Du wirst dich nicht umbringen, nicht heute. Nein. No way. Nein!

Nein. Könnte ich mit dem Befehl »Strg + F« die Häufigkeit analysieren, mit der Begriffe in meiner Ehe gefallen sind, wäre das häufigste Wort »nein«: Nein, ich will nicht. Nein, ich kann nicht. Nein, ich mag das nicht. Hör auf, bitte, nein! Ist es ein Wunder, dass mir nach der Trennung als Erstes der Ausdruck durch den Kopf ging: »Ja, und …«?

»Ja, und …« ist die Basis beim Impro-Theater, wenn zwei oder mehr Personen auf der Bühne stehen und improvisieren. Wenn dein Szenenpartner sagt: »Oh Gott, ich komme zu spät ins Büro, kannst du auf meinen Igel aufpassen?«, antwortest du nicht: »Nein, keine Zeit« oder »Das ist kein Igel.« Du sagst: »Ja, und …«, und lässt dir was einfallen: »Ja, und ich lege ihn mit Zwiebeln und Rotwein ein«, denn daran kann dein Szenenpartner anknüpfen: Igel Provençal.

Wie man sieht, bin ich nicht gut darin, aber es macht riesigen Spaß. Schon im College waren Bühnenauftritte für mich eine willkommene Auszeit vom Alltag, ganz ohne illegale Substanzen: ein Ventil für den akademischen Druck, die Tür zu einer vorurteilslosen künstlerischen Gemeinschaft, eine Art, mich zu entspannen und Teile meines Gehirns abzuschalten, die mit der Vergangenheit verstrickt oder von Zukunftsängsten gelähmt waren, und ganz in der Gegenwart zu sein. Außerdem habe ich ein fast zwanghaftes Bedürfnis zu lachen, oder wenigstens Nischen dafür zu finden … irgendwo.

Nach einem Nervenzusammenbruch begann Shirley Jackson, die Autorin der berühmten Kurzgeschichte »The Lottery«, Tagebuch zu führen und äußerte darin den Wunsch, ihre unglückliche Ehe zu verlassen, um »eigenständig zu sein, allein zu sein, allein zu *stehen* und zu *gehen,* nicht um anders und schwach und hilflos und abgewertet zu sein«.[72] Doch obwohl sie an einem heiteren Roman über eine Witwe schrieb, die ihren Ehenamen ablegt und einen Neuanfang wagt, fehlte Shirley Jackson der Mut, ihre Ehe zu verlassen. Sie starb mit 48 im Schlaf an Herzversagen, immer noch mit ihrem Peiniger verheiratet.

Zu diesem Zeitpunkt bin ich 47.

Sechs Monate vor ihrem Tod schrieb Shirley Jackson diese letzten Worte in ihr Tagebuch: »Ich bin der Kapitän meines Schicksals. Lachen ist möglich Lachen ist möglich Lachen ist möglich.«

Aus einer Eingebung heraus google ich »Improvisationskurse NYC«. Ende September sind die Kurse der Upright Citizens Brigade schon ausgebucht, aber das PIT (Peoples Improv Theater) hat ein Sonderangebot, vier Schnupperstunden der Stufe null für 40 Dollar, das noch zu haben ist. Aus einer Laune heraus, die ich nur als unwillkürlich beschreiben kann, melde ich mich für den

Kurs an. Ahnte ich, bevor ich diese neue Bühne betrat, dass ich in »Ja, und ...« meine rettende Formel finden würde? Nein, aber in der ersten Sitzung in dem unscheinbaren Probenraum an der West 29th Street lerne ich Brittany kennen, eine angehende Schauspielerin Mitte zwanzig mit rabenschwarzem Haar, die bald darauf als Au-Pair in mein ehemaliges Arbeitszimmer zieht. Bei einer der Schnupperstunden erzählt sie mir von ihren Problemen mit ihrer Mitbewohnerin und mit der Miete. Zwei Wochen später wird die süße Brittany mit der Engelsstimme gegen Kost, Logis und 200 Dollar Taschengeld pro Woche unser Au-Pair und Teil des Kitts, der meine Familie zusammenhält.

Ja, und!

Wenig später zieht außerdem die sechzehnjährige Hannah bei uns ein, die beste Freundin meiner Tochter, und schläft auf dem Rollbett im Kinderzimmer, das sich meine Tochter mit ihrem siebenjährigen Bruder teilt. Hannah – blond, langbeinig, so schön, dass sie leuchtet, aber mit dem düsteren Vibe der Tochter eines Alkoholikers, der die Familie im Stich gelassen hat – schwänzte ständig die Schule, um bis mittags zu schlafen. Unser Haushalt voller aktiver Menschen, die früh aufstehen und zur Arbeit oder zur Schule gehen, soll einen guten Einfluss auf sie haben, hofft ihre genervte Mutter. »Ja, und ...«, sage ich zu ihr. »Wir kümmern uns um Hannah, versprochen.« Hannah geht sowieso seit Jahren bei uns ein und aus, weil ihre Mutter als Eventmanagerin viel unterwegs ist.

Also sind wir plötzlich sechs, jeder von uns an einem Wendepunkt – George, der um seinen Mann trauert; Brittany, die versucht, ihren Weg zu finden; Hannah, die versucht, das chronische Schulschwänzen in den Griff zu bekommen; meine Tochter und mein Sohn, die sich an ein Leben ohne ihren Vater und älteren Bruder gewöhnen; und ich mit 47, frisch getrennt, die auf eine Mammografie und eine Verwandlung hofft, in dieser Reihenfolge.

Alle zusammen unter einem Dach mit unserem Hund und Georges Hund und zwei stinkenden Katzen beginnen wir das Leben als das, was wir von nun an liebevoll »die Kommune« nennen.

Ja, und ... ist mein neuer Schlachtruf und Modus Operandi. Als eine wildfremde Frau zufällig an die Tür klopft und fragt, ob sie mir 1000 Dollar dafür geben kann, dass die Schauspieler*innen und Statist*innen ihres Films *The Mend* in den Drehpausen bei uns abhängen können, lache ich (the *mend* – die Heilung!) und sage: »Ja, und ich kann auch Abendessen kochen.« Als ein junger Regiestudent mich bittet, in seinem Abschlussfilm *The Super* eine russische Spionin zu spielen, sage ich: »Ja, und ich kann sogar Russisch.«

Als meine Pariser Freundin Marion anruft und fragt, ob ihre Nichte und zwei Freundinnen zwei Wochen bei uns unterkommen könnten, bevor sie mit dem Medizinstudium anfangen, sage ich: »Ja, und ich frage mal, ob sie als Statistinnen in einem amerikanischen Film mitspielen können!«

Eines Abends während der Dreharbeiten zu *The Mend* kommt mein Freund Soman vorbei, ein häufiger Gast und Ehrenmitglied der Kommune, als ich gerade Snacks für die Filmcrew auf den Tisch stelle, meine Tochter auf der Wohnzimmercouch Hausaufgaben macht und sich zwei Dutzend Schauspieler in allen Ecken drängeln, darunter drei französische Austauschstudentinnen, die sich über ihre Statistinnenrollen freuen. »Was ist denn hier los?«, fragt Soman, als er sich vergeblich nach einem Sitzplatz umsieht.

»Frag nicht«, antwortet meine Tochter. »Mom sagt zu allem: ›Ja, und ...‹«

12

Health Today

Oktober 2013 – Januar 2014

Ein paar Wochen bevor ich meine neue Stelle als Textchefin bei *Health Today* antrete, stößt mein Jüngster versehentlich mit dem Kopf an den Knoten in meiner Brust, und ich zucke zusammen. Ich rufe im Screening-Center in Harlem an und frage, ob es irgendwelche Terminabsagen gab. Wie durch ein Wunder ist ein paar Tage später ein Termin frei geworden, den ich wahrnehme, woraufhin sich ein Mitarbeiter aus der Sloan-Kettering-Zentrale bei mir meldet, um mir zu sagen, dass ihnen die Ergebnisse nicht gefallen. Ich soll zu weiteren Tests in die Filiale an der Upper East Side kommen: eine weitere Mammografie, möglicherweise Ultraschall, möglicherweise Biopsie, je nachdem.

Ich kann mir die Tests nicht leisten. Ich erkläre der Buchhaltung von Sloan Kettering, dass ich zurzeit nicht versichert bin, aber in Kürze eine neue Stelle anfange, und der dazugehörige Versicherungsschutz einen Monat nach Arbeitsbeginn in Kraft tritt. Sie sind nicht glücklich darüber, mit der Biopsie sechs Wochen zu warten, aber ich bin auch nicht glücklich darüber, Tausende von Dollars auszugeben, die ich nicht habe. In der amerikanischen Gig-Economy auf Gesundheitsversorgung angewiesen zu sein, fühlt sich an, als wärst du einem ewigen Frogger-Spiel gefangen, diesem alten Videospiel, bei dem du erst ans andere Ufer des Flusses kommst, wenn die Baumstämme und die Schildkröten auf einer Linie sind.

Als ich acht Wochen später wieder erwerbstätig bin und kran-

kenversichert auf einem Baumstamm sitze, ist die Radiologin, die
den Ultraschall durchführt, auch nicht glücklich über das, was sie
sieht. Es könnte eine Zyste sein, sagt sie, aber ihr gefällt nicht, dass
die Flüssigkeit darin auf dem Ultraschall nicht schwarz erscheint,
also nicht klar ist. »Sehen Sie das hier?« Sie zeigt auf einen un-
scharfen grauen Fleck in der Mitte der Stelle. »Wir müssen eine
Biopsie machen und einen Clip setzen. Als Markierung, falls Sie
operiert werden müssen.«

Ich lasse die Biopsie machen und den Clip setzen. Biopsien sind
schmerzhaft. Das wusste ich nicht. Sie sagen, ich soll mich hinlegen und mich erholen, wenn ich nach Hause komme. Ein Eis-
beutel und Schmerzmittel würden helfen. Aber ich möchte weder
meinen neuen Arbeitgeber noch meinen Kindern von der Brust-
sache erzählen, also schlucke ich den Schmerz hinunter, als ich
nachmittags ins Büro zurückgehe und abends Elvis' Hundescheiße
von meinem Bett entferne, während sich George und Brittany um
die Brocken kümmern, die in den Rollen des Schreibtischstuhls
meines Exmannes kleben. Ich beiße die Zähne zusammen, mache
meine Arbeit, wechsle die Laken, zünde eine Kerze gegen den Gestank an und koche für alle Abendessen, wie immer.

(Georges Beagle Elvis muss sich noch an das Leben in der Kommune gewöhnen. Manchmal bewältigt er seine Ängste, indem er
auf mein Bett kackt.)

Drei Tage später bekomme ich einen Anruf von Sloan Kettering
mit der Diagnose »atypische duktale Hyperplasie mit fokaler Atypie und Schaumzellen«, kurz Atypie. Ich habe keine Ahnung, was
das heißt. Schaumzellen? Klingt nach Latte macchiato. Im Laufe
der nächsten 48 Stunden werde ich erleben, dass ärztliche Reaktionen auf eine solche Diagnose sehr unterschiedlich ausfallen. Die
erste Brust-Expertin, die ich aufsuche, die nicht für Sloan Kettering arbeitet, sondern im Netzwerk meiner neuen Versicherung
ist, stellt ihre eigene Diagnose: Nein, keine Atypie, sondern DCIS

(duktales Carcinoma in situ, eine Vorstufe von Brustkrebs mit ver-
änderten Zellen in den Milchgängen, die noch nicht in das umge-
bende Gewebe eingedrungen sind). Die Ärztin will mir Tamoxifen verschreiben, ein östrogenfreies Hormonpräparat, das meinen
noch ovulierenden Körper ab sofort in die Menopause versetzen,
meine Libido kaltmachen, meinen Schlaf stören, meine Scheide
austrocknen und Juckreiz erzeugen würde. (Welch ein Spaß!) Sie
murmelt etwas von eventuell Mastektomie und definitiv Bestrahlung und eventuell Chemotherapie.

Uff!, denke ich. Ich rufe meine Freundin Ayelet an, um mich
auszuheulen. Obwohl sie an der Westküste lebt und ich an der
Ostküste, ist sie immer die Erste, die ich anrufe, wenn ich emotional überfordert bin oder Rat brauche, weil sie immer einen guten
Rat hat und ihn liebevoll und ohne zu verurteilen vergibt. Sie sagt,
ich solle sofort ihre Freundin Peggy Orenstein anrufen, die kürzlich einen hervorragenden Artikel über die Überbehandlung von
DCIS in der *New York Times* veröffentlicht habe.[73] Peggy wiederum rät mir dringend, eine zweite Meinung einzuholen, selbst
wenn die nicht von meiner Versicherung gedeckt wird. »Geh noch
mal zu Sloan Kettering«, sagt sie. »Die wissen, was sie tun.« Die
zweite, teurere Meinung der Onkologin von Sloan Kettering, die
ich wegen der Videos auf der Website ausgewählt habe, weil sie
mir am sympathischsten erschien, ist eher abwartend und besonnen.

Diese reizende, ruhige Ärztin, die Sloan Kettering kurze Zeit
später verlässt, um Leiterin der Brustchirurgie an einer Krebskli-
nik in einem anderen Bundesstaat zu werden, will erst ein MRT
machen, um weitere Auffälligkeiten auszuschließen, bevor wir
etwas unternehmen, und nein, Tamoxifen sei zu diesem Zeitpunkt nicht notwendig. Ich folge dem Rat der zurückhaltenderen
Onkologin, die ich selbst bezahlen muss, aber sowohl die Kosten
als auch der weitere Fehltag so kurz nach meinem Arbeitsbeginn

machen mir Sorgen. Andererseits ist es besser, als von Tamoxifen in die Menopause katapultiert zu werden und wegen der Bestrahlung und der Chemotherapie jede Woche einen Tag zu fehlen.

Ich hatte meinen Posten als Textchefin bei *Health Today* hochmotiviert begonnen, voller Pläne, über das Gesundheitssystem, diverse Krankheiten und medizinische Durchbrüche zu berichten, indem ich Artikel selbst schrieb und in Auftrag gab. Gesundheit, denke ich mir, ist eines der Themen, das alle interessiert. Und auch wenn ich am liebsten Bücher schreiben würde, bin ich froh und dankbar, eine Redakteursstelle mit Zusatzleistungen in einem Bereich zu haben, der mir am Herzen liegt, weil ich, wie wir alle, in einem vergänglichen Körper lebe.

Bei den verschiedenen Gesprächen im Vorfeld hatte man mir mehrfach versichert, dass ich ein Budget hätte, um Geschichten zu allen Aspekten der Gesundheit in Auftrag zu geben und zu veröffentlichen. »Ich finde es schlimm, dass Publikationen wie die *Huffington Post* von ihren Autorinnen und Autoren erwarten, dass sie umsonst ›Inhalt‹ produzieren«, hatte ich bei einem der Interviews gesagt, um zu sondieren, ob wir bei der Bezahlung freier Mitarbeitender einer Meinung waren. »Schreiben ist Schreiben. Arbeit muss angemessen vergütet werden.«

Kostenloser Content – und die Leute, die bereit sind, ihn zu veröffentlichen –, haben meine Branche kaputt gemacht und das Vertrauen in den Journalismus untergraben. Jeder Mensch mit einem Laptop kann jeden beliebigen ungeprüften und unredigierten Unsinn veröffentlichen und über Social-Media-Kanäle verbreiten. Diesen Riss in unserer nationalen Rüstung würden die Russen im Vorfeld der Wahlen 2016 effektiv nutzen, wie uns zu spät aufgehen würde, aber zu diesem Zeitpunkt, im Herbst 2013, sehe ich vor allem die moralische Frage, was den Wert der Arbeit angeht und eine angemessene Vergütung durch diejenigen, die finanziell davon profitieren.

Wenn ich einen Schreiner bitte, zu mir nach Hause zu kommen und mir ein Regal zu bauen, ist es nicht in Ordnung, ihn danach ohne Bezahlung wegzuschicken. Oder zu sagen: »Vielleicht kommt jemand vorbei, der Regale braucht, und sieht das schöne Regal, und dann bezahlt er dich dafür, seine Regale zu bauen!« Genauso fern liegt mir, Leute zu bitten, kostenlos Texte zu schreiben. Das ist meine rote Linie, so wie es die rote Linie meines Vaters war, Tabakfirmen zu vertreten. »Du musst deine Grenze kennen«, hat mein Vater oft zu mir gesagt, seit dem Tag, als er aus Gewissensgründen eine riesige Summe an Tabakdollars ablehnte. »Geld mit dem Leiden, dem Tod oder der Ausbeutung anderer zu verdienen, ist kein moralisches Auskommen. Das ist Blutgeld. Lieber wäre mir, wenn du als Kellnerin oder Putzfrau arbeitest. Essen servieren und Klos putzen ist ehrliche Arbeit, die dem Wohl der Gesellschaft dient. Einen Tabakkonzern zu unterstützen, der den Tod von Menschen in Kauf nimmt, ist unanständig. Verstehst du den Unterschied?«

Ich war sechs, als er mir diese Lektion zum ersten Mal mit auf den Weg gab. Wir saßen in seinem geliebten roten Mustang, und ich versuchte, ohne Schneidezähne in einen ofenwarmen Eier-Bagel zu beißen. »Ja, Daddy, ich verstehe.«

Meine Gesprächspartnerin, Vice President von *Health Today*, nickte energisch. *Natürlich erwarten wir von niemandem, umsonst zu schreiben.* In einem anderen Gespräch mit einem der Firmengründer hatte ich angesprochen, dass ich gern kritische investigative Reportagen über Sexismus in der Gesundheitsversorgung bringen würde. *Tolle Idee*, sagte er. Ich sagte, es wäre gut, die Website neu zu gestalten, sie übersichtlicher und leichter navigierbar zu machen. *Ja, das ist genau das, was wir wollen*, sagten alle. *Willkommen im Team!*

Nach der ersten Woche wird mir klar, dass keine meiner Ideen umsetzbar ist. Sie haben die Redakteurin eines anderen Gesundheitsmagazins abgeworben und als Chefredakteurin eingesetzt. Sie trägt nun die Verantwortung für die Neugestaltung, was eine Erleichterung für mich ist, weil ich selbst wenig davon verstehe. Ein paar Tage vor meinem Arbeitsbeginn ruft sie mich an, um sich mit mir zum Mittagessen zu verabreden. Dabei teilt sie mir mit, dass sie die Firma gebeten hat, meinen Arbeitsbeginn um zwei Wochen zu verschieben, damit sie sich erst einarbeiten könne, bevor ich dazukomme. Es ist ein seltsames Machtspiel, und ich muss sowohl meinem Vermieter Bescheid sagen, dass sich meine Miete um zwei Wochen verspätet, als auch Sloan Kettering bitten, die zweite Runde meiner Brusttests um einen weiteren halben Monat zu verschieben, aber ich will nicht kompliziert wirken oder mich mit meiner zukünftigen Vorgesetzten anlegen. »Kein Problem!«, sage ich. Ich will einfach nur die Ärmel hochkrempeln, gute Arbeit leisten, mein leeres Bankkonto auffüllen, krankenversichert sein und abends pünktlich nach Hause gehen können, damit ich nach dem einstündigen Arbeitsweg mit meinen Kindern und dem Rest der Kommune zu Abend essen kann.

Am ersten Tag in meinem neuen Job lässt sich mein Desktop-Computer nicht einschalten. Ich frage meine neuen Kolleg*innen, was zu tun ist. Meine letzte Festanstellung war 1998, als das Internet noch in den Kinderschuhen steckte. Damals hatte ich noch eine E-Mail-Adresse zusammen mit meinem Mann. Und noch kein Handy. Unsere NBC-Computer waren Schrottkisten. Wenn sie kaputtgingen, was häufig der Fall war, musste man zur IT-Abteilung gehen und jemanden bitten mitzukommen, um das Problem zu beheben. Jetzt wird mir gesagt, ich muss eine Anfrage an den Helpdesk ausfüllen. Weil sich mein Computer nicht einschalten lässt und die Anfrage aus Buchhaltungsgründen von meinem Log-in stammen muss, weiß ich immer noch nicht, was ich tun soll. Ich sehe mich in dem Großraumbüro um und entdecke in der Ferne etwas, das wie die IT-Abteilung aussieht. »Wissen

Sie, wer mir bei einem Computerproblem helfen kann?«, frage ich einen der jungen Männer, die dort sitzen.

»Sie müssen eine Helpdesk-Anfrage ausfüllen«, sagt er.

»Ich weiß, aber das Problem ist, dass mein Computer nicht angeht.«

»Haben Sie nachgesehen, ob der Stecker steckt?«

»Ja.«

Er zuckt mit den Schultern. »Tut mir leid. Ohne Helpdesk-Anfrage kann ich nichts tun.«

»Können Sie mir helfen, meine Arbeits-E-Mails an mein Handy weiterzuleiten, damit ich arbeiten kann?«

»Dafür müssen Sie auch eine Helpdesk-Anfrage stellen.«

Bald werde ich verstehen, dass jede Minute seines Arbeitstages auf Effizienz überprüft wird. Wie viel Zeit vergeht, nachdem eine Helpdesk-Anfrage eingeht, bis der Kunde oder die Kundin das Problem als gelöst markiert? Das sind Zahlen, mit denen man rechnen kann. Wer zu langsam ist, kann sich von seinem IT-Job verabschieden.

»Die Fluktuation ist enorm«, warnte mich einer meiner neuen Mitarbeiter am ersten Tag. »Eben denkst du, du hast einen neuen Freund im Büro gefunden, im nächsten Moment packt er seine Familienfotos in einen Karton und verlässt das Schiff.« Die Warnung stellt sich als Untertreibung heraus. Einmal wird auf meiner Etage eine ganze Abteilung gefeuert, bevor ich überhaupt weiß, was die Abteilung macht. Besser gesagt: gemacht hat. Außer bei Beerdigungen und Terroranschlägen habe ich noch nie so viele Erwachsene gesehen, die sich weinend in den Armen liegen.

Dieser angstbasierte Führungsstil, bei dem jedes Gerät an jedem Arbeitsplatz überwacht wird, jede Minute mit Arbeit gefüllt sein und protokolliert werden muss und den Angestellten noch der letzte Tropfen Schweiß ausgepresst wird, hat seinen Ursprung in der amerikanischen Sklaverei. Der Soziologe Matthew Desmond sagt im *New York Times Magazine* über Unternehmen wie meines: »Du bist jemandem Rechenschaft schuldig, und jemand ist dir Rechenschaft schuldig. Jeder Handgriff wird durch ein vertikales Berichtswesen, doppelte Buchführung und präzise Quantifizierung getrackt und analysiert. Bei jedem Vorgang zählen allein die Daten. Dieser Managementstil, der auf den ersten Blick zeitgemäß scheint und uns heute normal vorkommt, wurde für die großen Plantagen entwickelt.«[74]

»Low-Road-Kapitalismus«[75] nennt Joel Rogers von der University of Wisconsin-Madison die amerikanische Ausprägung des Kapitalismus, bei der es den Jobs an Zweckflexibilität mangelt, die Schulung nur auf eine konkrete Position in einem konkreten Unternehmen ausgerichtet ist und erlernte Fähigkeiten nicht von einer zur nächsten Anstellung mitgenommen werden können; bei der die Vorgesetzten Regeltreue und Leistung der Arbeitnehmenden ständig überwachen, die Hierarchien starr und die Löhne niedrig sind und den Angestellten die Vorteile von Kollektivverhandlungen verweigert werden, die ihre Rechte schützen und verhindern würden, dass sie grundlos und ohne Abfindung gefeuert werden.

Bei der Organisation für wirtschaftliche Zusammenarbeit und Entwicklung (OECD), einem Bündnis von 38 Mitgliedsstaaten mit Sitz in Paris, die sich der Demokratie und Marktwirtschaft verschrieben haben, stehen die USA beim Kündigungs- und Entlassungsschutz auf dem letzten Platz einer Liste von 71 Ländern.[76] Was bedeutet: In jedem anderen Land dieser großen und detaillierten Studie sind Arbeitnehmer*innen besser geschützt als in den USA. Bei uns kann man Angestellte tatsächlich einfach mit den Worten feuern: »Tschüs, kommen Sie morgen nicht wieder.« Das Damoklesschwert, das ständig über den Köpfen der Arbeitnehmenden baumelt, kommt mir vor wie das psychologische Äquivalent zur Kriegsberichterstattung: Du machst deine Arbeit unter Beschuss, so gut es geht, ohne zu wissen, auf welcher Kündigungsbombe dein Name steht.

An meinem zweiten Tag bringe ich meinen Laptop von zu Hause mit und schließe ihn an das Ethernet im Büro an. Check! Ich bin im System. Ich fülle eine Helpdesk-Anfrage aus, und eine Stunde später kommt jemand von der IT vorbei und stellt fest, was mit meinem PC nicht stimmt: »Er ist kaputt.« Er tauscht ihn gegen einen funktionierenden Computer aus, und meine erste Amtshandlung ist, eine Liste von Autorinnen und Autoren zusammenzustellen, mit denen ich gern zusammenarbeiten würde. Ich maile diese Liste an die Chefredakteurin. Hübsche Liste, sagt sie, aber Sie bekommen niemals das Budget, um auch nur einen davon anzuheuern.

Mein Auftrag sei, erklärt sie mir, den aktuellen Stab der Kranken und Sterbenden zu verwalten und auszubauen – die Blogger*innen, wie sie optimistisch genannt werden, obwohl die Hälfte von ihnen kaum lesen und schreiben kann und einige kaum noch am Leben sind. Diese Leute haben sich bereit erklärt, unentgeltlich über das Leben und/oder Sterben mit ihren verschiedenen Krankheiten zu schreiben. Besonders Krankheiten, die medikamentös behandelbar sind, wie Typ-2-Diabetes, damit neben den Blogs gezielte Arzneimittelwerbung geschaltet werden kann. Geschichten über Typ-1-Diabetes sind uninteressant, erklärt man mir. Für Insulin gibt es keine Werbe-Dollars.

Auf einmal dämmert mir, dass es hier nur um die Anzeigen geht. In den Bergen der Pharmazie liegt Gold, und das Geschäftsmodell meiner Firma besteht darin, es abzubauen. Zwar spielte Werbung auch in meinen früheren Branchen eine Rolle (Zeitschriften, Zeitungen und Fernsehnachrichten), aber es gab einen gewaltigen Unterschied: die etablierte Brandmauer zwischen PR und Journalismus. Wie Kirche und Staat, auch wenn sich Papst und Präsident hin und wieder trafen, um bei Sturm die Wogen zu glätten. Ein seriöses Nachrichten-Outlet konnte eine kritische

Reportage über die Gier des Turing-CEO Martin Shkreli in Auftrag geben – der »meistgehasste Mann Amerikas«, seit er den Preis für das Antiparasitikum Daraprim von 13,50 Dollar auf 750 Dollar pro Pille erhöhte – und konnte trotzdem Werbegelder von Turing annehmen. Oder über die amerikanische Adipositas-Epidemie berichten und Softdrinks als einen der Hauptverursacher nennen und trotzdem Coca-Cola-Werbung schalten. Wenn eine besonders schonungslose und entlarvende Investigativgeschichte wie »Fast-Food Nation« dazu führt, dass McDonald's seine Anzeigen im *Rolling Stone* zurückzieht, sei's drum. Die Aufgabe einer Zeitschrift ist nicht, vor den Anzeigenkunden zu kuschen. Die Aufgabe einer Zeitschrift ist Aufklärung, selbst wenn es sich negativ auf die Bilanzen auswirkt, die eigene eingeschlossen.

Bei *Health Today* galt das Gegenteil. Die Anzeigen diktierten den Inhalt; der Schwanz wedelte mit dem Hund. Anders gesagt: Der Content, den ich auftreiben soll, ist der Werbung nachgeordnet: ein Lockmittel wie das Plastikspielzeug in der Cornflakes-Packung, die 15 Prozent Einkaufsrabatt für eine weitere Kreditkarte, die du nicht brauchst; die kostenlose Hotelübernachtung in Las Vegas, damit du all deine Chips beim Blackjack verlierst.

Die Texte dienen dazu, Leute, die Begriffe wie »Morbus Crohn«, »Fibromyalgie« oder »COPD« googeln, zu den Anzeigen der pharmazeutischen Produkte zu führen, die mit diesen Krankheiten verknüpft sind. *Health Today* hat ein hervorragendes Team von SEO-Spezialisten (Search Engine Optimization), das sich darum kümmert, dass unsere Website bei solchen Suchanfragen als erste erscheint. Ich mag das SEO-Team. Sie sind die Ersten, die mich fragen, ob ich mit zum Mittagessen komme. Während der Rest von uns im Großraumbüro arbeitet, sitzen sie zu fünft in einem Einzelbüro, ein Mini-Ameisenhaufen junger, jetzt schon desillusionierter Männer, deren kollektiver Schweiß und Stress die Glaswand, die sie von uns trennt, beschlagen lässt. Da die Firma kurz vor dem Börsengang steht, sind die CEOs nicht glücklich darüber, dass die Konkurrenz bei Suchanfragen durchweg besser abschneidet. Noch bedrohlicher ist die Tatsache, dass sich unser größter Rivale gezielt um Inhalte bemüht, denen die Verbraucher vertrauen, wodurch der Großteil seines Traffics organisch ist – ein nachhaltiges Geschäftsmodell –, während unser Traffic gekauft ist – kein nachhaltiges Modell.

Nach kurzer Zeit fühlt sich jeder Tag in der Redaktion wie die Szene aus *I Love Lucy* in der Schokoladenfabrik an, als Lucy am Fließband steht und es nicht schafft, die vorbeiziehenden Pralinen zu verpacken. Ein neuer Text kommt rein, ich prüfe die Fakten und redigiere ihn, drei weitere Texte kommen rein, das gleiche Spiel, am laufenden Band. Das Problem ist nicht die Arbeit – Faktenchecken, Schreiben und Redigieren machen mir Spaß –, sondern, dass jeder Blogbeitrag gleich klingt. Es gibt keine Nuancen. Nichts Originelles. Nichts, das mir Lust macht, den Link zu kopieren und mit Freunden zu teilen. Und ich habe auch keine Lust, meine schreibenden Freunde um Beiträge zu bitten, solange ich kein Budget habe.

Das alles erzähle ich irgendwann einem befreundeten Schauspieler, dessen Schlüsselroman ich kurz nach dem Ende meiner Ehe zu lektorieren half. Er hatte immer wieder angeboten, mich zu bezahlen, aber weil ich seine finanzielle Situation kannte – schwindelerregende Alimente, die auf dem Höhepunkt seiner Hollywood-Karriere berechnet worden waren –, lehnte ich ab. Die Arbeit an seinem Manuskript half mir, in den ersten Wochen nach der Trennung nicht im Selbstmitleid zu versinken. Außerdem ist es das, was Schriftsteller*innen füreinander tun. Wir lesen und helfen einander. Das gehört zur Tauschkultur unter schlecht bezahlten Wortschöpfenden. Du arbeitest für Karmapunkte, denn gute Bücher sind ein höheres Gut, und wie du in den Wald hineinrufst, so schallt es heraus.

Vielleicht sollte ich auch erwähnen, dass er nach meiner Trennung mein erster Schwarm war, und ich dachte, er schwärmte vielleicht auch ein bisschen für mich. Nach all den Jahren in einer unglücklichen Ehe war meine Sehnsucht nach Zuneigung riesig. Egal welche Art von Zuneigung. Und Lektorieren, wenn es richtig gemacht wird, ist ein intimer Akt. Vielleicht dachte ich, wenn ich seinen Roman gut lektorierte, würden wir uns unsere verborgenen Gefühle offenbaren. Wozu es auch kam, aber nicht so, wie ich gehofft hatte. Wir redeten stundenlang. Umarmten uns keusch. Machten einen langen Spaziergang, Hand in Hand. Erzählten uns von unseren gescheiterten Ehen. Und bei irgendeiner gemeinsamen Mahlzeit wurde mir klar, dass meine Verliebtheit ein Hirngespinst war – das romantische Rettungsboot, das ich in einem alten Freund sehen wollte, der besser genau das blieb, was er war, ein Mitschwimmer, der durch seine eigenen Stromschnellen in eine ungewisse Zukunft trieb. Hätten wir den Sprung ins Bett gewagt, wäre es das sichere Ende unserer Freundschaft gewesen, und wahrscheinlich hätten wir uns auch noch gegenseitig umgebracht. Er war so unzuverlässig, wie ich Beständigkeit brauchte, so frei, sich im Wind treiben zu lassen, wie ich durch Verpflichtungen verankert war, so überzeugt, sich nicht binden zu wollen, wie ich überzeugt war, dass ich eine Bindung brauchte.

»Ich könnte dir einen Text über meinen Hautkrebs schreiben«, bietet der Schauspieler an, als ich anrufe, um über die unsägliche Gratisprosa zu jammern, mit der ich meine Tage im Büro verschwende. Das sei das Mindeste, was er für mich tun könne, sagt er, nachdem ich seinen Roman lektoriert habe. (Hallo, Karma!)

»Wirklich? Das wäre ja großartig«, sage ich. Der Schauspieler kann nicht nur gut schreiben, er hat auch über 100 000 Follower auf Twitter und eine erfolgreiche Serie. Ein Tweet von ihm, der mit seinem Text verlinkt ist, würde meiner Firma zeigen, was ich draufhabe, und dass es sich in organischem Traffic auszahlt, wenn wir für gute Arbeit guter Autor*innen bezahlen. Und es handelt sich um einen echten Beitrag zur Gesundheitsvorsorge, denn ob es uns gefällt oder nicht, in den USA haben Celebrities großen Einfluss, und wenn der Star einer erfolgreichen Fernsehshow von dem kleinen Fleck auf seiner Stirn erzählt, der sich als gefährlicher Krebs entpuppt hat, könnte das vielen anderen Menschen den Anstoß geben, rechtzeitig zum Hautarzt zu gehen.

Die Geschichte wird tatsächlich ein Hit, was mir einen Erfolg bei der Arbeit beschert, aber immer noch kein Budget für weitere Autor*innen. In der Zwischenzeit muss ich sehen, wie ich an gute Artikel komme. Ich frage Brittany, unser neues Au-pair und unsere urkomische Kommunen-Chanteuse, ob sie über ihre Morbus-Crohn-Erkrankung schreiben würde, wenn ich sie dafür zum Essen einlade und ihr einen Abend frei gebe. Das heißt, im Prinzip zahle ich sie aus eigener Tasche, aber Lehrkräfte an öffentlichen Schulen müssen ihre Unterrichtsmaterialien auch selbst bezahlen, also will ich nicht meckern.* Ich brauche den Job, koste es, was es wolle. Morbus-Crohn-Geschichten sind eine Goldgrube für Pharmawerbung, habe ich gehört.

»Ja, und …!«, trällert Brittany, allzeit bereit. Ihr Beitrag, mit schrulligem Humor und Selbstironie gespickt, erzählt von der dringenden Notwendigkeit, jederzeit zu wissen, wo das nächste Klo ist. Ich muss laut lachen, und der Artikel macht sich auch auf unserer Website gut. Als Nächstes produziere ich mit unserem Filmteam ein Video über die heilsame Wirkung von Yoga bei Depressionen – zum Beispiel bei der Depression, in die ich nach dem Tod meines Vaters rutschte. Das Video generiert ebenfalls viele Klicks und damit weitere Aufmerksamkeit für die Werbung für selektive Serotonin-Wiederaufnahmehemmer. Mit anderen

---

* Scherz. Natürlich sollten Lehrkräfte an öffentlichen Schulen im reichsten Land der Welt Unterrichtsmaterial nicht aus eigener Tasche bezahlen müssen.

Worten: Bei der Arbeit läuft es gut, wenn mit »gut« die Produktion von professionell wirkendem Content mit hohem Seitenaufruf gemeint ist, der sich mit pharmazeutischen Anzeigen kombinieren lässt.

Dann gehe ich zum MRT, und mein Kartenhaus fällt in sich zusammen.

Der Anruf kommt, als ich zwischen lauter Kolleg*innen im Großraumbüro sitze. Es wurden sieben weitere Raumforderungen gefunden, drei davon sehr verdächtig. Ich muss sofort weitere Biopsien vornehmen lassen. Am besten morgen. Leider verkrafte ich die Nachricht nicht so tapfer, wie ich gehofft hatte. Noch am Schreibtisch breche ich in Tränen aus und flüchte ohne Jacke auf die Straße, um mich zu fassen. Es ist Januar 2014, und New York City wird von einer polaren Kältewelle heimgesucht, aber meinen Mantel aus der Garderobe zu holen, hätte bedeutet, tränenüberströmt an einem Dutzend weiterer Kolleg*innen vorbeigehen zu müssen. Auf der Straße gefrieren die Tränen sofort zu Eis. Ich gehe um die Ecke und heule in den eisigen Wind, der vom Hudson River herüberfegt, aber die bittere Kälte überwältigt mich. Auf dem Rückweg zum Fahrstuhl zwinge ich mich, die Tränen hinunterzuschlucken. Ich kann mir keine Schwäche leisten.

In der Redaktion herrscht Druck wie in einem Schnellkochtopf. In weniger als drei Monaten gehen wir an die Börse, und die Geschäftsführung will Ballast abwerfen, um die Zahlen zu verschönern. Eine heulende neue Textchefin wäre eindeutig Ballast. Studien belegen, dass Frauen, die am Arbeitsplatz weinen, als weniger kompetent gelten.[77] Die meisten von uns müssen keine Studie lesen, um das zu wissen.

»Wo waren Sie?«, fragt meine Vorgesetzte, als ich wieder am Platz bin. Ich war fünf Minuten draußen. »Ich brauche ein Update Ihres 30/60/90.«

Der 30/60/90-Tage-Plan ist ein neues Konzept für mich, aber

offenbar im Geschäftsleben gang und gäbe. Soweit ich es verstehe, muss ich als neue Mitarbeiterin einen klaren Aktionsplan für die nächsten dreißig, sechzig und neunzig Tage entwerfen, aber a) habe ich noch nie einen solchen Plan verfasst und b) bin ich mir nicht sicher, wie ich die drei Bereiche füllen soll. Ich sehe meine Aufgabe darin, schlechte Prosa zu redigieren und sicherzustellen, dass es sich nicht um Blödsinn handelt. Zu überlegen, wie ich bessere Blogger*innen einstellen kann, ohne sie zu bezahlen. Selbst Texte zu schreiben, wenn ich Zeit habe. Ich verstehe nicht, was daran in neunzig Tagen anders sein soll.

»Tut mir leid«, sage ich, »ich musste mal kurz raus. Kommt nicht wieder vor, versprochen.« Ich setze mich und versuche, in meiner besten Unternehmenssprache mit Begriffen wie Hebelwirkung, Wachstum, SEO und KPIs die feinen Unterschiede zwischen meinem ersten, zweiten und dritten Monat in diesem Job herauszuarbeiten. In neunzig Tagen, also direkt nach dem Börsengang, schreibe ich, haben wir hoffentlich das Budget für ein paar gute Autor*innen, die persönliche Geschichten zum Thema Gesundheit schreiben, und für die Blogger*innen, die bereits für uns arbeiten, und sei es auch nur ein kleines, an Seitenaufrufe gebundenes Honorar. Einige dieser Bloggerinnen und Blogger, erwähne ich, haben horrende Arztrechnungen, die sie nicht bezahlen können. Oder sie benötigen teure häusliche Pflege. Oder sie haben Krebs im Endstadium und kleine Kinder. Fast jeden Tag werde ich gefragt, ob wir endlich ein Abrechnungssystem einrichten – das einigen von ihnen offenbar versprochen wurde? –, mit gleitenden Stufen prozentual zu den Aufrufen ihrer Blogs. Ich finde es unmoralisch, sie umsonst arbeiten zu lassen und mit falschen Versprechungen künftiger Zahlungen bei Laune zu halten, für deren Umsetzung es keinen konkreten Plan gibt.

»Oha«, sagt die Radiologin bei meinem nächsten Besuch. »In Ihren Brüsten steigt eine Riesenparty!« Sie zeigt mir auf den Aufnahmen, welche Raumforderungen sie beunruhigen und welche nicht. Ein paar Tage später treffe ich mich mit der Chirurgin. Wir vereinbaren weitere Biopsien, bei denen ein neuer Radiologe sagt, meine MRTs seien so ungewöhnlich, dass er sie mit meinem Einverständnis gerne in seinem Lehrkrankenhaus als Fallstudie für Anomalien verwenden würde. »Von Ihren Aufnahmen können wir eine Menge über die Variationen der Krankheitsdarstellung lernen!«, sagt er begeistert. »Sowas habe ich noch nie gesehen.«

»Klar«, sage ich, »bedienen Sie sich.« Ich fühle mich etwas verletzlich und verloren, als ich mit nackten Brüsten daliege, mit Biopsienadeln gestochen werde und mich frage, wer sich um meine Kinder kümmert, wenn ich sterbe. Kommt ihr Vater zurück an die Ostküste? Oder müssen sie nach Kalifornien ziehen? Schafft er es, sie zu ernähren und gleichzeitig dafür zu sorgen, dass unser Nesthäkchen saubere Fingernägel hat? Und was heißt, meine Brüste seien »so ungewöhnlich« und er habe »sowas noch nie gesehen«? Nachdem sie rechts die zweite Nadel in den verdächtigen Knoten Nummer zwei gesteckt haben – *oh Gott*, denke ich, *das wird weh-tun heute Nacht* –, versuchen sie, Nummer drei links zu biopsieren, aber obwohl sie es an zwei Stellen probieren, schaffen sie es nicht, weil der Knoten zu weit hinten an der Brustwand liegt. Er ist der größte und besorgniserregendste der drei. Sie müssen mich aufschneiden, um ihn rauszukriegen, sagen sie.

In der Umkleidekabine fotografiere ich das Schlachtfeld – einmal Kriegsfotografin, immer Kriegsfotografin –, dann gehe ich ins Sprechzimmer, um das Vorgehen mit der Ärztin zu besprechen.

»Tut mir leid«, sage ich. »Ich kann mich diese Woche nicht operieren lassen. Ich habe in den letzten zwei Wochen schon drei Tage gefehlt. Im Büro ist im Moment einfach zu viel los.«

Rick, unser COO und mein Verbündeter, hat mich Anfang der Woche in sein Büro gerufen, um mir mitzuteilen, dass die junge Vizepräsidentin – die mir beim Vorstellungsgespräch ein

Budget für Autor*innen versprochen hatte –, es mir übel nahm, dass ich immer wieder um Geld für die Autor*innen bat und dies jetzt auch noch in meinem 30/60/90-Tage-Plan erwähnte, den andere lesen konnten. Rick empfahl mir, die Zähne zusammenzubeißen und mich bei ihr zu entschuldigen. »Tut mir leid«, sagte ich noch am selben Abend zu ihr, als alle anderen gegangen waren. »Ich höre auf, um ein Budget für Autorinnen und Autoren zu bitten, und ich werde es auch nicht mehr irgendwo hinschreiben.« Als ich ihr Büro verließ und mich auf den Heimweg zur Kommune machte, hatte ich die Worte meines Vaters im Ohr: *Du musst deine Grenze kennen. Geld mit dem Leiden, dem Tod oder der Ausbeutung anderer zu verdienen, ist unmoralisch. Das ist Blutgeld.*

Um mir nicht noch mehr Feinde zu machen, verschiebe ich die Lumpektomie auf den nächsten Monat.

Da all die Arztbesuche, Tests und geplanten Eingriffe während der Bürozeit stattfinden, musste ich die Chefredakteurin in meine Situation einweihen. Bei Sloan Kettering gibt es hervorragendes WLAN, sage ich, sodass ich zwischen den Eingriffen im Wartezimmer arbeiten kann. Sie gibt mir ihr Okay, aber ihr Blick sagt etwas anderes. Das Damoklesschwert hängt über uns allen, und ihre Vorgesetzte, die besagte Vizepräsidentin, hat den Auftrag, es großzügig zu schwingen. Die fähige Produzentin meines Yoga- und Depressionsvideos, die eine schwere Brustkrebserkrankung hinter sich hat und mich mit vielen aufmunternden Nachrichten und Worten unterstützt hat, muss eines Morgens ohne jede Vorwarnung ihre Sachen packen und gehen. Während der monatelangen Therapie war sie nicht voll belastbar gewesen, aber trotzdem: Am Ende hat sie ihre Arbeit immer erledigt, und die Ausführung war brillant. »Scheiß auf diese Firma«, höre ich sie murmeln. Dann ist sie weg.

Es war gefährlich, bei *Health Today* krank zu sein.

In der Zwischenzeit, genau vier Wochen vor der OP, habe ich plötzlich den dringenden Wunsch, meine Brüste für die Nachwelt fotografieren zu lassen und mich noch einmal an ihnen zu erfreuen. Außer dem Onkologenteam hat sie seit fast einem Jahr niemand mehr angefasst oder auch nur angesehen.

Das muss sich ändern.

13

In flagranti

Die Fragenkataloge von Dating-Websites wie *OkCupid* und *eharmony* sind so lang und ausführlich, dass ich nach dem Essen, Baden und Vorlesen mit dem Laptop auf dem Bauch einschlafe und die meisten Fragen unbeantwortet lasse. (Ein Jahr später wird Tinder endgültig den Zeitgeist übernehmen, und die fünf Millionen Swipes pro Tag im Dezember 2013 werden auf über eine Milliarde im folgenden Jahr ansteigen.[78]) Stört es mich, wenn mein zukünftiger Partner Marihuana raucht, ja oder nein? Das ist keine Ja-Nein-Frage. Ich würde nicht wollen, dass er täglich kifft, aber ab und zu ein Zug am Joint vor dem Sex, ja, oder? Aber für solche Feinheiten gibt es kein Kästchen.

Ich habe keine Ahnung, was ich suche, woran ich glaube oder was ich von meiner nächsten Beziehung will, nachdem ich 23 Jahre mit demselben Mann zusammen war. Ich weiß nur, dass mein Körper Sex braucht, mit einem knurrenden Verlangen, das Hunger und Durst nicht unähnlich ist, aber wo man ihn als alleinerziehende Mutter Mitte vierzig herkriegt, weiß ich nicht.

Dann fällt mir ein, dass ein frisch geschiedener Vater an der Schule meines Sohnes, der zufällig auch Fotograf ist, mit mir geflirtet hat – vielleicht wäre er der Mann sowohl für meine fotografischen als auch für meine körperlichen Bedürfnisse. Oder besser gesagt, ich *glaube*, er hat mit mir geflirtet. Ich bin schon so lange aus diesem Spiel draußen, wer weiß?

Santi und ich haben uns bei der Halloween-Spendenaktion

kennengelernt, als wir gemeinsam den Fotoautomaten betreuten. Er ist acht Jahre jünger und einen Kopf größer als ich, sieht aus wie ein Filmstar mit schwarzen Locken, olivfarbener Haut und dunklen Glutaugen und hat die sanfte Aura eines Hirten, der nebenbei Yogalehrer ist. Er kam vor zehn Jahren mit einem Touristenvisum aus Mexiko in die USA, verliebte sich, blieb ohne Aufenthaltsgenehmigung und gründete eine Familie. Seine Ex, ebenfalls eingewandert, schaffte es, eine Greencard zu bekommen, er aber nicht. Deswegen hat er ständig Angst, abgeschoben und von seinen Kindern getrennt zu werden, die in den USA zur Welt kamen und Amerikaner sind. Ohne Sozialversicherungsnummer kann er nicht für amerikanische Medien arbeiten, obwohl einige Redakteur*innen Interesse bekundet haben, deshalb macht er private Porträts und Familienfotos gegen Geld und nimmt Gelegenheitsjobs an, um über die Runden zu kommen.

Mit anderen Worten, er passt nicht in mein übliches Muster eingebildeter Akademiker mit Napoleon-Komplex, die sich hinter Ironie und einer dicken Hornbrille verschanzen, aber mein übliches Muster hat mich hierhergebracht, also ist es vielleicht an der Zeit, meine Werkseinstellungen neu zu justieren. Nettigkeit und Empathie, beschließe ich, sind die erotischsten Eigenschaften, die ein Mann haben kann. Und von beidem hat Santi reichlich. Als ich neulich meinen Sohn zum Spielen bei ihm vorbeibrachte, hat er gerade die Dielen gefegt: Falls es ein stärkeres Aphrodisiakum gibt, kenne ich es nicht. So stehe ich also eines Morgens vor der Schule, denke daran, dass meine linke Brust aufgeschnitten und vielleicht bald ganz entfernt wird, hole tief Luft und greife auf meine neuen Impro-Skills zurück: »Ich würde dich gerne beauftragen, Aktfotos von meinen Brüsten zu machen, bevor ich operiert werde«, sage ich in dem gleichen unverfänglichen Ton wie damals, als ich ihn bat, mir beim Falten der Schultheaterprogramme zu helfen.

Seine kastanienbraunen Augen werden groß. Seine Augenbrauen wandern nach oben. »Gerne!«, sagt er lächelnd. »Das machen wir.«

Wir handeln ein Honorar aus und verabreden uns für nächsten Freitag nach der Arbeit. Doch am Freitag sehen die blauen Flecken von der Biopsie immer noch schrecklich aus, also verschieben wir das Shooting, bis die Hämatome abgeklungen sind, und gehen stattdessen ins Kino. Es fühlt sich an wie ein richtiges Date, stelle ich fest, das erste seit einem Vierteljahrhundert. Santi lässt mich den Film aussuchen, und ich entscheide mich für eine frühe Vorstellung von *La Grande Bellezza*. Der italienische Film handelt von einem Mann, der nach 65 Jahren ziellosen Umherirrens einen Tag von transformierender Ehrfurcht erlebt – etwas, das mir hoffentlich auch irgendwann zuteilwird. Möglichst vor meinem 65. Geburtstag.

In der Woche vor dem Date sorge ich dafür, dass in der Kommune am Freitagabend niemand zu Hause ist, damit ich, wenn es gut läuft, sturmfreie Bude habe. Das erfordert gründliche Planung. Für meinen Sohn organisiere ich eine Übernachtung bei einem Freund. Meiner Tochter verhelfe ich zu einem Babysitting-Job, von dem sie voraussichtlich kurz nach Mitternacht nach Hause kommen wird. Hannah rede ich zu, ihre Mutter zu besuchen und dort zu übernachten, weil sie am nächsten Morgen keine Schule hat. George hat ein Grindr-Date. Brittany geht zur Probe ihrer One-Woman-Show. Manchmal begleite ich sie auf der Bühne mit der Gitarre, zupfe »Take It Easy« und wir singen im Duett, einmal sogar direkt nach einer Biopsie.

Wir haben das Lied so oft abends geprobt, dass es zum Titelsong der Kommune wurde: *Come on baaaaaaaaby, don't say maaaaaaybe, I gotta know if your sweet love is gonna saaaaaaaaaave me …*

Nach dem Kino und Tacos und Bier in einem mexikanischen Lokal, das ihn an zu Hause erinnert, landen Santi und ich bei mir in Harlem. Er erzählt, dass er seine Eltern seit Jahren nicht mehr umarmt hat. Wir setzen uns in meinem Zimmer auf die Couch vor dem Bett, ein Ikea-Klippan-Zweisitzer, wie er in jeder Studierenden-WG steht, und genauso fühle ich mich auch, als wir Smalltalk machen und auf gegenseitige Signale warten. Als er die Hand ausstreckt und sich unsere Fingerspitzen berühren, löse ich mich in meine Moleküle auf. Wir küssen uns, bis ich nicht mehr weiß, wo mein Mund endet und seiner beginnt. Menschliche Berührung ist eine Offenbarung. Die vage Erinnerung war noch da, aber ich hatte meine Bedürfnisse so lange verdrängt, dass sich alles ganz neu anfühlt. Mitten in unserer noch bekleideten Euphorie richte ich mich auf, um ihn zu warnen: Kurz nach Mitternacht kommt meine Tochter nach Hause. Es ist 22 Uhr. Er muss spätestens um 23 Uhr gehen, zur Sicherheit. Verstanden, sagt er.

Das letzte Mal hatte ich vor dreißig Jahren Angst, beim Fummeln erwischt zu werden. Meine Tochter weiß immer noch nicht, dass ihr Vater und ich uns scheiden lassen, deshalb muss ich mindestens so vorsichtig sein wie damals als Teenager. Vor kurzem habe ich mit ihrem Vater telefoniert und ihm gesagt, dass es so nicht weitergeht. Während er in seiner Junggesellenbude in San Francisco die Puppen tanzen lässt, sitze ich in Harlem und muss seine Unterlassungslüge ausbaden. Wir müssen endlich reinen Tisch machen und den Kindern sagen, was los ist. Und das müssen wir gemeinsam tun, um Einigkeit zu demonstrieren, so steht es in allen Büchern, die ich zu dem Thema gelesen habe: Wie wir es ihnen beibringen, ist entscheidend für ihr zukünftiges emotionales Gleichgewicht und Wohlbefinden. Schon zu oft hat sich jemand aus der Kommune, dem Freundeskreis oder dem Rest der Familie fast verplappert, denn alle wissen Bescheid und vergessen manchmal, dass die Kinder es nicht wissen. Bitte, habe ich ihren Vater angefleht. Ich will sie nicht länger anlügen, und ich will auch nicht von anderen verlangen, dass sie es tun. Setzen wir uns zusammen und bringen es hinter uns.

Nein, sagte er. Er will noch warten. *Wie lange?* Inzwischen ist seit über einem Jahr klar, dass wir uns trennen, und wir leben seit fünf Monaten an anderen Enden des Landes. Irgendwann kriegen es die Kinder sowieso raus. Und das wäre schlimmer, als sich mit ihnen hinzusetzen, weil wir ihr Vertrauen missbraucht hätten.

Santi und ich knutschen weiter. Kleider fallen. Wir ziehen aufs Bett um. Ich – mein Körper – ist ausgehungert nach Zärtlichkeit. Er berührt meine immer noch verfärbte Brust, und ich spüre, wie mein Körper Oxytocin ausschüttet.

Das Bindungshormon Oxytocin wird auch beim Stillen produziert. Der Homo sapiens ist der einzige Vertreter des Tierreichs, bei dem Brust und Brustwarzen beim Sex eine Rolle spielen, und in der Forschung gibt es die Hypothese, dass das freigesetzte Oxytocin, das Bindung und Empathie fördert, neben dem ventro-ventralen Geschlechtsverkehr ein Faktor gewesen sein könnte, der zur hohen Entwicklung unserer Kommunikations- und Kognitionsfähigkeit beigetragen hat.[79] Ich frage mich, ob ich mich für Implantate entscheiden werde, falls meine Brüste entfernt werden müssen. Mein Bauchgefühl ist dagegen, aber kann ich auf diesen unglaublich angenehmen Teil des Sexualakts verzichten? Tatsächlich geht man inzwischen davon aus, dass der *Verzicht* auf die gelegentliche Stimulation der Brustwarzen das Risiko von Gebärmutterhalskrebs, Gebärmutterkrebs, Eierstockkrebs und Brustkrebs erhöhen kann.[80]

In dem Moment, als ich die Nachttischlampe ausschalte und mich dem Oxytocin-Rausch hingeben will – wir sind noch nicht bei der Sache, aber es geht in die Richtung –, höre ich die Hunde bellen. Irgendjemand kommt nach Hause. Brittany wahrscheinlich, denke ich. Oder ist Georges Date in die Hose gegangen? Hannah und meine Kinder können es nicht sein, aber vorsichtshalber schließe ich die Tür ab.

»Mom?« Meine Tochter versucht die Tür zu öffnen. Dann klopft sie. »Mom? Bist du da? Sie sind früher nach Hause gekommen.« Die Eltern des Kindes, auf das sie aufgepasst hat. »Mom! Deine Tür ist abgeschlossen.«

Ich tue so, als würde ich schlafen. Verdammte Scheiße. Das habe ich nicht gewollt. Ganz und gar nicht. Ich kann mir keine schlimmere Situation vorstellen. *Was bin ich nur für eine Mutter!*, beschimpfe ich mich. *Wie kann ich ihr das antun?* Sie ist sechzehn. Wir haben ihr erzählt, ihr Vater sei an der Westküste, um eine Firma zu gründen, nicht, weil die Ehe ihrer Eltern am Arsch ist. Wie konnte ich nur nachgeben und die Lüge aufrechterhalten? Warum habe ich nicht darauf bestanden, dass wir uns alle hinsetzen, bevor ihr Vater letztes Jahr ging, und die Wahrheit sagen? Ich habe gelesen, es ist nicht gesund, wenn ein Elternteil allein den Kindern von der Trennung erzählt. Es gibt ein Skript, an das man sich halten muss: »Wir lassen uns scheiden«, wollte ich ihr sagen, wenn ihr Vater neben mir sitzt, »aber wir haben euch immer noch beide lieb, und wir sind uns einig, dass wir uns euch zuliebe weiterhin gut vertragen wollen. Wir sind immer für euch da, wenn ihr uns braucht, und tun alles dafür, dass ihr euch so gut wie möglich in dieser neuen Situation zurechtfindet.«

Ich hätte nicht im Traum daran gedacht, dass sie es auf diese Art erfährt. Panik steigt in mir auf. Was soll ich bloß tun? Mein Schlafzimmer ist im zweiten Stock, zu hoch für Santi, um aus dem Fenster zu springen. Das Zimmer meiner Tochter ist direkt daneben, im selben Flur mit den knarrenden Dielen aus dem 19. Jahrhundert. Ich bin wie gelähmt. Wo ist das Drehbuch für dieses Szenario? In den Scheidungsbüchern stand es nicht. »Zieh dich an!«, bedeute ich dem Mann in meinem Bett lautlos, für dessen Anwesenheit ich mich zutiefst schäme. »Schnell.«

»Was soll ich machen?«, flüstert er schulterzuckend.

Ich zucke auch mit den Schultern und bin den Tränen nahe. »Nicht bewegen«, flüstere ich. »Irgendwann schläft sie ein. Dann schleichst du dich raus.«

Die Stunde, nachdem sie geklopft hat und bevor Santi lautlos verschwindet, kommt mir vor wie eine Ewigkeit. Wir liegen reglos da. Ich starre an die Decke, die in regelmäßigen Abständen von den Scheinwerfern vorbeifahrender Autos erleuchtet wird. Auf der Straße streitet sich ein Paar und brüllt Kraftausdrücke. Jemand hupt. Aus einem offenen Fenster dröhnt Rap-Musik. Statt Oxytocin schießt das Stresshormon Cortisol durch meine Adern. Wer ist dieser Fremde, den ich in mein Bett gelockt habe und der alles gefährdet, was mir wichtig ist: das Vertrauen meiner Kinder, ihre Liebe? Als Santi weg ist, liege ich den Rest der Nacht wach im Bett, ärgere mich und überlege, was ich meiner Tochter am nächsten Morgen erzählen soll. Ich schließe meine Zimmertür nie ab. Und früher nur dann, wenn ihr Vater und ich Privatsphäre brauchten. Meine Tochter ist zu klug, um die Sache nicht zu durchschauen.

Die Sonne geht auf. Ein neuer Tag bricht an, ob ich will oder nicht. Mein Fenster geht nach Westen, also sehe ich die Sonne nicht direkt, aber ich sehe, wie ihr Feuer die Wolken erst lila, dann rosa färbt und die obere Hälfte der Gebäude gegenüber anmalt – erst rot, dann gelb, jetzt weiß, bis sich mein Zimmer mit Licht füllt. »Was nun, Dad?«, flüstere ich. »Wie bringe ich das wieder in Ordnung?«

Mein Vater war ein vehementer Gegner der Scheidung. »Du sitzt es aus«, hat er immer gesagt. »Du machst das Beste draus, zum Wohl der Kinder.«

»Aber was ist, wenn die Trennung auch für die Kinder besser wäre?«, entgegnete ich manchmal, ohne mich direkt auf seine Ehe mit meiner Mutter zu beziehen, aber er wusste, worauf ich hinauswollte.

»Für Kinder ist eine Trennung nie gut«, sagte er, felsenfest über-zeugt. Mein Vater war ein vorurteilsfreier Mann, außer bei diesem Thema: Für ihn war jeder, der sich scheiden ließ, böse und egois-tisch. »Das tut man Kindern nicht an«, sagte er. »Punkt.«

Ich habe ihm nie von meinen Eheproblemen erzählt. Nicht ein-mal, als er im Sterben lag. Einerseits wollte ich nicht, dass er sich Sorgen machte, andererseits wusste ich, wie er reagieren würde: Findet eine Lösung. Egal wie schlimm es ist, macht das Beste draus.

Plötzlich werde ich wütend. Was ist, wenn in der Ehe nur einer die Probleme lösen will? Was ist, wenn es nur noch Streit und Spott anstatt Liebe und Mitgefühl gibt? Wenn die Kinder aus einer dysfunktionalen Beziehung die Dynamik in ihre eigenen Part-nerschaften tragen und den Kreislauf fortsetzen? Ist es in solchen Fällen nicht besser, wenn einer die Reißleine zieht und sagt: *Nein, Schluss! So geht es nicht weiter?*

Vielleicht bin ich aber auch nur wütend auf mich selbst, weil ich aus Angst, meinen Vater zu enttäuschen, mein einziges ech-tes und vernichtendes Geheimnis verschwiegen habe. Ich bin wü-tend, dass ich ihm nach all den Jahren, in denen ich vergeblich versuchte, meine Ehe zu retten, nicht erklärt habe, dass jede Ehe anders ist, und manche Ehen so unglücklich sind, dass sie auf Dauer körperlichen und seelischen Schaden anrichten. »Nein!«, flüstere ich plötzlich einen Schrei zum Himmel, fünf Jahre nach seinem Tod. »Du hast dich geirrt! Manchmal muss man Schadens-begrenzung betreiben und gehen, solange es noch möglich ist!«

»Mom«, sagt meine Tochter und setzt sich auf mein Bett. »Mom, was ist hier los?« Ihr argwöhnischer verletzter Blick brennt sich tief in meine Netzhaut. Sie will Antworten. Ich gebe sie ihr so knapp und so ehrlich wie möglich. Das ist mein Tiefpunkt als Mutter, das wissen wir beide. Vielleicht wird es Jahre dauern, bis sie sich von diesem Moment erholt, vielleicht den Rest ihres

Lebens. Meine Schuldgefühle sind überwältigend, erdrückend. Ich beschließe, am folgenden Wochenende mit ihrem kleinen Bruder nach Chicago zu fliegen, um es ihm und seinem großen Bruder gemeinsam zu sagen. Ihr Vater weigert sich mitzukommen. Es sei zu teuer, sagt er, außerdem ist er sauer, weil die Katze aus dem Sack ist. Ich biete ihm an, mich an seinen Reisekosten zu beteiligen. Die Jungs müssen erfahren, dass wir uns scheiden lassen. Sofort. Wir können von unserer Tochter nicht verlangen, dass sie es vor ihren Geschwistern verheimlicht. Außerdem steht meine Operation an, mein Job ist anstrengend, und ja, okay! Stimmt! Ich habe es verbockt! Ich weiß, dass ich es verbockt habe.

Ich wollte doch nur, dass mich jemand in den Arm nimmt.

Mit gerade genug Geld für eine Nacht im Hotel und zwei Flugtickets – zum Glück bietet Spirit Airlines zwischen New York und Chicago ein 50-Dollar-Roundtrip-Special an – fliege ich am Samstag in aller Früh mit meinem Siebenjährigen nach Chicago, um meinen Söhnen mitzuteilen, dass ihr Vater und ich uns scheiden lassen. Es ist ein ungünstiges Wochenende, denn mein Ältester probt gerade für das College-Musical und hat keine Zeit für ein langes Gespräch. Er kann sich nur für ein schnelles Mittagessen am Samstag freinehmen und muss nach einer Stunde wieder ins Theater, sagt er. Ich versuche, ihn zu überreden, nach dem Dessert mit auf mein Zimmer zu kommen, aber das Mittagessen dauert länger als erwartet, obwohl das Restaurant praktisch leer ist, und wir haben keine Zeit mehr. Sein kleiner Bruder und ich reisen am nächsten Morgen ab. Jetzt oder nie. Also sage ich es ihnen dort, im Restaurant. Oje. Nach einem lieb gemeinten, aber verwirrenden Räuspern sage ich es frei heraus: »Euer Vater und ich lassen uns scheiden. Es tut mir sehr leid. Wir haben euch beide sehr lieb, und das wird sich nie ändern ...« Die Brüder brechen in Tränen aus und fallen sich in die Arme, aber nur der Kleine lässt sich von mir trösten. In den nächsten Monaten bleiben meine SMS, Anrufe und

E-Mails an meinen studierenden Sohn unbeantwortet. Ich fürchte, ich habe ihn für immer verloren. Meine Freunde sagen, nein, hast du nicht. Das wird schon wieder. Jedes Kind braucht seine eigene Zeit, solche Dinge zu verarbeiten, manche mehr, manche weniger. Nein, widerspreche ich im Stillen. Ich habe es richtig vermasselt. Er wird Jahre brauchen, bis er mir verzeiht.

Auch meine Tochter zeigt mir die kalte Schulter, als ich nach Hause komme. Ich suche ihr einen Therapeuten. Entschuldige mich ausgiebig. Hoffe das Beste.

Das ist der Grund, denke ich. Wegen dieses schrecklichen Kummers, den ich meinen Kindern zugefügt habe, und der Kluft, die sich zwischen uns aufgetan hat, weil ich die Ursache für ihren Kummer bin – deswegen harren ich und so viele andere so lange in unhaltbaren Ehen aus. Aber ich weiß auch, dass konfliktreiche Ehen mit ihren giftigen Dämpfen die entwickelte Psyche erwachsener Kinder genauso belasten können, vor allem, wenn der Außenwelt vorgespielt wird, es sei alles in bester Ordnung. Meine Hoffnung ist, dass meine Entscheidung für radikale Ehrlichkeit – die Absage an das vergiftete Klima zu Hause und an die erzwungene Heimlichkeit –, meinen Kindern am Ende etwas über Grenzen, Ehrlichkeit, Selbstachtung und Verluste beibringen wird, das sie mit in die Zukunft nehmen können.

Das rede ich mir zumindest ein, um in den Spiegel schauen zu können.

Santi ruft täglich an und schickt Nachrichten, weil er wissen will, wie er reparieren kann, was er kaputt gemacht hat. Du hast nichts kaputt gemacht, sage ich. Ich war das. An manchen Abenden in der Woche, nachdem ich für die Kommune gekocht, meinen Sohn ins Bett gebracht und an der Beziehung mit meiner Tochter gearbeitet habe, versuche ich meine Schuldgefühle und die Erschöpfung beiseitezuschieben und setze mich in die U-Bahn, um mich sechzig Blocks nördlich mit Santi zu treffen. Ich will Sex, ja, aber ich will auch kuscheln, sei es nur für ein paar Minuten, bevor ich nach Hause in mein leeres Bett zurückkehre. Eros verzehrt mich. Menschliche Berührung, der beruhigende Oxytocin-Stoß fühlen sich an wie das einzige Gegengift für mein zerrüttetes Leben: nicht Wunsch oder Ablenkung, sondern Notwendigkeit.

Santi wohnt in einem winzigen, heruntergekommenen Apartment mit wenigen Habseligkeiten außer seinen Kameras, dem Computer, Fotos seiner letzten Ausstellung und ein paar Gemälden seines Vaters, der in Mexiko ein gefeierter Künstler war, aber jetzt offenbar darum kämpft, zahlungsfähig und relevant zu bleiben. Ich bringe meinem Liebhaber Laken für sein Bett mit, Essen, wenn in der Kommune etwas übrigbleibt, und ab und zu eine Tüte mit Lebensmitteln. Weil er nicht legal arbeiten kann, lebt er unterhalb des Existenzminimums. Sein einziges Paar Schuhe hat Löcher. Mit dem Geld von *Health Today* kaufe ich ihm noch zwei Paar. Manchmal isst er abends nichts, weil er keinen Reis mehr hat.

Die blauen Flecken an meinen Brüsten sind abgeklungen, und er will kein Geld dafür, dass er sie fotografiert, aber ich bestehe darauf, die Abmachung einzuhalten, die wir getroffen haben, bevor wir anfingen, miteinander ins Bett zu gehen. Ich bekomme ein Gehalt, sage ich. Lass mich bitte für die Arbeit bezahlen, die ich in Auftrag gegeben habe. Du brauchst das Geld. Ich brauche das Gefühl, dass ich nicht noch mehr Menschen auf der Welt ausbeute, nachdem ich Tag für Tag kranke und sterbende Blogger*innen um ihr Honorar prelle. Wir planen die Fotosession für den Abend vor der OP, was dumm ist. Ich versuche, locker zu sein, aber auf jedem Foto sieht man mir die Anspannung an – eine Frau, die in wenigen Stunden unters Messer muss. Ich soll morgens um 7 Uhr in der Klinik sein. Es ist 23 Uhr. Ich muss gehen, sage ich, aber als ich mich gerade anziehen will, sagt er: »Nein, warte. Ich habe noch eine Idee. Leg dich hier drauf, in Embryonalstellung.« *Hier* ist ein grüner Müllsack, den er auf den Boden legt.

»Was? Warum?«

»Bitte«, sagt er. »Vertrau mir einfach.«

Vertrau mir: Ich schiebe meine Zweifel an der männlichen Spezies beiseite und tue, was er verlangt, rolle mich zu einem Fötus zusammen und schließe die Augen. Wie ein Falke umkreist er meinen eingerollten Körper und knipst ein Bild nach dem anderen aus allen möglichen Winkeln. Nach ein paar Minuten stelle ich mir vor, was er sieht, und spüre, wie meine Tränen auf das grüne Plastik tropfen.

Ja. Natürlich. Hier liege ich, acht Stunden vor der OP, ein ausrangierter Körper auf einem Leichensack, der auf seine Wiederauferstehung wartet. Wird die Wiederauferstehung kommen? Oder wird der Körper in den Sack gelegt, bevor er sich wieder entfalten kann? Meine Fußsohlen sind schmutzig, denke ich, weil ich barfuß durch seine Wohnung gegangen bin. Ich wünschte, ich hätte mir die Füße gewaschen. Draußen sind die New Yorker Bürgersteige vereist. Das Salz und der Sand, die gestreut werden, damit wir nicht auf die Nase fallen, landen unweigerlich in jedem Haus. Die Welt kriecht herein, egal wie fleißig man den Besen schwingt. Wenn ich mir heute, Jahre später, dieses Bild ansehe, ist es immer noch das brutalste und ehrlichste Porträt von mir, das es gibt. In diesem besonderen Moment fühlte ich mich gesehen, erkannt, verstanden. Und die schmutzigen Sohlen machen das Foto aus.

14

Sie haben das große Los gezogen!

Februar 2014

Am Tag der Lumpektomie ziehe ich mir im Morgengrauen das Krankenhausnachthemd über und sehe zu, wie die Schwester eine Kanüle in meinen Handrücken steckt und die Stelle abklebt. Dann kommt der Anästhesist und bespricht das Vorgehen mit mir. Als Nächstes kommt die Onkologin und erklärt, dass sie mich vorher noch mal in die MRT-Röhre schieben will, damit sie den Knoten mit einem Spezialdraht markieren kann, um ihn während der OP leichter zu finden. Es dauert nicht lang, sagt sie. Nach dem MRT holt Sie jemand ab und bringt Sie in den OP.

Beim MRT der Brust liegt man auf dem Bauch, und die Brüste hängen durch zwei Löcher. Normalerweise macht mir die erzwungene Enge der MRT-Röhre nichts aus. Meistens schlafe ich sogar ein, trotz des Krachs, den die Maschine macht. Aber an diesem Morgen bin ich so nervös wegen des bevorstehenden Eingriffs, dass meine Gedanken rasen und keine Ruhe finden. Die Minuten dehnen sich wie Kaugummi, das Ganze dauert länger als gedacht, und Panik steigt in mir auf. Was ist los? Sie hat gesagt, es dauert nicht lang. Ich habe das Gefühl, ich bin schon seit einer Stunde hier drin.

Als ich endlich aus der Röhre gezogen werde, grinst die Radiologin. »Das glauben Sie nie«, sagt sie. Sie wirkt – was? – vergnügt? Lacht sie? Aus irgendeinem Grund strahlen mich alle Anwesenden an. »Der Knoten ist weg. Vollständig verschwunden. Sie haben das große Los gezogen. Sowas passiert bei uns nur ein- oder zweimal im Jahr. Wenn überhaupt.«

»Wie bitte?«, sage ich.

»Die Raumforderung ist weg. Wir müssen nicht operieren.«

»Ich ... was?« Ich starre mein Patientenarmband an, mein gelbes SOS-Armband, den Arterienzugang. Ich verstehe die Information nicht. Selbst heute, als ich es niederschreibe, kann ich es noch nicht fassen. Du gehst morgens ins Krankenhaus, denkst, du wirst aufgeschnitten, damit man dir Stücke deines Körpers entnimmt, aber plötzlich haben sich die bösen Zellen in deinem Körper zurückgezogen, und die Frau, die dich aus der Röhre zieht, hat sich in ... Emily Litella* verwandelt? *Auch egal.*

Warte, warte, WAS?

Ich ziehe den Krankenhauskittel wieder an und gehe ins Nebenzimmer, wo meine Scans auf dem Computer zu sehen sind. Auf dem Bild der linken Brust vom 7.1.2014 zeichnet sich deutlich eine Raumforderung an der Brustwand ab; auf dem Bild von heute, 7.2.2014, ist die Brust vollkommen unauffällig. »Ich verstehe das nicht«, sage ich zu der Radiologin. »Der Knoten ist einfach ... *weg*? Wo ist er hin?«

»Wer weiß?«, sagt sie. »Manchmal passiert so etwas, aber wie gesagt, nicht oft.« Meine Onkologin wird mir noch ein paar Fragen zu meiner Ernährung, Sport oder sonstigen Aktivitäten in den letzten Wochen stellen, sagt sie, die sich zwischen dem linken und dem rechten Scan vielleicht verändert haben: Raumforderungen, die spontan verschwinden, sind zwar sehr selten, aber enorm nützlich. Eines Tages werden sie uns vielleicht wichtige Informationen über die Fähigkeit des Körpers liefern, abnormes Zellwachstum selbst zu bekämpfen.

Wie betäubt kehre ich in das Untersuchungszimmer zurück, um mir den Zugang entfernen zu lassen, ziehe meine eigenen Kleider wieder an und treffe mich zum Gespräch mit der Ärztin.

---

* Figur der legendären Komikerin Gilda Radner.

Wir gehen die 31 Tag durch, die zwischen dem MRT mit Schatten und dem MRT ohne Schatten vergangen sind: Hat sich seitdem irgendetwas verändert? Ernährung, Sport, Arbeit? Ich überlege angestrengt. Ich esse wie immer, mache täglich entweder Yoga zu Hause oder einen langen Spaziergang, habe den gleichen übervollen Terminplan mit Arbeit und Kindern wie sonst. Das Einzige, was sich im letzten Monat verändert hat, ist, dass ich am 8. Januar, dem Tag nach dem ersten MRT, die verflixte Verabredung mit Santi hatte, und dass ich seither häufig mit ihm schlafe.

Sie lächelt und fragt, ob ich vorhabe, die Beziehung zu diesem Mann fortzusetzen. Ich weiß nicht genau, sage ich. Er ist lieb und zärtlich und kann sehr gut fegen, aber ich habe nicht das Gefühl, dass es etwas Langfristiges ist. Er hat jetzt schon in den Raum gestellt, dass er wegen der Greencard gern heiraten würde, obwohl ich noch nicht einmal geschieden bin – noch lange nicht –, aber falls ich je wieder heirate, dann nur aus Liebe und nicht aus praktischen Gründen. Die Ärztin seufzt.

»Warum?«, frage ich.

»Ach, nur so …«, sagt sie. Aber irgendetwas muss sie sich denken.

»Warten Sie. Sie meinen doch nicht, dass ich mir den Knoten weggevögelt habe?«

»Nein«, sagt sie lachend. Das würde sie nie behaupten. Es gibt nicht genug Daten für eine solche Theorie. Aber Oxytocin ist natürlich ein starkes Hormon. Wir sind noch am Anfang der Erforschung, welche Wirkung es bei Krebserkrankungen hat.

»Sie meinen, Santi ist meine Chemotherapie?«

»Das würde ich nie so sagen«, erklärt sie sachlich.[*81]

---

[*] Später recherchiere ich und finde eine einzige Studie von 1994, die nahelegt, dass Oxytocin bei der Brustkrebsreduktion eine Rolle spielen könnte, aber ich finde keine Anschlussstudien. Dann, als ich die letzten Korrekturen dieses Buches abschließe, erscheint ein neuer Artikel in *Oncogene* (2020): »The oxytocin receptor

»Was sagen Sie dann?«

»Ich sage nur, dass wir noch wenig über die Ursachen und die Hemmung abnormen Zellwachstums wissen.«

»Dann treffe ich mich weiter mit ihm«, sage ich. »Für Sie.«

»Tun Sie es nicht für mich«, entgegnet die Ärztin, aber ich sehe ihrem Lächeln an, dass sie zufrieden ist. Ich soll in sechs Monaten wiederkommen, sagt sie, dann machen wir wieder ein MRT, um sicherzugehen, dass der Knoten auch wegbleibt. Die Praxis wird sich wegen des Termins melden.

Meine Tochter, die sich extra in der Schule freigenommen hat, kommt verwirrt ins Sprechzimmer. »Warte, was? Das verstehe ich nicht«, sagt sie immer wieder. »Du wirst *nicht* operiert? Was soll ich meinen Freundinnen sagen?« Ihr Telefon vibriert, weil sich ihre Klassenkameradinnen dutzendfach nach dem Ausgang der OP erkundigen.

Ich zucke mit den Schultern. »Sag ihnen, deine Mutter hat keinen Krebs.«

»Ich hab dich lieb«, sagt sie und nimmt mich in den Arm.

»Ich hab dich auch lieb«, sage ich, und mir kommen die Tränen. Es ist unser erster Schritt zurück zu der Nähe, die wir vor dem

---

signalling system and breast cancer: a critical review«. Es ist der erste Artikel in meinen Recherchen, der auf die mögliche Wirkung von Oxytocin auf die Tumorreduktion in der *nicht stillenden* Brust eingeht. Wie in den meisten Studien zum Körper der Frau gibt es extrem wenig Daten. »Die Wirkung von OT (Oxytocin) auf die *nicht stillende* Milchdrüse ist noch wenig erforscht, da sich die meisten Studien auf die Rolle von OT in der Schwangerschaft und Stillzeit beziehen.« Mit anderen Worten, obwohl wir wissen, dass die Brustkrebsrate bei Frauen, die gestillt haben, niedriger ist als bei Frauen, die nie gestillt haben, hat sich noch niemand angesehen, ob das Oxytocin, das bei sexueller Stimulation und sexueller Aktivität ausgeschüttet wird, ebenfalls neutralisierend auf Krebszellen wirkt, aber vielleicht wäre das eine gute Idee. Besonders, nachdem eine Studie in Sri Lanka bei dem Vergleich der Brustkrebsraten sexuell aktiver kinderloser Frauen und zölibatär lebender kinderloser Frauen feststellte, dass die »Brustkrebsrate der sexuell aktiven Gruppe niedriger war als die Brustkrebsrate der zölibatär lebenden Gruppe«.

schicksalhaften Abend hatten, als sie zu früh nach Hause kam. Als ich einen Monat später an meinem Geburtstag aus dem Büro komme, hat sie mit George eine Torte für mich gebacken, mit rosa Buttercreme und einem Phönix aus Erdbeeren.

Für *Health Today* frage ich eine Onkologin, die ich noch aus der Schule kenne, ob sie bereit wäre, unentgeltlich für die Publicity eine wöchentliche Brustkrebskolumne für uns zu schreiben, was sie gern tut, und die Kolumne wird ein Erfolg. Ich habe meinen Job schon fünf Monate behalten, und dann überstehe ich auch den Börsengang mit seiner Selbstbeweihräucherungsfeier bei City Winery, und obwohl ich keine Anteile an der Firma besitze – Leute in höheren Positionen sind plötzlich reich, nicht zuletzt wegen der unbezahlten Arbeit von Menschen mit pharmawerbungsfreundlichen Krankheiten –, atme ich befreiter. Ich liebe meine Arbeit nicht, aber ich gebe alles, was ich habe, und das ist schließlich auch etwas wert.

Am Montag nach dem Börsengang besuche ich einen unserer neuesten Blogger, um ihn über den Stand seiner Multiplen Sklerose zu interviewen und mir seinen Blogeintrag diktieren zu lassen, weil er sich nicht gut genug fühlt, um selbst zu tippen. Er ist der Ehemann einer alten Freundin, die sagte, er würde mir gern mit einer Kolumne helfen. An dem Morgen erzählt er von einem erschreckenden Fall von Behindertendiskriminierung, den er kürzlich erlebt hat. Ich mache für seinen Blog ein paar Fotos von ihm mit seiner Frau und den Kindern, und kurz vor Mittag bin ich wieder im Büro, um die Fotos herunterzuladen und den Text auf die richtige Länge zu kürzen. Als ich mich gerade an den Schreibtisch setze, sehe ich die Chefredakteurin auf mich zukommen. Sie wirkt wütend, aber ich beziehe es zunächst nicht auf mich. Sie macht meistens ein mürrisches Gesicht, und ich freue mich darauf, ihr von unserem neuesten Beiträger zu berichten. »Hey«, sage ich, »du musst dir unbedingt den Blogeintrag ansehen, den ich gerade fertig mache. Der Mann mit MS, von dem ich erzählt habe, er hat eine krasse Geschichte über ...«

»Wo warst du?«, schneidet sie mir das Wort ab.

»Ich habe den Text aufgenommen. Von dem Blogger mit MS. Er kann nicht tippen. Ich habe am Freitag Bescheid gesagt. Ich hab dir am Wochenende eine E-Mail geschickt, um dich noch mal daran zu erinnern.«

»Ach ja, stimmt«, sagt sie. »Jedenfalls haben sie dich gesucht. Du gehst besser gleich hin.« Aus irgendeinem Grund weicht sie meinem Blick aus.

»Wer hat mich gesucht?«

»Die Personalabteilung.«

»Die Personalabteilung?« Ich habe vor einem Monat mit der Personalabteilung gesprochen, um meine bevorstehende OP anzukündigen. Sorgen Sie dafür, dass Sie Ihre Arbeit schaffen, hatte der Mitarbeiter zu mir gesagt. Es sei gerade ein ungünstiger Zeitpunkt, um krank zu sein, mit dem anstehenden Börsengang und so weiter, außerdem habe er gehört, dass ich ein Budget für unsere Blogger*innen verlange, worüber sich die Vizepräsidentin so aufgeregt habe, dass sie eine Beschwerde eingereicht habe. Wir zahlen nicht für Blogbeiträge, erinnerte er mich. Ich weiß, ich weiß, sagte ich, auch wenn mir die Entschuldigung fast im Hals stecken bleibt, tut mir leid, dass ich es versucht habe.

»Ich habe keine Ahnung, was die wollen«, lügt meine Vorgesetzte.

»Werde ich gefeuert? Bitte, sag es mir, damit ich vorbereitet bin.«

»Geh einfach hin.« Sie dreht sich um und lässt mich stehen.

Die Chefredakteurin und ich verstehen uns seit meiner abgesagten OP eigentlich ganz gut – dachte ich zumindest. Wir waren Mittagessen und haben uns über das Leben als alleinerziehende Mütter und Dating nach der Ehe unterhalten. Ihren Ex gibt es allerdings noch, und sie teilen sich die Betreuung, sodass sie einen Teil der Woche mit ihrem neuen Freund verbringen kann. Das muss schön sein, hatte ich gesagt, nicht in die U-Bahn steigen zu müssen, um sich zwischen der Gute-Nacht-Geschichte und der Late-Night-Show ein paar Kuscheleinheiten abzuholen. Stimmt, sagt sie, außer dass ihr neuer Freund ein Trottel sei. Warum bleibt sie mit ihm zusammen? Die gleichen Gründe, warum wir an unserem Job hängen, hatte sie schulterzuckend geantwortet: Trägheit, Notwendigkeit.

Auf dem Weg zur Personalabteilung habe ich das Gefühl, der Boden unter meinen Füßen gibt nach. Als ich mich setze, starre ich wie gebannt auf den Hals des Mannes, der mich einbestellt hat. Sein Hals ist so dick, dass er wie ein eingeschnürter Mozzarella über den Kragen quillt. Der Leiter der Personalabteilung ist knallrot im Gesicht und zeigt drohend mit dem Finger auf mich. »Sie fehlen so viel, dass wir Sie nicht mal finden konnten, um Sie zu feuern!«, donnert er.

Ich erinnere den massigen Mann, der mir seinen Finger ins Gesicht hält, dass nach dem Börsengang, als er mich das erste Mal nicht finden konnte, um mich zu feuern, wie er sagt, alle Computer abgestürzt waren und uns die Redaktion nach Hause geschickt hatte, um an unseren eigenen Computer weiterzuarbeiten. Als er mich heute Morgen das zweite Mal feuern wollte, habe ich das Diktat eines MS-kranken Bloggers aufgenommen. Ansonsten habe ich meine Fehlzeiten einzig bei Sloan Kettering verbracht. Ich zeige ihm meinen akribisch geführten Kalender von Dezember 2013 bis Februar 2014, in dem insgesamt neun Tage markiert sind, die meisten davon halbe Tage, in denen ich in Wartezimmern statt am Schreibtisch Beiträge redigierte. Nicht ein Mal, sage ich, habe ich meine Verantwortung schleifen lassen. Trotz meiner Fehlzeiten habe ich meine Arbeit immer pünktlich erledigt. Darauf habe ich streng geachtet. Und gleichzeitig habe ich unseren

Pool an Beitragenden erweitert und organischen Traffic generiert. Ein Unternehmen in der Gesundheitsbranche versteht sicher, dass Angestellte manchmal krank werden und zum Arzt müssen. Ich frage ihn, ob ich eine Abfindung bekomme. Er schüttelt den Kopf.

Ich fange zu betteln an. Ich bin alleinerziehende Mutter, sage ich. Ich bin die einzige Brotverdienerin der Familie. Bitte. Nur einen oder zwei Monate Abfindung, damit ich während der Job- suche die Miete und die College-Gebühren meines Ältesten zah- len kann. Außerdem habe ich einen wachsenden Stapel Arztrech- nungen zu begleichen. *Bitte!*

Nein, wiederholt er. Sie haben fünfzehn Minuten Zeit, um Ihre Sachen zu packen und zu gehen.

Teil 4

HERZ

2014–2015

15

Inwood

Mai – August 2014

Das Herzrasen macht seine Visite Nacht für Nacht gegen drei. Diese Uhrzeit – die dunkle Stunde der Seele – ist so klischeehaft, dass ich mich zunächst weigere, die Anfälle ernst zu nehmen, bis ich sie nach mehreren Wochen nicht mehr leugnen kann.

Ich bin kein Mensch, der sich leicht erschrecken lässt. Als ich vier Jahre alt war und im Fahrstuhl stecken blieb, setzte ich mich in dem Urvertrauen, dass alles bald geregelt wäre, auf den Boden und pulte mir die Kruste vom Knie. Als ich später auf offener Straße überfallen wurde, bat ich den Räuber, der mit einer Pistole auf mich zielte, ob er mir bitte einfach mein Bargeld geben könnte anstatt des ganzen Portemonnaies, weil es so schwierig sei, die Papiere ersetzen zu lassen. Als mein ältester Sohn als Kleinkind mit der Stirn in eine kaputte Flasche fiel, hielt ich im Krankenwagen seinen Kopf, in dem eine große Scherbe steckte, und tröstete ihn: »Nicht so schlimm. Alles wird gut«, nachdem ich meine Tochter, die noch ein Baby war, beim Hausmeister abgegeben hatte, weil sie nicht mit in den Krankenwagen durfte.[*]

Doch als ich mit 48 als Alleinerziehende und Alleinverdienerin plötzlich ohne Abfindung gefeuert werde, teure medizinische

---

[*] Was übrigens eine bescheuerte Regel ist. Was wäre, wenn kein Hausmeister da gewesen wäre, um auf mein Baby aufzupassen und es zu füttern, während mein Sohn genäht werden musste? Nebenbei: Ich rief den Krankenwagen nicht. Mein Sohn blutete so stark, dass Passanten den Krankenwagen riefen. Die Fahrt, die ich nicht bestellt hatte, kostete mich 1200 Dollar. Den Rest übernahm die Versicherung.

Untersuchungen brauche und in den versicherungslosen Dschungel der Gig-Economy zurückkehren muss, ist jeder Anspruch auf
die Behauptung, ich sei ein entspannter Mensch, dahin.

Die nächtlichen Störungen sind nicht nur lästig. Sie werden von
Schweißausbrüchen und Todesangst begleitet, ein Albtraum, der
nach dem Aufwachen noch schlimmer wird. Ich bekomme kaum
Luft. Ich greife mir an die Brust, wo mein sonst so braves Herz
lautstark rebelliert, Motherfucker – wie ein Sträfling, der mit der
Blechtasse gegen die Gitterstäbe meiner Rippen schlägt.

Es handelt sich um PVCs – vorzeitige ventrikuläre Kontraktionen, *premature ventricular contractions* –, wie ich später herausfinden werde.[82] Aber das erst zwei Jahre später, wenn sie so aufdringlich werden, dass ich bei der Arbeit zusammenklappe. Im
Moment nenne ich sie einfach mein Herzstolpern.

Innere Unruhe ist einer der vier großen Risikofaktoren für
PVCs, die harmlos sind, wenn sie hin und wieder vorkommen,
aber nicht, wenn sie chronisch werden, denn sie können zu Kam-
merflimmern und Herzmuskelerkrankungen führen. Obwohl ich
versuche, die nächtlichen Episoden ruhig wegzuatmen, laufe ich
am Ende meistens aufgescheucht durchs Zimmer, was es nicht besser macht. Mein Gedankenstrudel in diesen nächtlichen Wachzei-
ten ist immer derselbe: der Teufelskreis der existenziellen Ängste,
wenn man pleite ist.

*In zwei Monaten läuft der Mietvertrag aus. Ich muss umziehen,
um die Miete zu reduzieren. Ich kann nicht umziehen, wenn ich
kein Gehalt beziehe oder Geld auf dem Konto habe. Letztes Mal
hat die Jobsuche sechs Monate gedauert. Bald landen wir auf der
Straße. Ich muss Brittany vor die Tür setzen. Dann landet sie auf
der Straße. Und wie soll ich ohne Brittany arbeiten, wenn ich einen
neuen Job finde?*

Die Kommune hat inzwischen zwei neue Mitglieder: eine ebenfalls frisch getrennte Mutter, die mir eine Freundin vorgestellt hat,

und ihren Sohn. Sie ist in Georges Zimmer gezogen, nachdem er den Mangel an Privatsphäre und den ständigen Lärm des Kommunenlebens nicht mehr ausgehalten hat. Ihr Teenager geistert in meinem ehemaligen Arbeitszimmer herum, wo vorher Brittany gewohnt hat. Brittany schläft auf dem Fußboden im Wohnzimmer.

Damit ist die Kommune auf sieben menschliche Mitglieder angewachsen. In einer Wohnung mit drei Schlafzimmern in der oberen Hälfte eines schmalen Harlemer Reihenhauses. Die frisch getrennte Mutter, die vorher schon dünn war, wird noch dünner. Hannah fängt nach mehreren vorbildlichen Monaten wieder an, die Schule zu schwänzen. Meine Unruhe hat also auch andere mit in den Strudel gezogen, der sich immer schneller dreht und mein Herz auslaugt.

Wie kann ich einer Frau, die selbst gerade in der Krise steckt, erklären, dass ich trotz ihres Beitrags die Miete nicht mehr zahlen kann, und sie vor die Tür setzen? Das ist nicht fair, weder ihr noch ihrem Sohn gegenüber. Ich habe ihr Vertrauen missbraucht, weil ich ihr einen sicheren Hafen versprochen habe, solange sie über ihre nächsten Schritte nachdenkt. Das Gleiche habe ich Hannah versprochen, die im Herzen ein lieber Mensch ist. Die Kommune ist diesen Leuten eine Zufluchtsstätte. Die Frau hat sogar ein paar Möbel für das Zimmer gekauft, um es gemütlich einzurichten. Wie kann ich ihr jetzt sagen, dass wir alle ausziehen müssen, weil ich meinen Job verloren und keinen neuen in Aussicht habe? Wie kann ich Hannah wegschicken, nachdem sie solche Fortschritte hier gemacht hat? Ich bin ein Monster, ich bin ein Monster, ich bin ein Monster ...

Und dann sind da noch die üblichen Ängste nach dem Ende einer Ehe: Schulden, sozialer Abstieg, Einsamkeit, Dunkelheit, Depression, der tägliche Überlebenskampf und der Scheidungsprozess an sich, der mir noch bevorsteht. Als der ganze Korb der Scheußlichkeiten in den Abwärtsstrudel einfließt, brennen bei mir die Sicherungen durch.

Ich brauche ein MRT, um sicherzugehen, dass der Knoten weg ist. Ohne Versicherung kostet ein MRT 6000 Dollar. COBRA kostet 2000 Dollar im Monat. Wo kriege ich die 2000 Dollar her? Ich muss diese Panikattacken irgendwie in den Griff kriegen – mit Medikamenten? Gesprächstherapie? Ein Therapeut in New York kostet 300 Dollar pro Sitzung. Bald geht mein nächstes Kind aufs College. Wie soll ich eine Therapie und zweimal College-Gebühren bezahlen? Ich muss die Trennung von meinem Ehemann so schnell wie möglich offiziell machen, damit wir das gemeinsame Konto mit den Kreditkarten auflösen können, von dem er weiter Geld abhebt, das ich verdient habe, aber wie schaffe ich das ohne Scheidungsanwalt? Kann ich den kläglichen Rest, der noch auf dem Konto ist, einfach abheben und ein neues Konto eröffnen, oder gehört das Geld, das ich verdiene, zum Gemeinschaftsvermögen? Und wo kriege ich 30 000 Dollar für den Vorschuss her, damit ein Scheidungsanwalt das alles für mich aufdröselt? Oder die 4000 Dollar für den Umzug? Oder die 39 000 Dollar, um die Schulden abzuzahlen? Oder die 200 Dollar für Lebensmittel diese Woche? Außerdem brauchen die Kinder Schuhe, Friseurtermine, Schulausflüge, Therapie, Schulsachen … aaaarrrrrggggggghhhhhhhh!!!!!!

Um meine Gedanken zu beruhigen, googele ich »Achtsamkeit«. Ich nutze einen kostenlosen Online-Meditationsschnupperkurs, dann einen zweiten. »Nimm deine Gedanken wahr und akzeptiere sie, ohne sie zu kritisieren«, heißt es, »und konzentriere dich auf deine Atmung. Die meisten Gedanken sind nur Geräusche im Kopf: irrationale Ängste, die sich nach vorne drängen.« *Nein!*, will ich zwischen meinen Atemzügen rufen. Es sind keine irrationalen Ängste. Es sind reale Ängste, und sie machen mich kaputt. Du kannst dein leeres Bankkonto nicht wegmeditieren, wenn du als Einzige für die Gesundheit und das Wohlergehen deiner drei Kinder verantwortlich bist. Es ist ein echtes Problem mit unmittelbarem Handlungsbedarf.

Manchmal, wenn das nervöse Herzstolpern tagsüber auftritt, falle ich in Ohnmacht. Ich bin schon immer ab und zu in Ohnmacht gefallen, aber inzwischen passiert es so regelmäßig, dass ich die Umgebung ständig auf scharfe Ecken und Kanten kontrolliere. »Mom ist wieder weg«, höre ich, wenn ich zu mir komme, und sehe über mir das Gesicht eines meiner Kinder. »Mom! Mom! Hörst du mich?«

Ich rufe bei ADP an, der Firma, die mein COBRA-Konto verwaltet, und frage, ob ich die Rechnung für das ganze Quartal im Voraus statt monatlich zahlen kann: Wenn das Geld auf meinem Konto ist, gebe ich es für Essen aus, und im Moment ist die Krankenversicherung wichtiger als Essen. Kein Problem, sagt Christy, die nette Frau am anderen Ende der Leitung. Ich schicke einen Scheck über 5292,87 Dollar für das Quartal an ADP. ADP löst den Scheck ein. Direkt im Anschluss kündigt ADP meinen Versicherungsschutz. Offenbar kam der Scheck ein paar Tage zu spät an. Ich lege Einspruch ein. Mein Einspruch wird abgelehnt. Ohne Geld für einen Anwalt oder Berufung ist der Fall damit erledigt. Es dauert einen weiteren Monat, bis ich das Geld zurückbekomme.

Sloan Kettering ruft an, um den MRT-Termin zu vereinbaren, den die Onkologin angeordnet hat, um sicherzugehen, dass der Knoten wirklich weg ist. Ich sage, es tut mir leid, aber ich bin zurzeit nicht versichert, und ich kann mir die 6000 Dollar als Selbstzahlerin nicht leisten. Ich brauche Geld auf dem Konto, um eine neue Wohnung zu finden.

Dann nutze ich das winzige Zeitfenster, in dem mein Bankkonto gefüllt ist, um eine Wohnung in der Nähe der Grundschule meines Sohns zu suchen, in »Manhattans letzter bezahlbarer Wohngegend«[83] Inwood. Nach einem Dutzend ergebnisloser Besichtigungen in dunklen Bruchbuden, die voller Mäusekot waren, keinen Stauraum hatten, seltsame Grundrisse oder statt der angegebenen zwei Schlafzimmer nur eins »Im Wohnzimmer

kann man auch schlafen!«, ergattere ich einen Termin im nagelneuen, noch nicht ganz fertigen Apartmenthaus direkt gegenüber
der Schule, das noch nicht auf dem Markt ist.

»4500 Dollar im Monat! Für eine Wohnung mit zwei Schlafzimmern!«, empöre ich mich Santi gegenüber am Handy, als ich nach
der Besichtigung einer Wohnung mit nagelneuer Ausstattung,
aber fast keinem Platz für Möbel wieder hinaus auf die Straße
trete. »In *Inwood*! Ist das zu fassen?«

Ich rede so laut, dass mich ein circa sechzigjähriger Mann hört,
der vor der Bar neben dem Café sitzt, in dem ich häufig Stel-
lenanzeigen lese und Bewerbungen schreibe, wenn ich meinen
Sohn zur Schule gebracht habe. »Sie suchen 'ne Bleibe?«, ruft er
und läuft mir hinterher. Sein Akzent ist pure Bronx. Nach hundert Metern ist er außer Atem. Er ist bleich und pockennarbig,
wahrscheinlich hatte er als Teenager Akne, und sein pomadiges
Haar ist pechschwarz gefärbt. Er tritt die Zigarette aus und steht
so dicht vor mir, dass ich seine Vormittagsfahne rieche. »Ich habe
'ne Wohnung mit drei Schlafzimmern und zwei Bädern gleich um
die Ecke. 2300 im Monat. Wollen Sie sie sehen?«

Wenn man so oft überfallen und ausgeraubt wurde wie ich,
fährt die Amygdala sofort den Abwehrschirm hoch, sobald ein
Fremder in deinen Luftraum eindringt. »Wie bitte?«

»Wer ist da?«, will Santi wissen, der immer noch am Telefon ist.

»Hier steht jemand, der behauptet, er hätte eine große Wohnung für 2300 Dollar im Monat ... Nein, kein Scherz ... ich bin
gleich bei dir«, lüge ich. Ich will dem Fremden zeigen, dass jemand
mitkriegen würde, wenn ich nicht auftauche.

»Tut mir leid«, sagt der Mann. »Ich wollte mich nicht einmi-
schen. Ich hab nur zufällig gehört, was Sie gesagt haben, und ich
hab diese schöne Wohnung gleich hier um die Ecke, die Sie sich
mal ansehen sollten. Wollen Sie mitkommen?«

»Sind Sie Makler?«, frage ich. »Haben Sie eine Karte?«

»Hm …« Er klopft sich mehrmals die Hosentaschen ab, ohne Erfolg. »Na ja … ich bin kein richtiger Makler«, sagt er. »Ich helf nur dem Vermieter ein bisschen. Sie wissen schon, Mieter finden.«

»Ist das nicht die Definition von Makler?«

»Wollen Sie die Wohnung jetzt sehen oder nicht?«

Ich habe genug Krimis gesehen, um zu wissen, dass die Szene für die Frau, die mich spielt, auf keinen Fall gut enden wird. »Nein, danke«, sage ich. »Ich habe es eilig.«

»Dann nehmen Sie meine Nummer mit«, sagt er. »Falls Sie es sich anders überlegen.« Er hält mir die einzelne zerknickte Visitenkarte hin, die er schließlich in der Jackentasche gefunden hat. Es steht kein Name darauf. Nur eine Telefonnummer und der Name einer Firma, von der ich noch nie gehört habe.

Ich zögere. Dann nehme ich die Karte – ich meine, 2300 Dollar im Monat für eine Wohnung mit drei Schlafzimmern in Manhattan. Heutzutage kostet in Manhattan eine Wohnung mit einem Schlafzimmer im Schnitt 4208 Dollar. (Ja, ich weiß, das ist verrückt, aber es ist auch die Stadt mit den meisten Medienjobs und Firmen, die mich vielleicht anheuern.)

Santi, der alles mitgehört hat, findet, ich sollte mir die Wohnung mal ansehen, warum nicht?

»Bist du verrückt?«, frage ich.

»Es könnte für dich und die Kinder alles ändern.«

»Ja«, sage ich. »Indem ich ermordet werde.«

Nach ein paar Stunden in dem Café, in dem ich eine weitere Bewerbung für ein weiteres Jobangebot schreibe, das vage in meinen Bereich fällt, siegt schließlich die Neugier. Ich rufe die Nummer auf der zerknickten Visitenkarte an. Derselbe Bronx-Akzent antwortet. »Okay«, sage ich. »Zeigen Sie mir die Wohnung.«

Wir treffen uns vor dem Gebäude an der Ecke Seaman Avenue und West 207th Street. Er hat einen Schlüssel zur Lobby. Das wirkt vielversprechend. Er ist umgänglich, sogar freundlich, jetzt, da ich

mich bereit erklärt habe, mir die Wohnung zeigen oder mich zer-
stückeln zu lassen. Die Wohnung ist im zweiten Stock eines heruntergekommenen fünfstöckigen Art-déco-Gebäudes direkt am
Inwood Hill Park – durch die Fenster sieht man die Bäume eines
echten Waldes, von dessen Existenz ich nichts wusste, mit *Wanderwegen*. Es gibt drei mittelgroße Schlafzimmer, zwei Bäder und
eine kleine Küche mit einem sehr kleinen Frühstücksplatz. Zuge-
geben, in der Küche steht ein Herd aus den fünfziger Jahren mit
einer ebenso alten Speckschicht, der kleine Kühlschrank hat zwei
kaputte Türfächer, und die schwarzweißen Fliesen sind aufgeklebt
und mit Dreck statt mit Zement verfugt, es gibt keine Waschmaschine oder Spülmaschine und weder Platz noch Genehmigung,
eins davon zu installieren, die Schränke sind klebrig und voller
Krümel, und in zwei der Wandschränke liegen mehrere tote Kakerlaken, aber der Grundriss der Zimmer ist gut. Besser als gut.
Das Wohnzimmer ist in angenehmes Nachmittagslicht getaucht,
und das Elternschlafzimmer ist den ganzen Tag hell und hat sogar
ein winziges eigenes Bad mit Dusche. »Wo ist der Haken?«, frage
ich den Mann, der kein Makler ist.

»Es gibt keinen Haken«, sagt er.

Ich frage, ob ich noch mal mit meiner Freundin Caroline vorbeikommen kann. Kein Problem, sagt er. Caroline ist eine praktisch denkende Independentfilm-Produzentin. Wenn jemand
einen Braten riecht, dann sie. Am nächsten Morgen sitzen wir
zusammen auf dem Boden im Wohnzimmer. »Du kannst deinen
Esstisch da hinstellen. Wahrscheinlich passt er hin«, sagt sie und
zeigt auf eine schmale Nische zwischen Wohnungstür und Küche.

»Vielleicht. Aber knapp«, sage ich. »Du findest also, ich soll es
nehmen? Ist es nicht zu gut, um wahr zu sein?«

»Ich meine … Ja, es ist zu gut, um wahr zu sein. Aber selbst
wenn nur die Hälfte stimmt, kommst du gut weg. Außerdem,
welche Alternativen hast du?«

»Keine«, sage ich. Inzwischen habe ich mir alle Wohnungen angesehen, die im Einzugsbereich der Schule und darüber hinaus auf dem Markt sind. Wohnungen mit drei Schlafzimmern sind selten, und nach einem Jahr WG, in dem ich für sieben gekocht habe, sehne ich mich nach Privatsphäre und einfachen Pfannengerichten. Außerdem sind in Harlem schon mehrere Makler*innen mit potenziellen Käufer*innen aufgetaucht. Die Stunde hat geschlagen: Der australische Immobilienkonzern, der das Haus, das bisher von zwei Mietparteien bewohnt wurde, gekauft hat, will es renovieren, in ein Einfamilienhaus umwandeln und an jemanden verkaufen, der es sich leisten kann.

Also nicht an mich.

Schließlich teile ich meinen Kindern und dem Rest der Wohngemeinschaft mit, dass unser Mietvertrag in einem Monat ausläuft und ich nicht das Geld habe, ihn zu verlängern. Ich erkläre, dass ich mit den Kindern nach Inwood ziehe. Ich verspreche Brittany, einen Platz als Au-Pair in einer anderen Familie für sie zu finden, und das tue ich auch. Wir sind bis heute befreundet. Hannah zieht wieder bei ihrer Mutter ein, bis sie ein Jahr später aufs College geht. Mein jüngster Sohn ist zwar traurig, aus seiner gewohnten Umgebung wegzuziehen, wo er am Wochenende im Jackie Robinson Park gespielt hat, aber er freut sich, näher an der Schule und in der gleichen Straße wie seine besten Freunde zu wohnen. Meine Tochter ist nur noch ein Jahr zu Hause, die Familie ist sowieso schon den Bach runtergegangen, sie bekommt das erste Mal ihr eigenes Zimmer, und in Inwood ist sie näher an ihrer Schule in der Bronx, also ist von ihrer Seite aus alles okay, sagt sie, bis auf den Namen unserer Straße. »*Seaman* Avenue? Ich lade nie wieder Freunde ein«, sagt sie. Der Gleichklang von »seaman« und »semen« war mir noch gar nicht aufgefallen, und wir lachen noch mehr, als ich ihr erzähle, dass wir in der Nähe der Ecke Cumming Street wohnen. Die andere frisch getrennte Mutter der Kommune ist verständlicherweise ziemlich enttäuscht, ihr neues Heim nach knapp drei Monaten wieder zu verlieren, auch wenn sie versteht, dass es nicht anders geht. Ich habe bis heute ein schlechtes Gewissen.

Andererseits weiß ich, dass ich nicht allein schuld an ihren und meinen Sorgen bin. Die Gründung und das Ende unserer Kommune gehen zurück auf die faulen Früchte des ungebremsten amerikanischen Kapitalismus: Gesetze, die Vermieter*innen, nicht Mieter*innen schützen, ein künstlich aufgeblähter Wohnungsmarkt, die Rezession von 2008, ein Mietenanstieg von 40 Prozent, das profitable Geschäft mit den Scheidungen, das profitable Geschäft der Krankenversicherungen, die unfassbaren Kosten der amerikanischen College-Ausbildung, die Gig-Economy, Private-Equity-Übernahmen, bei denen die Arbeitnehmenden unter die Räder kommen, die schreiende Einkommensungleichheit, und eine Regierung, die zu korrupt, zu inkompetent und zu verstrickt in parteipolitische Streitigkeiten ist, um zu verhindern, dass sich die Krähen gegenseitig die Augen aushacken.

»Passt gut auf, dass ihr nicht krank werdet und euch nicht wehtut«, sagte ich zu meinem Kindern, als wir die Umzugskisten packen. Jeder Penny meiner mageren Ersparnisse geht für das Umzugsunternehmen und die erste und letzte Monatsmiete drauf. »Wir sind zurzeit nicht krankenversichert, und wir haben keine Notreserven.«

»Ab wann sind wir wieder versichert?«, fragt meine Tochter. »Und was ist mit der Pille?« Ohne Versicherung kostet die Pille 480 Dollar im Jahr. Ich habe keine 480 Dollar auf dem Konto.

»Bald«, sage ich. »Und keine Sorge wegen der Pille. Ich überlege mir was, bis wir wieder versichert sind.« Inzwischen sehe ich mich auch in anderen Bereichen um und bewerbe mich unter anderem als Weihnachtsaushilfe beim Container Store, einer großen Einzelhandelskette, nur damit ich für drei Monate versichert bin, während ich weiter nach einem Job im Journalismus suche.

Außerdem nehme ich jeden Auftrag als freie Autorin an, den ich kriegen kann, aber seit Zeitschriften häufig nur noch pauschal 200 Dollar pro Artikel anbieten, für die ich früher je nach Länge 3000 bis 10 000 Dollar bekam, ist es eine ziemlich ernüchternde Anstrengung.

Nebenbei arbeite ich an dem Vierzig-Seiten-Proposal und dem ersten Kapitel eines Memoirs, das ich *Ja, und …* nenne. Es geht um die heilenden Kräfte der Formel »Ja, und« in einer Welt, in der Frauen über vierzig ständig »Nein« hören. Folgerichtig erhalte ich nach ersten Reaktionen, die in Richtung »Ja, und …« gehen, von den größeren Verlagen einen Haufen »Nein, aber …«, mit Variationen von: »Sorry, unsere Marketingabteilung sieht im Moment keinen Markt für ein Memoir einer Frau mittleren Alters, aber wir lieben den Text und hoffen, dass er anderswo ein Zuhause findet.«

Das alles ist 2014, fünf Jahre bevor die *New York Times* im Nachgang von #MeToo klarstellt, dass ältere Frauen wieder en vogue sind. »Altersdiskriminierung ist eines der letzten akzeptierten Vorurteile in unserer Kultur, und sie überschneidet sich wirkmächtig mit Sexismus«,[84] wird dort eine Professorin der University of Michigan zitiert. »Aber jetzt sagen ältere Frauen: ›Nein, ich bin noch quicklebendig, ich habe viel zu bieten und ich lasse mich nicht unsichtbar machen.‹« Ich lese den Artikel mit einer Mischung aus Wut und Genugtuung, als ich das vorliegende Buch Ende 2018 endlich an einen aufgeklärten männlichen Lektor verkauft habe.

Aber zunächst fülle ich in einem zwielichtigen Büro am Fuß der George Washington Bridge die Anmeldung für den Mietvertrag aus und überreiche dem Nicht-Makler-Makler einen Scheck über die Kaution. Falls das Ganze ein Schwindel ist, werde ich den Scheck sperren lassen, tröste ich mich. Spoiler-Warnung: Es ist alles rechtmäßig, aber bei jedem weiteren befremdlichen Schritt auf dem Weg zum Mietvertrag, bei dem ich noch mehr persönliche Informationen offenlegen muss, wächst meine Überzeugung, dass ich betrogen werde, auch – nein, vor allem – am Tag der Unterzeichnung.

»Was sind das für Leute?«, fragt der Vermieter missmutig, ein älterer orthodoxer Jude, und zeigt abschätzig auf die Namen meiner Kinder, die ich beim Punkt »Weitere Mitbewohner« eingetragen habe. Wir stehen an meiner zukünftigen Resopal-Küchentheke, an der sich das Furnier löst, um die endgültigen Papiere zu unterschreiben. (»Reparieren Sie das?«, frage ich ihn. »Natürlich«, lügt er.)

»Das sind meine Kinder«, sage ich.

»Wer hat was von Kindern gesagt? Sie können Ihre Kinder nicht in den Mietvertrag setzen. Wir haben nie genehmigt, dass hier Kinder wohnen.«

Mein Herz stolpert wieder. Ich bin kurz vor der Ohnmacht, aber ich halte mich an der kaputten Resopalplatte fest. »Wieso sollte eine Mutter eine Wohnung mit drei Schlafzimmern für sich allein wollen? Ich habe Kinder. Sie gehören dazu.«

»Nein, tut mir leid. Keine Kinder.«

Würde ich mit einem Ehemann hier stehen, wäre mir das nicht passiert. Als alleinerziehende Mutter habe ich gelernt, dass Bedingungen flexibler sind, wenn ich sage: »Hm, das kommt mir ein bisschen seltsam vor. Darüber muss ich erstmal mit meinem Mann sprechen.« Aber in dieser Situation habe ich Pech. Er weiß, dass zwischen ihm und mir kein Macker steht.

»Das kann nicht Ihr Ernst sein. Sie können mir doch nicht verbieten, mit meinen Kindern zusammenzuwohnen. Das wäre absurd. Und illegal«, sage ich, obwohl ich mir plötzlich unsicher bin. Darf ein Vermieter verbieten, dass in einer Wohnung Kinder leben?[*] Ich versuche die Frage zu googeln, aber in der Küche habe

---

[*] Nein. Dank des Fair Housing Act von 1968 dürfen sich Vermieter*innen nicht weigern, Wohnungen an Familien mit Kindern zu vermieten.

ich praktisch keinen Handyempfang. Ist das der Grund, warum wir die Papiere hier unterzeichnen?

»Wollen Sie die Wohnung oder nicht?«

»Natürlich will ich die Wohnung! Aber nur mit meinen Kindern. Das ist nicht verhandelbar. Ihr Vater lebt in einer anderen Stadt. Sie wohnen bei mir. Entweder sie ziehen mit ein, oder ich kann den Mietvertrag nicht unterschreiben.«

Der Eigentümer stampft theatralisch ins Wohnzimmer, um mit dem Nicht-Makler unter vier Augen zu sprechen. Zehn lange Minuten später kommen sie zurück in die Küche. »Na gut«, sagt der Eigentümer. »Aber Sie müssen das hier auch unterschreiben.«

In all meinen Jahren als Mieterin habe ich das erste Mal das Gefühl, ich bräuchte juristischen Beistand, um einen simplen Mietvertrag zu unterschreiben. »Was ist das?«, frage ich.

Das ist eine seitenlange Zusatzklausel, die meinem Vermieter – nein, nennen wir ihn beim Namen – meinem *Slumlord* – das Recht gibt, die Miete meiner von der Regierung subventionierten mietpreisgebundenen Sozialwohnung nach meinem Auszug an das marktübliche Mietniveau anzupassen. (Glaube ich. Genau weiß ich es nicht, da ich nie eine Kopie der Zusatzklausel erhalten habe.) Rückblickend war das Theater wegen meiner Kinder wohl nur ein Vorwand, um mich dazu zu bringen, alles zu unterschreiben, was nötig war, um die Wohnung zu bekommen, nachdem ich schon so viele Hürden genommen hatte – ja, sehr viel mehr Hürden als üblich. »Nur pro forma«, lügt er. »Reine Vorsichtsmaßnahme. Weil mir keiner gesagt hat, dass Sie Kinder haben.«

»Das ist doch lächerlich! Ich habe dem Makler gesagt, dass ich Kinder habe. Als er mir die Wohnung gezeigt hat, habe ich Sachen gesagt wie: ›Das hier wird das Zimmer meiner Tochter, und das wird das Zimmer meines Sohnes.‹«

»Er ist kein Makler.«

»Auch egal!« Mein Frust ist hörbar.

»Sie sind keine Anwältin, oder?« Er sieht mich misstrauisch an.

»Nein«, sage ich.

»Journalistin?«

Eine *schlechte*, denke ich später, denn hätte ich mich ein bisschen umgehört, wüsste ich, dass die Dachgesellschaft der Immobilienfirma, mit der ich es zu tun habe – über die es googelbare Beschwerden von Schimmel über Kakerlaken zu Monaten ohne Heizung gibt –, der Todesstern der skrupellosen New Yorker Slumlords ist. Sie schicken Privatdetektiv*innen, um Mieter*innen mietpreisgebundener Wohnungen auszuspionieren, die sie loswerden wollen. Die zahlreichen Ein-Stern-Bewertungen bei Yelp (»Vorsicht!«; »Abzocke!«; »Ich gehe vor Gericht!«; »FINGER WEG VON DIESEN BETRÜGERN!!!!«) beschreiben Dutzende von illegalen, korrupten, unmoralischen und rassistischen Geschäftspraktiken.

Ich weiche der Frage, ob ich Journalistin sei, aus und sage stattdessen: »Ich bin Jüdin«, in der Hoffnung, dass unsere gemeinsame Geschichte ihn milde stimmt. (Tut sie nicht.)

Er schluckt den Köder. »Gehen sie zur *shul*?«

»Natürlich!«, sage ich, ohne zu erläutern, dass ich seit dem Tod meines Vaters vor sechs Jahren nicht mehr dort war. In unserer Familien gingen wir jedes Jahr an Rosch ha-Schana und Jom Kippur zur Synagoge (alias *shul*), aber als mein Vater seine Diagnose bekam und ich ihn am Telefon fragte, ob ich ihn an Jom Kippur in die Synagoge begleiten sollte, antwortete mein aus Kansas City stammender Vater, dessen härteste Flüche *verflixt* und *Scheibenkleister* waren: »Scheiß auf Jom Kippur. Mein Schicksal ist besiegelt. Ich gehe zum Strand.«

Wir unterschreiben die Papiere mit der Klausel, dass meine Kinder im Falle meines Todes den Mietvertrag nicht übernehmen dürfen, was bestimmt unrechtmäßig ist, aber inzwischen ist es mir egal. Außerdem habe ich nicht vor zu sterben, bevor ich hier ausziehe, was kurzsichtig ist, wenn man bedenkt, dass ich drei Jahre später fast verblute. Aber ich brauche eine bezahlbare Wohnung – sofort –, und die hier sieht ordentlich genug aus. Der Vermieter überreicht mir einen Schlüsselbund und geht, und dann stehe ich allein in meiner neuen Wohnung, die ich offiziell meine Scheidungswohnung nenne, weil »Trennungs-aber-immer-noch-im-Vorscheidungsstadium-Wohnung« zu sperrig ist.

Ich schreite durch die noch leeren Zimmer meines bescheidenen neuen Heims und spüre einen Anflug von Stolz und, warte ... was ist das? ... ja ... *Freude.* Echte Freude. Ich habe es geschafft. Ich habe eine schlechte Ehe hinter mir. Ich habe die überteuerte Wohnung in Harlem hinter mir. Ich habe eine Wohnung mit Blick auf einen Wald mit echten Wanderwegen. Sie ist ein Katzensprung von der Grundschule meines Sohns entfernt, sodass ich jeden Morgen eine halbe Stunde länger frühstücken kann, statt mit ihm in der U-Bahn quer durch die Stadt zu fahren, und in zwei Jahren, wenn er zehn wird, kann er sogar allein zur Schule gehen. Die Miete ist halb so teuer wie zuvor, sodass ich nicht auf Untermieter*innen angewiesen bin. Und mein Schlafzimmer hat ein eigenes Bad und ein Fenster ins Grüne. Tatsächlich bin ich von derartig paradiesischem Grün umgeben, dass, wäre mein Leben ein Buch, jeder Lektor und jede Lektorin an den Rand schreiben würde: »Unglaubwürdig!«

In der Scheidungswohnung auf der Seaman Avenue werde ich die nächsten vier Jahre leben und fast jeden Morgen einen Spaziergang durch den Inwood Hill Forest machen, um mir meine tägliche Dosis Thoreau'sche Natur zu holen. Von nun an beginne ich jeden Tag mit der simplen Praxis, einen Fuß vor den anderen zu setzen. Egal, was mir im Leben als Nächstes begegnet – Job, Beziehung, Umzug, Veränderungen –; so will ich die Sache angehen: geerdet, wohlbeschattet, laubknisternd, sauerstoffreich, lichtgesprenkelt, ruhig, friedlich, voranstrebend und grün, egal wie steil der Berg ist. (Denn Berge gibt es immer.) Während dieser täglichen Gänge, bei denen die Bäume viermal von Grün zu Rot zu Schwarz zu Weiß und wieder zu Grün wechseln, denke ich darüber nach, was ich von der zweiten Hälfte meines Lebens will, die gerade beginnt, und diese tägliche Befragung und Wahrnehmung meiner Existenz, ihrer Vergänglichkeit und des Wandels der Jahreszeiten wirken wie ein Katalysator.

Doch noch ist es nicht so weit. In jenem Moment stehe ich noch am Fuß des Berges, an dem jeden Morgen mehrere Wege beginnen. Der Aufstieg zeigt mir jeden Tag, was möglich ist. Du wählst einen Weg. Du bleibst dabei. Manchmal verirrst du dich oder stolperst über eine Wurzel oder rutschst auf dem Eis aus oder tust dir an einem Ast weh. Aber wie Dante, Hänsel und Gretel vor dir findest du irgendwann den Weg aus dem Wald ins Licht.

Während die Bäume an der Nordspitze Manhattans einen unerwarteten, sauerstoffreichen Segen darstellen, bietet die Wohnung unerwartete ... nennen wir es Herausforderungen. Nach und nach, manchmal auch geysirartig, treten die »Haken« unseres neuen Heims am Inwood Hill Park zutage. Es sind reichlich. Ich liebe unser neues Zuhause, das steht fest, und ich bin bis heute dankbar, dass es so plötzlich aufgetaucht ist – buchstäblich aus dem Nichts –, aber solange wir dort wohnen, kämpfen wir gegen Kakerlaken (nicht ein paar, sondern Tausende), krankheitserregenden Schimmel und Heiz- und Warmwasserausfälle an vielen aufeinanderfolgenden Tagen bei Minustemperaturen. In der Badewanne schießen Fontänen stinkender, brauner, giftiger Brühe aus dem Ablauf. Das Leitungswasser ist meistens braun, manchmal läuft es gar nicht. Durch die undichten Fenster regnet es herein, sodass zwei der Fensterbänke zu schimmeligem farbschuppigem Brei aufweichen, und egal wie oft ich die Hausverwaltung mit Fotos darauf aufmerksam mache, wird der Schaden nicht behoben und verschlimmert sich.

Die Zündflamme am Herd erlischt täglich, sodass es häufig nach Gas riecht, wenn ich nach Hause komme. Ich klebe die kaputten

Kühlschrankfächer mit Panzertape. Der Fahrstuhl setzt häufig aus, manchmal, wenn ich darin stehe. Im Waschkeller funktionieren immer nur drei der fünf Gemeinschaftswaschmaschinen.

All diese Mängel und Unannehmlichkeiten gehören zur klassischen Slumlord-Taktik, um Mieter*innen aus mietpreisgebundenen Wohnungen rauszuekeln und die Miete in der nächsten Runde radikal zu erhöhen. Deswegen haben wir im Haus eine private Listserv-Mailingliste, die alle Mieterinnen und Mieter daran erinnert, die Behördennummer 3–1–1 anzurufen, um uns zu beschweren, wenn die Heizung und das warme Wasser länger als eine Woche nicht funktionieren oder wenn das Leitungswasser aussieht, als hätte jemand hineingeschissen.

Auch Sicherheit ist ein Problem. Es gibt keinen Doorman, und durch die Gegensprechanlage dringen nur unverständliche statische Geräusche. Die schwer gestörte Patientin eines Nachbarn, der Psychiater ist, wird ins Haus gelassen, obwohl wir über Listserv gewarnt wurden, sie nicht ins Haus zu lassen. Sie kippt Feuerzeugbenzin auf seinen Fußabtreter, zündet ein Streichholz an und fackelt fast das Gebäude ab. Einbrecher steigen in mehrere Erdgeschosswohnungen ein, weil die Riegel der Fenster kaputt sind. Eine Nachbarin wird an einer dunklen Stelle vor dem Haus überfallen, obwohl die Mieterinnen und Mieter seit Jahren Außenbeleuchtung fordern. Die Liste ist lang.

Auch Kleinigkeiten beeinträchtigen die Wohnqualität, besonders nachdem meine Tochter aufs College geht und ich allein mit meinem kleinen Sohn bin. Abends stehe ich meistens eine Stunde an der Spüle und schrubbe unser Geschirr, häufig mit kaltem Wasser, wenn der Boiler mal wieder streikt. Ja, ich weiß, es klingt verwöhnt und unbedeutend, da 25 Prozent aller US-amerikanischen Haushalte keine Spülmaschine haben, mal abgesehen vom Rest der Welt, aber die allabendliche Stunde Geschirrspülen mit kaltem Wasser nach einem langen Arbeitstag, statt wie in Harlem in einer

Viertelstunde die Spülmaschine einzuräumen, führt dazu, dass ich
vier wichtige Jahre lang nach dem Abendessen noch weniger Zeit
mit meinem Acht-(Neun-, Zehn-, Elf-)jährigen verbringen kann,
der sich ohnehin vernachlässigt fühlt.

»Wir spielen überhaupt nicht mehr«, sagt er, als ich endlich
neben ihm ins Bett sinke, um ihm vorzulesen. Weil mir Take-
away-Essen zu teuer ist, führe ich einen wöchentlichen Corn-
flakes-Abend ein, damit wir zusammen ein paar Runden Mikado
spielen oder auf der Couch kuscheln und fernsehen können.

Eines sonnigen Sonntagmorgens ein paar Monate nach dem
Umzug, als ich immer noch auf der Suche nach einem Vollzeitjob mit Sozialleistungen bin, gehe ich zum Inwood Farmer's Mar-
ket auf der Isham Street und kaufe Äpfel. Ich wiege die Äpfel auf
der Hängewaage des Standes ab, stelle mich in die Schlange und
logge mich mit der Banking-App in mein Konto ein, um mich zu
vergewissern, dass die ausstehenden Honorare für freiberufliche
Tätigkeiten, denen ich seit Wochen per E-Mail nachjage, endlich
wie versprochen überwiesen wurden. Doch auf dem Konto ist
noch keine der vier Zahlungen eingegangen, und ich habe noch
genau 18 Dollar. Was bedeutet, dass Äpfel für sechs Dollar meine
derzeitigen Reserven um ein Drittel schrumpfen lassen würden.
Ich lege die Äpfel wieder zurück und gehe fruchtlos nach Hause.

Dort angekommen, mein Herzrasen inzwischen auf DEFCON 1,
auch wenn ich versuche, vor den Kindern ruhig zu bleiben, krame
ich meinen Verlobungsring mit dem Diamanten aus der Schreib-
tischschublade, wo ich ihn mit der Visitenkarte meines ehemaligen Harlemer Nachbarn Michael aufbewahre, der Edelsteinhänd-
ler ist. »Bring ihn vorbei«, meint Michael, als ich ihm am Telefon
sage, dass ich ihn verkaufen will. Später hält er den Ring gegen das
Licht und sagt, er könnte mir etwa 1800 Dollar dafür geben, wenn
er einen Käufer findet.

»Was?« Er muss sich verschätzt haben, sage ich. Mein Exmann

hat ihn 1992 zum Großhandelspreis für etwa 3000 Dollar bekommen. »Wie kann ein Diamant in zwanzig Jahren die Hälfte seines Werts verlieren?«

»Das ist das Problem bei Diamanten«, sagt Michael. »Es ist wie bei Autos. Sobald man viel damit gefahren ist, geht der Wert massiv nach unten.«

Das wusste ich nicht. Ich war auf den Slogan »Diamonds are forever« hereingefallen und hatte geglaubt, ein Diamant mit einem Einkaufswert von 3000 Dollar wäre eine gute Anlage, falls ich ihn eines Tages verkaufen müsste, zum Beispiel, wenn ich mir eine Tüte Äpfel für sechs Dollar nicht mehr leisten konnte.

»Nein«, sagt Michael. Er sagt, ich müsste den Stein erst schätzen lassen, bevor er irgendwas unternimmt. Also lege ich den Ring in eine Plastikpillendose und mache mich ein paar Tage nach meinem 21. Hochzeitstag – offiziell bin ich noch verheiratet – auf den Weg zur Fifth Avenue in Midtown, wo eine Frau in einem chassidischen Juwelierladen den Stein auf Fehler untersucht und mir zwei wichtige Zahlen nennt, die ich zum Verkaufen brauche: Er ist 2700 Dollar wert, wenn ich ihn an einen Händler verkaufe, schreibt sie in dem Gutachten, und er hat einen Wiederbeschaffungswert von 7200 Dollar.

Die Spanne zwischen den beiden Zahlen überrascht mich. »Warum besorgen wir uns überhaupt Diamanten?«

Irene Zisblatt, geborene Zegelstein, hat Auschwitz überlebt, indem sie mehrmals die vier Diamanten verschluckte (und später in ihren Ausscheidungen suchte), die ihre Mutter ihr in den Saum ihres Kleides genäht hatte.[85] Ich frage mich, wie viele der ultraorthodoxen Frauen in diesem Laden Diamanten nicht nur ihre Karriere, sondern vielleicht auch ihre Existenz verdanken. Wann sind Diamanten vom kostbaren Überlebenspfand, das verzweifelte jüdische Mütter ihren Töchtern in den Rocksaum nähten, zu praktischer Wertlosigkeit verkommen?

»So ist es eben«, sagt die Frau schulterzuckend. Als ich frage, welcher Laden auf der 47th Street den ehrlichsten Ruf hat, sagt sie: »Das darf ich nicht sagen. Wir müssen neutral sein.« Doch nach ein paar Sekunden flüstert sie: »Manche Leute haben mehr Glück online.«

Online? Ich googele »Verlobungsring online verkaufen« und finde *I Do Now I Don't*, eine Mischung aus eBay und Matchmaking-Portal für Ringkäufer*innen und -verkäufer*innen. Cool. Trotzdem bin ich neugierig, was ich für den Ring bekäme, wenn ich einfach in einen Laden im Diamond-District ginge, und betrete den vollsten Laden auf der 47th Street. »Was würden sie mir dafür geben?«, frage ich einen beleibten älteren Herrn mit rundem Gesicht und Kippa.

»1800 Dollar«, sagt er herablassend, ohne einen Blick auf das Gutachten zu werfen.

»Aber im Gutachten steht, dass er 2700 wert ist.«

Er zuckt mit den Schultern. Ich gehe wieder.

Zu Hause entwerfe ich ein Dating-Profil für meinen Ring – was ich immer noch nicht für mich selbst gemacht habe – und schreibe eine kleine Geschichte seiner Herkunft. Es ist die Story, die den Ring verkauft, empfiehlt die Website, und Geschichtenerzählen ist das, was ich immer noch kann. Ich stelle den Ring für 3900 Dollar ein und hoffe auf 3500 Dollar, die Hälfte des Wiederbeschaffungswerts und 500 Dollar mehr als der Großhandelspreis, den mein Ex bezahlt hat. Innerhalb von Stunden trudeln die Anfragen verschiedener Fremder in meinem Posteingang ein, bis mir folgende Zeilen eines Mannes namens Aidan ins Auge springen:

Hallo, ich schreibe, um zu fragen, ob Sie bereit wären, für den Verlobungsring, den Sie inserieren, ein Angebot von 3 500 Dollar anzunehmen. Wir sind ein junges Paar und lieben uns sehr, wir stehen noch ganz am Anfang unseres gemeinsamen Lebens und versuchen für unsere Zukunft zu sparen …

Warum spricht mich seine Anfrage so an? Weil er höflich ist und direkt, weil das Angebot ehrlich klingt und weil mir die Stelle mit dem Sparen für die Zukunft gefällt. Ich schreibe sofort zurück:

Hi Aidan, ich habe viele Nachrichten wegen des Rings erhalten, aber etwas an Ihren Zeilen hat mich berührt. Deswegen mache ich Ihnen einen Vorschlag. Wenn Sie für die Zukunft sparen wollen, gehe ich noch mal 100 Dollar mit dem Preis herunter, aber Sie müssen mir versprechen, dass Sie das Geld in einen College-Fundus für Ihre zukünftigen Kinder anlegen. Ich wünschte, das hätte ich damals getan, statt meine Kinder mit Studienkrediten zu belasten. Sie bekommen den Ring also für 3400 Dollar, unter der Bedingung, dass Sie die gesparten 100 Dollar nicht anrühren, bis Ihr erstes Kind aufs College geht, abgemacht? Wenn Sie einverstanden sind, haben wir einen Deal.

Aidan wohnt nicht allzu weit entfernt, und wir beschließen, dass es am einfachsten ist, wenn er den Ring und das Gutachten persönlich hier abholt. Er steht mit weichen Knien vor meiner Tür, als hätten wir uns zu einem Drogendeal verabredet. Doch sobald er mit meinen Kindern an unserem Esstisch sitzt, entspannt er sich und erzählt uns so offen und verletzlich von seiner Liebesgeschichte, dass meine siebzehnjährige Tochter und ich Tränen in den Augen haben.

Liebe rührt uns, wenn wir sie aus der Nähe sehen. Es geht nicht um den Ring. Es ist nie um den Ring gegangen. Es ging immer um Hoffnung. Denn was ist die Ehe anderes als zwei Menschen, die ihre Hoffnung zusammenwerfen, als Garantie lediglich ein Bauchgefühl, dass es funktionieren könnte? Es wurden schon Weltreiche auf weniger gegründet.

Als Aidan geht, ziehe ich los und kaufe Äpfel.

16

Geld

August – Oktober 2014

Im August erhalte ich eine gute und eine schlechte Nachricht. Die gute Nachricht ist die Einladung zum Vorstellungsgespräch für eine Redakteursstelle bei einer neuen Website namens *Cafe*, die in einer Online-Jobbörse ausgeschrieben war. Die schlechte Nachricht ist, dass ich den dreimonatigen Job als Weihnachtsaushilfe beim Container Store nicht bekomme. »Zurzeit sind wir mit anderen Kandidat*innen im Gespräch«, schreiben sie.

Erst muss ich laut lachen, als ich die Absage lese. Dann muss ich weinen. Ängste, Kummer und Scham stauen sich seit Monaten bei mir an. Nachtschweiß. Herzflattern. Ohnmachtsanfälle und Hoffnungslosigkeit. Die Bewerbung für den Job als Weihnachtsaushilfe mit Sozialleistungen schien mir wie die vernünftige Lösung eines kritischen Problems, mit zusätzlich drei Monaten Aufschub, um einen richtigen Job zu finden. Ein No-Brainer, dachte ich: ein Job zwischendurch, wenn sonst nichts am Horizont ist.

Wenigstens läuft das Vorstellungsgespräch bei *Cafe* gut. Sehr gut. Ich treffe mich mit dem CEO Vinit Bharara, dessen Bruder Preet Bharara zu der Zeit Bezirksstaatsanwalt des Southern District von New York ist. Vinit wurde reich, indem er seine Firma Diapers.com für 545 Millionen Dollar an Amazon verkaufte. Bevor er Investor*innen sucht, erzählt er bei unserem Gespräch, finanziert er *Cafe* selbst, weil er an guten Journalismus glaubt und der Welt mehr davon bieten will. Das sei sein Antrieb, sagt er, nicht so sehr der Profit, den er auf lange Sicht natürlich auch anstrebe, aber der Journalismus komme zuerst. (Wie anders als mein letzter Job, denke ich, bei dem der Journalismus immer nur ein Nebenprodukt war.)

Vinit wirkt freundlich, schlau und ehrlich in seinen Ambitionen, und die anderen drei Mitglieder seines neuen Redaktionsteams, die an dem Gespräch teilnehmen, sind mir auch sympathisch. Da ist Peter, der liebenswerte, witzige Fernsehautor, der seltsamerweise meine Schwester Jen kennt und sogar schon im Haus meiner Mutter war; Melissa, die ein großes Herz hat und mir erzählt, dass sie ein Fan von *Shutterbabe* ist; und Bill, ein ehemaliger Army-Captain, in dessen entspannter Gegenwart ich mich sofort wohlfühle.

Nach dem Gespräch bin ich in Hochstimmung. Ich habe das Gefühl, ich konnte sie überzeugen. Außerdem bin ich begeistert von dem Team. In mehreren Telefongesprächen und E-Mails werden Daten und Modalitäten angesprochen. Eine Woche später treffe ich mich zum Frühstück mit Bill. Ein paar Tage später treffe ich mich zum Mittagessen mit Melissa und Peter. Das offizielle Angebot, sagt man mir, kann jeden Tag kommen. Mitte September erreicht mich eine E-Mail von Bill: Sie lieben mich, sie lieben meine Arbeit, aber sie haben beschlossen, im Moment keine weitere Vollzeitredakteurin einzustellen. »Die Betonung liegt auf ›im Moment‹«, schreibt Bill. »Ich weiß, dass du sicher mehrere Eisen im Feuer hast, aber falls es die Umstände irgendwie zulassen, würden wir gerne mit dir im Gespräch bleiben. Wir gehen davon aus, dass wir nach dem offiziellen Launch in wenigen Monaten noch mal umstrukturieren, und ich habe verschiedene Szenarien im Kopf, bei denen wir dich gerne an Bord hätten.«

Ich muss wieder weinen. Natürlich. Mit dicken Tränen, Rotznase und roter Grimasse. Ich kann nicht Monate warten. Ich brauche den Job sofort. Mehrere Eisen im Feuer? Nein, Bill. Nur eins. Und das ist Wunschdenken.

Ein paar Wochen zuvor, gegen Ende des Sommers, war ich mit meinen letzten Flugmeilen nach Los Angeles geflogen, weil ein Freund (nennen wir ihn Eddie, nach dem »Jewish Giant« von Diane Arbus' berühmtem Foto) ein paar TV-Pitches organisiert hatte. Eddie ist zwei Meter groß, fotografiebegeistert und TV-Showrunner. Ich kannte ihn, weil er mich im Sommer 2008 auf Facebook kontaktiert hatte, um mir zu sagen, dass er ein Fan von *Shutterbabe* war. Ich hatte meine Facebook-Seite gerade erst eingerichtet, und er war einer meiner ersten »Freunde«, den ich nur hinzufügte, weil wir einen gemeinsamen Freund hatten und er mir überschwänglich zu meinem Buch gratulierte und fragte, ob die Rechte noch frei seien.

Damals war die Option, das Buch für einen Film zu adaptieren, von Darren Star bei Dreamworks zu Likely Story zu Sundance zu Participant Media gewandert. Nun waren die Rechte wieder frei, und Eddie wollte eine Fernsehserie mit mir pitchen, deren Showrunner wir beide wären, und alles ging so schnell – zwei Tage nach meinem »Ja, und …« zu sieben Meetings, die am nächsten Morgen beginnen würden –, dass ich meinen Achtjährigen allein bei meiner Siebzehnjährigen lassen musste. »Der Kühlschrank ist voll, hier sind die Notfallnummern. Ich bin zurück, bevor die Schule anfängt«, sagte ich, drückte meiner Tochter 100 Dollar von meinem Verlobungsring in die Hand, betete, dass sich in meiner Abwesenheit keiner verletzte, und ging zwei Blocks zum Broadway, um den A-Train zum Flughafen zu nehmen, der zweieinhalb Stunden brauchte, weil ich mir die 45-minütige Taxifahrt nicht leisten konnte.

Es heißt, mit Geld man kann Glück nicht kaufen. Kommt darauf an, wie man Glück definiert. Mit Geld kann man Zeit kaufen, Bequemlichkeit, Kinderbetreuung, Brustuntersuchungen und berufliche Chancen, was alles zu mehr Glück führen kann. Deswegen würde ich den Spruch ergänzen: *Zu viel* Geld kann Glück nicht kaufen, aber genug Geld zum Leben schon, denn *kein Geld* kauft Angst, Panik und lebensgefährliche Herzrhythmusstörungen.

Es gefiel mir nicht, meine Kinder allein zu lassen, aber die Freunde, die sonst auf meinen Sohn aufpassten, waren noch bis zum Ende der Ferien verreist. Bis heute kann ich jene Phase der Not, der Scham und der Instabilität nicht beschreiben, ohne dass mir die Luft wegbleibt. All das ist nicht spurlos an meinem Herzen vorbeigegangen.

Doch mir ist gleichzeitig bewusst, wie gut ich es habe. Ich habe drei Schwestern, die alle auf meinen Hilferuf reagierten, als mir nach L.A. das Verlobungsring-Geld ausging und ich immer noch keinen Job hatte. Jede von ihnen übernahm einen Monat lang meine Miete und die Nebenkosten, was mich bis Ende November rettete. Wäre ich wirklich aus der Wohnung geflogen, hätten mir meine Freunde, die Sylvesters, ihr leeres Gästezimmer unterm Dach auf der West 88th Street überlassen. Es wäre eng geworden, zu dritt mit meinen Kindern – und an Feiertagen zu viert, oder die vier Sylvester-Kinder hätten sich in den Ferien die Zimmer mit meinen geteilt, so genau haben wir die Logistik nicht besprochen. Aber das Wissen, dass wir im Winter auf jeden Fall ein Dach über dem Kopf hätten, selbst wenn wir die Wohnung verloren, war extrem beruhigend.

Die meisten Menschen reden lieber über Sex als über Geld, was seltsam ist, denn Geld – ob man welches hat oder nicht, ob man welches verdient oder verliert – betrifft die Qualität und die Stabilität unseres Lebens mehr als die meisten Dinge, abgesehen von Liebe und Gesundheit, und manchmal sogar mehr als die beiden zusammen. Ich weiß, wie privilegiert ich bin, als Weiße in einem Industrieland mit einem Dach über dem Kopf zur Welt gekommen zu sein. Das wusste ich schon, bevor ich Flüchtlingslager besuchte und echte Armut, Drogensucht, Gang-Leben und Rassismus fotografierte.

Als ich im März 1966 zu Welt kam, lebten meine Eltern in einer winzigen Wohnung in Cambridge, Massachusetts, wo ich sechs Monate lang bei ihnen im Schlafzimmer schlief, bis wir in eine Wohnung mit Kinderzimmer in Adelphi, Maryland, umzogen. Mit 24 studierte mein Vater noch Jura und verkaufte nebenher selbstgezeichnete Grußkarten. Meine Mutter machte ihren Master in Pädagogik und arbeitete nebenher als Vertretungslehrerin. Sie kamen beide nicht aus wohlhabenden Verhältnissen. Beide waren Amerikaner*innen der zweiten Generation, Kinder osteuropäischer jüdischer Einwanderer und Einwanderinnen, deren Eltern Anfang des 20. Jahrhunderts vor der Verfolgung in Europa geflohen waren: die Familie meines Vaters aus Litauen und der Ukraine, die meiner Mutter aus Österreich und Polen. Dad hatte ein Stipendium. Mom war an einem kleinen staatlichen College in der Nähe ihres Elternhauses, und als sie meinen Vater kennenlernte und heiratete, wechselte sie an ein staatliches College in seiner Nähe.

Im Jahr vor meiner Geburt hatten die frisch Vermählten so viel mit dem Studium und ihren Jobs zu tun, dass sie einander kaum sahen. Um Zeit miteinander verbringen zu können, müssten sie in den Urlaub fahren, wurde ihnen klar, aber sie hatten kein Geld. »Entweder du überfällst eine Bank oder du nimmst an einer Quizshow teil«, scherzte Dad. Also bewarb sich meine Mutter bei der Sendung *Password* und gewann. In der Show war sie in einem Team mit dem Komiker-Duo Marty Allen und Steve Rossi, und sie nahm 350 Dollar in bar mit nach Hause, nebst einer Enzyklopädie, die sie für 150 Dollar verkaufte, sodass sie insgesamt 500 Dollar verdient hatte. Die Reise nach Bermuda im Juni 1965 kostete mit Flug 550 Dollar. Neun Monate später, am 11. März 1966, kam ich zur Welt. (Dank an den Showmaster Allen Ludden!)

Zwei Jahre später wurde meine Schwester geboren, und 1971 zogen wir zu viert nach Potomac, einen wachsenden Vorort von

Washington, D.C., wo 1972 meine eineiigen Zwillingsschwestern Julie und Laura das Licht der Welt erblickten. Meine Eltern hatten sich die Anzahlung für unser 52 000-Dollar-Haus vom Munde abgespart, das in einer ordentlichen Mittelklasse-Siedlung à la Levittown stand und aussah, wie in den späten Sechzigern und frühen Siebzigern alle Häuser in den USA aussahen: Split-Level-Einfamilienhäuser im Stil der Serie *Drei Mädchen und drei Jungen*, wenn ich den Haustyp benennen müsste. Ich teilte mir das Zimmer mit meiner kleinen Schwester; die Zwillinge hatten das Zimmer daneben. Als ich ein Teenager war, bauten meine Eltern an, sodass jede von uns ein Zimmer bekam und mein Vater ein Arbeitszimmer und ein Atelier. Meine Mutter lebt noch heute dort.

Ich erinnere mich an einen Tag im Jahr 1979, als mein Vater voller Stolz nach Hause kam und verkündete:»Heute habe ich die Hunderttausend geknackt!« Ich hatte keine Ahnung, wovon er redete, bis er es mir erklärte. Wir stießen mit Apfelsaft auf sein neues Gehalt an. 100 000 Dollar im Jahr? Eine unfassbar hohe Summe. Für uns alle, auch für meinen Vater.

Sofort witterte ich in einer bis dahin hoffnungslosen Diskussion eine Chance:»Kriege ich jetzt die Sasson-Jeans?« Ich war gerade dreizehn geworden. Der Pubertäts-Egoismus stand in voller Blüte, zusammen mit dem dringenden Bedürfnis, mich meiner Peergroup anzugleichen. Auch das Land stand an der Schwelle einer wichtigen Veränderung: Von dem wirtschaftlichen Hochwasser des dreißigjährigen Nachkriegsbooms, der alle Boote angehoben hatte, zu einem Trickle-down-Monsun, der in jeden Bug Löcher riss, mit Ausnahme der Jachten, und als Kompensation Luxuslabel und Goldlamé bot. Wenn man nicht zu den Reichen gehörte, die mit Andy, Liza und Cher im Studio 54 die Nacht durchtanzten, konnte man sich wenigstens wie sie anziehen.»Das Ich-Jahrzehnt« nannte es Tom Wolfe, ein Titel, der rückblickend harmlos und verfrüht klingt.

Doch von alldem ahnte ich nichts, noch konnte ich meinen Wunsch nach Designerjeans im historischen Zusammenhang sehen. Ich wusste nur, dass viele Mädchen an der Cabin John Junior High School plötzlich Sasson-Jeans trugen, und ich wollte so sein wie sie. Allerdings waren Sassons mit 24 Dollar doppelt so teuer wie die Levi's, die ich gern getragen hatte, bevor in der Schule auf jedem Hintern außer meinem das Sasson-Logo auftauchte.

»Nein.« In meiner Familie gab es wichtigere Posten als Designerjeans, verflixt noch mal. Möbel zum Beispiel. Ein neues Auto, weil der jahrzehntealte Gran Torino fast durchgerostet war. Ein kleines Haus in der Nähe, wo meine verwitwete Großmutter den Rest ihrer Tage verbringen konnte. Vier College-Ausbildungen in nicht allzu ferner Zukunft. Wenn ich Designerjeans wollte, müsste ich die Differenz aus meiner eigenen Levi's-Tasche bezahlen. Zwölf Stunden Babysitting später gehörten die Sassons mir. Allerdings fühlte sich die Anschaffung nach einem kurzen Glücksgefühl irgendwie schal an. Ich kam mir albern vor, mein hart verdientes Geld für ein Modeprodukt hergegeben zu haben. Es waren bloß … Jeans. Deren Etikett ein Maß an Wohlstand signalisierte, das auf uns nicht zutraf.

So absurd es klingt, aber die kluge Weigerung meiner Eltern, für ein Massenkleidungsstück das Doppelte zu bezahlen, öffnete mir die Augen für die subtilen Unterschiede zwischen der Mittelschicht und der Oberschicht. Armut hatte ich zum ersten Mal mit neun gesehen, als wir unseren Vater nach Puerto Rico und Culebra begleitet hatten. »Sie haben keine … Hosen?«, hatte ich weinend gefragt, als ich die Kinder in den verschiedenen Slums sah, die barfuß und nur in T-Shirts herumliefen. In Potomac war fast jede meiner Freundinnen die Tochter eines Arztes, Anwalts, Beamten oder Architekten und einer Mutter, die Hausfrau war. Mehr als die Hälfte war weiß und jüdisch. Bis ich aufs College ging, hatte ich keine Ahnung, dass ich als Jüdin in den USA zu einer kleinen Minderheit gehörte.

Um mein erstes Studienjahr mitzufinanzieren, verkaufte mein Vater eines seiner Bilder, eine große Leinwand, die er mit bunten Acrylfarben bespritzt hatte. Sein Anwaltsgehalt reichte für die Grundversorgung einer sechsköpfigen Familie, aber Harvard kostete damals 16 000 Dollar im Jahr, was hieß, dass er für finanzielle Unterstützung zu viel verdiente, aber nicht genug, um 16 000 Dollar abzweigen zu können, und er hatte auch kein Geld für das Studium seiner Töchter zurückgelegt (was Familien der oberen Mittelschicht häufig tun). In Cambridge, Massachusetts, dem Vorort von Boston, wo Harvard sich befindet und ich geboren wurde, begriff ich endlich, wie komplex die Hierarchien der US-amerikanischen Gesellschaft waren, auch wenn das Delta zwischen Armut, Mittelschicht und Reichtum 1984 noch nicht ganz so extrem war.

Ich hatte Kommiliton*innen, deren Familien nichts oder fast nichts besaßen; andere hatten private Eliteinternate wie Exeter, Andover oder St. Paul's besucht; wieder andere kamen wie ich von kleinstädtischen Highschools; und da waren die Kinder ausländischer Aristokrat*innen und Würdenträger*innen. Robert Kennedys Sohn Max, der von der Andover School kam, ging in meine Klasse. Samir Rifai, der 2009 Premierminister von Jordanien werden würde, war der Sohn des damaligen Premierministers von Jordanien und hatte seinen Highschool-Abschluss an der damaligen Jungenschule Deerfield gemacht. In Harvard waren er und sein Leibwächter meinem Wohnheim zugeteilt, zusammen mit einem Juden von der Andover School und einem katholischen Iren von der Milton Academy, wie bei dem Witz mit dem Moslem, dem Juden und dem Katholiken, die in eine Bar kommen, nur dass sie hier alle Blücher-Schuhe trugen.

Bevor ich nach Cambridge kam, hatte ich von keinem dieser Internate je gehört. Oder von Blücher-Schuhen. Ich kannte auch die geheimen Erkennungszeichen nicht: die Docksiders, die an den Nähten auseinanderfielen; die Hackysack-Runden; die Norwegerpullover mit den kleinen weißen Punkten, die man ein paar Nummern zu groß trug; die gemusterten nepalesischen Wandbehänge, die ungeschminkten Gesichter, die Grateful-Dead-Raubkopien, die leicht ausgefransten Cabanjacken und die luftgetrockneten blonden Haare, selbst im Winter, und diese unnachahmliche Sorglosigkeit, die ich bis heute nicht beherrsche. Ich hatte immer gedacht, dass Kinder im Internat landeten, wenn sie die örtliche Highschool nicht schafften oder in Brand steckten.

Was ich vor meinen neuen Kommiliton*innen natürlich nie zugeben würde. Nein, anstatt zu meiner bodenständigen Mittelschichtsjugend zu stehen, kaufte ich mir in einem Secondhandladen einen Norwegerpullover und versteckte mich darunter.

Wenn ich gefragt wurde, wo ich herkam, sagte ich Washington, D.C., nicht Potomac. Wenn jemand vom Social Register* sprach, tat ich so, als wüsste ich von seiner Existenz. Wenn ich nach dem Namen meiner Highschool gefragt wurde, wich ich aus. Wenn ich gefragt wurde, wo ich den Sommer verbrachte, tat ich so, als würde ich verstehen, was gemeint war. »Am Cape«, sagte ich vage, wobei ich den zweiwöchigen Urlaub mit meiner Familie in dem winzigen Mietcottage in West Harwich meinte, nicht die zwei Monate, die viele meiner Mitstudierender in alten Familienanwesen in den Hamptons, auf Nantucket oder in Newport am Meer

---

* Das Social Register ist die zuerst 1887 erschienene halbjährliche Liste der High Society in den USA – Nachkommen von Großindustriellen, Präsidenten und anderer Treuhandfonds-WASPs. In der ersten Ausgabe war Joseph Pulitzer der einzige Jude. 1984, als ich das erste Mal davon hörte, gab es zwar ein paar Juden und Jüdinnen mehr, aber die Liste hatte längst ihre Bedeutung eingebüßt. Im letzten Jahrzehnt des 20. Jahrhunderts wurde das Social Register als gesellschaftliches Maß aller Dinge schließlich von Celebrity abgelöst.

verbrachten, in Villen, deren antikes Mobiliar von Generation zu markenbewusster Generation vererbt wurde.

Als mich meine erste Studienfreundin Cordelia, eine Nachfahrin von Teddy Roosevelts Großvater Cornelius Roosevelt, im Winter 1984 einlud, zum dreißigsten internationalen Debütantinnenball im New Yorker Waldorf Astoria mitzukommen, hatte ich keinen Schimmer, was ein Debütantinnenball war, wie ich mich für den Anlass anziehen sollte, und dass nur die Mädchen, die »debütierten« (»In was?«, fragte ich mich), Weiß tragen durften. Also ging ich in meinem weißen Highschool-Abschlussballkleid hin: ein poppiger, paillettenbesetzter Fetzen aus Polyester und Lycra, den ich gut fand, als ich ihn in der Montgomery Mall in Maryland im Sonderangebot entdeckt hatte, aber der mich in dem prächtigen Ballsaal auf der Park Avenue als das bloßstellte, was ich war, nämlich nicht das, was alle anderen hier waren.

Ich weiß noch, wie entlarvt ich mich fühlte, als meine College-Kommilitoninnen in ausgestellten weißen Seiden- und Satinkleidern wie Bräute, nur ohne Schleier, von männlichen Kommilitonen in den Saal geführt wurden, die Frack und weiße Fliege trugen, nicht, dass ich die Semiotik dieser Kleidungsstücke verstanden hätte. Dann – oh Gott – entdeckte ich Struan, meinen reizenden, herzensguten Kurskameraden, den ich im Herbst gedatet hatte, ohne zu ahnen, dass auch er aus dieser erlesenen Welt der Pinguine und Prinzessinnen kam.

Wir hatten uns kurz nach Thanksgiving freundschaftlich getrennt, als ich ihm sagte, dass ich bis zum Sommer vor dem College immer in festen Händen gewesen war und eine Weile allein sein wollte, um zu sehen, wie es war. Heute ist Struan Vater von fünf Kindern und ein erstklassiger Orthopäde. Nachdem ich mir während der dritten Schwangerschaft den Meniskus riss und aus Zeit- und Geldmangel erst zwölf Jahre später zum Arzt ging, hielt er mir keine Vorträge über meine Unvernunft, sondern lächelte sein breites Struan-Lächeln, zog sich den OP-Kittel über und reparierte mein Knie.

»Deb!«, sagte er und hob mich mit einer bärigen Umarmung vom Parkett. »Was machst du denn hier?« Nie klang mein Name so fehl am Platz. Deb! Beim Debütantinnenball! Im völlig falschen Debütantinnenkleid. Ja, was machte ich hier? Doch bevor ich antworten konnte, mir selbst oder ihm, wurde Struan von seiner Debütantin auf die Tanzfläche gezogen, wo sie und die anderen jungen Damen in ihren weißen Kleidern einen choreografierten Balztanz mit Fächern aufführten wie ein Schwarm Flamingos in einer *National-Geographic*-Doku. Später stiegen die Debütantinnen und ihre Dates in Limousinen, die sie zu verschiedenen After-Partys die Park Avenue hinaufbrachten, während ich mit der U-Bahn hinunter zu meiner Großtante Ruth in Peter Cooper Village im Südosten von Manhattan fuhr, einer ehemals erschwinglichen Hochhaussiedlung für Weltkriegsveteranen wie meinen Großvater, über den Ruth an ihre kleine Zwei-Zimmer-Wohnung zwei Stockwerke unter ihm gekommen war.

»Wie war's?«, fragte sie.

»Lustig!«, log ich. Ich konnte der alten alleinstehenden Frau, mit der ich vor drei Jahren Princess Dianas und Prince Charles' Hochzeit im Fernsehen gesehen hatte, nicht erklären, dass man sich als Cinderella auf einem Ball nicht gerade willkommen fühlt, sondern eher, als würde man nackt durch seine Highschool gehen.

Mit anderen Worten, ja, ich bin privilegiert. Ich habe unschätzbare Privilegien gegenüber dem Rest der Welt und vielen Menschen in den USA. Aber ein finanzielles Sicherheitsnetz gehört nicht zu meinen Privilegien. Kein Trustfonds, kein Startkapital. Ich hatte das bodenständige Privileg der Mittelklasse, das in der Generation meiner Eltern viel bedeutet hat: die Möglichkeit, als Familie bequem von einem Einkommen zu leben, generiert durch eine vierzigjährige Karriere bei ein und derselben Firma, ohne sich allzu sehr abstrampeln zu müssen.

Doch für meine und die nachfolgenden Generationen, die in einer Zeit heranwuchsen, als die Schere zwischen Arm und Reich immer weiter auseinanderklaffte, bedeutet bodenständige Mittelschicht oft, dass wir, sobald wir den Kopf über Wasser halten, damit rechnen müssen, dass der nächste Zwanzig-Meter-Brecher auf uns zurollt: unerschwingliche Kinderbetreuung und Mieten; gesundheitliche Krisen und Versicherungsverlust; Altenpflege und gebrechliche Eltern; College-Gebühren, die unser Jahreseinkommen übersteigen, eine weitere Runde Entlassungen ohne Abfindung. Verschärft wird die Lage, wenn man den vagen Anspruch hat, Gutes zu tun, und Berufe in weniger profitablen Branchen wählt wie Journalismus, Lehramt, Kunst, Politik, Architektur, Kleinunternehmertum, Non-Profit, die in der Ära meiner Eltern noch ausgereicht hätten, um bequem über die Runden zu kommen. Jerry Landauer, ein guter Freund meines Vaters, war preisgekrönter Investigativjournalist für das *Wall Street Journal*, nachdem er als Kind mit seinen Eltern aus Nazi-Deutschland floh und mit bescheidenen Mitteln in Queens groß wurde. Von seinem Journalistengehalt konnten er und seine Frau Roz, die gerade erst ihre Karriere als Juristin begann, ein hübsches Haus in einer grünen Wohngegend von Washington, D.C., kaufen, das sich ein *Wall-Street-Journal*-Reporter heute niemals leisten könnte.

Als ich als kleines Mädchen Jerrys lichtdurchflutetes Arbeitszimmer sah, mit dem Perserteppich und dem riesigen Fenster, dem chaotischen Schreibtisch mit den vielen Notizbüchern, Akten, Quittungen, Zeitungen und Büchern, dachte ich wahrscheinlich zum ersten Mal: *Das sieht wie ein spannender Beruf aus.* Später in Harlem würde ich mein Arbeitszimmer der Erinnerung an Jerrys anpassen, bis hin zu dem Perserteppich, auf den mein Hund pinkelte.

Als ich mit 22 vom College abging, um als Kriegsfotografin in Paris zu arbeiten, wohnte ich zuerst hinter einem Spanplattenschrank in der Kammer einer winzigen Wohnung, die ich mit drei Studienfreund*innen teilte, und für den Rest des ersten Jahrs auf dem Ausziehsofa im Wohnzimmer einer Kollegin. Sobald ich richtig angekommen war und mehr Miete zahlen konnte – wir reden von 2000 Francs, ungefähr 350 Dollar –, wohnte ich das erste Mal allein in einem *chambre de bonne* (einer Dienstmädchenkammer) in der Rue Saint-Denis, die wegen der Prostituierten bekannt war. Durchs Fenster zum Innenhof sah ich in die Küche eines älteren Junggesellen, der jeden Abend nackt kochte. Mein Futon nahm das ganze Zimmer ein, und ich rollte ihn morgens auf, damit ich meinen kleinen Tisch ausklappen und frühstücken konnte. Manchmal, zwischen zwei Aufträgen, blieb ich hungrig.

Der Mann, den ich mit 24 kennenlernte und mit 27 heiratete, war mit zehn Waise geworden. Er hatte weder ein Einkommen noch Ersparnisse, als wir uns das Jawort gaben. Stattdessen hatte er einen Studienkredit, den er zurückzahlen musste. Ich zweigte ein Achtel meines Monatseinkommens als TV-Nachrichtenproduzentin ab, um ihm bei der Rückzahlung zu helfen, damit wir bei null anfangen konnten. Als es endlich so weit war, hatten wir selbst Kinder, und der Tsunami der Miet- und Betreuungskosten rollte über uns hinweg.

Meine drei Schwangerschaften warfen uns jeweils um 9000 Dollar zurück – 27 000 Dollar für Geburten und Krankenhausaufenthalte, obwohl wir damals eine normale, gute Versicherung hatten. Weil ich die Hauptverdienerin war, rutschten wir wegen meiner unbezahlten Elternzeit wieder ins Minus. Dann investierte mein Mann ohne Rücksprache unsere gesamten Ersparnisse in einen Internet-Autohändler, der sofort pleiteging, bevor er dann 2001 und 2008 seinen Job verlor. Plötzlich zahlten wir monatlich 2000

Dollar zusätzlich für COBRA-Beiträge, die wir nicht hatten. Mein Vater bekam seine Krebsdiagnose zu Beginn der Finanzkrise 2008, direkt nach der Kündigung meines Mannes.

Eine Woche nach seinem Tod, als ich noch in tiefer Trauer war, verlangte mein Mann von mir – obwohl ich ihn anflehte, dass er mich in Ruhe trauern lassen sollte –, dass ich mit der U-Bahn nach Downtown Manhattan fuhr, um einen Studienfreund meines Vaters in seinem Juweliergeschäft um ein Darlehen zu bitten. »Nein, das tue ich nicht«, sagte ich. »Bitte hör auf damit.« Ich hatte das Exposé für ein Buch fast fertig. Bald würde ich es verkaufen und einen Vertrag über zwei Bücher abschließen, dann wären wir wieder auf den Beinen.

»So lange können wir nicht warten!«, entgegnete er gereizt. Der Vermieter hatte die Miete schon wieder um 1000 Dollar erhöht. Unsere Ersparnisse waren weg. Wir waren kurz davor, auf der Straße zu landen und unsere Krankenversicherung zu verlieren.

Es war Mitte Dezember 2008. An jeder Ecke der Fifth Avenue standen Weihnachtsmänner, läuteten ihre Glocken und sammelten Kleingeld für die Armen. Reflexartig kramte ich in meinen Taschen, bis mir einfiel, dass ich all unsere Münzen aufgerollt hatte, um sie bei der Bank gegen ein paar Scheine einzutauschen. Tief beschämt und schneetriefend stand ich in der Stille des Ladens – einem der Geschäfte, bei denen man einen Termin braucht, um überhaupt hineingelassen zu werden – und hatte Angst, Flecken auf dem Teppich zu hinterlassen. Im gedämpften Inneren stand eine Blondine Mitte dreißig in einem bodenlangen Nerz am Arm eines grauhaarigen älteren Herrn, und gemeinsam betrachteten sie die kunstvoll ausgeleuchtete Vitrine mit Colliers voller Diamanten, Smaragden, Saphiren und Rubinen. »Die da«, wies sie den Juwelier an und zeigte auf die größte Kette. Es standen keine Preise daran, doch ich schätze, das Stück kostete wahrscheinlich so viel wie eine nette Vier-Zimmer-Wohnung.

Durch einen schmalen Flur gelangte ich in das Allerheiligste, wo mich der Freund meines Vaters erwartete. Im Sommer 1986 hatte er mich in seinem Brownstone an der Upper East Side beherbergt, als ich ein Praktikum bei einem New Yorker Headhunter machte. Jetzt war er angemessen verblüfft, sowohl von meinem Besuch in seinem Geschäft als auch von meiner Bitte um einen Kredit, gerade mal acht Tage, nachdem wir meinen Vater beerdigt hatten. Aber er hatte Mitleid mit der trauernden Tochter seines alten Freundes und schickte uns zwei Monate später einen Scheck über 25 000 Dollar. (Ja, auch das ist ein Privileg. Ein riesiges Privileg.) Wir vereinbarten, dass ich ihm das Geld in den nächsten drei Jahren in drei Raten à 8333,33 Dollar plus Zinsen zurückzahlen würde, und alles lief gut, nachdem ich die zwei Bücher verkauft hatte: Mein Mann fand einen neuen Job mit Sozialleistungen; wir zogen nach Harlem, wo wir nur die Hälfte der Miete zahlten. Aber nachdem wir die erste Rate zurückgezahlt hatten, verlor mein Mann wieder seinen Job. Personelle Verschlankung.

Die letzte Rate bin ich ihm bis heute schuldig.

Es ist demütigend, es zuzugeben, und dann noch in einem Buch. Ich wollte es nicht. Ich will es immer noch nicht. Aber ich muss, denn ich bin mit meinen finanziellen Problemen nicht allein, und geteilte Scham ist halbe Scham. Von allem, was mich motiviert, den Stift auf Papier zu setzen, rangiert dieser Gedanke weit oben. Wenn wir, die wir nicht zu dem 1 Prozent gehören – ob wir Powersuits oder Overalls tragen –, wollen, dass sich etwas ändert, dann müssen wir über die Einkommensungleichheit reden, über das rückständige Kündigungsrecht und über den Wahnsinn der Krankenversicherungs- und Mietkosten hier in den USA. Die Tatsache, dass das Vermögen von Milliardär*innen in einer Pandemie um 25 Prozent auf 10,2 *Billionen* Dollar anwachsen konnte,[86] während 8 Millionen Amerikaner*innen unter die Armutsgrenze rutschten, ist der Beleg dafür, dass unser System kaputt ist, und das ist eine Schande.

»Milliardenvermögen stellen eine Kategorie von Reichtum dar, die selbst in mehreren Leben in totalem Luxus nicht ausgegeben werden können«,[87] sagt Luke Hilyard, Leiter eines Thinktanks, der sich mit den sozialen Folgen von Mega-Gehältern beschäftigt. »Alle, die Reichtümer in dieser Größenordnung anhäufen, könnten es sich locker leisten, die Löhne der Angestellten, die diesen Reichtum erwirtschaften, anzuheben oder viel mehr Steuern zu zahlen und damit wichtige öffentliche Dienste zu finanzieren, und sie würden trotzdem noch extrem gut für ihre Leistungen kompensiert.«

Einfach ausgedrückt? Der Grund, warum Jeff Bezos ein Reinvermögen von knapp 200 Milliarden Dollar besitzt, ist, dass seine Lagerarbeiter*innen nur 15 Dollar pro Stunde verdienen. Das ist der Trick. Mehr ist nicht dahinter. Und dann prahlt er mit den Löhnen seiner Angestellten auch noch, als wären sie großzügig bemessen: »Mehr als 40 Millionen Amerikanerinnen und Amerikaner, von denen viele für den gesetzlichen Mindestlohn von 7,25 Dollar arbeiten, verdienen weniger als der schlechtestbezahlte Amazon-Angestellte«,[88] schreibt er 2019 selbstgefällig in einem Brief an die Aktionärinnen und Aktionäre.

Einerseits hat er natürlich recht. 15 Dollar die Stunde sind eindeutig mehr als 7,25 Dollar die Stunde. Andererseits kommen dabei trotzdem nicht mehr als 31 200 Dollar im Jahr zusammen, was bei den meisten Amerikaner*innen kaum für die Grundversorgung reicht. In vielen Städten rutschen Familien mit diesem Einkommen unter die Armutsgrenze. Was die Frage aufwirft: Wie viele Milliarden braucht Jeff Bezos zum Leben?

Wenn man sich als Frau in diesem kaputten System auch noch scheiden lässt, ist der soziale Abstieg rasant, besonders für Mütter, die wegen des unzureichenden Betreuungssystems, Meetings, die immer noch nach 18.00 Uhr stattfinden, und Vätern, die immer noch nicht ihre Hälfte übernehmen, weniger arbeiten oder ihren Beruf aufgeben müssen.

Eine Amerikanerin über fünfzig, die die Scheidung einreicht – bei der Trennung war ich 47, und als die Scheidung durch war, 52, der finanzielle Katastrophen-Sweetspot bei Frauen –, muss mit dem Verlust von 41 Prozent ihres Haushaltseinkommens rechnen.[89] Und das auch nur, wenn sonst nichts schiefläuft: wenn sie ihren Job behält; wenn die Miete nicht steigt; und wenn sie angemessenen Kindesunterhalt und/oder Alimente erhält, was ich beides nicht bekam. Kommen dann noch eine Hysterektomie, eine Mieterhöhung, zweimal College-Gebühren, ein Knoten in der Brust, eine Kündigung, Kinderbetreuungskosten und 2300 Dollar COBRA-Beiträge hinzu, fliegt einem alles um die Ohren, mitsamt der eigenen Würde, dem Seelenfrieden und der Hoffnung auf eine bessere Zukunft.

Mit anderen Worten, als ich meinen Job bei *Health Today* verlor, verlor ich auch das bisschen Halt, den ich auf der Mittelschichtsleiter noch hatte. Der Absturz war steil. Und (buchstäblich) atemberaubend.

Dank meines verzweifelten Ausflugs nach L.A., der mir nur möglich war, weil ich Bonusmeilen hatte und meine Freundin Julie mich beherbergte, konnten Eddie und ich meine *Shutterbabe*-Rechte für eine Schutzgebühr an Eva Longorias Firma UnbeliE-VAble verkaufen. Wichtiger für mich als alleinerziehende Mutter ohne Krankenversicherung war, dass sie mich als Co-Autorin für den Pilotfilm engagierten. Damit würde ich später 80 000 Dollar verdienen. Das erste Angebot waren 38 000 Dollar, doch Eddies Agent konnte mein Honorar verdoppeln, indem er mit Eddies Honorar ein wenig herunterging – er verdiente bedeutend mehr, weil er in den Neunzigern mehrere Must-See-TV-Shows mitproduziert hatte. Mit diesem Honorar konnte ich der Writers Guild of

America beitreten, der Gewerkschaft der Drehbuchautor*innen, die ihren Mitgliedern eine ausgezeichnete günstige Krankenversicherung bietet. Dort wären meine Familie und ich in den nächsten zwei Jahren versichert, und jedes darauffolgende Jahr, falls ich mindestens 38 000 Dollar als Drehbuchautorin verdiente. (Was nicht passierte.)

An dem Abend, als mich meine Agentin mit diesen großartigen Neuigkeiten anruft, habe ich gerade unsere letzte Packung Nudeln in den Topf geworfen. Mit dem Holzlöffel in der Hand sinke ich wie ein Stein auf den schwarzweißen Linoleumboden. Aber diesmal ist es keine Ohnmacht. Kein Vorhang fällt vor meinen Augen, kein Klang wird mir aus den Ohren gesaugt, ich habe nicht plötzlich diesen komischen Lösungsmittelgeruch in der Nase und schlage mir auch nicht den Kopf an. Es ist eher so, als hätten meine Beine keine Lust mehr, das Gewicht meines Körpers zu tragen. »Wann setzt der Versicherungsschutz ein?«, frage ich. Inzwischen sitze ich mit dem Rücken an der Wand und starre eins der Kakerlakenhotels an, die ich in der ganzen Küche aufgestellt habe. Es hat viele neue Gäste.

»Ab dem Quartal nach dem ersten voll bezahlten Quartal«, sagt sie, was heißt, ich muss dieses Schachspiel nur noch sechs Monate überleben: ein regelmäßiges Einkommen und eine Versicherung auftreiben, bis das Drehbuchhonorar auf meinem Konto landet, was laut meiner Agentin eine Weile dauern wird: frühestens Weihnachten, voraussichtlich später.

Am nächsten Tag rufe ich mit neuem Mut bei Bill von *Cafe* an, weil ich noch ein paar Fragen klären will. Habe ich etwas falsch gemacht? Nein, sagt er. Die Firma hat gerade kein Budget für eine Vollzeitredakteurin mit meiner Erfahrung. Sie hätten die Stelle zu früh ausgeschrieben. Es tue ihm so leid. Im Moment sei keine Redakteursstelle frei. Und nein, sie hätten niemand anderen an meiner Stelle eingestellt. Sie hätten einfach entschieden, bis nach dem Launch der Website zu warten. Es tue ihm leid, dass er meine Zeit verschwendet habe, sagt er. Mir tut es noch mehr leid. In seiner E-Mail und dem Telefonat lässt er die Möglichkeit einer zukünftigen Stelle offen, und gleichzeitig wirkt er frustriert, weil ihm für den Launch die Unterstützung einer Redaktionskraft fehlt, also mache ich ihm einen Vorschlag. Wie wäre es mit einem Sechs-Monats-Vertrag? Wenn es gut läuft, könnten wir am Ende neu verhandeln.

»Tut mir leid«, sagt er. Sie hätten zurzeit einfach nicht das Budget für mein Einkommensniveau, selbst wenn es nur sechs Monate wären.

»Und wenn ich Berufseinsteigerin wäre?«, frage ich, weil ich weiß, dass in sechs bis zwölf Monaten der TV-Scheck eintrudelt. Ich brauche nur ein Einkommen und Krankenversicherung, um die Zeit bis dahin zu überbrücken. »Jemanden mit Einsteigergehalt würdet ihr einstellen?«

»Schon«, sagt er, »aber du bist wohl kaum eine Einsteigerin.«

»Ich könnte so tun«, sage ich. »Für die Krankenversicherung bin ich, was du willst.«

Über genau dieses Szenario dreht Darren Star, Produzent von Erfolgsserien wie *Sex and the City*, gerade eine neue Serie mit dem Titel *Younger*, nach einem Buch von Pamela Redmond Satran: Liza, Mutter über vierzig, gespielt von Sutton Foster, ist nach der Trennung von ihrem Mann, der die gemeinsamen Ersparnisse verspielt hat, völlig pleite. Nachdem sie mit ihrer Qualifikation und Erfahrung keinen Job findet, weil ihre potenziellen Arbeitgeber ihren Zenit für überschritten halten, gibt sie sich für 27 aus und heuert als Einsteigerin in der Verlagsbranche an. Ich sage zu Bill, ich werde nicht so tun, als wäre ich 27, aber wenn er mir irgendeine Stelle gibt, kann ich als ersten Beitrag ein Interview mit Darren Star organisieren, der ein alter Freund von mir ist.

Darren und ich kennen uns seit 2001, als er die Filmrechte von *Shutterbabe* für Dreamworks kaufte.[90] Ein paar Monate später schickte uns das Studio für eine Woche zusammen nach Paris. Die Reise war eine intensive Erkundungsmission, die Darren beim Schreiben des Drehbuchs helfen sollte. Und auch wenn wir hart arbeiteten – wir klapperten alle meine Bekannten aus meinem Leben als Expat ab, besuchten jeden Ort in Paris, an dem ich gelebt, geliebt und gearbeitet hatte –, fühlte es sich nicht wie eine Geschäftsreise an. Kein bisschen. »Our Big Fat Gay Honeymoon«, taufte ich die Woche im Nachhinein.

Bill und ich telefonieren noch ein paarmal, bis ich ihm schließlich meine Verzweiflung wegen der Krankenversicherung gestehe. Obamacare ist zwar inzwischen verabschiedet worden, aber da ich wegen COBRAs Buchungsfehler das Zeitfenster zum Wechseln um mehr als dreißig Tage überschritten habe, befinde ich mich bis zum nächsten Quartal im Niemandsland. Auf der Affordable-Care-Act-Website ist meine Situation nicht vorgesehen: Im Auswahlmenü des Formulars existiert sie einfach nicht. Als Bill von dem Dilemma hört, spricht er mit Vinit und macht mir einen Vorschlag: ein Sechs-Monats-Vertrag als angestellte Autorin – mit dem heiligen Gral, der Versicherung – zu einem Einstiegs-Jahresgehalt von 39 000 Dollar. Was bedeutet, ich verdiene in den nächsten sechs Monaten 19 500 Dollar und muss pro Woche mindestens vier Beiträge schreiben. Und jede Menge redigieren und freie Mitarbeitende rekrutieren.

1992, vor fast 23 Jahren, war mein Einstiegsgehalt bei *ABC News* 38 000 Dollar im Jahr. Als Textchefin bei *Health Today* bekam ich 160 000 Dollar. Ich versuche mit Bill zu verhandeln, weil das Angebot kaum unsere Grundbedürfnisse abdeckt, geschweige denn die College-Gebühren meines Sohnes, aber er hat keinen Spielraum, sagt er, und ich habe weder Alternativen noch die Reserven, um die Verhandlungen in die Länge zu ziehen. Ich brauchte den Job eigentlich schon gestern. Ich könnte nebenher als Freie schreiben, um aufzustocken, kein Problem, sagt Bill, solange es nicht für Online-Medien ist. Print geht in Ordnung. Bücher auch. Es kann ein semi-nichtexklusiver Vertrag sein.

»Deal!«, sage ich, weil mir nichts anderes übrigbleibt, wenn mich nicht mal der Container Store als Weihnachtsaushilfe nimmt. Du tust nicht nur alles, um deine Familie zu ernähren, auch für den Bruchteil deines Werts, du bist auch noch dankbar dafür: *Danke, Sir! Immer gerne.*

Anmerkung: Mit dieser Abmachung stehe ich in der Statistik als erwerbstätig da, obwohl mein Einkommen nicht für meine Grundbedürfnisse reicht. Was mich offiziell zum Mitglied der Erwerbsarmen macht. In einer Studie aus dieser Zeit wird *erwerbsarm* definiert als »vollzeitbeschäftigt unter 200 % der Armutsgrenze«.[91] Warum 200 Prozent der Armutsgrenze und nicht einfach 100 Prozent? Weil die Armutsgrenze für Ballungsräume wie New York City als zu niedrig gilt und auch nicht berücksichtigt wird, wie durchlässig sie ist: Jedes Jahr bewegen sich Millionen von Familien in den USA knapp an der Armutsgrenze, und bei allen besteht die Gefahr, durch Jobverlust, medizinische Notfälle oder beides ganz abzurutschen.

In dem Jahr, als ich für 39 000 Dollar Jahresgehalt bei *Cafe* anfange, hat eine durchschnittliche vierköpfige Familie, die als »erwerbsarm« gilt, ein Einkommen von bis zu 47 000 Dollar. Und New York City mit seinen hohen Lebenshaltungskosten liegt weit über dem Durchschnitt.

Zum Glück hat die neue Schule meines Sohnes, die in einer einkommensschwachen Gegend mit einem Durchschnittseinkommen von 22 776 Dollar liegt, kostenlose Hortbetreuung bis 18 Uhr, also brauchte ich für den Nachmittag kein Babysitting – *Halleluja!* Das ist für berufstätige Eltern der Lebensretter am Ende des Regenbogens. Mit einer Stunde Arbeitsweg muss ich nur dafür sorgen, dass ich um 17 Uhr Feierabend mache. Und weil wir in der Nähe der Schule wohnen, fällt auch die halbe Stunde für den Schulweg weg. Wir können einfach zu Fuß gehen: noch ein *Halleluja*.

Ich rufe sofort bei Sloan Kettering an und vereinbare einen MRT-Termin in der Woche nach Beginn des neuen Versicherungsschutzes.

17

Am Ruhepunkt der sich drehenden Welt

Oktober – November 2014

In der Minute, als ich die Papiere für *Cafe* unterschreibe, entspannt sich mein Herz. Natürlich mache ich mir immer noch Sorgen, wie ich mein Gehalt aufstocken soll, und ich falle immer noch ab und zu in Ohnmacht, oder mein Herz stolpert, wenn ich meine Kontoauszüge sehe oder wenn ein neuer Stapel unbezahlter Arztrechnungen kommt, aber die Aussicht, dass ich bald wieder versichert bin und ein MRT machen lassen kann, wirkt Wunder auf meine Gesundheit. Wenn mein Herz flattert, setze ich mich einfach hin und atme durch.

Schritt für Schritt, ermahne ich mich, wenn ich morgens mit dem Hund durch den Wald gehe und sehe, wie über dem Hügel die Sonne aufgeht. (*Guten Morgen, Dad. Es war ziemlich hart, seit du weg bist, aber ich glaube, es geht langsam aufwärts.*) Schritt für Schritt für Schritt für Schritt.

Jetzt, da mein Herz meistens wieder im Takt schlägt, wende ich mich seinem anderen Bedürfnis zu, der Liebe. Seit meiner Trennung ist ein volles Jahr vergangen. Santi und ich treffen uns noch gelegentlich, nach Bedarf, aber ich träume von einer tieferen, bedeutungsvollen, weniger zweckmäßigen Beziehung, bevor ich die Segel streiche; mehr als Gelegenheitssex mit einem willigen Partner.

Was heißt es überhaupt, frage ich mich, einen reifen, liebevollen Partner zu lieben und von ihm geliebt zu werden; jemanden, der mich sieht, wie ich bin, mich schätzt und respektiert, meine Bedürfnisse über seine stellt, so wie ich es umgekehrt tue? Ich weiß, dass es so etwas gibt. Ich erlebe es hautnah bei einigen meiner Freundinnen und Freunde, deren Liebe über Jahrzehnte gewachsen ist. Tad und Amanda, Martha und Adam, Nora und Nick, Margot und Jamie, Marco und Abigail, Meg und Richard, Ayelet und Michael. Und das sind nur ein paar der Namen, die ich so oft aufzähle, dass meine Kinder, denen die Trennung ihrer Eltern immer noch in den Knochen steckt, ihr Ehe-Bashing mit den Worten beenden:»… und jetzt erzähl nicht von Ayelet und Michael und den anderen. Das sind *Ausnahmen*, okay?«

Meine Kinder haben nicht unrecht. Ich kenne auch viele Ehen, die gerade ins dritte Jahrzehnt gehen, denen es an Liebe oder Sex, Achtung oder Respekt fehlt, in denen Verbitterung, Untreue, Geldsorgen, Lügen oder Trübsinn den Ton angeben, oder eine beliebige Kombination aus diesen. Bei manchen sehe ich selbst, dass der Haussegen schief hängt, während mich andere ins Vertrauen ziehen, seit ich aus meiner unglücklichen Ehe ausgebrochen bin.

Da ist eine Frau, die einen netten, aber unterkühlten Ehemann hat und ihren emotionalen Hunger seit Jahren bei einem anderen Mann stillt. Eine andere verdreht ständig im Beisein ihres Mannes die Augen über ihn, und man fragt sich, wie ihr Eheleben erst hinter verschlossenen Türen aussieht. Eine Frau, die ich auf einer Party kennenlerne, vertraut mir an, dass sie sich zu Hause wie in einem Gefängnis fühlt.»Er kontrolliert alles«, flüstert sie. Eine Freundin und ihr Mann hatten so selten Sex, dass sie anfing, die Wochen zu zählen, dann die Monate, dann die Jahre, jetzt sind es Jahrzehnte. Eine Frau sagt, wenn sie ihren Mann ansieht, empfindet sie nichts als Wut. Ein Mann spürt, dass seine Frau sich von ihm entfernt, aber er tut nichts dagegen. Da sind die Eltern, denen es gut ging, solange die Kinder zu Hause lebten, doch als das Nest leer ist, finden sie die gemeinsame Zeit unerträglich.

Freundinnen, Freunde und Bekannte bitten mich um Rat. Sie wollen von mir wissen, ob ihre Beziehung noch zu retten ist, als wäre ich plötzlich eine Expertin im Erkennen dieser magischen Grenze. Ich rate allen zur Therapie. Sich scheiden zu lassen, ist schwer, sage ich. Versucht es zu verhindern. Oder ich zitiere Nora: »Ehen kommen und gehen, aber eine Scheidung ist für immer.« Ich weiß auch, dass man im Unterholz einer schlechten Ehe den Weg aus dem Dickicht nicht klar erkennt. In der Kosten-Nutzen-Rechnung einer angeschlagenen Ehe gibt es einen Punkt, an dem man sich, wenn sich nichts ändert, zwischen zwei Arten des Unglücklichseins entscheiden muss: dem Unglück zu bleiben und dem Unglück zu gehen. Was ist schlimmer?

Um Männer kennenzulernen, versuche ich, mehr auf Partys und berufliche Events zu gehen, aber bei den Veranstaltungen, zu denen ich eingeladen bin, sind alle Männer verheiratet, und als Single werde ich seltener zu Dinnerpartys eingeladen. Tipp an alle Leserinnen und Leser: Deinen frisch getrennten Freundinnen ist es egal, ob die Zahl der Dinnergäste gerade oder ungerade ist, es stört sie nicht, das fünfte Rad am Wagen zu sein, und sie haben auch nicht vor, dir den Mann zu klauen. Sie sehnen sich einfach nach ein paar Stunden Unterhaltung mit Gleichaltrigen, statt Geschirr zu spülen, mit Grundschülern Minecraft zu spielen oder allein im Bett zu sitzen und durch die Urlaubsfotos anderer Familien zu scrollen.

Ich bitte meinen Freundeskreis, mich zu verkuppeln, aber ... Sense. Wahrscheinlich bin ich zu hässlich, denke ich. Zu klein, zu großnasig, zu liebeshungrig, zu arm, zu kaputt, zu laut, zu *viel.* »Liegt es an mir?«, frage ich. Nein, sagen sie. Sie kennen einfach keinen alleinstehenden Mann in unserem Alter. Dafür kennen sie aber diese echt tolle Frau, die sich auch gerade scheiden lässt, und obwohl sie es nicht aussprechen, weißt du, dass sie die Geschichten von dem schrecklichen Scheidungskrieg oder den miesen Tricks ihres Ex nicht mehr hören können, und deswegen verkuppeln sie dich mit ihr. Das passiert so häufig, dass ich irgendwann meine eigene Dinnerparty gebe für die wachsende Gruppe frisch getrennter neuer Freundinnen, deren Scheidungskrieg und Gerichtstermine und Tränen ich mit offenen Armen begrüße. Gemeinschaft macht stark. Gruppenumarmungen helfen. »Die Kämpferinnen« nennen wir uns, und zusammen fühlen wir uns wie eine Armee, weniger verwundbar, proaktiv, nicht reaktiv. Ich bitte jede, beim nächsten Mal eine neue angeknackste Bekannte mitzubringen, um die Runde aufzumischen. Ja, Männer sind auch willkommen, absolut, bringt sie mit! Am Ende sind wir zwölf alleinstehende Hetero-Frauen, zwei schwule Männer und zwei straighte Männer, die beide derzeit in Beziehungen sind.

Die coolen Kids aus meinem dritten Impro-Kurs, wo wir gerade den Harold* lernen, melden sich bei einer neuen App namens Tinder an, aber sie sagen mir, es gehe dort nur um Sex. Ich frage einen von ihnen, einen attraktiven, witzigen Shakespeare-Schauspieler, der zehn Jahre jünger als ich ist – nennen wir ihn Hamlet –, ob er sich am Samstagabend mit meinem Sohn und mir im Peoples Improv Theater (PIT) die Impro-Truppe The Baldwins ansehen will. Unsere Hausaufgabe besteht darin, uns jede Woche mindestens eine professionelle Impro-Show anzusehen, die im PIT für Mitglieder kostenlos ist. Außerdem spielt unsere geliebte Lehrerin aus dem letzten Kurs bei den Baldwins mit. Ich bin die Einzige, die morgens ein Kind mit Schulbrot und Gemüseschnitzen zu versorgen hat, weswegen ich mich meistens ausklinke, wenn

---

* Der Harold ist eine Impro-Langform, bei der das Publikum spontan ein Thema vorgibt, aus dem im Laufe des Abends drei Geschichten entstehen, die mehr oder weniger zusammenhängen. Was aus dem Stegreif sehr, sehr schwer ist. Die meisten Harolds scheitern, können aber trotzdem recht lustig sein. Ein guter Harold? Ein Geniestreich voller Schönheit und Anmut.

die anderen unter der Woche ins Theater gehen und anschließend um die Häuser ziehen.

Auch Hamlet knabbert noch an der Trennung von seiner lang-jährigen Freundin. Außerdem bonden wir, weil wir beide einen Elternteil verloren haben: Seine Mutter starb, als er ein Jugendli-cher war, auch an Krebs. Mein Sohn, Hamlet und ich, jeder mit dem Verlust oder der Abwesenheit eines Elternteils beschäftigt, machen den Samstagabend zum Ritual: Vor der Vorstellung gehen wir billig essen, albern herum und ermutigen meinen Sohn, später bei der Show das Stichwort für den Harold zu geben. Die Baldwins wissen inzwischen, dass samstags mein Achtjähriger im Publikum sitzt, und sie rufen ihn oft auf, weil er immer coole Stichwörter wie *Käse* oder *Zombies* hat. (Erwachsene neigen zu Wörtern wie *Penis* und *Brüste*, die beim Impro nicht besonders lustig sind.)

Nach der Show bestellen wir an der Theaterbar ein Bier und für meinen Sohn ein Ginger Ale und gehen später kichernd zur U-Bahn. Meinem Sohn tut Hamlets Gesellschaft genauso gut wie mir. Nach und nach fühlen sich unsere Samstagabende, in Erman-gelung eines besseren Wortes, wie Familie an. So familiär, dass ich auf einmal Gefühle für Hamlet habe, die über Freundschaft hinausgehen. Versuchen oder nicht versuchen? Das ist die Frage.

Eines Abends nach der Show, als mein Sohn bei einem Freund übernachtet und ich mit Hamlet allein zurück zur U-Bahn gehe, kratze ich zwanzig Minuten lang meinen Mut zusammen, weil ich irgendwie glaube, dass wir auf einer Wellenlänge sind, und er vielleicht nur zu schüchtern ist, um es zuzugeben. Doch als ich ihn an der U-Bahn-Treppe frage, ob er noch mit zu mir kommen will, starrt er mich voller Schreck und Mitleid an und ringt um Worte. Er dachte, nachdem wir so viel über private Gedanken und Gefühle gesprochen hatten, wäre mir klar, dass er brüder-liche, nicht fleischliche Zuneigung für mich empfand. Freund-schaft, keine Romantik.

Ach so. Klar. Kein: »Du hattest mich auf den ersten Blick.«
Keine anschwellende Geigenmusik. Kein Austausch von Körper-
säften. Ja, natürlich, ich weiß, ich bin zu alt und nicht mehr gebär-
fähig, während dieser Mann noch in der Blüte seiner Jugend steht.
Ich hatte auch nicht vor, mit ihm in den Sonnenuntergang da-
vonzusegeln oder sowas, nur ein paar Sprünge in die Wellen, bevor wir in unterschiedliche Richtungen weiterschwimmen. Hatte
ich mir das Knistern zwischen uns nur eingebildet, oder sitze ich
schon so lange auf der Ersatzbank, dass ich die Signale nicht mehr
deuten kann?

Weil es ewig dauert, bis der A-Train kommt, sitzen Hamlet und
ich uns zwanzig quälende Minuten lang auf verschiedenen Bahn-
steigen gegenüber. Er fährt runter nach Brooklyn. Ich fahre hoch
nach Inwood. Am liebsten wäre ich im Boden versunken. Stattdessen versenke ich mich in mein Smartphone: Apathisch scrolle
ich durch verschiedene Media-Feeds und lasse den endlosen Fluss
der menschlichen Gesichter nach oben und in Vergessenheit verschwinden.

Was für ein seltsamer Stamm, die Menschheit. Unser verzwei-
felter Drang nach Verbundenheit wird nur von unserer Unfähig-
keit überboten, uns zu verbinden.

Gebeutelt, aber nicht bezwungen melde ich mich bei *Match.*
com an. Doch nach einer Woche komme ich den ganzen Psycho-
pathen nicht mehr hinterher, die mein Postfach fluten und zum
Teil ausfällig werden, wenn ich nicht antworte. (»Du hältst dich
wohl für was Besseres, oder? Stirb, du Fotze!«) Ich mache einen
zweiten Versuch bei *eharmony*, aber es sind immer noch zu viele
Fragen. *Was ist dein Lieblingssport? Wie viel Alkohol trinkst du?*
Was verdienst du? Rauchst du? Nein, klicke ich bei der letzten
Frage und wünschte, es gäbe ein drittes Kästchen mit der Antwort:
»Nein, aber ich habe mal ein paar Jahre geraucht, was ich echt be-
reue«, weil ich mich mit jemandem verabreden würde, der dieses

Kästchen anklickt. *Wärst du bereit, jemanden mit Kindern zu daten, ja oder nein?* Bereit? Wo ist das Kästchen für »wäre mir lieber«? *Wie würdest du dich selbst beschreiben?* In diesem Moment? Traurig, ängstlich, einsam, pleite, zeitweise suizidal, und nebenher versuche ich meine Herzrhythmusstörungen zu ignorieren. Ich kreuze die Kästchen glücklich, ausgeglichen, erfüllt, optimistisch und friedlich an. *Wie sieht ein perfektes Date für dich aus?* Egal, Hauptsache es kommen Essen, Freundlichkeit und Sex darin vor – gibt es dieses Kästchen? *Glaubst du an die Liebe?* Verdammt, na klar, sonst würde ich diese bescheuerten Fragen doch nicht beantworten.

Ja, ich weiß – Selbstliebe, Selbstpartnerschaft, man braucht keine bessere Hälfte, um ein gesundes, erfüllendes Leben zu führen: Ich kenne die Argumente – politische, feministische, prominente und andere –, die für ein selbstbestimmtes Single-Leben anstelle von Liebe, Ehe und Partnerschaft sprechen. Und ich bin wirklich froh, in einer Zeit zu leben, in der dieser Lebensstil völlig akzeptiert ist und wir Frauen Kreditkarten haben können, ohne dass ein Ehemann unterschreiben muss – vergessen wir nicht, wie kurz dieser Quatsch erst her ist. Aber ich kenne auch meine persönlichen Bedürfnisse.

Diese Bedürfnisse sind elementar, und alles andere als originell, aber sie sind auch stark und tief und mit meiner Identität verwoben. Ich will einen Menschen, zu dem ich nach Hause komme; einen Menschen, mit dem ich beim Abendessen über die Ereignisse des Tages spreche, mit dem ich die Serie gucken kann, über die alle reden, und den Kinofilm, der so gute Kritiken bekommen hat; einen Menschen, der Hand in Hand mit mir spazieren geht, während wir uns unsere verletzlichen Seiten zeigen; einen Menschen, der mir mit der gleichen Aufmerksamkeit und Unvoreingenommenheit zuhört wie ich ihm; der mich *sieht*, vollständig, so wie ich ihn auch sehe; einen Menschen, mit dem ich mich beim

Autofahren abwechseln kann, der mit mir zusieht, wie das Laub die Farbe ändert, der mich auffängt, wenn ich falle (buchstäblich, wenn ich in Ohnmacht falle, und metaphorisch, wenn mein Leben auseinanderfällt); einen Menschen, mit dem ich Dinnerpartys geben kann; der abends neben mir liest und mit dem ich mich morgens mit dem Kaffeekochen abwechsle; einen Menschen, mit dem ich all die Oxytocin ankurbelnden nächtlichen Aktivitäten teilen kann wie Sex, Geschichten erzählen und kichern und flüstern und kuscheln und Arm in Arm einschlafen.

»Am Ruhepunkt der sich drehenden Welt«, schreibt T. S. Eliot, »weder Fleisch noch fleischlos; weder von noch nach; am Ruhepunkt, da ist der Tanz.«[92] Das Gedicht beschreibt die Zeit, aber seit ich es im Studium zum ersten Mal las, muss ich immer an diese Worte denken, wenn ich in den Armen eines Liebhabers einschlafe. »Und ohne den Punkt, den Ruhepunkt, gäbe es keinen Tanz, und es gibt nur den Tanz.« In der schläfrigen Umarmung bleibt die Zeit für mich stehen. Dieser Moment ist die reinste Essenz des Glücks, die ich kenne.

Selbst wenn die feministische und politische Theorie nichts für meine monogamen Basic-Bitch-Bedürfnisse übrighat und mir einreden will, dass traditionelle Partnerschaften oder auch nur der Wunsch danach immer eine Fortschreibung patriarchalischer Machtstrukturen sind, die zu zerschlagen meine Pflicht als gute Feministin ist, sagt die nüchterne Wissenschaft etwas anderes. »Die soziale Isolation gesunder, funktionierender Individuen führt langfristig zu psychischem wie physischem Zerfall und sogar zum Tod«,[93] schreiben die Soziologinnen Debra Umberson und Jennifer Karas Montez 2011 im *Journal of Health and Social Behaviour*. Die Ehe dagegen, stellen sie fest, hat positiven Einfluss »auf verschiedene klinische Bilder wie kardiovaskuläre und chronische Krankheiten, Bewegungseinschränkungen, die gesundheitliche Selbsteinschätzung und depressive Symptome.«[94]

Die Studienleiterinnen behaupten nicht, dass alle Ehen gesund für den Körper sind. Generell kommen Frauen in Ehen körperlich viel schlechter weg als Männer, vor allem in schlechten Ehen. Eine schlechte Ehe, mahnen die Wissenschaftlerinnen – als müsste ich daran erinnert werden –, ist im gleichen Maß gesundheitsschädlich, wie eine gute Ehe förderlich ist. In diesem Fall lebt man allein gesünder. Der Schlüssel zur positiven Wirkung einer gesunden Partnerschaft sind die sogenannten »emotional stärkenden Eigenschaften sozialer Bindungen«: sich geliebt zu fühlen, sich gesehen zu fühlen, sich gehört zu fühlen.

Da ich die Wirkung von Isolation, Einsamkeit und mangelnder Empathie auf mich kenne, sowohl in einer schlechten Ehe als auch jetzt, stimme ich zu. Ich rede nicht vom Alleinsein. Ich habe kein Problem mit dem Alleinsein: Wenn ich allein bin, schaffe ich viel, gehe spazieren, unternehme etwas, beschäftige mich. Mein Bedürfnis, ab und zu allein zu sein, ist so groß wie mein Bedürfnis nach Gesellschaft, manchmal noch größer, und aus einer schlechten Ehe auszusteigen, hat mir die Vorteile des Alleinseins deutlich gezeigt. Aber es gibt einen Unterschied zwischen Alleinsein und Einsamkeit, einen Unterschied zwischen dem Glück, allein mit deinen Gedanken zu sein, und dem Unglück, niemanden zu haben, mit dem du deine Gedanken teilen kannst.

In diesen Tagen stürzen mich Songs wie »All By Myself« in tiefes Selbstmitleid. Die Einsamkeit bringt mich um, heule ich meiner Schwester Jen am Telefon vor.

Also lade ich Tinder herunter. Als ich zu wischen beginne, bin ich erschüttert vom endlosen Strom menschlicher Sehnsucht und menschlicher Torheit. Es heißt, es gibt viele Fische im Meer, aber wenn damit das hier gemeint ist, bleibe ich lieber an Land. Manche der metaphorischen Fische halten echte Fische hoch, die sie geangelt haben, oder Waffen oder erlegtes Wild oder – warte, ist das die Haarsträhne einer Frau, die der Mann in der Hand hat? Und warum posieren sie alle vor ihren Autos? Ist das überhaupt sein Auto, oder steht er auf dem nächsten Parkplatz und macht sein Gang-Zeichen vor einem fremden Porsche? Was sollen die ganzen Auto-Selfies, Rechtschreibfehler, Gruppenbilder mit anderen Frauen, Golffotos und ... igitt! Nein! Ich will deinen haarigen Hintern weder hier noch sonst wo sehen. Was heißt »nicht auf der Suche nach LTR«? Ich googele LTR: *long-term relationship*. Ah. Okay. Habe verstanden.

Einige Männer nennen nicht verhandelbare Bedingungen, unter denen du dir vielleicht die Chance auf ein Treffen verdienen kannst: keine Goldgräberinnen, keine Dicken, keine knochigen Ärsche, kein Drama, trägt gerne Stilettos, keine hohen Absätze, muss groß sein, darf nicht größer als ich sein, zieh dir ab und zu ein Kleid an FFS (ich schlage »FFS« nach: *for fuck's sake*), *work hard, play hard*, sei entspannt, muss in der Lage sein, jederzeit überall hinzufliegen, ohne eine Sekunde zu zögern, muss ihr eigenes Leben haben, keine Spielchen, keine Kinder, mütterlicher Typ, sexy, und – mein persönlicher Favorit, der so häufig kommt, dass ich mich frage, wer Patient null war: »Falls du hässlicher bist als auf den Fotos, zahlst du die Drinks.« Ich wische nach links, nach links, nach links und frage mich, ob diese unmöglich zufriedenzustellenden Männer je eine Frau finden, die ihren Ansprüchen einer perfekten, hart arbeitenden, aber stets zur Verfügung stehenden, selbstversorgenden, kinderlosen, mütterlichen, großen, aber nicht zu großen, dünnen, aber nicht zu dünnen, wunderschönen, dominanten, unterwürfigen Madonna-Hure genügt, aber auch, wie das Leben der armen Frau aussehen würde, die solchen Typen auf den Leim geht.

Meine Hoffnung auf ein bisschen Spaß und Abenteuer nach meiner LTR, FFS, schwindet schnell. Mit Ende vierzig erfordert die Suche nach der Liebe genauso viel Beinarbeit, Schweiß-Kapital, Demut, Geduld und Kompromisse wie die Suche nach einem

Job. Du musst zielstrebig und hartnäckig sein, offen für neue Ideen und bereit, jeden Stein umzudrehen.

Aber nicht diesen Stein. Drei Stunden, nachdem ich Tinder heruntergeladen habe, lösche ich die App wieder.

Mein studierender Sohn schickt mir den Link zu einem *New-York-Times*-Artikel über eine relativ neue Dating-App namens Hinge.[95] Anders als die anderen Apps bis dato versucht der Algorithmus von Hinge, dich mit Leuten zu verkuppeln, mit denen du Facebook-Freunde teilst. Das klingt für mich nach einer nachvollziehbaren, logischen, vielversprechenderen Methode, um Leute kennenzulernen, so als würdest du auf die College-Party einer Highschool-Freundin gehen. Ich melde mich an. Der erste Mann auf meinem Display ist Künstler – nennen wir ihn Caravaggio, kurz Gio –, und wir haben dreizehn gemeinsame Facebook-Freunde. Nachdem ich nach rechts wische und ein Match erhalte, rufe ich eine der Facebook-Freundinnen an und frage sie nach ihm. Sie gibt mir ihren Segen.

Ich hatte noch nie ein Blind Date. Oder korrekter, ein App-Date, wie mich eine Freundin belehrt, als ich ihr von dem Date mit Gio erzähle. Bevor ich mit 24 meinen Mann kennenlernte, hatte ich keine »Dates«. Ich lernte Männer am College, bei der Arbeit oder durch Freunde kennen. Manchmal wurden wir ein Paar, und erst dann gingen wir in Restaurants essen, falls wir Geld hatten, oder wir gingen zum Thai-Imbiss um die Ecke, um uns ein Chicken Curry zu teilen. Die Balzrituale meiner Jugend fanden in einer analogen Zeit statt, als ich aufs College ging oder durch die Welt reiste, während heute die Welt in ihrer digitalen Ganzheit in meine hohle Hand passt. Zum Glück, denn sonst würde ich überhaupt keinen Mann kennenlernen, der grob in meinem Alter ist. Wir leben einfach aneinander vorbei. Sie sind nicht auf Partys, sie sind nicht bei der Arbeit. Was soll ich machen, 60 Dollar für Babysitting ausgeben, mich mit einem Taschenbuch in eine Bar setzen und warten?

Kurz gesagt, ich bin glücklich, als ich zu meinem ersten App-Date aufbreche, nicht nur, weil ich einen gutaussehenden, interessanten und intelligenten Mann in meinem Alter kennenlerne, sondern auch, weil der Weg dahin relativ schmerzlos war und wir gemeinsame Bekannte haben. Siehst du?, sage ich zu mir selbst, war gar nicht so schwer. Vielleicht wird es sogar lustig. Was erhoffe ich mir von diesem Date und diesem Mann? Na ja … *Liebe* natürlich.

Was der erste Anfängerfehler ist.

Keiner in den Apps sucht nach Liebe. Jedenfalls gibt es keiner zu. »Ich will mich einfach mal umsehen«, höre ich in den nächsten drei Jahren immer wieder. Als würde man einfach so durch die Großgeräteabteilung eines Elektrofachmarkts schlendern: Ach, schau mal an! Eine Waschmaschine! Wer hätte das gedacht? (Du. Deswegen bist du da.)

Aufgeregt nehme ich die U-Bahn von Inwood zur Upper West Side, um Gio zum Mittagessen in einem Lokal namens Peacefood Cafe zu treffen, das er vorgeschlagen hat. Immer auf der Suche nach Zeichen, halte ich den Namen für ein gutes Omen. Ich mag Frieden, und ich mag Essen! Wer mag Frieden und Essen nicht? Na ja, Faschist*innen, Psychopath*innen, Scheidungsanwält*innen, Magersüchtige und Diktator*innen, aber die meisten von uns mögen Frieden und Essen, oder? Vielleicht erzählen Gio und ich eines Tages meinen Enkelkindern die Geschichte, wie wir uns im Peacefood Cafe kennenlernten und ineinander Frieden und Nahrung fanden. Ja, okay, ich weiß, dass dieser Gedanke in der U-Bahn auf dem Weg zu einem Bind Date voreilig, unreif und pathologisch unrealistisch ist, aber ich kann nichts dafür. Eine gnadenlose Romantikerin zu sein, ist eine schreckliche Bürde. Und doch würde ich, wenn ich mich zwischen Hoffnung und Zynismus entscheiden müsste, immer die Hoffnung wählen. Die Liebe ist meine Kirche, meine Moschee, meine Synagoge, mein Tempel, und weil ich das Glück hatte, von dem ersten und wichtigsten Mann in meinem Leben – meinem Vater – bedingungslos geliebt worden zu sein, fußt mein spirituelles Glaubenssystem nicht auf Magie oder einem allmächtigen Wesen, sondern auf einem konkreten Gefühl, von dessen Existenz ich weiß, weil ich es erlebt habe.

Ich frage mich, ob ich den Mann, den ich kennenlernen soll, überhaupt erkenne, weil das Foto in der Dating-App eher als Witz gemeint war – ein guter Witz, fand ich, weil es zeigt, dass er sich selbst nicht zu ernst nimmt: Er steht mit einem albernen Grinsen vor einer meterhohen Brust aus Zucker. Die Brust gehört zu einer Monumentalskulptur der Künstlerin Kara Walker in der früheren Domino-Sugar-Fabrik, die im Frühjahr und Sommer 2014 zum Pflichtprogramm der angesagten New Yorker Kunstszene gehörte. (»Ich habe eine drei Meter hohe Vagina in die Welt gestellt«, sagte Walker, »und die Menschen reagieren auf drei Meter hohe Vaginen, wie sie es eben tun.«[96])

Ich habe die Zucker-Frau nicht gesehen. Ich habe auch nicht gewusst, dass ihre Zuckerbrüste und die drei Meter hohe Zucker-Vagina zum öffentlichen Verzehr bestimmt waren, bis sie irgendwann weg waren, was zeigt, wie wenig ich mich mit der Kunstszene auskenne. Auch mein Kleidungsstil ist nicht szenig. Vielleicht war er in den 1990ern szenig, als sich mein persönlicher Geschmack mit dem der Popkultur überschnitt: alte Doc Martens, verwaschene Jeans, Bauernbluse, graue Wickelstrickjacke mit einem kleinen Loch am rechten Ellbogen und kein Make-up. Ich will mich zeigen, wie ich bin, unverstellt, in den Kleidern und mit dem Gesicht, die ich der Welt auch sonst präsentiere. Ich laufe lieber bequem, ungeschminkt und ausgefranst herum, statt mich mit Lippenstift und Stöckelschuhen aufzudonnern. Ich bin nicht auf der Welt, um irgendjemandes subjektiver, pornoverzerrter Wahrnehmung zu gefallen. Ich bin auf der Welt, um Raum einzunehmen und mich frei zu bewegen. Und falls nötig, vor Zombies weglaufen zu können.

Das Date läuft gut, vom ersten Augenblick an. So gut, dass mein Herz Luftsprünge macht, als wir uns in die Niederungen des Lebens begeben. Seine gescheiterte Ehe, meine gescheiterte Ehe, seine Kunst, meine Bücher, Sucht, Liebe, Sex, Tod, Selbstmord, Elternschaft, der Nährwert von Butternusskürbis und seine das Krebsrisiko senkenden Eigenschaften: Egal welche Wendung unser Gespräch nimmt, es kommen neue gemeinsame Interessen und Geschichten zum Vorschein, die von Herzen kommen. Er ist das Gegenteil eines Mannes, der beim ersten Date aufschneidet. Er gesteht seine Ängste und Schwächen ein, lässt Unsicherheit, Zweideutigkeit, rohe Emotionen, Fehler und Zweifel zu, kann zuhören und zeigt Empathie. Als ich ihm von den letzten Stunden meines Vaters erzähle, hat er Tränen in den Augen. Ich spüre förmlich, wie die Spiegelneuronen zwischen uns feuern: ein völlig neues Erlebnis nach meiner Ehe mit einem Mann im Autismus-Spektrum. Ich bin hingerissen von Gios dunkler, gemeißelter Schönheit, von seinen hehren Idealen, seiner Schüchternheit und seinen Geheimnissen, von der Art, wie er manchmal zwischen den Sätzen Luft holt, als hätte er vergessen zu atmen.

Recycling, sagt er. Er liebt Recycling, das Wiederverwenden von Material, sucht auf Schrottplätzen nach Schätzen und macht aus alten Dingen Kunst. Er hat gerade eine Ausstellung in einer Galerie in Chelsea, erzählt er: bunte Skulpturen aus Metall und geblasenem Glas. Er zeigt mir ein Foto von einer Wand, die er aus Bierdosen gestaltet hat. »Cool!«, sage ich. »Ich liebe dich«, hätte zu diesem Zeitpunkt vielleicht überstürzt geklungen.

Liebe auf den ersten Blick, gibt es das? Als ich mich vom Objekt meiner Zuneigung entferne, komme ich zu dem Schluss, dass es wohl so sein muss. Bevor ich zur U-Bahn hinuntergehe, rufe ich meine Freundin Ayelet an. »Ich habe gerade den tollsten Mann kennengelernt«, schwärme ich, und mein klopfendes Herz fühlt sich an wie ein Kraftfeld. Wie sich herausstellt, kennt sie ihn auch, und sie mag ihn: Sie haben sich eines Sommers in der Künstler-kolonie Yaddo kennengelernt. Wow, denke ich. Der Hinge-Algorithmus funktioniert! Ich nehme mir vor, den CEO von Hinge für *Cafe* zu interviewen.

Etwa eine Woche später lade ich Gio zu einer Dinnerparty ein, die ich Darren Star zu Ehren gebe, der gerade in der Stadt angekommen ist, um *Younger* zu drehen. Gio bringt einen alten College-Freund mit. Als ich mich beim Dessert mit seinem Freund unterhalte, schleicht Gio in die Küche und spült das gesamte Geschirr. Eine Freundin macht später ein Foto von Gio und mir, als wir auf den Gitarren meiner Kinder ein Duett spielen, und die zunehmenden Funken zwischen uns sind nicht zu übersehen. Wären Gedankenblasen sichtbar, stünde in meiner: »Total verknallt.«

18

Fehlender Durchblick

Oktober – November 2014

Mitte Oktober fange ich bei *Cafe* an, in einem Redaktionsbüro im Flat Iron Building mit großen Fenstern und drei langen Tischen mit Aeron-Stühlen. Ich bin die neunte Mitarbeiterin, und diese ersten sechs Monate gehören bis heute zu meinen schönsten Berufserfahrungen: die Aufbruchsstimmung, die Begeisterung, mit der jeder und jede alles macht, nach dem Motto »Hey, Leute, lasst uns ein Magazin herausbringen!«, in meinem Fall auch die Fotos. Der einzige Haken ist, dass mein Gehalt nicht zum Leben reicht. Wenn mein Sohn keine Schule hat, nehme ich ihn mit zur Arbeit, weil ich mir kein Babysitting mehr leisten kann. Ich bin auf den kostenlosen Hort seiner Schule angewiesen. Wenn er krank ist, setze ich meine eigenen Krankheitstage ein, um ihn zu pflegen.

Mein erster Artikel mit dem Titel »How I Got Rejected From a Job at the Container Store«, der Ende Oktober 2014 erscheint (leider inzwischen von den Servern des Unternehmens gelöscht), geht viral. »Jahrelang«, schrieb ich, »wurden wir Amerikanerinnen und Amerikaner mit der nützlichen Lüge gefüttert: Studiere fleißig, arbeite fleißig in deinem Beruf, arbeite fleißig an deiner Ehe, lege Geld zurück, lagere Mehl, Salz und Zucker in beschrifteten Behältern, und du wirst immer die Kontrolle über dein Leben und Schicksal haben. Doch Kontrolle ist in den besten Zeiten eine Illusion.« Innerhalb von 24 Stunden erscheinen auf der Meinungsseite der *New York Times* online eine Empfehlung und ein Link zu

meinem Artikel. *Forbes* bittet um eine Nachdruckgenehmigung.[97]
Das Fernsehen ruft an.[98] Das Radio auch.

Die Story – in der es nicht um den Aushilfsjob geht, sondern
um die Illusion von Kontrolle – hat offenbar bei vielen Leserinnen und Lesern einen Nerv getroffen, die auch gerade feststellen,
dass sie »nur eine Kündigung, eine Diagnose, eine gescheiterte
Ehe von einem reißenden, chaotischen, vollkommen ungesicherten Abgrund entfernt sind«. Nebenbei setzt mein Artikel *Cafe* auf
die Landkarte, digital wie medienpolitisch, was für unseren CEO
allerdings ein Problem aufwirft: Die Journalist*innen, die mich
jetzt interviewen, interessieren sich logischerweise für mein Gehalt und fragen mich geradeheraus, ob ich endlich genug zum
Leben verdiene.

»Was soll ich ihnen sagen?«, frage ich meinen neuen Chef, denn
ich will nicht lügen, aber ich will auch nicht an dem Ast sägen,
auf dem ich sitze. Im Großraum New York reichen 39 000 Dollar
im Jahr bei weitem nicht, um eine vierköpfige Familie über die
Runden zu bringen. Nach dem Living Wage Calculator des MIT
beträgt das existenzsichernde Minimum an meinem Wohnort in
einem Haushalt mit drei Kindern und einem berufstätigen Elternteil – ohne die Studiengebühren, Kost und Logis meines Ältesten
miteinzurechnen – 112 816 Dollar im Jahr.[99]

»Sagen Sie, ja, Sie verdienen genug zum Leben«, sagt Vinit und
erhöht mein Gehalt von 39 000 Dollar auf 80 000 Dollar im Jahr,
was knapp unterhalb des Existenzminimums einer alleinerziehenden Mutter von drei Kindern in Chicago liegt. Sechs Monate später erfahre ich, dass mein männlicher Kollege im gleichen Zeitraum 200 000 Dollar im Jahr verdient hat.

Meine Social-Media-Timeline und verschiedenen Posteingänge
werden mit Anfragen und Kommentaren zu dem Beitrag über-
schwemmt. Eine dieser Anfragen kommt von Ken Kurson, dem
Chefredakteur des *New York Observer*, der Jared Kushner gehört.

Kurson meldet sich über Facebook-Messenger. »Wir kennen uns nicht«, schreibt er, »aber verdammt, Ihre Geschichte ist spitze. Bitte überlegen Sie, ob Sie nicht für den *Observer* schreiben wollen.« Ich antworte ihm umgehend, dass ich bei *Cafe* einen Sechs-Monats-Vertrag unterschrieben habe, er sich aber gerne in fünf Monaten bei mir melden kann. Darauf schickt er mir ein Foto von sich bei einem Interview mit Preet Bharara, dem Bruder meines CEOs. Was seltsam ist, aber egal. Der Chefredakteur einer etablierten Zeitschrift hat sich aus heiterem Himmel bei mir gemeldet und gefragt, ob ich für ihn schreiben will. Ich bin hochzufrieden. *So oder so*, denke ich, *ich werde es aus dieser verdammten Talsohle herausschaffen.*

Auf Ken werde ich später noch zurückkommen. Er spielt eine Schlüsselrolle bei meinem Absturz sechs Monate später.

Nach dem Erfolg der Container-Store-Geschichte verbringe ich das Wochenende damit, die Flut der Interviewanfragen zu sortieren. Am Montag führe ich Gespräche mit Journalistinnen und Journalisten bei verschiedenen T V - und Radiosendern in der ganzen Stadt.

Abends stehe ich wie üblich eine Stunde in der Küche und spüle mit kaltem Wasser Geschirr, aber ich bin glücklich: Ich habe etwas geschrieben, auf das ich stolz bin; ich habe in der ersten Arbeitswoche eine Gehaltserhöhung bekommen; ich habe endlich die Affäre mit Santi beendet und freue mich auf die nächste Verabredung mit Gio; meine Kinder leben sich in der neuen Wohnung gut ein, obwohl sie häufig kalt duschen und im Bett eine Mütze tragen müssen, wenn der Boiler wieder streikt; die Kakerlakenplage ist zeitweise unter Kontrolle; dem Chefredakteur des *Observer* gefällt mein Artikel; ich habe ein Interview mit Justin Mc-Leod, dem CEO von Hinge, und eins mit Darren Star am Set von *Younger*; am Freitag bekomme ich meinen ersten Gehaltsscheck seit sechs Monaten; Ende des Monats habe ich ein MRT, das von der Kasse übernommen wird; mein Herzstolpern ist fürs Erste unter Kontrolle.

Am liebsten würde ich diesen Moment einfrieren, in dem mein Herz, meine Gesundheit, meine Kinder, meine Arbeit und mein emotionales Wohl endlich alle auf einem grünem Zweig sind. Zum ersten Mal seit Jahrzehnten spüre ich so etwas wie Verliebtheit und habe Hoffnung auf eine weniger stressbelastete Zukunft. Ich fange an, den vagen Umriss eines sinnerfüllten Lebenswegs vor mir zu sehen.

Natürlich ist das der Moment, in dem das Leben sagt: »Ach ja?«

Auf meinem Handy erscheint der Hinweis auf eine E-Mail meiner neuen Kollegin Judith. »Auf *Motherlode* gibt es jetzt auch eine Reaktion auf deinen Artikel«, schreibt sie mit einem Link zum Elternblog* der *New York Times*.

Ich lege die rosa Gummihandschuhe auf die abgenutzte Resopalplatte, setze mich an den Küchentisch und mache die außerkörperliche Erfahrung, in einem Leitmedium einen kritischen Artikel über mein Leben zu lesen, dessen Autorin mich weder um einen Kommentar gebeten, noch die Fakten gecheckt hat. Der Beitrag der Elternkolumnistin der *Times* ist eine mit Fehlern gespickte Reaktion auf die Tatsache, dass auch ihr Social-Media-Feed von meinem Artikel verstopft wurde, und dazu haben sie und ihre Facebook-Freundinnen einiges zu sagen.

»Viele von uns können sich die Pechsträhne in Kombination mit *fehlendem Durchblick* [meine Hervorhebung] vorstellen, die uns in eine ähnliche Lage bringen würde. Doch es gab noch eine andere Reaktion in meinem Feed, die ebenso verbreitet war.«[100] Einige ihrer Facebook-Freundinnen, schreibt sie, finden mich »anmaßend, selbstmitleidig und Schlimmeres«. Und nach Mut-

---

* Der Name des Blogs *Motherlode* wurde zwei Jahre später zu *Well: Family* geändert, weil er die Hälfte aller Elternteile unterschlug.

maßungen über meinen Geisteszustand und meine finanzielle Lage – wiederum ohne mich zu kontaktieren, einen Kommentar zu erbitten oder auch nur die Schreibung meines Nachnamens zu überprüfen – fährt sie fort: »Man könnte sogar meinen, dass Frau Kopaken [sic] den Aushilfsjob eigentlich gar nicht wollte.« Einige ihrer anderen Facebook-Freundinnen, schreibt sie weiter, »sahen *fehlenden Durchblick* [wieder meine Hervorhebung], fehlende Ersparnisse und eine Anspruchshaltung im Spiel, und manche fügten hinzu, dass die Frau mit der Wohnung in Manhattan, die gerade ein Drehbuch an Hollywood verkauft hatte, momentan vielleicht schlicht überfordert sei, aber die echte Verzweiflung, die sie reklamiert, spürte sie nicht«.

Die Lampe in der Küche, die seit einer Weile flackert, geht wieder einmal aus. Ich habe deswegen schon mehrere Nachrichten an den Hausmeister und drei E-Mails an den Eigentümer geschickt, ohne Erfolg. Ich drehe so lange an dem uralten Lichtschalter herum, bis ich einen Stromschlag kriege, der mich wie in einem Cartoon flach auf den Boden wirft. Auch das kommt häufiger vor. »Verdammt noch mal«, sage ich laut, als ich mich hochrappele. Als das Licht wieder angeht, läuft eine Kakerlake, die sich im Dunkeln hervorgewagt hat, hektisch die Küchenwand hinauf. Ich fange zu heulen an. Mal wieder. Ich weine leise, um die Kinder nicht zu erschrecken, die nebenan Hausaufgaben machen.

Frauen, die Frauen verurteilen, sind ein Muster, das ich aus dem Journalismus kenne.

Wie die Journalistin von *Talk*, die ein paar Monate vor dem Erscheinen von *Shutterbabe* in einem Interview fragte, ob ich befürchtete, als Schlampe bezeichnet zu werden, und später ihre Frage und meine entsetzte Antwort veröffentlichte, als hätte sie die Frage ganz unparteiisch gestellt. Dabei war sie es, die die Möglichkeit überhaupt erst in den Raum stellte – neben einem Foto meines grinsenden Gesichts mit aufgeknöpftem Hemd, das die Bildredaktion herausgesucht hatte.

Oder die Journalistin von *Salon*, die in ihrer Besprechung von *Shutterbabe*, meinem Buch über die Tücken, als weibliche Fotoreporterin in der damals fast rein männlichen Branche zu arbeiten, schrieb:»Das Merkwürdigste an ihrem Buch ist die Abwesenheit von Frauen in fast jedem Kontext ... Was ist da los? ›Vielleicht mochte sie niemand‹, mutmaßt eine Freundin von mir.«[101]

Ich habe unzählige weitere Beispiele ordentlich in einem Hefter mit Zeitungsausschnitten gesammelt.[102] Es sind nicht unbedingt schlechte Kritiken, darauf möchte ich deutlich hinweisen. Ich kann Kritik annehmen, denn Kritik ist eine erwartbare und notwendige Konsequenz, wenn du ein Buch in die Welt setzt. Aber ich spreche hier von haltlosen Angriffen auf meinen vermeintlichen Charakter, oft im Kontext einer an sich positiven Rezension, und von Misogynie unter dem Deckmantel rhetorischer Fragen. Wie in der Besprechung von *Shutterbabe* in der *Women's Review of Books* des Wellesley College, deren Autorin das Buch lobt und gleichzeitig mit einer rhetorischen Frage andeutet, ich sei für die ungewöhnlich hohe Anzahl krimineller und sexueller Übergriffe auf mich selbst verantwortlich, weil ihr als Studentin dergleichen nie passiert sei:»Könnte es sein, dass [Copaken] etwas an sich hat, das solche Vorfälle provoziert?«

Oder die Journalistin von *Talk*, die die Schuld an meiner Vergewaltigung auf meinen»fehlenden Durchblick« schob, wie»*eine Vertrauenslehrerin* unterstellen könnte« – nicht etwa sie selbst. *Sie* würde mich natürlich nie in einer Zeitschrift mit einer Auflage von 670 000 als Schlampe mit fehlendem Durchblick bezeichnen und damit Hunderttausende potenzielle Leserinnen und Leser vergraulen. Und mich dadurch – das ist das wahre Verbrechen von Sexismus und Misogynie – um meinen potenziellen Gewinn bringen. Aber es ist ja die namenlose *Vertrauenslehrerin*, nicht sie,

die meinem vermeintlich fehlenden Urteilsvermögen die Schuld
an der Vergewaltigung gibt.

Die Philosophin Kate Manne nennt Misogynie die »Exeku-
tive« des Sexismus. Oder, wie sie schreibt: Sexismus trage einen
Laborkittel; Misogynie jage Hexen.[103] Ein Markenzeichen dieser
Hexenjagd ist der Verweis auf die Meinung anderer – Gruppen-
denken – als plausible Strohpuppe für die unbewussten Vorurteile der Autorin: um »schlechte« Frauen zu bestrafen und »gute«
zu belohnen.

Diese neue Art der öffentlichen Züchtigung – die, wie alle digitalen Veröffentlichungen, länger Bestand haben wird als ich –
endet meistens mit einer ähnlichen rhetorischen Frage, die im
digitalen Zeitalter allerdings nicht rhetorisch ist, sondern vielmehr der Versuch, Kommentare und Seitenaufrufe zu generieren, um Werbekunden anzulocken: »Was sagen Sie dazu? Wenn
Sie Ms. Copakens Geschichte lesen, oder auch nur meine Zusam-
menfassung hier, identifizieren Sie sich mit ihr oder schütteln Sie
den Kopf? Und was noch interessanter ist, warum?«[104]

Diese Frage bohrt sich in mein Herz – »identifizieren Sie sich
mit ihr oder schütteln Sie den Kopf?« Plötzlich wird mir klar, dass
darin die ganze Geschichte des Feminismus steckt. Und die Geschichte der Arbeiterbewegung. Frauengesundheit. Sklaverei und
Rassismus. Altersdiskriminierung. Rape Culture. Politik. Krieg.
Als folge aus der Möglichkeit, sich mit einer Person oder Situation
außerhalb unseres Erfahrungsbereichs zu identifizieren, automatisch eine Entweder-oder-Struktur. Wenn Sie sich mit ihr identifizieren, ist ihre Geschichte a priori erzählwürdig. Doch wenn Sie
sich *nicht* mit ihr identifizieren, weil Sie – wie die Rezensentin,
möchte ich anmerken – eine Krankenversicherung haben, einen
Ehemann mit einem Einkommen, keine potenziell lebensgefährliche Diagnose, die teure Untersuchungen und Eingriffe erfordert (im Moment zumindest, sterben müssen wir natürlich alle),

finanzielle Rücklagen und keinerlei Notwendigkeit, einen Nebenjob anzunehmen, sei es in der Serviceindustrie oder einer anderen Branche, dann können Sie über die Geschichte dieser Frau, die einfach zu schlimm ist, um wahr zu sein, nur verächtlich den Kopf schütteln. Identifikation oder Kopfschütteln, das sind die beiden Optionen.

In der Kommentarspalte der *New York Times,* dem Kolosseum unserer Zeit, folgen die Reaktionen auf den Elternblog-Artikel auf dem Fuß, jede grausame Antwort ein weiterer Stich in mein Herz.

Ich rufe wieder meine Freundin Ayelet an, keine zwei Wochen nach dem Anruf wegen meines erfolgreichen ersten App-Dates. Inzwischen weine ich so jämmerlich, dass ich kaum Luft bekomme. »Scheiß auf sie«, sagt Ayelet. »Eine andere Frau zu treten, wenn sie am Boden liegt. Das ist schlechter Journalismus, und es ist schlechter Feminismus.« Und dann hört sie mir einfach nur zu, während ich schluchze, und sagt in den Atempausen »Ist schon okay« und »Ich hab dich lieb« und »Ich weiß«.

Ayelet hat selbst Erfahrung mit sachlich falschen, ungerechtfertigten Verunglimpfungen, wie damals, als sie in der New-York-Times-Kolumne »Modern Love« in einem Essay schrieb, dass sie ihren Mann mehr liebe als ihre Kinder. Der Essay war als Provokation gedacht: Es ging um den Unterschied zwischen romantischer Liebe und mütterlicher Liebe. Sie wollte ihren Mitmüttern, von denen ständig verlangt wird, das unerreichbare Doppelziel mütterlicher und weiblicher Perfektion zu erreichen, mitteilen, dass dieses unrealistische, sexistische Paradigma uns, unseren Kindern und unseren Ehen schadet.[105]

»Ich … ich … warum?«, heule ich, als ich wieder sprechen kann. »Sie hat sogar meinen Namen falsch geschrieben!«

»Und deine Brustkrebsdiagnose nennt sie ›möglicherweise vermeidbar, aber wer denkt schon an alles‹. Wenn ich je Brustkrebs kriege, will ich unbedingt den vermeidbaren.«

Ich muss lachen. »Ich hab dich lieb«, sage ich.

»Ich dich auch«, sagt sie. »Aber versprich mir, dass du die Kommentare nicht liest.« Ayelet und ich haben nur halb im Scherz ausgemacht, dass wir, wenn alle Männer tot sind, in zwei benachbarte Häuschen in einer Tiny-House-Kolonie ziehen werden.

»Ich versuche es«, sage ich, aber ich scheitere natürlich. Ich kann nicht anders. Ich war auch nie gut darin, Wunden verheilen zu lassen. »Das Problem an Copakens Geschichte«, heißt es in einem Kommentar, »ist der Ton. Er ist so weinerlich und selbstgefällig, dass man sich instinktiv von ihr distanziert.«

Der Ton. Ich klappe den Computer zu. Da ist wieder dieses verdammte Wort. Die Tech-Chefin Kieran Snyder hat sich die Sache mit dem Ton genauer angesehen, insbesondere den Gender-Bias in der kritischen Sprache, mit der der Kommunikationsstil von Frauen beschrieben wurde. Sie wandte sich an Kolleginnen und Kollegen ihrer Branche und sammelte 248 von deren überwiegend positiven Leistungsbewertungen (denn das waren die Bewertungen, die die Leute freiwillig herausgaben). Die Ergebnisse ihrer Studie »The Abrasiveness Trap (Die Aggressionsfalle): Leistungsstarke Männer und Frauen werden in Leistungsbewertungen unterschiedlich beschrieben« waren verblüffend. 71 von 94 Frauen wurden in ihren ansonsten positiven Bewertungen wegen ihres Tons kritisiert, aber nur zwei von 83 Männern.[106] Das sind 76 Prozent der erfolgreichen Frauen im Gegensatz zu 2 Prozent der erfolgreichen Männer, die *in positiven Bewertungen* darauf hingewiesen werden: »Hüte deine Zunge.«

Fünf Jahre später führt die Doktorandin Emily Khazan an der University of Florida eine ähnliche Untersuchung zum Gender-Bias in den Beurteilungen von Teaching Assistants (TAs) durch. In einem asynchronen Online-Kurs gab sich Khazan vor der Hälfte der Klasse als weibliche TA aus und vor der anderen Hälfte als männlicher – d. h. auf dem Foto, das die Studierenden von ihrer

Lehrkraft sahen, war bei der Hälfte eine Frau, bei der anderen Hälfte ein Mann zu sehen, und sie lernten die Lehrkraft nie persönlich kennen. Khazan unterrichtete beide Gruppen auf die gleiche Art und Weise: Sie benotete Aufsätze, beantwortete E-Mails etc. Am Ende des Semesters erhielt die »männliche« Lehrkraft eine viel bessere Bewertung als die »weibliche« Lehrkraft. Noch kritischer ist, dass die »weibliche« Lehrkraft fünf Mal so viele negative Bewertungen erhielt wie die »männliche«, und diese vor allem von weiblichen Studierenden, während die »männliche« Lehrkraft von weiblichen Studierenden ... gar keine negativen Bewertungen erhielt.[107] Dabei waren die »männliche« und die »weibliche« Lehrkraft ein und dieselbe Person: Emily.

Ich mache den Abwasch fertig, bringe meinen Sohn ins Bett, lege die Wäsche zusammen, gehe mit dem Hund raus, bringe den Müll runter, helfe meiner Tochter bei der Korrektur ihrer College-Bewerbung, töte ein paar Kakerlaken, beantworte mehrere Arbeitsmails, die sofort beantwortet werden müssen, und krieche ins Bett, das sich heute Abend noch leerer und kälter anfühlt als sonst – ich fühle mich wie ein einsamer Pinguin auf einer dunklen Eisscholle. Ich ziehe eine Wollmütze und ein Sweatshirt über, klappe den Laptop auf und lese die Kritik noch einmal durch, in der Hoffnung, eine andere Interpretationsmöglichkeit zu entdecken, aber nein. Der Text ist einfach nur herzlos und gehässig.

Doch als ich mir die neuen Tränen abwische und den Browser aktualisiere, geschieht plötzlich ein Wunder in Echtzeit. Das Verhältnis der gehässigen zu den freundlichen Kommentaren kippt, und diesmal siegt das Mitgefühl. »The Wicked Stepmomster« aus Philadelphia schreibt: »Verunglimpfen wir hier wirklich eine Frau, die versucht hat, einen Job zu bekommen? In dem Fall haben wir in der Rezession mehr verloren als nur unser Geld.« Amon aus Texas schreibt: »Als ich den Artikel las, habe ich zu ihr gehalten. So wie es hoffentlich andere für mich tun würden.« Eine andere schreibt: »Was dieser Autorin passiert ist, könnte buchstäblich jeder von uns passieren, die nicht zu den oberen Zehntausend gehört. Hochmut kommt vor dem Fall.« Und Anon aus New York schreibt: »Wenn wir den Fehler bei ihr suchen, ist ihre Schwäche das Problem, und wir müssen uns nicht mit der sehr realen Möglichkeit auseinandersetzen, dass es jede von uns treffen könnte.«

Ich versuche, Mitgefühl aufzubringen, sowohl für die Bloggerin als auch für ihre Projektion. Offensichtlich hat meine Geschichte sie persönlich getriggert, und ich kann mir schon vorstellen, woran es liegt. Eins der hässlichen kleinen Geheimnisse der menschlichen Natur ist, dass wir, obwohl wir nach außen hin großmütig sind oder uns zumindest dafür halten, unbewusst die Opfer von Unglücksfällen verurteilen und in manchen Fällen sogar verabscheuen. Es ist eine Art psychischer Schutz vor der realen Möglichkeit, selbst zum Opfer zu werden: Wir geben der Person, die von der Leiter fällt, die Schuld, nicht dem System, das sie abgeworfen hat.

Ich finde die Bloggerin auf Facebook und blockiere sie.

19

Unerwidert

Den Rest meines ersten Monats bei *Cafe*, einschließlich des Freitags nach Thanksgiving, der von den meisten als Brückentag genutzt wird, schreibe, fotografiere und liefere ich einen Beitrag nach dem anderen und schaffe es häufig nur knapp, meinen Sohn um 18 Uhr von der Schule abzuholen. Um über die Runden zu kommen, nehme ich außerdem Aufträge nebenher an, die ich abends, in der Mittagspause und am Wochenende erledige. Ich nehme Porträts von CEOs, Autorinnen und Autoren auf und fotografiere bei Bar-Mizwas, zu denen ich meinen Sohn mitnehme. (»Langweilig«, findet er, aber er weiß, dass es nicht anders geht, wenn der Kühlschrank voll sein soll.) Außerdem schreibe ich Buchrezensionen und Artikel für Printzeitschriften. Trotz der täglichen Herausforderungen macht mir die Arbeit bei *Cafe* riesigen Spaß. »Ich liebe meinen Job!«, sage ich jedem, der fragt, weil es stimmt, auch wenn das Herzflattern wieder da ist und ich plötzlich lauter kleine rote Punkte an den Beinen und am Oberkörper habe, Petechien genannt, die die Ärzte erst für Leukämie halten – drei aufregende Tage –, bis sie zu dem Schluss kommen, die geplatzten Blutgefäße unter meiner Haut sind stress- und/oder kardiovaskulär bedingt, weil sie keine andere medizinische Erklärung haben.

Nachdem eine Hautbiopsie am Oberschenkel (die eine bleibende Narbe hinterlässt) bestätigt, dass ich an keiner anderen bekannten Krankheit leide, beschließe ich, die Einblutungen zu ignorieren, denn die Miete ist fällig, und die Flecken sind eher hässlich als unangenehm. Also besuche ich das Set von *Younger* und interviewe Darren, dann rase ich ins Büro zurück und schreibe den Artikel dazu. Ich interviewe Justin McLeod, den CEO der Dating-App Hinge, über die ich Gio kennengelernt habe, und stelle ihm am Ende spontan die Frage:»Waren Sie jemals verliebt?« Seine überraschende Antwort hat für uns beide Auswirkungen auf die Zukunft, aber nicht in diesem Moment. Ich schreibe über die heilende Kraft der Kunst bei Schmerzen, über den vermeidbaren Tod meines Cousins Jeremy wegen seines nicht diagnostizierten Diabetes und über Bruce Jenners Transition zu Caitlyn.

In meinen Bereich gehören vor allem persönliche Geschichten, also schreibe ich über Noras schwarze Zara-Strickjacke, die ich an meinem ersten Thanksgiving allein als Schutzschild gegen die Traurigkeit trage, weil Thanksgiving ihr Lieblingsfest war. Ich schreibe eine Kolumne namens »Ein Tag im Leben meines Instagram-Feeds« über die Unterschiede zwischen dem Gesicht, das wir der Welt präsentieren, und unserem privaten Gesicht. Ich schreibe darüber, wie ich an dem Tag, als ich mit meinem Exmann auf neutralem Boden verabredet war, um die nächsten Schritte der Scheidung zu besprechen, den Reißverschluss am Rücken meines Oberteils nicht allein zubekam. Ich schreibe darüber, wie tröstlich es war, als ich mit meinem alten College-Freund Dan beim Roches-Christmas-Konzert in einer Kirche Händchen hielt, beide mit gebrochenem Herzen, und ich schreibe über das Gefühl, an Weihnachten Jüdin zu sein. Ich schreibe über den Verkauf meines Verlobungsrings, über nacheheliches App-Dating, über die Unsichtbarkeit als Frau mittleren Alters und darüber, wie es ist, mit einem Mann mit einer Autismus-Spektrum-Störung verheiratet zu sein. Ich lasse meinen ganzen Schmerz und die Scham in meine Texte einfließen, und diese tägliche Auseinandersetzung mit meinem aus den Fugen geratenen Leben in Kombination mit den morgendlichen Waldspaziergängen rettet mich. Anscheinend hilft es auch anderen. »Danke«, schreiben mir Fremde. »Ich dachte, ich wäre der einzige Mensch, der XXX erlebt hat.«

In ein paar Jahren wird sich *Cafe* zu einer politischen Website entwickeln, und fast alle meine Artikel werden von den Servern gelöscht werden. Das wird mir weniger zusetzen, als ich dachte. Ich sehe es wie ein Mandala im Sand, das vom Winde verweht wird. Hauptsache ist, dass ich in dieser Zeit schreibe und krankenversichert bin. Dass ich mich und andere vorübergehend von meiner Arbeit ernähren kann, ist das Sahnehäubchen.

In der Zwischenzeit war Eddie, mein Co-Autor für den *Shutterbabe*-Pilotfilm, mehrmals über verlängerte Wochenenden in New York, um mit mir das Drehbuch zu schreiben. Er lässt seine Frau und seinen Sohn in Los Angeles zurück und nimmt sich ein Zimmer im Standard Hotel, das uns mit seinem atemberaubenden Blick auf Manhattan als Büro dient, und ich nehme mir Urlaubstage – Reisen kann ich mir sowieso nicht leisten –, damit wir vier Tage am Stück arbeiten können. Wir verbringen den ganzen Tag an dem Schreibtisch mit der L-förmigen Bank, dann gehe ich nach Hause und füttere meine Kinder. An diesen Wochenenden kümmert sich meistens meine siebzehnjährige Tochter um ihren achtjährigen Bruder, aber als sie an ihrer College-Bewerbung arbeiten muss, springen meine Freunde Meg und Richard ein.

»Das Hotelzimmer muss dich jedes Mal ein Vermögen kosten«, sage ich zu Eddie. Es ist ein schönes Zimmer, und wir haben von der Produktionsfirma noch keinen Cent gesehen. Eddie investiert sein eigenes Geld in das Projekt, einschließlich der Business-Class-Tickets. Mit seinen zwei Metern passt er nicht in die Economy-Class.

Eddie zuckt mit den Schultern. Weil er Showrunner vieler populärer Fernsehserien war, die immer noch siebenstellige Tantiemen einbringen, muss er über die Kosten von Hotels, teuren Restaurants und sonst irgendwelche Preise nicht nachdenken. »Ich habe mehr Geld, als ich ausgeben kann«, sagt er einmal zu mir, was ein unüberbrückbarer Graben zwischen uns ist.

Ich mag Eddie. Er ist ein bisschen arrogant, wie viele der Nerds, die in den späten Achtzigern und frühen Neunzigern in Hollywood gelandet und in der TV-Comedy-Branche groß rausgekommen sind, aber er ist lustig und er ist ein guter Drehbuchautor. Außerdem liebt er die Fotografie, und nach dem Mittagessen schlendern wir häufig durch die nahe gelegenen Galerien in Chelsea. Manchmal habe ich den vagen teenagerhaften Verdacht, dass er ein bisschen auf mich steht. Dass er mir vielleicht deswegen erzählt, wie viel Geld er hat und mich vor sechs Jahren nicht nur wegen der Drehbuchrechte kontaktiert hat, sondern auch wegen der Rechte an mir – und jetzt, da ich Single bin, ist die Option vielleicht wieder zu haben.

Eines Mittags beim Lunch erzählt er, dass seine Ehe seit Jahren nicht mehr funktioniert. Um eine klare Grenze zu ziehen, sage ich deutlich, dass die Sache mit Gio etwas Ernstes ist, was von meiner Seite aus stimmt, wenn auch nicht von Gios Seite. Tatsächlich wird meine Verliebtheit immer einseitiger und ungesünder. Unerwidert, kann man sogar sagen, wie das Buch heißt, das Ron Charles, der Literaturredakteur der *Washington Post,* mir ironischerweise in der dunkelsten Stunde meiner Selbsterniedrigung zum Rezensieren schickt.[108] Mit diesem neuen Mann, schreibe ich in der Rezension, mutiere ich zu einer Frau, die ich nicht kenne. »Sie war hungrig, diese neue Seite von mir, und aufdringlich. Sie schickte ellenlange Nachrichten und wälzte sich in unangemessenen Gefühlen. Es war nicht gesund. Weder für ihn noch für mich. Mit 48 sollte ich es besser wissen.«[109]

Inzwischen habe ich mir zwar die peinliche Bedürftigkeit verziehen, unter der ich in jener Zeit auf allen Ebenen litt, aber ich schäme mich bis heute für meine romantische Besessenheit von

Gio. Doch er warf mir auch immer wieder Hoffnungskrümel hin, um mein sehnsüchtiges Herz warmzuhalten.

Das war geschehen: Unsere aufkeimende Beziehung wurde schnell körperlich, aber es war fast unmöglich, die Zeit, den Raum oder das Geld für Babysitting zu finden, um dranzubleiben. Außerdem hat Gio ein Haus im Mittleren Westen, in das er sich oft zurückzieht, um zu arbeiten; und ein Haus an der Ostküste, wo er Zeit mit seiner Tochter im Teenageralter verbringt; und ein neues Atelier in Brooklyn, und einen weiteren Rückzugsort im Kopf, wo er sich am sichersten fühlt, nachdem er als Kind von seinem Vater misshandelt wurde. Jede Stunde, die wir miteinander verbringen, muss aus der winzigen Schnittmenge seiner Zeit in New York und außerhalb seines Kopfes und meiner Zeit, in der ich nicht im Büro oder mit meinen Kindern beschäftigt bin, herausgepresst werden: Mit anderen Worten, wir sehen uns fast nie.

Die erste Nacht, die ich bei ihm verbringe, statt zu meinem Sohn nach Hause zu eilen, ist auch unsere letzte. Es ist der Vorabend meines Brust-MRTs, und Gio wohnt in der Nähe des Krankenhauses, über eine Stunde mit Bus und Bahn von Inwood entfernt. Außerdem ist der MRT-Termin samstagmorgens, und meine Tochter ist am Wochenende auf College-Tour, sodass sie nicht auf ihren Bruder aufpassen kann.

In meiner Erinnerung hat Gio mich eingeladen, die Nacht vor dem MRT bei ihm zu verbringen, aber im Nachhinein nehme ich an, ich habe ihn gefragt, und er hat eingewilligt. Dass ich die Details verdrängt habe, zeigt, wie verzweifelt ich mir wünschte, dass die Idee von ihm käme.

Die Planung eines Erwachsenen-Sleepovers an einem Freitagabend, wenn man einen kleinen Sohn, einen alten Hund und weder ein Auto noch Geld für ein Taxi hat, erfordert die strategische Weitsicht eines Versorgungsoffiziers. Zuerst fahre ich nach dem Büro eine Stunde mit der U-Bahn nach Hause, um meinen

Sohn vom Hort abzuholen und ihm Abendessen zu machen. Nach dem Abwasch packe ich eine Tasche für meinen Sohn, eine Tasche für mich und eine Tüte mit Hundefutter, stecke den Hund in die Hundereisetasche (in der New Yorker U-Bahn müssen Hunde in einer Tasche untergebracht sein), ziehe mein Kind warm an und fahre mit meinen vier Taschen und meinem Kind mit der U-Bahn zu meiner Freundin Rebecca, die auf den Hund aufpasst. Dann steige ich mit meinem Sohn und den verbleibenden zwei Taschen wieder in die U-Bahn und fahre weiter zu meiner Freundin Ariel, die, nachdem sie auf den Container-Store-Artikel mit der rhetorisch gemeinten Bitte, jemand möge am Vormittag meines MRTs auf mein Kind aufpassen, geantwortet hat: »Bring ihn her! Ich bestehe darauf!«

Ich lasse meinen Sohn bei Ariel und ihren beiden Töchtern, die er noch nie gesehen hat – zum Glück sind dritte Kinder so verträglich –, und Gio holt mich draußen mit einem Uber ab. Dankbar steige ich ein, und wir fahren weiter durch Manhattan zu dem fünfstöckigen Kontorhaus, in dem er lebt.

Das Innere des historischen Baudenkmals ist wie er – ein skurriles, Willy-Wonka-artiges Wunderwerk aus recycelten Materialien und seltsamen Geräten mit alten Sofas, die er silbern polstern hat lassen, einem Boxsack, der wie von Zauberhand von der Decke fällt, und einem Kamin, den er aus alten Metallspinden selbst gebaut hat. Als ich zum ersten Mal dort war, dachte ich: *Dieser Mann macht sich bei allem Gedanken.*

Es ist nach neun, als wir endlich bei ihm sind, vier Stunden, nachdem ich das Büro verlassen habe. In der Zeit, die ich brauchte, um meine menschlichen und tierischen Mündel zu versorgen, hätte ich nach Boston oder Washington, D.C., fahren können. In solchen Momenten bin ich neidisch auf meine geschiedenen und getrennt lebenden Freundinnen, deren Expartner oder Eltern in der Nähe leben oder die sich Babysitter*innen leisten können, die über Nacht bleiben. Wäre ich nach der Arbeit direkt zu Gio gegangen, wäre ich um 17.20 Uhr da gewesen. Das sind zusätzliche drei Stunden und vierzig Minuten in Gesellschaft eines empathischen und gut riechenden Mannes. In der Zwischenzeit trudeln Fotos der neuen Freundin meines Exmannes auf meinem Facebook-Feed ein. Er ist bei ihr eingezogen und vermietet seine Wohnung über Airbnb. Sie scheinen häufig zelten zu gehen.

Gio legt ein paar Kissen auf den Boden vor dem Spind-Kamin, wirft ein paar Scheite hinein und macht Feuer. Er nimmt mich von hinten in den Arm, so wie ich früher meine Kinder gehalten habe, um sie zu trösten. »Danke«, sage ich, noch etwas angestrengt von der Logistik der Anreise, aber langsam entspanne ich mich.

»Atme«, erinnert er mich.

Später nimmt er ein paar Zweige getrockneten Salbei aus dem alten Apothekerschrank in seinem Schlafzimmer, zündet ihn an und bläst die Flammen aus. Dann schwenkt er die rauchenden Blätter um meinen Körper wie der Dirigent eines Ein-Personen-Orchesters. Der Kräuterrauch ist ein Schutzschild, behauptet er – halb augenzwinkernd, halb im Ernst – gegen erneute Brustknoten.

»So«, sagt er nach mehreren wohltuenden Minuten, in denen mir seine volle Aufmerksamkeit zuteilwurde, lächelnd. »Jetzt kann dir nichts mehr passieren.« Er spricht von den schützenden Eigenschaften des Salbeis, aber ich glaube, das zärtliche Ritual ist mächtiger als die magischen Kräuter. Unsere intimen Momente in dieser Nacht sind ebenso liebevoll, und als ich in seiner warmen Umarmung einschlafe, träume ich davon, für immer so gehalten zu werden.

Am nächsten Morgen bringt er mir Kaffee ans Bett, und wir stellen uns auf die Zehenspitzen ans Dachfenster, um zuzusehen, wie sich am Himmel über der der Brooklyn Bridge rote und rosa Streifen auffächern. Dann mache ich zehn Minuten Yoga neben dem Bett, um vor dem MRT meine Nerven zu beruhigen.

Gio trinkt seine zweite Tasse Kaffee im Bett und schaut lächelnd zu, wie meine reife Haut Wellen schlägt, als ich versuche, für den Baum meinen rechten Fuß an den linken Oberschenkel zu legen. Ich schäme mich nicht für meine Nacktheit (ich habe vergessen, Yogakleidung mitzunehmen), und auch nicht für meine fehlende Anmut, als ich ums Gleichgewicht kämpfe. Das ist einer der wenigen Vorteile, wenn man Ehe, Wohnung, Ersatzmutter, Branche, Vater, Job, Gebärmutter, Beruf, Geld, Gesundheit, Freiheit und Krankenversicherung gleichzeitig verliert: Wenn du in einem Schaufenster zufällig dein Spiegelbild siehst, merkst du, dass das Leben weitergeht.

Die Stellen an meinem Körper, die mir früher peinlich waren, vom Teenager bis zur Erwachsenen, sind Teile des Gerüsts, das mein Gehirn trägt, in dem mein wahres Ich sitzt. Als ich das Gleichgewicht gefunden habe, fühle ich mich so verwurzelt wie seit Jahrzehnten nicht. Ich fühle mich gesehen. Geliebt. Zufrieden. Das leidige Organ in meinem Brustkorb, das im letzten Jahr wie eine Straßenbahn gerattert hat, hält sich ausnahmsweise zurück, und ich spüre kaum, wie es Nährstoffe und Sauerstoff in den Rest meines Körpers pumpt.

»Ist es okay, wenn du allein ins Krankenhaus gehst?«, fragt Gio. Er murmelt etwas von einem Sammler, den er treffen muss.

»Klar«, sage ich und verliere das Gleichgewicht. »Natürlich.« Aus dem starken Baum wird wieder Fleisch und Blut, und plötzlich hätte ich gern ein Feigenblatt. Ich schnappe mir eins von Gios Handtüchern. Das Problem ist nicht, dass ich allein hingehen muss – bei meiner glücklicherweise kurzen Brustknoten-Achterbahnfahrt war ich bei jedem Termin, jeder Biopsie, jedem Scan und jeder Clipplatzierung allein. Das Problem ist, dass er mir zuerst angeboten hatte, mich zu begleiten, und ich hatte mir gestattet, ihn beim Wort zu nehmen. Ich frage ihn, wie ich am schnellsten zum 6-Train komme.

»Du fährst nicht mit der U-Bahn zum MRT«, sagt er und bestellt mir über seine App ein Uber. Als der Wagen mich zum Scan fährt, schlucke ich die Tränen hinunter, die mir selbst kläglich und schwach vorkommen. Ich reiße mich mit aller Kraft zusammen. Du bist stark, erinnere ich mich. Du schaffst das allein, und alles andere auch, so wie du es bisher immer geschafft hast. Warum macht es dir so viel aus, dass er nicht mitkommen will? Weil. Es hätte mir etwas bedeutet. Es hätte mir mehr bedeutet, als ich in diesem Moment zugeben kann. Warum fällt es mir so schwer zu sagen: »Bitte komm mit ins Krankenhaus, es wäre mir wirklich wichtig«, statt ihm überschwänglich für das Uber zu danken, das er spendiert, und so zu tun, als wäre ich nicht enttäuscht? Warum habe ich solche Angst zuzugeben, dass ich nicht alles allein schaffe und dass ich auch nicht alles allein schaffen will. Die Tränen laufen weiter, ich kann sie nicht aufhalten.

Als der Wagen den FDR Drive hinaufrollt, reißt der Himmel auf, und langsam klären sich auch meine Gedanken: Die paradiesische Vereinigung der letzten Nacht, sehe ich ein, war unsere letzte. Mein Herz rebelliert: *Nein, nein, ihr passt perfekt zusammen. Er hat eben einen Job. Verpflichtungen! Sei nicht so kleinlich. Er braucht noch ein bisschen Zeit, um eure aufkeimende Liebe zu begreifen und sich auf dich einzustellen.*

»Was machst du an Weihnachten?«, frage ich ihn eine Woche später per SMS, nachdem ich zwischendurch berichtet hatte, dass der Knoten verschwunden bleibt. Erst schreibt er, dass er im Mittleren Westen sein wird, dann wirkt er genervt, aber ich bin mir nicht sicher, weil ich den Ton der Nachrichten schwer deuten kann.

Wir sind zurzeit emotional nicht auf der gleichen Ebene, erklärt er mir schließlich auch auf digitalem Weg, seiner bevorzugten Kommunikationsform, die es kaum zulässt, Richtung, Kraft und Stimmung seiner flüchtigen SMS-Blasen oder die Tiefe des

Raums zwischen den gemailten Zeilen einzuschätzen. Zusammen Weihnachten feiern? Nein. Das ist nicht in seinem Sinne. Nach der Trennung von seiner letzten langjährigen Freundin braucht er erstmal eine Weile ohne Beziehung. Er war von seiner Ehe direkt in eine Beziehung gestolpert, und dann in die nächste, ohne Pause, und er weiß selbst nicht mehr, wer er ist.

Das steht ihm zu, denke ich. Ich verstehe das Bedürfnis, allein den Reset-Knopf zu drücken.

Außerdem brauche er Zeit, um die Bindung zu seiner Tochter zu stärken. Er könnte sich vorstellen, dass wir es irgendwann noch mal versuchen, nachdem er sich von der letzten Trennung erholt hat, oder nachdem seine Tochter in zwei Jahren auf dem College ist, aber im Moment ist er noch nicht bereit für eine neue Liebe, sondern nur für lockere Verabredungen: Das hatte er noch nie, und er würde es gern ausprobieren.

Ich will keine lockeren Verabredungen. Ich weiß nicht mal, was das in unserem Alter sein soll, außer mehrgleisig zu fahren, und so schreiben wir zwar in den nächsten Monaten hin und wieder und treffen uns einmal zum Frühstück, bei dem er wiederholt, dass er sich mit anderen Frauen treffen will, bevor wir es in ferner Zukunft vielleicht noch einmal versuchen. Ich betrauere inzwischen den Verlust, springe wieder auf den Dating-App-Zug auf und versuche Gio zu vergessen.

20

Die Kirche der verirrten Herzen

Februar – Mai 2015

Am Valentinstag 2015 komme ich mit meinen Kindern vom Pizzaessen nach Hause, und vor unserer Wohnungstür steht ein riesiger Magnolienstrauß. Ich meine *riesig*: einen Meter breit, sechzig Zentimeter hoch, wie ein kleiner Baum, und auf der Karte ist ein handgezeichnetes Herz, aber kein Absender. Meine Kinder sind genauso überrascht wie ich. »Vielleicht sind die Blumen von Dad?« Ich schreibe meinem Exmann eine SMS:

Hast du den Kindern und mir Blumen geschickt?

Eine Sekunde später erscheinen drei Pünktchen, gefolgt von einer langen Pause, und dann:

Nein, hätte ich sollen?

Ich schicke eine Nachricht an einen College-Freund, der nie geheiratet oder eine Familie gegründet hat. Vor ein paar Wochen sind wir um der alten Zeiten willen im Bett gelandet, aber wir haben es beide sofort bereut. Natürlich. Die Blumen müssen von ihm sein: als Würdigung der schönen Zeit, die wir zusammen hatten, und der Erkenntnis, dass wir nicht füreinander bestimmt sind. Wie lieb von ihm. Doch die Blumen sind nicht von ihm, schreibt er zurück, auch wenn er sich wünschte, er hätte daran gedacht, und übrigens, alles Gute zum Valentinstag. Dann finde ich einen

Hinweis auf dem Briefumschlag: die Telefonnummer des Blumen-
ladens. Ich rufe an und frage, ob sie vielleicht vergessen haben, die
Karte mit der Nachricht dazuzulegen. Nein, sagt die Floristin, und
nein, es tue ihr leid, sie dürfe die Identität meines heimlichen Ver-
ehrers nicht preisgeben. Er wolle anonym bleiben.

Ich habe Tinder wieder heruntergeladen und hatte zwei weitere App-Dates: eine schöne Begegnung mit einem jungen Psychiater, der leider weit weg in Kentucky lebt; und eine mit einem
vermeintlichen T-Shirt-Designer, der auf seinem Online-Profil
behauptete, er sei 53, doch als ich ihn an unserem Treffpunkt iden-
tifizierte, eher wie Anfang siebzig wirkte, die Generation meiner
Eltern, nicht meine. »Jetzt sind Sie enttäuscht, oder?«, begrüßte er
mich mit schwerer Zunge, offenbar nach dem dritten oder vierten Martini.

»Ja«, sagte ich. »Weil Sie mich angelogen haben. Das ist kein
guter Anfang, oder?« Ich zog den Mantel nicht aus und setzte
mich auch nicht. Ich war noch zu einer Branchenfeier eingeladen,
der perfekte Ausweichplan für den Fall, dass der Typ eine Enttäu-
schung wäre, was er war. Wegen seiner Lüge hatte sich das Date
erledigt, erklärte ich ihm, aber von mir aus könne er trotzdem mitkommen. Vielleicht würde er dort eine Frau in seinem Alter kennenlernen. Als er mir zu der Veranstaltung folgte, verteidigte er
seine Lüge immer noch – »Sonst hätten Sie nicht nach rechts ge-
wischt!« (*Ja, genau.*) »Auch mir steht Liebe zu!« (*Uns allen, Dude,
aber uns steht auch Ehrlichkeit zu.*) –, doch als wir dort waren, verlor ich ihn in der Menge aus den Augen.

Als ich ihn nach etwa einer Stunde wiedersah, wirkte er ange-
spannt. »Um wie viel Uhr gehen wir?«, fragte er.

»*Wir* gehen überhaupt nicht«, sagte ich. »Das habe ich Ihnen
klar gesagt. Dafür können Sie hier umsonst essen und trinken.«

»Aber ich weiß nicht, wo ich übernachten soll!«, platzte er heraus und griff nach meinem Arm. In seinem Tinder-Profil stand,

dass er in Brooklyn wohnte, deswegen war ich verwirrt. Er erklärte, er sei extra für unser Date von Vermont angereist. Sein Sohn wohne in Brooklyn, aber der sei aus irgendeinem Grund sauer auf ihn (*Vielleicht weil er ein pathologischer Lügner war?*). Deswegen könne er nicht wie geplant dort übernachten, und er habe gehofft, er könnte bei mir schlafen.

Als mir klar wurde, dass ich es mit einem Soziopathen zu tun hatte, nicht nur mit einem schlechten Date, erfand ich eine Ausrede, um die Party früher zu verlassen, und ging zur U-Bahn. Er wollte mich begleiten, weil er sowieso nach Norden müsse, wo er versuchen würde, bei einer alten Freundin unterzukommen. »Nein, danke, ich fahre lieber allein«, sagte ich. Er folgte mir mit zwei Metern Abstand. »Hören Sie bitte auf, mich zu verfolgen«, sagte ich wütend. Als er schließlich in der vollen U-Bahn versuchte mir die Zunge in den Mund zu schieben, sagte ich laut zu allen Mitreisenden: »Dieser Mann war mein Tinder-Date. Ich habe den ganzen Abend versucht, ihn loszuwerden, aber er hat mich in die U-Bahn verfolgt und versucht mich gegen meinen Willen zu küssen. Ich steige an der nächsten Station aus – bitte helfen Sie mir und sorgen Sie dafür, dass er in der Bahn bleibt und mir nicht wieder folgt.« Zum Glück hielten ihn zwei Männer zurück. Keine Ahnung, was der Mann danach gemacht hatte, aber könnten die Valentinstags-Blumen von ihm sein? Das würde heißen, er hätte irgendwie meine Adresse herausbekommen. Verdammt.

Über die Rückwärtssuche der Telefonnummer finde ich den Blumenladen im Netz, klicke auf den Link zu Google Maps, und mir fällt ein bittersüßer Stein vom Herzen: Die Blumen sind von Gio. Der Blumenladen ist bei ihm um die Ecke.

Mir kommen die Tränen, und mein Herz öffnet sich wie eine Magnolienblüte. Er ist wieder da, denke ich. Er hat sich besonnen. Endlich hat er begriffen, wie gut wir zusammenpassen. Und jetzt hat er nicht nur meine Wohnung mit Blumen gefüllt, sondern mir

auch ein Herz gezeichnet – sein Herz. Egal, dass er nichts dazu geschrieben hat. Er ist Künstler. Er verwendet Symbole.

Als Mädchen in den Siebzigern verschlang ich die Krimis um
Nancy Drew. Nancy Drew war immer auf der Suche nach Zeichen,
zum Beispiel in dem Fall mit dem Hexenbaum-Symbol, das sie
nach Dutch County führt, wo sie einem Dieb das Handwerk legt.
Oder als sie ins Loire-Tal reist, um das Geheimnis der 99 Trep-
penstufen zu lüften.

Ich schlüpfe also in Nancy Drews Rolle und googele »Magnolie Symbolik«. Da steht: »Magnolien stehen für Würde und Vor-
nehmheit. Im alten China hielt man die Magnolie für das perfekte
Symbol weiblicher Schönheit und Anmut. Im Süden der USA
sieht man ihre Blüten häufig in Brautsträußen, weil die Magnolie
die Reinheit und die Anmut der Braut symbolisiert.«

Oha.

Ich schicke Gio eine Nachricht und bedanke mich für die Blumen. Er antwortet mit einem roten Emoji-Herz. Wir fangen noch
mal von vorne an, denke ich. Ich musste nur ein paar Monate Geduld haben. »Kommst du heute Abend mit zu einer Valentinstags-
party?«, schreibe ich zurück.

Mein Freund Dan, der auch Künstler ist und den ich seit dem
Fotografiekurs im College kenne, hat am 14. Februar Geburtstag
und gibt jedes Jahr eine Party in seiner schäbigen, aber liebens-
werten Punk-Wohnung, die sein Freund Jimmy die »Kirche der
verirrten Herzen« getauft hat. Sein Geburtstag ist gleichzeitig eine
Zuflucht für alle, die kein Valentinstags-Date haben oder den Tag
nicht leiden können oder keine Lust auf die aufgesetzte Kerzen-
scheinromantik haben, die jedes Jahr die Restaurantpreise hoch-
treibt, nur weil ein paar Papierherzen an der Wand kleben.

Dans Wände sind Graffiti-Arbeiten *in progress*. Wer etwas dazu
kritzeln will, ist herzlich eingeladen. Ich glaube, Gio würde es gefallen.

Er könne nicht mitkommen, sagt Gio. Er liege mit einer Erkältung im Bett. Ich biete an, ihm auf dem Weg nach Brooklyn Hühnersuppe vorbeizubringen, allerdings mache ich den Vorschlag, *nachdem* ich die Hühnersuppe gekauft habe. Ein Fehler. Er möchte nicht, dass ich ihm Suppe bringe. Er sei so gut wie eingeschlafen. Wenn ich in einer halben Stunde klingeln würde, müsste er noch mal aufstehen. Alles klar, okay, denke ich in der U-Bahn und halte den heißen Suppenbecher fest.

Für alle, die schlauer sind als ich und das Geheimnis dieser Nancy-Drew-Episode schon entschlüsselt haben: Ja, eine andere Frau ist bei ihm, aber ich brauche noch vier Monate, bis ich dahinterkomme. Wie ich dahinterkomme? Ein Radiointerview im Frühling mit ihm und ihr, in dem sie ihre kurzlebige gemeinsame Design-Firma vorstellen. Auf die Frage nach der Entstehung des Firmenlogos antwortet sie mit einem koketten Kichern: »Okay, das ist ein bisschen peinlich …. Ich habe eine Valentinskarte aufgehoben. Die Valentinskarte, die ich dir geschrieben hatte.« Worauf er flirtend antwortet: »Du hast meine Valentinskarte zurückgeklaut?«

»Hühnersuppe? Cool!«, sagt Dan, als ich ihm die Suppe mitbringe. Ich erzähle ihm, wie es dazu kam: Die mysteriösen Magnolien, Gios Grippe (mit den Alliterationen sind beides perfekte Nancy-Drew-Titel). Dan sagt, hmm, das klingt komisch. Er hält immer zu mir. Zu all seinen Freunden. Nein, sage ich. Er ist bloß krank. Keine große Sache. Dan lächelt und nimmt mich in den Arm. »Willkommen in der Kirche der verirrten Herzen! Warte, ich möchte, dass du ein Foto von Megan und mir auf dem Mond machst.« Megan ist die entzückende, liebevolle Schauspielerin, mit der er zusammenkam, nachdem wir bei dem traurigen Roches-Christmas-Konzert beide geheult hatten. Sie spielt eine FBI-Agentin in einer Fernsehserie und bringt ein Jahr später Dans Kind zur Welt, was die Erfüllung von Dans größtem Wunsch ist, seit ich ihn kenne: Vater zu werden.

Megan sitzt schon auf der Kante der riesigen Mondsichel aus Pappe, die er in seinem dunklen Atelier aufgestellt und angeleuchtet hat. Er setzt sich zu ihr und schmiegt sich an sie. Als ich sie so sehe, habe ich das Gefühl, ich knipse ein Musical. Oder einen Traum. Megan ist umwerfend. Die beiden zusammen sind umwerfend. Da funkt so viel Liebe hin und her, dass es unmöglich wäre, ein schlechtes Foto von ihnen zu machen. Dans glückliches Herz ist in seiner Kirche der verirrten Herzen plötzlich fehl am Platz. Bald wird er das baufällige Gebäude abreißen und die Grundmauern seines Punk-Spielplatzes zum Familienheim umbauen.

»Ihr gebt mir Hoffnung«, sage ich und nehme beide in den Arm.

Mein Herz dagegen ist immer noch verirrt, sowohl auf romantischer als auch auf medizinischer Ebene. Die Betablocker, die ich gegen die Panikattacken verschrieben bekommen habe, senken meinen ohnehin niedrigen Blutdruck, sodass ich zur Ohnmachtsmaschine werde. Als ich die Betablocker wieder absetze, kippe ich zwar nicht mehr so oft um, aber dafür fängt das Herzflattern wieder an, manchmal so heftig, dass ich denke, es ist ein Herzinfarkt. Was Gio angeht … bin ich verwirrt. Ein einzelnes gezeichnetes Herz erklärt nichts. Die Magnolien erklären nichts. Nancy Drew fehlen die Hinweise.

»Ist er verliebt in mich?«, frage ich die magische Billardkugel, die ich in der Spielwarenecke des Drogeriemarkts für meinen Sohn gekauft habe. Zehn Dollar für die Zukunft? Ein Schnäppchen. »Frag später noch mal«, antwortet die Kugel. »Verhalte ich mich wie ein Teenager?«, frage ich weiter.

»Eindeutig ja.«

In den Wochen nach den Magnolien kommen Gio und ich uns langsam wieder näher. Das heißt, wir schreiben uns ellenlange E-Mails, streiten über belanglose Dinge als Stellvertreter für größere Dinge, versöhnen uns und treffen uns ab und zu zum Abendessen.

Aber meine Interpretation der Magnolien als Olivenzweig der Liebe ist falsch. »Freundschaft zuerst«, sagt er, was für ihn allerdings nicht ausschließt, dass wir Händchen halten, wenn wir essen gehen, vor dem Kamin kuscheln, er mich an meinem Geburtstag mit unseren Kindern ausführt, mir legendäre Fußmassagen gibt und großzügige Geschenke macht, die man einer Geliebten machen würde – das ist die Grenze, mehr kann er mir zurzeit nicht bieten, sagt er. Was für mich eine merkwürdige Grenze ist, wenn er meinen nackten Fuß streichelt oder seinen warmen Bauch an meinen Rücken schmiegt, Gesten, die sich intim anfühlen, vielleicht sogar intimer als die klassische Definition von Sex.

Doch als ich das Radiointerview mit der anderen Frau höre, bin ich wie vor den Kopf gestoßen und schreibe ihm eine fassungslose E-Mail. Warum hat er mir am Valentinstag die Blumen geschickt, wenn er die Nacht mit ihr verbracht hat?

Er beharrt darauf, dass er und die Frau nur gut befreundet sind. Sein Klempner und seine Mutter hätten ihm schließlich auch Blumen geschenkt. Wieder würde ich zu viel in die Dinge hineininterpretieren und falsche Vermutungen anstellen. Er schickt mir einen Link zu einem neuen Song von Emmylou Harris und Rodney Crowell, »The Traveling Kind«, und ich durchkämme den Text auf der Suche nach Hinweisen. *We were born to brave this tilted world with our hearts laid on the line* ... Ja, genau. Anders funktioniert Liebe nicht. Nur, indem man sein Herz aufs Spiel setzt. Mut beweist. Das Innere nach außen kehrt. In der nächsten Woche höre ich das Lied in Endlosschleife, wie ein verliebter Teenager, immer noch auf der Suche nach einer versteckten Bedeutung. Ein paar Wochen später schickt er mir einen Link zu »The Lion's Roar« von First Aid Kit, und wieder schlüpfe ich in Nancy Drews Rolle und versuche zu kombinieren. *And I'm a goddam fool, but then again so are you, and the lion's roar, the lion's roar has me seeking out and searching for you ...*

»Ich bin hier!«, rufe ich, als ich den Song zum dritten Mal höre. »Du musst nicht suchen!«

In der Zwischenzeit hat sich die Kakerlakensituation in meiner Wohnung zugespitzt, sodass ich entgegen der Hausordnung einen Kammerjäger rufe, der sich um den Befall kümmern soll. Als mein Sohn und ich abends nach Hause kommen, ist die Wohnung ein Schlachtfeld mit Tausenden von Exoskeletten, die unter unseren Sohlen knacken, und in der Luft hängt ein giftiger Gestank, der uns das Atmen schwer macht. Mein Sohn schreit beim Anblick des Massakers. Dann fängt er zu weinen an. »Wir können hier nicht schlafen!« Er hat recht. Selbst der Hund kauert zitternd in der Wohnzimmerecke. Es ist 18.30 Uhr. Ein Hotel kann ich mir nicht leisten. Kochen kann ich auch nicht, weil jede Oberfläche in der Küche mit toten Kakerlaken übersät ist. Die Situation überfordert mich.

Als ich Gio, den mein Sohn verehrt, ein Foto der widerlichen Szene schicke, bietet er an, dass wir bei ihm essen und übernachten können. Er richtet das Gästezimmer für uns her, und wir sind mit der U-Bahn eine Stunde später bei ihm. »Hier gefällt es mir«, sagt mein Sohn, als ich ihm in dem kleinen, gemütlichen Gästezimmer eine Gute-Nacht-Geschichte vorlese. »Hat er Kakerlaken?«

»Nein«, sage ich. »Er hat keine Kakerlaken. Vielleicht ein paar Mäuse. Aber er hat auch zwei Katzen, die sich darum kümmern.«

»Gut«, sagt er. »Ich mag Katzen.« Er klingt zuversichtlich, als ginge er davon aus, dass die Katzen eines Tages auch seine Katzen sind. Er hat mich ein paarmal gefragt, ob Gio und ich heiraten. Gios Tochter geht in die zehnte Klasse, und mein Sohn bewundert sie sehr. Er hat zu ihr gesagt, er hätte nichts dagegen, sie als Stiefschwester zu haben.

Ich bin auch ein großer Fan von ihr. Als ich Porträtfotos von ihr mache, erzählt sie mir, dass sie gern schreibt, und ich schlage vor, dass sie mir einen Essay schickt, den ich redigiere und versuche, bei *The Mid* (wie *Cafe* inzwischen heißt) unterzubringen. Nach ein paar Tagen hat sie einen Text geschrieben, der auf unserer Website so gut ankommt, dass ihn *PBS* übernimmt.

Wenig später meldet sich die Autorin, Psychotherapeutin und Redakteurin Lori Gottlieb über Facebook bei mir, die ebenfalls alleinerziehende Mutter ist, und bietet mir einen Auftrag im April in Paris an, wenn mein Sohn Frühlingsferien hat. »Willst du in den Ferien mein Fotoassistent sein – in Paris?«, frage ich ihn.[110]

»Oh ja!«, sagt er. Croissants und Crêpes sind seine Lieblingsnahrungsgruppe.

Zufällig sind auch Gio und seine Tochter in den Frühlingsferien in Paris, in einem Hotel auf der gegenüberliegenden Seite der Seine. Wir wohnen bei meiner Freundin Marion im zehnten Arrondissement. Das Musée de l'érotisme, in dem ich die Fotos machen soll, ist mit seinen antiken Pornos und meterhohen Holzdildos, die aus einem Pflanzkübel sprießen, nicht der beste Ort für einen Achtjährigen, und Gio und seine Tochter erklären sich bereit, meinen Sohn mitzunehmen.

Wir treffen uns mittags im Le Meurice, einem an Versailles erinnernden Luxushotel in der Rue de Rivoli. In dem Nobel-Restaurant des Kochs und Gastronoms Alain Ducasse bekommen die Frauen Speisekarten ohne Preise, was uns alle empört. Dafür wird die Butter in Form von Brustwarzen gereicht, was wir zum Schreien finden, und sie schmeckt himmlisch. Außerdem besteht Gio darauf, uns einzuladen, und ihm ist lieber, dass wir die Preise nicht sehen. Nach dem Essen stehe ich auf, um ein Erinnerungsfoto zu machen, bevor ich zurück ins Erotikmuseum gehe, und alle drei prusten los. Der Reißverschluss meiner Hose steht offen. Sie haben es alle drei gleichzeitig bemerkt. Die steifen französischen Kellner sind wenig erfreut von unserem amerikanischen

Freudenausbruch, aber das Foto der drei ist eins der lustigsten Familienfotos, die ich je gemacht habe.

Ich wünschte, ich könnte es irgendwann in die Familiengalerie einreihen.

Später im Frühjahr helfe ich Gio, das Dach seines Ateliers zu begrünen. Der Teil von Brooklyn war wegen seiner Altlasten ins staatliche Superfund-Programm aufgenommen worden, und die Säuberung und Sanierung hat das Viertel seit 2013 fast vollständig transformiert. Inzwischen gibt es einen riesigen Bio-Supermarkt, eine Gourmet-Konditorei, Restaurants, Coffeeshops. »Wunderschön!«, sagt er, als ich die Lichterkette um die ausrangierte Kloschüssel drapiere, die ich mit Ringelblumen bepflanzt habe.

»Ich liebe dich«, platze ich heraus, als ich das leuchtende Klo, meine schmutzigen Fingernägel und die Oase betrachte, die wir aus altem Gerümpel und jungen Pflanzen erschaffen haben.

»Hab dich auch lieb«, sagt Gio nach einer viel zu langen Pause und drückt mich kumpelhaft an sich.

Wenn ich im Nachhinein über die Nicht-Entwicklung unserer Nicht-Beziehung nachdenke, ist es leicht, mich für mein entwürdigendes Verhalten zu schämen. Nicht nur bin ich nicht schreiend davongelaufen, sondern ich habe um jeden Krümel gebettelt. Das geht auf meine Kappe. Für mich war die Zeit mit Gio so magisch und symbolisch aufgeladen, dass mein Herz meinen Verstand immer wieder ausschaltete.

Doch irgendwann lässt sich die Wahrheit nicht mehr ignorieren. Nicht einmal von mir. Die öffentliche Parade all der anderen Frauen auf seiner Tanzkarte zieht in den sozialen Medien, diesem verflixten zusammenhanglosen Bilderbuch, an mir vorbei, und spricht im Gegensatz zu Gios häufiger Funkstille Bände. Fast alle dieser Frauen fangen an, mir auf den sozialen Medien zu folgen, scheinbar aus heiterem Himmel, bis ich Gio in ihren Feeds entdecke und denke: *Oh Gott. Habe verstanden. Schon wieder eine.*

Mein Herz fühlt sich an wie eine Strohzielscheibe, und mit jedem Foto von ihm mit einer Neuen trifft ein weiterer Pfeil sein Ziel. »Du musst die Pfeile langsam mit zwei Fingern herausziehen«, hat unser Bogenschießlehrer erklärt, als ich ein Kind war. »Sonst geht die Scheibe kaputt.« Es wird Jahre dauern, bis ich Gios Pfeile vollständig herausgezogen habe, nicht ohne erheblichen Schaden.

Eines Tages fällt mir auf, dass Gio angefangen hat, alle Fotos von Maya zu liken, der Expartnerin meines Exschwagers: meine ehemalige Schwippschwägerin, mit der ich sechs Jahre lang gemeinsame Ferien, Familienessen und Wochenenden verbracht habe. »Woher kennst du ihn?«, frage ich Maya.

Sie hätten ein Blind Date gehabt, sagt Maya.

»Ich auch!«, rufe ich, und Maya schnappt nach Luft.

»Ich hatte echt keine Ahnung, Deb«, sagt sie, als wir eine Woche später zusammen zur Buchvorstellung von Rebecca Solnits *Wenn Männer mir die Welt erklären* an der Columbia University gehen.[111]

»Kein Problem, ich auch nicht.« Im Hörsaal geht das Licht aus. »Wie es aussieht«, flüstere ich, »gibt es wenigstens einen, der kein Mansplainer ist.« Mein Exmann und Mayas Expartner sind eineiige Zwillinge. Wir prusten beide los.

21

Lunch mit Ken Kurson

Juni 2015

Ken Kurson, der Chefredakteur des *Observer*, der mich nach der Container-Store-Geschichte kontaktiert hatte, meldet sich wie versprochen gegen Ende meines Vertrags mit *Cafe* und lädt mich zum Mittagessen ein, um mich abzuwerben. Meine Lebenshaltungskosten sind immer noch höher als mein Einkommen, also bin ich gespannt, welche Konditionen er mir anbieten wird.

Inzwischen hat *Cafe* seinen Namen zu *The Mid* geändert (Zielgruppe: Frauen mittleren Alters) und übernimmt bald *Scary Mommy*, ein Online-Magazin, das bereits eine große weibliche Leserschaft mittleren Alters hat. Zurzeit habe ich bei *The Mid* einen »At-Will-Vertrag«. »At Will« bedeutet, dass ich jederzeit gefeuert werden kann, ohne Kündigungsgrund und ohne Abfindung. Dieses Modell ist eine US-amerikanische Eigenart des Arbeitsrechts und stark umstritten. At-Will-Verträge gehen zurück auf eine Doktrin des Obersten Landesgerichts von Tennessee im Jahr 1884 und sorgen dafür, dass die Früchte der Arbeitgeber-Arbeitnehmer-Beziehung ausschließlich im Korb des Arbeitgebers landen. »Demnach ist der Arbeitnehmer reiner Dienstleister, ohne jegliches Recht oder Anteil an dem Unternehmen abgesehen von der Vergütung der von ihm geleisteten Arbeit«,[112] schreibt Arbeitsrechtler Clyde W. Summers. »Das Gesetz räumt dem Arbeitgeber die absolute Macht ein und gibt ihm das quasi göttliche Recht, über das Arbeitsleben seiner Angestellten zu bestimmen.«

Konservative amerikanische Wissenschaftskreise lieben At-Will-Verträge. Sie erlauben dem Unternehmen ungebremstes Wachstum und Expansion ohne finanzielle Verantwortung für die Beschäftigten, was den Aktienwert steigert. Doch Jurist*innen und Ökonom*innen, die mehr Wert auf Menschenrechte und die Würde der Beschäftigten legen, sehen in At-Will-Verträgen die Festschreibung alter Machtgefälle: einen kodifizierten, modernen, monarchischen Sadomasochismus, in dem das Unternehmen König/Sadist und der Arbeitnehmer Leibeigener/Masochist ist. »Das At-Will-Modell und die ihm zugrunde liegende Haltung sind das größte Hindernis für die Einführung eines Tarifverhandlungssystems«, erklärt Summers weiter. »Im amerikanischen Arbeitsrecht lebt die Monarchie weiter.«[113]

Vinit Bharara, der CEO, der mich eingestellt hat, macht Scary Mommy zur Chefredakteurin, und bald rollen Köpfe. Zuerst wird Peter gefeuert. Dann Michelle, unsere neue Redakteurin. Beide haben hervorragende Arbeit geleistet und verdienen die Kündigung nicht, aber At-Will-Verträge haben nichts mit Leistung zu tun.

Scary Mommy gibt mir von Anfang an zu verstehen, dass sie mich nicht leiden kann. Genauso wenig wie meine Artikel über die Ups und Downs beim Online-Dating und über das Leben als Alleinerziehende nach einer langen Ehe.

Ich versuche Smalltalk zu machen, als wir mit ein paar Kolleginnen Lunchpakete bei einem Imbisswagen am Madison Square Park bestellen. »Ich liebe den Rosenkohl hier!«, sage ich zu ihr.

»War ja klar«, sagt Scary Mommy und rollt die Augen.

Eines Abends, als ich mit dem Fahrrad vom Büro nach Hause fahre, ruft mich Scary Mommy auf dem Handy an und spricht mir, während ich keuchend Luft hole, folgende Botschaft in die Ohrstöpsel: »Weißt du, Deb, alle hier scheinen dich zu lieben, und das würde ich sicher auch, wenn ich dich besser kennen würde, aber ich muss dir etwas sagen: Jedes Mal, wenn ich einen deiner Beiträge lese, würde ich ihn am liebsten runterschrauben und eindampfen. Und das ist kein guter Anfang, wenn wir zusammenarbeiten sollen.«

Ich wäre gern vom Fahrrad gestiegen und hätte das Gespräch auf dem Bürgersteig weitergeführt, aber ich muss meinen Sohn vom Hort abholen und habe noch 17 Kilometer vor mir, also strampele ich weiter, voller Angst, schon wieder meinen Job zu verlieren. Ich erinnere Scary Mommy daran, dass fast jede meiner Online-Geschichten viral gegangen ist. Und dass eine davon, »The ABCs of Adulthood«, gerade in einem Drei-Buch-Vertrag von einem Verlag gekauft wurde. Vinit war mit meiner Arbeit zufrieden, sage ich, und hat zweimal in sechs Monaten mein Gehalt erhöht. Sie erklärt, dass sie jetzt meine Vorgesetzte ist, und sagt: kürzer, weniger anspruchsvoll, oder ich bin draußen. Die meisten ihrer Mommy-Bloggerinnen würden ohnehin umsonst schreiben. Ich solle dankbar sein, dass ich überhaupt bezahlt werde.

»Steig vom Fahrrad!«, sagt meine Agentin Lisa, die ich sofort angerufen habe. »Setz dich auf eine Bank und atme durch.« Inzwischen heule ich Rotz und Wasser und sehe alles verschwommen.

»Ich kann nicht!«, hyperventiliere ich. Eigentlich müsste ich doppelt so schnell radeln, um meinen Sohn pünktlich abzuholen. Meine Philosophie als Elternteil war immer, keine Scary Mommy zu sein. Das heißt auch, mich so gut es geht zusammenzureißen, selbst wenn ich innerlich zerbreche. Nicht, dass ich meinen Ansprüchen immer gerecht werde – weit davon entfernt –, aber ich versuche es wenigstens.

Ein paar Tage später, an einem ungewöhnlich warmen Spätfrühlingstag, treffe ich mich zum Mittagessen mit Ken Kurson. Ich trage ein Sommerkleid, weil mir sonst viel zu heiß wäre. Im Mercato, einem kleinen, netten Italiener in der Nähe des *Observer*, quetsche ich mich auf eine Bank neben andere Gäste, während er sich den Stuhl nimmt. Fast ohne Vorgeplänkel wird das Gespräch unangenehm: »So«, fängt er an, »wie geht's Ihrer Brust? Haben Sie das MRT machen lassen? Ist der Krebs noch weg?« Er starrt mir auf den Busen.

Solche Fragen sind bei einem Bewerbungsgespräch fehl am Platz, aber egal. Da es in dem Artikel, der mich hierhergeführt hat, um eine Kombination aus Brustkrebs und fehlender Krankenversicherung ging, beschließe ich, den Mund zu halten. Der Einstieg ist irgendwie nachvollziehbar, wenn auch unglücklich.

Ich sage, es gehe mir gut, und deute das Ergebnis der Untersuchung an, aber ich will hier nicht über vergangene Krankheiten, sondern über sein aktuelles Jobangebot reden, und er soll mir dabei nicht auf die Brust gucken, sondern ins Gesicht.

»Wow«, sagt er, »echt komisch – wir reden über Ihren Brustkrebs, während ich auf Ihre Brüste schaue.« Er lacht schallend, was vollkommen daneben ist.

Jede Frau hat ein Ekel-Barometer, das unangenehme Männer anzeigt. Schlägt es aus, müssen wir folgende Fragen schnell und ruhig beantworten. *Bin ich in Gefahr?* (Nein.) *Bin ich allein mit ihm?* (Nein, wir sitzen zwischen vielen anderen Gästen.) *Ist er verheiratet?* (Blick auf seine linke Hand: Ehering. Keine Garantie für Sicherheit, aber manchmal ein Hinweis.) *Ist er ein Psychopath oder nur seltsam?* (Nur seltsam, glaube ich.) *Benimmt er sich absichtlich oder unabsichtlich daneben?* (Unabsichtlich? Wieder bin ich mir nicht sicher.) *In welcher Situation befindet ihr euch – in einem Bewerbungsgespräch, bei einem Date oder einer Unterhaltung mit einem ungebetenen Fremden?* (Bewerbungsgespräch.) *Soll ich mir nichts anmerken lassen oder ihm den Eistee ins Gesicht schütten?* (Fifty-fifty.)

Ich trinke einen Schluck Tee, ignoriere seinen letzten Kommentar und frage noch einmal nach dem Jobangebot.

Er erzählt von seiner Freundschaft mit Jared Kushner, dem der

Observer gehört, und dem gemeinsamen Kumpel Rudy Giuliani, dann fragt er nach Vinit; nach der Finanzierung der Website; nach Vinits Bruder Preet, dem Staatsanwalt des Southern District of New York; nach Firmeninformationen, die ich ihm lieber nicht gebe, nicht nur weil ich selbst nicht genug weiß, sondern auch, weil es für unser Gespräch nicht relevant ist. Stattdessen erzähle ich ihm von Scary Mommys Kommentar, ich solle meine Artikel anspruchsloser machen, von ihrem Augenrollen über meine Rosenkohl-Vorliebe und von der Tatsache, dass sie mich nicht zu mögen scheint, egal wie viel Mühe ich mir gebe. Das ist der Grund, aus dem ich mich heute mit ihm treffe, erinnere ich ihn: um ernsthaft über sein Jobangebot zu reden.

»Ist sie dick?«, fragt er. Er sei als Kind dick gewesen, und er wisse, wie es sei, wenn man dünne Leute hasst, vielleicht liege es bloß daran: Natürlich lieben dünne Menschen Rosenkohl. Oder vielleicht habe sie eine Scheißehe, sagt er, und ärgere sich, dass ich meiner entkommen bin. Leute mit unglücklichen Ehen würden Leute hassen, die ihre Ehe beendet haben. Das sei ein Gesetz. Er will wissen, wie es sich wirklich anfühlt, nach einer langen Ehe wieder auf dem Markt zu sein, außerhalb von dem Zeug, das ich schreibe. Seine Frau hasse ihn und sage, sie wolle die Scheidung, aber er wolle sich nicht scheiden lassen, also würden sie versuchen, sich irgendwie wieder zusammenzuraufen, auch wenn er sich vorstellen könne, dass dieses ganze Dating-Ding nach einer gescheiterten Ehe ganz lustig sei, oder?

Ich will keine dieser unangebrachten Fragen beantworten oder mit meinem potenziellen neuen Chef über irgendwelche sehr persönlichen Dinge reden, also versuche ich das Gespräch wieder auf das Thema zu lenken, das uns hergeführt hat: sein Jobangebot.

Ach ja, sagt er. Er könne mir 65 000 Dollar im Jahr anbieten, wenn ich zum *Observer* überlaufe. Ich sage, dass ich zurzeit mehr verdiene, und er sagt, ja, aber die Firma könne jeden Tag einpacken, während er mir einen sicheren Job bei einem großen Medienunternehmen biete. Ich sage, ich würde gerne ein paar Tage über das Angebot nachdenken.

Eine Woche später ruft mich Vinit in sein Büro: Scary Mommy ist nicht zufrieden mit meinen Artikeln. Es ist nichts Persönliches. Sie will bloß, dass ich ...

»Die Texte runterschraube und eindampfe«, beende ich seinen Satz. »Ich weiß, sie hat es mir gesagt.«

Vinit wirkt extrem zerknirscht, und mir ist es extrem unangenehm, also sage ich ihm, dass ich gerade über ein anderes Angebot nachdenke, und er scheint erleichtert, dass er mich nicht entlassen muss. »Gib mir noch eine Woche oder so, um die Details zu klären«, sage ich, »dann gehe ich von allein.«

Ich schreibe Ken eine E-Mail und erkläre, dass ich mit seinem Angebot von 65 000 Dollar im Jahr einverstanden bin. Das sind zwar 27 000 Dollar weniger, als ich im Moment verdiene, aber wenigstens mehr als das ursprüngliche Angebot von 39 000 Dollar bei *Cafe*, was 73 816 Dollar unter dem Existenzminimum einer alleinstehenden Mutter mit drei Kindern in New York City liegt. Und es ist mehr als nichts, was ich bekäme, wenn ich keinen neuen Job finde. Wenn eine strahlende Nachrichtensprecherin das nächste Mal von soliden Beschäftigungszahlen schwärmt, denk an das Delta zwischen Existenzminimum und Erwerbsarmut und daran, dass alle lügen. Die Beschäftigungszahlen sagen nichts aus. In den USA bedeutet ein Job selten, dass du deine Rechnungen bezahlen kannst.

Ken antwortet sofort auf meine E-Mail. Darüber bin ich erleichtert, bis ich die Nachricht öffne. »Ich weiß noch gar nicht, ob es ein Angebot war«, schreibt er zurück. Oh-oh. »Ich gehe die Dinge langsam an. Ich habe noch nie mit Ihnen gearbeitet und weiß nicht, ob Sie zu uns passen. Ich weiß, dass Sie wie der Teufel schreiben, und ich sehe, dass Ihre Arbeitsmoral geradezu amisch

[sic] ist. Aber ich müsste Sie erstmal besser kennenlernen, bevor ich Ihnen ein Angebot machen kann. Das wären dann eher 62,5, oder wenn ich aus Pizza-Dienstag Chappy-Dienstag mache, vielleicht 65. Dafür sind die Sozialleistungen gut.« Ich lese die E-Mail mehrmals. Sie erstmal besser kennenlernen? Inwiefern ist das für meine Arbeit relevant? Und hatte er sich nicht deswegen gemeldet: wegen meiner Arbeit? Ich schreibe zurück und stelle klar, dass er mir beim Mittagessen ein Angebot von 65 000 Dollar im Jahr gemacht hat, nachdem er mir sechs Monate zuvor geschrieben hatte, dass ihm meine Arbeit gefalle und er wolle, dass ich für ihn arbeite.

Ken schickt eine weitere verwirrende E-Mail zurück, in der es heißt:»Ich müsste erstmal mit Ihnen arbeiten – eine Story oder zwei redigieren, über Ideen reden.«

Ich stehe vom Schreibtisch auf und gehe zur Gemeinschaftsküche, um mir ein Glas Wasser zu holen, aber beim Aufstehen stolpert mein Herz wieder, und der Sauerstoff gelangt nicht zu meinem Gehirn. Und plötzlich fällt der Vorhang, und das Gemurmel meiner Kolleg*innen verstummt zu einem stillen Echo, während mein Fall von der Küchentischkante gedämpft wird, an der ich mir die Stirn anschlage. Bill, der Engel, der dafür gekämpft hat, dass ich eingestellt werde, kommt mit Eiswürfeln. Ich schäme mich und sage, schon gut, ich falle häufig in Ohnmacht, alles in Ordnung. Stur bestehe ich darauf, mit dem Fahrrad nach Hause zu fahren, statt das Fahrrad im Büro zu lassen und die U-Bahn zu nehmen, und nach zwei Kilometern falle ich wieder um, als ich an der Ampel stehe, und diesmal landet das Fahrrad auf mir, ich blute stark und blockiere den Verkehr.

Ich stehe auf, klopfe mir die Hose ab, schließe das Fahrrad am nächsten Laternenmast an, hinke zur U-Bahn und finde ausnahmsweise einen Sitzplatz, weil die anderen Fahrgäste bei meinem Anblick erschrocken zur Seite weichen. Ein barmherziger

Samariter reicht mir Taschentücher und ein Feuchttuch für meine blutende Stirn und mein blutendes Knie und versucht mich zu überreden, ins Krankenhaus zu gehen.

»Mache ich«, lüge ich, »versprochen.« Ich bin nicht in der Stimmung, irgendeiner Ärztin zu erklären, wie kaputt mein Leben gerade ist.

Es wird noch zwei Jahre und Dutzende weiterer Ohnmachten dauern, bis ich endlich eine Diagnose für mein »Herzstolpern« erhalte. Der Kardiologe wird vorzeitige ventrikuläre Kontraktionen (PVC, *premature ventricular contractions*) diagnostizieren – so heißen die Dinger also –, und eine orthostatische Hypotonie, weil ich während der Kipptischuntersuchung schon innerhalb der ersten dreißig Sekunden in Ohnmacht falle. Orthostatische Hypotonie ist definiert als rascher Abfall des systolischen oder diastolischen Blutdrucks kurz nach dem Aufstehen aus dem Sitzen oder Liegen. Wenn ich zu schnell aufstehe, falle ich um. Wenn mein Körper auf extremen Stress reagiert, falle ich um. Der Kardiologe gibt mir einen Monitor, den ich einen Monat lang tragen muss, um die übersprungenen Herzschläge zu messen. Ich muss also rund um die Uhr ein kompliziertes Gurtsystem tragen, außer beim Duschen, was echt super ist, wenn man als Frau um die fünfzig auf Online-Dates geht. Als mir einer meiner Tinder-Korrespondenten ein Nackt-Selfie schickt und mich um eins von mir bittet, zucke ich mit den Schultern und mache mit Selbstauslöser ein Bild mit EKG-Gerät. Er meldet sich nie wieder.

Das menschliche Herz schlägt 100 000 Mal pro Tag. Das Langzeit-EKG ergibt, dass mein Herz 16 000 dieser Schläge ausfallen lässt, was hart an der Grenze ist. Ab 20 000 PVCs pro Tag besteht das Risiko von Herzschaden oder Herzversagen. Mein Kardiologe warnt mich, dass ich, wenn wir die Situation nicht in den Griff kriegen, einen Herzschrittmacher brauchen werde. Wir probieren verschiedene Medikamente aus. Keines davon funktioniert. Von manchen geht es mir schlechter, außerdem stören sie meine Konzentration, was wiederum zu mehr Stress und mehr PVCs führt. Wer hätte gedacht, was am Ende als Einziges gegen meine PVCs hilft: ein menschenwürdiges Einkommen und erfüllte Liebe, auch wenn beides noch in ferner Zukunft liegt.

Mit hängenden Schultern, Petechien und verbundenem Knie hinke ich zurück zu Vinit. Bitte, sage ich. Ich schraube runter und dampfe ein. Ich tue alles, um den Job zu behalten. Aber er sagt, dass Scary Mommy nicht mit sich reden lässt. Das ist jetzt ihr Team. Sie will mich nicht dabeihaben, und er muss ihr als neuer Chefredakteurin die Entscheidung überlassen. Und nein, es tue ihm leid, aber weil ich einen At-Will-Vertrag habe, bekomme ich auch keine Abfindung.

»Aber ich habe uns bekannt gemacht!«, flehe ich inzwischen und heule schon wieder. »Bitte! Gib mir nur noch ein bisschen Zeit, bis ich einen neuen Job habe.«

Wir sitzen in einem der beiden Konferenzräume auf der offenen Etage, die eine Tür haben, aber alle können uns durch das riesige Fenster sehen. Alle tun so, als würden sie nicht mitbekommen, wie eine erwachsene Frau heult. Vinit, mit dem ich bisher nur angenehme und sogar tiefsinnige Gespräche hatte, wirkt ebenfalls erschüttert, aber Scary Mommy hat mittlerweile die Mehrheit der alten Garde gefeuert, und ich bin eine der Letzten, die noch übrig sind. Sieben Monate! So lange haben wir euphorischen, utopischen *Anything-goes*-Journalismus gemacht: sieben Monate. Und wir haben es gut gemacht. Wir haben es fantastisch gemacht. Unsere Beiträge wurden gelesen und geteilt, ohne dass wir Reichweite einkaufen mussten. Sie haben Schlagzeilen gemacht. Sie haben Freundschaften geschmiedet. Sie haben Gemeinschaft geschaffen, Gespräche entzündet. Ich hatte jeden Morgen Lust, ins Büro zu gehen und meinen Job zu machen.

»Es tut mir so leid«, sagt Vinit und weicht meinem Blick aus.

Ich muss unweigerlich daran denken, dass er später nach Hause in seine Multimillionen-Dollar-Villa geht, wo seine Frau, seine Privatschulkinder und ein ausgewogenes Abendessen auf ihn warten, während ich nach Hause in die unkontrollierte Scheiße gehe: Kakerlaken, Schimmel, Abwassergeysire, nackte stromführende Kabel, eine kalte Dusche und vielleicht ein Teller Reis mit Bohnen, den ich mir mit den Kindern teile, falls ich die Energie aufbringen kann, um zu kochen.

Oh nein. Warte. Ich habe was vergessen. Meine Tochter geht aus. Und ich habe ein Date. Und eine Babysitterin, die ich mir nicht mehr leisten kann, weil ich meinen Job verloren habe. Ich bin verabredet und ich bin spät dran. Mit roten Augen beiße ich die Zähne zusammen, verlasse den Konferenzraum und stecke meinen Laptop ein.

Das war es also. So ein Mist. Wir hatten einen guten Lauf, mein treues altes MacBook und ich.

Ein Vorteil des Großraumbüros ist, dass ich keinen eigenen Schreibtisch hatte und deshalb auch nicht den ganzen Quatsch aufräumen muss, der sich im Laufe der Monate darauf ansammelt. Ich gehe einfach mit meiner Wasserflasche, meinem Computer und dem Rest von Würde, der noch übrig ist, zur Tür. Neben der Tür an der Wand stehen in handgemalten Buchstaben Abraham Lincolns weise Worte, unter denen ich vor sechs Monaten mit Selbstauslöser ein Gruppenfoto des ursprünglichen Teams geschossen habe.

»Das geschriebene Wort ist vielleicht die größte Errungenschaft des Menschen«, steht da. »Dank seiner können wir mit den Toten, den Abwesenden und den Ungeborenen sprechen.« Ja, Abe, ich glaube, du hast recht. Danke, dass du mich aus dem Grab daran erinnerst. Mit einem grimmigen Lachen frage ich mich, wie Scary Mommy diesen Satz für den optimalen SEO-Traffic runterschrauben und eindampfen würde: *Das geschriebene Wort rockt! Yay, Sprache! Drei Gründe, warum dich Schreiben unsterblich macht!*

Melissa, meine Redakteurin, Freundin und Verbündete, die *The Mid* bald verlassen und bei *Lifehacker* anfangen wird, bevor sie Kultur- und Lifestyle-Redakteurin bei der *New York Times* wird, folgt mir nach draußen zu den Aufzügen. »Was kann ich für dich tun?«, fragt sie und nimmt mich in den Arm, was sie besonders gut kann.

»Nichts«, sage ich. »Das wird schon.«

Melissa hatte mich an meinem 49. Geburtstag vor ein paar Monaten dazu ermutigt, eine Seite auf *GoFundMe* zu erstellen, nachdem sie die roten Flecken an meinen Beinen gesehen hatte. *GoFundMe* ist eine Crowdfunding-Website, die in den USA immer öfter benutzt wird, um Spenden für medizinische Behandlungen zu sammeln. »Es ist keine Schande, um Hilfe zu bitten«, sagte sie. »Du musst Sloan Kettering bezahlen. Du musst das Studium deines Sohns bezahlen. Dein Gehalt hier reicht einfach nicht. Gleichzeitig lesen und teilen Tausende von Menschen deine Texte, und viele davon schreiben sogar darüber. Das muss doch was wert sein, Deb. Worte haben Wert, selbst wenn uns niemand dafür bezahlen will. Schreib doch auf deiner *GoFundMe*-Seite sowas wie: ›Hey, Leute, danke, dass Ihr meine Texte über den nachehelichen Wahnsinn lest und auf den sozialen Medien teilt, aber dieses Jahr wünsche ich mir zum Geburtstag, dass ihr einen Beitrag eurer Wahl für das Lesen bezahlt.‹ Mach einen auf Amanda Palmer. Die Leute werden es verstehen.«[114] Die Musikerin Amanda Palmer hat verschiedene künstlerische Projekte durch Crowdfunding finanziert und ein Buch darüber geschrieben, das auf der *New-York-Times*-Bestsellerliste landete. (Zwei Jahre später machte die neue abonnementbasierte Newsletter-Plattform *Substack* ein Geschäftsmodell daraus, damit Journalistinnen und Journalisten anständig für ihre Arbeit bezahlt und nicht mit Centbeträgen abgespeist werden: »Wir glauben an den Wert journalistischer Inhalte«, heißt es im Leitbild von *Substack*, »und dass sie nicht umsonst sind.«)

Melissa hatte einerseits recht und andererseits nicht. Viele meiner Freunde verstanden die Situation und gaben, was sie konnten. Meine Freundin Ariel, dieselbe, die in der Nacht vor dem letzten MRT auf meinen Sohn aufgepasst hatte, kam an meinem Geburtstag im Büro vorbei und brachte mir einen Muffin mit einer Kerze und eine Schachtel mit mehreren knisternden Hundertdollarscheinen. »Wehe, du zahlst es mir in irgendeiner Form zurück«, sagte sie, als sie mir die Gaben überreichte. Auch Abby, die sich immer für mich einsetzt, machte mir nach einem Überraschungs-Geburtstagslunch, den sie für mich organisiert hatte, ein ähnlich großzügiges Geschenk. Meine alte Schulfreundin Nicole bot mir nicht nur finanzielle Hilfe an, sondern auch eine Unterkunft in Evanston, wann immer ich meinen Sohn im College besuchen wollte. Ein Fremder namens Tony, der das Footballteam der UC Berkeley trainierte, hatte jeder seiner drei Töchter ein Exemplar von *Shutterbabe* geschenkt und war auf Facebook mit mir befreundet; jetzt schickte er mir einen Scheck über 1000 Dollar mit einem Brief voller Anerkennung und Mitgefühl, in dem er schrieb, er habe auch eine Pechsträhne gehabt und Hilfe bekommen, und er freue sich, die Unterstützung weitergeben zu können.

Andere waren weniger freundlich. Eine Journalistin, die ich einmal auf einer Party kennengelernt hatte, machte sich in einem Artikel in der *New York Times* über mein *GoFundMe* und das von anderen lustig, indem sie den »heimlichen Verdacht« äußerte, »jemand mit reichlich (zumindest ausreichenden) Mitteln und/oder Beziehungen« sahne Unterstützung ab. Als sie mich per SMS um ein Zitat bat, flehte ich sie an, mich aus ihrer Geschichte herauszuhalten – warum schrieb sie nicht über die wirtschaftlichen Bedingungen, die zum Anstieg von Erwerbsarmut unter Angestellten und Alleinerziehenden in den USA führten, statt die, die um Hilfe bitten, zu verurteilen? Aber sie schrieb trotzdem über mich und meine Ansprüche, wenn auch, ohne meinen Namen zu nennen.

Eine andere sprach nach dem Soul-Cycle-Kurs im Fitnessstudio (36 Dollar pro Sitzung) meine Literaturagentin an. »Deb hat doch jetzt einen Buchvertrag«, sagte sie, »da sollte sie vielleicht ihr *Go-FundMe* löschen.« Der Buchvertrag für *The ABCs of Adulthood* – ein dünnes Geschenkbändchen mit Fotos – belief sich auf 20 000 Dollar, die ich mir mit meinem Co-Autor teilte, bevor ich den Rest mit Uncle Sam teilte, der 30 Prozent nahm, und meiner Agentin, die 15 Prozent bekam. Mit anderen Worten, ich bekam für das Buch ungefähr 5000 Dollar (138 Soul-Cycle-Sitzungen). Die Frau, die sich hier mokierte – und viele unserer gemeinsamen Freundinnen, wie sie behauptete –, hielt es für ungehörig und falsch, dass ich die Hand aufhielt, und ein großer, schamerfüllter Teil von mir stimmte ihr zu, aber mein Problem war, dass ich zwischen zwei Übeln wählen musste: 1) nicht um Hilfe zu bitten / die Arztrechnungen und College-Gebühren meines Sohnes nicht zu zahlen; 2) um Hilfe zu bitten / die Arztrechnungen und College-Gebühren meines Sohns zu zahlen. Was noch schlimmer war: Die Warnung kam von einer Frau, die ich für eine gute Freundin gehalten hatte. Ich hatte ihr ein Zitat für den Klappentext ihres letzten Buches gegeben.

Ich war von ihrem Buch ehrlich begeistert und wollte es auf jeden Fall unterstützen. Es war kurz und rührend, zu gleichen Teilen traurig, hoffnungsvoll und inspirierend. Es erzählte witzig und charmant von den Widrigkeiten einer gescheiterten Ehe, und davon, wie sie nach der Scheidung einen neuen Partner fand und glücklich wurde: ein richtiges Scheidungsmärchen. Ironischerweise hatten mir ihre Worte, als ich selbst in einer scheiternden Ehe steckte, Hoffnung auf eine zweite Chance im Leben und in der Liebe gegeben. Hoffnung darauf, dass die slapstickhaften Hindernisse, die dazwischen lagen, von kurzer Dauer und logistisch überschaubar wären.

Aber meine Hindernisse fühlen sich weder kurz noch überschaubar an. Die Trennung ist fast zwei Jahre her, und die Scheidungspapiere sind immer noch nicht in Sicht. Und obwohl ich versuche, vor meinen Kindern und Freunden gute Miene zum bösen Spiel zu machen, bin ich meistens einsam, verängstigt und gestresst.

»Was ist mit dem Job beim *Observer*?«, fragt Melissa. »Das Essen mit Ken Kurson?«

»Kompliziert«, sage ich. »Erst war da ein Job. Dann war da kein Job.« Ich drücke den Aufzugknopf. »Tut mir leid, ich muss los. Dummerweise habe ich ausgerechnet heute ein Blind Date.«

»Oje!«

»Ja.« Ich lache. »Wie schlimm sehe ich aus?«

»Du siehst gut aus.«

»Ich sehe aus, als hätte ich eine Bindehautentzündung.«

»Nein.« Sie hält mich an den Schultern fest und sieht mir ins verheulte Gesicht. »Du siehst schön und stark aus. Du schaffst das.«

Ich weiß, dass sie lügt, aber ich schätze ihre gute Absicht. »Ich vermisse dich jetzt schon«, sage ich. Ich lasse mich noch einmal von ihr umarmen und will sie nicht mehr loslassen. »Uff.« Ich richte mich wieder auf. »Was soll ich dem Typen sagen, wenn er fragt, was ich beruflich mache? ›Nun, Jonathan, bis vor dreißig Minuten habe ich Gespräche mit den Toten, den Abwesenden und den Ungeborenen geführt. Jetzt mache ich nichts mehr. Und du?‹«

Melissa lacht. Ich lache mit. Unser Lachen kommt tief aus dem Bauch. Es fühlt sich gut an, selbst wenn das Wimmern darunter deutlich zu hören ist.

Dann winke ich der Frau, mit der ich in den letzten sieben Monaten fast jede wache Stunde verbracht habe. »Ich hab dich lieb!«, rufe ich, als sich die Aufzugtüren schließen. Mein Herz überspringt ein paar Schläge – ba-bumm, ba-ba-bumm, bumm, bumm-ba-bumm –, das Lachen versiegt, die Tränen fließen wieder, und ich fahre nach unten.

Teil 5

GEBÄRMUTTER-HALS

2015–2017

22

Ein indirektes Tinder-Date

Juni 2015

»Tut mir leid, dass ich zu spät komme«, sage ich. »Ich glaube, ich bin gerade gefeuert worden.«

Das Blind Date mit Jonathan, dem Drehbuchautor aus Hollywood, fängt ja toll an. Stell dir eine nassgeschwitzte Frau vor, nach drei Kilometern Fußmarsch vom Flat Iron Building, das sie liebte, aber nie wieder von innen sehen wird, zum Lokal im East Village, wo wir verabredet sind. Ihr Haar steht wegen der Luftfeuchtigkeit in alle Richtungen ab, und ihr Gesicht sieht aus wie eine verheulte Backpflaume. Sie ist zu Fuß gegangen, obwohl Google dafür elf Minuten länger vorhergesagt hat, einerseits, um das Geld für die U-Bahn zu sparen, nachdem sie nun kein Einkommen mehr hat, und andererseits, um den Kopf freizukriegen. Auf ihrem rot gepunkteten Rock ist ein kleiner Fleck vom letzten Online-Date, aber den sieht man nur, wenn man genau hinsieht. Als sie sich in einem Schaufenster sieht, überlegt sie, ob sie doch noch absagen soll, aber ihre Verabredung ist wahrscheinlich schon da, und die Babysitterin ist bei ihr zu Hause, und es wäre ziemlich unhöflich, beiden fünf Minuten nach der verabredeten Zeit abzusagen.

»Du *denkst*, dass du gefeuert wurdest ... oder du wurdest gefeuert?« Er ist dünn und klein, mit nach unten gezogenen Mundwinkeln, dunklen Augen, unscheinbaren Zügen und grauem lockigem Haar. Doch alles zusammen funktioniert gut, wie ein Zimmer aus einem Ikea-Katalog.

Ich versuche es ihm zu erklären, aber es klingt zu schräg, also wechsle ich das Thema und frage nach ihm. Er erzählt mir von den Filmen, deren Drehbücher er geschrieben hat. Ich bin beeindruckt – es sind sehr bekannte, erfolgreiche Filme –, aber ich kann nicht angemessen reagieren, weil ich keinen davon gesehen habe. »Cool«, sage ich nach einer langen peinlichen Pause, in der ich die Filme eigentlich loben müsste.

Unser Date ist eine Art Tinder-Date, aber nicht direkt. Eigentlich hatte ich mit einem Freund von Jonathan ein Match. Mit ihm habe ich mich aber nie getroffen, weil er in L.A. lebt, und das Match in den paar Stunden entstanden war, als sich seine App-Location in New York einloggt hatte. Stattdessen hat er mich mit Jonathan verkuppelt. Wer das für eine komplizierte Methode hält, einen netten, alleinstehenden Mann in meinem Alter kennenzulernen – den Freund eines Tinder-Matchs, dem man nie begegnet ist –, ist keine einsame Frau um die fünfzig, die von der Gesellschaft zur Unsichtbarkeit degradiert wurde.

Doch wir sind nicht unsichtbar. Wir sind aus Fleisch und Blut, und wir haben Bedürfnisse. Und deswegen, glaube ich, ist es wichtig, dass wir offen und ehrlich über Freud und Leid von Gelegenheitssex in der Mitte des Lebens sprechen, so wie ich es vor 25 Jahren wichtig fand, über Freud und Leid von Gelegenheitssex als junge Kriegsreporterin zu sprechen. Mein erstes Buch hatte den Untertitel *Adventures in Love and War* (deutsch: *Mit der Kamera um die Welt*), und genau so meinte ich es auch. Gleichzeitig hege ich den hoffentlich verständlichen Wunsch, nicht wieder Zielscheibe von Slutshaming zu werden.[115] Eine ehrliche menschliche Geschichte erzählen zu wollen, ohne zuzugeben, wer wir hinter verschlossenen Türen sind, käme mir heuchlerisch und unvollständig vor.

Eros und Thanatos, Liebes- und Lebenstrieb und sich in Aggression äußernder Todestrieb, sind die beiden entgegengesetzten Kräfte, die all unsere Geschichten antreiben, aber eine Frau kann nicht offen über Eros schreiben, ohne dass Thanatos die Messer wetzt. Die Tatsache, dass diese Messer von Frauen gezückt werden – dass Slutshaming nicht von Männern, sondern von Frauen ausgeht, von denen sich viele als Feministinnen bezeichnen –, hat mich auf der einen Seite überrascht, auf der anderen nicht.

Warum tun sie das? Diese Frage hat mich jahrzehntelang beschäftigt, und die offenkundige Antwort ist diese: Vor die unmögliche Wahl zwischen Madonna und Hure gestellt, verdrängen manche Frauen ihre Empörung über diese absurde Aufspaltung und projizieren sie auf andere Frauen, die sie unbewusst nach denselben patriarchalischen Maßstäben verurteilen.

Besser gesagt: Es handelt sich um die üblichen Denkmuster internalisierter Unterdrückung.

Aber es schien noch mehr dahinterzustecken, wenn Frauen gegen Frauen giften, davon geht heute auch die soziologische Forschung aus. »Slutshaming durch Frauen«, so die Soziologin Elizabeth Armstrong, »wird häufig mit internalisierter Unterdrückung erklärt: Frauen übernehmen die schädliche sexuelle Doppelmoral, die von Männern etabliert wurde. Diese Ansicht gesteht Frauen allerdings wenig Handlungsspielraum zu und ignoriert die Tatsache, dass Frauen gleichzeitig in viele soziale Strukturen eingebunden sind.« Insbesondere sind Armstrong und ihre Co-Autorinnen »nicht überzeugt, dass sich Frauen am Schlampen-Diskurs so enthusiastisch beteiligen würden, wenn dabei nichts für sie herausspringen würde«.[116]

Was aber springt für eine Frau dabei heraus, wenn sie eine andere Frau als Schlampe beschimpft? Laut der Studie zwei Dinge: Status und ein Klassenvorteil. »Frauen mit hohem Status setzen den Schlampen-Diskurs ein, um ihren Klassenvorteil zu sichern, indem sie ihren eigenen Stil der Weiblichkeit und Sexualität durch Abgrenzung als vornehm und nicht vulgär definieren.«[117]

Ich vergleiche diese soziologische Theorie mit den Slutshaming-Erfahrungen, die ich im Laufe meines Lebens gemacht habe, und – ja, der Schuh passt.

Nach dem holprigen Start entwickelt sich ein angenehmes Gespräch mit Jonathan. Wir stellen fest, dass wir gemeinsame Bekannte haben. Nach Jahrzehnten in L.A. ist er kürzlich nach New York gezogen und findet es toll, alles zu Fuß erledigen zu können, statt immer ins Auto zu steigen, um Freunde zu besuchen, einzukaufen oder ins Kino zu gehen. Ich höre zu, als er ohne Groll von seiner Scheidung erzählt. Das ist eine willkommene Abwechslung zu den Männern, die hemmungslos über ihre Exfrauen herziehen, zum Beispiel der Typ, der während unserer einstündigen Begegnung über das Hotel schimpfte, das ich gerade gelobt hatte (*drittklassig!*), den letzten Mann, mit dem ich aus gewesen war (*Schwuchtel!*), und das Restaurant, in dem wir gerade ein köstliches Mahl genossen, wie ich fand (*schrecklicher Service!*).

Jonathan erzählt mir außerdem, dass er nach der Scheidung eine Beziehung hatte, die erst vor ein paar Wochen in die Brüche gegangen ist, und dass er noch nicht ganz darüber hinweg sei. Er spricht in den höchsten Tönen von seinen Kindern. Er ist nett zu den Kellner*innen. Er hört zu und unterbricht nicht.

Nach dem Kaffee und dem Dessert fragt er mich, wo ich hinmuss. Zur Haltestelle Broadway-Lafayette, sage ich. Da wohnt er um die Ecke, sagt er. Wir könnten zusammen gehen.

Diesen Teil des Dates finde ich immer am verwirrendsten, selbst (oder besonders) in meinem Alter. Will er, dass ich mit zu ihm komme? Oder ist er nur höflich und will mich zur U-Bahn bringen? Würde ich mit ihm schlafen wollen, wenn er mich jetzt zu sich einlädt? Die Antwort auf diese Frage hängt einerseits davon ab, wie stark ich mich zu dem Mann hingezogen fühle, andererseits auch von der Zeit, die seit dem letzten Mal vergangen ist. Mehr als drei Monate? Klar, warum nicht. Weniger als ein Monat, und ich bin ein bisschen wählerischer.

Mein letztes App-Date hatte ich mit einem kleinen, charmanten italienischen Musiker, mit dem ich mich freitagabends um zehn in der Bar um die Ecke traf – die Zeit, in der ich normalerweise die Einkäufe erledige, nachdem mein Sohn eingeschlafen ist. Vor einer Weile hatte ich sogar mit der Polizei telefoniert, um zu fragen, ob es legal sei, einen schlafenden Achtjährigen allein zu Hause zu lassen, während ich im nächsten Supermarkt Milch und Eier kaufte. Der Beamte am Telefon antwortete: »Meine Mutter hat mich auch allein großgezogen. Eine Mutter muss tun, was sie tun muss, wann sie es tun muss. Die meisten Kinder haben Handys. Außerdem wäre er sauer, wenn er morgen früh keine Milch für seine Cornflakes hat.«

Nach einem schnellen Bier saßen der Musiker und ich auf einer Bank im Inwood Hill Park, gegenüber von meiner Wohnung, und taten das, was die Generation meiner Mutter »herumschmusen« nannte. Treffend, denn ich fühle mich inzwischen wie ein Teenager in den 1950er Jahren, nur ohne Autokino, Baggersee oder Thunderbird als Rückzugsort. Kurz bevor wir ein öffentliches Ärgernis erregten, schlichen wir auf Zehenspitzen in meine Wohnung – wieder wie Teenager –, um eine Stunde lang hinter meiner verschlossenen Schlafzimmertür weiterzumachen, bis ich ihn gegen Mitternacht wegschickte und er leise in der Nacht verschwand. Um es mit den Worten des netten Polizisten zu sagen: Eine Mutter muss tun, was sie tun muss, wann sie es tun muss.

Als ich am nächsten Abend die Tomatensoße für die Spaghetti aufwärmte, während mein Sohn am Küchentisch Hausaufgaben machte, blinkte auf meinem Handy der Vorname des Musikers mit dem Nachnamen »von Tinder«.

»Von Tinder« heißt eine wachsende Familie in meinen Kontakten, nicht verwandt mit den »von Bumbles« oder den »von Hinges«.

Ich legte den Löffel weg und nahm das Handy. Der kleine Italiener bedankte sich für den schönen Abend. »Was machst du gerade?«, fragte er. Er hatte einen starken Akzent.

»Tomatensoße rühren und Pasta kochen.«

»Mir zu Ehren?«

Nein, dem zu Ehren, was ich im Schrank hatte. »Klar.« Ich lachte. »Dir zu Ehren.«

»Also ...« Er hielt inne. »Ich habe eine wichtige Frage von dir.« *Von dir.* Ich mag es, wenn Nichtmuttersprachler ihre grammatikalischen Eigenheiten ins Englische übertragen.

Ich schaltete die Hitze herunter und rührte in der Pasta. »Okay, schieß los. Was willst du wissen?«

Er kam direkt zur Sache. »Stehst du auf Dreier?«

Ich zuckte zusammen. Ich hatte keine Lust auf Dirty Talk, während ich meinem Kind Abendessen machte, aber ich war auch neugierig: Ich hatte noch nie einen Dreier gehabt. Vielleicht war es ganz lustig? Aber wie beantwortete ich seine Frage jugendfrei? »Kommt darauf an«, sagte ich. »Wäre das Team, das du dir für das Projekt vorstellst, zwei Männer und eine Frau oder zwei Frauen und ein Mann? Das Erste würde ich wahrscheinlich spannender finden.«

»Zwei Frauen und ein Mann«, sagte er und erteilte mir im gleichen Atemzug den Auftrag, die zweite Frau zu finden. »Wie schnell schaffst du das? Bis nächste Woche?« Es gibt wahrscheinlich nichts, das für eine Mutter weniger sexy ist, als eine zusätzliche Aufgabe auf der To-do-Liste: Waschmittel kaufen, E-Mails beantworten, Schulzettel unterschreiben, eine Sukkulente für das Schulprojekt meines Sohnes auftreiben, Badewanne einlassen, Gassi gehen, Müll rausbringen, Spielzeug aufräumen und eine willige, sexuell verfügbare Frau für einen Dreier mit dem Mann finden, den ich gestern Abend über Tinder kennengelernt habe? Nein, danke. Ich passe. Es sei denn, sie bringt Power-Tabs und einen Kaktus mit.

»Tut mir leid«, sagte ich, »ich habe gerade zu viel zu tun, um ein neues Projekt anzunehmen.« Ich legte auf.

»Wer war das?«, fragte mein Sohn.

»Nur ein Bekannter, der jemanden für sein Team braucht.«

»Und du wolltest nicht?«

»Nein. Ich hätte die ganze Arbeit machen müssen.«

»Ja, das hasse ich auch.« Gruppenprojekte standen an seiner neuen Schule hoch im Kurs. Mein Sohn wusste, wie es sich anfühlte, wenn man für die anderen den Kopf hinhalten musste.

Ein paar Tage später schickte mir der Italiener eine Erinnerungs-SMS, ebenfalls während ich kochte: »Vor dem Ende des Universums würde ich gerne noch das Privileg haben, mit zwei klugen und sexuell aktiven Frauen das Bett zu teilen. 😊 Ich weiß, das ist viel an der Welt verlangt. Teile nur meine Gedanken mit einer klugen Frau. Hoffe, es geht dir gut.«

Wieder lehnte ich seine Bitte, eine zweite Frau für einen Dreier zu finden, höflich ab. Er verlangte es nicht *an* der Welt. Er verlangte es *von* mir. Gelegentlich bekomme ich noch Rundmails, wenn er irgendwo auftritt, aber ansonsten war das unsere letzte Kommunikation.

Es vergingen mehrere enthaltsame Wochen. Wie viele? Mal sehen: Die Bäume hatten Knospen, als ich mit dem Italiener auf der Parkbank knutschte, es war also Frühlingsanfang. Als ich mit dem Drehbuchautor durch das East Village schlendere, ist es heiß und fast Sommer. Es ist also mindestens zwei Monate her, dass mich jemand nackt gesehen hat, weswegen ich nicht abgeneigt wäre mitzukommen, falls er mich fragt. Auch wenn es keine Liebe auf den ersten Blick ist. Doch es gibt noch weitere Aspekte. Der Drehbuchautor scheint noch um seine letzte Beziehung zu trauern. Ich bin traurig und verzweifelt wegen meiner Kündigung. Das Timing unseres ansonsten netten Dates ist also äußerst ungünstig. Außerdem ist es spät, und ich bin müde. Weil mein Ex in Kalifornien lebt, kostet Sex nach der Arbeit leicht 40 bis 60 Dollar für Babysitting. Außerdem kann ich nie auswärts übernachten, was die Frage zu einer reinen Kosten-Nutzen-Rechnung macht: Ist mir die Berührung dieses Mannes heute Abend 40 Dollar für Babysitting wert, oder soll ich lieber für Glühbirnen sparen?

Ja, Glühbirnen. Die Leitungen in der Wohnung sind so alt, dass die Glühbirnen schneller durchbrennen, als ich sie ersetzen kann, vor allem die an der Decke in der Küche, an deren Schalter ich mir häufig einen Schlag hole. Selbst die LEDs, die angeblich ewig halten, brennen alle paar Wochen durch. Fast täglich stehe ich nach der Arbeit auf der Leiter, um mindestens eine auszutauschen, und ständig bestelle ich online Ersatz.

»Ich würde dich zu mir einladen, aber meine Tochter ist da«, sagt Jonathan.

»Na klar, kein Problem. Ich muss sowieso nach Hause und die Babysitterin auslösen.«

»Ach je«, seufzt er mitfühlend. »Ich erinnere mich, wie das war.« Seine Kinder sind etwa im Alter meiner beiden Großen. »Es muss schwer sein, sich zu verabreden, wenn das Kind noch so klein ist.« (Übersetzung: *Ich weiß nicht, ob ich eine Frau daten will, deren Kind noch so klein ist.*)

»Ja«, sage ich, aber nur, weil die Wahrheit zu kompliziert ist, um sie kurzzufassen. Es stimmt, dass mein Single-Nachtleben einfacher und günstiger wäre, wenn ich nicht nach neun Jahren Pause noch ein Kind bekommen hätte. Keine Frage. Aber der Alltag mit meinem kleinen Sohn, der mich nach der Arbeit arglos in den Arm nimmt, sein fröhliches Mondgesicht, die Geschichten, die er erlebt, sein friedlicher Anblick, wenn er schläft: All das ist mein Rettungsboot. *Unser* Rettungsboot. Vielleicht sehen wir im Moment das Ufer nicht, aber wir dümpeln zusammen, von Liebe getragen.

Der Fall ist also abgehakt. Heute Abend muss ich mich nicht

zwischen Sex und Glühbirnen entscheiden. Vielleicht stand Sex auch gar nicht zur Debatte, wer weiß? Vielleicht hat er mein Notstromaggregat, mit dem ich heute Abend lief, als mangelndes Interesse aufgefasst. Oder er findet mich körperlich nicht anziehend. Vielleicht denkt er, mit mir stimmt etwas nicht, weil ich gefeuert worden bin. Vielleicht ist mein kleiner Sohn der Dealbreaker. Es ist schwer, zwischen den Zeilen zu lesen, wenn es ein Vierteljahrhundert her ist, dass man sie zuletzt entziffern musste. Ich habe das Gefühl, ich tappe im Dunkeln, buchstäblich wie metaphorisch.

»Vielen Dank für das Essen«, sage ich. »Es war schön, mit einem Erwachsenen zu reden.« Oh nein, was war das denn! *Es war schön, mit einem Erwachsenen zu reden?* Ich rede jeden Tag mit Erwachsenen, im Büro. Bis heute ... bis vor zwei Stunden.

Wie geht es weiter? Jonathan und ich unternehmen ein paar halbherzige Versuche, uns wieder zu treffen, aber das Timing klappt nie.

»Wie machst du das?«, fragen meine Freundinnen. »Wie schaffst du es, dich immer wieder zu diesen fruchtlosen Dates aufzuraffen, Woche für Woche, ohne verrückt zu werden?«

»Ganz einfach«, sage ich. »Ohne jede Erwartung, dass irgendwas dabei rauskommt.« Um nicht verrückt zu werden, erkläre ich ihr, versuche ich, jedes Date wie die Recherche für einen Artikel anzugehen. Nachdem mein erstes App-Date mit Gio ungewöhnlich gut lief, habe ich gelernt, dass die Hoffnung auf Liebe bei einem Online-Date so ist, als würde man auf einem Stück Pyrit herumhacken, wenn man Gold sucht. Der Trick besteht darin, sich nicht enttäuschen zu lassen und den Glanz und das Gewicht jedes Steinchens würdigen zu lernen. Auf diese Weise ist jedes Date eine Gelegenheit, das Licht eines fremden Menschen funkeln zu sehen und etwas von seiner Bürde zu erfahren.

Was erzählt er von sich? Welchen Teil betont er, was lässt er weg? Ist er mit seinen Fehltritten und Misserfolgen so offen wie mit seinen Erfolgen, oder gibt er bei jeder Niederlage anderen die Schuld? Aus einfachen Fragen kann man viel lernen. Wo bist du aufgewachsen? Wie war die Beziehung zu deinen Eltern, und wie ist sie heute? Hast du Geschwister? Steht ihr euch nahe? Wenn du mit den Fingern schnippen und dir einen anderen Beruf oder Ort wünschen könntest, was und wo wäre das? Was hält dich davon ab, dein Leben zu ändern, und warum?

Manchmal helfen mir meine verheirateten Freundinnen bei der Auswahl, was mir recht ist, weil das Wischen für mich der unangenehmste und grausamste Teil des Online-Datings ist. Ansonsten tue ich es nie in der Öffentlichkeit. Für mich ist es ein privater Akt, den ich in der Mittagspause oder abends auf der Couch mache, wenn das Kind im Bett ist. Nur einmal, als ich in einer langen Schlange in einem Coffeeshop stand, begann ich, durch die Kandidaten zu wischen, doch als ich merkte, dass mir die Frau hinter mir über die Schulter sah, schämte ich mich, als hätte sie mich beim Masturbieren erwischt.

So ist die Stunde vor dem Schlafengehen, die ich im Internet verbringe, wie ein Job, nur mit anderen Zielen: Liebe, kein Geld; Partnerschaft, kein Teamwork; Entspannung, kein Fleiß. Wisch! Ich stelle mir vor, ich wäre eine Casting-Agentin, die unverlangt eingereichte Bewerbungen durchgeht. Wisch! Oder eine Hochschulsekretärin, die Studierende auf Kurse verteilt. Wisch! Eine überbezahlte TV-Moderatorin, die entscheidet, wer auf den goldenen Buzzer drücken darf. Wisch, wisch, wisch, wisch! Irgendwo da drin ist Liebe, denke ich, als ich zusehe, wie die Dominosteine einer nach dem anderen vom Bildschirm purzeln.

Ich glaube nicht an die Vorstellung des *bashert,* wie man im Jiddischen den vollkommenen Seelenverwandten nennt, der irgendwo draußen im Äther auf dich wartet. Aber ich glaube daran, dass Datings-Apps die Suche nach einem netten Partner erleichtern, mit dem sich eines Tages vielleicht eine Seelenverwandtschaft entwickelt. Und ich glaube, dass es für jede von uns, die wir einen Co-Piloten suchen, mehrere mögliche Partner gibt, denn das ist es, was ich will: einen besten Freund, der gut riecht, gern Sex hat, mich leidenschaftlich und zärtlich begehrt, so wie ich ihn, und mich behandelt, wie ich ihn behandele, mit Hochachtung, Herz und Mitgefühl.

Das ist selten, ich weiß, und vielleicht der MacGuffin im sich noch entwickelnden Drehbuch meines Lebens, aber ich muss mir den Glauben erhalten, dass romantische Liebe möglich ist. Dass ich den Mühlstein der Einsamkeit eines Tages loswerde. Selbst mein lächerlich langes Computerpasswort in dieser Zeit trägt die Bürde des Konjunktivs, gefolgt von meinem Alter:»WhatifLovewerereal?49«.

In der Presse, der Literatur und sogar auf einer offiziellen Regierungsseite ist die Rede von der »amerikanischen Epidemie der Einsamkeit«. Zwei von fünf Amerikanerinnen und Amerikanern sind unglücklich in der Beziehung, die sie führen. Einer von fünf ist einsam und fühlt sich sozial isoliert.[118] Einsamkeit, warnt die Wissenschaft, ist so ungesund wie fünfzehn Zigaretten am Tag;[119] kann zu Selbstmord, Alzheimer und anderen Formen der Demenz führen; schadet dem Immunsystem, dem Kreislauf und vielem mehr. Mit anderen Worten, Einsamkeit kann tödlich sein.[120]

Aus diesem Grund setze ich mich Abend für Abend mit dem Handy hin, wie zum Abendgebet, und wische.

23

Durkheim

Juni – Oktober 2015

Eines Abends wische ich – nennen wir ihn Durkheim – nach rechts, einen durchtrainierten, attraktiven Soziologie-Dozenten Mitte fünfzig aus New Hampshire, der aussieht wie Steve McQueen. »It's a match«, verkündet die App, als unsere eingekreisten Gesichter zusammenschnurren wie in einer kovalenten Atombindung. Ich habe einen Dopaminstoß wie ein Rentner in Las Vegas, wenn auf dem Automaten drei Siebener stehen und unten die Münzen rasseln. Sofort schicke ich meinem schwulen Freund Soman einen Screenshot von Durkheim und bitte ihn um seine Expertenmeinung. »Heiß«, schreibt er zurück, auch wenn er ein wenig misstrauisch ist, weil mein potenzieller Liebhaber eine Nahaufnahme von sich beim Surfen gepostet hat – was die Frage aufwirft, wie er das Foto aufgenommen hat und was das über ihn aussagt. Ich ignoriere Somans Bedenken. Wenn ich so ein Gesicht und so einen Körper hätte und surfen könnte, würde ich mir auch die Mühe machen, eine GoPro an meinem Surfbrett zu installieren.

Ich fange an, mit Durkheim zu chatten. Er ist in New York und hilft seiner Mutter, weil sein Stiefvater Krebs hat und im Sloan Kettering Center behandelt wird. »Ein echter Samariter?«, sagt Soman. »Kaum zu glauben.«

»Ich glaube es«, sage ich.

»Okay, okay, mach. Was weiß ich schon?«

Unser erstes Date läuft gut: ein Sonntagsspaziergang morgens um sieben im Inwood Forest mit meinem Hund, gefolgt von Kaffee und Blaubeermuffins auf einer Bank mit Blick auf den Big C Rock: die hohe Klippe der Bronx, auf deren Felswand Columbia-Studierende ein riesiges »C« gemalt haben und von der Jugendliche im Sommer in den Harlem River und ins Erwachsenenleben springen. Wir sprechen über seine gescheiterte Ehe. Sein Bedauern, dass er keine Kinder hat. Die Soziologie des Selbstmords, sein Fachgebiet. Weil mein Sohn sonntags lange schläft und ich immer einen langen Spaziergang mit dem Hund mache, bevor er aufwacht, bin ich bei unserem Treffen entspannt und kann wirklich zuhören.

»Danke, dass du bereit warst, so früh aufzustehen«, sage ich.

»Ich wollte es dir so einfach wie möglich machen. Es muss schwer sein, als alleinerziehende Mutter auszugehen.«

Ich lache. »Du meinst, andere Tinder-Dates verabreden sich nicht morgens um sieben zum Gassigehen?«

Er lacht. »Was machst du morgen Abend?«, fragt er am Ende, was mir beim ersten Date noch nie passiert ist. Bei Tinder scheint das ungeschriebene Gesetz zu gelten, dass man sich cool stellt und das Date mindestens ein paar Tage zappeln lässt, bevor man sich wieder meldet.

Ich sage ihm, dass ich am nächsten Abend leider nicht kann, weil ich einen Live-Auftritt als Storyteller habe. Er fragt, ob er sich ein Ticket besorgen kann. »Klar!«, sage ich, ich kann ihn auf die Gästeliste setzen, und wenn er Lust hat, kann er auch mitkommen, wenn ich vor der Show mit Freunden Abendessen gehe: mit meinem neuen Kumpel Justin, dem Hinge-CEO, den ich für *Cafe* interviewt habe, und seiner Freundin Kate, mit der er kürzlich wieder zusammengekommen ist, nachdem er sie lange aus den Augen verloren hatte. »Du musst nur für dich behalten, dass wir uns auf Tinder und nicht auf Hinge kennengelernt haben«, sage ich augenzwinkernd.

»Versprochen«, sagt Durkheim.

Nach unserem Interview für *Cafe* war Justin über den Atlantik geflogen, um Kate seine Liebe zu gestehen. Denn meine Frage am Ende des Interviews, ob er je verliebt gewesen sei, führte zu einer tränenreichen Stunde der Wahrheit. Bei uns beiden. Ich erzählte ihm von der verpassten Beziehung mit dem Exfreund, der mich in Paris vermeintlich versetzt hatte; er erzählte mir, wie er Kate wegen seines jugendlichen Alkoholproblems und seiner Unreife verloren hatte. Ich drängte ihn dazu, zu handeln, bevor es zu spät war.

Wie der Kandidat einer Reality-Liebeskomödie flog Justin daraufhin in die Schweiz, um Kate einen Monat vor ihrer Hochzeit mit einem anderen Mann seine Liebe zu erklären. Inzwischen leben Justin und Kate zusammen. Und Ken Kurson, der Chefredakteur des *Observer*, der das Angebot einer Vollzeitstelle zurückgenommen hatte, mir aber als Trostpflaster eine Kolumne als Freie für 600 Dollar pro Beitrag anbot, versprach mir in E-Mails und am Telefon, die beiden Turteltauben auf die Titelseite zu bringen, wenn ich einen Artikel über den Dating-App-CEO schreiben könnte, der die Liebe auf die altmodische Art gefunden hatte.

»Und dann bekomme ich die Vollzeitstelle, wie Sie gesagt haben?«

»Sicher, vielleicht.«

Zum Teufel mit seinem Vielleicht, dachte ich.

Da der Mietvertrag für die kakerlakenverseuchte Wohnung ausläuft, spiele ich mit dem Gedanken, in die Vorstadt oder sogar aufs Land zu ziehen, aber die Mieten dort sind genauso hoch, wenn nicht noch höher, und wenn ich noch weiter rausziehen würde, hätte ich noch weniger Zeit für mein Kind, abgesehen von den zusätzlichen Babysittingkosten und neuen Ausgaben: Benzin und Auto. Außerdem liebt mein Sohn seine Schule und hasst Veränderungen. Doch das eigentliche Problem ist Freedom Debt

Relief, eine dieser geldgierigen Schuldenkonsolidierungsfirmen, die meine Kreditwürdigkeit zerstört hat, sodass ich, selbst wenn ich das Geld für die Anzahlung hätte, weder Auto noch Haus kaufen oder leasen könnte.

Ein Flyer von Freedom Debt Relief war in meinem Briefkasten gelandet und versprach Hilfe beim schrittweisen Abzahlen meiner Schulden durch die Unterstützung ihrer freundlichen Mitarbeiter*innen. Dummerweise bin ich auf das Angebot reingefallen. Drei Jahre später wird Freedom Debt Relief von der Verbraucherzentrale verklagt, weil die Firma rechtswidrig Vorauszahlungen für Schuldenerlassdienste verlangt, Geld kassiert, ohne die Schulden zu begleichen, die Tatsache verheimlicht, dass viele große Banken grundsätzlich nicht mit Schuldenbereinigungsfirmen zusammenarbeiten, und verzweifelte Verbraucher*innen wie mich dazu überredet, Gläubiger »ausdrücklich in die Irre zu führen«,[121] wenn wir gefragt werden, ob wir mit der Firma zusammenarbeiten.

Allerdings bekennt sich Freedom Debt Relief in keinem der illegalen und unmoralischen Anklagepunkte für schuldig. Stattdessen handeln sie einen Vergleich mit der Verbraucherzentrale und mehreren betroffenen Kunden aus, zu denen ich nicht gehöre, weil ich von der Klage erst erfahre, als sie längst beigelegt ist. So werden in den nächsten sechs Jahren monatlich 600 Dollar von meinem Konto abgebucht, die direkt in die Taschen von Freedom Debt Relief fließen, während meine Kreditkartenschulden, die ich übernommen habe, damit mein Ex endlich die Scheidungspapiere unterschreibt, von 38 000 Dollar auf über 45 000 Dollar ansteigen, ungeklärt und unbezahlt.

»Was heißt hier ›vielleicht‹?«, sagte ich zu Ken Kurson. »Habe ich nicht längst gezeigt, was ich kann?« Meine Kolumne läuft gut. Das hat er mehrfach selbst gesagt, und ich sehe mit eigenen Augen, wie gut sie in den sozialen Medien ankommt.

»Das heißt, wenn Sie mir die Geschichte mit dem Hinge-CEO bringen, denke ich darüber nach.«

Wütend lege ich auf. Ich habe keine Lust, eine potenziell großartige Liebesgeschichte einem Redakteur zu überlassen, der mir ein Jobangebot gemacht und es dann wieder zurückgezogen hat. Was sind das für Spielchen? Ich schreibe gern gelegentlich eine Kolumne für den *Observer*, auch wenn sie nicht gut bezahlt ist, um meiner alternden Stimme eine professionelle Bühne zu geben, was vielleicht zu dem versprochenen Job führen wird. Aber Justins und Kates Geschichte verdient eine bessere Plattform. Zumindest eine Plattform, deren Chefredakteur mir nicht seltsam drohende E-Mails schickt, wenn ich nicht für ihn schreibe.

»Für mich gehört die Story dem *Observer*«, schreibt Ken am 1. Juli 2015 in einer E-Mail, »und Sie wissen, dass ich von einem nachtragenden Wüstenvolk abstamme.« Dann setzt er vieldeutig nach: »Einen schönen 4. Juli. Halten Sie sich fern von Terrorzielen.«

»Wie bitte: Terrorziele?«, maile ich zurück. »Haben Sie Insider-Informationen?«

Er antwortet: »Am Montag habe ich Jared [Kushner] geschrieben, dass ich von Rudys [Giulianis] Freunden gehört habe, Al Queda [sic] und Isis interessieren sich nicht für amerikanische Feiertage. Sympathisierende einheimische Einzelgänger dagegen schon.« In der E-Mail ergeht er sich in Theorien, Beweisen, Paranoia und Zweifeln, ob die Informationen überhaupt wahr sind, und schließt: »Ich will damit nur sagen, dass ich dieses Wochenende nicht gerade das Empire State Building besuchen würde.«

Als meine erste Kolumne erschienen war, folgte ich Kens Einladung, ihn in der Redaktion zu besuchen, um mir ein Exemplar des gedruckten Magazins abzuholen.[122] Ich hatte meinen Sohn dabei, weil ich nach seiner Bemerkung beim Mittagessen über meine Brüste nicht mit ihm allein sein wollte. »Wer ist der Mann, den wir besuchen?«, fragte mein Sohn, als wir die Lobby des *Observer* betraten. Um ihn zu bestechen, hatte ich ihm versprochen, dass wir uns danach ein Stück Pizza holen würden.

»Mein neuer Chef«, antwortete ich. »Mehr oder weniger.«

»Warum mehr oder weniger?«

»Weil er gesagt hat, er würde mich fest anstellen, und es dann doch nicht getan hat.«

»Das ist gemein!«, rief mein Sohn aus.

»Ja«, sagte ich, »das war nicht nett.« Aber wenn er dich sieht, dachte ich, ein reales Kind, das essen muss, überlegt er es sich vielleicht anders.

Ken hatte einen Plattenspieler in seinem Büro, und er legte eine Scheibe nach der anderen auf, um das Wissen meines neunjährigen Sohnes über 1970er Jahre Rock abzufragen. Als ich sah, dass sich mein Sohn immer unwohler fühlte, und überlegte, wie wir am besten hier rauskämen, erzählte Ken seufzend, dass er früher Leadsänger in zwei Punkbands gewesen sei, von denen ich noch nie gehört hatte. Das erklärt einiges, dachte ich: Der Mann hat einen Kratzer in der Platte wegen seiner nicht ausgelebten Rockstar-Karriere. Ich erinnerte mich, dass er beim Mittagessen erwähnt hatte, er sei als Kind gemobbt worden, weil er dick war. Plötzlich hatte ich einen Anflug von Mitleid mit ihm, aber das gab ihm nicht das Recht, uns auf unbestimmte Zeit in seinem Büro festzuhalten. Ich schlug vor, dass er uns den Rest der Redaktion zeigte. »Wir sind zum Abendessen verabredet«, sagte ich. »Wir haben nicht viel Zeit.« Das war nicht direkt gelogen, aber es war auch nicht so, als hätten wir die zwei Stück Pizza reserviert. Zum Abschied überreichte er mir ein *Observer*-T-Shirt und bat mich, ein Foto von mir zu machen, wenn ich es trug, und es ihm zu schicken. Ein Scherz? Ich war mir nicht sicher. Der Mann hatte offenkundig ein Problem damit, Grenzen einzuhalten, aber er saß am Geld- und Kolumnen-Hebel.

Trotzdem.

Trotzdem. Sein Benehmen war häufig übergriffig. Als ich ihm nach Erscheinen meiner ersten Kolumne eine E-Mail schrieb, um zu fragen, wo ich die Rechnung hinschicken sollte, und ihm zu danken, dass er mir eine neue Plattform bot, schickte er mir die Infos zur Rechnungsstelle und schrieb dazu: »Danke IHNEN. Ich bin so froh, dass wir uns begegnet sind. In einem anderen Leben wäre ich Mr. Copaken.« Auf eine E-Mail, in der ich nachfragte, ob er den Artikel über die Unwägbarkeiten der Partnersuche[123] nach einer gescheiterten Ehe, um den er gebeten hatte, erhalten hätte, antwortete er: »Ja. Der und der andere sind in Arbeit. Ich liebe Ihre *sloppy seconds*!« (Ein widerlicher Slang-Ausdruck für den Geschlechtsverkehr mit einer Frau, die kurz vorher mit einem anderen Mann geschlafen hat.) Als wir auf der Suche nach einem Namen für meine Kolumne waren, schrieb er: »Ich dachte an ›All the Single-Ladys‹«, und ich antwortete: »Ich möchte keine Single-Kolumne daraus machen. Erstens geht es nicht um das Single-Dasein per se, und zweitens hoffe ich, dass ich nicht mehr lange Single bin.« Seine Antwort: »Ist das ein Heiratsantrag?«

Anfang Juli 2015 kommt Durkheim für ein Wochenende aus New Hampshire und kann sogar bei mir übernachten, weil meine Kinder wundersamerweise alle drei gleichzeitig verreist sind. Bevor wir am nächsten Morgen zu unserem Waldspaziergang aufbrechen, schenke ich ihm das *Observer*-T-Shirt und erzähle ihm die Geschichte dazu. »Super«, sagt er. »Danke.« Er findet es passend und lustig, als Soziologe das Wort *Observer* auf der Brust zu tragen, woran ich noch gar nicht gedacht hatte. Ich mache ein Foto von Durkheim in dem T-Shirt im Wald und hänge es an meine Antwort auf Kens E-Mail an, in der er mich mit Erwähnung von Jared Kushner und Rudy Giuliani vor einem möglichen Attentat am 4. Juli in New York gewarnt hat.

»Mein neuer Freund ist am Wochenende da«, schreibe ich,

»wahrscheinlich unternehmen wir nicht viel.« Womit ich ihm sagen will: Nein, ich ziehe das T-Shirt, das Sie mir geschenkt haben, nicht an, um Ihnen ein Foto von meinen Brüsten darin zu schicken.

Am nächsten Tag antwortet Ken: »Beckys Kommentar: ›Oh. Mein. G-t. Kannst du sie fragen, ob sie ein Foto von ihm ohne T-Shirt schicken kann?‹« Becky ist seine zukünftige Exfrau. Hat sie das wirklich gesagt? Ich habe sie nie kennengelernt. Warum hat er seiner Frau das Foto meines neuen Freundes gezeigt? Dann ist da die Schreibweise »G-t«, die ich aus der Hebräischen Schule kenne. So schreiben fromme Juden »Gott«, damit sein voller Name nicht im Müll landen oder gelöscht werden kann. Ich hatte gehört, dass Ken religiös sei, aber mir war nicht klar, wie religiös.

Kens Sorge, das Wort »Gott« in seiner E-Mail könnte gelöscht werden, ist unbegründet. Diese E-Mail und viele andere landen später in seiner FBI-Akte.

Als ich am nächsten Abend als Storyteller auf der Bühne stehe, sehe ich Durkheims strahlendes Gesicht im Publikum, und ich muss grinsen. Unser zweites Date, und er ist jetzt schon verbindlicher als sein Vorgänger. Beim Dinner vor der Vorstellung, als Durkheim und Justin im Gespräch waren, beugte sich Kate zu mir und flüsterte: »Der gefällt mir.« Gio hatte ihr auch gefallen, weil die Tatsache, dass ich ihn über Hinge kennengelernt hatte, zu meinem Interview mit Justin und zu Justins Auftauchen in Europa geführt hatte, um ihr seine Liebe zu erklären, aber sie nahm ihm übel, dass ich später so gelitten hatte. »Du verdienst jemanden, der bei dir sein will«, sagte sie.

»Ja«, lache ich. »Das ist das Minimum.«

Gegen Ende des Sommers, nachdem wir drei Monate lang »exklusiv gedatet« haben, beginnen Durkheim und ich, um das Thema Zukunft herumzutänzeln. Wegen seines kranken Stiefvaters hat Durkheim die meiste Zeit des Sommers in New York verbracht, aber die Realität ist: Wir leben in verschiedenen Staaten.

Ich lasse meinen Sohn bei Freunden und fahre mit dem Bus nach Portsmouth, New Hampshire, um ihn zu besuchen, und er bringt mir das Surfen bei. Als ich auf dem Brett aufstehe und die reibungslose Geschwindigkeit spüre, fehlen mir die Worte, um die Euphorie zu beschreiben. Vielleicht fühlt sich ein Air-Hockey-Puck so, wenn er über den Tisch schwebt, aber da ist noch viel mehr, das Glück der Bewegung im Freien, die Wärme der Sonne auf der nassen Haut, der Salzgeruch, das Rauschen der Brandung, der Fahrtwind und das plötzliche durchdringende Gefühl, stark genug zu sein, um es mit jeder Schaumkrone, die mir das Leben hinwirft, aufzunehmen. Ein unerwarteter Brecher wirft mich um? Kein Problem. Ich verliere das Gleichgewicht und falle ins Wasser? Keine Angst. Am Horizont wartet immer eine neue Welle, ich muss nur aufsteigen und es noch einmal versuchen. Nach dem ersten erfolgreichen Ritt kann ich die lebenslange Jagd nach der perfekten Welle verstehen, die so viele packt: Es gibt schlimmere Arten, dein Leben zu verbringen, und ich bin mir nicht sicher, ob es viel bessere gibt.

Danach liegen wir Hand in Hand am Strand, und ich sehe hinaus auf das glitzernde Wassers und habe Tränen in den Augen. Weil das Glitzern blendet, aber auch, weil ich auf zellulärer Ebene sowohl die kraftspendende Vollkommenheit dieser sonnigen Auszeit als auch ihre Vergänglichkeit spüre. Wie jede perfekte Welle wird unsere Beziehung bald an der Küste der Realität zerschellen. Kann ich diesen Mann wirklich lieben, oder sehne ich mich nur nach Gesellschaft? Ich fürchte, die Tatsache, dass ich mir die Frage stelle, beantwortet sie.

Oder? Er ist lieb. Er ist schlau. Er ist bescheiden und attraktiv. Ich fühle mich wohl in seiner Gegenwart: Meine Schultern entspannen sich, mein Herzschlag ist ruhig. Ist das nicht eine Ebene von Liebe? Oder war Liebe in meiner Erfahrung immer so eng mit Schmerz und Selbstverleugnung verwoben, dass ich sie nicht annehmen kann, wenn sie mir an einem perfekten Sommertag in den Schoß fällt? »WhatifLovewerereal?49«, tippe ich Tag für Tag in meinen Computer, um ihn zu öffnen, aber vielleicht ist die wichtigere Frage: Hat mich das Leben mit 49 schon zu sehr gebeutelt, um Liebe zuzulassen?

Doch ich frage mich auch, ob mein Zögern, mich auf diese neue Liebe einzulassen, mehr mit den logistischen Hürden zu tun hat als mit den Hürden meines Herzens. Durkheim hat eine feste Stelle an seinem College und kann nicht nach New York ziehen. Seine Junggesellenwohnung hat nur ein Schlafzimmer und keinen Platz für ein Kind. Er könnte zwar umziehen, aber die Wohnung gehört ihm, und er liebt sie und kann sie sich allein leisten. Was wäre, wenn wir in etwas Größeres, Teureres umziehen und uns die Kosten teilen würden, und dann klappt es nicht? Außerdem hat er noch nie mit einem Kind zusammengelebt, auch wenn er eine Ehe hinter sich hat. Was hieße es für ihn, die nächsten zehn Jahre das Kind eines anderen Mannes miterziehen zu müssen? Abgesehen davon sehe ich keine Möglichkeit, in seinem Küstenstädtchen genug Geld zu verdienen, um die Ausbildung meiner beiden älteren Kinder zu finanzieren. In meiner speziellen Lebensphase muss ich mich vor allem darum kümmern, dass ich meine zwei großen Kinder durchs Studium bekomme, und dafür muss ich Geld verdienen. Möglichst viel. Möglichst schnell.

Durkheim und ich beenden unsere Beziehung im Herbst. Besser gesagt, bei ihm beginnt das Semester, ich nehme meine Jobsuche wieder auf, und als ich ihn an einem Oktoberwochenende mit meinem Sohn besuche, um zu sehen, wie es zu dritt wäre, fühlt es sich plötzlich falsch an. Es hat nichts mit der Art zu tun, wie er mit meinem Kind umgeht, denn er ist großartig und weiß genau, wann die Zeit reif für einen Schokoladen-Crêpe ist und wo im Spielzeugladen das beste Lego liegt. Aber die Wohnzimmercouch ist unbequem, sagt mein Sohn. Und obwohl er den Soziologen mag, gefällt ihm die Richtung nicht, in die es geht. »Ich ziehe nicht hierher, falls du das denkst«, sagt er, als wir allein sind. Er liebt New York. Er liebt seine Schule und seine Freunde. Wir sind erst vor einem Jahr von Harlem nach Inwood gezogen, erinnert er mich, und er will nicht schon wieder umziehen. Sein Vater ist weg. Die Kommune ist vorbei. Seine Schwester ist gerade ausgezogen. Ist das für einen Neunjährigen nicht genug Veränderung? Seine Wünsche sind seinem Alter angemessen und verständlich: eine Ruhepause nach dem quasi ständigen Chaos, das bisher in seiner Kindheit geherrscht hat.

Durkheim ist sehr traurig, aber er hat Verständnis. Als ich sehe, wie anständig und liebenswürdig er mit der Trennung umgeht, ist meine Liebe zu ihm paradoxerweise zweifelsfrei. Ich frage mich, ob wir vielleicht später eine Zukunft haben, wenn mein Sohn älter ist. Wenn ich finanzielle Rücklagen habe und meine erwachsenen Kinder mit dem Studium fertig sind. Aber ich kann ihn nicht bitten, sein Leben auf Eis zu legen, solange ich meines in Ordnung bringe. Das war, was Gio für über ein Jahr von mir wollte, und ich will niemanden auf diese Art hinhalten. In der Liebe wie in der Trauer ist das Timing nicht nur wichtig, es ist essentiell.

24

Public Relations

Oktober – Dezember 2015

Ich beschließe, Nonne zu werden. Ich werde auf Liebe, Sex, Spaß und Ausgehen verzichten und mich in den kommenden Jahren darauf konzentrieren, meinem Jüngsten Stabilität zu geben und den Großen die Ausbildung zu finanzieren. Ich werde College-Gebühren zahlen, Schulden tilgen und endlich die Scheidung durchboxen. Bis *Shutterbabe*, die Fernsehserie, grünes Licht für die Produktion bekommt, muss ich die brotlose Arbeit, die ich liebe, vernachlässigen und mich nach einem Job umsehen, der deutlich mehr abwirft als das schrumpfende Einkommen als Journalistin.

Dank der Vermittlung meiner Freundin Ariel hatte ich mehrere Gespräche mit Sharky, einem Bekannten von ihr, und dem Rest seines Teams bei einer großen, erfolgreichen Marketing- und PR-Firma: alles ehemalige Journalist*innen, Kollateralschäden der Internet-Ära, die für ein existenzsicherndes Gehalt, wie ich höre, in einer neuen Abteilung namens »synergetischer Journalismus« arbeiten.

Soweit ich es verstehe, als ich die Stelle mit dem schönen Titel »Vice President and Deputy Editorial Director, Health« antrete, ist synergetischer Journalismus die neue Form, mit der Unternehmen und Marken ihre Geschichte erzählen. Genauer gesagt, ihre Geschichte von waschechten Journalist*innen erzählen lassen – minus die professionelle Skepsis und Objektivität. Ansonsten scheint mein Team auf den ersten Blick kompetent zu sein und vielleicht sogar lustig?

Leslie hat früher bei einer beliebten Promi-Zeitschrift gearbeitet und leitet hier den Bereich »Consumer«, womit die Riege der großen bekannten Marken gemeint ist. Steve war früher beim *Wall Street Journal* und kümmert sich um den vertikalen Markt. Sharky war früher bei *Fast Company* und scheint ein Marketinggenie zu sein, denn seine jüngsten Kampagnen räumen Preise ab, inklusive des silbernen Clios, des Oscars der Werbebranche.

Sharky ist selbstbewusst, sehr groß – so groß, dass eine Kollegin drei Meter zurückgehen muss, um ein Foto von ihm und mir zu machen –, auf *GQ*-Magazin-Art attraktiv, mit wuscheligem Haar, Tätowierungen und Dreitagebart, und stammt aus einfachen Verhältnissen im tiefen Süden. Auch er hat einen Plattenspieler im Büro und kennt sich mit musikalischen Trivia aus, aber im Gegensatz zu Ken Kurson fragt er keine Neunjährigen darüber ab (oder sonst wen). Er trinkt gern hin und wieder einen Fingerbreit Whiskey und trägt wie alle PR-Manager meistens Schwarz. Manchmal aufgelockert mit schicken weißen Sneakers oder gemusterten Schuhen.

Sharky ist Vater und war zeitweise alleinerziehend, also kennt er meine Probleme, ohne dass ich viel erklären muss. Von Anfang an hat er unaufgefordert zu mir gesagt: »Ich weiß, dass es Tage geben wird, wenn dein Kind zum Arzt muss oder eine Schulaufführung hat oder andere Dinge, die wir nicht voraussehen können. Ich weiß, dass du der Mensch bist, der seine ganze Welt zusammenhält, darauf kannst du dich verlassen ...« Womit er mich zu Tränen rührt. Er bietet mir ein solides sechsstelliges Gehalt an: 190 000 Dollar im Jahr, mehr als ich je verdient habe. Nach Abzug von Steuern, Schulden und Lebenshaltungskosten reicht es immer noch nicht, um zwei Kinder durchs Studium zu bringen, selbst mit Studienförderung – was offen gesagt grotesk ist, können wir das bitte ändern? Aber es ist mehr als das Doppelte meines letzten Gehalts, und ich kann nebenher die Kolumne für den

Observer schreiben, sagt Sharky, solange es meine PR-Arbeit nicht beeinträchtigt.

»Willkommen im Team.« Er zeigt mir meinen Schreibtisch im Großraumbüro, neben Leslie und zwei Tische von Stefanie entfernt, die den Bereich »Health Creative« leitet. Was heißt das in diesem Zusammenhang? Neue Begriffe und Abkürzungen hageln schneller auf mich ein, als ich sie mir merken kann – KPIs, CPMs, Owned Media, Paid Media, ROIs, oje! –, aber ich schließe Stefanie, die mich zur Begrüßung umarmt, sofort ins Herz. In meiner Erfahrung mit Kolleginnen kannst du authentischen Umarmerinnen immer deine Geheimnisse und dein Leben anvertrauen. Händeschüttlerinnen? Kommt auf den Griff an: Die, die fest zupacken, sind in der Regel vertrauenswürdig; die schlaffen sind mal so, mal so.

Leslies Händedruck ist schwach. Ihr bevorzugter Snack sind Karotten. Als ich ihr meinen Lieblingssnack, Erdnuss-M&Ms, anbiete, lehnt sie höflich ab. Sie ist Langstreckenläuferin, drahtig und durchtrainiert. Wir verstehen uns gut, aber nur bei der Arbeit. Ich lade sie dreimal zum Abendessen ein, und sie sagt jedes Mal ab. Es ist immer gut zu wissen, wo die Grenzen liegen.

Ich leite die Rubrik »Health Vertical«, was bedeutet, dass ich wie bei *Health Today* Inhalte für die Pharmaindustrie erzeuge, aber mit großen Budgets und ohne externe Autor*innen. Heißt das, ich verkaufe meine Stimme und meine Seele an Big Pharma, damit meine Kinder studieren können und wir alle versichert sind? Ja, genau. Fühle ich mich deswegen schlecht? Ja, das tue ich. Aber ich habe über vierhundert Briefe, E-Mails und Lebensläufe verschickt und jeden journalistischen Kontakt angehauen, und alle anderen auch – ohne Erfolg. Diejenigen, die überhaupt antworten, wiederholen alle dieselbe Geschichte: *Tut mir leid, Deb. Zurzeit bauen wir Stellen ab, nicht auf. Viel Glück da draußen. Ich weiß, es ist hart.*

Nachdem ich mir fast eine ganze Woche lang die vorgeschriebenen Lehrvideos über sexuelle Belästigung, Bürgerrechte und Compliance angesehen habe, habe ich meinen ersten Einsatz: Ich soll mit Stefanie von Creative ein Markenmanifest für ein Östrogen-Ersatzprodukt erarbeiten, das den Menopausen-Markt erreichen soll. »Hier steht, es ist ein Mittel gegen Vaginalatrophie?«, sagt sie. Wir kichern beide wie Teenies im Sexualkundeunterricht. »Du steckst es dir in die Muschi, und sie wird wieder feucht. Oder so ähnlich.« »Ah«, sage ich, »die Wunder des reifen weiblichen Körpers.« Zum Glück habe ich das Problem noch nicht. Es ist zwar kein Regenwald mehr da unten, aber von der Sahara bin ich weit entfernt. Sagen wir, die Schweiz: neutral, blauer Himmel, skitauglich. Doch bei meinen Single-Dinnerpartys berichten einige der »Kämpferinnen«, dass bei ihnen nicht bloß Dürre herrscht, sondern Grand-Canyon-artige Zustände. Mir ist klar, wie belastend solche Beschwerden sein müssen, aber meine Freundinnen gehen mit Galgenhumor und brutaler Offenheit damit um. »Darling, mit genug Gleitmittel«, sagte eine von ihnen, eine frisch getrennte erfolgreiche Unternehmerin, »könnte ich drei Kerle da unten unterbringen. Und eine Couch.«

»Ich weiß, welchen Ton wir anschlagen müssen, um Frauen unserer Generation zu erreichen«, sage ich zu Stefanie.

»Leg los«, sagt sie.

Zuerst googele ich »Brand Manifesto«. Was ist ein Markenmanifest? Dann lese ich das Informationsmaterial des Östrogenprodukts durch, mit dem wir arbeiten sollen, setze mich an den Computer und tippe: »Oh, die Ironie der Menopause!«, schreibe ich. »Ausgerechnet dann, wenn du endlich Zeit hast, dein reifes, abenteuerlustiges, sinnliches Selbst zu erkunden, streikt deine Vagina ...«*

---

* Fans von *Emily in Paris* erkennen vielleicht das Markenmanifest, das Emily für die fiktive Firma Vaga-Jeune aufsetzt. Dazu kommen wir später, versprochen.

So geht es immer weiter. Ich erspare es uns.

Dann drucke ich die Seite aus und lege sie Stefanie vor.

»Ja!«, sagt sie. »Oh Gott, ja! Das ist großartig! Und ich wette, der Kunde findet es auch großartig.«

Sie hat recht. Der Kunde ist glücklich. Ich bin glücklich. Sharky ist glücklich. Mein erster Auftrag, und ich habe einen Volltreffer gelandet.

Aber ich mache den Triumph wieder zunichte, als mir unwissentlich ein riesiger Fehler unterläuft.

In der Marketing- und PR-Branche muss am Ende der Woche über jede gearbeitete Stunde Rechenschaft abgelegt werden, ähnlich wie in Anwaltskanzleien: eine Aufgabe, die mir jede Woche widerstrebt. Nicht nur, weil das Computerprogramm, das für diese wöchentliche Geißel entwickelt wurde, meiner Intuition zuwiderläuft und nicht automatisch speichert, sodass ich ständig meine Einträge verliere. Mein Gehirn kann kreative Arbeit einfach nicht sauber in Fünfzehn-Minuten-Intervalle einteilen. Manchmal entsteht meine beste Arbeit vor dem Büro unter der Dusche. Oder beim Gassigehen. Oder am Wochenende, wenn ich mit den Gedanken ganz woanders bin.

In meiner ersten Woche führe ich akribisch Buch über alle Arbeitsstunden und fülle die Stundenzettel sorgfältig aus, wobei ich zwei meiner fünfzig Wochenstunden dem Schreiben des Markenmanifests für das Östrogen-Ersatzprodukt zuordne.

Ein großer Fehler.

»Zwei Stunden!!!???« Unser Buchhalter, der für die Budgets der Kreativabteilung zuständig ist, brüllt mir ins linke Ohr. »Der Kunde hat zwanzig Stunden gebucht!« Offenbar war der Kunde so glücklich über das Ergebnis, dass er angerufen hat und sich nicht nur für die gute Arbeit bedankt hat, sondern auch dafür, dass wir sie für weit weniger als das vereinbarte Budget erledigt haben.

»Aber ich habe nur zwei Stunden gebraucht«, sage ich verwirrt.

Bis dahin hatte ich nicht verstanden – meine Kolleginnen erklären es mir, nachdem der Buchhalter wieder abgezogen ist –, dass ich bei einem auf zwanzig Stunden veranschlagten Projekt auch zwanzig Stunden aufzuschreiben habe: nicht mehr und nicht weniger. In jedem anderen Job, den ich bisher hatte, war Effizienz eine Qualität, keine Schwäche.

Unterm Strich war mein Volltreffer Anfängerglück. Markenmanifeste kommen meist nicht druckreif aus der Tastatur. Du musst erst den Markt analysieren, die Zielgruppe verstehen, das Produkt kennenlernen, dir mindestens drei Ansätze überlegen und dich schließlich für einen davon entscheiden. Doch im Fall des Östrogen-Ersatzprodukts war *ich* die Zielgruppe. Die Analyse war fertig, das Verständnis des Produkts implizit. Und weil ich den Job in 10 Prozent der verhandelten Zeit erledigt hatte, bekamen wir auch nur 10 Prozent des angesetzten Honorars.

Für eine Stunde meiner Zeit als PR Vice President berechnet meine Firma 300 Dollar. Mit anderen Worten, in meiner ersten Woche habe ich einen Fehler gemacht, der uns 5 400 Dollar gekostet hat.

Noch so ein Fehler, und ich könnte meinen Job verlieren.

Ich habe gesehen, wie es dem älteren Mann in unserem Team ergangen ist, der fast sein ganzes Leben bei der Firma war. Seine Abteilung »PR Crisis Management« steht gegen schwindelerregende Summen großen Firmen bei, wenn sie im ganz großen Stil Mist gebaut haben: Flugzeugabstürze, Todesfälle durch den Gebrauch medizinischer Geräte, Salmonellen in Burgern, Rohöl im Meer. Aber Krisenmanagement ist längst ein knallhartes Geschäft, man bräuchte Präzisionswaffen und eine Seele aus Eis, um aus den Bildern von öltriefenden Enten das Märchen von der Liebe der Ölindustrie zu unserem Planeten zu spinnen, und der ältere Herr war ein lieber, jovialer Kerl. Er war ein PR-Mann der alten Schule, nicht der neuen. Also wurde er wie ein ausrangiertes Rind auf unserer Etage auf die Weide gestellt. Er war lustig, charmant und neugierig: die Art von Mensch, der einem ausführlich von der Biografie erzählt, die er gerade liest, oder von der Inszenierung des *Orestes*, die er sich gestern in einem Off-Broadway-Theater angesehen habe. Alle mochten ihn sehr. Ich mochte ihn sehr. Aber er rechnete nicht genug Stunden ab. Wenige Jahre vor seiner Pensionierung wurde er mit einem Stück Abschiedskuchen auf einem Pappteller eiskalt entlassen.

Meine Arbeitstage fühlen sich immer mehr wie absurdes Theater an, ein Ionesco-Stück, vor dem ich mich nur im Schlaf retten kann, und selbst dann werde ich regelmäßig von Pop-up-Nachrichten geweckt, die eine sofortige Reaktion erfordern: *FOLIE 3 DER RFP FEHLT!* Großbuchstaben mit rotem Ausrufezeichen. Um 23.30 Uhr. Als wären wir Notärztinnen oder Notärzte im Bereitschaftsdienst, nicht winzige Zahnräder im riesigen Getriebe der Pharmaindustrie. »Wir machen PR, keine Hirnchirurgie«, lautet der klassische PR-Witz, weil viele PR-Leute daran erinnert werden müssen, dass das Fehlen einer Folie bei einer Ausschreibung nicht so dramatisch ist wie das Fehlen eines Stücks Schädelknochen.

Eines Morgens bin ich eingeladen, beim Brainstorming für ein neues Medikament gegen OIC zu helfen. »OIC?«, frage ich, als ich mich an den Konferenztisch setze, nachdem ich von einem anderen Konferenztisch herübergesprintet bin. »Was ist das?« In meinem Google-Kalender reihen sich die Meetings nahtlos aneinander. Oft habe ich bis wenige Minuten vor dem Meeting, bei dem ich intelligente Lösungen liefern soll, keine Ahnung, um welches pharmazeutische Produkt es sich handelt.

»Opioid-induzierte Verstopfung«, antwortet meine Kollegin. Unter OIC, erklärt sie, leiden Opioid-Abhängige häufig, nur dass sie sie nicht Abhängige nennt. Sie spricht von »Menschen, die mit chronischen Schmerzen leben«.

»Es geht also um ein Medikament, das Süchtigen hilft, von einem anderen Medikament abhängig zu bleiben. Verstehe ich das richtig?«

»Verstopfung ist schmerzhaft!«, sagt sie.

»Ich weiß. Glaub mir, ich weiß es. Aber wäre es nicht besser, ihre Opioid-Abhängigkeit zu behandeln?«

»Das ist nicht unsere Aufgabe. Unsere Aufgabe ist, dieses Medikament zu vermarkten, und dazu brauchen wir eine journalistische Perspektive.«

Ich weiß nicht, ob sie in dieser Sache wirklich meine journalistische Perspektive braucht. Aber ich weiß, dass meine Kolleg*innen keine Sonntagsreden hören wollen. Es ist nicht unser Job, die Moral der Produkte zu hinterfragen, für deren Vermarktung wir bezahlt werden. Unser Job ist, sie zu vermarkten.

»Cool«, sage ich mit einem Lächeln. »Helfen wir den Abhängigen beim Stuhlgang!«

Damit überschreite ich den Rubikon. Alle Illusionen, die ich noch hatte, wie ich für die Pharmaindustrie arbeiten und trotzdem die Fallstricke des moralischen Relativismus vermeiden könnte, sind dahin. Ich habe die Worte meines Vaters im Ohr: *Du musst deine Grenze kennen. Geld mit dem Leiden, dem Tod oder der Ausbeutung anderer zu verdienen, ist unmoralisch. Das ist Blutgeld.*

Das Verfassen von Texten, das mich früher so beseelt hat, ist freudlos geworden, wenn meine Worte als Waffen der Massenmanipulation eingesetzt werden, statt beim Lesen Verbindungen herzustellen, die sich, wenn ich sie in meinen Lieblingsbüchern entdecke, wie Liebe anfühlen.

Eines Morgens klappe ich in der U-Bahn den Laptop auf und fange zum Ausgleich an, die verschlungenen Geschichten von Justin und Kate und Gio und mir aufzuschreiben, und die der verlorenen Liebe, auf die ich 1989 in Paris vergeblich wartete. Auf dem Heimweg in der Rushhour ist der A-Train überfüllt, und meistens bin ich zwischen irgendeinem Rucksack und einer verschwitzten Achsel eingeklemmt, aber morgens steige ich an der Haltestelle 207th Street ein, fast am Ende der Linie, sodass ich in der Regel einen Sitzplatz bekomme, bevor der Zug durch den Rest von Manhattan rattert. Wenn ich Glück habe, bekomme ich sogar einen Sitz quer zum Fenster – in Fahrtrichtung, nicht zum Gang hin. Dann setze ich mir die Noise-Cancelling-Kopfhörer auf, blende die Welt aus und nutze die fünfzigminütige Fahrt zum Schreiben: mein täglicher Akt der stillen Revolte.

Ich tippe:»Mein Interview mit dem milchgesichtigen CEO war fast zu Ende, als ich eine letzte Frage stellte:›Waren Sie jemals verliebt?‹« Die Geschichte quillt aus mir heraus wie Lava aus einem Vulkan. Sie spritzt! Sie raucht! Die flüssigen Gedanken erhärten sich zu festen Wortbrocken. In solch glorreichen Momenten, die viel zu selten vorkommen, fühle ich mich wie die Geburtshelferin der Geschichte, nicht wie ihre Schöpferin. Als der Schaffner ruft:»Nächster Halt: Canal Street!«, habe ich den ersten Entwurf von ... etwas.

Ich habe schon vor ein paar Jahren einen Beitrag in der *New-York-Times*-Rubrik»Modern Love« untergebracht, und ich weiß, dass die Chancen auf Wiederholung gering sind.[124] Trotzdem feile ich am nächsten Morgen in der U-Bahn weiter an dem Text und schicke ihn schließlich an Dan Jones, den»Modern Love«-Redakteur.

»Sehr schön!«, schreibt er zurück, macht zwei ausgezeichnete Vorschläge, wie ich die Geschichte noch besser auf den Punkt bringen kann, und bietet an, sie zu veröffentlichen, wenn ich sie noch einmal überarbeite. Außerdem soll ich 150 Wörter hinzufügen – eine willkommene Abwechslung nach»runterschrauben und eindampfen«.

An dem Tag, als meine Geschichte mit dem Titel»When Cupid Is a Prying Journalist«[125] in»Modern Love« erscheint, bin ich zufällig mit einer anderen *New-York-Times*-Redakteurin zum Mittagessen verabredet, weil ich immer noch Wege zurück in den Journalismus suche. Ich bin mir nicht sicher, wie lange ich den Irrsinn meines PR-Jobs noch ertrage. Eigentlich hatte ich gehofft, das Geld für das Studium meiner Kinder würde meine moralischen Zweifel zerstreuen, aber das ist nicht der Fall. Tatsächlich fordert das Überlaufen »auf die dunkle Seite« so viel Tribut, dass ich wieder angefangen habe, zur Therapie zu gehen.

»Warum sind Sie hier?«, fragte mich der Therapeut in der ersten Sitzung.

»Ich habe das Gefühl, ich stecke in einer Sackgasse«, sagte ich – sage ich immer noch –, »und ich sehe einfach keinen Ausweg.« Heulend schütte ich ihm mein Herz aus. Ich habe eine halbe Schachtel Taschentücher vollgeschnäuzt, als ich sage, die einzige Zeit, in der ich mich wohl in meiner Haut fühle, sind die fünfzig Minuten »Schreibwerkstatt« in der U-Bahn zur Arbeit.

Der Therapeut sagt nichts, aber sein geneigtes Kinn und die hochgezogenen Augenbrauen sagen alles: *Dann ist das Ihr Ausweg.*

»Nein, nein, Sie verstehen nicht.« Ich versuche ihm zu erklären, wie die freie Wildbahn für freie Autor*innen aussieht. »Es gibt keine Jobs. Das Internet hat sie verschluckt. Keine Zeitung oder Zeitschrift verdient heute noch genug mit Werbung, um mich für meine Artikel zu bezahlen, weil 70 Prozent der Werbe-Dollars an Google oder Facebook gehen.« Mir ist nicht entgangen, dass ich längst an der Produktion digitaler Marketingkampagnen beteiligt bin, die speziell auf Google-Suchmaschinenoptimierung und Facebook-Viralität zugeschnitten sind. Ich bin Teil des Problems. »Außerdem habe ich 2012 in *The Nation* eine feministische Anklage gegen den Literaturbetrieb geschrieben, und seitdem konnte ich kein Buch mehr verkaufen, um mein … mein …« Meine Stimme versagt, und ich kann den Satz nicht beenden.

»Um Ihr Geld zu verdienen?«, fragt der Psychologe.

»Ja«, schließe ich, »um mein Leben zu retten.« Dann eile ich zurück in ein Meeting, in dem wir die Vermarktung eines neuen COPD-Medikaments besprechen. COPD, erfahre ich, ist eine Lungenkrankheit, deren Hauptrisikofaktor das Rauchen ist.[126] Bei dem Meeting wird beschlossen, dass ich mich in die Recherchen stürzen soll, und so verbringe ich die nächsten zwei Wochen damit, Lungenärzt*innen und COPD-Patient*innen zu interviewen, die auf der Gehaltsliste des Pharmaunternehmens stehen: definitiv nicht die Art von Berichterstattung, für die ich ausgebildet wurde.

Die *New-York-Times*-Redakteurin lädt mich in dasselbe Restaurant ein, in dem ich mich das erste Mal mit Ken Kurson getroffen habe: passend, weil ich immer noch auf eine Festanstellung beim *Observer* hoffe, doch er hält mich weiterhin mit Wenns und Vielleichts hin. In meinen Google-Kalender habe ich »Meeting mit potenziellem Kunden außerhalb« eingetragen, um zu verhindern, dass mir jemand ein Meeting auf die Mittagszeit legt. Keiner im Büro schreibt »Mittagessen« in seinen Kalender. Eine Stunde, in der man nicht am Schreibtisch sitzt und »arbeitet«, kann man nicht abrechnen, selbst wenn das heißt, vor dem Computer einen schlaffen Salat in sich reinzuschaufeln und dabei durch Social Media und Online-Shops zu scrollen.

»Deb! Alle Achtung!«, sagt die Redakteurin, als wir wenige Stunden, nachdem mein Essay online gegangen ist, am Tisch sitzen. »Dein Beitrag geht durch die Decke! Er ist auf dem Weg, einer der meistgelesenen ›Modern Love‹-Texte zu werden, die wir je hatten.«

»Wow!«, sage ich. »Das ist toll.« Bevor ich losging, habe ich auf Facebook gesehen, dass er überall in meiner Timeline auftauchte, und auch bei meinen Twitter-Erwähnungen. Die meisten Zeitungen verraten ihren freien Mitarbeiter*innen nicht, wie viele Klicks ihre Texte bekommen und wie oft sie geteilt wurden, selbst wenn sie offensichtlich viral gehen, deswegen freue ich mich über die Information, auch wenn sie vage und unbeziffert ist. Gleichzeitig frage ich mich: Für die 250 Dollar, die ich für meine 1500 Wörter bekommen habe – 16 Cent pro Wort oder 0,05 Prozent meines früheren Werts als Magazinautorin –, wie viele Werbe-Dollar hat die *New York Times* damit verdient? Das ist keine David-gegen-Goliath-Metapher, sondern eine ernsthafte Frage. Ich bin wirklich neugierig, was ein viraler »Modern Love«-Text für die *New York Times* abwirft. »Wie hoch ist die Chance, dass sich daraus eine feste Stelle entwickelt?«

»Null«, sagt die Redakteurin und lacht. »Inzwischen hängen wir alle am seidenen Faden.« Drei Jahre später fällt auch diese brillante, liebenswürdige Frau den Sparmaßnahmen zum Opfer.

25

Private Relations

Spätherbst 2015 –
Anfang Winter 2016

Ken Kurson hatte mich gewarnt, dass er »von einem nachtragenden Wüstenvolk« abstamme, und als ich Justins und Kates Geschichte in der *New York Times* statt im *Observer* veröffentliche, rächt er sich an mir, indem er den Kontakt abbricht.

Mitten im Sommer hatte er mir zur Erinnerung eine E-Mail mit dem Einstieg geschrieben: »Wann wissen Sie, ob die Hinge-Story läuft? Ich finde sie super … Wäre gut, wenn Sie Ihr neues Kapitel mit einer Titelgeschichte starten, wir illustrieren großzügig.« Bis zum 13. Juli wolle er einen »hervorragenden Entwurf«.

Dabei hatte ich ihm – lange bevor er mir die Frist setzte – gesagt, dass Justin und Kate nicht wollten, dass ihre Geschichte im *Observer* erschien. So war es wirklich, auch wenn ich sie vielleicht hätte umstimmen können. Aber das war die Konsequenz, die ich zog: Der Mistkerl hatte mir eine feste Stelle versprochen, nicht irgendein vages »neues Kapitel«, und er hatte sein Versprechen gebrochen. Als freie Mitarbeiterin ohne Vertrag war ich nicht verpflichtet, ihm oder dem *Observer* meine beste Geschichte zu liefern. Kurson hatte mir im Lauf des Sommers auch weitere schräge, deplatzierte E-Mails geschickt, die in dieser gipfelten: »Kann ich Sie etwas Privates und Persönliches fragen, das nichts mit dieser Sache zu tun hat?« Es war die Antwort auf eine E-Mail, in der ich ihn bat, meine Verfasserzeile von Deborah Copaken Kogan, die ich seit meiner Trennung nicht mehr benutzte, zu Deborah Copaken zu korrigieren.

Kurze Randbemerkung: Ich habe bei der Hochzeit nicht den Namen meines Mannes angenommen. Ich tat es zwei Jahre später in einem Anfall von postnataler Frustration, als sich ein Postbeamter weigerte, mir ein Päckchen für meinen kleinen Sohn auszuhändigen, weil der Nachname auf dem Päckchen nicht mit meinem übereinstimmte. Ich hatte mit meinem fünf Wochen alten, hungrig wimmernden Säugling in der Babytrage über eine Stunde in der Schlange gestanden. Als wir endlich an der Reihe waren und ich den rosa Paketschein und meinen Führerschein vorzeigte – »Wer sind Sie?« – »Seine Mutter.« – »Woher soll ich das wissen?« – »Wir haben dieselbe Adresse, und ich habe ihn in der Babytrage?« –, erklärte man mir, dass ich, wenn ich für ihn oder künftige Kinder ein Paket abholen wollte, sowohl deren Geburtsurkunde als auch meine Heiratsurkunde vorlegen müsse. Dabei handelt es sich nicht um eine gesetzliche Regelung, sondern um eine »desk-clerk law«, wie sie Juraprofessorin Elizabeth Emens von der Columbia University nennt: eine Regelung, die in Kraft tritt, wenn eine Person im öffentlichen Dienst sie für richtig hält.[127]

Ich ging die zehn Minuten vom Postamt zu Fuß nach Hause, stillte mein Baby, wechselte ihm die Windel, packte verschiedene Ausweise, die Geburtsurkunde meines Sohnes und meine Heiratsurkunde ein und kam genau zum Mittagsansturm wieder auf dem Postamt an. Diesmal wartete ich so lange, dass ich mein Baby in der Schlange stillen und ihm auf dem Fußboden die Windel wechseln musste. Als ich nach einem ganzen Vormittag endlich im Besitz des Päckchens war, steckte ich den Inhalt – so viel Aufwand für einen kleinen Strampler – in die Wickeltasche und ging mit meinem nagelneuen Minimenschen und meinen Ausweispapieren schlecht gelaunt zur Social Security Administration weiter, um meinen Nachnamen zu dem meines Kindes zu ändern.

Hätte ich damals gewusst, dass ich zwanzig Jahre später die unterschriebene und notariell beglaubigte Erlaubnis meines Ex-

mannes brauchen würde, um meinen Geburtsnamen wieder anzunehmen – wieder ein Schalter-Gesetz, kein richtiges –, hätte ich
vielleicht zweimal überlegt, bevor ich diese überstürzte, aber taktisch sinnvolle Entscheidung traf. Aber damals war die Hormonumstellung stärker als meine Fantasie, mir auszumalen, welche
bürokratischen Hürden mir eines Tages noch begegnen könnten. Eine Frau in einem Land zu sein, in dem nur Männer gleichberechtigt sind, fühlt sich an wie ein Computer-Rollenspiel, in
dem jede Tür zwischen deinem Avatar und dem Gold durch ein
Schloss, eine Kette, Ziegelsteine, einen Schreibtisch, noch eine Tür,
noch mehrere Türen, Treibsand, Haie und einen feuerspeienden
Drachen gesichert ist, während das einzige Hindernis, das männliche Avatare überwinden müssen, die Türklinke ist.
Verständlich, dass sie sich aufregen, wenn die Klinke klemmt.

»Es besteht die Möglichkeit«, begann Ken seine »private und persönliche« Frage, »G-t sei Dank keine große, aber größer als vor
ein paar Monaten, dass meine Frau mich sitzen lässt«, schrieb er,
dann redete er ein bisschen herum, bis er zum Punkt kam, nämlich der Frage, wie seine »Chancen« auf dem »freien Markt« aussehen würden. Seine männlichen Freunde, fuhr er fort (und fort
und fort), »stürzen sich alle in diese peinliche Pussy-Jagd«, und
das wolle er nicht.

Dann wurde seine E-Mail völlig unangemessen angesichts der
Tatsache, dass ich ihm nur zweimal begegnet war, einmal zu einer
Art Vorstellungsgespräch und ein zweites Mal im Verlag mit meinem Sohn, um mir ein Belegexemplar abzuholen. Er wollte wissen, ob ich es »nach dem, was Sie über meine finanzielle Situation, mein Äußeres und meinen geistigen Zustand wissen ...«
(*Nichts! Ich weiß nichts über seine finanzielle Situation oder seinen geistigen Zustand, warum sollte ich? Igitt!*) für realistisch halten würde, dass jemand mit seiner »Pilgerseele« eine »passende
Partnerin findet (muss jüdisch sein)«, oder ob er ein »dicker,

widerlicher Misanthrop« sei, der seine Erwartungen herunter-schrauben müsse.

Von seiner Wortwahl wurde mir schlecht – *freier Markt, Pussy-Jagd, Pilgerseele* –, aber ich versuchte trotzdem, vage zu antworten, aus Mitleid mit diesem Mann, der Schwierigkeiten mit der Klinke an der Tür des Lebens hatte, natürlich nicht ohne einen breiten Graben um meine eigene Burg zu ziehen. Als freie Autorin, die er über Social Media kontaktiert hatte, um für seine Zeitung zu schreiben, war es nicht meine Aufgabe, sein Ego zu stärken, in-dem ich ihm sagte, wie toll er sei oder wie hoch sein Wert auf dem »freien Markt« war. Erstens kannte ich ihn kaum. Zweitens hielt er den Schlüssel zu einer der Türen in meinem Leben in der Hand, hinter der sich ein Topf mit Gold befand.

»Die kurze Antwort ist, Sie schaffen das schon«, schrieb ich. »Die lange Antwort ist, trennen Sie sich nicht, wenn Sie es irgendwie vermeiden können.« Dann, weil ich nicht anders konnte, sprach ich seine Verwendung des Ausdrucks *Pussy-Jagd* an, der mir auf-gestoßen war. »Wenn Sie mit ›Pussy-Jagd‹ das meinen, was ich Da-ting nenne, handelt es sich dabei um eine wichtige Phase«, schrieb ich. »Ich weiß, es ist lange her, dass Sie Single waren, deswegen erkläre ich es Ihnen: Jeder, der in unserem Alter keine Partnerin oder keinen Partner hat, sei es, weil er sich nie gebunden hat oder sich scheiden lässt, ist auf die eine oder andere Art angeschla-gen. Verletzt. Wütend. Verzweifelt. Traurig. Und all die Gefühle dazwischen. Deswegen gibt es die Dating-Phase. Sie gehört zum Prozess dazu.«

Nachdem ich mich von Durkheim getrennt hatte und akzep-tierte, dass ich mit meiner Arbeitsbelastung und den Pflichten meinen Kindern gegenüber niemandem eine gute Partnerin sein konnte, traf ich bewusst die Entscheidung, nicht mehr nach der großen Liebe zu suchen, sondern nach der kleinen Liebe im Hier und Jetzt. Die Folgerichtigkeit dieser Entscheidung lag auf der

Hand: Weil wir alle sterben, aber nicht wissen, wann, weil die Chancen, in meinem Alter einen neuen Partner zu finden, statistisch gering sind und von Jahr zu Jahr schrumpfen, weil Enthaltsamkeit für mich nicht in Frage kommt und ich Spaß an Sex habe, beschloss ich, die geschenkten Gelegenheiten zu genießen, die sich mir boten. Ich kann nicht auf Sex verzichten. Mein Körper braucht Berührung und Erlösung, wie er Luft, Wasser, Licht und Nahrung braucht.

In jenem Herbst, mit 49, beschloss ich, meine Chancen zu erhöhen, indem ich die Altersgruppe meiner Dating-Apps von »45 aufwärts« auf »30 aufwärts« senkte. Außerdem schrieb ich mein Profil um: »Zwei Jahre getrennt nach einer langen Ehe. Offen für alles, was kommt. Glaube trotzdem an die Liebe.« Nachdem ich also das Spielfeld für »alles, was kommt« geöffnet hatte und gleichzeitig ein Türchen für die Liebe offen ließ, stellte sich eine neue Auswahl in meinen Apps vor, und ich konnte sehr viel wählerischer sein, mit wem ich mich treffen wollte.

Wie ich feststellte, sind viele Männer in den Dreißigern entweder noch nicht bereit für eine feste Beziehung, oder sie erholen sich gerade von einer. Oder die stagnierende Wirtschaft und der Mangel an gut bezahlten Jobs halten sie davon ab, eine Familie zu gründen, sodass sie in einer endlosen Warteschleife feststecken. Diese jüngeren Männer – »all die jungen Kerle«, wie ich sie später in einem *Observer*-Essay nenne[128] – treffen sich gern mit Frauen Ende vierzig bis Anfang fünfzig, so wie ich mich als alleinstehende Kriegsfotografin Mitte zwanzig in belagerten Städten mit älteren Kriegsreportern traf, damit wir uns gegenseitig Trost spenden konnten. Unsere sexuellen Bedürfnisse stimmten überein. Punkt.

Würde ich deswegen auf die Idee kommen, mein neues Dating-Muster als »Schwanz-Jagd« zu bezeichnen? Nein. Niemals. Die männliche Sprache der Dominanz und Eroberung – Kerben in Stöcken, Unterwerfung, kommerzieller Erwerb – hatte nichts mit dem zu tun, was diese Männer und ich teilten, und die Betonung liegt auf dem Wort *teilen*. Als ich aufhörte, nach einem neuen Langzeitpartner zu suchen, und akzeptierte, dass ich diesen vielleicht nie finden würde, begann ich loszulassen und zu tun, was mir Spaß machte: Ich erkundete, was mir gefiel, ich sprach aus, was ich wollte, und ich probierte neue Dinge mit Partnern aus, die geduldig waren und sich Zeit nahmen.

Ja, Online-Dating war immer noch anstrengend, und für jedes erfolgreiche Date musste ich zehn blöde hinter mich bringen. Oder Männer sagten in letzter Minute ab. Oder ghosteten mich. Oder beschimpften mich wüst, wenn ich Sex ablehnte: »Freunde von außerhalb sind in der Stadt! Ich wäre besser mit denen ausgegangen, als bis nach Inwood hochzugurken und mit dir in einer Bar zu hocken«, schrie ein Sockenunternehmer nach dem achten Tequila. Andere schickten unaufgefordert Fotos von ihrem Penis, ihrem Hintern, ihrem Brustkorb. Oder sie waren pathologische Lügner. Oder in der Spüle stapelte sich seit drei Wochen das Geschirr. Oder sie schickten Nachrichten wie: »your cute« (*you're!*, wollte ich zurückschreiben – zurückschreien). In einem Fall wurde ich an einem der schönsten Frühlingsabende versetzt, als wir verabredet waren, um uns das Manhattanhenge anzugucken: wenn das Licht der untergehenden Sonne genau durch die Straßenschluchten fällt, was nur viermal im Jahr vorkommt. Ich saß weinend allein auf einer Bank im Washington Square Park, während alle anderen, die ich sah, Hand in Hand das Lichtspektakel bewunderten. Trotz aller schlechten Erfahrungen und schlechten Grammatik war ich dankbar, dass ich als unternehmenslustiger Single im Hier und Jetzt lebte, wo die Suche nach gelegentlichem Sex am Ende so einfach war wie die Bestellung einer Pizza.

Ken hat auf meinen Kommentar zu seiner »Pussy-Jagd«-Mail nicht reagiert. Ich schickte ihm mehrere Vorschläge für die Kolumne. Funkstille. Einen neuen Artikel. Funkstille. Noch einen neuen Artikel. Funkstille. Schließlich schrieb mir Lorraine, die Redakteurin, mit der ich zu tun hatte, dass der *Observer* 2015 keine weiteren Artikel von mir annehmen könne, obwohl Ken eine Kolumne alle zwei Wochen bei mir bestellt hatte. Das Budget sei für dieses Jahr erschöpft, sagte sie. Außerdem müssten Ken und ich ab sofort das Thema jedes Artikels vorher besprechen, was nicht nur gegen unsere Vereinbarung ging, sondern auch schwer möglich war, da Ken nicht auf meine Mails reagierte.

Ich schicke Ken noch eine E-Mail: »Ich habe keine Zeit, eine Woche an einer Geschichte zu schreiben, die nicht gedruckt wird. Ich hatte den Eindruck, Sie wollten, dass ich viel schreibe, und nicht, dass wir Ideen besprechen und absegnen, bevor ich schreibe. Ich muss wissen, was hier die Parameter sind, danke.« 26 Tage vergehen. Keine Antwort.

Dann, in der Woche, als mein »Modern Love«-Text veröffentlicht wird, schreibt Ken schließlich: »Ich fasse es nicht, dass eine Autorin mit Ihren Fähigkeiten und Ihrer Anmut so unsicher ist, aber der Job lehrt mich, dass ALLE Autoren unsicher sind, wenn sie nicht sofort eine Antwort kriegen.« Wieder ist die E-Mail lang, weitschweifig und unangemessen persönlich. »Wie Sie wissen, bin ich in letzter Zeit nicht ganz ich selbst«, schreibt er (*Nein. Woher sollte ich das wissen? Ich kenne Sie nicht.*), »da die emotionalen und finanziellen Schläge auf mich einhageln wie Joe Fraziers Fäuste auf Muhammad Ali in ihrem ersten Kampf im Garden ... Na ja, bald bin ich wieder der Alte. Im Moment bin ich noch ein Wrack, aber ich sehe Licht am Horizont.«

Sein Sadismus, wird mir schließlich klar, ist echt und nicht sehr subtil. Er veröffentlicht die beiden Essays doch, die er angeblich nicht veröffentlichen wollte, und sagt dann, er könne mich nicht dafür bezahlen. Er bringt immer wieder die feste Stelle ins Spiel – »Sie sind so eine nette Autorin«, schreibt er in einer E-Mail, »ich wünschte, ich könnte Sie fest anstellen« –, aber als ich antworte, dass ich weiterhin sowohl eine Festanstellung als auch angemessene Bezahlung anstrebe, fertigt er mich mit einem zweischneidigen Kompliment ab – »Als technische Redakteurin würden Sie 150 000 verdienen. Aber als brillante Essayistin mit einem großen Herzen und seidenweicher Prosa? Das ist schwer.« Gleichzeitig überschreitet er immer wieder Grenzen. Als ich zwei Wochen in L.A. bin, um als Beraterin im Writers' Room für *Younger* zu arbeiten, und Ken davon erfährt, schickt er unaufgefordert eine E-Mail an mich und die Autorin des Buches, auf dem die Serie basiert, auch wenn sie nicht am Drehbuch beteiligt ist, um uns vorzustellen. »Pam, das ist Debbie«, steht im Betreff, und er schreibt: »Ihr seid beide *Observer*-Autorinnen und meine Freundinnen, trotz eurer seltsamen Weigerung, mich mit einer eurer heißen jüdischen Single-Freundinnen zu verkuppeln.«

Ich informiere Sharky, meinen Chef bei der PR-Firma, dass ich meine zwei Wochen Urlaub auf einmal nehme, um an *Younger* zu arbeiten. Darren hätte mich gern für vier Wochen in L.A., aber was soll ich machen? Weil ich neu bei der PR-Firma bin, habe ich nur zwei Wochen Urlaub.

26

Wiedereinstieg

März 2016

Mein Ex kehrt nach New York zurück, sodass ich ab März wieder verreisen kann, ohne meinen Sohn bei Freunden unterbringen oder zusätzliche Babysittingkosten tragen zu müssen. Außerdem habe ich Mittwoch- und Donnerstagabend frei, um Freunde zu treffen, Dates zu haben oder ins Kino zu gehen. Und jedes zweite Wochenende, sodass ich an anderen Projekten arbeiten oder einfach nur dasitzen und ins Leere starren kann – diese unverplanten Zeiträume, die ich seit dem Ende meiner Ehe einfach nicht mehr hatte. »Ich hoffe, du verlässt uns nicht«, sagt Sharky, als ich ihn bitte, mir die zwei Wochen Urlaub zu genehmigen, um an *Younger* zu arbeiten. Ich verspreche ihm nicht nur, dass ich bleibe, sondern sage ihm auch noch einmal, wie dankbar ich für meinen Job bin.

Bei der Vorbereitung der L.A.-Reise treffe ich allerdings auf ein Hindernis: Wegen meines Vertrags mit Freedom Debt Relief habe ich keine private Kreditkarte mehr.

Wenn ich für meinen Job unterwegs bin, benutze ich die American-Express-Firmenkarte, und weil ich mir seit vier Jahren keinen richtigen Urlaub mehr leisten konnte, war mir bis jetzt nicht aufgefallen, wie schwierig es ist, ohne Kreditkarte eine Reise zu buchen. Am Ende muss ich Darren anrufen und ihm erklären, dass ich, die ich gerade fünfzig geworden bin, weder eine Kreditkarte noch genug Bargeld besitze, um meine Anreise zu bezahlen.

Darren, der bald nach seiner Ankunft in L.A. zum Hollywood-

Wunderkind avancierte, lebte anfangs in einem Apartment-Kom-
plex, der ihm später als Inspiration zur Serie *Melrose Place* diente.
Die Mega-Serie *Beverly Hills, 90210* schuf er noch vor seinem dreißigsten Geburtstag. *90210* basiert zum Teil auf der Dynamik und
den subtilen Klassenunterschieden an der großen öffentlichen
Vorstadt-Highschool, die sowohl Darren besucht hatte, als auch
ich fünf Jahren nach ihm.* Darrens Vater war Kieferorthopäde in
Potomac, seine Mutter war Journalistin – eine berufstätige Mutter
war damals in den Vororten ungewöhnlich. Sie wohnten in Camo-
top (ja, das ist Potomac rückwärts), dem neueren Villenviertel.
In *90210*-Begriffen wäre Darren der jüdische, schwule Brandon
Walsh gewesen, und ich Andrea Zuckerman.

Darren besteht immer darauf, mich einzuladen, wenn wir ausgehen, bis auf das eine Mal, als ich argumentierte, dass er nicht
immer zahlen durfte, worauf er mir die Rechnung überließ. Er
weiß, dass ich gerade in einer Krise stecke, weil wir Freunde sind
und weil er liest, was ich schreibe und veröffentliche, aber das
Ausmaß meiner Notlage wird ihm erst klar, als ich sage: »Pass auf,
ich musste gerade 12 000 Dollar Steuerschulden für meinen Exmann bezahlen, weil wir auf dem Papier noch verheiratet sind und
es deswegen sehr unerwarteterweise auch meine Steuerschulden
sind. Jetzt habe ich knapp 800 Dollar auf dem Konto und keine
Kreditkarte, weswegen ich zurzeit das Hotel, den Mietwagen und
meine Ausgaben auch nicht mit Karte zahlen kann.«

Darren ist bestürzt und hat Verständnis für meine Lage. »Kein
Problem«, sagt er und kümmert sich um alles.

Ich schäme mich für meine Situation, aber seltsamerweise spie-
gelt sie die Misere von Liza, der von Sutton Foster gespielten Hel-

---

*   Nein, wir kannten uns damals nicht, auch wenn sein jüngerer Bruder und mein
     Cousin in eine Klasse gingen und Freunde waren, sodass sich auch seine Mutter
     und meine Tante kennen.

din seiner Serie *Younger*, die nach der Trennung von ihrem Mann herausfindet, dass seine Spielsucht die Familie in den finanziellen Ruin getrieben hat. Das ist einer der Gründe, warum sie zu ihrer Künstlerfreundin Maggie in Williamsburg, Brooklyn, zieht und sich als 26-jährige Berufsanfängerin ausgibt, um einen Einstiegsjob als Assistentin der Marketingchefin eines Verlags zu bekommen, nachdem sie als ehemalige Lektorin vergeblich versucht hat, auf höherer Ebene einzusteigen.

Die Ökonomin Sylvia Ann Hewlett hat sich näher angesehen, warum Frauen über vierzig nach einer längeren Auszeit beim Wiedereinstieg in die Berufswelt so häufig gegen eine Mauer rennen. Von den Frauen, die ihre Vollzeitstelle aufgeben, um sich um Kinder oder kranke Eltern zu kümmern, gelingt nur 74 Prozent die Rückkehr ins Berufsleben. Doch auch diese Zahl täuscht, denn von den 74 Prozent, die wieder arbeiten, finden nur 40 Prozent eine Vollzeitstelle.[129] Der Rest sind feste Freie, Teilzeitbeschäftigte oder Selbstständige. »Das Muster ist klar«, schreibt Hewlett in der *Harvard Business Review.* »Aussteigen kann man immer, aber wenn eine Frau einmal draußen ist, gibt es nur wenige Einstiegsmöglichkeiten – und die haben einen hohen Preis.«[130]

Bevor ich nach L.A. flog, um an *Younger* zu arbeiten, traf ich Darren häufig in New York zum Abendessen, weil er zwischen West- und Ostküste pendelt. Er interessierte sich brennend für die Irrungen und Wirrungen meines Liebeslebens, und war beeindruckt von meinem Kampfgeist. »Du bist wie ein schwuler Mann«, sagte er stolz, als er mich auf Material abklopfte, und wir sezierten jeden meiner Liebhaber oder Fast-Liebhaber wie Derrida, der Heidegger dekonstruiert.

Da war der Konzeptkünstler, der mir, bevor er zehn Tage lang in ein sich drehendes Rad zog, erzählte, dass er nach dem Ende einer langen Beziehung in Berlin noch angeschlagen sei. »Wie war sie so?«, fragte ich.

»Wie *waren* sie«, sagte er. »Ich war der Dritte in einer Dreier-beziehung.«

Da war der Witwer, der zugab, dass er nicht besonders um seine Frau trauerte; der Geschiedene, der gar nicht geschieden war.

Da war der 27-Jährige, der vorgab, vierzig zu sein, bis ich er-wähnte, dass ich 1989 über das Erdbeben in San Francisco berich-tet hatte, und er aus Versehen blankzog: »Wahnsinn! An dem Tag bin ich zur Welt gekommen!«

Da war der Miniaturkünstler, der detaillierte Dioramen seiner Lieblingsfilmszenen anfertigte. Ich brauchte eine Weile, bis ich auf den Fotos, die er mir schickte, erkannte, dass er bei jedem Dio-rama ein rundes Loch in den Boden geschnitten hatte, um seinen erigierten Penis durchzustecken. Als eine der Figuren verkleidet. »Bringst du deine Kamera mit und hilfst mir, mein neuestes Pro-jekt zu fotografieren?«, schrieb er. »Ich muss nur noch eine Prin-zessin-Leia-Perücke für meine Eichel basteln.«

»Äh … nein, danke!«, schrieb ich zurück. »Aber viel Glück!«

Da war Juan, der spanische Banker aus London, dessen Ehe gerade zerbrach und den ich am Ende der Party zum Fünfzigsten meines Freunds Josh kennenlernte. Als Juan hörte, dass ich *The Red Book* geschrieben hatte, sagte er grinsend: »Ob du es glaubst oder nicht, das Buch liegt gerade auf meinem Nachttisch.« Was ich für eine lahme Anmache hielt, und das sagte ich ihm auch. Er überredete mich, ihn in seine nahe gelegene Unterkunft zu beglei-ten, um es mir zu beweisen. Und siehe da, auf seinem Nachttisch lag tatsächlich mein Roman, ganz oben auf dem Stapel.

»Unglaublich!«, sagte Darren.

»Ich weiß!«, sagte ich und lachte.

»Und dann?«

»Wir haben geredet. Über die Liebe. Über die Ehe. Über das Ende der Liebe und das Ende der Ehe. Über den Tod meines Vaters. Über den Tod im Allgemeinen. Über Bücher. Über Kunst. Was es bedeutet, ein guter Mensch zu sein. Er ist wahnsinnig schlau. Und witzig. Und in meinem Alter. Und attraktiv. Und ein begnadeter Liebhaber. Mannomann.« Ich seufzte. »Er war echt toll.«

»Und?«

»Das war's. Der ganze Drei-Akter in einer Nacht. Mehr kann und darf wegen der Umstände nicht sein.« Juan und ich nahmen die Chemie zwischen uns zur Kenntnis und redeten darüber, auf eine Art und Weise, die absurd und berauschend war. Und wir weinten beide auch, sowohl wegen des überraschenden Glücks dieser acht Stunden, als auch wegen seiner Vergänglichkeit. »Am nächsten Morgen gingen wir frühstücken, und dann kehrte ich zurück in meine Bruchbude in Inwood, und er kehrte zurück in seine Londoner Wohnung, und jetzt widme ich mich wieder der Vermarktung von Abführmitteln für Opioid-Abhängige. Er schickt mir bezaubernde E-Mails mit Gedichten. Gedichte, Darren! Gedichte, die ich richtig gut finde!«

»Aber wo ist das Problem?«, fragte er. »Ich verstehe das nicht. Warum seht ihr euch nicht wieder?«

»Er pendelt zwischen London und Madrid, wo seine Kinder leben. Ich lebe mit meinen Kindern in Inwood. Er kommt aus einer anderen Welt, einer Welt des Reichtums und der Privilegien. Sein Urgroßvater war ein Mäzen von Gaudí, verdammt. In Barcelona ist ein Park nach ihm benannt. Seine Familie gehört irgendwie zum spanischen Adel. Ich habe nicht nachgefragt, und er hat nicht darüber geredet.« Juan hatte sich über seine Herkunft bedeckt gehalten. Es war Joshs Frau Danna, die mich später über seine Familie aufklärte.

»Und was ist so schlimm daran, einen Prinzen zu daten?«, fragte Darren.

Ich zuckte mit den Schultern. »Ich will nicht gerettet werden.« Außerdem ziehen Prinzen jede Menge Frauen an, die scharf auf ihr Geld sind. Ich hätte immer Angst um ihn.

Eines Abends stellte ich Darren Zane vor, einen 31-jährigen, blonden, blauäugigen Gitarristen und Sänger einer Band, von der die meisten gehört haben. Nur ich nicht, als wir uns über Tinder kennenlernten und uns statt zu einem Date zu einer Gitarren-stunde verabredeten. Aber als ich meinen Neunjährigen fragte, ob er die Band kannte – die Zane zum Spaß mit zwei College-Freunden gegründet hatte, und jetzt saßen sie bei Letterman und Conan im Talkshowsessel, obwohl er eigentlich Journalist werden wollte –, verdrehte mein Sohn die Augen und sagte: »Mom. Die haben den Song geschrieben, den die Fünftklässler letztes Jahr beim Schulfest gesungen haben.«

Ein paar Monate später stellte ich Darren Finn vor, einen jun-gen texanischen Unternehmer, der mehrere Jahre in China gelebt hatte, fließend Chinesisch sprach, sich mit den vielen Fabriken dort auskannte und für jedes Abenteuer zu haben war: Nackt-Yoga, Schamanenbesuche, Wald-Fahrradtouren, Wohnzimmer-Tango. »Bildschön«, sagte Darren, als Finn auf dem Klo war.

»Zu schön«, sagte ich. Mehrmals, als wir unterwegs waren, hat-ten Fremde Finn auf der Straße angehalten und ihn um ein ge-meinsames Selfie gebeten, weil sie ihn für Bradley Cooper hielten.

Zane und Finn, beide neunzehn Jahre jünger als ich, wissen voneinander und sind beide reif, einfühlsam und aufmerksam. Sie spielen keine Spielchen. Sie schreiben zurück. Sie sind für alles offen. Sie kommen pünktlich zu Verabredungen und geben dem Vergnügen der Frau die Priorität, eine willkommene Abwechs-lung zu den vielen Männern meiner Generation, denen man zwar beigebracht hat, wie man einer Banane ein Kondom überzieht, aber nicht, wo sich der Kolben der Calla-Lilie befindet. Und weil es in diesen Beziehungen von keiner Seite Erwartungen gibt, wo es hingehen soll oder welche traditionellen Muster der Monoga-mie einzuhalten sind, gestatten sie mir die Freiheit, die Liebe um der Liebe willen zu erkunden. Im Moment zu sein. Mich hinzugeben. Loszulassen. Das übliche Regelwerk über Bord zu werfen und ein neues zu schreiben, mit einer Grundregel: Leben und lieben lassen.

Und so kam es, dass Darren an einem der Abende, bei denen wir meine Dates analysierten, zugab, dass er nicht nur gern über mein Liebesleben sprach, weil ihm an mir liegt, sondern auch, weil im Writers' Room von *Younger* keine geschiedene Frau über vierzig war, die sich mit ähnlichen Freuden und Niederlagen herumschlug. Ich sah meinen »Wiedereinstieg« und griff zu. Wie wäre es, wenn ich nach L.A. käme und meine Erfahrungen mit dem Team teilte?

27

Younger

März – April 2016

Jeder einzelne Tag im Writers' Room von *Younger* beglückt mich. Bezahlte Arbeit hat mir noch nie so viel Spaß gemacht, weder vorher noch nachher. Morgens zu einer menschlichen Zeit zwischen zehn und halb elf trudeln die Mitwirkenden nach und nach im Writers' Room ein: einem sonnendurchfluteten, weiß gestrichenen, großen, aber gemütlichen Raum auf dem Paramount-Gelände. Außerdem bekommt jeder sein eigenes Büro auf einem verwinkelten Flur, und als ich am ersten Tag mein Büro betrete, die Tür hinter mir schließe und das Fenster öffne, kommen mir die Tränen. Vor zwei Jahren wurde ich als Weihnachtsaushilfe abgelehnt. Vor drei Jahren war ich kurz davor, mich in Harlem aus dem Fenster zu stürzen. Vor vier Jahren ist Nora gestorben. Mein Daumen zuckt, weil ich sie am liebsten anrufen würde. Oder ihr wenigstens ein Foto von meinem Büro und dem Hollywood-Schriftzug schicken würde, den ich sehen kann, wenn ich mich weit aus dem Fenster lehne – nein, nicht so weit, dass ich rausfalle. Jetzt, hier, will ich unbedingt leben.

Von 10 bis 13 Uhr sitzt ein Dutzend von uns um einen großen Tisch mit einem riesigen Haufen Snacks, und wir erzählen abwechselnd reale Geschichten und schlagen erfundene vor. An einem Ende des Tischs tippt Joe, der Writers' Assistant, jedes gesprochene Wort in eine tägliche Datei und ordnet das Dokument in Themen und Erzählstränge, während Dottie, eine der Showrunnerinnen, eine Tafel mit Karteikarten aufbaut, die den dramatischen Takt vorgeben. »Was ist, wenn Liza auf Tinder geht und versetzt wird?«, sage ich, oder »Was, wenn Josh beschließt, dass er Kinder haben will?«, oder »Vielleicht sollten sie Hand in Hand auf der Straße stehen und sich Manhattanhenge ansehen.« Nach einer großzügigen Mittagspause um eins setzen wir uns gegen zwei Uhr wieder hin und sprechen über Ideen, bis wir um 17.00 oder 17.30 Uhr Feierabend machen, spätestens, manchmal auch schon um 16.30 Uhr. Dann nutze ich die Extrastunde, um nach Venice Beach zu fahren und mir den Sonnenuntergang hinter den Trommelnden anzusehen. Jeden Morgen, wenn ich auf das Paramount-Gelände fahre und auf dem für mich reservierten Parkplatz parke, kann ich mein Glück kaum fassen, dass ich für all das bezahlt werde. Im Writers' Room herrschen echte Freude und Kameradschaft: Ein fruchtbarer Boden für Humor, Kreativität, Teamwork und Freundschaft. Weil ich es gewohnt bin, im Bett oder im Wohnzimmer auf dem Ikea-Poäng-Sessel zu schreiben, finde ich es faszinierend, dieselben Gehirnregionen in Gemeinschaft zu aktivieren.

Die anderen sagen, so gut sei die Stimmung im Comedy-Writers'-Rooms nicht immer. Das liege einerseits daran, dass Darren für paritätische Teams sorgt, während die Writers' Rooms anderer halbstündiger Comedy-Serien oft reine Männerwirtschaften seien. Zweitens gebe sich Darren Mühe bei der Auswahl der Gruppen, weil er eine möglichst produktive Arbeitsatmosphäre schaffen wolle, ohne dass sich ständig Egos in die Quere kommen.

Bevor ich nach New York zurückfliege, erkläre ich Darren, dass ich nichts dagegen hätte, mich von meinem PR-Job beurlauben zu lassen und mit meinem Sohn für zwölf Wochen nach L.A. zu kommen, um bei der dritten Staffel mitzuschreiben, falls er eine Stelle frei hat. »Mal sehen, ob jemand geht«, sagt er und hält die Möglichkeit offen. Doch als ein paar Monate später tatsächlich ein Platz frei wird und ich Sharky frage, ob ich zwölf Wochen unbezahlten Urlaub nehmen darf, sagt er nein. Ich sei zu wertvoll für das Team. Und weil mein Vollzeitjob zu wertvoll für den Unterhalt meiner Familie ist, akzeptiere ich sein Nein, bedaure die verpasste Chance und knie mich in die Arbeit, während ich wünschte, ich hätte das finanzielle Polster, um ein so seltenes und möglicherweise lebensveränderndes Angebot annehmen zu können.

Was der amerikanische Selfmade-Mythos verschweigt – das Märchen von den unbegrenzten Möglichkeiten, wenn man sich nur ins Zeug legt –, sind die Privilegien. Weiße Privilegien und männliche Privilegien natürlich, aber auch der finanzielle Hintergrund, der angesichts der wachsenden Kluft zwischen Arm und Reich eine immer größere Rolle spielt. In meinem zweiten Studienjahr bewarb ich mich für ein Praktikum bei *NBC* im Sommer und bekam eine Zusage, doch ich musste ablehnen, weil mir nicht klar war, dass das Praktikum unbezahlt war. Ich musste im Sommer Geld verdienen, um meine Lebenshaltungskosten während des Studienjahrs zu finanzieren, und so nahm ich stattdessen einen Job bei einer Headhunting-Firma an, der mich zu Tode langweilte, aber Geld abwarf. (Meine Aufgabe? Background-Checks zukünftiger CEOs multinationaler Unternehmen, was in der Zeit vor der Digitalisierung bedeutete, College-Sekretariate und frühere Arbeitsstellen abzutelefonieren, um Lebensläufe zu überprüfen. Ich will nicht behaupten, dass all diese Männer – es waren nur Männer – in ihren Lebensläufen logen, aber fast alle.) Im Sommer darauf wurde mir ein unbezahltes Praktikum bei Magnum Photos angeboten, das ich annahm, auch wenn ich jeden Abend nach der Arbeit kellnern musste. Meine Tage waren extrem lang: 9.00 bis 16.30 Uhr Praktikum bei Magnum; 17 Uhr bis Mitternacht meine Schicht bei New Fuji Sushi and Steak House; 1 bis 7 Uhr zum Schlafen. Aber die Kontakte, die ich bei Magnum knüpfte, waren nach dem College entscheidend für den Start meiner Karriere als Fotojournalistin.

Lebensverändernde Gelegenheiten sind selten, aber sie können dein Leben eben nur verändern, wenn du dir leisten kannst, sie wahrzunehmen. Das gilt für Jobs und Ausbildungen, aber auch für jeden anderen Schritt in Richtung eines besseren Lebens – dem Beenden einer schlechten Ehe, dem Umzug in eine andere Stadt oder dem zeitlichen und finanziellen Aufwand, der nötig ist, um neue Fähigkeiten zu erlernen. Selbst Friedrich Engels, der Verteidiger der Arbeiterklasse, war der Sohn eines reichen Kapitalisten, ohne dessen Geld Marx und er nie die Zeit und die Mittel gehabt hätten, um den Kapitalismus zu kritisieren.

Viele aus meinem Bekanntenkreis, die groß herausgekommen sind, besonders in der Kunst und im Journalismus, hatten ein finanzielles Polster, sei es dank ihrer Familie oder eines reichen Ehepartners. Das ist das schmutzige kleine Geheimnis, das gern verschwiegen wird, bis auf wenige Ausnahmen. In Ann Bauers Essay »›Sponsored‹ by my husband: Why it's a problem that writers never talk about where their money comes from«,[131] der bei *Salon* erschien, erzählt die Schriftstellerin von einer Lesung, bei der ein Zuhörer einen bekannten Sachbuchautor fragte, wie er es geschafft habe, zehn Jahre an einem Buch zu schreiben. Er antwortete: harte Arbeit und Zeitschriftenartikel, worüber sich Ann Bauer schrecklich aufregte, denn er unterschlug eine wichtige Tatsache – er hatte ein Vermögen geerbt, nicht Millionen, sondern Abermillionen. Viele der jungen Journalistinnen und Journalisten in New York, die mit den gesunkenen Einstiegsgehältern nicht auskommen, werden von ihren Eltern unterstützt, um Miete, Hypotheken und Handyrechnungen zahlen zu können. Die New Yorker Verlagsbranche ist längst eine Insel junger, privilegierter, weißer Ivy-League-Absolvent*innen, die sich die ersten Jahre von ihren Eltern finanzieren lassen, bis sie die schlecht bezahlten unteren Sprossen der Karriereleiter hinter sich haben.

Sharkys Nein zu meiner zwölfwöchigen Auszeit, um an der

nächsten Staffel von *Younger* zu arbeiten, wird mich außerdem über 12 000 Dollar an Krankenversicherungsprämien kosten, weil ich in den 1000-Dollar-Tarif der PR-Firma wechseln muss, statt 150 Dollar pro Quartal für die bessere Versicherung der Writers Guild zu zahlen. Das bedeutet auch einen Wechsel der Ärzte und Ärztinnen. Ich kann mir meinen Therapeuten nicht mehr leisten. Absurd, unser Gesundheitssystem. Irrsinn, zwischen seelischer Gesundheit und Lebensmitteln entscheiden zu müssen. Und ja, mir ist die Ironie bewusst, dass ich mit meinem Job der Pharmaindustrie helfe, Lobby-Millionen zu scheffeln und den unanständigen Status quo aufrechtzuerhalten.

Als ich am Morgen meiner Abreise in L.A. zur Rezeption des Hotels gehe, um auszuchecken – davon ausgehend, dass die Produktionsfirma wie vereinbart im Voraus bezahlt hat –, halte ich plötzlich eine offene Rechnung von über 6000 Dollar für meinen zweiwöchigen Aufenthalt, Parken und Frühstück in den Händen.

»Ich dachte, das wäre schon erledigt?«, sage ich.

»Nein, tut mir leid. Zahlen Sie einfach mit der Kreditkarte und klären Sie es später mit Ihrer Firma.«

»Ich … habe aber keine Kreditkarte«, sage ich.

»Ernsthaft?« Der Mann sieht mich mit strengem Entsetzen an. »Okay … Wir nehmen auch Debitkarten.«

»Ich habe keine 6000 Dollar auf meinem Konto.« Als ich per Handy meinen Kontostand überprüfe, sind es weniger als 1000 Dollar. Das Honorar für meinen Input bei *Younger* war eher gering, und ich musste ständig auswärts essen und für den Mietwagen und Benzin aufkommen – was ohne Kreditkarte nur im Voraus geht. Dazu die monatlichen Raten meiner Arztrechnungen, College-Gebühren und Unterkunft meiner Kinder, Lebenshaltungskosten, die Raten an Freedom Debt Relief und so weiter. Es ist Jahre her, dass ich durchatmen konnte.

Wieder einmal fühle ich mich wie Cinderella kurz vor Mitternacht, nur dass ich keinen unbequemen Glaspantoffel und verliebten Prinzen zurücklasse, sondern eine neue Sprungkraft in meinen Sneakers und einen Job, in den ich verliebt bin. Ich kann die Buchhaltung der Produktionsfirma nicht erreichen, aber ich muss zum Flughafen, also rufe ich Jill an, meine Film- und Fernsehagentin, und muss auch ihr gestehen, dass ich ein erwachsener Mensch ohne Kreditkarte bin. Freundlicherweise erklärt sich Jill bereit, die Rechnung mit ihrer Kreditkarte zu bezahlen und sich das Geld von der Produktionsfirma zurückzahlen zu lassen, aber ich merke, dass ich in ihrem Ansehen sinke: kein Vorteil in einem Beruf, in dem Äußerlichkeiten alles sind. Auf Wiedersehen, Ruf. Auf Wiedersehen, Würde. Auf Wiedersehen, Respekt und Potenzial. Und über kurz oder lang auf Wiedersehen, Jill. Ich fühle mich nicht wie Cinderella im Kittel mit nur einem Schuh. Ich fühle mich nackt und ohne alles.

28

ENFP

April – November 2016

Als Cinderellas Kürbiskutsche sich nach zwei Wochen L.A. wieder verwandelt und ich in meinen PR-Jobs zurückkehre, fühle ich mich, als müsste ich nach einem Urlaub in Tahiti zurück in den Knast. Die Arbeit kommt mir so sinnvoll wie das Stanzen von Autokennzeichen vor, wenn überhaupt. Schlimmer noch, unsere Abteilung verfehlt ihre finanziellen Ziele, weswegen wir einen neuen Sheriff haben, eine Frau namens McKenna, Typ gehobenes Management, Mitte dreißig, seit dem College im Marketing und PR-Bereich – im Gegensatz zur bockigen Journaille –, die peitschenknallend neben Sharky sitzt und nur in Abkürzungen redet. »Bin am Dienstag OOO. Holen Sie sich die KPI-Zahlen für die neue B2C-Kampagne von der AE und fragen Sie die Jungs von UX, was sie für den Roll-out planen. Kontaktieren Sie die wichtigsten Stakeholder, entwerfen Sie einen knackigen CTA und gehen Sie ihn mit der Head of Comms durch, und dann zum Roll-call ...« (Nein, das ist kein echtes Zitat, aber es ist nah dran.) Ich mache den albernen Fehler, McKenna beim Smalltalk zu fragen, ob sie und ihr Partner Kinder haben. »Oh Gott, nein! Bitte«, sagt sie und verdreht die Augen.

Sie Mikromanagerin zu nennen, ist, als würde man sagen, Jack the Ripper mochte Geschnetzeltes. Sie redigiert meine Texte, macht sie schlimmer und gibt mir die Schuld, wenn Kund*innen unzufrieden sind. Ihr Kommunikationsstil ist irgendwo zwischen passiv-aggressiv und Marquis de Sade. Wenn ich bei Meetings an der Reihe bin, über den Status meiner Projekte zu berichten, und anmerke, dass ich mit unserem CEO vereinbart habe, mehr Reden und Op-Eds zu schreiben, sagt sie:»Und inwiefern ist das relevant?« Irgendwann halte ich ihre öffentliche Zersetzungstaktik nicht mehr aus, also nehme ich sie beiseite und frage:»Ich würde gern einen Weg finden, unsere Zusammenarbeit zu verbessern. Haben Sie konstruktive Kritikpunkte, die helfen könnten, unsere Interaktion erfreulicher zu gestalten?«

»Wir sind einfach unterschiedlich, Sie und ich«, sagt sie.»Haben Sie mal einen Myers-Briggs-Test gemacht?«

Als ich verneine, organisiert sie einen obligatorischen Test für das gesamte Team. Bei ihrem Persönlichkeitstest kommt »ISTJ« heraus – introvertiert, sensorisch, denkend, urteilend –, das genaue Gegenteil von meinem Ergebnis: »ENFP« – extrovertiert, intuitiv, fühlend, wahrnehmend.

Ich finde den Test absurd. Die Fragen sind binär und verlangen binäre Antworten, die ich je nach Stimmung und Situation so oder so ankreuzen würde. Niemand ist ganz extrovertiert oder ganz introvertiert, aber der Test lässt keinen Platz für Graustufen. Du bist entweder das eine oder das andere, schwarz oder weiß, und am Ende steckt dich der sprechende Hut des Myers-Briggs-Typen-Identifikators auf Basis deiner Antworten in eine der sechzehn Schubladen. Unsere Test-Koordinatorin schickt uns buchstäblich in verschiedene Ecken des Raumes, sodass die Lauten, Extrovertierten in einer Ecke der Wand stehen und die Ruhigen, Introvertierten in der anderen. Als ich McKennas Blick vom anderen Ende der Hypotenuse auffange, lächelt sie halb und zuckt mit den Schultern: *Sag ich doch.*

In seinem Buch *Personality and the Fate of Organizations* nennt der Psychologe Robert Hogan den Myers-Briggs-Test »einen besseren chinesischen Glückskeks« und schreibt, Wissenschaftler*innen, die mit datenanalytischem Werkzeug an das Thema herangehen, seien »von der erstaunlichen Popularität [des Myers-Briggs-Tests] verblüfft und konsterniert«.[132] In *The Cult of Personality Testing* stellt Annie Murphy Paul fest: »Drei Viertel der Teilnehmenden erreichen bei Mehrfachtestung verschiedene Persönlichkeitstypen, und die sechzehn Typen, die im Test veranschlagt werden, ermangeln jeglicher wissenschaftlicher Grundlage.«[133]

»Sehen Sie?«, sagt McKenna nach dem Test. »Wir sind einfach unterschiedlich. Nehmen Sie es nicht persönlich.«

Eines Morgens ruft die Schulleiterin meines Sohnes an, um mich zu informieren, dass auf dem Schulhof ein Unfall passiert ist. Zwei Jungen haben meinen Neunjährigen mit dem Gesicht gegen eine Metallstange gestoßen, an der er sich einen bleibenden Vorderzahn ausgeschlagen hat. Er blutet so stark, dass die Schulleiterin ihn persönlich auf dem Arm zum Notfallzahnarzt in Inwood tragen will, ob ich damit einverstanden sei? Ich sage: »Ja, ja, bitte, gehen Sie! Das Büro ist eine Stunde entfernt. Ich komme, so schnell ich kann.«

Bevor ich loslaufe, bleibe ich kurz an McKennas Schreibtisch stehen, um ihr zu sagen, es tue mir leid, ich wisse, dass heute ein wichtiges Meeting mit einem Kunden stattfindet, aber ich müsse weg.

Sie sagt: »Haben Sie keine Babysitterin, die das übernehmen kann?«

Ich neige den Kopf. Hole tief Luft. Um eine sachliche Antwort zu formulieren, statt zu brüllen, brauche ich eine Sekunde länger. »Äh, nein«, sage ich schließlich. »Das heißt, doch, ich habe eine Babysitterin, aber die kommt um 15 Uhr, nach der Schule. Das hier ist ein Notfall, den ich nicht der Babysitterin überlassen kann. Abgesehen davon würde sie noch länger brauchen, um zu ihm zu kommen. Tut mir leid. Ich muss los.«

McKenna beißt sich auf die Lippen, als könnte sie nur mechanisch verhindern, etwas zu sagen, das sie später bereuen würde. Sie zieht die Augenbrauen hoch und verschränkt die Arme vor der Brust. »Natürlich. Wenn Sie meinen.«

Wenn ich meine? Ich muss mich stark zusammenreißen, um nicht zu schreien: *Fuck you! Mein Sohn liegt blutend auf dem Spielplatz! Ohne Schneidezahn! Da gibt es nichts zu meinen!* Stattdessen sage ich:»Danke für Ihr Verständnis, McKenna. Ich weiß das wirklich zu schätzen«, und laufe los.

Was verpasse ich, wenn ich heute nicht da bin? Ein Meeting mit einem großen Pharmakonzern, an dem McKenna und Sharky sowieso teilnehmen, um die Gestaltung eines Hochglanzmagazins zur Markteinführung neuer Augentropfen zu besprechen. So halten sich die Druckereien seit dem Zusammenbruch der Zeitschriftenindustrie über Wasser: Sie drucken für zahlungskräftige Firmen Magazine, die wie hochkarätige, überdimensionierte Lifestyle-Zeitschriften im Stil von *Interview* aussehen, aber reine Guerilla-Marketinginstrumente mit einfallslosen Fotos und nichtssagenden Artikeln zu Themen sind, die die Firma vorgibt: Technologie! Innovation! Kreativität! Wellness! Oder in diesem Fall: Visionäre! (Verstanden? Augentropfen/Vision?) Diese Magazine werden auf Konferenzen verteilt und in Hotellobbys ausgelegt, um das Unternehmen über die Konkurrenz zu erheben und das Statement zu setzen:»Seht uns an, sind wir nicht cool?«

Fürs Protokoll: Ich habe diese Augentropfen ausprobiert, und sie sind ausgezeichnet. Ich verwende sie immer noch.

Kurz nach dem Spielplatzunfall meines Sohnes, der Tausende von nicht erstattungsfähigen Dollars für die Zahnsanierung kostet, und später noch ein paar Tausende mehr, weil alles noch mal neu gemacht werden muss, und dann noch ein drittes und viertes Mal, müssen meine Kolleg*innen und ich unser jährliches 360-Grad-Feedback abgeben: eine mehrtägige, zeitraubende Aufgabe, bei der wir und die Kolleg*innen, die über uns, auf gleicher Ebene mit uns und unter uns stehen, einander bewerten müssen. Das letzte 360-Grad-Feedback fand statt, als ich gerade angefangen hatte, also musste ich damals nicht mitmachen. Sodass ich jetzt, als ich mitschreibe, keine Ahnung habe, dass anhand dieser Beurteilungen der Bonus-Kuchen 2016 aufgeteilt wird. Mit anderen Worten: Es liegt in meinem finanziellen Interesse, meine Kolleg*innen zu kritisieren.

Stattdessen schreibe ich glühendes Lob, sogar für McKenna, deren Tatkraft, Organisationstalent und Engagement ich hervorhebe, denn auch wenn ich persönlich Probleme mit ihr habe, treffen die Attribute zu, und ich glaube an das Gute in jedem Menschen, selbst bei denen, die uns das Leben schwer machen. Mein Freund Tad spottet gern, dass ich selbst für Iwan den Schrecklichen noch Lob übrighätte.

Das hat mir mein Vater eingebrockt. »Wenn du nichts Nettes über jemanden zu sagen hast, dann sag lieber gar nichts«, war einer seiner Sprüche. Ich habe mein halbes Leben gebraucht, um diese goldene Regel zu verlernen, oder wenigstens Ausnahmen zu machen, wenn es die Situation erfordert. Wie dieses firmeninterne Poesiealbum.

Als die Ergebnisse der Feedbacks ausgezählt sind, nimmt mich Sharky beiseite und sagt, es gebe Beschwerden über mein fehlendes Engagement. »Von wem?« frage ich. (McKenna natürlich.)

Das ist lächerlich, sage ich. Die Op-Eds, die ich für unsere verschiedenen Stammkund*innen schreibe, bringen der Firma Geld, Dankbarkeit und Lob ein. Nach der einstündigen Power-Point-Präsentation im Stil eines TED-Talks, die ich gerade für ein Pharmaunternehmen produziert habe, hat dessen Kommunikationschef versucht mich abzuwerben. In unserer jährlichen Firmenzeitschrift, die die herausragenden Leistungen von zehn Mitarbeiter*innen würdigt, gibt es einen langen Artikel mit Fotos über mich und meine Arbeit – die Firma hat 7000 Mitarbeiter*innen, und ich bin erst ein Jahr hier. Auch wenn es nicht mein Traumjob ist, bin ich dankbar, hier zu sein und gebe mein Bestes – ich habe sogar die Gelegenheit ausgeschlagen, als

Autorin für eine erfolgreiche Fernsehsendung zu arbeiten, weil ich mich der Firma verpflichtet fühle.

»Es geht nicht darum, wer sich beschwert hat«, antwortet Sharky. »Es geht auch nicht um deine Arbeit. Es geht um Corporate Identity. Wie gut passen wir zusammen?«

»Nicht gut zusammenpassen« ist ein Euphemismus der Personalabteilung, der für ältere Angestellte leicht zum Verhängnis werden kann. Und mit fünfzig bin ich genau das. Ich bin die Älteste in unserem Team. Ein Jahr später wird ein 52-jähriger Facebook-Mitarbeiter Facebook wegen Altersdiskriminierung verklagen, nachdem man auch ihm gesagt hat: »Wir passen nicht zusammen.«[134] In seiner Klage zitiert er eine Rede von Mark Zuckerberg von 2007, in der Zuckerberg sagt: »Junge Leute sind einfach klüger.«[135]

Doch diesmal war ich vorsichtig, als ich den Arbeitsvertrag unterzeichnete. Die Personalabteilung hatte mir zuerst einen At-Will-Vertrag vorgelegt, aber ich hatte auf einen Vertrag bestanden, laut dem die Firma mir einen Kündigungsgrund nachweisen musste, um mich zu feuern.

Auch Sharkys Job steht auf dem Spiel, das spüre ich. Alle wissen, dass unsere Zahlen für 2016 im Keller sind. Der CEO hat es uns in der Vollversammlung mitgeteilt. Es kam sogar in den Nachrichten: peinliche 0 Prozent Wachstum auf dem Weg ins neue Jahr, nach 11,4 Prozent im Jahr 2013. Unsere Abteilung steht mit über einer Million Dollar in der Kreide, habe ich gehört. Was erklärt, warum uns die Buchhaltung im Nacken sitzt. Außerdem ist Wahljahr. Hillary Clinton liegt in den Umfragen vorne, und in der Pharma- und Gesundheitsbranche herrscht Unsicherheit, was das für die Industrie bedeutet – kommt endlich eine Bürgerversicherung? Fast alle unsere Kund*innen schnallen den Gürtel enger oder legen die Marketingbudgets bis nach der Wahl auf Eis. »Es geht um McKenna, oder?«, sage ich.

»Es ist nicht nur McKenna«, sagt Sharky. »Auch Leslie sagt, sie musste für dich einspringen, als du nach Hollywood getingelt bist.«

»*Getingelt?*« Ich bin schockiert. Leslie und ich sitzen nebeneinander. Wir sind beide alleinerziehende Mütter, und wir unterhalten uns täglich über die damit verbundenen Probleme. Ich lese immer, ohne zu murren, ihre Texte Korrektur, wenn sie mich darum bittet, was häufig ist, und bin auch unzählige Male für sie eingesprungen. Ich hole tief Luft, um den Brutus-Moment zu verdauen. »Ich habe *in meinem Urlaub* bei *Younger* gearbeitet«, sage ich. »Ich bin nicht ›getingelt‹. Es war meine freie Zeit. Und selbst wenn ich getingelt wäre, hätte Leslie für mich einspringen müssen, genauso, wie ich für sie einspringe, wenn sie nicht da ist.« Es kostet mich große Überwindung, die Regel meines Vaters zu brechen. *Laschon hara*, sagt man auf Hebräisch dazu, wenn man »mit böser Zunge« über andere spricht, und es gilt als größere Sünde als Götzenanbetung, Untreue und Mord zusammen. »Wer glaubst du hat bei ihrer Kampagne für das Sicherheitssystem die ganze Arbeit gemacht? Ich. In meiner Freizeit.« Leslies Text war so fade, dass ich Angst hatte, der Kunde würde abspringen. (Was auch passierte.) Ich verbrachte Stunden nach Feierabend damit, umzuschreiben, was ich konnte.

»Warum hast du ihr dann so ein gutes Feedback gegeben?«

Warum sollte ich meine Kolleg*innen in die Scheiße reinreiten?, würde ich gern sagen. *Seit wann müssen wir uns gegenseitig in die Pfanne hauen, um unseren Lebensunterhalt zu verdienen?* Ich erinnere mich an Leslies schwachen Händedruck an meinem ersten Arbeitstag. »Weil ich bis eben dachte, sie hätte es verdient.«

Ein paar Monate zuvor erschien in der *New York Times* ein Kommentar mit dem Titel »360 Reviews Often Lead to Cruel, Not Constructive, Criticism«,[136] in dem die Autorin Kommentare zitiert wie »Hör auf, dein Aussehen und deinen Charme einzusetzen, um deine Aufgaben zu erledigen«, »Ich konnte dich nie leiden«. Mein persönlicher Favorit, der Vorwurf an eine Mitarbeiterin im Bereich International Relations: »Sie reisen ständig durch die Welt, ist das wirklich notwendig?« Ein paar Jahre vorher schimpfte die *Harvard Business Review* auf 360-Grad-Feedbacks und nannte sie »bestenfalls Zeitverschwendung und schlimmstenfalls schädlich für den Einzelnen und für das Unternehmen«.[137] Die daraus gewonnenen Daten seien nicht nur schlecht, schrieb der Autor, »sie sind immer schlecht ... Warum? Weil die Bewertung mehr über die Bewertenden als über die Bewerteten aussagt«.

Dann ist da das heikle Thema LIFO, ein Akronym aus der Managementsprache für »last in, first out«. In unserer Abteilung bin ich die, die zuletzt dazukam. Ich bitte Sharky, ehrlich zu sein. Steht mein Job auf dem Spiel? Muss ich meinen Lebenslauf aufpolieren? Er kann mir kaum in die Augen sehen. »Ja«, sagt er.

Ich esse mit Aaron zu Mittag, dem Kundenbetreuer, mit dem ich viel und gut zusammengearbeitet habe. »Ich muss dir was gestehen«, sagt er. Er hatte eine sehr positive 360-Grad-Bewertung über mich geschrieben, ohne jede negative Kritik, aber McKenna hatte sie ihm zurückgeschickt und verlangt, dass er auch etwas Negatives schreiben müsse. Weil ihm nichts einfiel, hatte er sich etwas ausgedacht. »Irgendwas in der Richtung: ›Manchmal ist sie übereifrig, weil sie noch neu ist und lernt.‹« Jetzt wird auch diese Kritik, wie er gehört hat, gegen mich verwendet. Es tue ihm schrecklich leid.

Wahrscheinlich kam Leslies Kommentar auch so zustande, denke ich. Um ihre eigene Haut zu retten. Das verstehe ich. Sie ist auch alleinerziehend, und sie weiß, dass es in der Firma schlecht läuft und eine von uns gehen muss. Ich bitte Sharky, mir Leslies drei negative Kommentare zu zeigen, die ich alle schnell mit schriftlichen Nachweisen entkräften kann.

So beginnen mehrere Monate, in denen ich versuche, mich der

Firma zu beweisen, während ich mich gleichzeitig heimlich zu Vorstellungsgesprächen davonschleiche. »Wo bist du heute Nachmittag für zwei Stunden?«, fragt McKenna, die sieht, dass ich diesen Zeitraum in meinem Kalender geblockt habe.

»Arzttermin«, lüge ich. Die Wahrheit ist: *BuzzFeed*. Ich habe ein Vorgespräch mit Ben Smith, den ich neben fünfzig anderen angeschrieben habe, in der Hoffnung, das sinkende Schiff zu verlassen, bevor ich untergehe.

29

Little Buddha

November 2016 – Februar 2017

Am 11. November 2016, zwei Tage nach der Wahl von Donald Trump, landet eine E-Mail von Ken Kurson in meinem Posteingang: ein Rundschreiben an alle festen und freien Mitarbeiter*innen des *Observer*. »Wie Sie wahrscheinlich schon gehört haben oder in Kürze hören werden, hat der *Observer* die gedruckte Ausgabe des *New York Observer* eingestellt«, beginnt die E-Mail, ohne darauf einzugehen, dass der Besitzer Jared Kushner der Schwiegersohn des kommenden Präsidenten der Vereinigten Staaten ist und was das für uns oder die Zeitung bedeutet. »Ein paar Kolumnisten, die von Lorraine redigiert wurden« – dazu gehöre ich – »werden neuen Redakteuren zugeteilt«, schreibt er, zusammen mit einer langen Liste weiterer Ankündigungen, zum Beispiel der Tatsache, dass der Pizzatag von Montag auf Dienstag verlegt wird. Ken Kurson endet mit: »Unsere Zukunft ist rosiger denn je. Wir stellen ein und investieren in das Geschichtenerzählen.«

Ach ja?, denke ich. *Einstellen? Wie wäre es mit mir?* Inzwischen habe ich acht Kolumnen für den *Observer* geschrieben, die alle gut ankamen oder viral gingen, aber ich bin immer noch Freelancerin. Rasch schreibe ich Ken zurück: »Pizzatag? Wieso habe ich nie davon gehört? Um wie viel Uhr gibt es die Pizza? Wie kommt man zu dem Vergnügen? Für mich klingt alles gut und normal. Vorwärts!«

Eineinhalb Stunden später landet seine pointierte Antwort mit einem unangenehmen Klonk in meinem Posteingang:»13 Uhr. Warum haben Sie mich nie um ein Date gebeten?«

Ich beginne zu hyperventilieren. Ich kriege keine Luft. Ich greife mir an die Brust. Mein Herz rast. Ich habe das Gefühl, ich habe einen Herzinfarkt. Sharky, der hinter mir sitzt, bemerkt meine Unruhe.»Was ist los?«, fragt er.

Ich zeige ihm die E-Mail.»Ach du Scheiße«, sagt er.»Das geht gar nicht. Alles okay bei dir?«

»Ich ... kriege keine Luft«, keuche ich. Deswegen hat mich Ken nicht eingestellt. Deswegen arbeite ich in einer PR-Firma und nicht in der Redaktion einer Zeitschrift. Er war scharf auf mich, nicht auf meine Arbeit, und er wusste, sobald er mich einstellt, würde er sich strafbar machen, wenn er mich anbaggert.

Endlich fällt es mir wie Schuppen von den Augen. Wie bescheuert ich war.

Das Mittagessen vor langer Zeit, als er mir ein Jahresgehalt von 65 000 Dollar anbot, um mich abzuwerben, und das Angebot anschließend kommentarlos zurücknahm: alles eine Finte, um an mich ranzukommen. Es hatte nichts mit meinen Artikeln, meinem Können, meinem Schreiben zu tun. Ich bin nur Fleisch. Eine Pussy. Eine Sammlung von Körperteilen, eine Sammlung von *ladyparts*. Plötzlich denke ich an all die anzüglichen E-Mails und Kommentare: *In einem anderen Leben wäre ich Mr. Copaken; ich liebe Ihre* sloppy seconds; *ist das ein Heiratsantrag?; wie wären meine Chancen auf dem freien Markt?; Pussy-Jagd; wow – wir reden über Ihren Brustkrebs, während ich auf Ihre Brüste schaue.*

Wir schreiben ein Jahr vor Harvey Weinstein und #MeToo. Das ist immer noch die Epoche, in der man sich möglicherweise ins eigene Fleisch schneidet, wenn man sich gegen solche Entgleisungen wehrt. Außerdem habe ich als Freelancerin nicht die Rechte einer Angestellten und kann mich in der Personalabteilung nicht über ihn beschweren. Wenn meine Redakteurin Lorraine geht, neben ihm meine einzige Ansprechpartnerin, an wen sollte ich mich überhaupt wenden? Und vergessen wir nicht, wer Kens beste Freunde sind: Rudy Giuliani, Jared Kushner und unser neu gewählter Präsident. Ich habe das Gefühl, ich muss mich übergeben. Das hier ist nicht mehr bloß unglückliche Wortwahl. Es ist schlicht und ergreifend sexuelle Belästigung, nämlich der unerwünschte Versuch einer Annäherung in Verbindung mit dem Versprechen einer Belohnung innerhalb eines Machtgefälles. Von seiner Firmen-E-Mail-Adresse. Seine Neun-Wörter-E-Mail im Zusammenhang mit Trumps Pussy-Grabbing-Wahl und meiner ständigen Angst, den dritten Job in drei Jahren zu verlieren – den ersten, weil ich zu viel Zeit mit Mammografien verbracht habe, den zweiten, weil ich nicht genug »runtergeschraubt und eingedampft« habe, und jetzt wegen eines 1,2-Millionen-Dollar-Lochs, einer toxischen Kollegin und Gott weiß was noch –, ist zu viel für meinen Körper. Nachdem ich die E-Mail zum zehnten Mal gelesen habe, sacke ich ohnmächtig auf meinem Bürostuhl zusammen.

Das Nächste, woran ich mich erinnere, ist, dass ich im Wartebereich der Notaufnahme sitze. Nein, niemand hat den Krankenwagen gerufen. Das konnte ich verhindern, aus Angst vor neuen Rechnungen zu einem Zeitpunkt, da ich vielleicht bald wieder arbeitslos bin. Nachdem ich vom Stuhl gefallen war, hat meine Kollegin Erin offenbar ein Uber gerufen, mir auf den Rücksitz geholfen und den Fahrer angewiesen, mich ins nächste Krankenhaus zu bringen. Ich erinnere mich nur noch an das Gefühl, von freundlichen Frauenhänden sanft auf den Rücksitz geschoben zu werden. Im Wartezimmer ist es laut und voll. Ich fühle mich eingeengt, allein. Ich bekomme kaum Luft. Das ist kein guter Ort für eine Panikattacke, oder was immer das sein mag. Ich googele die nächste Arztpraxis – ein paar Blocks weiter – und gehe ohne Termin hin. Der Arzt gehört nicht zum Netzwerk meiner Versiche-

rung. Auf der Straße rufe ich meine Kardiologin an. Ich erkläre
der Sprechstundenhilfe, dass es ein Notfall ist. »Kommen Sie sofort«, sagt sie. »Wir quetschen Sie rein.«

Jetzt liege ich halb bekleidet auf dem Untersuchungstisch,
und an meinem Oberkörper kleben Elektroden. Die Kardiologin stellt eine gefährliche Anzahl von PVCs fest und sagt: »Sie
müssen sich ausruhen, bis wir die Sache unter Kontrolle haben.«
Als sie nach Stressfaktoren fragt und danach, was in den Sekunden vor meinem Blackout passiert ist, erzähle ich ihr von Ken
Kursons Belästigung per E-Mail, von der Wahl eines eingestan-
denen Vergewaltigers zum Präsidenten, von der ständigen Angst,
gefeuert zu werden und von zwei Kindern im College. Die ersten
beiden Punkte könne sie nicht ändern, sagt sie, aber sie könne
wenigstens dafür sorgen, dass ich eine Weile nicht täglich in die
Höhle des Löwen muss, damit mein Herz zur Ruhe kommt. Sie
stellt mir ein Rezept für mehrere Medikamente gegen das Herzflattern aus, schreibt mich für vier Wochen krank und schickt
mich ins Bett.

Vom Bett aus arbeite ich immer noch Dutzende Stunden für
einen großen Kunden, der ausgerechnet Herzklappen herstellt,
aber der erzwungene Monat zu Hause gefolgt von ein paar Wochen im Büro, in denen ich noch zweimal umkippe und mir beim
einen Mal den Kopf an McKennas Schreibtisch anschlage, bewahren mich paradoxerweise davor, vor Ende 2016 entlassen zu
werden. Das Arbeitsgericht sieht es nicht gern, wenn Angestellte
gefeuert werden, während sie arbeitsunfähig sind und/oder weiterhin bei der Arbeit in Ohnmacht fallen, und die Personalabteilung weiß das.

Erst als ich die Betablocker abgesetzt habe, mich gut ausgeruht
und wieder gesund fühle und ein halbes Dutzend Marketingkampagnen vorantreibe, kommt Sharky an meinen Schreibtisch und
sagt: »Wir müssen reden.«

Ich sehe den echten Schmerz in seinem Gesicht und weiß, es ist vorbei.

Das offizielle Kündigungsgespräch findet am 17. Februar 2017 statt. Ich werde in unserem neuen Meditationsraum gefeuert, weil es der einzige Raum ist, der gerade frei ist, als Sharky mich von meinem Schreibtisch holt, um es hinter sich zu bringen. In dem Meditationsraum liegt ein einzelnes Kissen auf dem Boden, auf das man sich zum Meditieren setzen kann, auch wenn niemand Zeit dazu hat. Daneben steht ein kleiner Steinbuddha mit ein paar traurig aussehenden Glockenspielen.

Ich starre den Buddha an, als wir den Raum betreten, und ahne, dass er bei den tausend Erinnerungsfetzen in meinem mentalen Speicher landen wird, die sich mir in Momenten der Demütigung, der Schmerzen, der Traurigkeit oder der Angst eingeprägt haben und darauf warten, verdaut und wieder in die Welt entlassen zu werden. Ein Stück Pizza erinnert mich für immer an Kursons grenzüberschreitende E-Mail. Jede Waffe, ob am Gürtel eines Polizisten oder auf der Kinoleinwand, erinnert mich an die Überfälle, die ich erlebt habe. Bananen erinnern mich an den Tag nach der Hysterektomie, als ich ausgehungert und blutend die Treppe hinaufkroch. Und jeder kleine Buddha wird mich ab heute an dieses sonnige Zimmer erinnern.

Weil ich vorausgegangen bin, weiß ich nicht, ob ich mich setzen oder das Kissen Sharky überlassen soll. Es ist ein kleiner Raum. Wahrscheinlich würden zwei Stühle gar nicht hineinpassen. »Setz dich ruhig«, sagt er, als würde er meine Gedanken lesen. »Ich habe Knieprobleme.«

Also setze ich mich im Schneidersitz auf das Meditationskissen und schiebe den Rock zwischen die Knie, um meinem Chef nicht unbeabsichtigt meine Unterwäsche zu zeigen. Ich bereue diese Position sofort, denn Sharky, ganz in Schwarz, mit der Körpergröße eines Basketball-Profis, steht über mir wie ein Riese;

und ich zupfe nervös an meinem Rock herum wie ein Kind in der Märchenstunde, so tief am Boden, dass ich nicht mal Sharkys Gesichtszüge ausmachen kann. Er wirkt wie eine Filmprojektion, und ich bin zu nah an der Leinwand. Außerdem ist die Sonne grell, er steht im Gegenlicht, ein riesiger Schattenriss. Selbst wenn ich stehe, ist er ein Hüne, aber in dieser Position ist das physische Gefälle geradezu grotesk.

»Ich tue dir damit einen Gefallen«, sagt er irgendwann. »Glaub mir. Du gehörst nicht hierher. Du gehörst nach da draußen« – er zeigt auf die Welt vor dem Fenster –, »wo du etwas bewirken kannst. Eines Tages wirst du mir dankbar sein.«

»Das liegt nicht in deinem Ermessen«, sage ich. »Ich brauche diesen Job. Ich brauche ihn für meine Kinder. Als ich wegen *Younger* noch einmal wegwollte, hast du abgelehnt, weil du gesagt hast, ich sei ›unentbehrlich für das Team‹. Das war vor zwei Monaten, und jetzt?« Der nächste Writers' Room für *Younger* beginnt diese Woche, aber jetzt ist es zu spät. »Gibt es irgendeine Möglichkeit, den Job noch zu retten? Weniger Gehalt? Teilzeit?«

»Nein«, sagt Sharky. Es tue ihm leid. Es tue ihm wirklich leid. (Inzwischen fließen bei mir die Tränen.) Das sei das Schlimmste an seinem Job. Ich würde wieder auf die Beine kommen. Da sei er sich sicher. Aber er könne nichts für mich tun. »Es geht um die Firma. Es passt einfach nicht«, wiederholt er wie ein sinnentleertes Mantra. Treffend, da wir uns im Meditationsraum befinden.

»Wir passen nicht zusammen!«, hatte Rafe aus der Kreativabteilung vor ein paar Wochen schnaubend wiederholt, als er hörte, dass mein Job auf der Kippe steht. Wir hatten viele Brainstormings zusammen gemacht und passten hervorragend zusammen. Immer wenn er ein Problem hatte, das er nicht lösen konnte, kam er zu mir, und wir wechselten uns mit dem freien Assoziieren ab, bis er die Antwort hatte. »So ein Quatsch! Sie haben genau gewusst, wer du bist, als du anfingst, und du hast uns nie enttäuscht. Du bist hier, weil du du bist, nicht weil sie jemanden gesucht haben, der in die PR-Schablone passt. So ein Bullshit.«

»Dann hilf mir bitte, meinen Job zu retten«, flehte ich Rafe an.

»Ich versuche es«, sagte er. »Aber am Ende ist es Sharkys Entscheidung. Du bist in seinem Team. Ich kann ihm nicht reinreden.«

Eine Woche später nahm mich Rafe beiseite und sagte: »Egal was passiert, denk dran, dass es hier nicht um dich geht. Du hast hier immer nur gute Arbeit geleistet, und das wissen wir alle zu schätzen.«

»Wenn Sie Bestsellerautorin sind, warum arbeiten Sie dann überhaupt hier?«, fragte McKenna einmal, und ich machte den Fehler, ehrlich zu antworten.

»Weil ich muss«, sagte ich. Sind wir nicht alle deswegen hier?

Die erste Marketingregel lautet: »Kenne dein Publikum.« Zu wem sprichst du? Warum sprichst du mit dieser Person? Was willst du ihr sagen? Was will sie hören? Wie bringst du sie dazu, es zu hören? Wahrscheinlich war der entscheidende Fehler, der mich meinen Job gekostet hat, oder mich zumindest auf dünnes Eis geführt hat, dass ich mein Publikum nicht gekannt habe. Als ich ehrlich auf McKennas Frage antwortete, ließ ich außer Acht, dass diese drei kleinen Worte – »Weil ich muss« – ihren gesamten Lebensentwurf und ihr Selbstwertgefühl in Frage stellten.

»Bekomme ich eine Abfindung?«, frage ich Sharky.

»Nein«, sagt er, »das Budget ist ausgeschöpft.«

»Bitte«, flehe ich, während mir der Rotz aus der Nase läuft. »Ich habe tausend Leute angesprochen und immer noch keinen Job in Aussicht. Ich habe meine ganze Zeit in die Firma gesteckt, um meinen Job zu retten. Ich brauche nur ein paar Monate, um auf die Beine zu kommen.«

»Tut mir leid«, sagt er. Ich sehe dem kleinen Buddha in die

Augen und erinnere mich an seine vier edlen Wahrheiten:
1) Dasein ist Leiden; 2) Leiden hat eine Ursache; 3) Leiden hat
ein Ende; 4) Es gibt einen Weg, der zum Ende des Leidens führt.
Ab jetzt besteht mein einziger Job darin, diesen verdammten
Weg zu finden.

30

Blutiger Muttertag

Mai 2017

Ich liege auf dem Untersuchungstisch in der Praxis meines Haus-
arztes, nackt von der Hüfte abwärts. »Okay, das Problem ist Fol-
gendes«, sagt die Assistenzärztin. »Was auch immer es ist, dafür
haben wir nicht einmal einen Punkt im Drop-down-Menü.«
Es ist das Muttertags-Wochenende 2017. Meine Beine stecken
in Schlaufen, die Zehen eingerollt, und das Spekulum, das gerade
aus mir herausgezerrt wurde, ist voller Blut. Genau wie meine
Unterhose, meine Jeans und ein zunehmender Teil des Bodens der
Praxis, wo ich von der Assistenzärztin untersucht werde, weil ich
ohne Termin gekommen bin, nachdem ich morgens in einer roten
Pfütze aufgewacht war. Außerdem ist meine Periode in letzter Zeit
ziemlich heftig – Carrie-beim-Abschlussball-heftig, mit durch-
tränkten Laken und so –, und beim Sex habe ich starke Schmerzen, was ich mir bis zu der Sintflut heute Morgen, der einzig und
allein tiefer Schlaf vorausgegangen war, mit der unfassbaren Ausstattung meines neuen Bettgefährten erklärt hatte.
»Was soll das heißen, es gibt keinen Punkt im Drop-down-
Menü?«
Die Assistenzärztin kneift die Augen zusammen und betrachtet die verschiedenen Versicherungscodes auf ihrem Bildschirm.
Eine weitere Assistentin guckt ihr dabei über die Schulter, und
dann wird noch jemand in den Raum gerufen. Jetzt kneifen alle
drei die Augen zusammen und suchen und zeigen und flüstern
sich Sachen zu, die ich nicht verstehe. »Ich meine,« sagt sie endlich

und dreht sich wieder zu mir um, »ich kann abnorme *uterine* Blutungen auswählen – also Fehlgeburten, Schmierblutungen, postpartale Blutungen und so –, aber keine *nicht uterinen* Blutungen.« Sie sieht mich über ihre Schulter hinweg an. »Wann war Ihre letzte Monatsblutung, sagten Sie?«

Wenn ich einen Cent kriegen würde für jedes Mal, das mich ein Arzt, eine Ärztin oder eine Krankenschwester das fragt, obwohl sie meine Akte in der Hand halten und auf das Wort »Hysterektomie« starren, oder mich eine Sekunde vorher »Ich hatte eine Hysterektomie« sagen gehört haben, hätte ich genug zusammen, um eine Vorratspackung Tampons zu kaufen. Oder sogar zwei. Für jemand anderen. Jemanden mit Gebärmutter. »Gar nicht. Ich habe keine Gebärmutter.«

»Ach ja, stimmt, sorry.«

»Und was soll ich jetzt tun?«, frage ich ziellos in den Raum hinein. Ich fühle mich mit meinem nicht diagnostizierbaren Unterleibsproblem schutzlos ausgeliefert, während die drei Medizinprofis ihre gesamte Aufmerksamkeit auf die heikle Frage richten, wo sie meinen vaginalen Vesuv für die Versicherung einordnen sollen. Inzwischen hat sich außerdem herausgestellt, dass der Abstrich, den die Assistenzärztin genommen hat, nicht nur keine Erkenntnis gebracht hat, sondern meinen sowieso schon beleidigten Gebärmutterhals noch weiter verärgert hat, sodass es nun wieder lebhaft aus mir herausprudelt.

»Was Sie tun sollten,« sagt die Assistenzärztin und zieht ihre schnalzenden Einweghandschuhe aus, »ist, sich sofort ins Krankenhaus zu begeben. Ich rufe da an, dann müssen Sie nicht in der Notaufnahme warten. Gehen Sie direkt in die gynäkologische Onkologie.« Sie reicht mir eine gigantische Damenbinde.

Gehen Sie direkt in die gynäkologische Onkologie? Das ist irgendwie nicht das, was ich nach dieser spaßigen Woche hören wollte, die unter anderem folgende Punkte beinhaltete:

1. mich arbeitslos zu melden, was ich seit zwei Monaten jeden Sonntag mache,

2. die Liquidierung meiner privaten Altersvorsorge, Modell 401k, damit ich noch ein paar weitere Monate meine COBRA-Beiträge zahlen kann,

3. das Zusammentragen der Unterlagen, die ich brauchen werde, um mich bei einer Sorgerechtsanhörung im Familiengericht selbst vertreten zu können, jetzt, wo mein Ex wieder in New York ist,

4. und die unerfreuliche Nachricht, dass der Pilotfilm zu *Shutterbabe*, den ich zusammen mit Eddie geschrieben habe, nicht produziert wird, weil der zuständige Manager bei *NBC* entweder gefeuert wurde oder gekündigt hat.

»Fragst du dich je, warum dir dauernd so fürchterliche Dinge passieren?«, wollen in dieser Zeit wiederholt Freundinnen von mir wissen, deren Haushaltseinkommen in etwa doppelt so hoch ist wie das Bruttoinlandsprodukt von Tonga. Heißt übersetzt: *Was trägst du selbst dazu bei, dass dir dieses ganze Pech widerfährt?* Alle anderen – besonders diejenigen, die damals in den vordigitalen Neunzigern keinen Grund dafür sahen, anzunehmen, dass die großzügigen Verlagspartys und Zeitschriften-Budgets und Buchverträge irgendwann einmal der Vergangenheit angehören würden – halten den Mund. Sie wissen es, weil sie es wissen und weil ihnen mein ewiger Tanz um Gesundheit und Arbeit, bei dem es immer einen Schritt vor, einen zurück geht, eine stete Mahnung ist: Beim nächsten Mal erwischt es vielleicht mich …

Ein kleines Arbeitslosen-Rechenbeispiel, Stand 2017: Du bekommst 403 Dollar Arbeitslosengeld, deine Miete aber steigt von 2300 auf 2701 Dollar pro Monat (genau der Geldbetrag, der aus einer mietpreisgebundenen Wohnung eine Wohnung zum marktüblichen Preis macht, und da der Vermieter dich rauskrie-

gen will, tut er auch nichts mehr, um die Wohnung zu pflegen);
der monatliche COBRA-Familienbeitrag liegt bei 2314,20 Dollar; du hast gerade 12 000 Dollar Steuern für deinen Ex nachgezahlt, Geld, das du eigentlich dafür verwenden wolltest, dich
von ihm scheiden zu lassen; du musst die College-Gebühren
und die Miete für deine Tochter zahlen; du hast eine monatliche Rückzahlung von 600 Dollar an den Schuldenerlass-Betrüger, und dann brauchst du noch was zu essen, ein Handy, Strom
und so weiter. Wie viel Geld bleibt also übrig, wenn man noch
30 Dollar für ein Taxi ins Krankenhaus bezahlt? *Katsching!* Die
Antwort ist korrekt: Weniger als null Dollar. Und darum auch
die Sache mit der 401k-Altersvorsorge und all den finanziellen
Sanktionen, die mit dem vorzeitigen Anzapfen einhergehen. Was
ist mit den 2,75 Dollar für die U-Bahn, sind die noch drin? Das
hängt davon ab, ob du in den nächsten drei Monaten eine neue
Festanstellung findest und aufhören kannst, hier und da zu jobben, bevor das 401k-Geld komplett aufgebraucht ist. In Anbetracht der Tatsache, dass du jetzt hier rumblutest und dieses Blut
zukünftige Anstellungspläne verhindern könnte, sagen wir vorsichtshalber mal Nein.

Aber Moment. In der gynäkologischen Onkologie im Columbia University Irving Medical Center wartet ja noch ein Arzt auf
dich! 83 Blocks Richtung Norden. Überlegst du kurz, ob du vielleicht läufst? Ja, denn Laufen, das weißt du mittlerweile, ist nicht
nur ein super Ersatz für die heutzutage absurd teuren Fitnessstudios – eins wollte doch tatsächlich 200 Dollar von dir haben,
LOL! –, sondern löst auch das Problem der steigenden Kosten
für öffentliche Verkehrsmittel, jetzt, da der Ticketpreis für eine
Fahrt gerade von 2,50 Dollar auf 2,75 Dollar erhöht wurde. Also
stehst du nun an der Ecke 85th Street und Madison Avenue auf
dem Gehsteig, vor dir die glänzenden Schaufensterscheiben eines
Geschäfts, das Yogahosen für 128 Dollar das Stück verkauft und

unter einer Wohnung liegt, die 28,5 Millionen[138] kosten soll, und wälzt weitere Zahlen im Kopf: Wenn zwanzig Blocks etwa 1,5 Kilometer lang sind, und du durchschnittlich vielleicht fünfzehn Minuten dafür brauchst, wie lange brauchst du dann, bis du beim Krankenhaus 83 Blocks weg bist? Etwas länger als eine Stunde. Dann musst du aber noch ein paar Blocks westlich durch den Central Park laufen, es kommen also noch etwa fünfzehn Minuten dazu. Gar nicht übel, so ein eineinviertel Stunden langer Spaziergang, besonders an einem Frühlingstag, wenn er einen unter blühenden Bäumen hindurchführt. Aber die gigantische Binde zwischen deinen Beinen ist inzwischen ziemlich vollgesaugt, und der Stadtbus biegt gerade einen Block weiter um die Ecke, und der Ladyparts-Onkologe wartet ... Läufst du also, um 2,75 Dollar zu sparen, oder nimmst du die Beine in die Hand, um vielleicht noch den Bus zur U-Bahn zu erwischen?

Und die Antwort ist ... zwölf. So viele Sekunden brauchst du, bis du den Bus erreicht hast.

Im Bus, diesem großen amerikanischen Gleichmacher, werfe ich einen unauffälligen Blick auf die anderen Mitfahrenden und überlege, welches geheime Blut sie wohl bluten. Dass ein Körper nicht mehr funktioniert, ist normal. Es ist das Schicksal, das alle lebenden Kreaturen einmal ereilen wird. Aber in einem Bus in ein Krankenhaus zu hetzen, und das im reichsten Land der Welt? Nein. Nicht normal. Oder zumindest sollte es das nicht sein.

Glücklicherweise komme ich sofort dran. Der Onkologe wirft einen Blick durch sein Spekulum und ordnet eine sofortige Zervixbiopsie an. »Das wird wehtun«, sagt er, und ich bin zu gleichen Teilen dankbar für seine Ehrlichkeit und atemlos vor Schmerz: Man stelle sich eine dreißig Zentimeter lange Nadel und eine Zange vor, die nacheinander in den Vaginalkanal eingeführt werden, um dort einen mundgerechten Brocken Gewebe herauszureißen. Im Anschluss trägt der Arzt eine breiige Substanz auf, um die Blutung zu stoppen, bis wir wissen, was Sache ist. Fühlt sich wie ein Schritt in die richtige Richtung an. Was ist die mögliche Diagnose? HPV 16 oder 18 (Humane Papillomviren) und eine Krebsvorstufe im Gebärmutterhals. HPV 16 und 18 sind als »schlechte« HPV bekannt, sie sind der Grund für 80 Prozent aller Gebärmutterhalskrebsarten und -läsionen. Gegen sie wurde Gardasil entwickelt, die HPV-Impfung, an deren Vermarktung ich bei der PR-Firma mitgearbeitet habe.[139] Leider zu spät für mich, aber alle meine Kinder sind geimpft, und dafür bin ich dankbar.

Als ich einige Tage nach der Biopsie das Ergebnis erhalte, ist die zervikale Spachtelmasse herausgefallen, und ich wache wieder in einer Blutlache auf. Ich habe einen Termin bei Dr. June Hou, eine von zwei Chirurg*innen in der gynäkologischen Onkologie und spezialisiert auf Roboter-Trachelektomien (die Entfernung des Gebärmutterhalses). Wir vereinbaren einen achtstündigen Operationstermin in eineinhalb Wochen.

»Warum, wenn ich fragen darf, haben Sie sich den Gebärmutterhals nicht entfernen lassen, als Sie vor fünf Jahren die Hysterektomie haben durchführen lassen?«, fragt mich Dr. Hou. Ich bin wieder angezogen und sitze ihr gegenüber, zwischen uns ein Tisch.

»Ich hatte gehört, dass er eine Rolle bei der sexuellen Lust spielen soll«, sage ich.

Dr. Hou, bisher so glatt wie ein gläserner Teich an einem windstillen Tag, richtet sich plötzlich auf, ihre Lippen zu einem Strich verzogen. »Das gilt als widerlegt«, sagt sie.

»Wie bitte?!« Ich schüttele ungläubig den Kopf und lasse die Luft aus meinen aufgeblasenen Wangen. »Alles klar«, sage ich schließlich. »Jetzt muss ich also eine weitere achtstündige Operation über mich ergehen lassen, obwohl das ganze Teil schon vor fünf Jahren in einem Rutsch hätte entfernt werden können.

Und das nur, weil mir meine Ärztin einen schlechten Rat gegeben hat?«

»Geben Sie nicht Ihrer Ärztin die Schuld«, sagt Dr. Hou. »Wir hatten alle keine Ahnung. *Niemand* von uns.« Fast alles über Frauengesundheit, sagt sie, sei seit jeher reine Spekulation gewesen, und erst jetzt würde sich das langsam ändern, würde man beginnen, an der Oberfläche der Dinge zu kratzen, um herauszufinden, was wirklich in uns vor sich geht. Schließlich sei erst ein Jahr zuvor endlich ein 3D-Modell der Klitoris produziert worden. Immer und immer wieder seien die Körper von Frauen entweder ignoriert oder missverstanden worden, und jeden Tag, so Dr. Hou, bekomme sie hier in ihrer Praxis die dramatischen Folgen dieser Unwissenheit vorgeführt.

Dr. Hou und ich seufzen. Und dann müssen wir plötzlich lachen. Wie zwei Soldatinnen, die schon ihr ganzes Leben lang nebeneinander im Schützengraben sitzen. Kriege müssen nicht von einem bewaffneten Aggressor angezettelt werden, um tödlich zu sein. Die Vernachlässigung und das Nichtverstehen der körperlichen Funktionsweise von Menschen, die die Hälfte der Weltbevölkerung ausmachen, sind genauso zerstörerisch.

Zu diesem Zeitpunkt bin ich bereits ein bisschen in Dr. Hou verknallt. Sie ist jung. Schlau. Passioniert. Kein Gequatsche. Sie füllt die schwere Stille nicht mit überflüssigen Worten und scheucht mich auch nicht aus der Praxis. Sie gibt mir die Gelegenheit, dazusitzen und all das sacken zu lassen, bevor sie wieder das Wort ergreift. »Ich verspreche Ihnen, dass Sie auch nach dem Eingriff sexuell voll funktionsfähig sein werden. Der Sex könnte sogar besser sein als vorher, weil Sie nicht mehr bluten und keine Schmerzen mehr haben werden. Allerdings müssen Sie natürlich die vorgeschriebenen zwölf Wochen abwarten.«

»Natürlich.«

»Nichts, aber auch rein gar nichts wird eingeführt, verstanden?

Nicht einmal Ihr eigener Finger. Außerdem brauchen Sie für die ersten zwei Wochen nach der OP jemanden, der sich um sie kümmert. Gibt es da wen?«

Ach ja. Die Notfallkontakt-Sache, vor der sich jeder Single fürchtet. Sie spült das ganze Quartett unangenehmer Gefühle hoch: Traurigkeit, Selbsthass, Versagensängste, Verlustängste. Welche Frau kann mit 51 Jahren bitte schön keinen Notfallkontakt angeben? *Ich*, denkst du dann. *Übernimm Verantwortung für das Chaos in deinem Leben und denk dir was aus.*

Ich erinnere mich daran, wie es nach meiner Hysterektomie zu Hause war. Das Blut auf der Treppe, der Leistenbruch, das Betteln um Essen, mein Sohn, nach Mitternacht, drei Stockwerke tiefer, wie er zwanzig Minuten wartete, bis ihm jemand mit dem Taxigeld half.

Ich kann das nicht noch einmal durchmachen, auf gar keinen Fall.

»Ich lass mir was einfallen«, sage ich.

Im Kopf gehe ich die Leute durch, die in der Nähe wohnen. Mein ältester Sohn unterrichtet Englisch in Thailand, der ist also raus. Meine Tochter ist auf dem College und drauf und dran, nach Israel aufzubrechen, und diese Erfahrung werde ich ihr mit Sicherheit nicht nehmen. Mein Kleiner ist zehn und damit zu jung, um mein Krankenpfleger zu sein, außerdem fährt er sowieso demnächst ins Ferienlager. Meine Mutter fühlt sich weder in der Nachbarschaft noch in meiner Wohnung wohl. Wenn der Fahrstuhl ausfällt, während sie hier ist – und das tut er oft –, dann wird sie an den Treppen scheitern, sagt sie. Und was meine Freunde und Freundinnen angeht, die gehören alle zur Generation Sandwich, sind also mit ihren siechen Eltern, kleinen Kindern und Vollzeitjobs beschäftigt.

Bleibt wohl nur noch Eddie.

31
Krankenhäuser sind nicht mein Fall

1. Januar – Juni 2017

Fünf Monate bevor meinem Gebärmutterhals der Kragen platzt, rief mich Eddie, mein *Shutterbabe*-Co-Autor, an Neujahr aus L.A. an, um mir zu erzählen, dass er in eines seiner anderen Häuser gezogen war. Er und seine Frau würden sich trennen, sagte er, und ich sei die zweite Person, die er anrief. »Wer war die erste?«, fragte ich.

»Meine Schwester.«

»Aha.«

Mein Gefühl hatte mich also nicht getäuscht, ich war tatsächlich mehr für ihn als nur eine Kollegin. Und die bedeutungsschwangere Pause in unserem Gespräch – höchst ungewöhnlich für uns Wort-Akrobat*innen – verriet mir, dass er darauf wartete, dass ich etwas sagte.

Ich hatte mir nie über Eddie als verheirateten Mann Gedanken gemacht, außer vielleicht ein Mal, als wir bei einem unserer zahlreichen Spaziergänge waren und ich mich fragte, warum ich nie jemanden in meinem Alter traf, mit dem ich mich so auf einer Wellenlänge fühlte wie mit ihm. Äußerlich war er nicht mein Typ, er war zwei Köpfe größer als ich und schien sich immer ein wenig unwohl in seinem Körper zu fühlen. Aber beruflich passten wir gut zusammen und waren schon vor unserer Zusammenarbeit einige Jahre befreundet gewesen. Und ich war also die zweite Person nach seiner Schwester, der er erzählte, dass er sich scheiden ließ. Wäre es möglich, nach neun Jahren platonischer Freundschaft und nun auch beruflicher Zusammenarbeit den mentalen Paradigmenwechsel von Kollege zu Liebhaber hinzubekommen? Ich hatte mir geschworen, offen zu bleiben, wenn es darum ging, die Liebe zu finden. Freundlichkeit, Mitgefühl und Ehrlichkeit waren nicht verhandelbar, alles andere war nur Deko.

Und so entwickelte sich ein täglicher E-Mail-, Chat- und Telefonaustausch zwischen uns, bei dem Gefühle eingestanden und analysiert wurden, alles angenehm locker und direkt, denn dank unserer gemeinsamen Arbeit und unserer Freundschaft waren wir ein eingespieltes Team. Wie unsere Drehbuchkarteikarten wurde auch alles andere sofort auf den Tisch gelegt, um auf die Art und Weise aussortiert oder arrangiert zu werden, die uns in der Situation gerade logisch und richtig erschien. Manchmal sprachen wir mehrmals am Tag miteinander, besonders am Wochenende, und dann stundenlang. Wir verabredeten, dass Eddie am langen President's-Day-Wochenende kommen würde, wenn mein Sohn bei seinem Vater war. Die Idee dahinter war, mal zu sehen, ob wir beide in einem Hotelzimmer ohne Skript genauso gut zusammenpassten wie mit Skript.

Die Antwort lautete Ja, mit einigen Einschränkungen. Erst einmal musste ich ihm sagen, dass ich eine Stunde, bevor sein Flugzeug landete, im Meditationsraum gefeuert worden war. Nicht gerade ein sehr verheißungsvoller Start in unser erstes romantisches Wochenende. Dann musste ich zu einer Gedenkfeier für meinen Freund und früheren Nachbarn Marco, der gerade an Lungenkrebs gestorben war. Seine Witwe ist eine meiner besten Freundinnen, und ihre Kinder, im gleichen Alter wie meine, hatten bei uns ihr zweites Zuhause.

Marco, der einige der bemerkenswertesten Sonntagsessen für meine Familie gekocht hatte, war der italienische Journalist, der

Nora bei einer meiner Dinnerpartys dazu überredete, ihm ihre Pläne für *Julie & Julia* zu stecken. Und sehr zu Noras Entzücken hatte er schnell herausgefunden, in welcher ligurischen Stadt sie einst welchen Käse auf einer Focaccia gegessen hatte, an dessen Namen sie sich beim besten Willen nicht hatte erinnern können. Später, einige Tage nach Noras Tod, erinnerte sich Marco für die italienische *Vanity Fair* an diesen Austausch zurück:

»Die Stadt heißt Recco«, sage ich. *»Und der Käse heißt Stracchino, besser bekannt als Crescenza.« Sie lächelt wieder. Und ich bin glücklich, genau wie alle anderen am Tisch, denn jetzt können wir den ganzen Abend lang über Käse aus Vermont und Käse aus dem Ligurischen Apennin reden und uns darüber freuen, dass wir Dinge gemeinsam haben, wie die Vorliebe für ein bestimmtes Gericht in einem bestimmten Restaurant oder die Ansicht, dass manche Dinge nicht getrennt werden dürfen, weil sie sonst ihre Würze verlieren. So wie Käse-Focaccia, die weit weg von Recco gegessen wird. Oder New York ohne Nora Ephron.*

Und jetzt gab es plötzlich auch keinen Marco mehr in New York. Meine Trauer war tief und voller Schuldgefühle: Ich war so damit beschäftigt gewesen, meinen Job zu behalten, dass ich ihn während seiner letzten Tage nur einmal besucht hatte. Er schlief die ganze Zeit über, während seine Frau und ich auf dem Bett lagen und über alles und nichts redeten.

»Es tut mir wirklich leid, aber ich muss einem guten Freund die letzte Ehre erweisen«, sagte ich zu Eddie, wenige Minuten, nachdem ich ihm erzählt hatte, dass ich gefeuert worden war. (*Puh, denkt er bestimmt, das hatte ich mir irgendwie anders vorgestellt.*) »Aber du kannst sehr gerne mitkommen!« (*Bitte komm mit, denke ich. Es wäre so schön, jemanden zum Anlehnen zu haben.*)

Es würde sich nicht richtig anfühlen, sagte Eddie, und außerdem sei er müde vom Flug und brauche ein Nickerchen.

Verständlich. Es wäre wirklich ein bisschen komisch, ihn mitzunehmen. Andererseits habe ich Gio auf seine Bitte hin zu einer Gedenkfeier für einen seiner guten Freunde begleitet, den ich auch nicht gekannt hatte, was ich als sehr bewegend und inspirierend empfand. Wenn man sich gemeinsam an einen Verstorbenen erinnert, geht es nicht in erster Linie darum, dem verlorenen Leben Respekt zu zollen, sondern denjenigen beizustehen, die die Stille ertragen müssen. Meine Freundin, Marcos Frau, hatte mich förmlich dazu gedrängt, Eddie mitzubringen. »Euer erstes gemeinsames Wochenende mit Marcos Gedenkfeier beginnen? Oh mein Gott, das hätte Marco *großartig* gefunden. Bitte bring ihn mit. Ich bestehe drauf!«

Eddie und ich verabredeten, uns danach zu treffen.

Als ich völlig erschöpft im Hotel ankam, war mir eher nach einer platonischen Umarmung als nach einer ersten sexuellen Begegnung mit einem alten Freund. Und dann musste ich – Einschränkung Nummer drei, und ich weiß, es klingt kleinlich – erst einmal meine Abneigung gegen dichtes Rückenhaar überwinden. Einschränkung Nummer vier war struktureller Natur: Es stellte sich heraus, dass ein Mann, der in Läden für große, schwere Männer einkauft, und eine Frau, die das in der Jungsabteilung tut, rein mechanisch nicht leicht zusammenzukriegen sind. In der dritten Nacht unseres Antrittswochenendes verteilte sich zum ersten Mal mein Blut über die Laken. »War ich das?«, fragte Eddie erschrocken.

»Keine Ahnung«, antwortete ich voller neuartiger Schmerzen und voller Scham über das Blutbad. Es war kein Perioden-Unfall, wie ich ihn aus der Zeit vor der Hysterektomie kannte. Das wäre okay gewesen, denn so ist das nun einmal, wenn man mit Gebärmutter auf die Welt gekommen ist. Das hier aber war ein Horrorfilm: Die Laken waren so durchtränkt, dass ich Sorge hatte, die Reinigungskräfte könnten denken, wir hätten jemanden um die Ecke gebracht. »Das ist noch nie passiert.«

Aber alles andere an unserer rasant an Fahrt aufnehmenden Romanze war sehr bereichernd. Wir konnten stundenlang reden, ohne uns zu langweilen. Wenn wir nicht zusammen sein konnten, blieben wir über FaceTime in Kontakt. Genau wie ich liebte Eddie es, eine Galerie nach der anderen abzuklappern, und Kamerageschäfte fand er fast noch aufregender als ich. Fahrradfahren stellte auch in seinen Augen die beste Art dar, auf die man die Stadt erkunden konnte. Weil Geld dank nie endenwollender TV-Wiederholungshonorare nie ein Thema für ihn war, waren die regelmäßigen Flüge und die damit verbundenen Kosten – er liebte es, auswärts zu essen, in schicken Hotels abzusteigen und sich Broadway-Shows anzusehen – weder finanziell noch logistisch ein Problem. Und für mich war es sehr entspannend, den ständigen Geldsorgen zwischendurch entfliehen zu können.

Es war mir vorher nie in den Sinn gekommen, dass man eine Vorspeise und einen Hauptgang, dazu eine Flasche Wein, gefolgt von einem Dessert und einem Kaffee, bestellen konnte, ohne in Panik darüber zu geraten, ob man die Miete noch würde zahlen können. Für mich war Essengehen mit Freunden inzwischen so stressig geworden – *Wenn ich nur die billigste Vorspeise bestelle, werden sie dann immer noch darauf bestehen, dass wir die Rechnung am Ende teilen?* –, dass ich einfach keine Einladungen mehr annahm, bei denen es um Speise- und Kreditkarten ging.

Also, ja. Natürlich. Natürlich kam mir, nachdem wir einige Monate gedatet hatten und ich noch immer arbeitslos war, der Gedanke, dass die finanzielle Not, die mich nachts vom Schlafen abhielt und dann und wann sogar zu Selbstmordfantasien führte, ein Ende haben würde, sollte sich herausstellen, dass wir als Paar funktionierten. Ich würde wieder Bücher schreiben können, den ganzen Tag lang, ohne mich darum zu sorgen, dass ich sie vorher verkauft haben musste. Ich würde Zeitungsartikel und Drehbücher, Essays und Kommentare schreiben können. Ich würde krankenversichert sein und ab und zu in den Urlaub fahren. Vielleicht sollte ich hinzufügen, dass ich mich für diese Gedanken hasste.

»Haben Sie sich vorgestellt, auf welche Art Sie sich umbringen würden?«, fragte mich mein Therapeut, als ich das Thema mal wieder zur Sprache brachte. Bevor ich nicht mehr zu ihm gehen konnte, weil ich keine ordentliche Krankenversicherung mehr hatte. Meine Writers-Guild-Versicherung übernahm eine Zuzahlung von 85 Prozent zu *beliebig vielen* Therapiesitzungen – das war mehr als bei jeder anderen Versicherung, bei der man außerdem nur dreißig Sitzungen pro Jahr bezuschusst bekam. Solange ich diese Versicherung hatte, war sie also buchstäblich eine echte Lebensretterin gewesen.

»Ja«, antwortete ich. »Es ist immer das gleiche Szenario. Ich springe aus einem Fenster. Und ich kriege dieses Bild nicht aus meinem Kopf. Es ist ... immer da.«

»Gibt es irgendetwas, was dieses Bild verdrängen kann?«

»Ja. Wenn ich aufstehe und mein schlafendes Kind ansehe.«

»Und wenn es nicht da ist?«

»Dann ist das ein Problem.«

Ungefähr zu dieser Zeit tauchte in den Zeitungen und Zeitschriften die Phrase »Deaths of Despair« (›Verzweiflungstode‹) auf, also Tode, die auf Alkohol, Drogen und Selbstmord zurückzuführen waren.[140] Grundlegend hierfür war die Veröffentlichung einer bahnbrechenden Untersuchung der Princeton-Ökonom*innen Anne Case und Angus Deaton von 2015, auf die 2017 eine weitere folgte. Die Alarmglocken waren deutlich zu hören: Die USA hätten »zwischen 1999 und 2013 einen deutlichen Anstieg der Gesamtsterblichkeitsrate von nicht lateinamerikanischen weißen Männern und Frauen mittleren Alters« zu verzeichnen gehabt. Dieser plötzliche Ausschlag, schrieben Case und Deaton, liefe »einem jahrzehntelangem Anstieg der Lebenserwartung entgegen« und betreffe »ausschließlich die USA. In keinem anderen reichen Land konnte eine ähnliche Trendwende festgestellt werden.«[141]

Und in welcher Altersgruppe waren diese Verzweiflungstode besonders verbreitet? Stand 2014 – genau dem Jahr, als ich plötzlich allein war und mich kaum über Wasser halten konnte – in der Generation X, in meiner Generation, der Generation, die mitten im Leben stand. Warum war das so? Genau: wegen der Ungleichheit der Löhne, fehlenden beruflichen Möglichkeiten und den steigenden Kosten für Miete und Krankenversicherung bei gleichzeitiger Lohnstagnation, Stellenabbau und/oder Altersdiskriminierung. Wir alle hatten nach den Regeln gespielt, unser ganzes Erwachsenenleben lang, aber man kann kein Spiel gewinnen, in dem alle gegen einen sind. Die Rechnung geht nicht auf, wenn du in Rechnungen untergehst.

Wenn Eddie mir also täglich von L.A. aus Nachrichten schrieb oder anrief, um mir zu sagen, dass er mich liebe, oder wenn wir mit den Fahrrädern durch New York fuhren, oder wenn wir vor einem Kunstwerk standen, das wir beide toll fanden, oder wenn wir mit Freundinnen und Freunden essen gingen oder Hand in Hand Spaziergänge unternahmen, und als ich mich irgendwann ruhiger und gelöster zu fühlen begann, als es jahrelang der Fall gewesen war, da erlaubte ich es mir langsam, mir eine Zukunft vorzustellen, in der es Freundlichkeit gab, in der die Kosten für meine medizinische Versorgung mich nicht noch kränker machten und die täglichen Selbstmordgedanken endlich aufhörten. Der März war kaum vorbei, da hatte ich ihn schon meinen Kindern vorgestellt. Ja, ja, die Faustregel sind sechs Monate, ich weiß. So lange soll man mindestens warten, bis man seine Kinder und seinen

neuen Lover zusammenbringt, aber weil die beiden jüngeren ihn
ja bereits als meinen Freund und Kollegen kannten, dachte ich,
dieser Fall wäre anders gelagert. Ich kannte diesen Mann.

Dachte ich zumindest. Ich sage nur, dass die Phrase »In guten
wie in schlechten Zeiten« nicht umsonst Teil des Eheversprechens
ist. Es ist leicht, jemanden zu lieben, der gesund ist. Erst wenn
dieser Jemand krank wird, zeigt sich, wie weit es mit dieser Liebe
her ist.

Nach meinem Termin bei Dr. Hou – wir daten jetzt fast ein halbes Jahr – rufe ich Eddie in L.A. an, erzähle ihm von der Entscheidung, mir diesen lausigen Gebärmutterhals entfernen zu lassen,
und frage ihn, ob er die postoperative Nachsorge übernehmen
würde. »Ich weiß, das ist viel verlangt«, sage ich. Weil ich es nicht
gewohnt bin, um Hilfe zu bitten. Das ist wie ein Tick, diese voran-
gestellte Formel. Ich weiß wirklich, dass das viel verlangt ist. Aber
ich weiß auch, dass es das nicht sein sollte.

»Sorry«, sagt er. »Krankenhäuser sind nicht mein Fall.« Seine
Mutter sei im Krankenhaus gestorben, als er noch auf dem College gewesen sei. Zu traumatisch. »Ich kann das nicht, Krankenhäuser und so.«

Ich bin perplex. »Mein Vater ist auch in einem Krankenhaus
gestorben,« antworte ich, »das passiert ja öfter mal in Krankenhäusern. Menschen sterben. Und es ist traumatisch, ja. Wie hast
du das denn bei der Geburt deines Sohnes gemacht?«

»Das war wirklich schwierig für mich.«

Ich stelle mir seine Frau vor, die gerade die schmerzhafte Geburt hinter sich gebracht hat und nun ihren Mann trösten muss,
statt umgekehrt.

Er bittet mich um Bedenkzeit. Es sei sehr viel für ihn. Klar,
sage ich und versuche ihm das gleiche Mitgefühl entgegenzubrin-
gen, das ich mir ja schließlich auch von ihm wünsche. Ich versuche, die Sache mit seinen Augen zu sehen: ärgerlich, wenn die

erste Freundin nach der Scheidung nur sechs Monate später krank
wird. Und dann die tiefsitzende Angst vor Krankenhäusern. Ich
googele »Angst vor Krankenhäusern«. Dafür gibt es einen Namen.
Nosokomephobie. Und wie es scheint, ist diese Störung nicht nur
relativ weit verbreitet, das Internet ist auch voll von Tipps, wie
man sie in den Griff bekommt.

Am nächsten Abend legt er noch einmal nach. »Also,« sagt er,
»ich habe mit meinem Therapeuten darüber gesprochen, und er
sagt, ich muss das nicht machen.«

»Mit deinem *Therapeuten?*« Wir haben unseren ersten großen
Streit, am Telefon, und er wird hässlich.

Krankenhaus-Traumata seien eine ernstzunehmende Sache,
sagt Eddie. Und das solle ich respektieren. Mein blöder Gebärmutterhals ist auch eine ernstzunehmende Sache. Und das sollte
er ebenfalls respektieren. Was glaubt er denn, wie unser Leben
weitergehen wird, wir sind in unseren Fünfzigern! Regenbögen
und Einhörner? Ich bin mir ziemlich sicher, dass Krankenhäuser
noch die ein oder andere Neben- oder sogar Hauptrolle spielen
werden. (»Genieße diesen Lebensabschnitt«, hat Nora einmal zu
mir gesagt, als ich mich darüber beschwerte, wie langweilig die
letzte Weihnachtsfeier gewesen war. »Wenn du so alt bist wie ich,
wird sich auf Partys alles um Krankenhausaufenthalte und Beerdigungen drehen.«)

»Lass uns morgen weiterreden, wenn wir beide weniger wütend
sind«, sage ich und lege auf. In dieser Nacht weine ich mich in den
Schlaf. Wie kann ein Mann, der mir jeden Tag mehrmals sagt, dass
er mich liebt, nicht für mich da sein, wenn ich ihn brauche? Sind
alle Männer so empathielos? Der Asperger-Therapeut meines Ex
hatte die Meinung vertreten, dass alle Männer in gewissem Maße
autistisch seien. Es war eben nur die Frage, in welchem.

Am nächsten Morgen rufe ich meinen Freund Tad an, um ihn
als Mann nach seiner Sicht der Dinge zu fragen. Tad kennt und

mag Eddie. Sehr. Und mich und meine Liebesgeschichten kennt er seit dem College. Gio hat er nicht über den Weg getraut. Durkheim, sagt er, habe energietechnisch nicht zu mir gepasst. Santi hat ihn misstrauisch gemacht: War er auf Liebe oder eine Greencard aus? Als Verfasser von großartigen und oft superkomischen Porträts für den *New Yorker*, in denen er durch genaue Recherche jedes verräterischen Details die Essenz einer Person einfängt, hat Tad eine außergewöhnliche Begabung dafür, Menschen zu lesen.

»Verlange ich zu viel?«, frage ich und fange wieder an zu weinen.

»Nein,« sagt Tad, »aber gib ihm etwas Zeit. Vielleicht überlegt er es sich doch noch anders.«

Ich wünschte, Eddie könnte sehen, was ich brauche, ohne dass ich ihm alles haarklein erklären und ihn anbetteln muss, mir zu helfen. Ohne mich auf seine irrationalen Ängste konzentrieren zu müssen, wo ich doch meine eigenen, sehr realen habe.

»Ich weiß«, sagt Tad. »Aber für ihn sind diese Ängste nicht irrational, sondern genauso echt wie deine. Du musst ihn akzeptieren, wie er ist, mit all seinen Schwächen, oder …«

»Oder?«

»Oder eben nicht.«

An diesem Abend schreibe ich Eddie eine lange E-Mail, in der ich ihm freundlich, aber bestimmt zu verstehen gebe, dass es mit uns zu Ende sein wird, wenn er sich dazu entschließen sollte, mir nicht beizustehen. Irgendwie bin ich fast froh, dass wir so früh mit dieser Herausforderung konfrontiert sind. Besser jetzt als in ein paar Jahren, wenn ich nach L.A. gezogen bin oder er hierher nach New York oder was auch immer wir sonst getan hätten.

»Meine Bedürfnisse, was einen potenziellen Partner angeht, sind klar«, schreibe ich. »Wen auch immer ich wähle, er muss in der Lage sein, so gut er kann für mich da zu sein, selbst wenn das nur mittelmäßig gut ist.«

Widerstrebend und nach vielen weiteren Gesprächen mit mir

und seinem Therapeuten willigt Eddie schließlich ein zu kommen. Aber nicht ins Krankenhaus. Nur zu mir nach Hause, nach der OP. Noch mehr Tränen, Liebesschwüre und Verhandlungen später willigt er irgendwann ein, einen Tag vor der OP nach New York zu kommen und mich und meine Tochter in die Klinik zu begleiten, aber nur bis zum Wartebereich. Wenn sie uns in den Vorbereitungsraum rufen, in diese Legebatterie, wo durch Vorhänge getrennte Menschen auf ihr Ende warten, müsse er gehen, sagt er. Er kann mich auf keinen Fall in einem Krankenhaushemd sehen, das würde ihn zu sehr triggern.

Die Kinnlade meiner Tochter klappt runter, als Eddie uns tatsächlich zum Abschied winkt und sich auf den Weg zur Rauschenberg-Ausstellung im MoMa macht. »Er geht ins *Museum?* Während du *operiert* wirst? Wirklich, Mom. Scheiß auf den Typen. Du hast was Besseres verdient.«

»Ich weiß«, sage ich. In meinem Alter zu daten, versuche ich ihr vage zu erklären, kann recht … herausfordernd sein.

Als ich nach der OP aufwache, steht meine Tochter an meinem Bett und hält meine Hand. Eine echte Steigerung im Vergleich zu meiner Hysterektomie, wo mich das Flüstern der Krankenschwestern geweckt hatte: »Wo ist der Ehemann? Wir können ihn nicht erreichen.«

»Wo ist Eddie?«, frage ich.

»Immer noch beim Sightseeing, schätze ich«, sagt meine Tochter.

»Ich dachte, er würde sich vielleicht doch noch umentscheiden.«

»Mom, im Ernst?« Sie verdreht die Augen. »Wie fühlst du dich?«

»Scheiße. Mir tut alles weh. Danke, dass du da bist.«

»Gerne«, sagt meine Tochter. »Du hast eine Morphinpumpe, benutze sie.« In dieser Nacht schläft sie in dem Sessel, der neben meinem Bett steht. Wir wachen beide regelmäßig von dem lauten Piepton auf, der den niedrigen Stand der Kochsalzlösung anzeigt. Am nächsten Morgen hilft mir meine Tochter, mich anzuziehen, schiebt mich im Rollstuhl zum Taxi und manövriert mich hinein. Zurück in Inwood hilft mir Eddie ins Bett. Ich spüre sein Unwohlsein, als er merkt, dass ich Schmerzen habe, aber immerhin ist er da. Das ist doch schon mal was. Und ich bin dankbar. Ich bitte ihn, in der Apotheke ein paar Medikamente für mich zu besorgen, und er scheint erleichtert zu sein, die Wohnung verlassen zu können. »Klar!«, sagt er. »Brauchst du sonst noch irgendwas?«

Ich blicke an mir hinunter, mein Bauch ist immer noch aufgebläht, und mehrere Einschnitte zeugen von der Arbeit der Roboterarme, die meinen Gebärmutterhals in kleine Würfel geschnitten haben, um diese dann durch eine Öffnung in meinem Bauchnabel zu entfernen. Stückchen für Stückchen. Einer der Einschnitte tut viel stärker weh als die anderen. Er brennt. »Findest du, das sieht entzündet aus?«, frage ich Eddie und zeige auf die Stelle. Sie ist warm, berührungsempfindlich und rotzfarben.

»Ja«, sagt Eddie. Er kann meinen zerschundenen Körper kaum ansehen.

Ich sage ihm, er solle noch warten, bis er in die Apotheke geht, weil ich dem Chirurgen erst noch ein Foto von meinem Bauch schicken will. Vielleicht brauche ich ja zusätzlich ein Antibiotikum. Das stellt sich als richtig heraus, die Klinik macht sofort ein weiteres Rezept fertig.

Meine Mutter hat mir Bagels und andere Sachen von Zabar's geschickt, dem berühmten Food-Mekka auf der Upper West Side. Genau wie damals, als meine Tochter auf die Welt gekommen war und sie und mein Dad zu uns hochfuhren, um uns in ihrer ersten Lebenswoche mit Kochen, Saubermachen und Einkaufen zu helfen. Ein wahres Geschenk, Großeltern, die so einen Einsatz zeigen, einen mit dem Baby unterstützen und den Kühlschrank mit leckeren Dingen aus Feinkostgeschäften füllen. Aber damals war ich noch verheiratet und führte ein Leben in der bürgerlichen Mittelschicht, gleich um die Ecke von Geschäften wie Zabar's und Gap, statt von Ramschläden und Pfandhäusern. Damals war ich noch nicht arbeitslos und lebte noch nicht von 403 Dollar die Woche bei gleichzeitig rasant versiegenden Überresten meiner 401k-Altersvorsorge, von dem das meiste für COBRA und einen halsabschneiderischen Vermieter draufgeht.

Der Kontrast zwischen diesen beiden Ichs steht mir deutlich vor Augen, als die vertrauten Riesenbecher Frischkäse und Eiersalat jetzt, zwanzig Jahre später, bei mir eintreffen. Damals, 1997, hatte ich ein nigelnagelneues Baby, eine funktionierende Gebärmutter, meine fürsorglichen Eltern in Reichweite, eine Ehe, ein bescheidenes, aber halbwegs anständiges Zuhause, einen Job mit Zusatzleistungen und einen Vater, der es liebte, mein Kleinkind auf einen Bagel bei Zabar's einzuladen, während meine Mutter mir beim Stillen Gesellschaft leistete. Jetzt habe ich einen krankenhausscheuen Eddie, der verkündet, dass er in zwei Tagen abreist, fünf frische Löcher im Bauch, eine Entzündung, einen neuen Stapel Rechnungen, die ich nicht zahlen kann, eine Lücke, wo einmal meine Fortpflanzungsorgane waren, eine Wohnung, die ein echtes Gesundheitsrisiko darstellt, viele sich vor mir ausbreitende Wochen einsamer Genesung und eine Sorgerechtsanhörung in sechs Tagen, bei der ich mich selbst vertreten werde.

Wenn ich meine Mutter wäre, würde es mich auch traurig machen, die Deb von 2017 zu besuchen. Und ich glaube, das ist der Hauptgrund dafür, dass nur ihr Essen hier ist, nicht sie selbst, auch wenn ich einiges dafür geben würde, es wäre andersrum. Der tränenreiche Streit, den wir noch haben werden, wenn Eddie und meine Tochter weg sind und ich sie anflehe, zu kommen und mir zu helfen, wird uns beiden fast das Herz brechen. Es werden Wochen vergehen, in denen wir nicht miteinander sprechen, dann Monate.

»Nirgendwo steht festgeschrieben, dass man eine Beziehung zu seiner Mutter haben muss,« wird mein Therapeut zu mir sagen, als ich ihn um eine Notfallsitzung via FaceTime bitte, »wenn sie einem mehr Leid einbringt als Gutes. Rückzug ist immer eine Option.« Obwohl er sonst bei jedem Thema, das ich anspreche, die Schweiz ist, wird er sichtlich wütend werden, als ich ihm erzähle, dass ich meinen Wunsch, umsorgt zu werden, geäußert habe, dieser jedoch unbeantwortet geblieben ist.

»Aber ich liebe meine Mom«, werde ich sagen. Ich hatte es satt, wütend zu sein, hatte gelernt, sie so zu akzeptieren, wie sie ist und nicht, wie ich sie mir wünschte. Ist es nicht das, worum es bei Therapien geht? Eine Art Frieden zu finden in Bezug auf die unerfüllten Bedürfnisse und die Traumata der Vergangenheit, um endlich über all das hinwegzukommen und nach vorne blicken zu können?

Ich erinnere meinen Therapeuten daran, dass meine Mutter in einer Zeit groß geworden ist, die für Frauen noch weitaus ungemütlicher war als meine. Sie durfte nicht Medizin studieren, und Widerworte konnten ihr Prügel einbringen. Von ihrem Elternhaus ging es direkt in das ihres Mannes, ohne eine Phase des Übergangs, die ihr vielleicht dabei geholfen hätte, herauszufinden, wer sie war oder was sie alleine erreichen konnte. Mit zwanzig heiratete sie, mit 23 bekam sie mich, mit 25 meine Schwester, mit 29 meine Zwillingsschwestern. Das sind noch vor dem dreißigsten Geburtstag vier Mädchen im Alter von unter sechs Jahren, und das in einer Zeit, als Frauen noch keine eigenen Kreditkarten hatten – das war erst der Fall, als sie 32 war. Sie hatte keinerlei Hilfe zu Hause, einen Mann, der vier von zwölf Monaten unterwegs war, eine nicht diagnostizierte Angststörung, Depressionen und sehr wahrscheinlich eine prämenstruelle dysphorische Störung, eine schwere Form von PMS, die erst weit nach ihrer Menopause überhaupt einen Namen bekam.[142] Darüber hinaus muss es ein gewisses Maß an unterdrückter Wut gegeben haben, die noch von ihren traumatischen Erfahrungen in der Kindheit herrührte.

Ja, ich musste mir oft selbst die Mutter sein. Aber meine Mutter hat mir das Leben geschenkt. Jedes Jahr schickt sie Chanukka- und Geburtstagsgeschenke, und sie liebt meine Kinder. Bei fröhlichen Anlässen ist sie immer dabei (Aufführungen, Abschlussfeiern, Bar-Mizwas und so weiter), und jeden Sommer ist sie aufs Neue so leichtsinnig, mich und ihre Enkelkinder zu sich nach Bethany Beach einzuladen. Und sie liebt mich, das weiß ich, auf ihre ganz eigene Art. Vergangenes ist vergangen, und diese Vergangenheit ist zugleich ein Mühlstein um meinen Hals und meine Superkraft: ein schwarzes Loch der Trauer und Quelle meiner Resilienz, untrennbar miteinander verbunden. »Gesetz des Ausgleichs« nennt es der Lehrer in Truffauts *Taschengeld*. Dieser Film hat mich damals in der Französischstunde auf der Highschool zum Weinen gebracht, aus Gründen, die ich in dem Alter noch nicht begreifen konnte.

»Dann vergessen Sie das mit dem Rückzug«, wird mein Therapeut sagen. »Aber Sie müssen sicherstellen, dass sie in zukünftigen Liebesbeziehungen nicht Opfer von emotionaler Vernachlässigung oder emotionalem Missbrauch werden. Nur weil sich etwas vertraut anfühlt, heißt das noch lange nicht, dass es einem auch guttut. Es ist okay, um Hilfe zu bitten. Und es ist normal, diese Hilfe auch zu bekommen.«

Eines Morgens steht meine Freundin Cindy mit einer Cranio-Sacral-Therapeutin bei mir auf der Matte, die etwas mit meinem Schädel macht, was ich nur stärkende Hexerei nennen kann. Als die beiden wieder gehen, treffe ich eine Entscheidung: Ich brauche Betreuung. Jetzt. Diese ganze Müllrausbringerei und Abwascherei und Gassigeherei und Einkauferei und Feriencamp-Packerei für meinen Sohn fordern ihren Tribut. Mein Körper *schmerzt,* und ich gebe ihm nicht die Zeit und Ruhe, die er braucht, um heilen zu können.

Ich informiere mich über die Kosten für eine Haushaltshilfe, aber das wäre unerschwinglich. Also rufe ich Eddie an und bettle. Was ist, wenn ich zu dir nach L.A. komme, sobald mein Sohn ins Camp aufbricht, und du mir in den vier Wochen hilfst, die er weg ist? Die Kosten für den Flug sind in etwa die gleichen wie die für einen Tag Betreuung hier zu Hause. »Ich kann das gerade nicht«, sagt er. Es wäre zu seltsam, wenn ich bei ihm wohnen würde, mit seiner Frau direkt nebenan und seinem Sohn, der drauf und dran sei, in sein erstes College-Jahr zu starten.

Alles klar, sage ich. Verstehe ich vollkommen. Was ist, wenn ich nur für ein oder zwei Wochen komme, und wir uns zusammen in einem Hotel in Ojai oder so verkriechen und ein bisschen am Pool abhängen? Ich brauche ja nur ein bisschen Zeit ohne Haushaltsaufgaben. Jemanden, der die Töpfe schrubbt und den Müll rausbringt.

»Nein«, sagt er. Es sei ihm leider nicht möglich, jetzt bei mir zu sein, es tue ihm leid.

Was ich zu diesem Zeitpunkt noch nicht kapiert habe, ist die Tatsache, dass es bei ihm in L.A. noch eine andere Frau gibt, die auch gerade einen romantischen Kurzurlaub mit ihm plant – nach … Ojai. An diesem Punkt der Geschichte weiß ich noch nichts davon. Ich weiß nur, dass er an jenem Morgen, als er New York wieder verließ, drei Tage nach der OP, meine Hand nahm und sie auf seinen Penis legte. Ich war … geschockt? Ja, geschockt. In meinem postoperativen Morphium-Nebel, noch immer voller Schmerzen, dachte ich kurz darüber nach, zu sagen: »Postoperative Handjobs sind nicht mein Fall.« Ich ließ es dann aber doch sein.

Ich schäme mich für diese Version von mir. Es ist mir unangenehm, sie zu beschreiben. Sie ist 51 Jahre alt und muss sich immer noch diesen »Eine Hand wäscht die andere«-Kram gefallen lassen.

Finn, der junge Texaner, der einmal in China gelebt hat, ruft mich aus Guangzhou an, wo er mittlerweile wieder wohnt. Er will wissen, wie es mir geht. Ich weiß nicht mehr weiter, erzähle ich ihm. Es sieht so aus, als könne ich nicht für mich selbst sorgen und gleichzeitig genesen. »Kannst du nach Nepal kommen?«, fragt er, und ich fange an zu lachen. Hahahahahahaha! Sehr lustig. Doch, sagt er, er meine es ernst. Wenn ich nach Kathmandu kommen kann, nimmt er sich frei und pflegt mich für zwei Wochen. Nette Hotels würden 20 bis 30 Dollar die Nacht kosten, nepalesisches Essen sei gesund, köstlich und spottbillig. Die Nepales*innen selbst seien auf Heilung spezialisiert, sagt Finn. Klangtherapie, Massagetherapie, Meditation, Yoga, Reiki, Wandern. Der perfekte Ort für ihn, sagt er, um sich um mich zu kümmern und der perfekte Ort für mich, um gesund zu werden.

»Ist das dein Ernst?«, frage ich.

»Würde ich bei sowas jemals Witze machen?«

Nein, wird mir klar. Das würde er nicht.

Ich denke mal darüber nach, sage ich, und fange an zu rechnen: Eine Haushaltshilfe anzustellen würde mindestens 200 Dollar am Tag kosten. Ich muss gesund werden. Der zwanzigstündige Flug wird schrecklich, aber wenn ich erst einmal da bin, kann ich mich ausruhen. Finn, das weiß ich, kümmert sich hingebungsvoll um andere. Das ist Teil seiner DNA. Als sein Bruder als veränderter, verstörter Mann aus Irak und Afghanistan zurückkehrte, flog Finn nach Texas heim, um sich um ihn zu kümmern und sich unermüdlich mit der US-Regierung herumzustreiten, bis sein Bruder endlich eine ordentliche psychiatrische Behandlung bekam. Als sein Bruder dann später ins Gefängnis gesteckt wurde, weil er sich aufgrund eines PTBS-induzierten Wutanfalls geringfügig danebenbenommen hatte, flog Finn ein weiteres Mal nach Texas, um ihn auf Kaution herauszuhauen.

In der anschließenden Woche schickt er mir acht Päckchen, eins nach dem anderen. Darunter eine Reisehängematte und ein dünnes Buch, das ich ihm einmal geliehen hatte: *How to Love* des buddhistischen Zen-Meisters Thich Nhat Hanh, in das er Erinnerungen an unsere gemeinsame Zeit notiert hatte. Jedes Päckchen enthält eine kleine Nachricht: »Deb, ich habe gehört, Nepal sei der perfekte Ort, um sich von einer Operation zu erholen ...«, »Deb, Rosen sind rot, Veilchen sind blau, nepalesische Berge verjagen das Grau ...«, »Deb, es gibt gerade superbillige internationale Flüge ...«. Und so weiter. Immer unterzeichnet mit lustigen Insider-Spitznamen.

Ich checke meine Flugmeilen und sehe, dass ich abgesehen von einer kleinen Servicegebühr umsonst nach Kathmandu kommen könnte. Dann verdränge ich das alles erst einmal, bis ich das Sorgerechtsverfahren hinter mich gebracht habe, das genau sechs Tage nach meiner Entlassung aus dem Krankenhaus stattfindet.

32

Mein Tag vor Gericht
(Mein Nachmittag im Krankenhaus)

16. Juni 2017

»Das dauert alles zu lange«, sagt mein Immer-noch-nicht-Ex im Warteraum des Familiengerichts. Seit mehr als einer Stunde sitzen wir nun in diesem grell erleuchteten Pferch und beobachten, wie sich Männer und Frauen, die einmal zusammen Babys in die Welt gesetzt haben, schlimmer aufführen als Kleinkinder, die sich im Sandkasten um die Schaufel streiten. Ich hatte ihn jedoch gewarnt, dass es den ganzen Vormittag gehen könnte, und es hat sowieso schon vier Jahre gedauert, bis wir es von unserem Abschied vor unserem Haus in Harlem hierher geschafft haben, ins innere Heiligtum des Familiengerichts. Außerdem ist er nicht derjenige, der auf einer Holzbank liegt, um nicht vor Schmerz das Bewusstsein zu verlieren.

»Entschuldigen Sie, aber Sie müssen aufstehen! Sie können sich hier nicht einfach so hinlegen!«, ruft mir eine Gerichtsdienerin zu. Ich ziehe mein Shirt hoch und zeige ihr die noch immer frischen Schnitte, von denen der infizierte ordentlich nässt. »Oh mein Gott, tut mir leid. Natürlich, legen Sie sich hin, legen Sie sich hin. Was hatten Sie? Eine Hysterektomie?«

»Eine Trachelektomie,« sage ich, »aber ist die gleiche Baustelle.«

Heute – es wäre der 54. Hochzeitstag meiner Eltern – sind wir hier, um ohne Anwält*innen das Sorgerecht für unsere Kinder zu klären. Um den Unterhalt soll es zu einem anderen Zeitpunkt gehen, bei einem anderen Richter. Und die Scheidung selbst wird dann ganz woanders stattfinden, bei einem dritten Richter. Alles ohne Anwält*innen, was auf dem Rat von Antoinette beruht, einer ehrenamtlichen Scheidungsanwältin, die bei der Nonprofit-Organisation New York Legal Assistance Group arbeitet. Sie ist die Freundin einer Freundin und erzählte mir beim letzten Jom-Kippur-Frühstück, dass eine »Pro se«-Scheidung[143] (»pro se« ist lateinisch für »Scheiß drauf, ich mach's selbst«) nicht nur grundsätzlich möglich ist, sondern dass sie auch keine Ahnung habe, warum nicht mehr Menschen, die zwar finanzielle Schwierigkeiten haben, aber durchaus in der Lage sind, sich zum Thema Scheidungsrecht zu belesen, diesen Weg wählen. Wenn über das Sorgerecht erst einmal entschieden sei, so Antoinette, würde sich beim Thema Unterhalt eine ganz klare Linie fortsetzen, und die Scheidung selbst sei dann in der Regel ein Sonntagsspaziergang, besonders in Fällen wie unserem, wo es kein aufzuteilendes Vermögen gäbe. Antoinette ist nicht meine Anwältin. Ich wünschte, sie wäre es, aber das geht nicht, denn obwohl ich gerade arbeitslos bin und mich für Miete, Lebensmittel und Krankenversicherung an meinem schrumpfenden 401k-Vermögen bediene, war mein Einkommen im Jahr 2016 zu hoch, als dass ich für 2017 einen kostenlosen Rechtsbeistand in Anspruch nehmen könnte. Trotzdem, sie ist ein Quell guter Informationen und hat mich per Mail durch den ganzen Prozess hindurch begleitet. Außerdem habe ich jeden Tag Stunden damit verbracht, mich online zum New Yorker Scheidungsrecht zu belesen und YouTube-Videos zum Thema Familiengericht zu gucken.

Ich sehe mich um und überlege, ob sich hier sonst noch jemand selbst vertritt. Aber wir scheinen die Einzigen zu sein, die sich ohne Anwält*innen in diese Hölle aus wütenden Ex-Partner*innen gewagt haben. Was bedeutet, dass ich niemanden habe, der vermittelt, Händchen hält, Konflikte abfedert, über die Spielregeln wacht.

»Ich hau ab«, sagt mein Ex. »Das ist doch lächerlich. Ich muss

zurück in die Arbeit.« Er arbeitet momentan bei einem neuen Start-up, das es in ein paar Monaten nicht mehr geben wird.
»Du kannst nicht einfach gehen«, zische ich ihm zu und setze mich unter einiger Anstrengung auf. »Unser Termin ist heute. So funktioniert das beim Familiengericht. Wir warten, bis wir vor den Richter gerufen werden, der uns heute auf seiner Liste hat. Wenn du gehst, müssen wir einen neuen Termin vereinbaren, und das könnte noch einen Monat oder sogar zwei dauern. Ich hab dir gesagt, dass es den ganzen Vormittag dauern könnte. Hast du eine Ahnung, wie schwierig es für mich war, heute hierherzukommen?«

Vor einigen Wochen machte er einen tierischen Aufstand darum, das Sorgerecht genau zu teilen, damit er keinen Unterhalt würde zahlen müssen, und jetzt sind wir hier, damit der Richter unsere ursprüngliche Vereinbarung absegnet. Bei der ersten Anhörung flehte ich ihn an: »Bitte! Ich habe in genau einer Woche meine Operation!« Hätten wir uns auf die Sorgerechtsregelung geeinigt, mit der wir seit mittlerweile einem Jahr, seit seiner Rückkehr nach New York, gut leben können, dann hätte ich nicht eine knappe Woche, nachdem mir der Gebärmutterhals entfernt worden war, hierherkommen müssen.

Von Sonntagabend bis Mittwochmorgen und jeden Nachmittag nach der Schule ist mein Sohn bei mir. Er hat ihn Mittwoch- und Donnerstagabend, an den Wochenenden wechseln wir uns ab. Das Bett meines Sohnes steht bei seinem Vater im Wohnzimmer, er kommt nach der Schule also lieber zu mir, wo es außerdem was zu essen gibt und entweder ich, ein Babysitter oder eine Babysitterin ihm Gesellschaft leisten. Er ist jetzt elf Jahre alt und bräuchte eigentlich niemanden mehr, der auf ihn aufpasst, aber jede mir bekannte Studie deutet darauf hin, dass Heranwachsende nachmittags gern einen Elternteil um sich haben – nicht zum Aufpassen, sondern einfach, um zwischen Schulschluss und Abendessen die Gesellschaft von jemandem zu haben, der einem wohlgesonnen ist.[144] Als mein Ex also bei der letzten Anhörung plötzlich verkündete, er stimme der Vereinbarung nicht zu, er habe seine Meinung geändert und wolle stattdessen eine Fünfzig-fünfzig-Regelung, ordnete der Richter einen dreiwöchigen Probelauf für den neuen – absolut nicht machbaren – Zeitplan an.

Du hattest recht, schrieb mir mein Exmann einen Tag nachdem das neue Modell eingeführt war. Fünfzig-fünfzig funktioniere für ihn nicht. Mit seiner Arbeit und Wohnsituation sei das unmöglich zu bewerkstelligen. Er wolle zurück zu unserer alten Regelung. Das habe doch gut geklappt.

Es geht um 608 Dollar Unterhalt, der nun in den folgenden Monaten von einem anderen Richter berechnet werden wird, als prozentualer Anteil unserer beider Einkommen. Bisher habe ich keinen Unterhalt bekommen, obwohl wir seit vier Jahren getrennt sind. Stattdessen habe ich die Kosten für unsere Kinder selbst getragen: für eine Wohnung, die groß genug ist für drei Kinder. Für Ferienlager und Kleidung und College und Essen und Musikunterricht und Schuhe und Krankenversicherung und Friseurtermine und Arztrechnungen und Computer und Fahrkarten und Handyrechnungen …

Die 608 Dollar, die in drei Monaten vom Gehalt meines Exmannes abgezogen und auf eine Debitkarte überwiesen werden sollen, mit der die monatlichen Ausgaben für unseren jüngeren Sohn bezahlt werden sollen, werden kaum ausgleichen, was ich bereits für die Familie geschultert habe und auch weiterhin schultern werde. Aber immerhin: Es ist eine symbolische Geste, die seine finanzielle und rechtliche Verantwortung als Vater zur Kenntnis nimmt.

Nach Unterhaltszahlungen für mich selbst frage ich gar nicht erst, obwohl sie mir rechtlich zustünden. Ja, ich war es, die ihre Karriere fortwährend unterordnen musste, nicht er. Ja, das hatte einen Einfluss auf *mein* Einkommen, nicht auf seins. Und ja, Frauen in den USA verdienen noch immer bloß 80,5 Cent für jeden Dollar eines Mannes.[145] Aber ich werde in der Lage sein – hoffe ich jedenfalls –, nach meiner Genesung einen neuen Job an Land zu ziehen. Und noch wichtiger: Ich ertrage die Vorstellung nicht, dass mein Exmann für irgendetwas in meinem Leben bezahlt oder auch nur glaubt, es zu tun. Dieses Gefühl ist weder logisch noch finanziell vertretbar. Eigentlich ist es sogar ziemlich bescheuert, denn ich könnte das Geld für die älteren Kinder gut gebrauchen, denen zwar kein Kindesunterhalt mehr zusteht, deren College-Ausgaben (Gebühren, Bücher, Unterkunft, Kleidung, Essen) aber die Ausgaben für ihren kleinen Bruder bei weitem übertreffen. Aber ich schätze meine finanzielle Unabhängigkeit einfach zu sehr. 608 Dollar Unterhalt für unseren Kleinen ist für mich ausreichend Anerkennung der Bürde, die ich seit Jahren allein trage. Es ist immerhin etwas. Besser als nichts. »Gut«, antwortet Antoinette, als ich ihr das sage. Auf meinen Unterhalt zu verzichten, vereinfache den Scheidungsprozess noch weiter. Ein Schlachtfeld weniger.

Ganz genau. Je weniger ich kämpfen muss, um diese Scheidung voranzutreiben, desto besser. Ich möchte einfach nur, dass bald alles vorbei ist. Möchte vorspulen zu der Stelle in der Geschichte, wo wir vielleicht sogar Freunde sein können. (Das kommt durchaus vor. Wie ein Wunder an Chanukka. Innerhalb von drei Jahren werden wir einen Vorrat an gutem Willen für den anderen in uns entdecken, von dem wir heute noch keinen blassen Schimmer haben. Ich werde sogar mit den Kindern dabei sein, wenn er den Mietvertrag für eine größere Wohnung unterschreibt. Nachdem er arbeitstechnisch endlich gefunden hat, was ihm richtig Spaß macht – programmieren.)

Mein Ex hat keine Lust mehr zu warten, steht auf und verkündet, dass er geht. Aber gerade, als ich die Nerven verliere und ihm wütend zuzische: »Willst du mich verarschen? Setz dich hin!« – bei weitem nicht das Schlimmste, was wir heute in diesem Warteraum zu hören bekommen haben –, ruft die Gerichtsdienerin uns auf und führt uns in den Gerichtssaal. Oder vielmehr, die Gerichtsdienerin ruft den Namen meines Mannes auf, den ich bereits nicht mehr benutze, der aber immer noch offiziell meiner ist, weil mein Ex noch immer nicht die Papiere notariell hat beglaubigen lassen, die mir erlauben würden, wieder meinen Geburtsnamen zu verwenden. Der gesamte Prozess dauert keine zehn Minuten, und während mein Ex sich aus dem Staub macht, warte ich noch eine weitere Stunde auf die letzten Unterlagen. Als mein zukünftiger Exname aufgerufen wird, nässt mein entzündeter Bauchschnitt nicht mehr nur, er blutet nun auch, und ich spüre noch etwas anderes, und zwar in meinem Vaginalkanal: ein schmerzhaftes Ziehen, so würde ich es beschreiben. Der Schmerz ist so stark, dass ich kaum aufstehen kann. »Sie sehen ja gar nicht gut aus«, sagt die Gerichtsdienerin und hilft mir hoch. »Brauchen Sie Hilfe, soll ich Ihnen vielleicht ein Taxi rufen?«

Schön wär's. Aber ein Taxi wird mich um 40 Dollar ärmer machen, mindestens. »Nee, geht schon, danke«, antworte ich also, aber als ich das Gerichtsgebäude verlasse und mich auf den Weg zur U-Bahn mache, habe ich plötzlich das Gefühl, jeden Augenblick in Ohnmacht zu fallen. Ich winke ein Taxi heran und sage dem Fahrer, er solle mich zur nächsten Notaufnahme bringen, die Gott sei Dank nur eine Sieben-Dollar-Fahrt entfernt ist und zur selben Krankenhauskette gehört, in der ich auch meine Operation hatte.

Weil ich von außen betrachtet einigermaßen gesund aussehe – der Fluch des Frauseins, alles Wichtige liegt innen, ordentlich weggepackt, wie T-Shirts bei Marie Kondo –, werde ich auf eine Liege im Gang gebettet und dort vier Stunden lang ignoriert.

»Hey, Schätzchen«, schreibe ich meinem Sohn nach der ers

ten Stunde. »Ich komme heute wahrscheinlich erst später nach Hause. Mach dir einen Snack, ja? Bis zum Essen bin ich bestimmt zurück. Sorry!«

Ich nutze die Stunden hier im Gang der Notaufnahme nicht zum Schlafen oder Ausruhen, sondern zum Beantworten von E-Mails. Wenn man arbeitslos ist, gibt es keine Krankmeldung oder so etwas. Seit ich entlassen wurde, konnte ich zwar hier und da ein bisschen arbeiten, aber etwas Festes war nicht dabei. Also schreibe ich jeder Person, die ich auch nur ansatzweise kenne und die vielleicht einen Job-Tipp haben könnte, und weise sie darauf hin, dass ich alles mache, egal was und egal wann.

Eine von den Dutzenden Personen, die ich in der Woche vor meiner Operation angeschrieben habe, war mein Freund aus der sechsten Klasse, David. David hat mittlerweile eine gute Stelle beim Fernsehen. Immer wenn er für den Job nach New York kommt, gehen wir zusammen was essen. »Hast du zufällig ein Drehbuch, das geschrieben, aufpoliert oder neu konzipiert werden muss?«, schrieb ich ihm. »Braucht ihr noch jemanden für eine neue Show? Hast du eine Idee für eine Show, für die du einen Entwurf oder ein Drehbuch bräuchtest? Wenn ja, würde ich wirklich gerne irgendwas davon übernehmen.« Wenn es mir gelingt, dieses Jahr 38 302 Dollar bei einer Firma der Writers Guild of America zu verdienen, dann kriege ich meine günstige Gewerkschaftsversicherung zurück und muss nicht mehr monatlich 2349 Dollar COBRA-Beiträge bezahlen. »Ich bin nicht an Almosen interessiert. Ich bin interessiert an ehrlichem Geld für ehrliche Arbeit.«

Leider, antwortete David, wisse er momentan nichts von irgendwelchen Jobs, aber er werde die Augen offen halten. In der Zwischenzeit würden er und seine Frau Andrea mir einen Scheck über 10 000 Dollar schicken, um die COBRA-Beiträge für die kommenden vier Monate abzudecken. »Bitte nimm das Angebot an, ich gebe dir das Geld gerne.«

Moment. Wie bitte? *Wie bitte?*

Als ich das las, musste ich anfangen zu heulen. Man muss dazu sagen, dass David schon in der sechsten Klasse ein freundlicher und reifer Freund war, der die meisten nachfolgenden, wenn nicht gar alle, in der Hinsicht in den Schatten stellt. In Wahrheit haben wir nie offiziell Schluss gemacht. Wir sind einfach auf zwei unterschiedliche Highschools gegangen, und das war das Ende der Geschichte. Unsere Mütter sind Freundinnen geblieben, und seine eineiigen Zwillingsschwestern reichten ihre zu klein gewordenen Klamotten kontinuierlich an meine eineiigen Zwillingsschwestern weiter; aber David würde ich erst in den frühen Neunzigern wiedersehen, als ich mit meinem baldigen Ehemann in Moskau wohnte und David auch in der Gegend war. Dann lernte er Andrea kennen, meine enge Freundin und frühere Kollegin bei *ABC News*, und auf einmal hatte ich das Glück, David wieder in meinem Leben zu haben.

Davids und Andreas großzügiges Spontangeschenk wird mich durch die Genesungsphase nach meiner Operation bringen, bis ich schließlich einen neuen Job als Headautorin beim World Science Festival an Land ziehe; eine Stelle von Hunderten, auf die ich mich bewerben werde, hier von der Krankenhausliege und im Anschluss von zu Hause aus. »Das ist wirklich … ein lebensveränderndes Geschenk, David. Danke«, stammelte ich am Telefon, kurz nachdem ich seine Nachricht erhalten hatte. Stell dir vor, witzelte ich, die Regierung würde einspringen, wenn Bürger und Bürgerinnen krank werden, so wie es in ungefähr jedem anderen Erste-Welt-Land der Fall ist. Dann müssten das nicht mehr Freunde und Freundinnen oder *GoFundMes* erledigen.

»Oh ja,« stimmte er zu, »das wäre was. Aber bis es so weit ist, pass auf dich auf! Andrea und ich machen uns Sorgen um dich. Wir wollten dir wenigstens ein bisschen von der Last abnehmen.«

Ich hoffte, sagte ich, dass ich in einem Jahr oder so nach L.A.

kommen können würde, um den beiden persönlich zu danken, denn Darren Star hatte mich gefragt, ob ich ihm bei der Ausarbeitung einer neuen Show helfen würde.

Eine Krankenschwester huscht an mir vorbei. »Hey!«, rufe ich. »Haben Sie irgendeine Ahnung, wann ich drankomme? Mein Sohn ist allein zu Hause.«

»Wir haben noch kein Zimmer für Sie, meine Liebe, tut mir leid!« Und ehe ich nachhaken kann, ist sie auch schon wieder weg.

Also stecke ich die Nase wieder in mein Telefon, um bei Indeed und LinkedIn weiter nach Jobs zu suchen und zu schauen, ob sich Darren inzwischen gemeldet hat. Zwei Tage vor meiner OP hatte er mich eingeladen, mit ihm Lucas Hnaths *A Doll's House, Part 2* am Broadway zu sehen, und das Stück hatte mich total aufgewühlt. Es ist eine Fortsetzung von Ibsens Original *Nora oder Ein Puppenheim* und setzt fünfzehn Jahre, nachdem Nora die Tür hinter sich zugemacht hat, ein. In dieser Version kommt sie als erfolgreiche Schriftstellerin feministischer Bücher zurück und verlangt, dass Torvald die Scheidungspapiere unterschreibt.

»Was denkst du?«, fragte mich Darren hinterher.

Ich schüttelte den Kopf und lachte. »Was soll ich sagen, ich fand's großartig«, antwortete ich. »Ist ja klar. Aber gleichzeitig war es auch ein wenig zu nah dran.«

Unser Plan sieht vor, dass wir ernsthaft am Pilotfilm für die neue Show zu arbeiten beginnen, sobald ich wieder gesund bin.

Darren war kurz nachdem ich die PR-Firma verlassen hatte mit dem Angebot auf mich zugegangen. Er hatte das Konzept an Paramount verkauft, es ging um eine junge Amerikanerin, die nach Paris zog – aber in der heutigen Zeit, wie er schnell hinzugefügt hatte. Nicht 1988 wie in *Shutterbabe*. Und sie sollte einen ganz normalen Nine-to-five-Job haben, im Marketing oder so, keine Kriegsfotografin. Er fragte mich, weil ich sowohl in Paris gelebt als auch in der Werbebranche gearbeitet hatte, und wollte mir für die Mitarbeit am Pilotfilm 5000 Dollar aus eigener Tasche geben. Darüber hinaus versprach er mir einen Job im Writers' Room und ein eigenes Drehbuch, sollte seine Idee wirklich umgesetzt werden. Beide Punkte waren ausschlaggebend dafür – das war mir klar –, ob ich einen weiteren Job beim Fernsehen kriegen würde, was mein erklärtes Ziel war.

Als Jugendliche war das immer mein Traum gewesen, aber die Gespräche mit College-Freundinnen, die es damals in den Achtzigern in dem Bereich versuchten, als in den Writers' Rooms beim Fernsehen noch überwiegend weiße Männer vom *Harvard Lampoon* saßen (dem Satire-Magazin, das mich dreimal abgelehnt hatte), hatten mir zu denken gegeben.

Für meinen College-Abschluss hatte ich für mehrere Kurzfilme die Drehbücher geschrieben, Regie geführt, gefilmt und geschnitten, dennoch kapierte ich schon 1988, als ich meinen Abschluss machte, dass meine Chancen als Kriegsfotografin aussichtsreicher waren. Nicht, dass die Statistik dreißig Jahre später viel rosiger aussehen würde: 2017 waren noch immer 80 Prozent der Showrunner männlich.

Hatte ich Sorge, dass die Mitarbeit an einer Serie über eine junge naive Amerikanerin in Paris die Chancen auf eine *Shutterbabe*-TV-Serie minimieren würde? Na klar. Aber Darren hatte Einfluss in der Fernsehwelt, ich nicht, und die Aussicht auf einen bezahlten Job und ein eigenes Drehbuch war einfach zu gut. Beides würde mir erlauben, für mindestens zwei Jahre meine Gewerkschafts-Krankenversicherung zurückzubekommen.

Bevor die Serie einen Namen hatte, nannten wir sie »The Paris Show«, dann wurde daraus »Ex Patty«, weil wir dachten, dass wir die Protagonistin Patty oder Patricia nennen würden. Aber dann wurde aus Patty Emily. Gabriel, ihr *love interest* und Nachbar, ist an Alex angelehnt, einen amerikanischen Freund von mir, der während meiner Zeit in Paris als Koch bei Taillevent arbeitete, wo er unsere große Gruppe Expats jeden Sonntagabend bekochte.

Emily soll im Marketing eines Pharmaunternehmens arbeiten, genau wie ich, und das Markenmanifest, das sie für Vaga-Jeune schreibt, ein fiktives Produkt gegen Vaginatrockenheit, entspricht eins zu eins dem Markenmanifest, das ich in meiner ersten Woche im neuen PR-Job schrieb. Emily ist empört über die Tatsache, dass die Vagina im Französischen maskulin ist – *le vagin* –, genau wie eine meiner Figuren damals in *The Red Book*. Emily landet einen Coup, und die Episode endet auf meinen Vorschlag hin mit ihrem Tweet »*Le vagin n'est pas masculin*« (›Die Vagina ist nicht männlich‹) und Brigitte Macrons Retweet.

Darren überarbeitet meine Dialoge, Ideen, Figuren und weiteren Vorschläge in einem ersten Lauf, dann schicken wir uns das Drehbuch mehrmals gegenseitig zu, und ich füge passende französische Redewendungen und kulturelle Besonderheiten ein, die mir aus meinen vier Jahren Paris und den zahlreichen Besuchen bei meiner Freundin Marion in Erinnerung geblieben sind. Mit Marion schreibe, telefoniere und maile ich während des Schreibprozesses viel, um sicherzugehen, dass das Paris, das wir zeigen, der Wirklichkeit von heute entspricht.

Drei Jahre später läuft die Serie unter dem Namen *Emily in Paris* auf Netflix an und wird auf Anhieb international zur Nummer eins. Ein paar Monate später wird sie fragwürdigerweise für zwei Golden Globes nominiert.

Ich verstehe nicht, warum wir keinen Vertrag aufsetzen können, sage ich zu Darren, dann hätte ich ein offizielles Einkommen. Er wird ja schließlich auch von Paramount bezahlt, einer Vertragsfirma der Writers Guild. Könnte er nicht bei den MTV Studios fragen, ob sie mich auch bezahlen könnten? Als ich mit Eddie das Drehbuch zu *Shutterbabe* schrieb, bekam ich dafür 80 000 Dollar von NBCUniversal, ebenfalls Vertragsfirma: ein Einkommen, das ich dann der Writers Guild meldete, woraufhin ich Mitglied wurde, meine Beiträge zahlte und für zwei Jahre eine erschwingliche Krankenversicherung hatte. Aber Darren bleibt dabei, dass er mich im Moment aus eigener Tasche bezahlen müsse, ohne mir den Grund dafür zu verraten. Er verspricht mir jedoch, dass ich sowohl meine eigene Episode als auch einen festen Job als Autorin bei der Serie bekomme, sobald er grünes Licht für deren tatsächliche Produktion habe. Wir sind gut genug befreundet, darum vertraue ich darauf, dass er weiß, wovon er spricht, und dass er mir außerdem weder Geld noch eine berufliche Chance wie diese wissentlich vorenthalten würde.

»Ich will einfach mein Geld als Autorin beim Fernsehen verdienen und nicht weiterhin meine Seele an die Pharmaindustrie verkaufen, um meine Kinder ernähren und krankenversichern zu können«, sage ich zu ihm. »Wenn unsere Arbeit an dieser Serie also darauf hinauslaufen könnte, wäre ich dabei.«

»Das wird sie«, sagt er. »Versprochen. Wenn sie es mögen und wirklich produzieren, dann wird das hier dein neuer Job.«

Später in diesem Herbst, während seiner Küchenrenovierung, bietet er mir seinen neuen Wolf-Backofen an, der bereits in der Wohnung war, als sie kaufte, aber nicht ins Farbschema seines Inneneinrichters passt. Ich brauche diesen Ofen wirklich, weil meiner ungefähr aus den Fünfzigern stammt, ein Gasleck hat und immer wieder ausgeht. Aber erstmal muss ich 500 Dollar aufbringen, um ihn überhaupt entfernen zu lassen.

Ein Jahr nach Anschluss des neuen Ofens verkaufe ich ihn bei meinem Umzug für 2500 Dollar weiter, die direkt an den Schatzmeister vom College meiner Tochter gehen.

»Bitte!«, rufe ich in die Leere hinein. »Bitte! Ich habe Schmerzen!«

Mein Sohn schreibt mir zum fünften Mal. »Wann kommst du nach Hause?« Er ist jetzt seit Stunden alleine. Ich wollte nach der Anhörung eigentlich noch was zum Abendessen einkaufen.

Ich rufe ihn an. »Was auch immer du tust, bitte lass die Finger vom Küchenlicht, wenn es dunkel wird«, ermahne ich ihn. Ich selbst fasse den Lichtschalter nur mit einem dicken Gummi-Ofenhandschuh an, damit ich keinen Stromschlag kriege, aber ihm traue ich das nicht zu. »Ich komme bald nach Hause«, sage ich. »Mach dir ein Müsli, bevor es in der Küche zu dunkel wird.«
»Wir haben keine Milch mehr.«

Ich schreibe meinem Ex, um ihn zu fragen, ob er heute Abend unseren Sohn füttern könne, aber er ist mit Freunden aus. Meine Tochter ist in Israel, die kann ich nicht fragen. Mein älterer Sohn ist in Thailand und unterrichtet Englisch. Ich schreibe der Mutter eines Mitschülers, der in der Nähe wohnt, aber die arbeitet heute Abend. Also bestelle ich ihm was beim Thailänder und sage ihm, dass er den linken Knopf drücken muss, um den Mann vom Lieferservice reinzulassen. Er hat Angst, weil die Gegensprechanlage noch immer kaputt ist. Was ist, wenn das irgendein Verrückter ist, der das Haus anzünden will? »Du schaffst das«, beruhige ich ihn. »Gib ihm drei Dollar Trinkgeld aus dem Glas mit den Vierteldollars. Das sind zwölf Vierteldollars.«

»Okay«, sagt er. Seine Stimme klingt dünn und verängstigt.
»Hallo?!«, rufe ich noch einmal. »Ich bin jetzt seit vier Stunden hier! Ich habe ein Kind, das alleine zu Hause sitzt!«

Nada.

Als sich endlich jemand meiner annimmt, immer noch im Gang, nicht etwa in einem Behandlungszimmer, reicht es mir. »Auf einer Skala von eins bis zehn?«, fragt mich ein gestresster Arzt. Vorsicht, Fangfrage, wenn du eine Frau bist! Was auch immer man sagt, es wird einem nicht geglaubt. Man muss ein bisschen pokern, wie an der Börse. Ich möchte zehn sagen, aber als ich das das letzte Mal getan habe, ein paar Minuten bevor ich in der Praxis meiner ehemaligen Ärztin kollabiert bin, baute sich ihr männlicher Kollege, mit dem ich bis dato nie zu tun gehabt hatte, vor mir auf, verschränkte die Arme, verdrehte die Augen und sagte: »Kommen Sie, stehen Sie schon auf. Das sind nur Blähungen! So schlimm kann es nicht sein.« Und dann schickte er mich nach Hause. Drei Stunden später lag ich auf dem OP-Tisch, Blinddarmdurchbruch.

Zehn, entscheide ich, wäre zu riskant. Ein bisschen weniger. »Acht?«, sage ich zögerlich. Acht ist eine gute Zahl, hoch genug, um ernst genommen zu werden, aber nicht so hoch, dass einen jemand hysterisch nennen könnte. Wird es funktionieren?

Der Arzt verschreibt mir ein neues Antibiotikum für meine entzündete Bauchwunde.

»Wollen Sie nicht mit dem Spekulum nachsehen? Der richtige Schmerz sitzt in mir drinnen«, hake ich nach.

Das müsste jemand aus der Gynäkologie machen, sagt er. Sie hätten aber gerade niemanden hier in der Notaufnahme. Wenn ich morgen wieder käme …

»Sie … Sie haben niemanden aus der Gynäkologie? In einem Krankenhaus? Und was ist, wenn ein gynäkologischer Notfall reinkommt?«

Er murmelt irgendwas von wegen Frauen sollten besser zu den Öffnungszeiten in ihre gynäkologische Praxis gehen und schickt mich nach Hause, ohne mich mit dem Spekulum untersucht zu haben. Hätte er das getan, wäre ihm vielleicht aufgefallen, dass sich die Naht oben an meinem Vaginalkanal auflöste.

Ich will schreien. Stattdessen stehe ich auf, unterschreibe ein paar Papiere, die auf eine weitere Krankenhausrechnung hindeuten, und mache mich, vor Schmerz gekrümmt, auf den Weg zur U-Bahn. Im vollen Zug frage ich einen Geschäftsmann, ob ich mich setzte könne. »Warum?«, fragt er zurück und bleibt sitzen. Weil ich ihm weder das zerfranste Fleisch an meinem Vaginalkanal noch das nun meine Unterhose flutende Blut zeigen kann, ziehe ich nur mein Shirt hoch und zeige auf die Schnitte. Mit genervtem Schnauben gibt er seinen Platz frei.

Zwei Wochen später, am 2. Juni 2017 (exakt vier Stunden nachdem meine Tochter, ohne die ich verblutet wäre, wieder aus Israel zurück ist), lösen sich die Nähte vollständig, und die achtzehn großen Klumpen (»*Chai!*«), mit denen dieses Buch angefangen hat, schießen aus meinem Vaginalkanal.

Den ersten dieser achtzehn Klumpen lege ich mir als Größenvergleich auf die Handfläche und fotografiere ihn, dann versuche ich es in einem Zeitraum von einer Stunde dreimal unter der Bereitschaftsnummer meiner Chirurgin. Niemand ruft mich zurück. Warum? Die Frage geht im Chaos der Situation unter. Und ich habe weder die Zeit noch die Energie noch die Lust, eine Antwort darauf zu finden oder gar das Krankenhaus zu verklagen. Aber ich vermute, es liegt daran, dass die zwei Chirurg*innen, die dort geplante Trachelektomien und Hysterektomien mit Roboterarmen vornehmen – die Einzigen, die gerade mein Leben retten könnten –, üblicherweise nicht bei postoperativen Notfällen wie dem Reißen von Vaginalstumpfnähten zurate gezogen werden. Es ist also schlichtweg niemand da, der sich das Foto des riesigen Blutklumpens in meiner Hand ansehen könnte, während die nächsten drei aus mir herausgeschossen kommen und ich in die Küche hechte, um nach einem Behälter zu suchen, in dem ich sie aufbewahren kann.

Stattdessen versucht mich meine Tochter mit sanftem Druck dazu zu bewegen, um 1.30 Uhr ins Krankenhaus zu fahren, während ich bleich und benommen durch die Wohnung schleiche und mich an der Tupperdose mit den Klumpen festklammere, die nun immer größer werden, je stärker sich der Riss öffnet. Wie ein Phantom-Gebärmutterhals, der sie gebiert. Und dann, Blut im Flur, auf meinem Bett, auf dem Küchenfußboden und den Badezimmerfliesen, schreie ich meine arme Tochter sogar an, als sie vorschlägt, den Krankenwagen zu rufen, denn einen Krankenwagen »können wir uns nicht leisten«.

Sollte ich das hier überleben, schießt es mir durch den Kopf, während ich über meinem sterbenden Körper schwebe, der nun eilig in den Operationssaal verfrachtet wird, *dann befördere ich dieses Wrack von einem Körper nach Nepal, zu Finn.*

Teil 6

GEHIRN

2017–2019

33

Kopf leer

Juli 2017

Draußen vor dem Fenster umrunden tibetische Mönche mit roten Gewändern den Stupa von Bodnath und drehen mit ausgestreckten Händen Gebetsmühlen. »*Om mani padme hum, om mani padme hum* ...«, singen sie immer und immer wieder. Drinnen liege ich auf dem Boden eines winzigen Klangschalengeschäfts im ersten Stock, Buddhas Blick durch den Fensterausschnitt geradewegs auf mich gerichtet.

Bis unter die Decken reichende Regale ächzen unter der Last schwerer Kupferschalen, von denen einige herausgenommen und für eine Klangschalen-Therapiestunde um mich herum aufgestellt wurden. Jede Schale hat eine andere Größe und erzeugt andere Vibrationen und Töne. »Mach Augen zu«, sagt einer der beiden nepalesischen Männer, die die Stunde leiten. »Mach Kopf leer.«

Kopf leer? Hahahahaha. Genau. Aber mittlerweile bin ich bereit, alles zu versuchen, wenn es der Heilung dient. Oder zumindest dazu führt, dass der Schmerz in meinem Becken nachlässt und ich die traumatisierenden Bilder von Klumpen und Chaos loswerde, die sich täglich in meinen Kopf stehlen. Nach einem Neunzehn-Stunden-Flug voller Krämpfe, bei dem ich während des Halts in Guangzhou, China, und sowohl vor dem Abflug als auch nach der Landung im Rollstuhl transportiert wurde, war ich in den ersten Tagen in Nepal zu nichts anderem in der Lage, als in der Hängematte zu liegen, die Finn für mich auf dem Balkon unseres Hotelzimmers in Kathmandu aufgehängt hatte. Mit Blick auf den Garten unter mir und den Himalaya über mir. Da lag ich und schwang sanft hin und her, hin und her, lauschte den Vogelrufen am Morgen und den *bansuri*, den nepalesischen Flöten, am Abend, Vogelrufe am Morgen, *bansuri* am Abend. So vergingen einige Tage. Ich beobachtete, wie sich die Wolken formten und neu formten, wie die Sonne auf- und wieder unterging.

Aber jetzt bin ich bereit, mich meiner Heilung richtig anzunehmen, vom Modus der passiven Patientin in den der aktiv an der eigenen Genesung mitwirkenden umzuschalten. Dafür muss ich erst einmal den selbstgefälligen Zynismus ablegen, der mich überkommt, wenn ich die strengen Grenzen westlicher Medizin überschreite, die mich mittlerweile mehrfach hat hängenlassen, und versuchen, offen zu sein. Ich habe mir vorgenommen, alles auszuprobieren, was mir in dieser Stadt an uralten östlichen Therapieverfahren begegnet, und darum liege ich nun hier in diesem kleinen Klangschalengeschäft, über das wir auf der Suche nach Schatten zufällig gestolpert sind.

»Willst du?«, hatte der Ladenbesitzer gefragt und auf die lila Matte am Boden gezeigt. »Zwanzig Minuten.«

Ja, und … Ich checke die Preise für die unterschiedlich langen Sessions. Sie sind überschaubar. »Wie wäre es mit dreißig?« Wenn es nichts bringt, hätte ich wenigstens ein nettes Mittagsschläfchen, denke ich mir. Als der Mann versucht, eine Schale auf meine OP-Wunde zu stellen, zucke ich zusammen, und er nimmt sie sofort wieder herunter. »Entschuldigung«, sage ich. »Aber ich wurde gerade operiert.« Ich zeige ihm meine Narben.

»Ah«, sagt er. »Tut mir sehr leid.«

Ich frage mich, ob das Ganze ohne Schale auf dem Becken nicht funktioniert. Aber hey, was für ein Quatsch. Als würde mich das hier überhaupt irgendwie heilen können. *Hör auf, vielleicht klappt es ja! Nein, wird es nicht. Das weißt du doch gar nicht. Bleib offen.*

Mein Gehirn führt einen Glaubenskrieg gegen sich selbst.

Finn sitzt auf einem Stuhl in der hinteren Ecke des Raumes, was immer noch nah genug ist, um jedes Barthaar in seinem Gesicht erkennen zu können. Sein Haar und sein Bart sind auf Jesuslänge gewachsen, seit wir uns vor acht Monaten das letzte Mal gesehen haben, als wir uns getrennt haben, weil er zum Arbeiten zurück nach China musste, und weil wir auch so wussten, dass es nicht sein sollte. Er steht auf und macht mit lauten Klicks ein paar Aufnahmen mit meiner Kamera, bevor wir anfangen.

Eine befreundete Redakteurin bei *O, The Oprah Magazine* wollte die Kosten für meine Reise zwar nicht übernehmen – die Tage, als man für sowas Geld bekommen hat, sind vorbei, besonders so kurzfristig –, aber sie versprach, sich alle Bilder und Texte anzusehen, die ich mit nach Hause bringen würde. Und Finn ist entschlossen, mich dabei zu unterstützen, gute Bilder zu bekommen. Nicht nur von den Dingen, die ich sehe, sondern auch von denen, die er sieht: eine Frau, die nach einer Waffenruhe mit ihrem eigenen Körper strebt.

Ob ich mich dieser Erfahrung lieber ganz hingeben würde, anstatt mir Notizen zu machen, damit mir jemand mein 29-Dollar-Hotelzimmer bezahlt und vielleicht noch ein bisschen Geld gibt für die Zeit, wenn ich zurückkomme und die Geschichte aufschreibe? Ja. Absolut. Ich bin erschöpft. Ich habe Schmerzen. Und überhaupt keine Lust, mich auf Worte zu konzentrieren oder die schwere Kamera mit mir herumzuschleppen, auch wenn mir das Finn zugegebenermaßen sowieso verbietet. Er ist es, der unseren ganzen Kram, Pässe und Wasserflaschen eingeschlossen, in seinem Rucksack trägt. Außerdem muss ich, um weiterhin Arbeitslosengeld zu erhalten, aktiv nach einem Job suchen oder wöchentlich freiberufliche Arbeit nachweisen, auch mit zwei großen Operation innerhalb von drei Wochen.

In der Version einer freiberuflichen Autorin würde das »ABC« – *Always Be Closing* – aus dem vom skrupellosen Immobiliengeschäft handelnden Film *Glengarry Glen Ross* zu »ABP« werden – *Always Be Pitching*. Am dritten Morgen nach der Not-OP hatte ich mehreren Redakteur*innen bei unterschiedlichen Magazinen vom Krankenhausbett aus geschrieben, dass ich plante, hierher nach Nepal zu fliegen. Über meinen Heilungsprozess zu schreiben und dabei zu fotografieren, erschien mir wie die logische Lösung des ewigen Rätsels, wie ich die beiden, Heilung und Arbeit, unter einen Hut kriegen könnte. Autorin und Fotografin, das sind die zwei Berufe, die ich immer auf meiner Steuererklärung angebe.

Trotzdem werde ich ein paar Monate später vor Gericht erscheinen müssen, um meine Arbeit nachzuweisen, denn mein allwöchentlicher Online-Antrag auf Arbeitslosengeld, den ich von einem Hotelzimmer in Kathmandu aus verschicke, wird mir zum IP-Adressen-Verhängnis, und ich lande direkt im Fegefeuer der Wohlfahrt. Jegliche Ausreise wird vom Algorithmus des Arbeitsamts in New York als Urlaub interpretiert, in dem man nicht nach Arbeit sucht; mein Geld wird mir also sofort gestrichen.

Die Internetseite des NY State Department of Labor empfiehlt, sich einen Anwalt für die Anhörung zu suchen – als ich das lese, muss ich laut lachen. Einen Anwalt? Wegen 403 Dollar die Woche? Hahahahaha! Nein, danke, *dol.ny.gov*. Wenn ich Sorgerecht, Unterhalt und Scheidung selbst geregelt gekriegt habe, dann kann es ja wohl nicht so schwer sein, einer Richterin klarzumachen, dass ich keine Sozialbetrügerin bin.

Kann es doch, wie sich herausstellen wird.

»Nein,« werde ich sagen, »ich war nicht im Urlaub.« Ich zeige der Richterin Kopien meines Mailverkehrs mit mehreren Redakteur*innen, geschrieben aus dem Krankenhausbett. Ich zeige ihr noch weitere Papiere aus dieser Zeit, noch mehr Mails und Bewerbungen, die ich von Nepal aus verschickt hatte. Ich zeige ihr Scans von den Artikeln, die auf *Oprah* und im *Business Insider* erschienen sind.[146] Ich zeige ihr meine sechs Reisebücher, zahlreiche weitere Reportagen und Geschichten, die ich im Ausland geschrieben hatte und die meine Vertrauenswürdigkeit als Autorin und Fotografin beweisen sollen. »Ich habe in einer fremden Stadt Notizen und Fotos gemacht, um mit der Geschichte meiner Heilung etwas Geld verdienen zu können. So etwas habe ich schon oft gemacht. Ich bin Autorin und Fotografin, und das ist Teil meines Berufs.«

»Sie haben also gearbeitet. Und jemand in Nepal hat Sie bezahlt. Das bedeutet, dass Sie für diese Wochen kein Recht auf Arbeitslosengeld vom amerikanischen Staat haben.«

»Nein«, erkläre ich noch einmal, so ruhig und geduldig wie möglich. »Niemand hat mich bezahlt. Ich habe auf Bezahlung spekuliert.« So laut ausgesprochen hört es sich tatsächlich ein wenig zweifelhaft und verrückt an, muss ich zugeben – nach Nepal zu fliegen, um dort gesund zu werden, weil es in den USA zu teuer gewesen wäre; dann der Versuch, das als Job zu verkaufen, um ja nicht das Arbeitslosengeld gestrichen zu bekommen. Aber alles am US-Gesundheitssystem ist nun einmal zweifelhaft und verrückt, und das ist in meinen Augen nur insofern meine Schuld, als dass ich in den letzten Jahren nicht laut genug dagegen aufbegehrt habe. »Stellen Sie es sich wie ein Bewerbungsgespräch in einer anderen Stadt vor«, versuche ich es weiter. »Man steigt ins Flugzeug und fliegt nach Cincinnati, weil man hofft, irgendwann in der Zukunft den Job zu kriegen, nicht weil man sicher ist, dass man ihn kriegt. Man wagt etwas. Und betet, dass es klappt. So funktioniert Freiberuflichkeit.«

Der Anwalt, der das NY State Department of Labor vertritt, wird später im Aufzug auf mich zukommen und sagen: »Puh, das war ja mal eine Zeitverschwendung für alle Beteiligten. Es tut mir so leid, dass wir Sie dem ausgesetzt haben. Aber ich freue mich schon darauf, zu lesen, was auch immer sie darüber schreiben werden.« Er zwinkert mir zu und geht.

Herausforderung angenommen, Regierungsanwalts-Typ.

Am Ende reichen der Richterin die Beweise, die ich vorlege, um die Reise als potenzielle Einkommensquelle zu verbuchen und das Urteil der Regierung auf »Vorspiegelung falscher Tatsachen« anzuzweifeln. Das Geld wird mir rückwirkend ausgezahlt, bis es einige Wochen nach meiner Rückkehr aus Nepal sowieso ausläuft. Trotzdem werden mir 806 Dollar meines Arbeitslosengeldes gekürzt, weil ich »im Urlaub« war, als ich nach Arbeit hätte suchen sollen, ungeachtet zweier veröffentlichter Artikel, die das Gegenteil bezeugen. Die Tatsache, dass ich in der Woche davor fast gestorben wäre und Zeit zum Gesundwerden brauchte, und die Tatsache, dass mir drei Wochen davor mein Gebärmutterhals entfernt worden war, ist ihnen egal. Sowohl die Algorithmen als auch die Menschen, die in den USA für die Arbeitslosengeld-Berechnungen zuständig sind, nehmen bei Krankheit keine Anpassungen vor, ob beinahe tödlich oder nicht. Auch nicht in dem Fall, dass sich eine Freelancerin bemüht, Arbeit zu finden, so wie es das Arbeitslosengesetz fordert: irgendwo da draußen in der Welt eine Geschichte zu suchen und aufzuschreiben, einfach so ins Blaue hinein, in der vagen Hoffnung, dass irgendwo irgendwer einwilligt, sie zu veröffentlichen. Das ist so amerikanisch, dass ich nicht weiß, ob ich lachen oder weinen soll.

»Bereit?«, sagt Finn und macht ein letztes Foto von mir, wie ich zwischen den Klangschalen liege.

»So bereit wie es geht.«

»Einfach atmen«, sagt er und zwinkert mir zu. Unser eigenes kleines Mantra, geboren aus dem Song »Just Breathe« von Pearl Jam, den wir uns eines Tages und dann jeden einzelnen unserer gemeinsamen Tage zusammen angehört haben, manchmal sogar mehrmals hintereinander. Solange der Song lief, durfte ich nicht über Geld, Kinder oder Arbeit nachgrübeln. Oder irgendetwas im Haushalt erledigen oder auf elektronische Geräte reagieren. Drei Minuten fünfundzwanzig nur ruhig atmen, oft in seinen Armen.

Finn wurde in die Sorte ländlicher amerikanischer Armut hineingeboren, die Kindheitserinnerungen hervorbringt wie das Trommeln des Regens auf ein Blechdach oder Männer, die krachend Türen zuschlagen. Er betrachtet es als seine gottgegebene Pflicht, sich mit anderen Menschen zu verbinden und ihnen etwas von ihrer Last abzunehmen. Seit dem Abend unseres Kennenlernens in der Bar an der Bleecker Street hatte ich das Gefühl, Finn in die Wirklichkeit geträumt zu haben – damals, als ich ihn wie in Zeitlupe die Cornelia Street überqueren sah und dachte: *Wer ist die Glückliche, die heute Abend mit diesem Mann verabredet ist?* Erst als ich auf mein Handy mit dem Tinder-Bild von ihm hinuntersah, kapierte ich, dass ich diese Glückliche war.

»Hier ist es viel zu laut zum Reden«, hatte ich gesagt. »Wollen wir vielleicht lieber zu John's Pizza gehen?« Das Lokal, eines der wenigen noch unberührten Juwelen in New York, befand sich auf der gegenüberliegenden Straßenseite.

»Ehe ich mich schlagen lasse«, antwortete Finn mit seinem breiten Südstaaten-Akzent. Ein weiterer typisch ironischer Finnismus, denn man musste ihn nie lange zu irgendetwas überreden oder zwingen. Morgens am Klangschalentag in Kathmandu hatte er ein Massagestudio entdeckt, das von blinden Masseur*innen betrieben wurde. »Sie können mit ihren Händen sehen!«, hatte er gerufen. »Wie cool ist das denn bitte? Das *muss* sich einfach gut anfühlen.« Er hatte natürlich recht.

Ein Satz aus dem Pearl-Jam-Song schießt mir durch den Kopf, als die Schalen anfangen zu vibrieren. *Yeah, I don't wanna hurt, there's so much in this world to make me bleed …*

Zuvor war an diesem Morgen ein Hindu-Priester, der die Toten im Pashupatinath-Tempel bewachte, auf mich zugekommen und hatte mir, ohne zu fragen, mit roter Farbe aus getrocknetem Kurkuma ein Tika-Zeichen auf die Stirn gemalt. »Schutz«, hatte er gesagt und mir dann in Erwartung von ein paar Rupien seine Hand hingehalten. Aber es gibt keinen Schutz. Nicht vor der Traurigkeit, die mich überfiel, als ich den Jungen sah, der am Ufer des Bagmati seine tote Mutter beweinte, kurz bevor ihr Körper in Flammen aufging. »Warum ist sie gestorben?«, fragte ich. Ein Verwandter des Jungen deutete auf seinen Unterleib, dorthin, wo die Fortpflanzungsorgane sitzen, und ich zwang mich, nicht zu weinen. Ich sah meinen eigenen Sohn im Feriencamp vor mir, sicher in seinem kleinen Stockbett eingekuschelt. Und dann stellte ich mir vor – wäre seine Schwester an jenem schrecklichen Abend nicht zu Hause gewesen –, wie ein Betreuer reinkommt, um ihm mitzuteilen ... was? Wie hatte dieser schluchzende Junge vom Tod seiner Mutter erfahren? War er dabei gewesen, als sie starb? Oder musste ihm jemand die Nachricht überbringen? Die Füße der Frau, bemerkte ich, waren ungewöhnlich klein und zart, wie die eines Kindes.

Der Tika auf meiner Stirn sitzt zwischen meinen Augen und markiert das sechste Chakra, das Aijna-Chakra oder auch »das dritte Auge«, den sogenannten Sitz der Weisheit und des Bewusstseins, wo nach der Hindu-Tradition alle Schöpfung ihren Anfang nimmt. Das ergibt Sinn, bedenkt man die Nähe zum Gehirn. Es steht für Intuition, Verstand und Vorstellungskraft: Das, was wir mit unseren eigenen Augen nicht sehen können, müssen wir mit unserem dritten Auge »sehen«. Wie ein Buch, das noch nicht geschrieben wurde. Das Gesicht meines Vaters, jetzt, wo er nicht mehr da ist. Oder ein Junge in dem Moment, als er vom letzten Atemzug seiner Mutter erfährt.

Ohne an das Zeichen auf meinem Ajna-Chakra zu denken, wische ich mir den Schweiß von der jüdischen Stirn, jetzt vollgeschmiert mit hinduistischem Kurkuma, und warte mit meinem christlichen Gefährten darauf, dass die buddhistische Zeremonie beginnt.

Ich stehe sozusagen für Chancengleichheit.

Wie Nepal mit seiner langen Geschichte religiöser Toleranz. Der Hinduismus ist die wichtigste Religion, aber Hinweise auf die Existenz und die Akzeptanz anderer Glaubensrichtungen flattern hier überall im Wind. Heute Morgen stand Finn in seinem Tai-Chi-Gewand in einem Lichtstrahl, die Arme ausgestreckt und das Gesicht der Sonne zugewandt, hinter ihm an der Hauswand die Schatten tibetischer Gebetsfahnen. Er sah aus wie die Fleisch gewordene nepalesische Toleranz – ein taoistischer Jesus im buddhistischen Hinduland. »Nicht bewegen!«, rief ich und holte meine Kamera.

Die einzige große Weltreligion, die hier fehlt, wird mir im Klangschalengeschäft klar, ist der Islam. Damals, als ich vom Krieg in Afghanistan berichtete, brachten mir die Mudschahedin die ersten Verse des Korans bei (*Bismillah ir-Rahman ir-Rahim, la ilaha illallah muhammadur rasulullah* ...), während wir zitternd in unserer Berghöhle saßen und uns vor den sowjetischen Bomben versteckten. Diese Worte laut aussprechen zu können, machte mich anscheinend automatisch zur Muslima. Und äußerst beliebt bei muslimischen Taxifahrern.

Moment!, schießt es mir plötzlich durch den Kopf. Diese Höhle. Diese saukalte, stinkende Höhle mit der gefrorenen Kleckerburg aus Scheiße draußen vor dem Eingang und den Fotos von Ayatollah Khomeini und einer an der Wand lehnenden Kalaschnikow. Die Höhle, in der ich schlief und hungerte und mich versteckt hielt, während dieser ersten Monate des Jahres 1989. Diese Höhle befand sich ebenfalls im Himalaya-Gebirge, etwa 1500 Kilometer nordwestlich von hier.

Mann. Natürlich!

Am Morgen zuvor hatten Finn und ich in einem Secondhand-Buchladen in Thamel eine abgegriffene und mit Notizen versehene Ausgabe von *Shutterbabe* entdeckt. Sie hatte genau auf meiner Augenhöhe im Regal gesteckt, wie eine Nachricht von meinem alten Ich, wie ein Vorwurf. Und obwohl Finn darauf bestanden hatte, diesen merkwürdigen kleinen Augenblick mit der Kamera festzuhalten, war mein Hirn zu dem Zeitpunkt trotzdem noch nicht in der Lage gewesen, die Verbindung herzustellen. Erst jetzt.

Das wird an den Schmerzen liegen. Alles wird im Kopf vermischt, und du verlierst den Blick für das Offensichtliche.

Als das Lied der Klangschalen überall um mich herum ertönt – was für ein komisches, einlullendes Geräusch, ich spüre, wie die Schwingungen meinen Körper ergreifen, als stünde ich in einem Glockenturm –, dämmert es mir endlich, dass ich mich in derselben tektonischen Subduktionszone befinde, in der Akt eins meines Erwachsenenlebens seinen Ausgang genommen hatte: im Krieg. Im Schnee. Mein 22-jähriges Gehirn voller Hollywood-Fantasien darüber, wie sich mein Leben wohl entwickeln würde. Keine davon sollte wahr werden. Ich bin nicht bei der Kriegsfotografie geblieben. Die Worte wollten aus mir heraus, und mein Bedürfnis nach Verwurzelung war zu stark. Ich habe den jungen Mann, den ich in Jamaika kennengelernt hatte und der mich später in London besuchte, nicht geheiratet. Das Schicksal griff ein und sorgte dafür, dass er den Zettel mit meiner Telefonnummer verlor, als er mich in Paris besuchen kam. Ich lebte nicht zufrieden bis ans Ende meiner Tage, sondern eher so, wie wir alle leben: sporadisch glücklich, sporadisch unglücklich.

Damals hatte mein Körper noch nicht drei Menschen geboren und war noch nicht von den Wechselfällen des Frauseins heimgesucht worden. Hier und jetzt, drei Jahrzehnte später in den Ausläufern des Himalaya, ist Sommer, nicht Winter. Es herrscht Frieden, kein Krieg. Farben haben das Schwarz und Weiß von Nacht und Eis ersetzt. Die Vibrationen, die ich in meiner Brust spüre, rühren von Klangschalen, nicht von Bomben her. Ich werfe mich

nicht mehr wild entschlossen und faltenfrei jeder Gefahr entgegen, ich bin verzagt und verschreckt, verletzt und verkratzt.

Wie ironisch, denke ich, dass ich mir bei der Kriegsberichterstattung lediglich eine kleine Wunde in meiner rechten Hand zu-
gezogen habe, während die Existenz in einem Frauenkörper ein
ganzes Sternbild an Narben zurückgelassen hat. »Es ist Krieg, und
ich blute.« Das war der erste Satz dieses ersten Buches, aber nur
wenige Leser*innen bemerkten den Subtext, und niemand, auch
ich nicht, hätte ahnen können, was noch folgen sollte.

Ja, damals in Afghanistan bekam ich meine Tage auf einem
Minenfeld, und einer der Mudschahedin setzte sich auf meinen
Rucksack und zerbrach dabei eine kleine Flasche Franzbrannt-
wein, deren Inhalt sich daraufhin über meine einzige Packung
Tampons ergoss. Hygienisch gesehen nicht gerade ideal, worum
es mir aber eigentlich ging, war zu zeigen, dass es hier nicht kon-
kret um Menstruationsblut in einem sehr konkreten Krieg ging,
sondern darum, dass sich das Leben in einem weiblichen Körper ebenfalls wie Krieg anfühlen kann. Aber heute, da ich tief im
»mittleren Alter« stecke, ist mein Körper von so vielen tatsächli-
chen Wunden und Narben gezeichnet, die für mich früher reine
Metaphern waren, dass ich sie längst nicht mehr zählen kann.

Aus der Linguistik wissen wir, dass zu Beginn der Menschheits-
geschichte alles, was mehr als zwei war, unter »viele« firmierte.[147]
Diesem Konzept nach war drei genauso viel wie vier, fünf, sechs
oder eintausend. Zählen ging also in etwa so: »Eins, zwei, viele.«
Auch ich habe nach Narbe Nummer drei aufgehört die Narben
zu zählen, und tue es nur, wenn ich dazu gezwungen werde, mir
ihre Existenz vor Augen zu führen, zum Beispiel, wenn ich irgendwelche Anamnese-Fragebögen vor einem Arztbesuch ausfüllen
muss. Ich musste mir tatsächlich all meine Operationen alpha-
betisch sortiert in meinem iPhone notieren, sonst könnte ich sie
mir nicht merken: Adenotomie (1972), Appendektomie (2006),

D&C (Ausschabung der Gebärmutter) Nr. 1 (1983), D&C Nr. 2
(2000), Frenektomie (1988), Hysterektomie (2012), Leistenbruch-
OP (1997), Meniskektomie (2018), Morton-Neurom-OP Nr. 1
(1995), Morton-Neurom-OP Nr. 2 (2020), Trachelektomie (2017),
Vaginalstumpf-OP (2017).

Es sagt einiges aus, finde ich, dass mein iPhone das Wort Trachelektomie nicht kennt, die einzige Operation auf meiner Liste
mit rot gepunkteter Linie darunter. Als würde es mich auffordern
zu beweisen, dass es diesen wirklich häufigen Eingriff tatsächlich
gibt. Ja, sogar die Rechtschreibprüfung ist sexistisch.

Aus Neugier habe ich mal »Prostatektomie« eingegeben, also
die Entfernung der Prostata, und, wer hätte es gedacht: Den Begriff kannte mein iPhone. Dann versuchte ich es noch mit ein paar
weniger häufigen Operationen männlicher Fortpflanzungsorgane
und männlicher Leiden, sowas wie Spermatitis, Gynäkomastie,
Penishämatom und Herniorraphie.

Auch diese Wörter kannte mein Handy.

Auf meiner Liste fehlen die vielen Biopsienarben (fünf von 2013,
eine von 2015, noch eine von 2017), meine drei Dammschnitte bei
den Geburten meiner Kinder (1995, 1997, 2006) und die Stichver-
letzung an meinem rechten Unterarm, die ich mir 1989 in Zürich
zuzog, als ich ein paar Drogendealer dabei erwischte, wie sie mein
Hotelzimmer durchwühlten.

Sie berücksichtigt auch nicht all die »unlöschbar in den Hippocampus eingebrannten« Momente, wie Christine Blasey Ford es
später im Zusammenhang mit dem Übergriff durch Brett Kavanaugh formulieren wird, die von den Übergriffen auf mich herrühren: Da war der Polizist in Mexiko, der nach meiner vorpuber-
tären Brust griff, als ich ihn nach dem Weg fragte (1979). Der junge
Typ, der meine viel jüngere Hand auf seine Hose drückte (1980).
Der große Fremde, der in mein Zimmer am College einbrach,
wo ich gerade an einer Hausarbeit schrieb, und drohte, mich zu

vergewaltigen (1985). Der Springerstiefel eines Unbekannten, der auf dem Nachhauseweg von der Bibliothek die linke Seite meines Schädels traf (1986). Die zwei Kommilitonen aus meinem Dokumentarfilm-Seminar, die meine Begeisterung für unseren gemeinsamen Film als Einverständnis betrachteten, mir ihre Hände unter den Rock zu schieben (1986). Der erste Dieb, der mich mit vorgehaltener Waffe ausraubte (1987, wahrscheinlich Crack), der zweite Dieb, der mich mit vorgehaltener Waffe ausraubte (1987, wahrscheinlich ebenfalls Crack). Die Gruppe betrunkener College-Jungs, die sich zusammen vor der Videothek in der Nähe meines Studierendenwohnheims über mich hermachten, bis ich einem von ihnen mit der Hülle von *A Clockwork Orange* – eine Hausaufgabe für ein Seminar über Männer und Gewalt – eins überbriet und floh. (Auch 1987. Kein gutes Jahr für meinen Körper.) Der Kommilitone, der mich am Vorabend unserer Abschlussfeier vergewaltigte (1988). Der weißbärtige Rabbi in Israel, den ich interviewte und der mir bei der Gelegenheit seine Zunge in den Hals steckte und seine Hände auf die Brüste legte (1988). Der Franzose, der einen Metro-Streik in Paris dazu nutzte, mir an den Arsch zu fassen (1988). Der wütende Geschäftsmann, der mich in seiner Eile die Rolltreppe hinunterstieß, als ich im siebten Monat schwanger war (1997). Die unzähligen Frotteure, deren Treiben ich über die Jahre hinweg beobachten durfte (1985 bis heute). Und der eklige alte Mann von Tinder, der mir in der U-Bahn bis nach Hause folgte und fand, es sei sein gutes Recht, mich ungefragt zu küssen (2015).

Einige Frauen, die das hier lesen, wissen vielleicht, was ich meine. Vielleicht habt ihr eure eigene Liste, die ihr ab und zu hervorholt und dann wieder unter Erinnerungen an Geburtstagsfeiern und Strandspaziergänge begrabt. Die Männer, die das hier lesen und nicht wissen, wovon ich spreche, sollten mal mit den Frauen um sie herum reden: mit ihren Müttern, Schwestern,

Töchtern, Ehefrauen und Freundinnen. Fragt sie nach ihren Listen! Vielleicht sind sie nicht so lang – mit knapp einem Meter sechzig bin ich wahrscheinlich ein leichtes Ziel –, aber stellt euch darauf ein, entsetzt zu sein.

Das war die ursprüngliche Idee hinter #MeToo, einer Bewegung, deren Slogan auf Tarana Burke zurückgeht, selbst Opfer sexueller Gewalt und Aktivistin, die fest daran glaubte, dass man sein Schweigen brechen muss, um einen Wandel bewirken zu können. Bald nach meiner Rückkehr aus Nepal sollte die Bewegung viral gehen, als zwei Journalistinnen der *New York Times*, Jodi Kantor und Megan Twohey, ihre Story über Harvey Weinsteins Übergriffe auf die Frauen in seinem Umfeld bringen.[148] Wie so viele andere Frauen werde auch ich den #MeToo-Moment als Moment der Wahrheit nutzen und mir über die kollektive Bürde bewusst werden, die damit einhergeht, in einem Körper zu leben, der einen Menschen zum Ziel von sexueller Belästigung und Missbrauch macht.

Im Mai 2017 hatte ich Ken Kursons E-Mail (»Warum haben Sie mich nie um ein Date gebeten?«) an meinen einzigen anderen Kontakt beim *Observer* weitergeleitet, an meine neue Redakteurin Sarah. »Ich habe das Gefühl, dass es meine Pflicht ist, das hier irgendjemandem zu zeigen,«, schrieb ich, »damit ihr beim *Observer* versteht, was einer eurer Autorinnen passiert ist.«

Die Reaktion meiner Redakteurin? »Ich bin ratlos und weiß nicht genau, was ich von den Pizza-Mails halten soll, habe aber den Eindruck, dass das mich nichts angeht.«

Die »Pizza-Mails«? Es lässt sich wirklich alles kleinreden. Ja, auch Frauen haben das drauf. Manchmal sogar besonders gut, leider. In dieser Hinsicht ist das Patriarchat nicht benachteiligend: Männer, Frauen, Transmenschen, Nonbinäre: Wir alle sind ahnungslose Wirt*innen für sein systemimmanentes Gift.

Ich schrieb zurück: »Ich weiß nicht genau, was daran Sie ratlos macht. Es zu lesen, gibt mir auch jetzt noch ein ekelhaftes Gefühl.« Ich machte einen Screenshot seiner Mail und fügte ihn unter meinem Text ein, nur um ihr zu zeigen, wie es sich anfühlte, die Empfängerin einer solchen Nachricht mit den Worten »Warum haben Sie mich nie um ein Date gebeten?« von seinem Chef zu sein.

Sie antwortete nie.

Ein paar Tage später begann dann das ganze Gebärmutterhals-Elend, und diese Mails wurden fürs Erste von einer blutigen Flut davongespült.

Dong! Dong! Dong! Die Vibrationen, die die Klangschalen verursachen, werden stärker. Ich öffne ein Auge einen Spaltbreit, um zu sehen, wie sie zustande kommen: Rechts und links von mir sitzt jeweils ein Mann, beide sind sie in ständiger Bewegung und halten zwei mit Filz bezogene Schlägel in den Händen. Den einen platzieren sie in der Mitte der Schale, um sie zu stabilisieren, mit dem anderen schlagen sie von außen dagegen. An eine Schale nach der anderen, bis sie alle gleichzeitig vibrieren.

Ich selbst bin inzwischen nur noch Schale, Kopf und Körper, und dieser Körper lässt langsam los. Nicht aber das Gehirn. Das klammert sich nämlich noch immer fest an seinen Gedankenstrudel und versucht entweder, sich aus alldem hier hinauszudenken, oder wandert stur zu dem Anblick von Blut, dem Geruch von Bleiche, dem Klang der Stimme des Anästhesisten (»Zehn, neun, acht …«) zurück. *Geh weg, Gehirn!*, denke ich, nur um sofort darüber nachzusinnieren, was es bedeutet, wenn man will, dass das Gehirn weggeht, es aber nicht daran denkt, das zu tun.

Es ist jetzt eineinhalb Wochen her, dass die lebensrettende Operation stattgefunden hat, bei der das ausgefranste Gewebe am oberen Vaginalkanal hoffentlich dauerhaft repariert wurde. »Gut, dass Ihre Tochter da war«, sagte jede Ärztin und jeder Pfleger im Krankenhaus, und dann schüttelten sie ihre Köpfe und checkten meine Vitalfunktionen. *Vital*funktionen. Ein Wort, dessen Bedeutung ich mir nie wirklich bewusst gemacht hatte, bis seine Definition fast nicht mehr auf mich zugetroffen hätte. Lateinischer Stamm: *vita*. Leben. Ob mir klar gewesen sei, wie selten eine derartige Blutung nach einer Gebärmutterhalsentfernung war?

»Nein. Wie selten denn?«, fragte ich wiederholt.

»*Sehr* selten«, hieß es dann immer vage.

Aber »sehr selten« hat keine Bedeutung mehr, wenn es einen selbst trifft. Im Lotto zu gewinnen, ist auch »sehr selten«, wenn man aber selbst gewinnt, macht man sich keine Gedanken mehr darüber, wie oft es nicht passiert, sondern versucht stattdessen, seine Verwandten abzuwimmeln, die einen ständig nach Geld fragen. Die Ähnlichkeit zur Vaginalstumpf-Dehiszenz liegt darin, dass man zum einen versucht zu kapieren, was da eigentlich gerade passiert ist, weil man schließlich noch nie von so etwas gehört hat, und gleichzeitig seine Posttraumatische Belastungsstörung in den Griff zu kriegen, zu der das ganze Blut und das Beinahe-Sterben geführt hat. Jedes Mal also, wenn meine Tochter aufs Klo oder einkaufen ging, nutzte ich die Gelegenheit, um wie wahnsinnig zu googeln.

Vaginalstumpf-Dehiszenz:[149] Ich musste das Personal im Krankenhaus mehrfach bitten, diesen Begriff zu wiederholen, bis er sich endlich in meiner Großhirnrinde festgesetzt hatte. *Vaginal:* Alles klar, das war einfach. *Stumpf:* Die Stelle oben an der Vagina, wo nach der Entfernung der Gebärmutter die Naht angebracht wird. Diese Naht löste sich bei mir. *Dehiszenz:* bedeutet im Grunde Riss. Eine Komplikation, bei der die Wundränder aufreißen. Und das hier hat mir Google außerdem noch erklärt: »Eine Vaginalstumpf-Dehiszenz nach einer Hysterektomie ist selten, kann aber verheerende Folgen haben. Wird nicht umgehend gehandelt, gibt es ein erhöhtes Risiko für andere Erkrankungen, die bis zum Tod führen können.«[150]

Okay, aber *wie selten* passiert das denn nun genau? Und wie stark erhöht ist das Risiko für Krankheit und Sterben? Und was heißt umgehend? Wie viele Stunden hat man nach einem Riss ungefähr, bevor man stirbt? Und warum hatte mich niemand, weder vor noch nach meiner Trachelektomie und auch nicht vor oder nach meiner Hysterektomie vor fünf Jahren, vor den Risiken für ein solches Blutbad gewarnt? Ist dieses Risiko größer, wenn man mehr als einmal operieren muss, wie es bei mir der Fall war? Und wie sieht es mit der Möglichkeit aus, dass mir all das irgendwann noch einmal passiert?

Bestimmt hat irgendjemand da draußen die Sterberate im Zusammenhang mit einer Vaginalstumpf-Dehiszenz untersucht und kennt die Antworten auf meine Fragen, dachte ich. Aber jeder Artikel, den ich dazu las, bot eine andere Erklärung mit ähnlicher Einschränkung an, nämlich, dass man nicht genau wisse, wie oft es passiert, weil es nicht immer gemeldet werde. Manchmal würden Frauen einfach zu schnell verbluten und sterben. Oder ihre Eingeweide drücken sich durch den Riss, und sie sterben. Oder ihre Eingeweide fallen aus ihnen heraus, und sie sterben, anstatt im Krankenhaus notoperiert zu werden, was dann dokumentiert werden würde.

In einer Studie hieß es: »Selbst wenn Eviszerationen« – also der Austritt von Organen nach einer Vaginalstumpf-Dehiszenz – »selten sind, können sie doch zu erhöhten Morbiditäts- und Mortalitätsraten führen und müssen rechtzeitig behandelt werden.« Mehr Tod? Cool. Was auch immer »mehr« heißt. Eine andere Studie ging noch weiter: »Die Häufigkeit dieser Komplikation ist unklar, die Angaben variieren zwischen 0 % und 7,5 %.«[151] Wie bitte? *Null* Prozent oder 7,5? Das ist statistisch gesehen ein ziemlich großer Unterschied, wenn man bedenkt, dass es um massive, unter Umständen tödliche Blutungen nach dem zweithäufigsten Eingriff bei Frauen im gebärfähigem Alter geht (der häufigste ist der Kaiserschnitt). Allein in den USA werden jedes Jahr schätzungsweise 600 000 Hysterektomien durchgeführt.[152] Und 7,5 Prozent von 600 000 Frauen im Jahr – ich öffne meine Rechen-App –, das sind 45 000 Frauen.

45 000 Frauen? Wie können die statistischen Werte zu einer Komplikation, die potenziell 45 000 amerikanische Frauen pro Jahr betreffen könnte, nicht eindeutig bestimmt sein? Und noch viel wichtiger, warum werden wir nicht darüber aufgeklärt, worauf wir achten müssen, wenn wir das Krankenhaus verlassen? Männer werden darüber aufgeklärt, dass es in 60 Prozent der Fälle nach einer Prostataoperation zu Erektionsstörungen kommt, und da geht es noch nicht einmal um Tod.[153] Trotzdem werden solche Studien finanziert. Männer werden über die Risiken *informiert*, bevor sie sich unters Messer legen. Ich kenne das Risiko von Erektionsstörungen nach einer Prostataoperation, und ich habe noch nicht einmal einen Penis!

Und dann stolpere ich wieder über die nur allzu geläufige Phrase, wenn es um Frauengesundheit geht: »Fehlende Daten«. Mann! Fehlende Daten! Schon wieder! Wirklich zu wissen, wie viele Frauen nach einer Hysterektomie oder einer Trachelektomie sterben, würde das Sammeln von Daten erfordern. Diese Daten müssten in mehreren Krankenhäusern gesammelt werden. Dafür müssten Zeit und Geld investiert werden. Und die Voraussetzung dafür wäre ein echtes Interesse am Ergebnis. Was wiederum voraussetzen würde, dass mindestens die Hälfte derjenigen Personen, die in der Wissenschaft eine Hand auf dem Geldhahn liegen haben, nicht in der anderen ihre Schwänze halten.

Niemand finanziert diese Studien. Obwohl das *American Journal of Obstetrics & Gynecology* schon 2012, im Jahr meiner Hysterektomie, schrieb, dass mehr Forschung in diesem Bereich dringend benötigt werde, wenn wir diese tödlichen Ausgänge in der Zukunft verhindern wollen. Tatsächlich forderten die Autorinnen sogar die Einrichtung eines nationalen Meldesystems für Vaginalstumpf-Dehiszenz-Vorfälle, räumten allerdings gleichzeitig ein, dass so ein System »recht kostspielig und zeitaufwändig wäre«.[154] Ein paar Stunden, nachdem ihre Kolleg*innen mich wieder zusammengeflickt hatten, stattete mir meine ursprüngliche Ärztin Dr. Hou zusammen mit ihrer kleinen Tochter einen Besuch im Krankenhaus ab. Es war der 3. Juli 2017. Ein Montag am langen Fourth-of-July-Wochenende. Sie hatte eindeutig nicht geplant, an diesem Tag im Krankenhaus aufzuschlagen, und ihre Tochter sah nicht allzu glücklich aus, dass ihre Mutter sie mit hierhernahm. »Es tut mir so leid«, sagte Dr. Hou, den Tränen nahe. »Wie geht es Ihnen?«

Diese Frau darf einer strahlenden Zukunft entgegenblicken, dachte ich. So viel Mitgefühl. Und sie kommt hierher, an ihrem freien Tag, mit ihrem Kind. Sehr ungewöhnlich für eine Chirurgin, das kann ich nach meinen Erfahrungen mittlerweile sagen. »Alles gut«, sagte ich. »Bitte geben Sie sich nicht die Schuld. Sie haben mir empfohlen, mich um eine Betreuungsperson zu kümmern. Und die ist abgesprungen.«

»Ihr Partner, oder? Eddie?« Ich war überrascht, dass sie sich an seinen Namen erinnern konnte. Die Gabe, nicht nur die Krankengeschichte von Patient*innen, sondern auch die scheinbar (aber eben doch nicht) überflüssigen Details wie den Namen eines Partners aufzunehmen, ist unter medizinischem Fachpersonal nicht sonderlich weit verbreitet.

»Narrative Medizin«, die neueste Wunderwaffe an der Gesundheitsfront.[155] Jede Krankheit erzählt genau wie ein Roman eine einzigartige Geschichte mit eigenem Plot, eigenen Figuren, Konflikten und Metaphern. Heutzutage reicht es nicht mehr, einfach nur zu fragen, wo es zwickt. Eine gute Ärztin wie Dr. Hou sieht gut hin und dekonstruiert gleichzeitig das gesamte Lebensnarrativ einer Patientin mitsamt den Momenten des Schweigens zwischen ihren Äußerungen. Warum? Weil wir mehr sind als unsere Krankheiten. Wir sind jede einzelne Wendung im Geschehen, die auf diese oder jene Krankheit hinausläuft, egal ob wir selbst unsere Schritte bestimmt haben oder jemand sie uns aufzwang.

»Expartner«, ergänzte ich nach einer längeren Pause. Ich erzählte ihr, wie Eddie mich drei Tage nach der OP allein gelassen hatte. Und wie meine Tochter in der Nacht zuvor, als ich kaum noch ansprechbar gewesen war, panisch den letzten zehn Leuten geschrieben hatte, mit denen ich zuletzt gesimst hatte, unter anderem ihm. Als er mich am nächsten Morgen angerufen hatte, um sich nach meinem Befinden zu erkunden, war seine erste Bemerkung gewesen, dass mein Notfall seinen Abend ruiniert hätte, an dem er das Theaterstück eines Freundes in Portland hatte sehen wollen. Es sei ziemlich unerfreulich gewesen.

»Das wette ich«, hatte ich geantwortet und aufgelegt.

Meine Tochter verschob den Start ihres Praktikums bei einem Hirnchirurgen, um die erste Woche nach meiner Not-OP bei mir sein zu können. Dr. Hou gab ihren zögerlichen Segen für meine Reise nach Nepal, wo Finn wartete, um Woche zwei zu übernehmen, unter der Bedingung, dass ich noch zwei weitere Tage zur Überwachung im Krankenhaus blieb und einen Tag vor meinem Abflug noch einmal zur Nachuntersuchung kam. Es würde mir guttun, mal aus meinem Schlafzimmer rauszukommen, sagte sie. Ein Tapetenwechsel sei immer hilfreich, und eine Betreuungsperson sowieso. »Aber kein Sex!«, ermahnte sie mich. »Bis mindestens Oktober nicht, dann überprüfe ich die Naht noch einmal.« Als bräuchte ich diese Erinnerung. Zu diesem Zeitpunkt konnte ich mir nicht vorstellen, überhaupt jemals wieder Sex zu haben.

»Nur zu«, ermuntere ich den Mann im Klangschalengeschäft und deute auf meinen Bauch, an die Stelle zwischen Rippen und Narben. »Hier tut es vielleicht nicht weh.« Ich habe recht. Eine kleinere Schale an dieser Stelle fühlt sich okay an und schließt den Kreis. Mein ganzer Körper ist nun Schwingung und Klang.

Dong! Dong! Dong! Irgendwann spüre ich, wie mein Körper sich den Vibrationen vollständig hingibt, und dann gibt auch mein Gehirn endlich nach. Keine Gedanken mehr an Blut. Keine Erinnerungen mehr an den Geruch von Bleiche. Ich bin nur Klang. Bin nur Schwingung. Es ist nicht so, dass da gar keine Gedanken mehr wären, aber irgendein alchemistischer Zauber aus bestimmten Dissonanzen, Tönen und Schwingungen vermag es, mein Hirn endlich zum Schweigen zu bringen. Es sitzt immer noch da oben in meinem Schädel, bereit, jederzeit wieder anzuspringen, aber es fühlt sich an wie ein Laptop im Ruhemodus. Es schläft nicht, es ruht. Bewusst und unbewusst zugleich. Ein Körper hier auf der Erde, und gleichzeitig lediglich eine Ansammlung von Atomen.

Der letzte bewusste Gedanke, den ich zwischen den Schlägen forme, bevor mein Gehirn komplett runterfährt, ist: *Hier bin ich.* Das, was Abraham zu Gott sagte (יננה, *hineni),* als er seine Unterwerfung unter den Allmächtigen beweisen sollte. Im Judentum ist der Ausdruck ein vollumfängliches Glaubensbekenntnis. Gott fordert Abraham auf, ihm seinen Erstgeborenen zu opfern. Ich würde mein Kind niemals irgendwem opfern, schon gar nicht irgendeiner rachsüchtigen Gottesperson, an die ich nicht glaube, aber irgendwie – das Gehirn ist so komisch – ist diese Unterrichtsstunde zu hebräischer Geschichte hängengeblieben und taucht jetzt, bei meiner eigenen Unterwerfung, plötzlich aus den Tiefen meines Gedächtnisses wieder auf: *Hineni. Hier bin ich.* Eine Unterwerfung nicht unter ein allmächtiges Wesen, sondern einfach nur unter … das Sein. Das Atmen. Das Leben. *L'chaim.*

Als die letzten Schläge verhallen, öffne ich die Augen und stehe auf. Ohne Hilfe. Und mit sehr viel weniger Schmerzen in der Beckengegend, was verrückt klingt, ich weiß, aber so ist es nun einmal. Ein Jahr zuvor hatten Forschende von der University of California San Diego in einer Studie untersucht, wie sich die Schwingungen tibetischer Klangschalen auf Angststörungen auswirken. Auf einen Verdacht hin baten sie die Proband*innen, ihre Schmerzen auf einer Skala von 1 bis 5 einzuordnen, und zwar vor und nach der Behandlung. Zur Überraschung aller kam dabei heraus, dass die Therapie den Schmerzleidenden tatsächlich beträchtliche Erleichterung verschaffen konnte.[156]

Ted Kaptchuck, ein Professor an der Harvard Medical School, der die Wirkung von Placebos auf Gesundheit und Wohlbefinden untersucht, verglich traditionelle westliche Medizin, Akupunktur und die rituellen Gesänge der Navajo miteinander, bei denen die Heiler einer Stammesgruppe Zeremonien für die Kranken anleiteten, deren Mittelpunkt das Erzählen von Geschichten bildete. Kaptchuk kam zu dem Schluss, dass jede Ausführungsart ganz eigenen Regeln und Ritualen folgt, und dass es womöglich *das Ritual selbst* ist (zum Arzt gehen, die Nadeln verpasst bekommen, Geschichtenerzählen), dem heilende Kräfte innewohnen. »Rituale triggern bestimmte neuronale Pfade, die ihrerseits ganz gezielt körperliche Empfindungen, Symptome und Emotionen regulieren«, schrieb er. »Wenn es gelingt, das Gehirn zu überzeugen, so scheint es, dann kann der Körper manchmal entsprechend reagieren.«[157]

Kurz gesagt, was Kaptchuk in seinen vielen Untersuchungen, für die er unter anderem mit fMRT-Hirnscans arbeitete, herausfand, war, dass unser Körper auf molekularbiologischer Ebene auf Rituale der Fürsorge reagiert. Viele Krebstherapiezentren bieten dementsprechend mittlerweile Therapieformen an, die von östlichen, die Achtsamkeit schulenden Praktiken herrühren, wie zum Beispiel von Reiki, einer japanischen Methode der Energiearbeit durch Berührungen (»Healing Touch«), oder buddhistischer Meditation, tibetischen Klangschalen und vom Geschichtenerzählen wie bei den Navajo. Hierin liegt die Wurzel der modernen Narrativen Medizin, die in geradezu jeder Gesellschaft der Welt seit langem als wichtiger Pfad zu körperlicher und psychischer Gesundheit betrachtet wird.

»Hey, hast du Lust, morgen wandern zu gehen?«, frage ich Finn, als wir das Klangschalengeschäft wieder verlassen. Seit Wochen habe ich mich nicht mehr derart gelassen, energiegeladen und schmerzfrei gefühlt.

»Hast *du* Lust?«, fragt er erstaunt zurück.

Ich blicke hinauf in die Augen des riesigen Buddhas über mir; die Sonne, die von seinem goldgesprenkelten Gesicht zurückgeworfen wird, lässt mich die meinen zusammenkneifen. Ich hab's kapiert. Einfach loslassen. Sein. Das ist der Weg, der aus dem Leiden führt: dessen radikale Akzeptanz. Der Körper ist sterblich, ein schlichtes Behältnis für die Seele, die Essenz, oder wie auch immer du dein namenloses Ich nennen willst. Der Körper wird immer wieder krank werden. Er wird immer wieder zusammenbrechen. Er wird sterben. Die Kunst liegt darin, immer wieder aufzustehen und weiterzumachen.

Mit anderen Worten, die Schule des Lebens nach Nora Ephron. Ich lächle. Sie würde es sehr amüsant finden, dass ich sie mit Buddha gleichsetze. Eigentlich absurd, dass ich für diese Erkenntnis um die halbe Welt fliegen musste. Jetzt steht mir alles ganz klar vor Augen. All diese Mittagessen. All diese Momente, in denen sie mir erlaubte, nein, in denen sie mich dazu *aufforderte,* über den Schmerz des Lebens zu lachen. Und dann ihre Aufmunterung, diese verdammte Gebärmutter endlich rauszuschmeißen und weiterzuleben. Warum an etwas Schmerzhaftem festhalten, wenn das gar nicht nötig war? Raus damit! Los! *Wie ist der Hühnchensalat heute, gut? Wunderbar. Zweimal, bitte.*

Ich greife nach Finns Hand. »Ja, das habe ich. Ich möchte wirklich gerne morgen wandern gehen. Ich meine, wir können es doch einfach versuchen, oder? Und wenn ich zu müde werde, kehren wir um.« Jeden Morgen trifft sich in unserer Hotellobby eine große, sich ständig neu zusammensetzende Gruppe an Menschen in wasserfesten Jacken, um im Himalaya-Gebirge wandern und klettern zu gehen. Natürlich kann ich gerade keinen großen Berg erklimmen, das ist klar, aber ich habe gelesen, dass man in den nahen Ausläufern gut auch sanftere Touren machen kann. »Ehe ich mich schlagen lasse«, sagt Finn und zwinkert mir zu, und am nächsten Morgen brechen wir gleich nach dem Frühstück auf, dem Himmel entgegen. Obwohl ich nicht weiter als ein paar Häuserblocks habe laufen können, seit sie mir den Gebärmutterhals rausgenommen haben, und das ohne jede Steigung, setze ich heute beschwingt einen Fuß vor den anderen, immer weiter, und dann geht es hinauf.

Auf unserem gewundenen Pfad in die Höhe treffen wir auf eine Frau mit Kuh, eine hinduistische Glocke, eine *ghanta*, eine Dame mit Stock, einen nach oben weisenden Pfeil, eine Frau, die Asche in Säcke häuft, ein Cannabis-Feld, eine ausrangierte blaue Tür, Leinen voller ausgeblichener Fähnchen, einen Buddha mit großen Ohren, einen weiteren auf einem Dach, ein kleines Mädchen mit Ziege und ein Blechdach, von Steinen beschwert.

Das hier! Daran erinnere ich mich. An dieses Finden. Dieses Suchen. Dieses Schauen. Dieses Sehen. Dieses Um-die-Ecke-Gehen, ohne zu wissen, was einen dort erwartet. Dieses Stehenbleiben und dieses Bemerken. Dieses Pausieren und dieses Nachhaken: »Hey! Hallo! Ja, du da drüben. Bitte sag mir: Wie ist dein Blick auf die Welt?« Dieses Zuhören, wenn jemand antwortet. Wirkliches Zuhören, nicht nur verständiges Nicken. Diese Verbindung von Augen. Dieses Verschmelzen von Gedanken. Dieses Auflesen kleiner Schnipsel von Menschlichkeit und Chaos, und das Auffädeln derselben auf einen gerade gefundenen Halm, auf dass sich vielleicht – ganz vielleicht – ein ordnendes Muster ergeben möge.

Das hier. Das bin ich.

Hineni.

Das war es, was ich vermisste, als mir ein Organ nach dem anderen entfernt wurde, als meine Ehe zerbrach, als ich versuchte, unseren Lebensunterhalt zu verdienen, als sich die Krankenhausrechnungen immer weiter stapelten, als mein Wille, den Berg zu überwinden, erstarb.

Oben auf unserem Ausläufer angekommen, der sich mehr wie ein kleiner Berg anfühlt, als ich erwartet hatte, checke ich die Höhenmeter auf meinem Telefon: 1920 Meter. Ich googele die Höhenlage von Kathmandu: 1400 Meter. Wir haben also 520 Höhenmeter zurückgelegt. Nicht schlecht. Ein guter Anfang, 520 postoperative Meter Richtung Himmel. Ich spüre in meinen Körper hinein: Er ist erschöpft, aber es geht ihm gut.»Alles okay?«, fragt Finn, und ich nicke. Er möchte hier oben ein Foto von mir machen, um das Ende dieser einen Tour und den Anfang vieler weiterer – da bin ich ganz sicher – zu dokumentieren.

»Warte«, sagt er, pflückt eine rosafarbene Blüte und steckt sie mir hinters Ohr.»Die brauchst du noch.«

Und auch wenn es sich komisch anfühlt, hier oben am Gipfel mit einer jugendlichen Blüte im ergrauten Haar für einen touristischen Schnappschuss zu posieren, gebe ich mich doch Finns Vision hin. In meinem Kopf werde ich immer diese 22-Jährige sein, die hinaus in die Welt geht, bereit, sie zu erobern. Es ist nur mein Körper, der tut, was alle Körper irgendwann tun – krank werden, zusammenbrechen –, bis er am Ende zu der Erde wird, aus der er entstanden ist.

»Komm schon, lächle ein bisschen!«, ruft Finn, blödelt rum, zieht Grimassen und schießt ein paar Fotos. Jetzt muss ich tatsächlich lachen.

»Okay, okay«, sage ich.

»Wirst du dich an mich erinnern, wenn ich nicht mit im Bild bin?« Finn weiß, wie sehr ich Selfies hasse. So sehr, dass ich jedes Mal, wenn ich ein Pärchen sehe, das eins von sich macht, hingehen und anbieten muss, sie zu fotografieren.

»Ich sehe dich an«, antworte ich.»Wie könnte ich dich vergessen?«

34

#MeToo

September 2017 – Juli 2018

Ermutigt durch all die Frauen, die sich öffentlich gegen Harvey Weinstein erheben, schreibe ich nach der Rückkehr aus Nepal noch einmal meiner Redakteurin Sarah und bitte sie, mir Namen, Telefonnummer und E-Mail-Adresse einer Kontaktperson in der Personalabteilung zu schicken, damit ich Ken Kursons sexuelle Belästigung melden kann. Sie antwortet nicht. Zur Erinnerung sende ich ihr erneut Kursons Mail und schreibe: »Ich schicke Ihnen das noch einmal, vielleicht ist es ja untergegangen. Ich bitte Sie um diese Informationen, denn ich möchte den Vorfall melden. Und da sowohl Ken als auch Lorraine nicht mehr da sind, sind Sie mein einziger Kontakt beim *Observer*. Ich könnte natürlich auch selbst versuchen, einen Kontakt herzustellen, aber ich hoffe, Sie werden mir bei dieser Angelegenheit helfen. Danke.«

Wieder keine Antwort, obwohl mir mein Sohn HubSpot installiert hat und ich daher sehen kann, dass meine Mail Dutzende Male von jemandem geöffnet wurde. Teilweise mehrmals pro Stunde.

Ich rufe bei der Zentrale vom *Observer* an. Frage, ob ich mit jemandem von der Personalabteilung sprechen kann. Hinterlasse mehrere Nachrichten.

Keine Antwort.

Also tue ich, was ich immer tue, wenn ich einem unlösbaren Problem gegenüberstehe: Ich schreibe es auf. Aber wie? Ein Essay in Form eines Listicles erscheint mir passend, also mache ich das.

Dann schicke ich das Ganze an alle Redakteur*innen, deren Kontaktdaten ich noch habe. Die *New York Times* lehnt ab. Ein Redakteur dort schreibt mir:»Erst einmal tut es mir sehr leid, dass du das erleben musstest. Niemand sollte das erleben müssen, und vielleicht werden es von nun an auch weniger werden. Das hoffe ich sehr. Aber ich muss dennoch ablehnen, Deb. Wir haben schon sehr viel Material zu diesem Thema, und unsere Autor*innen schleppen immer noch mehr an. Ich bin aber ganz sicher, du wirst deinen Artikel irgendwo unterbringen.« Eine Flut gleichlautender Absagen folgt, unter anderem vom *New York Magazine* und der *Washington Post*, und viele beziehen sich auf die möglichen rechtlichen Auswirkungen, die die Veröffentlichung haben könnte: Sie hätten im Falle einer Klage keine ausreichenden Mittel. Dabei erwähne ich Kurson nicht einmal namentlich, ich nenne ihn nur den »großen wichtigen Chefredakteur«.

Bevor ich endgültig das Handtuch werfe, maile ich den Essay noch an Caitlin Flanagan, einer Autorin beim *Atlantic*, der ich zwar nie persönlich begegnet bin, deren Arbeit ich aber sehr schätze. Ich bitte sie inständig um irgendeinen Kontakt. Was als Nächstes passiert – danke, Caitlin –, lässt sich nur als Lektion in Sachen *sisterhood* bezeichnen und zeigt, was Frauen erreichen können, wenn sie ein gemeinsames Ziel haben und nicht versuchen, einander niederzumachen. Diese Fremde antwortet:»Was für ein niederschmetternder Text. Es tut mir so leid, dass Sie das aushalten mussten. Was für ein Unglück … Ich leite Ihren Artikel an Adrienne LaFrance weiter, meine Online-Redakteurin hier beim *Atlantic*. Ich bin mir ziemlich sicher – sollten sie es dort veröffentlichen wollen (und ich finde, das sollten sie tun) – dann wird das sehr bald passieren.«

Aus »sehr bald« werden drei Monate sorgfältigen Überprüfens durch Anwält*innen und Redakteur*innen, die darauf bestehen, dass ich Kurson namentlich nenne, auch wenn ich mich zunächst dagegen wehre. Es ginge nicht um diesen einen Chef, argumentiere ich. Er steht stellvertretend für jeden Chef, der seine Machtposition ausnutzt.

»Du solltest seinen Namen nennen«, sagt Will. Will ist seit drei Jahrzehnten Redakteur, das letzte davon war er Chef. Und Chefs, sagt er, müssen zur Verantwortung gezogen werden.

Einige Wochen nach meiner Rückkehr aus Nepal stolperte ich bei Bumble über ein Foto von Will. Er sitzt lachend in einer sonnigen Küche. Ich wischte nach rechts. Bumble ist die Dating-App, bei der die Frau im Falle eines Matches innerhalb von 24 Stunden den ersten Schritt machen muss. In seinem Profil hatte Will angedeutet, dass er in der Medienbranche arbeitete, also schrieb ich: »Hm, Medienbranche? Und, wie läuft's für dich?«. Ein kleiner Insider, um ihn wissen zu lassen, dass wir beide im selben sinkenden Boot saßen.

»Momentan ganz gut«, schrieb er zurück, und daraus entspann sich eine nette Plauderei. Er war witzig und hatte einen scharfen Verstand, der, wie ich später herausfinden würde, wie ein Aktenschrank funktionierte, über und über voll mit Dokumenten aller Art, mit kühlschrankdicken Büchern, mit vergilbten Zeitungsartikeln – und während solche Dinge in meinem eigenen Kopf unter einer dicken Schicht Staub und Traumata begraben lagen, waren sie für Will jederzeit abrufbar. Er hatte sich zwei Jahre zuvor von seiner Frau getrennt, mit der er zwanzig Jahre lang verheiratet gewesen war, war allerdings noch nicht geschieden. Auch so, schrieb ich. Er erinnerte mich daran, dass wir uns schon einmal begegnet waren, 2001, bei einer Geburtstagsfeier, die eine gemeinsame Freundin für sein Kind veranstaltet hatte.

Moment mal, wie bitte? Ich zog eine schwache Erinnerung aus einer tiefen, tiefen Schublade meines eigenen geistigen Aktenschranks und sah einen großen Mann mit kantigem, freundlichem Gesicht, der sich etwa fünfzehn Minuten lang mit mir unterhielt. Über … irgendwas. Genau. Na klar! *Will.* Jetzt wusste ich es wieder! Und als ich das Foto vom graumelierten Will auf meinem Handy mit dem Bild vom kastanienbraunen Will in meinem Kopf vermischte, dehnte sich die Erinnerung plötzlich aus. Ich konnte uns lachend dort neben dem Esstisch stehen sehen, der voll war von den Köstlichkeiten, die unsere Freundin E. B. gezaubert hatte. *Shutterbabe* war just in der Woche erschienen, wie Will mich nun erinnerte, sogar genau an jenem Tag. Weißt du noch? Er habe versucht, mich zu meinen Jahren als Kriegsjournalistin zu befragen, aber wir seien immer wieder von plärrenden Kleinkindern unterbrochen worden.

Ja. Ja! Ich erinnerte mich tatsächlich. Nicht an jedes Detail unserer Unterhaltung, aber an die Gedankenblasen, die sich in meinem Kopf bildeten, während wir sprachen: Was für ein freundlicher Mann, der da hinter diesem jungenhaften Lächeln steckt. Seine Freunde und Freundinnen haben's gut.

Am nächsten Morgen – ich kam gerade von einer Fahrradtour mit meiner Freundin Rebecca zurück – schrieb mir Will noch einmal. »Ich weiß nicht, ob man das so macht,« fragte er unsicher, weil er sich noch nicht so gut mit Dating-Apps auskannte, »aber hättest du vielleicht Lust, einen Kaffee trinken zu gehen? Jetzt?«

Rebecca und ich waren gerade in Harlem und wollten uns ein paar Sandwiches bei Fairway holen, einem Laden in der Nähe des Hudson-River-Radwegs. Das High Line Hotel, in dessen Hof Will einen Kaffee mit mir trinken wollte, war 31 Minuten mit dem Rad entfernt (laut Google Maps). »Soll ich das machen?«, fragte ich Rebecca. »Ich meine, guck mal, wie ich aussehe.« Ich trug das alte, ausgefranste weiße Shirt mit dem Umriss eines schwarzen Baumes drauf, das ich auf einem Weihnachtsmarkt auf dem Union Square gekauft hatte. Ich dachte, es würde cool aussehen unter einer schwarzen Lederjacke, dem war aber nicht so.

Rebecca lachte. Sie hatte gerade ihre langjährige Ausbildung zur

Therapeutin abgeschlossen und außerdem den ganzen Kummer in meiner Ehe miterlebt. Sie war auch an jenem Abend dabeigewesen, als mein Ex vom Esstisch aufstand, nachdem wir uns gerade hingesetzt hatten, um ins Fitnessstudio zu gehen. »Na ja, es ist ein ziemlich guter Test, ob er Punkte abzieht für die Art, wie du dich für eine Sonntagmorgen-Radtour anziehst, oder?«

Also warnte ich Will vor, dass ich ungeduscht war, mein hässlichstes T-Shirt anhatte und komplett durchgeschwitzt sein würde, wenn ich bei ihm ankäme, aber wenn er damit würde leben können, dann gerne.

Ein Jahr später schlagen wir trotz des hässlichen Baum-T-Shirts gemeinsam Wurzeln und teilen uns die Kosten für ein schimmel- und kakerlakenfreies Apartment *mit Spülmaschine* in Williamsburg, Brooklyn. Vom rückwärtigen Fenster aus hat man Aussicht auf die Domino Sugar Refinery, die alte Zuckerfabrik, wo Kara Walker 2014 ihre riesige Sphinx mit der drei Meter großen Vagina aufgestellt hatte. Vorne raus sieht man das Empire State Building. Weil ich keine negativen Schwingungen mit in unser neues Zuhause mitnehmen möchte, entferne ich mit einem Teppichmesser meinen mit Superhaftkleber befestigten Ehering aus dem Kunstwerk, das ich nach unserer Trennung angefertigt hatte. Eine Lotusblume aus Holz, Blüten und Nägeln, im Zentrum der Ring. Dann spaziere ich den Inwood Hill Park hinauf und werfe ihn kurzerhand in den Wald hinein, sage Lebewohl sowohl zu ihm als auch zu dieser geliebten grünen Oase.

Will wird mich durch zwei weitere Operationen begleiten (Knie, 2018, Fuß, 2020), ruhig und geduldig. Krankenhäuser, stellt sich heraus, sind nicht nur sein Fall, er rügt mich auch dafür, dass ich mich ohne Unterlass für seine Hilfe bedanke und mich andauernd dafür entschuldige, sie in Anspruch zu nehmen. »Hör auf, dich zu entschuldigen. Sowas macht man doch füreinander«, wird er sagen und mir ein Kissen bringen, damit ich meinen Fuß hochlegen kann, oder ein Glas Wasser für meine Schmerztabletten, ernsthaft verwundert darüber, dass das nicht meinen bisherigen Erfahrungen mit der Liebe entspricht.

»Aber wie um Himmels willen kann ich seinen Namen in einem Artikel im *Atlantic* nennen?«, sage ich zu Will. Es ist Anfang Januar 2018. »Nachdem er in dieser einen Mail geschrieben hat, er stamme von einem ›nachtragenden Wüstenvolk‹ ab? Seine besten Freunde sind Jared Kushner und Rudy Giuliani! Die sind alle per Du. Mit solchen Leuten sollte man sich besser nicht einlassen.«

»Weil es deine Pflicht ist«, antwortet Will. Will hat genau wie Nora frustrierend oft recht. »Sorry. Wenn du deine Geschichte öffentlich machen willst, musst du auch den Mut haben, Namen zu nennen.«

»Schon gut«, sage ich. Ich schreibe der Redakteurin Adrienne, dass ich bereit bin, den Täter namentlich zu erwähnen.

Die Kurson-Redaktion zieht sich weiterhin in die Länge, alles wird akribisch genau geprüft. Die Faktenchecker*innen rufen sogar Melissa an, meine Freundin und Kollegin aus *Cafe*-Zeiten, um herauszufinden, in welchem geistigen Zustand ich war, als ich von meinem ersten Lunch-Date mit Ken ins Büro zurückkam, und ob ich zufällig den schrägen Busen-Kommentar ihr gegenüber erwähnt hätte (hatte ich). In der Zwischenzeit intensiviere ich meine Suche nach einer neuen Stelle, mit der ich den vierstelligen monatlichen COBRA-Zahlungen begegnen könnte. Nach über hundert Bewerbungen ergattere ich einen vernünftig bezahlten und recht amüsanten Job als Headautorin beim World Science Festival, der mich immerhin sechs Monate mit einer Krankenversicherung versorgt. Ich bin unendlich erleichtert.

Am 9. März 2018, während ich in meinem New Yorker Büro sitze und für das World Science Festival zum Zusammenhang zwischen Mikrobiom und Gehirn recherchiere, gibt meine Redakteurin Adrienne in D.C. das Go für die Veröffentlichung meines ersten Artikels für *The Atlantic* – »How to Lose Your Job From Sexual Harassment in 33 Easy Steps«.[158] Der Artikel geht sofort viral. In den folgenden Tagen kontaktieren mich Dutzende von Frauen und Männern (mehrheitlich Frauen) und erzählen mir von ihren eigenen leidvollen Erfahrungen, und zwar nicht nur generell mit Männern, sondern auch ganz speziell mit Ken Kurson. Zwei Tage nach der Veröffentlichung fährt Will mich und meine Söhne nach Upstate, wo wir an meinem 52. Geburtstag eine Wanderung machen wollen. Aber woran ich mich vor allem erinnere, ist keine friedliche Wanderung durch schneebedeckte Wälder, sondern die Menge an Benachrichtigungen, die mein Telefon überschwemmen – die meisten von Fremden, aber auch von Kolleg*innen und Freund*innen. Es sind so viele, dass ich mein Handy irgendwann ausmache und, wieder zu Hause angekommen, eine Tabelle anlege, mit deren Hilfe ich die allgemeinen Bekundungen von Solidarität und Wut und die »Ich habe auch schon beobachtet, wie sich Ken Kurson wie ein Arsch verhalten hat«-Nachrichten von den beunruhigenderen persönlichen Anklagen trenne.

»Die Anderen« nenne ich das Dokument zu Ehren der TV-Serie *Lost*. Es enthält die Namen von zwölf Personen, sorgfältig sortiert mitsamt E-Mail-Adresse, Telefonnummer, Anschuldigung und Quelle der Nachricht.

Hier sind ein paar Auszüge von einigen der Nachrichten, die über die üblichen Kanäle kamen: Facebook, X, meine Website, E-Mail, Handynachricht etc. Ich finde es wichtig anzumerken, dass dies das erste und einzige Mal war, dass eine meiner persönlichen Storys eine solche Flut an privaten Nachrichten von Fremden ausgelöst hat, die nicht nur ihre »gruselig ähnliche Erfahrung« teilen wollten (das passiert vor allem beim Thema Sexismus durchaus öfter), sondern ihre gruselig ähnliche Erfahrung mit *ein und derselben Person*:

Ich machte eine gruselig ähnliche Erfahrung mit KK. Ich wurde zwar nicht sexuell belästigt, aber am Ende sorgte er doch dafür, dass ich mit meinen drei Kindern ohne Arbeit dastand.

Ken Kurson lud mich 1999 zu einem beruflichen Mittagessen ein und schrieb mir im Anschluss eine E-Mail über meine Brüste. Ich war Anfang zwanzig, hatte gerade angefangen mit dem Schreiben.

Wussten Sie, dass Sie nicht die Einzige waren, der er einen Job anbot, dieses Angebot dann zurücknahm und so tat, als wäre die Person, die gerade ihren alten Job gekündigt hat, schuld daran gewesen?

Ken sagte zu [Name entfernt]: »Was wollen Sie hier? Eine Frau wie Sie muss nicht arbeiten.« Sie solle einfach irgendeinen reichen Typen heiraten, der ihre Rechnungen bezahlt.

Ich habe auch eine widerliche Ken-Kurson-Geschichte zu bieten, die sich in etwa so zusammenfassen lässt: »Ich könnte Ihrer Kollegin erzählt haben, dass ich ein Interview mit Ihrem Chef/ Ihnen/Ihrer Organisation durchführen möchte, aber in Wahrheit bin ich auf ein Date aus, und deshalb habe ich das Treffen arrangiert.«

Ken war in meiner Gegenwart unheimlich und herablassend … Ich bekam mehr Geld, als ich mich aufgeschlossen zeigte. Er verdoppelte mein Gehalt, als ich mich auf den Flirt einließ.

Er war ein ekliger Typ, der mir unangemessene Nachrichten von seiner Observer-E-Mail-Adresse aus schickte.

Ich hatte ein ähnliches Erlebnis mit Ken Kurson ... Ken hatte es sehr eindeutig auf mich abgesehen.

Ihr beängstigendes Erlebnis mit ihm ließ meine eigenen Erinnerungen wieder aufflammen ... Die Art, wie er mit mir redete, verfolgt mich bis heute ... Alle sollen von diesem Ungeheuer erfahren.

Seine einzige Aufgabe bestand darin, dafür zu sorgen, dass Trump gewählt wird. Als das erledigt war und sein »bester Freund« Jared nicht mehr mit ihm zusammenarbeitete, war es nicht mehr lustig.

Zusätzlich zu seinem 325 000-Dollar-Gehalt erhielt er die Erlaubnis, relativ kleine Summen in Kushners Immobiliendeals zu investieren.

Diese Immobiliendeals, die, wenn meine Informationen korrekt sind, aus Kushner einen reichen Mann gemacht haben, wurden durch Cadre ermöglicht, eine Immobilienfirma mit Sitz in New York, gegründet von Mr. Kushner und seinem Bruder Joshua. Cadre wurde in Teilen von Yuri Milner[159] finanziert, einem russischen Oligarchen, der seinerseits vom Kreml finanziert wurde, und noch von weiteren Personen, die bis heute ihr Geld auf die Cayman Islands schaffen, was im Fall Jared Kushner technisch gesehen zwar legal, aber aufgrund sowohl vermuteter als auch tatsächlicher ausländischer Einflussnahme auf unsere Regierung nicht unbedingt ethisch korrekt war.[160]

All diese besorgniserregenden Informationen über Cadre, Kushner, Trump und russische Oligarchen fluten meinen Posteingang genau zu der Zeit der Russlandaffäre und der Mueller-Untersuchungen. Ich kriege Panik. Hören die mein Telefon ab? Liest jemand meine Mails? Können die meine Dokumente hacken? Und wer sind »die« überhaupt? Die US-Regierung? Der Kreml? Trumps Lakaien? Meine Freundin Virginia Heffernan, die über Technologie und Politik schreibt und eins der Kurson-Opfer persönlich kennt, ruft mich eines Morgens – ich komme gerade aus der Dusche – aus heiterem Himmel an: »Lade dir Signal runter, jetzt«, sagt sie. »Und kommuniziere das hier niemals mit irgendwem über die normalen Kanäle. Verstanden? Du bist nicht sicher. Ruf mich über Signal zurück, wenn du kannst.«

Inzwischen sind drei Tage seit meiner Veröffentlichung vergangen, und die *New York Post* titelt unter Keith Kellys Verfasserzeile: »Ex-Observer editor joked about my breasts: writer«.[161] Am nächsten Tag, dem 13. März 2018, folgt: »Observer fashion editor denies knowing about freelancer's sex harassment claims«. Darunter ist ein lächerliches Stock-Foto abgebildet, es sieht aus, als ginge es bei diesem Artikel um Amateurpornos, nicht um sexuelle Belästigung. Eine Frau ohne Kopf versucht, die Avancen eines ebenfalls kopflosen Mannes abzuwehren.[162]

»Mein Gott, guck dir das an!«, schreie ich meinen Computer und meinen Kollegen Nils an, nachdem ich beide Artikel verarbeitet habe. Nils wurde genau wie ich bei *Health Today* gefeuert, und ich habe ihm geholfen, eine Stelle hier in meinem Büro zu bekommen, weil er immer schon wahnsinnig gut in seinem Job war, außerdem immer freundlich und anständig. »Sarah« – die erwähnte Moderedakteurin beim *Observer* – »hat auf meine Mails geantwortet, sie habe den Eindruck, dass das Ganze sie nichts anginge. Wie kann sie da behaupten, sie hätte nichts von der Belästigung gewusst? Abgesehen davon habe ich diesen Mailaustausch von Sarah und mir an Keith Kelly geschickt, als er mich wegen einer Gegendarstellung anrief. Du warst dabei. Du hast mich gehört!«

»Ja, das habe ich«, sagt Nils.

Aber ich habe jetzt genug. Endgültig. Es fühlt sich an, als würde sich die sexuelle Belästigung wiederholen. »Ich habe Kellys Story widerlegt, bevor er sie überhaupt geschrieben hat, und er hat sie trotzdem gebracht, zusammen mit einem gestellten Foto und einer Headline, die mich eine Lügnerin nennt? Er kann mich mal! Und Sarah auch! Sie alle können mich mal! Hier geht es nicht um meine Brüste! Es geht um eine mehrstufige, manipulative und kalkulierte Kampagne mithilfe sexueller Belästigung am Arbeitsplatz – nicht um ›Sex-Belästigung‹, was soll das sein, verdammt? –, bei der der Busen-Kommentar doch nur zeigt, wie widerlich und komisch alles war, bevor ich überhaupt kapiert habe, was da gerade passierte! Bei sexueller Belästigung geht es doch nicht um Titten und Ärsche! Es geht um Macht! Dieser Typ hält mir ein Gehalt und eine Festanstellung unter die Nase und zieht dann wie ein verdammter Sadist alles wieder zurück, weil ich ihn nicht ficken will. Und *darin* liegt das echte Verbrechen bei sexueller Belästigung. Darin, einer Frau die finanzielle Zukunft und damit die Macht zu stehlen!«

Aber Headlines über Brüste und Fotos von Frauen ohne Kopf, aber mit nackten Beinen, generieren Seitenaufrufe, und die verkaufen Anzeigen. Der Körper einer Frau wird immer als Ware angesehen werden, selbst wenn es darum geht, von seinem illegalen Gebrauch als Ware zu berichten. Verlorenes Gehalt, verlorenes Potenzial, verlorene Macht? Wer würde das anklicken?

»Ich beneide Frauen nicht«, sagt Nils.

Am nächsten Tag lade ich mir während meiner Mittagspause Signal runter, entschlossen, den verschiedenen Geschichten über Ken Kurson, die immer noch bei mir eintrudeln, auf den Grund zu gehen. Ich spreche mit einer Frau namens, sagen wir Pam. Sie hatte die verstörendste Nachricht von allen geschrieben, die einzige, in der das Wort »kriminell« stand.

Heute Morgen habe ich Ihren Artikel über Ken Kurson gelesen. Ich hatte eine verrückte, wenn nicht kriminelle Erfahrung mit ihm, über die ich gerne mit Ihnen reden würde. Erst einmal inoffiziell.

Schnell wird mir klar, dass ich knietief in der Sache drinstecke. »Was war *das* denn?«, fragt Nils, der den Schluss meines Gesprächs mitbekommen hat. »Das klang ja völlig durchgeknallt.«

»Das willst du gar nicht wissen«, antworte ich.

»Hast du Personenschutz?«

»Nein.«

»Scheint aber, als könntest du den brauchen.«

Pams Geschichte geht in etwa so: Eines Tages unterhielt sich Kens Ehefrau Becky (ja, dieselbe Becky, der Ken angeblich das Foto von Durkheim im *Observer*-Shirt gezeigt hat; dieselbe Becky, über die er in mehreren Mails geschrieben hat, sie würde ihn verlassen, wenn er sich nicht änderte) mit ihrer Freundin Jane, einer Ärztin am Mount Sinai Hospital. Jane war eine gemeinsame Freundin von Becky und Ken und vermutlich auch von Ivanka Trump.

Nach allem, was Becky ihr anvertraut hatte, drängte Jane ihre Freundin dazu, Ken zu verlassen. Das war ungefähr zu der Zeit, als Ken mir Mails schrieb, in denen er mich bat, für ihn zu arbeiten, und mir von seiner Frau und ihren Plänen berichtete.

Ken, so Pam, gab Jane die Schuld am Ende seiner Ehe, und um Rache zu nehmen – »Ich stamme von einem nachtragenden Wüstenvolk ab« –, dachte er sich zwei Pseudonyme aus, »Eddie Train« und »Jayden Wagner«, und kontaktiere darüber Pam, die bei einer Medienfirma arbeitete und mit Jonathan, Janes Chef am Mount Sinai, verheiratet war. In seiner ersten Mail an Pam behauptete »Eddie Train«, er wüsste aus zuverlässiger Quelle, dass ihr Ehemann eine Affäre mit Jane hätte, und drohte damit, diese öffentlich zu machen.

Bitte bleibt bei mir, auch wenn ich weiß, dass das alles kompliziert und völlig absurd klingt. Aber Pams Geschichte, so wird sich zeigen, stimmt nicht nur mit den Anschuldigen überein, die 2020 in einem Cyberstalking-Fall gegen Ken Kurson vorgebracht werden, die ganze Angelegenheit wird sich auch noch als viel unheimlicher, selbstsüchtiger und angsteinflößender herausstellen, als Pam es übers Telefon zu schildern vermag. Hier noch einmal die mitwirkenden Figuren, damit nichts durcheinandergerät: *Pam*, die Fremde, die mir geschrieben hat und mit *Jonathan*, einem Arzt am Mount Sinai Hospital verheiratet ist; *Jane*, ebenfalls Ärztin und Kollegin von Jonathan am Mount Sinai; *Becky*, Janes Freundin und Kursons Frau, die sich am Ende tatsächlich von ihm scheiden lassen wird; *Eddie Train* und *Jayden Wagner*, Kursons Pseudonyme in seinen Nachrichten an Pam; und *Ivanka Trump* und *Jared Kushner*, Tochter des Präsidenten und leitender Berater desselben, auch sie seit langem mit Becky, Ken und Jane befreundet.

Als Pam die Droh-Mail von Eddie Train ihrem Mann zeigen will, ist sie wie von Zauberhand aus ihrem Postfach verschwunden. (Einige Jahre später wird *The Intercept* einen Artikel veröffentlichen, in dem es um staatliche Überwachung und Apps geht, die Funktionen liefern, mit denen man Nachrichten löschen lassen kann, aber damals verstand Becky noch nicht, was passiert sein könnte. Wie konnte die Mail, in der ihrem Mann Untreue vorgeworfen wurde, einfach so ... verschwinden?)

Unterdessen, fuhr Pam fort, begann Ken, Jane auf den Fluren des Mount Sinai Hospitals zu stalken, ohne zu merken, dass die Überwachungskameras dort alles aufzeichneten. Darüber hinaus fing er an, unter seinen Pseudonymen Dutzende negativer Bewertungen von Jane auf Websites wie *Yelp* zu posten. Dieser ganze Schwachsinn brachte es bis hinauf zu den Machthabern vom Mount Sinai, wo man langsam realisierte, dass es sich hierbei um einen echten PR- und Security-Albtraum handelte. Um Jane zu schützen, heuerten sie K2 Intelligence (heute K2 Integrity) an, eine private Sicherheitsfirma, die Ex-CIA- und Ex-Mossad-Agenten beschäftigt, und plötzlich gab es keinerlei Probleme mehr.

Für Pam allerdings änderte sich wenig. Die Angst, die Belästigung und der massive Eingriff in ihr Leben durch Kursons Nachstellungen, mit denen er versucht hatte, den Ruf ihres Mannes und seiner Kollegin zu beschädigen, erfüllte den Bestand einer Straftat, da war sie sicher. Aber niemand wollte sich der Sache annehmen.

»Jesse, ich brauche Hilfe«, sage ich zu meinem Bekannten Jesse Drucker, einem Investigativjournalisten bei der *New York Times*, der über solche Dinge schreibt. »Ich will dieser Frau helfen, habe aber das Gefühl, dass das hier eine Nummer zu groß für mich ist.« Ich leite ihm meine »Die Anderen«-Tabelle weiter, ohne den Namen und Bericht einer bestimmten Quelle, die um ihr Leben fürchtet. Ich füge den obligatorischen Hinweis an, dass alles streng vertraulich ist und er das Dokument nicht weiterleiten darf. Als Jesse gerade beginnt, sich in all die Anschuldigen einzulesen, die da unaufgefordert bei mir gelandet sind, schlägt Präsident Trump Ken Kurson plötzlich für einen Posten im Weißen Haus vor.

Warum auch nicht.

»Verdammte Scheiße!«, fluche ich. »Das Weiße Haus? Wirklich?«*

---

* Zu diesem Zeitpunkt arbeitet Kurson bei der Beraterfirma Teneo, die von Declan Kelly geleitet wird, den ich Jahre zuvor kennengelernt hatte, als er mich völlig aus dem Nichts anrief und mir sagte, dass ich allein für sein Glück verantwortlich sei. Ich merke das hier in einer Fußnote an, weil es zwar nichts mit Kurson als Täter zu tun hat, aber trotzdem ein so merkwürdiger Zufall ist. Declans Frau Julia, die Quelle seines Glücks, war siebzehn Jahre alt und bekannt als Yulia, als sie mir 1991 Russischunterricht gab. Das war während der Monate vor dem Augustputsch in Moskau, wo ich mich aufhielt, um Aufnahmen für die *Newsweek* und andere Magazine zu machen. Mir war klar geworden, dass ich meinen Job nicht würde machen können, wenn ich nicht wenigstens ein kleines bisschen von der Sprache verstand. In jenem Frühling 1991 wurde Julia an der University of Pennsylvania angenommen, und zusammen feierten wir diesen für sie monumentalen Mei-

Am darauffolgenden Tag erscheint Jesses Artikel »The Trump Administration Considers an Old Friend: Ken Kurson« in der *New York Times*. Der Text erwähnt meine Geschichte im *Atlantic* genau wie Kursons Leugnung, irgendetwas falsch gemacht zu haben: »Was Ms. Copaken angeht, so Mr. Kurson: ›Ich weise jede Behauptung, ich hätte mich unangemessen verhalten, strikt von mir.‹«[163]

Als Antwort auf Kursons striktes Von-sich-Weisen poste ich

lenstein. Aber dann verbot ihr die sowjetische Regierung, das Land zu verlassen, weil ihre jüdischen Refusenik-Eltern in der Vergangenheit einmal einen Asylantrag gestellt hatten, der abgelehnt worden war. Um Abhilfe zu schaffen, bot ich an, sie zur amerikanischen Botschaft in Moskau zu begleiten, um sowohl für sie als auch für ihre Eltern zu bürgen, was bedeutete, dass ich finanziell für die ganze Familie verantwortlich sein würde – was verrückt war, schließlich war ich erst 25 und arm wie eine Kirchenmaus. Aber ich habe es trotzdem gemacht, jeder hätte es gemacht. Julias Eltern waren Ärzt*innen. Sie würde ihren Weg schon gehen, da war ich ganz sicher. Kurz vor ihrem vierzigsten Geburtstag spürte Declan mich also auf und erzählte mir, er wolle uns beide als Geburtstagsgeschenk wieder vereinen. Bis dahin hatte ich keine Ahnung gehabt, was aus Julia geworden war, ich hatte sie seit ihrem Aufbruch aus Moskau nicht mehr gesehen, wie gesagt, da war sie siebzehn. Wir verbrachten einen wunderbaren vierzigsten Geburtstag in meinem Haus in Harlem zusammen, und Declan bot mir seine Unterstützung bei der Suche nach einer Stelle bei Teneo an, als ich meinen Job bei der PR-Firma verlor, aber am Ende wurde nichts draus. Als ich von meinen Freund Eric Alterman, Professor und Journalist, hörte, dass Kurson A) immer noch überall herumerzählte, dass er mich flachlegen wolle, und B) einen Job bei Teneo ergattert hatte, rief ich eine Freundin an, die zufällig ebenfalls für Declan arbeitete, um sie zu warnen, denn ich befürchtete, er könne sie als Nächstes ins Visier nehmen: Wir sind im gleichen Alter, beide jüdisch, sehen aus wie Schwestern, und außerdem befand sie sich ebenfalls gerade im freien Fall, was ihre Ehe anging. Declan rief ich nicht an, denn damals hatte ich noch kein mehrseitiges Dokument mit Anklagen anderer Personen gegen seinen neuesten Angestellten, und vor #MeToo hatten Frauen noch größere Angst vor Repressalien, wenn sie wagten, diese Dinge laut auszusprechen. Ich bereue diese Entscheidung. Ich hätte Declan ganz förmlich anrufen sollen, nicht nur meine College-Freundin als Teil des großen *whisper networks* unter Frauen. Für mich ist das der wertvollste Aspekt der #MeToo-Bewegung: Sie erlaubt uns, Sexismus am Arbeitsplatz laut zu benennen und aufzuzeigen. Der nächste Schritte sollte die Kriminalisierung sein. Eine gestohlene Karriere, ein gestohlenes Einkommen und eine gestohlene Zukunft sollten mindestens so streng bestraft werden wie ein gestohlener Flachbild-Fernseher.

auf Twitter die gesamte schriftlich festgehaltene Beweislage, eine eklige E-Mail nach der anderen. Am Ende des Threads schreibe ich folgenden Text, ohne wirklich zu erwarten, dass mich das FBI kontaktieren wird. Ich verlinke sie noch nicht mal.

Ich finde es immer erstaunlich, wenn jemand etwas strikt von sich weist, wofür es schriftliche Beweise gibt. Ich habe bisher nur die »Warum haben Sie mich nie um ein Date gebeten«-Mail gepostet, aber jetzt, da Kurson ein unangemessenes Verhalten strikt von sich gewiesen hat … Los geht's.

Ich bin einfach dermaßen blind vor Wut, weil Kurson mich als Lügnerin beschimpft, und will die Wahrheit unbedingt ans Licht bringen:

Und sonst noch? Viele weitere Frauen und zwei Männer haben mich kontaktiert und von derselben Scheiße berichtet. Also, FBI, falls ihr das hier untersucht, ich wüsste ein paar Dinge.

Bald darauf ruft mich Mateo Gomez an, der behauptet, FBI-Agent zu sein und einen Background-Check zu Kurson zu machen. Er fragt, ob er mich in meiner Wohnung in Inwood aufsuchen dürfe. Ich habe Angst, dass Kurson oder irgendjemand anders aus der Trump-Welt mich reinlegt – *Woher hat er meine Handynummer? Kann das FBI sowas … einfach machen?* –, darum rufe ich meine Freundin und Nachbarin MaryBeth Williams an, eine Journalistin bei *Salon*, und bitte sie, bei der angeblichen FBI-Untersuchung dabei zu sein. *Was, wenn er nicht ist, wer er vorgibt zu sein?*, fragen wir uns. *Woher weiß man, ob das FBI wirklich das FBI ist, wenn es vor der Tür steht?*

Am 4. Juni 2018, einem Montag, schlagen Agent Gomez und seine Kollegin Special Agent Emily Eckstut, die jung und freundlich wirkt und vernünftige, flache Schuhe trägt, bei mir zu Hause auf. Aus irgendeinem Grund sind es diese Schuhe, die mich sofort überzeugen, und nachdem sie mir noch an der Tür ihre Dienstmarken gezeigt haben, entspanne ich mich. Nicht dass ich eine echte von einer gefälschten FBI-Marke hätte unterscheiden können, aber es fühlt sich dennoch richtig an, sie mir zeigen zu lassen. »Ich dachte mir, ich nehme eine Kollegin mit, weil ich weiß, dass es nicht leicht ist, über solche Dinge mit Männern zu sprechen«, sagt Gomez, und ich denke: *Gut gemacht, FBI!* Das stimmt. Ich fühle mich definitiv wohler mit einer Agentin im Raum, danke. Noch wohler würde ich mich allerdings fühlen, wenn ihr gar nicht erst hättet auftauchen müssen.

Nachdem sie jeder größeren und kleineren Spur in meiner eigenen Geschichte nachgegangen sind und auch noch jede ähnliche Anschuldigung untersucht haben, die mir nach dem Erscheinen meines Texts im *Atlantic* von »Den Anderen« zugesandt wurde, machen sich die FBI-Leute wieder auf den Weg an ihre Schreibtische, wo sie mithilfe meiner Tabelle jedem Bericht auf den Grund gehen werden.

Zusammen mit seinen Kolleg*innen Emily Steel und Danny Hakim tut dies auch Jesse Drucker an seinem Schreibtisch bei der *New York Times.*

Zwei Monate später erscheint Jesses zweiter Artikel: »A Kushner Ally Was Up for a Federal Post. Then the F.B.I. Began Digging«:

»Im November 2015 begann das Mount Sinai Hospital, die von zwei unserer Ärzte und Ärztinnen vorgebrachten Anschuldigen wegen Belästigung gegen Ken Kurson zu untersuchen«, konstatierte das Krankenhaus in einer Stellungnahme. »Darüber hinaus veranlassten wir Maßnahmen

*zum Schutz unserer Belegschaft, woraufhin die mutmaßliche
Belästigung bald aufhörte. Wir kooperieren beim gegenwär-
tigen Background-Check zu Mr. Kurson mit dem FBI.«
In einem Interview, das vergangene Woche geführt wurde,
sagte Mr. Kurson, er würde den Regierungsposten nicht
wahrnehmen, weil der Untersuchungsprozess so viel Arbeit
mit sich bringe.*[164]

»So viel Arbeit!«, liest Will laut vor und lacht.

»Ich weiß«, sage ich. »Das ist alles so verrückt.«

In seinem Text erwähnt mich Jesse als »eine Journalistin, die
Kurson beschuldigt, ihre Brüste kommentiert zu haben, als sie
sich um einen Job beim *Observer* bemühte«, und obwohl ich Jesses Arbeit bewundere, finde ich das wieder einmal frustrierend.
Der Brüste-Kommentar war nur ein winziger Aspekt eines viel
größeren geschlechtsspezifischen Vergehens. Mein Vorwurf gilt
nicht allein seinem Titten-Gerede, sondern dem schrittweisen
Grooming, der Manipulation und der Belästigung, die mich am
Ende Einkommen und Würde kosteten. Und dieser Vorwurf ist,
ich gebe es zu, schwer zu formulieren, worin ein weiteres Übel der
sexuellen Belästigung am Arbeitsplatz liegt: Es ist so schwer, diese
Vorgänge kurz und prägnant zu beschreiben. Aber wie wäre es
gewesen mit »eine freiberufliche Journalistin beim *Observer*, die
Kurson, ihren Chef, beschuldigte, sie sexuell belästigt zu haben«?

Um das also wirklich klarzustellen, twittere ich noch einmal zu
dem Thema:»Es war nicht der Brüste-Kommentar, der mich ge-
wurmt hat. Der Grund, warum ich meine Geschichte im *Atlantic* veröffentlicht habe, liegt darin, dass ich MEINE KOLUMNE
VERLOREN HABE, nachdem ich nicht auf diese Mail eingegangen bin.« Ich füge einen Screenshot der »Date-Mail« an. »Und
nicht nur das,« fahre ich fort, »die Karriere der hier erwähnten
Ärztin wurde ebenfalls bedroht, und zwar durch die *Yelp*-Be-

wertungen. Und das zeigt, dass #MeToo oft lediglich die Spitze eines sehr hässlichen Eisberges ist. Und das diejenigen, die andere sexuell belästigen, auch auf anderen Wegen zur Belästigung werden. Was hier auf dem Spiel steht, sind nicht allein körperliche Selbstbestimmung und Freiheit von sexueller Belästigung. Was für Frauen außerdem auf dem Spiel steht, und so war es schon immer, ist finanzielle Selbstbestimmung, finanzielle Kontrolle. Oder auch die Freiheit, unsere Karrieren sicher vor Männern in Kontrollpositionen zu wissen.«

Mitten in alldem, als mein Job beim World Science Festival sich dem Ende zuneigt und ich schon wieder Panik schiebe, wie ich demnächst meine Miete und meine Krankenversicherung bezahlen soll, erreicht mich eine E-Mail von Elli Kaplan, CEO einer im Silicon Valley ansässigen Tech-Firma, die sich mit der Prävention von Alzheimer beschäftigt, für mich persönlich die furchteinflößendste Krankheit, die es gibt. Wer sind wir ohne unsere Gehirne?

»Ich kontaktiere Sie,« schreibt Elli, »weil ich, auch wenn das vielleicht ein wenig nach Stalken klingt, alles lese, was Sie schreiben und mich die Schönheit Ihrer Stimme und die Gewichtigkeit Ihrer Arbeit jedes Mal umhaut.« Jetzt hat sie meine Aufmerksamkeit. Hat man jemals süßere, charmantere Worte an eine Autorin gehört als diese? Nein. Niemals. Was Komplimente an unsere Hirne angeht, sind wir als Spezies so empfänglich wie Influencer*innen für Likes ihrer Popo-Fotos.

Nachdem sie beschrieben hat, wie ihr Produkt funktioniert (mit einer Eye-Tracking-Software wird das individuelle Alzheimer-Risiko ermittelt; diejenigen mit erhöhtem Risiko kommen in ein Programm, das helfen soll, ihre Kognition zu verbessern und bei dem Ernährung, Sport, Schlaf, soziales Engagement, geistige Betätigung und Stressmanagement eine Rolle spielen), fragt Elli, ob ich mir vorstellen könne, bei ihr zu arbeiten. »Lassen Sie mich wissen, ob Sie offen für ein Gespräch wären. Ich freue mich, von Ihnen zu hören.«

Wenn die Schülerin bereit ist, erscheint die Lehrerin. Oh ja. Ich habe in letzter Zeit gemerkt, wie mein eigenes Gehirn langsam den Geist aufgibt: vergessene Wörter, vergessene Verabredungen, Namen von ehemaligen Freundinnen – guten Freundinnen! – nicht mehr auffindbar. Warum? Ich nehme mein Telefon und wähle Ellis Nummer.

35

Geistige Gesundheit

Mai 2018 – Juni 2019

»Okay, also geistige Gesundheit«, sage ich zu Elli. »Erzählen Sie mir von Ihrer Firma.« Mit Kopfhörern in den Ohren rase ich von meinem Büro beim World Science Festival zur 116th Street, eine Stunde später als sonst. Das Festival ist in drei Wochen, und die Arbeit zieht an. Es regnet, stürmt. Mein Fünf-Dollar-Regenschirm hat sich gerade dank einer verirrten Windbö in eine Tulpe verwandelt. Mein Sohn braucht für ein Naturwissenschaftsprojekt in der Schule leere Getränkedosen, schreibt er mir. Und eine schwarze Jogginghose für den Auftritt morgen (*welcher Auftritt morgen?*). Außerdem hätten wir keine Snacks mehr. Wann ich nach Hause kommen würde. Ich scanne im Kopf das Innere unseres Kühlschranks im Hinblick auf ein eventuelles Abendessen. Nichts. Also überquere ich die 116th Street, um noch bei Morton Williams reinzuspringen, einem kleinen Lebensmittelgeschäft an der U-Bahn, und steuere eine der Millionen privaten Unterhaltungen bei, die in den Straßen von New York zwischen Sirenen und Hupen ununterbrochen stattfinden. *Er hat sie geschlagen? Oh nein, es ist Krebs? Wie kannst du behaupten, du liebst mich, wenn du gleichzeitig eine andere vögelst?* »Straßen-Schnipsel«, nennen meine Kinder und ich sie. Stichwörter für Kurzgeschichten, deren Ausgang wir nie erfahren werden. »Zwei deiner Großeltern sind an Alzheimer gestorben?«, füge ich der Schnipsel-Kakofonie hinzu. »Das ist ja schrecklich. Tut mir leid.«

Elli gründete ihre Firma, erzählt sie mir, nachdem diese zwei

Großeltern, sowohl mütterlicherseits als auch väterlicherseits, den Erinnerungslöchern und sonstigen Verheerungen, die die Krankheit mit sich bringt, unterlegen waren. Das Ganze ist also mehr als nur ein Geschäft für sie. Elli versucht, sowohl ihr eigenes Gehirn zu retten, als auch die Millionen anderer, bevor endgültig das Licht ausgeht. Stress, zum Beispiel. Ob ich wüsste, dass Stress als einer der wichtigsten Treiber bei kognitivem Verfall angesehen werde?

Ich lache. »Nein, aber ich bin mir ziemlich sicher, dass ich der lebende Beweis dafür bin.« Ich stehe mittlerweile unter einem Baugerüst, um nicht komplett durchzuweichen, und mein Hirn qualmt vor lauter dringend zu erledigender Dinge. »Aber wie, nur aus Neugier, sind Sie über meine Texte gestolpert? Warum gerade ich?«

»Ich habe eines Ihrer Bücher gelesen«, sagt Elli. »Das über die Mutter, die ihre Kinder und sich selbst tötet. Das war toll.«

»*Suicide Wood.*«

»Nein, das war es nicht. Wie hieß es denn nun gleich ...«

»Ach, Mensch«, sage ich. »Entschuldigung. Ich meinte *Between Here and April.*«

»Ja! Das war's!«

»Der Verlag hat den Titel auf den letzten Drücker noch geändert, und ich kann ihn mir einfach nicht merken. Und leider kann das auch sonst niemand.«

Wir lachen beide. Ellis Lachen klingt warm und großzügig. »Tja, es geht doch immer darum, Erinnerungen zu sichern!«, sagt sie. Dann erwähnt sie noch zwei Freundinnen, Joanna und Sharon, mit denen auch ich befreundet bin.

»Ich liebe Joanna und Sharon!«, rufe ich. Ein gutes Zeichen: Nach dem Gesetz der Transitivität heißt das: Wenn Elli die beiden mag, dann mag ich Elli.

Wir verabreden ein Treffen in der darauffolgenden Woche, in

der ich wegen der Überraschungsparty zum fünfzigsten Geburtstag meiner Schwester Jen in Kalifornien sein werde. Ich lege auf, merkwürdig aufgeregt. Was für ein Plot-Twist. *Shutterbabe* brachte Nora Ephron in mein Leben. Und nun sollte ein Roman, der auf der Ermordung meiner Freundin Connie durch ihre verzweifelte Mutter beruhte, meinen Kindern und mir einen neuen Grund zu leben liefern?

Ich sehe die kleine Connie Hummel vor mir. Es ist unser erster Schultag, der 5. September 1972, und zwei Monate später würde ihre Mutter sie töten. Connie und ich standen an dem Garderobenfach, das wir uns teilten, und Connie zog sich eine kurze rote Gymnastikhose unter ihr Kleid – ein Moment, der mir nicht nur für immer im Gedächtnis bleiben sollte, sondern der auch ein ganzes Buch inspirieren würde. »Was machst du da?«, fragte ich nervös. Ich hielt mich immer an die Regeln, war der totale Saubermann. Eine Hose unterm Kleid? *Wer macht denn sowas?*

»Ich will aufs Klettergerüst«, sagte Connie mit einem Schulterzucken.

»Ist das erlaubt?« Alle unsere Mütter hatten uns für den ersten Schultag Kleider und Mary-Jane-Schuhe angezogen. Ich hatte noch nichts davon gehört, dass ein Mädchen auch Nein sagen konnte.

»Ist doch egal.«

Vor diesem Gespräch war es mir nie in den Sinn gekommen, dass man sein eigenes Mädchenschicksal mit Jungsshorts ausbessern konnte. Wie viele weitere Überlebenstricks hätte mir Connie noch beibringen können, wäre sie nicht von ihrer Mutter ermordet worden?

Elli und ich treffen uns in ihrem hellen Erdgeschossbüro in Redwood City, Kalifornien, einen Tag nachdem meine Schwester in ein Restaurant in Carmel spaziert ist und fünfzig Leute »Überraschung!« geschrien haben, was einen kurzen Schock- und

Desorientierungsmoment auslöste, der sich aber bald in Tränen, Liebe und Dankbarkeit verwandelte. Bis heute schnürt sich mir zuverlässig die Kehle zu, wenn ich daran denke. Ihr Mann Todd strahlte vor Freude darüber, dass ihm das beinahe Unmögliche gelungen war: ein riesiges Geheimnis vor meiner Schwester zu bewahren. Er spendierte uns die Hotelzimmer, was ein wirkliches Glück war, denn ich hätte mir diesen Trip sonst niemals leisten können. Außerdem brachte ich Will mit und stellte ihn sowohl der gesamten Familie vor als auch Jens alten College-Mitbewohnerinnen, die ich alle seit über dreißig Jahren kannte.

Aber als ich versuchte, sie ihm einzeln vorzustellen, kam mein Gehirn plötzlich ins Stocken. »Das hier sind Karen, Alison und …« Ich blickte Marcy direkt ins Gesicht, musste aber passen. »Marcy«, sagte sie.

»Es tut mir so leid.« Ich fühlte mich schrecklich.

Aber Marcy, die auch gerade mitten in der Scheidung steckte, lachte nur. »Ich bitte dich! Du musst dich nicht entschuldigen.« Sie verstand mich.

Vielleicht ist ein Job, der sich mit Erinnern und Kognitionswissenschaft beschäftigt, genau das, was mein zerstreutes, gestresstes, mittelaltes, immer noch in der Scheidung begriffenes Hirn gerade braucht. Ich habe meine Hausaufgaben gemacht: In den Neurowissenschaften hat sich das Verständnis der zahlreichen äußeren Faktoren, die auf unser Erinnerungsvermögen einwirken, stark entwickelt. Seit der FINGER-Studie[165] aus Finnland, die gezeigt hat, dass bei gefährdeten Senior*innen eine signifikante Verbesserung der kognitiven Funktionen durch ein Programm aus Schlaf, Bewegung, Ernährung, Stressreduzierung, sozialem Engagement und geistiger Aktivität möglich ist (man braucht alle sechs Bereiche gleichermaßen), weiß man inzwischen, dass Alzheimer-Prävention sich weniger stark auf das Gehirn fokussieren muss als auf dessen Gerüst, den Körper.

Elli und ich einigen uns darauf, dass ich erst einmal als Beraterin bei ihr anfange, damit ich sehen kann, ob mir die Arbeit gefällt, und sie sehen kann, ob ich ihr gefalle. Headautorin, so soll meine Jobbezeichnung lauten. In diesem Sommer helfe ich dabei, alle Lektionen im Programm für geistige Gesundheit umzuschreiben, ich recherchiere zum Gehirn, erstelle einen Firmenblog, verfasse Ellis Texte und stehe ganz allgemein zur Verfügung, wenn irgendetwas für das Unternehmen geschrieben werden muss: für die Website, Marketingmaterial, für Facebook und X, für öffentliche Bekanntgaben neuer Förderungen und so weiter. Größtenteils genieße ich diese Arbeit. Das Innenleben des menschlichen Gehirns ist interessant, außerdem kann ich alles meinem eigenen Zeitplan folgend und von zu Hause aus erledigen. Mitte August fragt Elli mich, ob ich in Vollzeit bei ihr anfangen möchte, mit Zusatzleistungen und einem Gehalt, mit dem ich die College-Gebühren für meine Tochter und einige meiner Krankenhausrechnungen abbezahlen kann und das mir außerdem erlaubt, zum ersten Mal seit einer gefühlten Ewigkeit einigermaßen entspannt dem Monatsende entgegenzublicken. Etwa einmal im Monat würde ich nach Redwood City fliegen müssen, um mich mit dem restlichen Team zusammenzusetzen, ansonsten kann ich weiterhin von meiner Wohnung in Brooklyn aus arbeiten.

»Klar!«, sage ich. »Ich bin dabei!« So habe ich häufiger die Gelegenheit, meine Schwester Jen und ihre Familie in Los Gatos zu treffen, warum nicht? Und die Firma spart sich die Hotelkosten. Ich stimme Ellis Vorschlag also zu, habe aber drei Bedingungen: 1) Ich möchte weiterhin meine Kolumne für den *Atlantic* schreiben; 2) Wenn *Emily in Paris* tatsächlich produziert wird, und danach sieht es mittlerweile immer stärker aus, brauche ich eine kurzzeitige Beurlaubung, werde aber auf jeden Fall jemanden finden, der mich vorübergehend ersetzt; 3) Da ich gerade versuche, mein neues Buch – dieses hier – zu verkaufen, werde ich von

5 Uhr morgens bis mittags New Yorker Zeit, wenn der Arbeitstag in Kalifornien beginnt, daran arbeiten. »Natürlich!«, sagt Elli. »Es wäre schade, wenn du deine anderen Projekte nicht weitermachen würdest. Willkommen im Team!« Ich verschiebe den Start meines neuen Jobs nach hinten, um mir während der zwei Wochen, die ich noch über das World Science Festival versichert bin, das Knie operieren zu lassen, was schon seit Jahren nötig ist. Unter dem Gewicht meiner Gebärmutter in der Schwangerschaft mit meinem Jüngsten war ein Meniskus gerissen. Mein Knie ist nach zwölf Jahren des Verletztseins im Grunde unbrauchbar. »Keine Cortisonspritzen mehr«, bläut mir Struan ein, mein damaliger Freund im ersten College-Jahr, mittlerweile orthopädischer Chirurg. »Es ist an der Zeit, das Ding zu reparieren.« Außerdem brauche ich noch Zeit unter der Woche, wenn das Gericht geöffnet hat, um meine DIY-Scheidung endlich zu einem Ende zu bringen.

Sich ohne einen Anwalt scheiden zu lassen, hatte schlussendlich viel mehr Arbeit und verwirrenden Papierkram mit sich gebracht, als ich es mir je hätte vorstellen können.[166] Eines heißen Sommermorgens, meine Knie-OP ist eine Woche her, erklimme ich also auf Krücken die Treppe zum Supreme-Court-Gebäude, um einen weiteren Papierstapel in einem weiteren gut versteckten Büro einzureichen. Auf halber Strecke der breiten Steintreppe lege ich eine Pause ein. Ich nehme die schwere Tasche voller Dokumente von der Schulter und stelle sie auf einer Stufe ab, dabei entgleitet mir eine der Krücken. Laut klappernd rutscht sie einige Stufen in die Tiefe, ich versuche noch, nach ihr zu greifen, gerate aber ins Wanken. Die Symbolkraft der ganzen Szene ist ein bisschen zu offensichtlich, der schleppende Gang die Treppe der Gerechtigkeit hinauf ist reinster Slapstick. Ein bisschen sehr viel Zaunpfahl mit den Krücken, dem kaputten Knie, dem Fast-Hinfallen und dem Sisyphos-Aufstieg.

Ich sollte einfach noch mal wiederkommen, wenn es meinem Knie besser geht, denke ich. Aber jetzt habe ich es schon bis hierhin geschafft, und mein neuer Silicon-Valley-Tech-Job fängt schon in einer Woche an, ich muss das also einfach heute erledigt bekommen. Ich mache mich wieder an den Aufstieg, eine Stufe nach der anderen: Erst die Tasche, dann ich. Tasche, ich. Ich bin nur noch drei Stufen von den großen Säulen entfernt, mein bandagiertes Knie pocht – da sehe ich ganz oben an der Treppe, nicht etwa unten, ein Schild mit einem Hinweis auf den barrierefreien Eingang um die Ecke.

»Verdammte Scheiße«, murmle ich. Dann muss ich lachen.

»Was ist so lustig?«, fragt mich der Polizist, der am Eingang postiert ist.

Ich lache inzwischen so sehr, dass ich kaum sprechen kann. Mit der rechten Krücke zeige ich auf das Schild und versuche, etwas zu sagen, aber das Lachen gewinnt. »Das Leben«, bringe ich endlich heraus.

Insgesamt wird meine »Pro se«-Scheidung vier Jahre dauern: Zweieinhalb davon verbringe ich in Wartestellung – zu wenig Geld und zu wenig Möglichkeiten –, weitere eineinhalb spiele ich meine eigene Anwältin. Das Ganze wird 626,50 Dollar kosten.[*] Was 99 Prozent weniger ist als die 60 000 Dollar, die ich mit anwaltlicher Hilfe hätte hinlegen müssen, ich schätze also, das ganze Krückenfiasko war es wert.

Oder? Vielleicht sollten wir auch einfach diese ganzen schmerzhaften und konfliktträchtigen Zwischenschritte weglassen, die

---

[*] 210 Dollar habe ich als diejenige, die die Scheidung eingereicht hat, für eine Fallbearbeitungsnummer bezahlt. Das Einreichen der Papiere kostete insgesamt 125 Dollar, plus 57 Dollar für die Zustellung. Wenn man seinen Namen ändern lassen will, so wie ich, dann kostet ein neuer Führerschein 12,50 Dollar, ein neuer Ausweis 145 Dollar. Das Schlussurteil in dreifacher Ausführung kostete 20 Dollar. Am Ende betrug die Gesamtsumme mit weiteren kleinen Posten 626,50 Dollar.

allein der Scheidungsindustrie dienen und nicht etwa denjenigen, die sich scheiden lassen wollen. Vielleicht sollten wir die Kosten ausgleichen, so wie es beinahe überall auf der Welt außer in den USA gemacht wird. In China kostet eine Scheidung 1,30 Dollar und dauert etwa eine halbe Stunde. In Dänemark muss man nicht einmal vor Gericht. Man zahlt 77 Dollar und erledigt das Ganze online. In Schweden betragen die Kosten für eine Scheidung 151 Dollar, aus Respekt für diejenigen, die sich diesen Schritt sonst nicht leisten könnten.[167]

Als das offizielle Schreiben eintrifft, das meine Scheidung bestätigt, fühle ich mich nicht nur ermutigt und erleichtert, es ist auch, als wäre die Hälfte meines Gehirns plötzlich frei und damit endlich wieder in der Lage, sich gedeihlicheren Themen zuzuwenden.

Einige Tage später – ich versuche gerade, für Elli einen Kanal mit interessanten Anekdoten zum Gehirn und zur Alzheimer-Forschung für die Internetplattform *Medium* einzurichten – interviewe ich Dr. Lisa Mosconi, eine Neurowissenschaftlerin am Weill Cornell Medical College, die den Zusammenhang zwischen Östrogenabbau und Alzheimer bei Frauen untersucht. Warum, fragte sich Mosconi schon früh in ihrer Karriere, erkranken doppelt so viele Frauen an Alzheimer wie Männer? Ihre Oma und zwei Großtanten waren alle an der Krankheit verstorben, während ihr Großonkel verschont geblieben war. Langlebigkeit allein könne nicht der Grund hierfür gewesen sein. Die für Alzheimer typischen Plaques und Fibrillen könnten sich schon Jahrzehnte vor dem Auftreten der ersten Symptome bilden.

Der Schlüssel, davon war Mosconi irgendwann überzeugt, müsse im während der Menopause sinkenden Östrogenspiegel liegen. Aber damals untersuchte niemand die genauen Unterschiede zwischen männlichen und weiblichen Gehirnen.

Während des Interviews erwähne ich zufällig, dass ich keine

Gebärmutter mehr habe und neuerdings häufiger feststelle, dass mir Wörter entfallen. Die Namen von Freundinnen und Freunden, die Bezeichnung für die Artischocke in meiner Hand oder für »das Stück Glas zwischen mir und der Welt« (so beschrieb ich eine Windschutzscheibe). Selbst das Wort »Wind« – verweht von demselben. Dieses Ding, das pustet?

»Wir wissen seit gut zehn Jahren,« erklärt Dr. Mosconi, »dass die Entfernung der Eierstöcke oder der Gebärmutter das Risiko für eine Demenzerkrankung bei Frauen erhöht.«

An dieser Stelle schalte ich mein Aufnahmegerät ab. »Machen Sie Witze?!« Ich sage, dass ich eine Pause brauche, um einmal tief das zu tun, was die Lunge macht.

»Es stimmt«, sagt sie. »Es gibt bei Frauen einen eindeutigen Zusammenhang zwischen einer induzierten Menopause und einem erhöhten Alzheimer-Risiko. Und manche Studien deuten darauf hin, dass eine vor der Menopause vorgenommene Ovarektomie, also eine Entfernung der Eierstöcke, dieses Risiko um bis zu 70 Prozent erhöhen kann.«

»70 Prozent????!!!!« Wie um alles in der Welt kann es sein, dass ich davon nichts weiß? *Wie kann es sein, dass niemand von uns davon etwas weiß?*

Später transkribiere ich unser Interview und stelle es auf *Medium*, nicht nur für Elli, sondern als öffentliche Bekanntmachung für die Millionen Frauen – 600 000 jedes Jahr allein in den USA –, die vor der Entfernung ihrer Fortpflanzungsorgane nicht über die Risiken kognitiver Beeinträchtigung aufgeklärt werden, obwohl diese Information Wissenschaftler*innen offensichtlich seit mehr als einem Jahrzehnt vorliegt.[168]

Dieses Interview, im Frühjahr 2019 ohne jegliche Werbung veröffentlicht, verbreitet sich schnell. Bis dato mehr als eine halbe Million Klicks. Und mindestens ein Mal die Woche kontaktiert mich eine zaghafte Leserin über X oder Facebook und fragt, ob ich ihr dabei helfen könne, bei Dr. Mosconis Studie mitzumachen. Auch ich mache am Ende mit, denn wenn ich auch überrascht bin, dass die Hälfte unserer Bevölkerung beim Studium des menschlichen Körpers bisher schlichtweg ignoriert wurde, haben mich die jahrzehntelange Erfahrung und die mehrfachen chirurgischen Eingriffe einiges gelehrt. Wenn ich als winzig kleiner Punkt auf irgendeinem Graphen etwas beitragen kann, sage ich zu Dr. Mosconi, bin ich dabei. Selbst wenn das bedeutet, dass ich von nun an über die nächste Dekade hinweg, oder wie lang auch immer ich noch auf dieser Erde wandeln werde, jedes Jahr zwei Tage damit zubringen werde, mich piksen und ausfragen, mit radioaktiven Isotopen anfüllen und in PET-Scanner und MRT-Röhren schieben zu lassen. »Irgendwelches Metall im Körper?«, fragt mich die MRT-Assistentin.

»Ja«, antworte ich. »Ein paar Clips in meiner rechten Brust und ein winziger Granatsplitter in meiner rechten Hand.«

»Also zweimal im Krieg gewesen?«, witzelt die Assistentin. Ich möchte sie umarmen.

»Ja«, lache ich. »Die anderen haben kein Metall zurückgelassen.« Was sie sehr wohl zurückgelassen haben, sind neurologische Narben in den Schichten meines Hippocampus, dem ich, seit ich das weiß, mühevoll seine Informationen abringe und zu Papier bringe. So extrahiert und verarbeitet mein Gehirn die Schrotkugeln des Lebens: Splitter für Splitter.

»Heute war ein guter Tag, weil ich dich bekommen habe«, schrieb ich am 11. März 1972, einen Tag nach meinem sechsten Geburtstag, zu dem ich mein erstes Tagebuch geschenkt bekommen hatte. Sieben Monate später stand darin: »Connie ist tot, und ihre Mommy hat sie umgebracht.« Die Pubertät hinterließ: »Gott, Mädchen können so, so, so GEMEIN sein!« und »Alle haben schon Brüste und ihre Tage, nur ich nicht« und »Ich wünschte, ich könnte David fragen, ob er mit mir Schlitten fahren geht, aber anscheinend geht das nicht, weil aus irgendeinem Grund die Jungs die Mädchen fragen müssen, und das ist bescheuert.« Genau, mein Freund aus der sechsten Klasse, der David, der mir vierzig Jahre später anbieten wird, für vier Monate meine Krankenversicherung zu bezahlen, während ich mich von meiner Vaginalstumpf-Dehiszenz erhole. Ich fragte ihn dann doch irgendwann, ob er mit mir ins Kino gehen wollte, und er sagte Ja, und die Welt ist nicht untergegangen.

Nach meinen Hirn-Scans für Dr. Mosconi interviewt mich Maria Shriver, Gründerin der Organisation Women's Alzheimer's Movement, für die *Today Show*. Sie hat meinen Post auf *Medium* gelesen. »Haben Sie sich Ihre Hirn-Scans angesehen?«, fragt sie. »Haben Sie Angst?«

»Ja und Nein«, antworte ich. »Ja, weil man bei sowas immer Angst hat, ich möchte natürlich nichts auf diesen Scans finden, und Nein, weil ich Informationen bekommen werde, die mir helfen werden, meinen Körper, mein Gehirn richtig zu behandeln.«[169]

Informationen. Wissen. Daten. Studien. Ja, bitte! Wann, bitte? *Jetzt,* bitte. Macht Gebrauch von uns. Untersucht uns. Liebe Wissenschaft, lass uns diesen ganzen Kram ein für alle Mal herausfinden, es steht uns nämlich bis hier, ja genau, bis hoch zu unseren Gehirnen, aber auch bis tief hinein in unsere Vaginen, dass wir immer nur ignoriert werden. Wissen ist Macht, haben wir gehört, und wir wollen beides, damit wir wohlüberlegte Entscheidungen darüber treffen können, was in unsere Körper hinein- und was aus ihnen hinausgelangen soll, ohne dass unsere Hirne am Ende nur noch … wie heißt das Wort noch gleich … Matsch sind.

Zum Beispiel: Wusstest du, dass du als Frau mittleren Alters ein nur recht kleines Zeitfenster zwischen Perimenopause und dem Beginn der Menopause zur Verfügung hast, um eine Östrogen-Ersatztherapie anzufangen, die nicht nur dein Gehirn, sondern auch deine Knochen und dein kardiovaskuläres System schützt? Also, ich nicht. Bis ich mich mit der Wissenschaft dahinter auseinandergesetzt habe, denn als Frau mit der Diagnose Brustkrebs im Frühstadium war ich wie so viele von uns völlig verängstigt, nachdem ich die Studienergebnisse des Women's Health Institute gelesen hatte, die überall in den Nachrichten diskutiert wurden und erstmals eine Verbindung zwischen Östrogen-Ersatztherapien und Brustkrebs nahelegten. Tja, aber? Diese Studie hat so viele Schwachstellen, die Ergebnisse sind beinahe vernachlässigbar und vielleicht sogar gefährlich.[170] Schlimmer noch, Frauen ohne Uterus wie ich zeigten einen Anstieg von Brustkrebs bei einer Östrogen-Ersatztherapie.[171] Diese Information schaffte es allerdings nie auf die Titelseite irgendeiner Zeitung oder gar in unsere gynäkologischen Praxen. Ich stieß in wissenschaftlichen Online-Publikationen wie *The Lancet* darauf.

Okay, so sieht es aus: In unserem Gesundheitssystem werden Gynäkolog*innen kaum in klimakterischer Medizin geschult. Eine aktuelle Studie zeigt, dass lediglich 20 Prozent der Gynäkologie-Facharztausbildungsstätten in den USA irgendeine Art Schulung rund um die Menopause anbieten.[172] Ja genau, auch nur *irgendeine*. Was bedeutet, dass 80 Prozent aller Mediziner*innen in der gynäkologischen Facharztausbildung *überhaupt keine irgendwie geartete* Schulung in postreproduktiver Frauengesundheit bekommen. Das sind Leute, deren Job es ist, alles zu wissen, was bei uns abgeht, aber sie werden nicht einmal in den ganz basalen Grundlagen dessen geschult, wie sie uns gut versorgen können, sobald wir aufgehört haben zu menstruieren. Und mit »uns« meine ich 30 Prozent aller Frauen weltweit.

Die Hälfte meiner Freundinnen in meinem Alter schlägt sich mit chronischen Harnwegsinfektionen herum. Tja, was soll man machen, denken wir, recken resigniert die Hände gen Himmel und schmeißen uns viel zu viele Antibiotika ein, als vernünftig oder gesund oder gut für die zukünftige Sicherheit der gesamten Menschheit wäre. Da brauchte es erst Dr. Rachel Rubin, eine Urologin aus Washington, D.C., die mich über X kontaktierte, um mir zu erklären, dass Harnwegsinfekte in der Menopause nicht zwangsläufig immer wiederkehren müssen.[173] Sie können nämlich durch, ganz genau, vaginales Östrogen gelindert werden. Nie hat mir das irgendeine Ärztin oder irgendein Arzt erzählt. Und das nicht, weil sie keine guten Ärzt*innen gewesen wären oder sich nicht dafür interessiert hätten, nein, weil sich einfach nie irgendjemand dazu berufen gefühlt hat, Studien durchzuführen und *den Ärzt*innen selbst* all das beizubringen.

36

Hat jemand was gesagt?

Juli 2018 – Oktober 2019

Am 24. Juli 2018, auf den Tag genau ein Jahr nach meiner Rückkehr aus Nepal, bekomme ich eine E-Mail mit dem Betreff »Aufregende Neuigkeiten für dich«. Beinahe lösche ich sie. Aufregende Neuigkeiten heißt dieser Tage bei mir, dass mir irgendwer irgendwelche Hosen verkaufen will, oder eine PR-Agentur versucht, mich dazu zu bewegen, einen Artikel über ein neues Gleitmittel zu schreiben, das so natürlich ist, dass man es sich aufs Brot schmieren könnte. Aber da sehe ich, dass die Mail von Dan Jones kommt, dem Herausgeber von »Modern Love«. Er schreibt, Amazon habe entschieden, aus der *New-York-Times*-Kolumne eine TV-Serie zu machen. »Sie lieben ›When Cupid Is a Prying Journalist‹, schreibt er, und wollen damit die Serie eröffnen.«

Ich schnappe nach Luft. Meine Blutgefäße füllen sich schlagartig mit der warmen Ekstase, die normalerweise geradewegs in die Entzugsklinik führt, aber dieses High hat weder verfaulte Zähne noch einen Kater im Schlepptau. Es ist echt. Und es fühlt sich übernatürlich an, ist es aber nicht. Es ist zustande gekommen, weil ich eines Morgens vor drei Jahren während der Fahrt ins Büro in einer vollgestopften U-Bahn meinen Laptop öffnete und mein Gehirn mit der Aufgabe betraute, der Scham darüber entgegenzuwirken, meine Worte benutzt zu haben, um Opioid-Abhängigen beim Stuhlgang zu helfen. Stattdessen schrieb ich ein paar Wahrheiten über Liebe auf – ein natürliches Opioid, gewonnen aus Endorphinen, die keine Verstopfungen verursachen –, die ich im Laufe der Zeit zusammengetragen hatte. »Die Dreharbeiten starten Ende September in NYC«, schreibt Dan weiter, »es wird also alles ziemlich schnell gehen, sie casten bereits. Vielleicht können wir schon im Herbst zusammen das Set besuchen und zugucken, wie du gespielt wirst!« Im Spätsommer werde ich erfahren, dass Catherine Keener mich spielen wird, die Schauspielerin, die ich in meiner Fantasie-Version von Wer-würde-dich-spielen-wenn-du-es-dir-aussuchen-könntest ausgewählt hätte.

Am liebsten würde ich diese aufregenden Neuigkeiten sofort allen weitererzählen, aber das darf ich nicht. Nicht einmal Will darf ich es sagen, aber hey, bitte. Ich erzähle es ihm natürlich.

Wird mich die Verfilmung meines Essays reich machen? Absolut nicht. Ich verdiene 4990 Dollar und 47 Cent minus Agenturbeteiligung; für den Text hatte ich 250 Dollar bekommen. Aber was die Bestätigung angeht, ist die Bereicherung grenzenlos. John Carney, Autor und Regisseur der Serie, ist auch Autor und Regisseur von *Once*, einem meiner Lieblingsfilme über eine Liebe, die nicht ausgedrückt werden kann, außer durch die ergreifende Musik, die sie hervorbringt. Der Film wurde später als Musical für den Broadway adaptiert, das ich mir doch tatsächlich mit dem verloren geglaubten Liebhaber angesehen habe, um den es auch im »Modern Love«-Essay geht. Der, der den Zettel mit meiner Adresse und Telefonnummer verloren hatte und dann in einem Hostel schlief und allein durch die Straßen von Paris schlich, während ich dachte, er hätte mich versetzt. 21 Jahre lang. Er war im Jahr der Broadway-Premiere von *Once* nach New York gekommen, weil er das Stück für die Arbeit sehen musste.

Die verpasste Chance und der Verlust dieses Mannes, mit dem ich mir zwei Jahrzehnte später das Musical ansah, inspirierten nicht nur meinen Artikel für die »Modern Love«-Kolumne selbst, sondern auch die Hochzeit der beiden Hauptfiguren dieses Artikels, von Justin, dem CEO einer Dating-App, und seiner verloren geglaubten Liebe Kate, deren einzige Zeugin ich war, nachdem sich die beiden entschlossen hatten, die große Feier abzusagen und einfach abzuhauen.

Ich glaube, ich werde noch ein bisschen tiefer eintauchen: In meinem Artikel ging es darum, dass bei Angelegenheiten des Herzens eine echte Liebe, die wegen irgendwelcher Umstände nicht im herkömmlichen Sinne ausgelebt werden konnte, dennoch als Erinnerung im Gehirn weiterleben kann, deren generative Kraft grenzenlos ist. »Denn wenn wahre Liebe einmal erblüht ist«, schrieb ich, »verschwindet sie nie mehr. Sie mag zusammen mit einem Stück Papier verloren gehen, sich in Kunst, Bücher oder Kinder verwandeln, oder auch die Verbindung eines anderen Paars wiederbeleben, während sie die eigene nicht zu festigen vermag. Aber sie ist immer da und wartet auf den einen Sonnenstrahl, der es ihr erlaubt, durch die auftauende Erde zu brechen und das Recht auf Existenz in unseren Herzen und hier auf der Welt einzufordern.«

Und nun brachte genau diese Liebe eine Serienepisode bei Amazon Prime hervor.

Später in diesem Herbst, fünf Jahre, nachdem ich den Kopf aus meiner Schreibwerkstatt in Harlem lehnte und alles hinter mir lassen wollte, weil ich glaubte, nicht mehr länger Bücher schreiben zu können, verkauft mein Agent dieses Buch hier an Random House, wo meine Schreiblaufbahn einmal begann. Am selben Tag landet noch eine Mail in meinem Postfach: Sie kommt von Catherine Keener, die eine etwas ältere Version von mir namens Julia spielen soll, damit mir Amazon nichts zahlen muss. Was anscheinend auch der Grund dafür ist, dass niemand möchte, dass Catherine und ich uns persönlich treffen, obwohl wir beide geäußert haben, das gern tun zu wollen. Denn ein Treffen würde ja implizieren, dass sie tatsächlich mich spielt. Was sie offiziell nicht tut. Aber in Wahrheit schon. Und nur weil alle anderen sich über diese Tatsache haben täuschen lassen, damit den »Modern Love«-Autor*innen keine Rechte an ihrer Geschichte bezahlt werden müssen, heißt das noch lange nicht, dass Catherine und ich das auch tun müssen. »Ich weiß, es ist so dumm«, schreibt sie mir über die Anordnung von Gott weiß wem, uns voneinander fernzuhalten. »Ich hab nur gelacht, weil ich Sie ja so oder so gefunden hätte.«

Ich liebe sie jetzt schon. So oft wird uns Ladyparts-Besitzerinnen gesagt, wir sollen uns an die Regeln halten und auf Spur bleiben, die Rolle spielen, die die Gesellschaft uns diktiert, statt unser eigenes geniales Ich zu leben. Oder dieser ganze Unternehmensschwachsinn von wegen erhobenes Haupt und reinhängen … Aber man wird nicht zu einer Catherine Keener, wenn man sich auf jeden Quatsch einlässt. Manchmal muss man auch die Schultern zucken und fragen: Hat jemand was gesagt?

In Florence Hartleys *The Ladies' Book of Etiquette, and Manual of Politeness,* erschienen 1860 in Boston, heißt es in Kapitel XVI mit dem Titel »Polite Deportment, and Good Habits«:

Viele Damen, darunter auch diejenigen, die in guter Gesellschaft verkehren, legen ein forsches, freches Verhalten an den Tag, das vernünftigen Menschen sehr missfällt. Sie berichten von ihren erstaunlichen Wundertaten, auch wenn sie sich in rein männlichen Gefilden befinden; sie unterhalten sich mit lärmender Stimme, lachen laut, singen alberne Lieder oder führen meisterliche, verwegene Darbietungen vor, als befänden sie sich auf einer Bühne oder in der Gesellschaft von Gentlemen nach einer Dinnerparty; sie wetten, winken mit dem Zaunpfahl und prahlen dann mit ihrem Erfolg, anderen Einladungen und Geschenke abgerungen zu haben; sie

schmücken ihre Sätze mit umgangssprachlichen Ausdrücken
und Phrasen, die einem Stall oder einer Kneipe angemessen
wären, und glauben dann, dies wäre flott und faszinie-
rend. All dies mag in männlicher Gesellschaft ermutigt und
bewundert und von jüngeren Damen nachgeahmt werden,
aber seien Sie versichert, ein solches Verhalten wird von jeder
vernünftigen Person mit Abscheu und Ablehnung quittiert,
und wahrhaft edle Menschen finden es absolut widerlich.[174]

Ja, es wurde als »absolut widerlich« angesehen, wenn Frauen forsch
waren, Geschichten erzählten, traditionell männlichen Aktivitäten
nachgingen, laut sprachen, lustige Lieder sangen, generell lustig
waren, laut lachten, Glücksspiele spielten, angaben, sich vulgär
ausdrückten, fluchten. Ich wünschte, ich könnte behaupten, wir
hätten in dieser Hinsicht seit 1860 Fortschritte gemacht, aber ehrlich gesagt? Ganze Notizbücher voller misogyner, giftstrotzender
Zeitungsausschnitte über mich sprechen eine andere Sprache.

Catherine und ich treffen uns Richtung Downtown zum Mittagessen im Odeon, wo wir uns einen riesigen Schokoladeneisbe-
cher zum Nachtisch teilen und uns jeder einzelnen »widerlichen«
Aktivität widmen, die das Benimmbuch aufführt, bis auf Glücksspiele und singen. Ich bin keine Spielerin, aber wäre eine Kara-
oke-Anlage in der Nähe gewesen, hätten wir garantiert zusammen
losgeschmettert, ohne Scham und ohne Bedenken. Meine Tochter
und ihr Sohn, so stellt sich heraus, sind auf demselben College und
nur einen Jahrgang auseinander. Ihr Lachen ist laut und frei und
ansteckend. Sie flucht leidenschaftlich. Wir trinken Tequila und
tauschen Geschichten aus, in denen es um das Überleben als Sin-
gle-Mutter und Künstlerin geht. Nein, erkläre ich, ich lebe nicht
allein von den Früchten meiner persönlichen Arbeiten, denn das
kann ich nicht. Tagsüber schreibe ich für ein Tech-Unternehmen
im Silicon Valley, um über die Runden zu kommen und eine Kran-

kenversicherung zu haben. Sie erzählt mir davon, wie Hollywood Frauen eines bestimmten Alters behandelt, genau dann, wenn sie sich auf der Höhe ihrer schauspielerischen Leistung befinden. Wir schütteln die Köpfe und verdrehen die Augen über die Absurdität des Ganzen.

Am Ende dieses dreistündigen Mittagessens hat Catherine alle meine Eigenheiten drauf: meine ausschweifende Art zu gestikulieren, wenn ich aufgeregt bin; mein unschönes Näseln; die Form meiner Lippen, wenn ich versuche, nicht zu lächeln oder sonstige Emotionen zu zeigen, was alles nur noch offensichtlicher macht; die genaue Haltung meines Oberkörpers, wenn ich etwas sage, das mir wirklich wichtig erscheint. Ihre Hände sind groß und schön, wie die eines Mannes. Ich kann nicht aufhören, diese Hände anzusehen. Sie zu bewundern. Dann laufen wir gemeinsam zum Washington Square Park, wo sie in ein paar Tagen die Worte sprechen wird, die ich in einem letzten Versuch, endlich gehört zu werden, aufgeschrieben habe.

Ich erzähle Catherine von zwei Tagen zuvor, als ich auch etwas aufschrieb, das ebenfalls für ein Publikum bestimmt war, mit dem Unterschied, dass dieses Publikum aus lediglich einer Person bestand: Es war ein Brief an den Kommilitonen, der mich am Vorabend der Abschlussfeier vergewaltigt hatte.[175] Die Anhörung Brett Kavanaughs, bei der ich vom vielen Fernseher-Anschreien heiser geworden war, hatte den Anstoß gegeben. So fing meine E-Mail an:

18. September 2018

Lieber [...],

wahrscheinlich erinnerst du dich nicht mehr an mich, wir waren zusammen auf dem College. Wir haben uns auch erst am Vorabend der Abschlussfeier zum ersten Mal gesehen.

Trotzdem ist es mir nie gelungen, diesen Abend oder dich zu vergessen. Die Erinnerung kommt und geht, seit dreißig Jahren, aber immer, wenn ich etwas über sexuelle Belästigung unter Bekannten lese oder höre, ist sie zuverlässig da. Wie du dir vorstellen kannst, ist das im Moment also ziemlich häufig der Fall, und die jüngste Kavanaugh-Anhörung ist da keine Ausnahme. Vielmehr war das der Tropfen, der dieses alte Fass nun zum Überlaufen gebracht hat. Mir ist klar geworden, dass ich nicht weiterleben kann, ohne endlich diese Nachricht zu schreiben. Ich zittere, während ich das hier tippe ...

Catherine fragt mich, ob ich ihr die Nachricht vorlesen würde, also nehme ich mein Handy und tue es. »Lass es mich so einfach wie möglich ausdrücken«, lese ich. »Du hast dich mir aufgezwungen und bist in mich eingedrungen, während ich wiederholt Nein gesagt habe.«

»Puh«, sagt Catherine, als ich fertig bin. »Das ist heftig. Hat er geantwortet?«

»Noch besser«, sage ich. Eine halbe Stunde, nachdem ich die E-Mail abgeschickt hatte, rief er mich an, um sich zu entschuldigen. Wir unterhielten uns etwa zwanzig Minuten lang miteinander. Er erinnerte sich nicht daran, mich vergewaltigt zu haben, nur an die Party, auf der wir uns kennengelernt hatten. Er war ohnmächtig geworden in jener Nacht, wegen des vielen Alkohols, und einige Zeit später zu den Anonymen Alkoholikern gegangen. Aber das sei keine Entschuldigung, sagte er. Die Tatsache, dass er mir das angetan hatte, und ich nun seit dreißig Jahren mit diesem Trauma leben musste, entsetzte ihn. Es tue ihm so leid, sagte er. Immer wieder wiederholte er diesen Satz, »Es tut mir so leid«. Dann versprach er, es auf irgendeinem Weg wiedergutzumachen, diese fürchterliche Sache, die er gerade über sich selbst erfahren hatte und für die er nie bestraft worden war.

Plötzlich, erzähle ich Catherine, brachen dreißig Jahre Schmerz und Kummer aus mir hervor, und ich weinte und weinte. Ich weinte die nächsten Stunden hinweg, während ich mich auf Jom Kippur vorbereite, dem jüdischen Fest der Vergebung. Und dann, nach all den Jahren, war ich gereinigt. Wiedergeboren. Das Trauma war weg. Alles wegen einer verspäteten Entschuldigung.

»Wow«, sagt Catherine. »Darüber solltest du schreiben.«

»Kann ich nicht«, antworte ich. »Ich bin gerade zu beschäftigt mit meinem Brotjob.«

Am nächsten Morgen wache ich auf und lese Trumps Tweet, der so beginnt: »Ich habe keine Zweifel daran, dass, wäre der Angriff auf Dr. Ford wirklich so schlimm gewesen, wie sie behauptet, sofort Anzeige erstattet worden wäre, entweder von den örtlichen Strafverfolgungsbehörden oder von ihren liebenden Eltern.«

Scheiß auf den Typen, denke ich. Scheiß auf's Klappehalten. Das hat uns kein Stück vorangebracht. Schlimmer noch, es hat dazu geführt, dass Männer den Wahrheitsgehalt unserer Geschichten anzweifeln.

Angetrieben durch meine Wut hacke ich zwischen 9.14 Uhr (Trumps Tweet) und Mittag, wenn mein Arbeitstag in Kalifornien offiziell anfängt, die Story von der Entschuldigung meines Vergewaltigers in meinen Computer. Ich schreibe über den Fehlschluss in der Logik unseres Präsidenten; über Kavanaugh, der in meinem Alter ist und in meiner Heimatstadt aufwuchs, wenn auch auf der wohlhabenderen Seite; darüber, wie eine echte und aufrichtige Entschuldigung die Art und Weise verändern kann, wie unser Gehirn Traumata verarbeitet. Ich schicke den Text an Adrienne, der Redakteurin beim *Atlantic*. Er schließt mit einem Satz, der auf eine Art in die Zukunft hineinhallen wird, die ich zu diesem Zeitpunkt noch nicht absehen kann: »Das Leben meiner Tochter steht auf dem Spiel. Ihre körperliche Selbstbestimmtheit steht auf dem Spiel. Als Mutter, die in den Achtzigern auf

Hauspartys begrapscht wurde, möchte ich sicherstellen, dass jede Person, die sich über die nächste Generation ein Urteil bildet oder gar Urteile fällt, selbst über ein Mindestmaß an Urteilsvermögen verfügt.«[176]

Adrienne möchte die Story am nächsten Tag bringen, nachdem sie geprüft und redigiert wurde. Ich darf ihr nicht sagen, dass ich da am Set meiner »Modern Love«-Episode bin, wo ich zwischendurch nicht erreichbar sein werde, weil ich noch immer niemandem etwas über das Projekt verraten darf. Also sage ich »Toll!« und bete, dass ich mein Handy als Hotspot werde nutzen können, um den Feinschliff zu machen.

Und so finde ich mich am nächsten Morgen im Washington Square Park auf einer Bank sitzend wieder, gegenüber Dev Patel, der Justin spielt, und Catherine Keener, die mich spielt, wo ich unter Hochdruck den neuen Essay über die Entschuldigung meines Vergewaltigers bearbeite und gleichzeitig die Worte meines alten Essays aus Catherines Mund kommen höre: »Er war ein Senior am College und studierte Shakespeare im Ausland, ich war eine 22-jährige Kriegsfotografin und lebte in Paris ...«

Worte. Worte bilden die eine feste Konstante in meinem Leben, und sie sind das Einzige, was meinem Hirn erlaubt, dieses Leben zu begreifen. Nein, sie haben mich nicht reich gemacht. Aber sie haben mich bereichert, und dem Inhalt meines E-Mail-Postfachs nach zu urteilen, auch andere. Sie haben mir einen Sinn gegeben, mich mehrfach davor bewahrt, das Handtuch des Lebens zu schmeißen, unzählige innige Nachrichten von Fremden inspiriert, mir erlaubt, laut zu sein, öffentlich und entschieden undamenhaft über Dinge zu sprechen, die viel zu lange und sehr zum Nachteil von Frauen nur im Privaten geäußert wurden, ganz besonders im Hinblick auf den weiblichen Körper – seine Gesundheit, seine Lust, seine Objektifizierung, seine Verletzungen, sein Blut, seine klinische Vernachlässigung, seine Selbstbestimmtheit.

Nach der Veröffentlichung der Vergewaltiger-entschuldigt-sich-Geschichte schreiben mir Tausende von Frauen – und Männer! – und erzählen, dass auch sie Kontakt zu ihren Vergewaltigern beziehungsweise Opfern gesucht hätten, um endlich dem Leid zu begegnen, das sie erlebt oder verursacht haben. Einige der Frauen sind enttäuscht oder wütend, weil die Täter entweder keine Reue zeigten oder schwiegen. Andere wiederum sind überwältigt von der plötzlichen Heilung, zu der eine ehrliche Entschuldigung bei ihnen führte. Einige Männer wollen auch von mir wissen, ob Dinge, die sie einmal gemacht haben, als Vergewaltigung bezeichnet werden könnten oder noch als dumme Teenagerfummelei durchgehen. Anderen war plötzlich klar geworden, dass sie etwas falsch gemacht hatten, und sie wollten nun einen Weg finden, es wiedergutzumachen. Alle von ihnen fragen, ob sie den Brief lesen könnten, den ich geschrieben habe, also stelle ich ihn anonymisiert auf meinem größtenteils leeren Blog ein. Hier geht es nicht darum, meinen Vergewaltiger ganz gezielt anzuprangern und dreißig Jahre nach einer Tat, von der er nicht wusste, dass er sie begangen hat, seinen Namen schlechtzumachen. Es geht darum, alle Männer dazu aufzufordern, Verantwortung für ihre Handlungen zu übernehmen.

Nur wenige Stunden nach der Veröffentlichung meiner Geschichte werde ich von TV-Produzent*innen belagert, die wollen, dass ich in ihre Show komme und das vertiefe, was ich angefangen habe. Ich spreche live mit CNN International, nehme ein Gespräch mit Juju Chang für *Nightline* auf und lehne eine Einladung von Fox News ab. »Meldet euch, wenn ihr aufgehört habt zu lügen und nicht mehr das Sprachrohr der Trump-Regierung seid, dann überlege ich es mir vielleicht«, lautet meine Antwort. Ich sitze entweder in Radiostudios oder in meinem eigenen Wohnzimmer und spreche mit irgendwelchen Reporter*innen überall auf der Welt, tagsüber, nachts, und manchmal auch im Morgengrauen, je nach Zeitzone der jeweiligen Morgensendung.

Die Wellen, die die Geschichte schlägt, ebben lange nicht ab. Eine meiner Schwestern ruft mich an, um mir von der Rabbinerin zu erzählen, der sie häufiger begegnet, und deren Mann an der University of California, San Francisco einen Philosophiekurs unterrichtet, bei dem es um das Verzeihen des Unverzeihlichen geht. In einer Woche, erzählt mir meine Schwester, würde ihr Mann meinen Artikel im Unterricht verwenden. Meine andere Schwester erzählt mir von dem Vergewaltiger, der als Erwachsener mit den Taten aus seiner Teenagerzeit konfrontiert wurde und daraufhin eine große Summe an die Forschungseinrichtung spendete, die den Krebs untersucht, an dem unser Vater starb. Katherine Schwarzenegger meldet sich bei mir und fragt, ob sie meine Geschichte für ein Kapitel ihres Buches über Vergebung nutzen dürfe.[177] Und auch mein eigener Vergewaltiger rührt sich Monate später noch einmal, um mir zu sagen, wie dankbar er für unseren eigenen Moment der Heilung ist, der so vielen anderen geholfen hat und immer noch hilft: »Ich wünsche Ihnen in jeder Hinsicht alles Gute (...) und ich bin froh, dass unsere Auseinandersetzung Positives bewirkt.«

Man stelle sich vor, wie anders das College-Leben sein könnte, und zwar, wie ich glaube, sowohl für Frauen als auch für Männer, wenn die Praxis der »Restorative Justice« bei Campus-Vergewaltigungen die Norm wäre, und nicht diese lächerlichen Title-IX-Scheingerichte, die im Hinblick auf Rechte und mentale Gesundheit niemandem dienen, weder Opfern noch Tätern.

Auch mit Catherine Keener werde ich später noch einmal zusammentreffen, nachdem eine junge Frau, die sie liebt, vergewaltigt wurde. Sie möchte von mir wissen, wie sie am besten mit ihr sprechen kann. Hör einfach zu, sage ich, überlasse ihr das Reden. Biete ihr keine Lösungen, keinen Rat an. Sie muss selbst durch ihr Trauma durch, Wort für Wort. Dein Job ist einzig und allein, diese Worte aufzunehmen.

Am 10. Oktober 2019, meine Scheidung ist jetzt genau seit einem Jahr offiziell, bin ich bei der Premiere der »Modern Love«-Serie im Museum of Modern Love in SoHo eingeladen, das extra für die Show hochgezogen wurde und das jede der neun Episoden in ein interaktives Erlebnis für die Besucher*innen verwandelt. Bei meiner Folge kann man sich auf eine Art Beichtstuhl zurückziehen, wo man seine Geheimnisse aufschreiben und auf einen öffentlichen Bildschirm projizieren lassen kann. Ziemlich genau das, was ich beruflich mache. Will schießt ein Foto von mir, wie ich davorstehe.

Auch Justin und Kate sind gekommen, ihr neugeborenes Baby in einer roten Trage aus Samt vor Kates Bauch gebunden. Die Trage zieht die Aufmerksamkeit der hochschwangeren Anne Hathaway auf sich, sie fragt Kate, wo sie sie gekauft habe. »Ich meine …«, setzt Kate an, schüttelt dann den Kopf und umarmt mich. Auch Justin bekommt feuchte Augen, genau wie damals, als er mir zum ersten Mal von Kate und der Angst erzählte, sie für immer verloren zu haben. Er öffnet den Mund, um etwas zu sagen, aber es kommt nichts heraus. Dieser Mann ist der normalerweise sehr extrovertierte CEO einer bekannten Dating-App, und in den vier Jahren, die ich ihn nun meinen Freund nennen darf, war er noch nie sprachlos.

»Ich weiß«, sage ich und fühle jedes Wort, das er nicht aussprechen kann. Hinter uns steht Dev Patel, und aus den Augenwinkeln erkenne ich Andrew Scott, den heißen Priester aus *Fleabag*, und Andy Garcia, der meinen verloren geglaubten Liebhaber spielte. Bei uns steht auch Ann Leary, eine alte Freundin, deren eigene Liebesgeschichte über Tennis mit ihrem Mann Dennis von Tina Fey und John Slattery wiedergegeben wurde. »Es ist verrückt.«

Und für einen Moment, einen kurzen Moment nur, ist nicht nur alles im Gleichgewicht – es ist atemberaubend.

Aber natürlich bleibt das nicht so. Das ist das wiederkehrende

Motiv in unserer aller Leben. Genau dann, wenn endlich alle drei Beine deines Hockers fest auf dem Boden stehen (Arbeit, Liebe, Gesundheit), fängt mindestens eines davon an zu wackeln. Bei mir werden es zwei sein, denn das Wort »atemberaubend« bekommt plötzlich eine ganz neue Bedeutung.

Teil 7

LUNGE

2020–2021

37

Wünsch dir was

11. März – 6. Mai 2020

»Bleib in Kamerun!«, sage ich zu meiner Tochter, die mittlerweile ihren College-Abschluss gemacht hat und jetzt beim Friedens-corps ist. »Da bist du sicherer.« Das Corona-Virus ist durch China gefegt. Italien befindet sich im Lockdown, die Krankenhäuser stehen kurz vor dem Zusammenbruch. Wir sind die Nächsten, das ist allen außer der US-Regierung klar. Meine Tochter lebt in Kamba, einem kleinen Dschungeldorf mit tausend Einwohnern, ohne Elektrizität und fließend Wasser. Sie ist also kilometerweit vom nächsten größeren Krankenhaus entfernt, dafür aber auch von der nächsten Stadt und anderen Menschen, die sie anstecken könnten. Mein älterer Sohn macht einen Freiwilligendienst auf Samos in Griechenland, er wäscht Wäsche, spült Geschirr und bringt vom Krieg traumatisierten Geflüchteten aus Syrien und anderen Ländern Gitarrespielen und das Aufnehmen eigener Songs bei. Sein Ziel ist es, ein Album mit all diesen Songs aufzunehmen und den Erlös aus den Verkäufen in die Freiwilligenorganisation fließen zu lassen. Aber erst einmal besucht er auf dem Weg zurück in die Staaten Freunde und Freundinnen in Neuseeland, und ich bitte ihn inständig, dort zu bleiben, wenn es irgendwie geht. »Neusee-land hat eine Premierministerin«, sage ich. Dort ist er sicher. Seinen Job bei einem Radiosender hier in Williamsburg wird es sowieso nicht mehr geben, wenn er zurück ist. Wenn möglich, sage ich, solle er sich nach Woofing-Gelegenheiten umsehen, nach Arbeit auf Bio-Bauernhöfen.

Offizielle Erlasse zu Kontaktbeschränkungen gibt es zu diesem Zeitpunkt in den USA noch nicht, und das, was von Bürgermeister*innen und Gouverneur*innen kommt, wirkt eher planlos. Heute, am 11. März, meinem 54. Geburtstag, sind die Bars in New York City voll. Die Schule meines Sohnes ist noch offen. Alle sitzen noch in überfüllten U-Bahnen, Zügen, Flugzeugen auf dem Weg zur Arbeit.

An diesem Morgen schreibt Will unseren zum Abendessen eingeladenen Gästen, dass es okay sei, wenn sie sich unwohl fühlen und nicht kommen wollen. »Wir haben Sagrotan in die Lasagne gekippt, und Deb trägt ein Kleid aus Desinfektionstüchern, aber wenn ihr es dennoch nicht riskieren wollt, verstehen wir das und sind nicht beleidigt.« Zehn unserer Freunde und Freundinnen tauchen trotzdem auf und nehmen mit uns (wir machen Witze, aber das wird es tatsächlich sein) das letzte Abendmahl ein.

»Wir werden auf diesen Abend zurückblicken und sagen, das war der Moment, als sich alles verändert hat«, prophezeit meine Freundin Al. Sie hat recht. »Alles absagen!«, brüllen einem plötzlich die Schlagzeilen entgegen, und die Journalist*innen übernehmen die Führung.[178] Und just an diesem Tag wird auch noch Harvey Weinstein zu 23 Jahren Haft verurteilt. Was für ein Tag. Was für ein schwindelerregender, verrückter Tag.

Auf dem Laufenden zu bleiben, ist unmöglich geworden. Eine Freundin, die ebenfalls heute Abend da ist, Amanda Brainerd, war eine der Geschworenen bei Gericht. »Wie bitte??!!« Alle Kinnladen am Tisch klappen ungläubig runter. Dieses Geheimnis hat sie jetzt zwei Monate lang gehütet? »Wie war's?«

»Traumatisierend«, antwortet sie nur. Mehr darf sie nicht sagen.

Während Will die Kerzen auf meinem Geburtstagskuchen anzündet, fangen unsere Handys an zu vibrieren und uns die News der verschiedenen Nachrichtenagenturen anzuzeigen. Offenbar richtet sich Trump in diesem Moment an die Nation und nennt

Covid-19 das »ausländische Virus«; die NBA unterbricht die Saison; die WHO hat Corona zur globalen Pandemie erklärt; Tom Hanks und Rita Wilson haben das Virus.

»Wünsch dir was!«, rufen alle. Ich überlege: Was will ich? Hätte mich das jemand letzte Woche gefragt, hätte ich wahrscheinlich einfach geantwortet: »Ein paar ganz normale Tage.« Ohne irgendwelche Einschränkungen. Einfach ein paar ganz normale Tage. Für *mich*.

Und diese Woche? Heute Abend? Ich sehe meine Freunde und Freundinnen, meine Familie an: Will, wie er den leuchtenden Kuchen hält; meinen Jüngsten, dreizehn, das letzte Kind, das noch zu Hause wohnt, wie er tapfer dasitzt zwischen all den Erwachsenen, obwohl er einfach nur mit seinen Kumpels facetimen möchte. Ich stelle mir meine Tochter vor, wie sie irgendwo im Dschungel unter einem Moskitonetz liegt; meinen ältesten Sohn auf der anderen Seite der Erde. Sie sind Weltbürger*innen, meine Kinder. Ich bin stolz auf sie. Keines von ihnen wird es sich wohl je leisten können, sich um mich zu kümmern, wenn ich alt bin, aber das ist okay. Sie sollen ihre begrenzte Zeit dafür nutzen, sich um andere zu kümmern, wenn es das ist, was sie antreibt. Wenn ich alt bin, dann werde ich es offensichtlich irgendwie geschafft haben, alt zu werden, und das wird genug sein. Eines Tages werden meine Kerzen erlöschen, so wie bei allen anderen Menschen auch.

Ich schließe die Augen. Ganz fest. Mein Wunsch darf nicht nur für mich allein sein.

Den vergangenen Monat habe ich beinahe in Quarantäne verbracht, denn ich musste mir wegen meines Morton-Neuroms den Mittelfußnerv im rechten Fuß entfernen lassen. Beim Morton-Neurom schwillt das Gewebe um einen Nerv herum an, der zu den Zehen hin verläuft, was bei jedem Auftreten zu einem extrem starken, stechenden Schmerz im Fußballen führt. Einer der Haupt-Risikofaktoren für die Entwicklung eines Morton-Neuroms zwischen dem dritten und vierten Zeh, da sitzt es bei mir, ist das Tragen von High Heels.[179] Ich habe seit dem College keine High Heels mehr getragen, außer auf der ein oder anderen Hochzeit in meinen Zwanzigern und Dreißigern, aber dieses kleine Zeitfenster, als ich versucht habe, dem weiblichen Schönheitsideal zu entsprechen, hat bereits ausgereicht. Ich konnte nicht mehr laufen, ohne das Gefühl zu haben, bei jedem Schritt auf einen spitzen Kieselstein zu treten.

Die Morton-Neurom-OP ist nicht annähernd so schlimm, wie sich die Fortpflanzungsorgane entfernen zu lassen. Es ging schnell, nach nur drei Stunden konnte ich das Hospital for Special Surgery wieder verlassen. Und bis auf 800 Dollar Zuzahlung wurden die Kosten von meiner bezahlbaren Versicherung bei der Writers Guild of America übernommen, die mir nun für dieses Jahr dank des festen Jobs bei *Emily in Paris* zur Verfügung steht. Nach diesem einen Jahr allerdings läuft sie aus, nicht erst nach zwei Jahren, wie ich erwartet hatte, darum habe ich bald wieder das gleiche verdammte Problem wie vorher.

Es ist wie bei diesem alten Videospiel, Frogger, wo der Frosch über Baumstämme und Schildkrötenpanzer ans andere Ufer des Flusses gelangen muss. Ich spiele dieses Spiel jetzt seit drei Jahrzehnten, und trotzdem ist es am Ende immer noch so, dass ich den Baumstamm um wenige Zentimeter verfehle und ins Wasser plumpse. Andererseits – das Spiel ist manipuliert. Darum geht es ja gerade.

Stand 2020 setzt die Writers Guild knapp 40 000 Dollar Jahreseinkommen durch Drehbuchschreiben voraus, wobei das Geld mit ins nächste Jahr genommen werden kann. Wenn ich 80 000 Dollar mit meiner Arbeit an *Emily in Paris* verdient hätte, und das wäre angemessen gewesen, wäre jetzt alles in Ordnung. Habe ich aber nicht. Ich war 14 000 Dollar drunter. Warum? Weil ich nicht auf einem schriftlichen Vertrag bestand, der festgehalten hätte, dass ich für meine Mitautorenschaft an der Pilotfolge einen festen Platz im Team und ein eigenes Drehbuch bekommen würde. Nein, ich würde sogar noch weitergehen: Ich hätte nur für die Chance allein niemals mein geistiges Eigentum hergeben sollen.

Mit anderen Worten: Mindestens die Hälfte des Problems ist auf meinem eigenen Mist gewachsen, ich war kurzsichtig, naiv und leichtgläubig. Darren wusste sehr genau, wie es um meine Ladyparts und um meine Lady-Geldbörse stand. In beiden Angelegenheiten war er ein konstanter Gefährte und Vertrauter gewesen. Während wir einmal zum gemeinsamen Mittagessen und Brainstormen zusammensaßen, bekam er sogar mit, wie ich zwei Monate nach meinem großen Ausbluten einen weiteren schwierigen Anruf eines Arztes bekam – sie hatten auf meinem PET-Scan auf einer meiner Rippen einen hellen Punkt gefunden, der auf einen »heißen« Tumor hindeutete.* Ich brach in Tränen aus. »Es ist zu viel«, schluchzte ich. »Es hört einfach nicht mehr auf.«

Darren wusste, dass ich mich ganz aufs Fernsehen konzentrieren wollte. Zum einen, weil das immer schon mein Traum gewesen war, zum anderen, um mir nie wieder Sorgen machen zu müssen, wie ich die unfassbar hohen COBRA-Gebühren würde zahlen können. Mehr noch, er wusste, dass ich alles für ihn tun würde, genau wie andersherum auch, wie ich angenommen hatte. Wir waren seit unserer *Shutterbabe*-Recherchereise 2002 nach Paris, unserem

---

* Zwei Wochen später sollte sich der angebliche Tumor als meine sich heilende Rippe herausstellen, ich hatte sie mir bei meinem Sturz im Krankenhaus gebrochen, das aber nicht gewusst, weil ich nicht bei Bewusstsein gewesen war. Als man mich also fragte, ob ich mir eine Rippe gebrochen hatte, sagte ich Nein. Das Einzige, woran ich mich aus dieser Nacht erinnere, ist die Dunkelheit, die sich kurz vor dem Fallen über mich herabsenkte, und an ein Potpourri aus bruchstückhaften Erinnerungen danach. Alles was ich wusste, war, dass die Rippe seit der Operation bei jedem tiefen Atemzug wehtat. Hätte ich meiner Tochter in jener Nacht erlaubt, einen Krankenwagen statt ein Uber zu rufen, wäre meine Rippe nicht gebrochen, denn dann hätte man mich auf einer Trage in die Notaufnahme gebracht, und ich hätte nicht auf meine Tochter gestützt vom Auto aus laufen müssen.

big fat gay honeymoon, eng befreundet gewesen. Er schickte mir Essen, als mein Vater starb. Als er überlegte, Vater zu werden, bot ich ihm eine Eizelle an. Er war da, als meine Ehe zerbrach. Als erst die eine, dann die andere seiner ernsthaften Beziehungen auseinanderging, war ich da. An Rosch ha-Schana, dem jüdischen Neujahr, schrieben wir uns immer eine Nachricht, ganz egal, wo auf der Welt wir uns gerade befanden. Und das ist nach jüdischer Tradition eher Familiensache. »*Chag sameach!*« – frohe Feiertage! – »Ich liebe dich.« Ich ging zur Geburtstagsfeier vom Sohn seines Exfreundes, den er mit großzieht. Er kam zur Bar-Mizwa meines Sohnes. Wir unternahmen stundenlange Spaziergänge an Stränden, durch die Straßen New York Citys, durch Paris. Als er aus L.A. nach New York zog, schmiss ich für ihn die Willkommensparty mit zwanzig Leuten, zu der ich auch Gio das erste Mal einlud. Die Vorbereitungen hatten Wochen gedauert, das Kochen Tage, und das, obwohl ich gerade meinen Vollzeitjob bei *Cafe* angetreten hatte. Aber ich habe jede Sekunde geliebt, weil ich ihn geliebt habe.

Darren war im Grunde der Bruder, den ich nie hatte. Die Tatsache, dass wir beide, wie wir später herausfanden, in derselben Stadt aufgewachsen waren, oder die Tatsache, dass sein kleiner Bruder einmal der beste Freund meines kleinen Cousins gewesen war, und darum auch meine Tante und Darrens Mutter befreundet waren – das war der Zuckerguss auf unserer mehrschichtigen Freundschafts-Torte.

Ich starre ins Licht der flackernden Kerzen auf meinem Geburtstagskuchen und spüre Darrens Abwesenheit deutlich.

»Tolle Neuigkeiten zu *Emily in Paris*!«, erzählt mir ein befreundeter TV-Produktionsleiter, nachdem die Serie es erneut in die Top 5 bei Netflix geschafft hat. »Herzlichen Glückwunsch!« Weil ich keine Spielverderberin sein will, bedanke ich mich nur knapp und wechsle dann das Thema, fürchte aber, mein Gesichtsausdruck verrät mich.

Zusätzlich zu den symbolischen 5000 Dollar, die ich für meine Arbeit an der Pilotfolge von *Emily in Paris* bekommen hatte (die Vertragsfirma der Writers Guild hatte bei *Shutterbabe* 80 000 gezahlt), waren mir zwei Dinge versprochen worden: Ein bezahlter Job im Writers' Room und meine eigene Folge. Ein Geschäft, dem ich, wie gesagt, dummerweise zustimmte, weil ich darauf vertraute, dass die Versprechen schon gehalten würden.

Beim ersten Punkt war dem auch so, Darren hielt Wort, aber nur nach wiederholtem Nachhaken seitens meiner Agentur. Außerdem war es die niedrigste und am schlechtesten bezahlte Position, die des Staff Writers. Das zweite Versprechen hielt Darren nicht. Ich fragte immer wieder, welche Folge ich denn nun schreiben solle. Er antwortete immer nur, ich solle Geduld haben. Monate vergingen. Ich blieb geduldig und drehbuchlos.

Als irgendwann sieben Drehbücher dringend überarbeitet werden mussten, wandte sich Darren panisch an mich und bat um Hilfe, sie aufzupeppen. Ich strich hölzerne Dialogzeilen wie:

EMILY
Ich will dich nicht nur halb. Ich will dich ganz.

Und machte daraus:

EMILY
Ich bin keine, die einen Crêpe teilen kann.
Ich will den ganzen Crêpe.

Aber bei keinem der Drehbücher fügte ich einen Credit an.

Zwei Wochen, bevor die Serie zur meistgestreamten Serie bei Netflix werden sollte, schickt mir meine Freundin Marion aus Paris (die Redakteurin bei *Paris Match*, mit der ich mich pausenlos beriet, während ich für die Pilotfolge und die Serie schrieb; die

Frau, die ich Darren 2002 als die »beste Freundin« aus *Shutterbabe* vorgestellt hatte), eine E-Mail mit Werbematerial von Netflix, bei dem nirgendwo in den Credits mein Name auftaucht. »WTF?«, schreibt sie.

Am selben Tag erhalte ich eine Mail von der Writers Guild, in der sie mich erinnert, dass meine Versicherungsprämien von 150 Dollar im Quartal auf 2298,39 Dollar pro Monat steigen, das sind 28 776 Dollar im Jahr, und zwar ab dem 1. Oktober 2020. Genau einen Tag vor der Premiere von *Emily in Paris*.

An diesem Abend setze ich mich hin und schreibe Darren eine lange E-Mail mit dem Betreff »Ein paar Gedanken, die rausmüssen«. »Lieber Darren«, beginne ich. »Seit über einem Jahr sträube ich mich nun schon, dir diese Nachricht zu schreiben, aber mir ist klar geworden, dass unsere Freundschaft zu wichtig ist, um die schwierigen Dinge nicht zu sagen, die nun einmal gesagt werden müssen. Tatsächlich hat das Nichtsagen unserer Beziehung bereits einigen Schaden zugefügt, zumindest in meinem Augen, und wenn wir beide weiterhin eine ehrliche Freundschaft haben wollen, dann müssen die harten Wahrheiten ausgesprochen werden.« Über die nächsten Absätze hinweg erinnere ich Darren an all die Arbeit, die ich in die Pilotfolge gesteckt habe, für die ich eigentlich mein eigenes Drehbuch und einen »written by«-Credit hätte bekommen sollen, für mich der Schlüssel, um an mehr Aufträge beim Fernsehen zu kommen. Ehre, wem Ehre gebührt, darum bitte ich ihn.

Eine Pilotsendung hat drei verschiedene Credits: »created by«, »written by« und »story by«, in absteigender Reihenfolge, was die Bedeutung angeht. Ich bitte Darren wenigstens um den »story by«-Credit, um die Anerkennung der Tatsache, dass die Story ihren Ursprung sowohl in *Shutterbabe* als auch in meinem eigenen, Anfang-zwanzig-jährigem Leben in Paris hat. Und in der darauffolgenden Anstellung in der PR-Firma für pharmazeutisches Marketing. Ich bitte auch um die Anerkennung all der Stunden unbezahlter, harter Arbeit, während derer ich Emilys Welt mit ausgearbeitet habe. »Ich bitte dich nicht einmal um den Credit für die Autorenschaft oder um Geld«, schreibe ich. »Ich möchte einfach ein angemessenes Zeichen der Anerkennung durch einen ordentlichen ›story by‹-Credit, der beweist, dass in dieser Pilotfolge meine Leistung steckt.«

Darren wird sich freundlich dafür entschuldigen, seinen Teil der Abmachung nicht eingehalten zu haben. Er bittet die Produktionsfirma, den Fehler zu beheben und meinen Namen als »Staff Writer« bei IMDb hinzuzufügen. Aber er behauptet auch, mir keinen »story by«-Credit geben zu können. So funktioniere das nicht, erklärt er mir am Telefon. Er bietet mir ein Drehbuch für die zweite Staffel an, aber keinen Job im Writers' Room, was nicht nur unsinnig ist, sondern auch unserer mündlichen Vereinbarung widerspricht: einen garantierten Job bei der Serie und ein Drehbuch pro Staffel für meine nicht vermerkte Hilfe bei der Pilotfolge. »Können wir dieses Versprechen schriftlich festhalten?«, frage ich in Bezug auf das Drehbuch für Staffel zwei.

»Nein«, antwortet er.

Leute, mit denen ich für die Serie zusammengearbeitet habe, versuchen mich davon zu überzeugen, etwas zu unternehmen. »Natürlich steht dir ein Story-Credit zu!«, ruft mir ein Kollege aufgebracht entgegen. Ich solle die Writers Guild kontaktieren. Genau für solche Situationen würde ich schließlich meine Gebühren zahlen.

Aufgelöst schreibe ich der Writers Guild eine E-Mail und bitte sie um Hilfe, das Ganze friedlich zu lösen. Am nächsten Tag blockiert Darren mich bei Instagram.

»Nimm's nicht persönlich«, rät mir mein TV-Produktionsleiter-Freund.

»Doch, das tue ich«, sage ich und kämpfe mit den Tränen. »Der

Verlust der Freundschaft ist viel schlimmer als der Credit-Verlust.«

In der Woche, bevor die Serie anläuft, und Darren und ich eigentlich einschlagen und uns Glückwunsch-Nachrichten schicken sollten, herrscht stattdessen eisige Funkstille. Ich lese alle Interviews, die Darren gibt, und in denen er erzählt, dass seine Rucksacktouren durch Europa als Neunzehnjähriger die Inspiration für die Serie geliefert hätten. »Star studierte Französisch auf dem College und träumte immer davon, in Paris zu leben«, schreibt Alexis Soloski in der *New York Times*. »Bis auf die High Heels war es also kein Problem für ihn, sich in Emily hineinzuversetzen.«[180]

Darren Stars Vermögen beträgt angeblich 120 Millionen Dollar. Ich komme nach wie vor gerade so über die Runden und zahle jeden Monat 2398 Dollar COBRA-Gebühren.

Man braucht wohl nicht zu betonen, dass der Teil mit der Krankenversicherung absoluter Wahnsinn ist, und wir alle kämpfen, um diese Gebühren durch unsere Jobs abdecken zu können, die für viele von uns noch dazu sehr unregelmäßig sind. Oder man hat, wie in meinem Fall, eben manchmal überhaupt keine Krankenversicherung, oder abartig hohe COBRA-Abgaben, weil man krank ist oder sich von einer Operation erholen muss oder gefeuert oder sexuell belästigt wurde. Oder aber man hat vier Jobs auf einmal. Friss oder stirb! Anfang 2019 hatte ich eine drei Monate andauernde Phase, in der mein Tagesplan in etwa so aussah:

4.00 Uhr – 9.30 Uhr: dieses Buch hier schreiben
9.30 Uhr – 10.00 Uhr: zur Arbeit gehen
10.00 Uhr – 16.30 Uhr: im Writers' Room von *Emily in Paris** arbeiten

---

* Ich konnte diese drei Monate in L.A. verbringen, weil sich zu Hause in New York Will, mein neuer Partner, und mein Exmann um mein jüngstes Kind kümmer-

16.30 Uhr – 17.00 Uhr: nach Hause gehen

17.00 Uhr – 23.00 Uhr: über Alzheimer und Kognitionswissenschaft schreiben

23.00 Uhr – 4.00 Uhr: schlafen

Wochenende: zu Ende bringen, was ich nicht geschafft habe;
für *Atlantic* schreiben

Inzwischen fühlte sich die Verurteilung Harvey Weinsteins
weniger wie ein Geburtstagsgeschenk an als wie eine traurige, weil
längst überfällige Abrechnung. Ich feiere seine 23-jährige Haft-
strafe nicht, aber ich bin froh drum. Der nächste Mann in einer
Machtposition, der versucht, mithilfe dieser Macht die Würde
oder den Gehaltsscheck oder den Ruf einer Frau zu stehlen, nur
um sich selbst sexuelle Befriedigung zu verschaffen, wird es sich in
Zukunft genau überlegen, ob er irgendwelche Jobversprechungen
macht, die er nie einzulösen plant, sollte das Ziel seiner Manipulation sich nicht missbrauchen und demütigen lassen.

Mit Mira Sorvino, der Schauspielerin, die von Weinstein bei
jedem Regisseur in Hollywood schlechtgemacht wurde, nachdem sie sich seinen Annäherungsversuche widersetzt hatte,[181] habe
ich einmal eine Rock-Oper-Version von Kate Bushs »Wuther-
ing Heights« aufgeführt, da waren wir beide noch Studentinnen.
Mira ergatterte einen kleinen Part im Chorus, sie war der Wind
im Moor. Ich tanzte als Isabella halb nackt um sie herum. Obwohl sie eine der kleinsten Rollen auf dieser Bühne hatte, arbeitete Mira immer hart, war bescheiden, freundlich und hilfsbereit,
eine Teamplayerin durch und durch. Weinstein zerstörte den Ruf
dieser talentierten, hingebungsvollen, tollen Frau mutwillig. Er

ten. Die zwei teilten sich die Arbeit, während ich weg war. Ich finde es wichtig,
an dieser Stelle zu erwähnen, dass ich endlich einen Sprung machen konnte, weil
zwei Männer sich um mein Kind kümmerten.

legte sich dafür sogar richtig ins Zeug, und diese Jahre kann ihr niemand zurückgeben. Es schmerzt mich, daran zu denken, was für Mira nach ihrem Oscar-Gewinn alles möglich gewesen wäre. Wie viele Oscar-würdige Darbietungen haben wir verpasst, weil sie Nein zu diesem Monster sagte? Um wie viele Dollars hat er ihre Kinder betrogen? Und sie ist nur eine Schauspielerin von vielen. Meine Freundin Al sitzt mir gegenüber, ihr Gesicht leuchtet im Kerzenschein. Heute ist sie eine talentierte Autorin, mit großem Herzen und schnell im Kopf, aber angefangen hat sie als Schauspielerin. Sie fand die Casting-Couch-Sache allerdings bald unerträglich. Welche Darbietungen haben wir verpasst, weil irgendwelche Männer Al ständig anboten, sich hochzuschlafen, und sie ablehnte? »Schnell! Puste die Kerzen aus!«, sagt sie. Das Wachs tropft schon auf den Kuchen.

»Entschuldigung«, sage ich. »Ich überlege immer noch, was ich mir wünschen soll. Hm ... hm ...« *Eine Welt, in der wir kein #Me-Too mehr brauchen? Ein paar ganz normale Tage für alle Frauen?* Ich öffne die Augen. »Okay. Ich hab was.« *Ein paar ganz normale Tage für uns alle,* denke ich und blicke meine Freundinnen und Freunde an. Stelle mir all die anderen verletzlichen Menschen da draußen vor. Dann wiederhole ich den Wunsch noch einmal in meinem Kopf, falls die Wunschfeen noch eine Bestätigung brauchen. Eigentlich glaube ich nicht an sowas, aber hey, warum nicht? Zu Beginn einer Pandemie kann es zumindest nicht schaden, meinen Mitmenschen ein gutes Leben zu wünschen, ausgestattet mit den grundlegenden Dingen, die ein Mensch zum Leben braucht und frei von unnötigem Leid. Das ist alles, was ich wirklich will.

Das letzte Abendmahl, wie wahr. Tom Hanks hat es! Mein Gott. Niemand ist sicher.

Aber natürlich ist Sicherheit auch zu besseren Zeiten eine Illusion. Meine Tochter hat gerade drei fürchterliche Stunden erlebt. Sie musste sich von Mitternacht bis 3 Uhr morgens vor einem

Eindringling verstecken, hat es nur knapp auf dem Rücksitz eines
Motorrads aus ihrem kleinen Dorf herausgeschafft, ein Katzen-
junges fest an sich gedrückt. Suzi und Franklin sitzen links neben
mir. Sie haben gerade ihre 23-jährige Tochter Maddy an eine ver-
eiste Straße und einen entgegenkommenden Truck verloren.[182]
Eine Woche nach Maddys Tod bestand Franklin darauf, Suzis Geburtstag zu feiern, denn was soll man auch sonst tun? Das Wachs
schmilzt. Es ist das Ritual selbst, das tröstlich, das heilend ist. Eine
Erinnerung daran, dass das Leben weitergeht, bis es das dann
irgendwann nicht mehr tut. Also pustet man die Kerzen aus …

Eine Woche nachdem ich meine Kerzen ausgepustet habe,
schicke ich dieses Manuskript an meinen Verlag. Na ja, sagen wir,
ich schicke ihm die Happy-End-Version, die ich ein Jahr zuvor
vertraglich zugesichert hatte zu schreiben. Sie endet nach Teil 6,
»Gehirn«. Um die Abgabe zu feiern, machen Will und ich eine
Fahrradtour, es ist endlich warm genug. Und mein rechter Fuß
fühlt sich endlich kräftig genug an, um damit ein Pedal treten zu
können, solange das Hauptgewicht auf dem linken Fuß bleibt. In
New York hat gerade der Lockdown begonnen, aber die Menschen
werden angehalten, wenn möglich jeden Tag ein wenig rauszuge-
hen, um fit zu bleiben.

Normalerweise habe ich nach Beendigung des ersten Entwurfs
eines Buches ein Hochgefühl, das tagelang anhält, diese Fahrradtour allerdings endet schon nach zehn Minuten, denn da werde ich
von einer Welle fiebriger Erschöpfung erfasst und muss umkehren.

Ich schiebe es auf die Harnwegsinfektion, die nun schon seit
einer Woche in mir wütet: Es ist die letzte, bevor ich eine Östrogen-Ersatztherapie* anfange, die tatsächlich, wie ich freudig berich-

---

* Ich benutze Divigel, ein Gel, das einmal am Tag an der Innenseite des Oberschen-
kels aufgetragen wird, immer abwechselnd rechts oder links. Wenn du das hier
liest, dich in der Perimenopause befindest und neugierig bist, dann lege ich dir
dringend ans Herz, dir einen Gynäkologen oder eine Gynäkologin zu suchen, der/

ten kann, das Problem der wiederkehrenden Harnwegsinfektionen komplett beseitigen wird. Darüber hinaus, als zusätzlicher Bonus sozusagen, hat sich der Nebel in meinem Hirn gelichtet, ist meine Migräne weniger stark, und ich fühle mich einfach wieder mehr wie ich selbst. Aber diese letzte Infektion hatte es wirklich in sich.

Ich hatte dem jungen Arzt in der nächstgelegenen Bereitschaftspraxis gesagt, dass Keflex, das Antibiotikum, das er mir verschreiben wollte, nicht wirken würde. Ich verriet ihm sogar, welches ich brauchte, nämlich Cipro, aber er hörte mir nicht zu. Er würde wissen, was er tut, sagte er. Ganz bestimmt, erwiderte ich, und ich verstehe auch, warum Cipro der letzte Ausweg bleiben muss. Für das World Science Festival habe ich sogar einmal bei einem Seminar über antimikrobielle Resistenzen mitgemacht, ich hab's also kapiert. Aber ich kenne auch meinen Körper und weiß, wie er auf bestimmte Medikamente reagiert, und nach unzähligen Harnwegsinfektionen ist mein Harntrakt mittlerweile gegen jedes Antibiotikum resistent, mit Ausnahme von Cipro. Der junge Arzt aber war nicht umzustimmen, egal wie vehement ich argumentierte.

»Das kann nicht stimmen«, sagte er.

»Tut es aber«, insistierte ich.

Liebe medizinische Hochschulen: Bitte bringt euren männlichen Ärzten bei, auf weibliche Patientinnen zu hören. Wir kennen uns ein bisschen damit aus, was in uns drin so abläuft, selbst wenn wir vielleicht nicht wissen, warum oder wie genau es abläuft oder was der korrekte medizinische Ausdruck dafür ist. Wir wissen außerdem definitiv, welches Medikament in der Vergangenheit gewirkt oder nicht gewirkt hat, also behandelt diese Information bitte ebenfalls mit Wertschätzung.

---

die sich auf die Behandlung von Frauen in oder vor der Menopause spezialisiert hat, um deine Möglichkeiten zu erörtern, bevor du auf der anderen Seite bist. Das Gehirn hat nur ein recht kleines Zeitfenster, um von einer Östrogen-Ersatztherapie zu profitieren. Nach der Menopause ist es zu spät.

Ich nahm das Antibiotikum, das der Arzt mir verschrieben hatte. Es wirkte nicht.[183] Die Infektion wurde schlimmer.

Am 18. März, nach Abbruch meiner Fahrradtour, rufe ich in der Notfallpraxis an und bitte um ein neues Rezept. Aber die Praxis, die noch nicht auf Corona-Tests eingestellt ist, wird dermaßen von Patient*innen mit bellendem Husten überrannt, dass dort niemand mehr ans Telefon geht. Ich kann nicht zu meinem Hausarzt fahren, weil ich dort nur mit der U-Bahn hinkomme und er außerdem selbst mit Covid-19 darniederliegt.

Mittlerweile gehen Epidemolog*innen davon aus, dass sich bis zum 1. März 2020 bereits etwa 10 000 Menschen unbemerkt mit dem Corona-Virus infiziert hatten, und das allein in New York City.[184] Mein erster Besuch in der Notfallpraxis, bei dem ich das nutzlose Antibiotikum bekam, war am 9. März.

Am 19. März humpele ich auf einen Gehstock gestützt in die Notfallpraxis – ja, für mehr als einen Block benutze ich auch jetzt noch einen Stock – und öffne die Tür. »Hi«, sage ich und stecke meinen Kopf hindurch, der Rest von mir bleibt draußen auf dem Gehsteig. Mehrere Patient*innen an der Rezeption husten heftig und ringen nach Luft. Niemand trägt eine Maske. »Ich war vor einer Woche wegen eines Harnwegsinfekts hier, aber das Antibiotikum, das mir verschrieben wurde, hat nicht gewirkt. Und jetzt habe ich Fieber bekommen. Und hier geht niemand ans Telefon. Könnten Sie bitte dem Arzt, der mich behandelt hat, sagen, dass er mir ein Rezept für Cipro ausstellen soll? An dieselbe Apotheke wie das letzte. Ich würde wegen der momentanen Situation lieber nicht hineinkommen.«

---

*   Ein Jahr später, am 24. Februar 2021, veröffentlicht die *Society for Healthcare Epidemiology of America* einen vernichtenden Artikel, der zeigt, dass in 670 000 Fällen eigentlich unkomplizierter Harnwegsinfekten zwischen 2011 und 2015 fast die Hälfte der behandelten Frauen das falsche Antibiotikum verschrieben bekommen hatte.

»Das müssen Sie aber«, antwortet die gestresste Sprechstundenhilfe. »Wir können Ihnen ohne positiven Urintest kein Rezept ausstellen.«

»Aber Sie haben doch mein Pipi von letzter Woche!«, rufe ich verzweifelt. »Benutzen Sie doch das! Es hat sich nichts verändert, es ist nur schlimmer geworden.«

»Tut mir leid«, erwidert sie. So seien nun mal die Regeln.

Ich habe also zwei Lose, und es sind beides Nieten: Los Nummer eins: nach Hause gehen, auf eine Nierenbeckenentzündung warten und irgendwann in ein Corona-verseuchtes Krankenhaus müssen. Los Nummer zwei: das Risiko eingehen, mir das Virus heute einzufangen, indem ich jetzt durch diese Tür gehe und in einen Becher pinkle.

Unbehandelte Harnwegsinfekte sind nicht nur schmerzhaft, sie können auch tödlich enden. Ich wähle also Los Nummer zwei, sitze die nächsten vierzig Minuten ohne Maske in einer dichten Corona-Wolke und lausche dabei den kämpfenden Patient*innen in den verschiedenen Untersuchungsräumen. Unablässig strömen kurzatmige Menschen in die Praxis. Wenn die Sprechstundenhilfe sie fragt, warum sie da seien, antworten sie zwischen mühevollem Luftholen und trockenem Husten: »Ich kann nicht atmen.« Viele von ihnen wollen auf Corona getestet werden, aber es wird noch Wochen dauern, bis auch diejenigen an Tests kommen, die nicht gerade in China gewesen sind.

In anderen Erste-Welt-Ländern (*sind wir überhaupt noch eins?*) dauert es vier bis sechs Stunden.

Das Ergebnis meines Urintests ist eindeutig: Der Infekt ist immer noch arg, und er wird schlimmer. Wenn ich pinkle, brennt es wie Feuer und riecht nach verbranntem Gummi. In meinem Urin ist Blut. Den Drang, aufs Klo zu gehen, habe ich nun ungefähr jede Minute, und dann kommt nur ein kümmerliches Rinnsal. Und ich habe Fieber.

In der Apotheke, wo ich mir mein Cipro holen will, stehe ich in einer Schlange mit etlichen unmaskierten Kund*innen, die mich ansehen, als hätte ich einen an der Waffel mit meiner Maske, die ich aus der Notfallpraxis mitgenommen habe. Wieder zu Hause angelangt desinfiziere ich Gehstock und Maske, ziehe meine Klamotten aus und schmeiße sofort eine Kochwäsche an. Später am Tag kriegt erst Will Fieber, dann mein jüngerer Sohn. Und dann wird Will richtig krank, bekommt heftige Magen-Darm-Symptome, die zu diesem Zeitpunkt allgemein noch nicht mit Corona in Verbindung gebracht werden. Ein paar Tage später, am 23. März, bringe ich Ordnung in mein Gewürzregal und stelle dabei fest, dass ich nichts rieche. Noch am selben Tag verliere ich auch meinen Geschmackssinn, dann wird mir so übel, dass ich nichts mehr essen kann. Am nächsten Tag habe ich heftige Halsschmerzen, und noch einen Tag später tut mir der ganze Körper weh, und ich kann kaum noch atmen. Ich fühle mich wie ein nach Luft schnappender Fisch an Land.

Ich habe den Verdacht, dass meine zwei Besuche in der Notfallpraxis schuld sind. Wenn ich gewusst hätte (wenn irgendeiner meiner Ärzte oder Ärztinnen mir das gesagt hätte, als ich in der Perimenopause war), dass sich Harnwegsinfekte mit äußerlich angewendetem Östrogen bekämpfen lassen, hätte ich mir diesen ersten Besuch in der Praxis zu Beginn einer Pandemie sparen können. Und hätte der Bereitschaftsarzt mir geglaubt, dass ich die Reaktionen meines Körpers auf verschiedene Antibiotika genau kenne, dann hätte ich nicht ein zweites Mal dorthin gemusst, um mir das Rezept für das Antibiotikum zu holen, um das ich ihn von Anfang an gebeten hatte.

Der in der Medizin herrschende Sexismus hat mich schon einmal fast umgebracht: Als man mir aufgrund des mangelnden Wissens über Form und Funktionsweise der Klitoris und ihres Geschenks an uns, dem Orgasmus, dazu riet, den Gebärmutterhals bei meiner ersten Hysterektomie nicht mit entfernen zu lassen, was dann wiederum zur zweiten großen Operation fünf Jahre später führte, und in letzter Konsequenz dazu, dass ich fast verblutet wäre. Dank der Unwissenheit über die heilende Wirkung, die Östrogen im Zusammenhang mit wiederkehrenden Harnwegsinfekten bei Frauen mittleren Alters haben kann, gepaart mit der unterirdischen Erfolgsgeschichte bei der Verschreibung von Harnwegsinfekt-Medikamenten an Frauen und dem fehlenden Vertrauen in deren eigenes Verständnis für ihren Körper, seine Leiden und Resistenzen, stand mein Leben nun also zum zweiten Mal innerhalb von drei Jahren auf dem Spiel.

Ich frage mich, ob der Arzt auf mich gehört hätte, wäre ich ein Mann gewesen, der sagt »Keflex funktioniert nicht«. Und warum musste mich erst eine Urologin, die meinen Artikel im *Atlantic* über den Zusammenhang zwischen Östrogenen und Alzheimer gelesen hatte, *über X kontaktieren*, um mir zu erzählen, was unter Frauen in der Menopause mit wiederkehrenden Harnwegsinfekten eigentlich Allgemeinwissen sein sollte?[185] Oder wenigstens eine Behandlungsempfehlung von Ärzt*innen.

Auch Migräne, die sich, wie Forscher*innen herausfanden, häufig intensiviert, wenn Frauen in die Perimenopause eintreten, wird bis heute als unlösbares klinisches Mysterium behandelt, das in der Neurologie zu verorten ist, anstatt als mögliche Begleiterscheinung von hormonellen Schwankungen.[186] Man könnte es tatsächlich als medizinisches Gaslighting bezeichnen: Zwei Neurolog*innen haben mir erzählt, dass Hormone nichts mit meiner Migräne zu tun hätten, erst der dritte hat sich meine Theorie angehört und mir geglaubt, als ich erklärte, dass ich vor der Pubertät starke Migräneattacken gehabt hatte, die dann vollständig verschwanden und erst mit der Perimenopause wieder auftraten.[187]

Und trotzdem – erst ein Gespräch mit einer Fremden bei einer Hochzeit hatte mich darüber aufgeklärt, dass die Migräneanfälle, unter denen ich teilweise täglich litt, von einem neuen Medikament namens Aimovig vollständig beseitigt werden konnten. Hierbei injiziert man sich monatlich einmal selbst einen monoklonalen Antikörper, Erenumab, der aus Immunzellen stammt. Dieser monoklonale Antikörper ist auf den Calcitonin-Gene-Related-Peptide-Rezeptor (CGRPR) gerichtet und blockiert ein Protein, das zu Entzündungen und Gefäßerweiterungen im Gehirn führt, die wiederum schwere Migräne auslösen.[188] Sie selbst, sagte die Frau, sei der lebende Beweis, dass es funktioniere, und sie hatte recht. Seit ich 2019 angefangen habe, das Medikament zu nehmen, hatte ich während des ersten Monats der Einnahme drei Migräneanfälle – statt durchschnittlich fünfzehn im Monat seit meiner Hysterektomie – und nach diesem ersten Monat überhaupt keine mehr.

Mein Neurologe musste dennoch mit der Versicherung herumdiskutieren, damit sie die Kosten für diese Wunderheilung übernahm, und beweisen, dass drei andere getestete Medikamente nicht gewirkt hatten. Zwei von ihnen verursachten einen so heftigen Brain Fog, dass ich kaum arbeiten konnte. Und ja, Männer müssen genauso hart darum kämpfen, die 603,18 Dollar von ihrer Versicherung bezahlt zu bekommen, aber Frauen haben eben auch dreimal so häufig Migräne wie Männer.[189] Warum? Neuere Untersuchungen lassen vermuten, dass der Östrogenabfall eine wichtige Rolle spielt.[190]

Wir Frauen gehen außerdem öfter zum Arzt als Männer, Schätzungen zufolge um 33 Prozent häufiger, Praxisbesuche rund um Schwangerschaft und Geburt rausgerechnet.[191] Wegen jährlicher Pep-Abstriche und anderer Vorsorgeuntersuchungen und für die Ausstellung von Rezepten, die entweder lebensnotwendig sind oder dafür sorgen, dass wir nicht schwanger werden. Auch wenn 76 Prozent der Ärztinnen und Ärzte der Meinung sind, orale Kontrazeptiva sollten rezeptfrei erhältlich sein, was in mehr als hundert Ländern der Welt auch bereits der Fall ist.[192] Wir haben im Vergleich zu Männern außerdem ein vierzehnfach erhöhtes Risiko, einen Harnwegsinfekt zu bekommen.[193] Und jedes Mal, wenn es wieder so weit ist, müssen wir persönlich in der Praxis aufschlagen und in einen Becher pinkeln, um zu beweisen, was unser Körper eh schon wusste, anstatt einfach anzurufen und zu sagen: »Hab's schon wieder, würden Sie mir bitte ein Rezept zuschicken?« Und diese Arztpraxis-, Notfallpraxis- oder Krankenhausbesuche wegen eines im Grunde einfach zu behandelnden Harnwegsinfekts machen es so viel wahrscheinlicher, dass wir uns einfangen, was auch immer da gerade an Keimen durch die Luft schwirrt.

Es ist aber eigentlich auch egal, wo ich mir das Corona-Virus geholt habe. Denn nun haben wir es alle drei. Wir müssen uns voneinander isolieren, sagt mein Arzt, damit wir die Viruslast bei den jeweils anderen nicht erhöhen und sie kränker machen. Mein Sohn hat nur leichtes Fieber, nach ein paar Tagen geht es ihm besser. Will hat es übler erwischt, er wird noch Monate mit extremer Erschöpfung zu kämpfen haben. Und ich? Ich kann nicht atmen. Ja genau, ich kriege nicht genug Sauerstoff in meine Lunge, und die Krankenhäuser in New York City sind komplett ausgelastet. Drei Nächte in Folge fällt meine Sauerstoffsättigung unter 90 Prozent. Das führt auf kurze Sicht zu einer Sauerstoffunterversorgung (Hypoxämie) und auf lange Sicht zu einer dauerhaften Lungenschädigung. Außerdem geht die Unterversorgung mit ausgeprägtem Brain Fog, Erschöpfung und POTS einher, dem posturalen Tachykardiesyndrom, das sich in einem Herzschlag äußert, der aus dem Ruhezustand urplötzlich auf Marathon hochschaltet, wenn man eine Treppe oder einen kleinen Hügel hinaufgeht oder sich einfach nur im Bett aufsetzt. Mit anderen Worten, ich falle nun nicht mehr nur alle paar Monate in Ohnmacht, sondern mehrmals am Tag.

Und auch die Zoom-Beerdigungen nehmen zu. Innerhalb einer Woche verliere ich einen alten Freund, und drei meiner Freunde und Freundinnen verlieren einen Elternteil. Diese Plage ist so persönlich wie allgegenwärtig, sie hinterlässt Narben auf meiner Lunge, und sie hinterlässt Narben in jeder Familie in diesem Land. Ohne jegliche Führung vonseiten der Regierung, ohne jegliche Anreizsetzung – die Regierungen unserer wohlhabenden Verbündeten zahlen ihren Bürger*innen ein monatliches Einkommen, wenn sie zu Hause bleiben –, müssen die glücklichen Amerikaner*innen, die überhaupt noch einen Job haben, sich oft genug zwischen Krankheit oder Hungern entscheiden.

Wütend und noch immer fiebrig entschließe ich mich dazu, auf dem Papier mit diesem Desaster abzurechnen, und zwar im *Atlantic*.

Ich öffne meinen Computer, wo ich gerade an mehreren Artikeln gleichzeitig arbeite. Als Erstes schreibe ich die Story über meine Corona-Ansteckung[194] fertig, dann schicke ich den Text über die Herausforderungen geteilten Sorgerechts bei Quarantäne ab.[195] Als Nächstes schreibe ich über das Unglück, meinen Hund Lucas einschläfern lassen zu müssen, ohne ihn im Moment seines Sterbens im Arm halten zu können, weil die New Yorker Tierärzt*innen einem dies verwehren müssen.[196] Man verabschiedet sich im Vorraum der Praxis von seinem Hund und übergibt ihn dann einfach. Leb wohl, mein schwanzwedelnder Freund! Das hier ist der Fremde, der dich töten wird. Sorry. Bitte hass mich nicht. Wir hatten eine gute Zeit, die letzten dreizehn Jahre, oder? Wau.

Ich erlaube es mir, zu trauern, indem ich diese Geschichten aufschreibe, während ich mich von einem Virus erhole, dessen Zerstörungswut kein Ende zu nehmen scheint. Den Schmerz auszudrücken, den ich verspüre, weil ich meine beiden erwachsenen Kinder nicht in den Arm nehmen darf, die zwar zurück in den

USA sind, aber mein infiziertes Zuhause nicht betreten dürfen. Den Verlust von Freundinnen und Freunden und deren Eltern zu benennen. Das Gefühl festzuhalten, wie es ist, wenn man nicht atmen kann. Von zu vielen Zoom-Beerdigungen. Davon, von all den Menschen zu wissen, die allein sterben, ohne ihre Lieben bei sich zu haben. Und davon, die uns alle verbindenden sozialen Bande zu verlieren, die uns vor dem Wüten der Welt schützen.

Unterdessen muss ich weiterhin meine Alzheimer-Texte liefern und den anderen Verantwortlichkeiten für meinen Silicon-Valley-Job nachkommen: Zoom-Meetings, Kommentare, App-Texte, Social-Media-Posts – alles von meinem Bett aus, während ich mir die Seele aus dem Leib huste. Ich erhole mich nur langsam, und es wird noch Monate dauern, ehe ich wieder richtig atmen oder eine Treppe hochlaufen kann, ohne das Gefühl zu haben, in Ohnmacht zu fallen. Aber ich ziehe ein schönes Hemd zu meiner Schlafanzughose an, setze mich an meinen Schreibtisch und gaukle Wohlbefinden vor, wann immer ich Kolleg*innen online treffe. Ich besorge mir sogar ein Ringlicht, das die dunklen Schatten in meinem blassen Gesicht kaschieren soll. Ich möchte, dass sie wissen, sie können auf mich zählen. Mit oder ohne Sauerstoff.

Am Morgen des 6. Mai 2020 wache ich auf, trinke meinen Kaffee, fahre meinen Computer hoch und arbeite am Ghostwriting eines Kommentars von Elli über die Beschaffenheit gemeinschaftlichen Trauerns und dessen Wirkung auf unser Gehirn. Wir arbeiten mit mehreren Versicherungsanstalten zusammen, die unsere App ihren langjährigen Kundenbetreuer*innen zur Verfügung stellen wollen, und mein Job ist es nun, den Namen meiner Chefin als Expertin auf dem Feld in die Welt zu tragen. Ich habe ihr auch gerade erst beim Feinschliff eines anderen Kommentars geholfen, der sich aber noch in der letzten Korrekturschleife befindet. Als ihre private Slack-Nachricht um 12.15 Uhr ankommt, während ich mir gerade einen Bagel toaste, denke ich, dass es bestimmt darum geht.

»Bist du da?«, fragt sie bei Slack. Komisch. Normalerweise schreibt sie mich auf meinem Handy an, wenn sie quatschen möchte.

»Jup!«, schreibe ich zurück. Wo sollte ich sein?

»Hast du die Benachrichtigung zum Firmenmeeting bekommen?«

Nein, ich habe die Mail, die sie vor weniger als einer Stunde geschrieben hat, noch nicht gesehen. Ich habe ihren neuen Kommentar geschrieben und ihren alten überarbeitet. Außerdem kommen Mails von der Westküste üblicherweise erst nach Mittag, New Yorker Zeit, an.

Ich wähle mich ein und sehe nur einen weißen Bildschirm. Ich habe das Meeting komplett verpasst. Doppelt komisch. Normalerweise dauern unsere Firmenmeetings zwischen 45 Minuten und einer Stunde. Abends. Plötzlich bekomme ich eine weitere Nachricht über Slack: #goodbye.

»Moment, machen wir etwa dicht?«, schreibe ich Elli.

Es dauert ungewöhnlich lange, bis endlich das Wort »Entlassungen« fällt. Sie habe gehofft, mir alles über Zoom erklären zu können, und später dann persönlich. Eine Mitarbeiterin aus der Personalabteilung werde sich gleich dazuschalten. Heißt das, ich werde gefeuert? Per Zoom?

Ich klicke auf die Aufzeichnung des Meetings, das ich verpasst habe. Statt 25 winziger Zoom-Kacheln ist dort nur eine große, die unsere CEO in schwarzem Shirt zeigt, wie sie unter den vertrauten weißen Dachbalken ihres beigefarben eingerichteten Homeoffices sitzt. Oder ist das ihr Schlafzimmer? Who knows? Selbst wenn wir inzwischen alle mit den Farben, Formen und Einrichtungsgegenständen in den Wohnungen der anderen vertraut sind, liefern sie doch kein vollständiges Bild davon, wer wir sind, wie wir trauern oder was uns nachts wach hält, wenn diese Wände weder Licht noch Farbe reflektieren.

In dem Video erwähnt Elli die verheerenden Auswirkungen der Corona-Pandemie auf unsere Firma und die Gründe für den massiven Stellenabbau in unseren Reihen: abgekürzt RIF (*reduction in force*), wie ich später rausfinde, nachdem das Akronym auch in anschließenden Meetings so oft fällt, dass ich es irgendwann heimlich nebenbei googele. Die zweite Hälfte ihrer Bekanntmachung besteht aus einer aufrichtigen, bewegenden, tränenreichen Entschuldigung und der Anerkennung des Unglücks, das dieser Schritt für uns und unsere Familien besonders in diesen Zeiten bedeutet.

Die Stunde meiner eigenen Videokonferenz-Entlassung hat geschlagen, und ich klicke auf den Zoom-Link. *Doom-Link*, denke ich, als mein Bild zwischen Ellis und Viens auftaucht, unserer Personalleiterin.

»Es tut mir so leid«, beginnt Elli, und ihre Augen fangen wieder an zu schwimmen. Sie hat dieses Gespräch heute schon mehrere Male führen müssen.

»Mir auch«, antworte ich und schlucke meine eigenen Tränen hinunter. »Aber es ist eine Ausnahmesituation, ich verstehe das schon. Geht es dir gut? Ich mache mir Sorgen um dich.«

Hyperempathie nannte mein Therapeut diese Neigung von mir mal, meinem eigenen Schmerz durch die Überidentifikation mit dem Schmerz meines Gegenübers auszuweichen: ein Zug, der gleichermaßen Selbstschutz und Selbstzerstörung verspricht.

»Ich sollte darüber im *Atlantic* schreiben, gefeuert werden über Zoom«, sage ich.[197] Wenn Menschen von den Risiken des Autor*innenlebens sprechen, dann meinen sie genau sowas. Ich spreche diese Worte laut vor meiner Chefin und der Personalleiterin aus und entwerfe in meinem Kopf bereits die komische kleine Geschichte über das Über-Zoom-Gefeuertwerden, die ich dann in eine Flasche stopfen und hinaus in den Ozean der Trauer werfen kann – mein Angebot an alle anderen, die über Zoom gefeuert werden. Alles, während ich gerade über Zoom gefeuert werde. Es

fühlt sich ein bisschen nach einem kleinen Sieg an, dass ich, noch
während ich mittendrin bin, meinen Kummer bereits verarbeite.
Früher war die zeitliche Lücke dazwischen größer. In manchen
Fällen um Jahrzehnte größer.

Glücklicherweise habe ich noch keinen einzigen Tag Urlaub
genommen, seit ich diesen Job vor zwei Jahren anfing. Nachdem
ich in meinem Mitarbeitergespräch in der PR-Firma dafür bestraft worden war, zwei Wochen freigenommen zu haben, um für
Younger in L.A. zu arbeiten (*Leslie sagt, sie musste für dich einspringen, als du nach Hollywood getingelt bist ...*), hatte ich immer
Angst, auch nur einen Tag zu fehlen, selbst als ich für *Emily in
Paris* arbeitete. Ich legte meine Zoom-Calls einfach auf die Mittagspause und arbeitete nach Feierabend weiter an meinen Alz-
heimer-Texten.

Das ist verrückt, ich weiß. Wenn ich aus der ganzen Alzhei-
mer-Recherche etwas gelernt habe, dann, dass das Aufgeben von
Kontakten und Schlaf und ordentlichen Pausen so ziemlich das
Schlimmste ist, was man seinem Gehirn und seinem Körper an-
tun kann. Aber jetzt hatte ich wenigstens einen Monat bezahlten
Urlaub, um mir zu überlegen, was ich als Nächstes tun sollte.

Ich würde ihn brauchen.

Nachdem ich mir alle verfügbaren Tränen aus dem Kopf geheult habe, erreicht mich eine noch schlimmere Nachricht. Eine
Kommilitonin vom College, Mutter von fünf Kindern zwischen
Grundschul- und Teenageralter, hat die Umstände dieser traumatischen Zeit nicht mehr ausgehalten und sich das Leben genommen. »Wir werden wohl nie ganz verstehen, warum«, schreibt
ihr Mann, »aber wir verstehen, dass das menschliche Herz sich
plötzlich für das Undenkbare entscheidet, wenn alles zusammen-
kommt.«

Will kommt ins Wohnzimmer und findet mich angesichts der
Todesnachricht meiner Kommilitonin in Tränen aufgelöst vor.

Zwei Stunden sind seit dem fünften Jobverlust in sieben Jahren vergangen. Beim ersten hatte ich zu viel Zeit im Sloan-Kettering-Krebszentrum verbracht. Beim zweiten hatte ich nicht genug runtergeschraubt und eingedampft. Das dritte Mal war ich gefeuert worden, weil ich nicht mit meinem Chef ins Bett gegangen bin, das vierte Mal dafür, dass wir »einfach nicht gut zusammengepasst« haben, und das fünfte Mal nun wegen Corona. Es fühlt sich falsch an, sich Sorgen darum zu machen, wie ich unser Essen und meine Hälfte der Mietkosten bezahlen werde, wo doch die Last des Mannes meiner ehemaligen Kommilitonin und seiner Kinder so viel schwerer wiegt. Und trotzdem – ich wurde gerade per Zoom gefeuert, während einer ungeahnten Wirtschaftskrise. Es tut weh. Ich mache mir Sorgen um meine Zukunft, um die Zukunft meiner Kinder, um die Zukunft der Erde. Will kennt mich mittlerweile gut genug, um all das in meinem Gesicht lesen zu können. »Ich hab eine Idee«, sagt er. »Eigentlich ist es mehr ein Befehl. Wir machen jetzt eine Fahrradtour.«

Eine kurze Anmerkung zu Will, denn er wird diesen Absatz hassen, wenn er darüber stolpert. Was einer der Gründe ist, warum ich ihn liebe. Außerdem liebe ich ihn für seine Verachtung der Instagramisierung glücklichen Pärchendaseins und seine glühende Verteidigung von allem, was privat und damit heilig ist. Aber ich muss es trotzdem erwähnen. Als ich endlich»WhatifLovewerereal?49« als mein Computer-Passwort lösche, habe ich durch ihn – durch uns – endlich verstanden, dass es zu Liebe auch ein Verb gibt. »Hier«, sagt er manchmal, wenn es draußen kalt ist und ich arbeite. »Ich dachte, die könntest du gebrauchen.« Dann hält er mir eine mit weichem Wollstoff überzogene Wärmflasche hin, gefüllt mit heißem Wasser. Oder ich wache mit Kaffeeduft in der Nase auf und entdecke den perfekten Latte macchiato, den er still und heimlich auf mein Nachtischchen gestellt hat, um mich nicht zu wecken. Oder er schickt mir einen Link zu einem Fotografiekurs, von dem er glaubt, er könnte meinem Sohn gefallen. Oder er findet mich weinend im Wohnzimmer vor und weiß genau, was ich brauche, bevor mein trauerndes Hirn überhaupt Zeit hat, es selbst zu kapieren.

»Ja«, sage ich dankbar. »Eine Fahrradtour. Das wäre schön.« Wir fahren raus nach Red Hook, Brooklyn, und beobachten, wie die Sonne hinter der Freiheitsstatue untergeht.

»Sie steht noch«, sage ich.

»Bisher ja«, antwortet Will. »Bin gleich wieder da.« Fünf Minuten später kommt er mit einem Key Lime Pie zurück. »Dachte, den könntest du mögen«, sagt er und befestigt die Kuchenbox mit ein paar Gesichtsmasken an seinem Fahrradkorb.

38

Der Preis von Sauerstoff

Mai – Juli 2020

Es ist Ende Mai, und weil ich noch immer Schwierigkeiten beim Atmen habe, suche ich einen Lungenspezialisten auf, wo ich geröntgt werde und einen neuen Steroid-Inhalator bekomme. Außerdem nehme ich den unerwartet dazugekommenen letzten Teil dieses Buches in Angriff.

Seit meiner Corona-Erkrankung ist Schreiben eine Herausforderung geworden, und an vielen Tagen gebe ich schon nach wenigen Absätzen auf. An den anderen, wenn ich es doch mal durchziehe, verliere ich oft das Ende eines Satzes, ein Wort oder einen Gedanken, bevor sie es auf die Seite geschafft haben. Dann entziehen sich einfache Wörter oder Namen plötzlich meinem Zugriff, und ich muss mich durch den Thesaurus arbeiten, um sie wiederzufinden. Dieser letzte Satz zum Beispiel: Das Wort »Zugriff« ist mir einfach nicht eingefallen. Ich wusste nur noch, dass es »Einsicht, Halt« bedeutet.

Zur gleichen Zeit ruft drüben in Minneapolis George Floyd »I can't breathe!«, während Derek Chauvin auf seinem Genick kniet und ihn langsam erstickt. Und plötzlich, nachdem sie sich drei Monate lang eingeigelt haben, beenden die Amerikaner*innen massenhaft ihre Quarantäne und gehen auf die Straße, um zu demonstrieren. Auch meine Kinder und ich. Es fühlt sich merkwürdig und aufregend zugleich an, so dicht bei so vielen anderen Menschen zu stehen, aber ich bin erleichtert zu sehen, dass jede einzelne Person eine Maske trägt, während sie ruft: »I can't breathe!«

Den ganzen nächsten Monat über gehen wir auf die Straße, gekleidet in Schwarz oder anderen dunklen Farben. Von der City Hall zum Washington Square Park laufen wir. Vom Barclays Center über die Manhattan Bridge. Vom McCarren-Park zum Domino-Park. Von Bed Stuy nach Bushwick.

In diesem Juni werden mehr als 10 000 Amerikanerinnen und Amerikaner in Polizeigewahrsam genommen, weil sie von ihrem durch die Verfassung garantiertem Recht auf friedlichen Protest Gebrauch machen.[198] Mein älterer Sohn kriegt Tränengas ins Gesicht. Unbekannte Schlägertrupps stoßen die Demonstrierenden in Zivilfahrzeuge. Ich würde lügen, wenn ich behaupten würde, dass mir all diese Polizeigewalt und die plötzlich nicht mehr geltenden Regeln keine Angst machen, in meinem Alter, in diesem Körper, aber ich habe genug über antidemokratische Kräfte überall auf der Welt berichtet, um zu wissen, dass wir uns entscheiden müssen: Entweder gehen wir da raus und riskieren Verletzungen und Gefängnis, oder wir machen uns zu Kompliz*innen des staatlich sanktionierten Terrorismus gegen unsere Schwarzen Nachbarn und Nachbarinnen.

»Nie wieder!«, das wurde uns Juden und Jüdinnen schon im Kindesalter beigebracht. Praktisch mit dem Babybrei eingeflößt. Nun, nie wieder ist jetzt. Also marschieren wir.

Mein älterer Sohn ist sehr engagiert. Er hat es sich zur Aufgabe gemacht, gemeinsam mit einer wachsenden Zahl an Demonstrierenden während der Protestmärsche Wasserflaschen und Handdesinfektionsmittel zu verteilen. Meine Tochter und mein jüngerer Sohn begleiten mich meistens, und hin und wieder halten wir an, um meinen Sohn, der noch keine 1,50 Meter groß ist, auf eine Absperrung oder eine Bank klettern zu lassen, um von dort aus Fotos zu machen, als wäre er dafür zuständig. Was er auch irgendwie ist.

Wenigstens einer von uns hat einen Job, denke ich. Gleichzeitig weiß ich, dass mir keine Zeit bleiben würde, hier mit meinen

Kindern zu demonstrieren, wenn ich jetzt noch einen Vollzeitjob hätte. Etwas Gutes hatte es also doch, mitten in der Pandemie gefeuert zu werden. Und da gibt es noch etwas Positives, denn mit dem Geld, das ich für die Abgabe meines Manuskripts im März bekommen habe, konnte ich es mir ermöglichen, einen Pitch für eine TV-Serie zu entwickeln.

Darren kann *Emily* haben, denke ich. Ich kann mich sowieso nicht länger in eine weiße Frau einfühlen, die anderen weißen Menschen Luxus-Weißsein verkauft. Irgendwann, hatte ich schon zu Beginn unserer Arbeit an der Pilotfolge zu Darren gesagt, wird Emily ihren Jesus-Moment haben müssen, in dem ihr klar wird, dass sie Menschen Luft verkauft, die von allein atmen können. In dem sie Paris als das sieht, was es wirklich ist: ein multikultureller Schmelztiegel, in dem echte Menschen leben, von denen sie ein paar grundlegende Dinge über das Leben lernen kann.

Am sechsten Tag der Black-Lives-Matter-Märsche, dem 2. Juni 2020, laufen meine zwei Jüngeren und ich gerade müde und durstig durch den Washington Square Arch die Fifth Avenue hoch, als meine Tochter auf einmal aufkreischt und auf einen Mann mit Maske zuläuft, der in einiger Entfernung zu uns Wasser verteilt. Mein jüngerer Sohn und ich sprinten ihr hinterher, in der Hoffnung, auch noch eine Wasserflasche zu bekommen. »Kann ich auch eine haben?«, frage ich den Mann mit der Maske, ehe mir klar wird, dass ich ihn geboren habe.

»Auch noch einen Spritzer Desinfektionsmittel, Mutter?«, fragt mein Erstgeborener lachend. Und dann lachen mich alle drei meiner Kinder dafür aus, dass ich meinen eigenen Sohn nicht erkannt habe, weil er eine Maske trägt, und ich selber lache mich auch aus. Tatsächlich liegt in diesem Zufallsmoment so viel unbändige Freude, dass mein großer Sohn sagt: »Oh, oh, Vorsicht. Jetzt weint Mom gleich«, und im selben Moment schießen mir auch schon die Tränen in die Augen und laufen kurz darauf über meine Maske.

Vor genau einem Vierteljahrhundert habe ich dieses mit Tränengas besprühte, neu-radikale Baby vom Krankenhaus nach Hause getragen – sein 25. Geburtstag fiel in eins mit dem ersten Demo-Abend. Als er sechs war, nahm ich ihn mit nach Peschawar, Pakistan, und am letzten Tag meiner Ehe fuhr ich ihn ins College. Und dann flog er nach Samos. Und seine kleine Schwester schloss sich dem Friedenscorps an. Und dann kam Corona und setzte diesen beiden verheißungsvollen Anfängen in ihrer beider Leben ein Ende.

Aber jetzt, wie durch ein Wunder, sind wir alle hier: meine kleine Familie, minus Vater und minus der Gebärmutter, in der sie alle gewachsen sind. Aber intakt, ganz. Bald schreien noch mehr Leute nach Wasser und einem Spritzer Desinfektionsmittel, also verabschieden sich meine Tochter und mein Jüngerer von ihrem Bruder und wir laufen weiter.

Einen Block weiter entfährt meiner Tochter ein weiterer Kreischer, als sie ihre alte Freundin Hannah entdeckt, die in unserer Kommune in Harlem lebte. Ich rechne fast damit, den legendären Moderator Ralph Edwards rufen zu hören: »*Deb Copaken, this is your life!*« Seit drei langen Monaten habe ich außer Will und meinen Kindern niemanden mehr umarmt, aber als ich Hannah sehe, kann ich mich nicht zurückhalten. »Hannah!«, rufe ich, und dann umarmen wir uns und weinen und halten das Gesicht der anderen in Händen, minutenlang. Das letzte Mal habe ich sie vor fünf Jahren gesehen, als sie zu Thanksgiving in unser neues Zuhause in Inwood kam, nachdem sie wieder bei ihrer Mutter hatte einziehen müssen. Dann ging sie genau wie meine Tochter aufs College, und das Leben ging weiter. Und nun steht sie hier, in Crop-Top und grüner Hose, sie sieht schick aus, cool, erwachsen. »Es tut mir so leid, wie alles geendet ist«, sage ich. »Es tut mir leid, dass ich dich und unser Zuhause nicht halten konnte.«

Bevor wir aus der Kommune auszogen, hatte ich Hannah einige

Wochen vorher beiseitegenommen und ihr erklärt, dass ich sie nicht länger würde beherbergen können und sie wieder bei ihrer Mutter einziehen müsse. Ich war wütend wegen des typischen Vertrauensbruchs eines Teenagers: ein kleines Treffen, bei dem Alkohol getrunken wurde, nachdem ich sie gebeten hatte, das nicht zu tun, solange ich mit den Kindern bei meiner Mom zu Besuch war. Ich begründete meine Entscheidung mit diesem Vertrauensbruch und der Tatsache, dass wir alle sowieso würden ausziehen müssen. Beides wahr. Aber ich kämpfte zu dieser Zeit auch mit psychologischen Problemen und schämte mich außerdem zuzugeben, dass ich sie nicht länger durchfüttern konnte. All das will ich ihr jetzt erklären, da fällt mir Hannah ins Wort.

»Deb! Machst du Witze? Hör auf«, ruft sie. »Ich wollte dir gerade einen Brief schreiben, um dir zu sagen, wie dankbar ich dir dafür bin, dass du mich so oft bei euch aufgenommen hast. Keine Entschuldigungen. Niemals.«

Wir umarmen uns ein letztes Mal an der Ecke Fifth Avenue und East 10th Street. Ich sage ihr, sie soll uns mal in Brooklyn besuchen kommen. Sie verspricht, dass sie das tun wird, und bittet einen Fremden, ein Kommunen-Reunion-Foto von uns zu machen. Dann marschieren wir weiter Richtung Norden, rufen »No justice, no peace!« und »I can't breathe!«

»Ehrlich gesagt«, sage ich ein paar Blocks weiter zu meinen Kindern, »kann ich wirklich nicht atmen.«

Zu Hause angelangt benutze ich meinen Inhalator und verspüre sofort Erleichterung. Ich atme ein, ich atme aus. Ein, aus. Ganz tief. Endlich. Ich weiß, dass der Effekt nicht länger als eine Stunde anhält, dieser mühelose Austausch von Sauerstoff und Kohlendioxid, also ermahne ich mich, diesen Moment im Gedächtnis zu behalten und einen automatischen Reflex wertzuschätzen, den ich immer als selbstverständlich hingenommen habe. Ich recherchiere die Kosten für meinen Qvar-Inhalator und frage mich, wie ich ab

Ende September atmen soll, denn da läuft meine Krankenversicherung aus. 543,98 Dollar für einen Inhalator. Gott. Zusätzlich zu den 603 Dollar für Aimovig. Ich schätze mal, dass ich schon überleben werde, arm und ohne die Möglichkeit, Geld zu verdienen, mit täglichen Migräneattacken. Aber ohne Luft kann ich nicht leben. Ich überlege, wie lange ein Inhalator wohl hält, wenn ich sparsam bin. Ich rechne im Kopf: Der Inhalator hat 120 Stöße, ich nehme vier am Tag. Das sind dreißig Tage. Wenn ich mich auf zwei Stöße am Tag beschränke, schaffe ich es, mit einem Inhalator zwei Monate auszukommen, dann würden meine monatlichen Ausgaben fürs Atmen nur noch 271,99 Dollar betragen. Machbar, wenn ich die Nahrungsaufnahme auch noch begrenze.

Unter Bürgerinnen und Bürgern der »Ersten Welt« stellen einzig und allein Amerikanerinnen und Amerikaner solche Rechnungen an.

39

Feuerwerk reloaded

4. Juli 2020

Mein Jüngster hat mich darüber in Kenntnis gesetzt, dass er dieses Jahr den Fourth of July nicht feiern wird, weil die Unterzeichner der Unabhängigkeitserklärung Sklaven und Sklavinnen besessen hätten. Und weil Schwarze in diesem Land noch immer nicht frei seien. Und Frauen noch immer weniger Lohn bekämen als Männer. Und weil die amerikanischen Ureinwohner*innen ermordet worden seien, damit wir uns ihr Land nehmen konnten. Und weil ein Faschist im Weißen Haus sitze, der Kundgebungen abhält, wo niemand Maske trägt, und der die Kinder von Immigrant*innen in Käfigen hält. Was also solle man da bitte schön feiern?

»Die Hoffnung?«, versuche ich es.

Er habe keine, sagt er.

Es ist meine Aufgabe, diesen rasant in die Höhe schießenden vierzehnjährigen amerikanischen Teenager vom Gegenteil zu überzeugen, auch wenn es mir selber schwerfällt. »Wie dem auch sei«, sage ich, »vielleicht könnten wir einfach draußen sitzen und uns das Feuerwerk ansehen?« Ich erzähle ihm, dass ich gelesen habe, es würde über der Brooklyn Bridge hochgehen, und in diesem Fall könnten wir es wahrscheinlich von unserem Balkon aus sehen, auf dem gerade genug Platz für drei Campingstühle ist.

»Okay, na gut«, sagt er, verdreht seine Teenageraugen und kommt raus zu mir, wo ich den Sonnenuntergang über dem East River verfolge. Von hier aus ist die Freiheitsstatue nur noch ein Pixel. Als ihre mikroskopisch kleine Fackel angeht, kommt Will zu uns raus. Der Himmel ist nun dunkel, bereit fürs Feuerwerk. Also warten wir. Und warten. Und gucken zwischendurch auf unsere Armbanduhren und Handys und warten noch ein bisschen länger. »Es ist 21.35 Uhr«, sagt mein Sohn, »hätten die nicht schon anfangen sollen?«

»Schon«, stimme ich zu. Überall in der Nachbarschaft geht privates Feuerwerk hoch, so wie jeden Abend und jede Nacht seit Anfang Juni, aber so, wie unser Balkon liegt, können wir es nur hören, nicht sehen. Ab und zu leuchtet eine Reflexion in den Fensterscheiben der umliegenden Häuser auf.

Will geht rein und macht den Fernseher mit der Übertragung der Feierlichkeiten an, dann kommt er wieder und informiert uns, dass das Feuerwerk von Macy's über Coney Island, nicht über der Brooklyn Bridge gezündet wird. Die Organisator*innen haben in letzter Minute umdisponiert, aus Angst, das Feuerwerk könnte zum Superspreading-Event werden. Es ist jetzt 21.40 Uhr.

»Blöd«, sage ich. Mein Sohn war die letzten sechs Jahre im Sommercamp, hat also kein Fourth-of-July-Feuerwerk mehr gesehen, seit er sieben war, kurz bevor sein Vater ging. In jenem Sommer, 2013, stellte mir meine Freundin Tanya ihr Haus am Meer zur Verfügung, damit ich mich erstens vor meiner bröckelnden Ehe retten und zweitens an meinem Roman arbeiten konnte, wenn mein Sohn schlief. Der Roman würde bald im Papierkorb enden, und ich trat meine Stelle bei *Health Today* an. Mein Sohn und ich nahmen eine Picknickdecke und etwas zu essen mit runter ans Wasser, um uns das Spektakel anzusehen. Dort machte ich eines meiner Lieblingsfotos von ihm, auf dem er kurz vor dem Feuerwerk im Sonnenuntergang einen Hula-Hoop-Reifen um seine Hüften wirbeln lässt.

Ob sich ein sentimentaler, irrationaler Teil von mir diesen sonnengeküssten Augenblick zurückwünscht, nach allem, was mein Sohn seitdem hat aushalten müssen? Ja. Jenes Wochenende war keineswegs das erste, das ich allein mit einem meiner Kinder verbrachte, aber es war das erste, an dem mir klar wurde, dass dieser Zustand ein dauerhafter sein würde. Schaffe ich das auch wirklich?, fragte ich mich damals. Kommen wir zwei zurecht, wenn sein Bruder und seine Schwester auf dem College sind? Die Antwort wirbelte in oranges Licht getaucht genau vor meinen Augen durch die Luft: *Happy Independence Day.*

»Komm«, sage ich zu meinem Sohn und nehme ihn am Arm. Ich habe keine Lust, mir das Feuerwerk im Fernsehen anzuschauen, unser Leben spielt sich schon viel zu lange auf zweidimensionalen Bildschirmen ab. »Lass uns aufs Dach klettern, bevor es vorbei ist. Vielleicht sehen wir ja ein bisschen inoffizielles Feuerwerk von dort oben aus. Kommst du auch mit, Will?«

»Nee, ich sehe es mir hier unten an.« Will hat ein außerordentliches Gespür für die Bedürfnisse anderer. Er weiß, ohne dass ich es erwähnen muss – ich verstehe es selbst noch gar nicht –, dass ich diesen Moment allein mit meinem Kind brauche. Mein Sohn war ein Einserschüler gewesen, bevor Corona zuschlug, aber Homeschooling kombiniert mit seinem eigenen Kampf gegen das Virus, der Trennung von seinen Freunden und der erneuten finanziellen Unsicherheit aufgrund meines Jobverlusts haben sowohl seine Konzentration als auch seinen Antrieb zerstört. »Ich … Ich kann einfach nicht«, hatte er gestammelt, als all die Abschlussprojekte der achten Klasse anstanden. »Ich kann nicht.«

»Du musst nicht«, hatte ich geantwortet. Wen interessiert es, ob er das Ende der letzten Middle-School-Klasse während einer Pandemie vergeigt? Am wenigsten seine Lehrer und Lehrerinnen, denn die haben genug damit zu tun, dreißig Jugendliche zum Lernen in dreißig kleine Kacheln zu locken. Normalerweise bin ich die Sorte Mensch, die sagt: »Du gehst nicht, ehe du deine Hausaufgaben gemacht hast!« Aber das Leben, so wie es jetzt ist, ist nicht normal. Und das wird auch noch eine Weile so bleiben.

Mein Sohn folgt mir zu der verbotenen Leiter, die von unserer Küche/unserem Wohnzimmer/unserem Esszimmer aus durch eine kleine Luke hoch aufs Dach führt. Unser Vermieter hat uns verboten, dort hochzuklettern. Zum einen hat das Dach kein Geländer, und wenn einer von uns runterfällt, ist er verantwortlich. Zum andern ist es nicht ordentlich genug gedeckt, um mit Schuhen darauf herumzulaufen. Als wir hier einzogen, behängte ich die Leiter mit drei tibetischen Gebetsfahnen, die ich in Kathmandu gekauft hatte, zur Teenagerabschreckung. Die einzigen Male, die ich da hochgeklettert bin, war, als ich einen doppelten Regenbogen durch mein Schlafzimmerfenster gesehen hatte – »Hi, Dad!«, hatte ich meinen Vater ohne Ironie gegrüßt –, und, um die Luke zu öffnen, wenn wir wieder mal irgendwas auf unserem schlecht belüfteten Herd versengt und damit den Feueralarm ausgelöst hatten.

»Moment, dürfen wir das?«, fragt mein Sohn zögerlich. Er hält sich gern an die Regeln. Genau wie ich, aber ich versuche, es weniger zu tun. Eheverträge in die Tonne zu treten, die nicht funktionieren. Meinem Sohn zu gestatten, während einer Pandemie seine Hausaufgaben zu vernachlässigen. Unternehmen mit illegalen, unmoralischen und ausbeuterischen Praktiken zur Verantwortung zu ziehen. Öffentlich über meine intimen Zonen zu sprechen, sowohl körperlich als auch emotional.

»Das kannst du einfach nicht bringen«, schalt mich eine gute Freundin, nachdem sie mitgehört hatte, wie ich einer gemeinsamen Freundin, die nach meinem Sommer gefragt hatte, die beiden Geschichten erzählt hatte, die diesen Sommer geprägt hatten: die Trachelektomie im Juni und das Große Blutbad im Juli. »Niemand will auf einer Party was von deiner blutenden Vagina hören. Das ist eklig.« Sie versuche nur, sagte sie, mich vor mir selbst zu retten.

Diese Frau und ich sind seit über zwanzig Jahren befreundet. Ihre Großzügigkeit ist grenzenlos, ihre Freundlichkeit der

reinste Balsam. Ich liebe sie, und ich vertraue ihr. Das einzige
Mal, als wir unterschiedlicher Meinung waren, war kurz nach
dem Ende meiner Ehe, als sie mich drängte, die graue Strähne
in meinem braunen Haar zu färben, etwas Make-up zu tragen
und mir vielleicht noch sexy Schuhe zuzulegen, bevor ich mich
aufmachen würde in die Welt des Datens. Nein, sagte ich, und
stampfte mit meinen Doc Martens auf. Ich verstand und respek-
tierte ihre Bedenken. Und ich liebte sie dafür, dass sie ihre Sorge
um mich zum Ausdruck brachte. Aber jeder Mensch, mit dem
ich bis zum Ende meiner Tage würde zusammenbleiben wollen,
würde mich so annehmen müssen, wie ich bin. Ergraut. Flach
besohlt. Schmucklos.

Was denn gewesen wäre, wenn ich einen Autounfall gehabt
hätte, fragte ich sie. Dürfte ich darüber auf einer Party sprechen?

Das sei etwas anderes, antwortete sie.

Es ginge also nicht um Blut generell, sondern nur um die riesigen Blutklumpen, die aus meiner Vagina geschossen kamen?

»Besonders um die Blutklumpen, ja«, lachte sie. Das wolle wirklich niemand hören.

»Verstehe«, sagte ich. Aber was, wenn ich ein Mann wäre und
gerade eine OP wegen Prostatakrebs gehabt hätte, dann aber drei
Wochen später wegen postoperativen Komplikationen ins Krankenhaus gebracht worden wäre, wegen *innerer* Blutungen? Wäre
das ein angemessenes Gesprächsthema, wenn mich jemand gefragt hätte, wie mein Sommer war?

Ich würde ihr nicht zuhören, sagte meine immer ungehaltener
werdende Freundin. Sie würde mir das ja nur zu meinem Besten
sagen. Die Leute – es ginge ja nicht nur um sie – würden schließlich reden.

»Aber ich bin fast gestorben«, sagte ich. An den Komplikationen nach einer Operation, die in Amerika so verbreitet ist, dass
durchschnittlich eine Gebärmutter pro Minute entfernt wird.

Sollte es mir da nicht nur gestattet sein, über solche Dinge zu sprechen, sollte ich nicht sogar dazu verpflichtet sein? Nein, sagte sie. Nicht angemessen. Wer bestimmt das? Das ist die Frage, die wir uns immer stellen müssen. Wer bestimmt, dass es nicht angemessen ist, wenn wir über unsere blutenden Ladyparts sprechen, wo sie doch genauso zu unseren Körpern gehören wie Augen, Lippen, Hände und Haare? Wer bestimmt, dass die normalen Prozesse unserer kindergebärenden Körper als Waffen der Beleidigung verwendet werden können, so wie Trump, der eine Journalistin verspottete, weil »Blut aus ihrer sonst was« komme.[199] Oder als es meiner Tochter und mir nicht gestattet wurde, in die Nähe des Grabes meines orthodoxen Schwiegervaters zu gehen, weil die Existenz von Menstruationsblut es kontaminieren könnte. Wer bestimmt, dass es falsch ist, Krankheiten und chirurgische Komplikationen im Zusammenhang mit unseren inneren Fortpflanzungsorganen zu beschreiben? Und was haben diese Leute von unserem Schweigen?

Ich muss an *The Ladies' Book of Etiquette* denken, Kapitel I, »Conversation«:

Vermeiden Sie es zu allen Zeiten, Themen oder Vorfälle zu erwähnen, die Ihre Zuhörer abstoßen könnten. Viele Menschen ergehen sich in Details über Krankheiten, die nur erwähnt werden sollten, wenn es unbedingt nötig ist, und beschreiben einem Raum voller Leute, oder gar bei Tisch, die ekelhaftesten Szenen. Andere berichten von Ungeziefer, widerlichen Pflanzen oder Fällen von Unreinlichkeit. All diese Gespräche oder Andeutungen sind höchst ungesittet. Für einige Menschen sind sie nicht allein ärgerlich, sondern auch durch und durch abscheulich, und eine wirklich damenhafte Person wird solcherlei Themen konsequent meiden.[200]

Ich liebe dich, sagte ich zu meiner Freundin. Und ich höre, was du sagst. Und ich schätze deine Besorgnis. Aber *The Ladies' Book of Etiquette* ist von 1860, und bei allem Respekt, ich widerspreche jedem Wort darin. Unsere Unwissenheit, unser Ausweichen und unser Schweigen, wenn es um weibliche Organe geht, ist nicht höflich, sondern tödlich.

Am nächsten Morgen setzte ich mich hin und schrieb das erste Kapitel dieses Buches in einem Rutsch runter.

»Heute ja«, sage ich zu meinem Sohn. »Dieses eine Mal dürfen wir die Regeln brechen und aufs Dach klettern. Zieh deine Schuhe aus. Alles wird gut.« Barfuß steige ich die Leiter hoch, öffne die Luke und wuchte mich raus aufs Dach. Es fällt leicht ab, unser Dach, wenn auch nicht ganz so sehr wie das in *Fiddler on the Roof* (deutsch: *Anatevka*). Man muss sich nur an die Schräge gewöhnen und seinen Körper entsprechend ausrichten. Plötzlich ist überall um mich herum Lärm, Farbe, explodierendes Licht. »Oh mein Gott!«, rufe ich durch die Luke hinunter. »Schnell! Komm schon! Hier hat man einen 360-Grad-Blick über die ganze Stadt, und *überall* ist Feuerwerk!«

Aber mein Sohn wagt sich nur bis zur Hälfte der Leiter vor. »Ich hab Höhenangst«, sagt er und sieht dabei ganz klein und ängstlich aus.

»Echt? Seit wann?«, frage ich.

»Seit immer«, antwortet er.

Vielleicht sollte ich ihn nicht drängen. Vielleicht sollten wir einfach mit Will zusammen fernsehen.

Genau in diesem Augenblick bricht eine Feuerwerksalve aus der Art-déco-Turmspitze des Empire State Buildings hervor. Ja, sie bricht hervor. Wie eine Ejakulation. Man kann das gar nicht anders sehen, und ich kann mir nicht vorstellen, dass dieser Effekt nicht beabsichtigt war. Wie muss es sich anfühlen, ein Mann zu sein, frage ich mich. Überall um sich herum Denkmäler des eigenen Genitals.

»Hi, Nora«, sage ich zu dem ejakulierenden Leitmotiv aus *Schlaflos in Seattle*, und da begreife ich plötzlich – erst jetzt, wie ist das möglich? –, dass ein Phallussymbol für meine Ersatzmutter steht, das Sonnenrund für meinen Vater, und ich jeden Morgen, wenn ich mich zum Schreiben hinsetze, meinen Stuhl exakt zwischen den beiden ausrichte. Vorne Nora, hinten Dad, der sie, nicht einsehbar, vom Horizont hinter mir aus beleuchtet. Es gibt nur einen Flecken in der Ecke meines nach Norden weisenden Wohnzimmers, von wo aus das Fenster ganz links das Empire State Building perfekt einrahmt. Dort, und nur dort, beginne ich abergläubisch jeden Schreibtag. Zwischen meinen Geistern.

»Irgendwann ist die Gebärmutter nur noch dafür gut, Schmerzen zu erzeugen und dich umzubringen«, hatte sie gesagt. »Warum reden wir überhaupt darüber? Wenn dein Arzt sagt, sie soll raus, dann lass sie rausnehmen.«

Ich hatte Angst, Nora. Darum wollte ich meine Gebärmutter nicht verlieren. Oder mich scheiden lassen. Oder umziehen oder daten oder alleinerziehend sein oder, wenn ich ehrlich bin, den Rest dieses Buches schreiben. Besonders nach dem Slutshaming und der Täter-Opfer-Umkehr als Reaktion auf mein letztes Memoir, das uns beide zu Freundinnen gemacht hat. Es fühlte sich sicherer an, nichts zu tun. So wie mein Sohn in der Mitte der Leiter zu stehen, zwischen zweidimensional und dreidimensional. Dem Rat meiner Freundin zu folgen, brav meine Rolle zu spielen und still zu sein. Das vertraute Leiden zu akzeptieren, anstatt einen Weg hinaus zu suchen. Sich wie der Vater, den Tom Hanks in *Schlaflos in Seattle* spielt, seinem Schicksal als alleinerziehende Person zu ergeben und sich träge darin zu suhlen. Fast erwarte ich, ein rotes Herz in den Fenstern des Empire State Building aufleuchten zu sehen, wie in der Schlussszene des Films. Endete der nicht auch mit einem Feuerwerk? Ich glaube schon, oder?

Es ist alles schon einmal da gewesen, wohl wahr. *Schlaflos in*

Seattle war eigentlich eine Hommage an *Die große Liebe meines Lebens*. Und der wiederum war ein Remake von *Ruhelose Liebe*. »Ich werde aufstehen, und zwar jeden Morgen«, sagt Sam, gespielt von Tom Hanks, in einem besonders hoffnungslosen Moment. »Und ich werde ein- und ausatmen, den ganzen Tag lang. Und dann, nach einer Weile, werde ich mich nicht mehr daran erinnern müssen, jeden Morgen aufzustehen und ein- und auszuatmen. Und dann, nach einer Weile, werde ich nicht mehr darüber nachdenken müssen, wie schön und wundervoll ich es einmal hatte.«

Sich im Angesicht der Not zu fügen, ist einfach leichter. Nora, die sich selbst niemals fügte, nicht einmal dem Tod, wusste das. Das Nichtfügen war ihre Geheimzutat, und sie lebte es vor, mit jedem geschriebenen Wort, mit jeder Filmszene, mit jeder ihrer Dinnerpartys. Ja, das Leben kann mies sein. Und schwer. Und die Hindernisse können sich unbezwingbar anfühlen, besonders, wenn man in einem Frauenkörper steckt. Aber trotzdem darfst du die Heldin in deiner eigenen Geschichte sein. Du darfst das Leben mit dem großen Löffel essen. Darum haben sich mein Vater und sie am Abend meiner Buchparty auch so gut verstanden und sich ein bisschen abseits von allem schlappgelacht. Nicht, weil sie beide starben. Weil sie beide lebten.

Natürlich, wir alle begegnen einmal unheilbaren Krankheiten. So ist das, wenn man in einer sterblichen Hülle lebt: Wir müssen akzeptieren, dass all das hier – ich sehe hinauf in den Himmel, hinunter zu meinem Sohn, meinen Füßen, auf das Dach, auf unser Zuhause* – nur geliehen ist. Wir sind nichts weiter als Gerüste für unsere Gehirne, dazu da, unsere Gene weiterzugeben. Wenn du

---

* In zwei Monaten werden wir die Benachrichtigung vom Anwalt unseres Vermieters bekommen, dass unser auf zwei Jahre befristeter Mietvertrag nicht verlängert wird.

Glück hast, darfst du deinen Körper für achtzig Jahre oder so mieten. Dad bekam siebenundsechzig. Nora einundsiebzig. Wenn ich so lang lebe wie mein Vater, habe ich noch dreizehn Jahre. Wenn ich so lange lebe wie Nora, sind es noch siebzehn. »Komm schon«, drängele ich meinen Sohn. Wir haben keine Zeit zu verlieren! »Das Empire State Building explodiert gerade! Genau jetzt. Trau dich. Ich bin da. Ich halte dich fest. Du musst das einfach sehen!«

Er arbeitet sich die Leiter hoch und steckt dann lediglich seinen Kopf durch die Luke, sein Körper bleibt drinnen. »Cool«, sagt er, ohne weiterzuklettern.

»Du guckst ja gar nicht richtig«, sage ich. Die Lukentür blockiert ihm die Sicht. Ich strecke die Hand aus. »Du schaffst das. Ich versprech's dir. Das willst du echt nicht verpassen. Gib mir deine Hand!«

»Nein!«

Aber dann endlich, nach einigem Hin und Her, streckt er mir seine zitternde Hand entgegen, und ich ziehe ihn durch die Luke aufs Dach. »Gott«, staunt er, als er den 360-Grad-Effekt spürt, den man hat, wenn man fünf Stockwerke weit oben auf einem Hausdach steht und von Licht und Lärm und einem ejakulierenden Skyscraper umgeben ist. »Ich hab Angst vor der Schräge«, sagt er und klammert sich an meinen Arm.

»Davor haben wir alle Angst«, sage ich. Aber ohne gäbe es keine Jahreszeiten, keine Balance, keine Chance auf eine lebendige Zukunft. »Komm, wir setzen uns hin.« Ich führe ihn hinüber zu dem Geländer, das unser Dach vom Dach des Nachbarn trennt und sich auf halbem Wege zwischen den ungesicherten Simsen befindet, und endlich beruhigt er sich und kann alles in sich aufnehmen. Die Farben. Den Himmel. Den Vollmond. Das rote Leuchten der Raketen, den Funkenregen in der Luft und die uneingeschränkte Freiheit hier oben über den Räumen, in denen

wir so lange eingesperrt waren. Die nächsten zwanzig Minuten
über sitzen wir schweigend da und beobachten, wie die Welt um
uns herum in einem Strudel aus Farbe, Licht und Klang aufgeht.
Boom! Rot! Boom! Blau! Boom! Weiß funkelnde Glitzerschweife!
Boom! Boom! Boom!

»Gib dieses Land noch nicht auf«, sage ich zu meinem Sohn.
»Es hat noch eine Chance.«

»Aber was ist, wenn Trump wiedergewählt wird?« Er hat viel
über Faschismus und Wahlunterdrückung gelesen, postet Memes
über deren Gefahren, Forderungen, Breonna Taylors Mörder zu
verhaften und den Aufruf, Polizeibudgets an Schulen, das Gesundheitssystem und soziale Projekte umzuleiten.

»Dann ziehen wir nach Frankreich«, sage ich und vermisse
Paris. Würde man uns überhaupt über die Grenze lassen? »Oder ...
irgendwohin.«

»Aber ich will hierbleiben«, sagt er. »Hier ist mein Zuhause.«

»Ich weiß, mein Schatz. Geht mir genauso. Aber lass uns die
Wahl abwarten, bevor wir in Panik verfallen, okay?«

Zwei Tage vor den Wahlen wird Ken Kurson verhaftet und von
der Bundesstaatsanwaltschaft wegen Cyberstalkings angeklagt,[201]
nachdem ich dem FBI Informationen über »Die Anderen« zur Verfügung gestellt hatte, die von meinem #MeToo-Artikel im *Atlantic* auf den Plan gerufen worden waren. Ich verfolge die öffentliche Anhörung online (während Corona gibt es keine Möglichkeit,
persönlich im Gericht zu erscheinen) und verspüre sowohl eine
ungeheure Erleichterung als auch einen leichten Schwindel beim
Aufstehen, weil mein Herz so klopft.

Am selben Tag, ja, sogar in derselben Stunde von Kursons
Anhörung, schließe ich einen Deal ab, der mich zur Produzentin
und Autorin einer TV-Serie auf Grundlage dieses Buches macht.
Ein Zufall, der mir nicht entgeht. Wir Frauen müssen doppelt so

hart arbeiten, um halb so weit zu kommen, und unser Weg ist
gesäumt von Kursons und Weinsteins und Lauers und Cosbys
und Kellys und Batalis und Nassers und Aileses und Trumps und
Moonveses und Browns und Roses und C.K.s und Ratners und
unzähligen anderen. Aber irgendwann, wenn wir nur lange genug
und hart genug kämpfen, gelangen einige von uns vielleicht heil
ans Ziel.

Am 3. November 2020 wird Trump abgewählt. Meine erste Reaktion, als am Morgen des 7. November endlich bekanntgegeben
wird, dass Biden die Wahl gewonnen hat, ist grenzenlose Erleichterung und Euphorie. Ich schreie. Ich weine. Ich bin menschli-
ches Konfetti. Mein nächster Gedanke aber treibt mir den kalten
Schweiß auf die Stirn: *Shit,* denke ich, *jetzt begnadigt er Ken »Ich
stamme von einem nachtragenden Wüstenvolk ab« Kurson.*

»Ken Kurson, Begnadigung Trump« googele ich jetzt täglich
und hoffe, nichts zu finden. Am 23. Dezember 2020 begnadigt
Trump Paul Manafort, Roger Stone und Charles Kushner, Jared
Kushners Vater. Ich bin verzweifelt. Wenn Jared seinen Daddy frei-
boxen kann, dann arbeitet er bestimmt auch daran, seinen besten
Kumpel Ken vor dem Gefängnis zu bewahren. Jeden Tag scanne
ich die Schlagzeilen auf der Suche nach weiteren Begnadigungen
durch, immer in Erwartung, dass die Kurson-Bombe platzt. Vielleicht ist der Präsident ja so beschäftigt damit, Lügen über Wahl-
betrug zu verbreiten und zum Aufstand anzustiften, dass er Ken
und die anderen vergessen hat.

Über die nächsten dreizehn Tage hinweg höre und lese ich von
weiteren möglichen Begnadigungen, von denen aber keine erfolgt.
Mit einem Seufzer der Erleichterung gehe ich spät am Abend des
19. Januar 2021 schlafen. Morgen Mittag wird der Pussy-Grabber
aus dem Weißen Haus nicht mehr im Amt sein. Die Gerechtigkeit
siegt! Die Pussys triumphieren! *God bless America.*

»Schlechte Neuigkeiten«, sagt Will, als er mich am Tag von

Bidens Amtseinführung um vier Uhr morgens weckt.»Er hat Kurson begnadigt.«

»Fuck.«

»Was soll ich machen?«, frage ich Special Agent Eckstut, die FBI-Agentin mit den vernünftigen Schuhen, die damals bei mir in Inwood auf der Matte stand. Zwei weitere Agenten sind zugeschaltet, Zack Goodman und Andrew Taff. »Ich habe Ihnen die Informationen geliefert, die zu seiner Verhaftung geführt haben! Erinnern Sie sich an die Mail? ›Ich stamme von einem nachtragenden Wüstenvolk ab‹? Sie haben ihn wegen einer Rachetat verhaftet. So etwas tut er.«

»Wenn Ihre Sicherheit unmittelbar bedroht ist«, sagt Emily, »dann rufen Sie 911. Wenn die Bedrohung nicht unmittelbar ist, lassen Sie es uns wissen, wir kümmern uns ganz sicher darum.«

»Ist das alles? 911 rufen? Mehr Garantie für meine Sicherheit gibt es nicht?«

»Na ja, als letzte Möglichkeit gibt es immer noch den Zeugenschutz«, bietet einer der beiden anderen Agenten an. Ich weiß nicht, wer, sie sind für mich nur körperlose Stimmen.

Nein, danke. Ich verstecke mich bestimmt nicht und lasse alles, was ich kenne und liebe zurück, weil der Mann, der mich sorgfältig ins Visier genommen, mich umgarnt und sexuell belästigt und vielen anderen Menschen emotionalen Schmerz und Imageschäden zugefügt hat, vom verdammten Präsidenten der Vereinigten Staaten begnadigt wurde.

Liebe Leserinnen und Leser, ich habe Angst.

Das private Feuerwerk um uns herum wird jetzt immer zahlreicher, immer lauter.

»Oh mein Gott! Ist das ein Herz?«, ruft mein Sohn.

Tatsächlich, das ist es. Ein Ephron'sches rotes Herz explodiert da neben dem runden Mond. »Bockmond« nennt man einen

Vollmond im Juli auch, weil zu dieser Zeit jungen Hirschen ihr Geweih wächst. Eine Bar-Mizwa für Wild, denke ich, denn der Hauptzweck des Geweihs liegt darin, Weibchen für sich zu gewinnen. Und der Hauptzweck davon, Weibchen für sich zu gewinnen, ist, die Art zu erhalten. Und der Hauptzweck davon, die Art zu erhalten, ist Gott weiß was, aber ich throne hier über der abgeschrägten Welt, unter einem vollen Bockmond, zusammen mit der letzten Frucht meiner inzwischen entfernten Gebärmutter und sehe Herzen beim Explodieren zu – also hey, danke, ihr Gene!

Der Babyspeck meines Sohnes ist über Nacht wieder ein bisschen weniger geworden, fällt mir auf, sein Gesicht hat nun Kanten und Flächen. Seit seiner Bar-Mizwa in diesem Nachtclub in Bushwick wird er weniger, wo die Dildo-Kronleuchter hingen, die meiner frisch verwitweten Tante so gut gefielen. Kichernd stand sie darunter und posierte für Fotos. The House of Yes hieß der Laden. Ich wählte ihn, weil Dani, eine der Angestellten dort, mir bei LinkedIn eine Einladung geschickt hatte. Als ich ihren Arbeitsplatz googelte und dessen Philosophie las (Kunst heilt, komisch ist toll), dachte ich Ja. Einfach Ja. Außerdem, ich meine, der Name allein: The House of Yes? Ich bin dabei.

»Macht ihr auch Bar-Mizwas?«, schrieb ich ihr.

Hätten sie noch nie gemacht, antwortete Dani, aber warum nicht? Ob ich vorbeikommen und mir die Location anschauen wolle. *The House of Yes*, dachte ich, *perfekt*. Natürlich mussten sie ein bisschen improvisieren. Die Miete war ein echtes Schnäppchen, weil wir ja die Bar-Mizwa-Versuchskaninchen waren, und außerdem, hieß es, buche kaum jemand die Samstagnachmittage, sie machten also sowieso Gewinn. Die Rechnung bezahlte ich mit einem Teil des Vorschuss-Honorars für dieses Buch.

Erst nachdem ich die Einladungen schon rausgeschickt hatte, erzählte mir ein Freund, was nachts im House of Yes abging.

»Moment, das ist ein *Sexclub?!*«, fragte mein Sohn entgeistert.

»Nur nachts!«, beruhigte ich ihn. »Deine Bar-Mizwa ist um vier!« Außerdem der perfekte Ort, um den Übergang von Junge zu Mann zu feiern, oder nicht?

Am Horizont explodiert ein weiteres Herz. Und dann noch eins. Und noch eins. Gleichzeitig blitzen in meinem Gehirn die Neurotransmitter auf, um den folgenden Gedanken zu formulieren: Wärst du vor drei Jahren, an diesem anderen 4. Juli, gestorben, als sich die Nähte oben an deinem Vaginalkanal gelöst hatten, dann hättest du diesen perfekten Augenblick verpasst. Du hättest Will verpasst, und die Abschlussfeier deiner Tochter. Tante Marilyn, wie sie über die Dildo-Kronleuchter kichert. Die Hand deiner Mutter in deiner Hand, als ihr euch beim Hora-Tanz gemeinsam in einem riesigen Kreis der Liebe drehtet, rundherum. Du hättest den schockierten Ausdruck auf dem Gesicht deiner Schwester Jen verpasst, als sie begriff, dass ihre engsten Freunde und Freundinnen und ihre Familie gekommen waren, um ihren fünfzigsten Geburtstag zu feiern. Und du hättest diese vier perfekten Minuten verpasst, als du mit Will den Pacific Coast Highway Richtung Norden entlanggefahren bist, Kacey Musgraves »Oh, What a World« im Radio kam und du in Tränen ausgebrochen bist.

»Das war der beste Moment meines Lebens«, hast du später zu Will gesagt. »Wie plötzlich das Meer am Horizont auftauchte und der Song kam und ich dich dann angesehen habe.« Und Will legte den Kopf schief, überlegte kurz und sagte dann: »Meiner war, glaube ich, bei einem Grateful-Dead-Konzert.« Du hättest also auch die anschließende Gluckserei verpasst. Du hättest den Hügel bei Kathmandu nicht bestiegen und du wärst nicht nackt in diesem See in Maine geschwommen, wärst nicht Zeugin von 1098 Sonnenuntergängen geworden, von denen manche schier atemberaubend waren (im Prä-Corona-Sinne), was du weißt, weil du sie mit deinem Handy festgehalten hast.

»Wollen wir wieder reingehen?«, frage ich meinen Sohn. Es wird spät.

»Noch fünf Minuten?«

»Klar.«

Nach einem Moment der Stille fragt er: »Warum gibt es einen Mond?«

Keine Ahnung. Warum gibt es überhaupt irgendwas? »Wegen der Gezeiten«, antworte ich.

»Nein«, sagt er. »Ich meine, wie ist er entstanden?«

Chaos, Kumpel. »Äh, also …« Ich stammele das herunter, was ich noch von den Astronomielektionen meines Vaters damals in meinem Kinderzimmer in Erinnerung habe, als er so tat, als wäre er die Sonne, und ich als Erde um ihn herumwirbelte, in meinem Kopf verschwommene Spuren eines Nachthemds und schwindeliges Entzücken. »Ich glaube, die Erde ist irgendwie gegen einen anderen Planeten geknallt, und der Mond hat sich dann aus den übriggebliebenen Gesteinsstücken geformt. Oder so ähnlich.« Ich lege den Arm um meinen Sohn. Er erlaubt das inzwischen nur noch selten, aber heute darf ich.

»Immer, wenn ich über das Universum nachdenke, tut mir der Kopf weh«, sagt er.

»Geht mir genauso.«

»Trotzdem.« Seine Augen bleiben auf den Mond gerichtet. »Cool, dass etwas so Schönes aus etwas so Brutalem entstehen kann.«

»Ja«, sage ich, nehme einen Zug Sauerstoff und atme ihn wieder aus, für die Pflanzen. »Das ist es.«

Dank

So wie kein Mensch ohne Eizelle, Spermium,* Gebärmutter und vierzig Wochen Zeit entstehen kann, so ist auch kein Buch die spontane Schöpfung einer einzigen Person. Und weil dieses Buch ein Buch über den Körper ist, erscheint es mir nur passend, jeder beteiligten Person ein spezifisches Körperteil zuzuordnen. Vielleicht bereue ich das nach ein paar Organen, aber lasst es uns versuchen.

GEBÄRMUTTER: Im Spätherbst 2014 lud mich Lisa Leshne zum Mittagessen in ein Restaurant ein, das in derselben Straße liegt wie mein damaliges Büro bei *Cafe*. Zwischen Muscheln und Pommes, meinen Chef in Hörweite am Nachbartisch, machte sie ihren (leisen) Vorschlag: *Shutterbabe* sei eines ihrer Lieblingsbücher, und ich müsse unbedingt eine Fortsetzung schreiben. Und sie wolle diejenige sein, die mir bei der Geburt helfen würde. Ich lachte. Ja, genau. Dass ich schon eine Agentur hatte und nicht einmal genügend Zeit, ein Dating-Profil zu schreiben, geschweige denn ein Buch, beeindruckte sie nicht. Genauso wenig wie die Tatsache, dass ich allein für das Exposé am Ende vier Jahre brauchte, inklusive zwei gescheiterter Wiedergeburten und so vieler Absagen von Verlagen, dass wir irgendwann aufhörten, sie zu zählen. Ihre vielen Gnadenakte wurden hier schon erwähnt, aber ich möchte noch einen hinzufügen: eine Erinnerung an den Tag, an

---

* Stand jetzt zumindest. Wenn irgendjemand aus der Zukunft dieses Buch hier liest, wenn wir das mit dem Klonen raushaben, dann gnade uns Gott.

dem ich vor Gericht erschien, um meinen Namen zurückzufordern, und sie nicht nur darauf bestand, mich zu begleiten, sondern auch darauf, das Ereignis danach zu feiern.

GEHIRN: Im März 2018 kontaktierte mich Mark Warren – damals ein Fremder, heute mein Lektor –, nachdem er meine Story über Ken Kurson im *Atlantic* gelesen hatte. »Ihre Geschichte«, schrieb er mir, »ist eine Art Stein von Rosette, der nicht nur erklärt, wie Ken funktioniert, sondern insgesamt, wie Menschen wie er ticken. Es tut mir wirklich leid, dass Sie das durchmachen mussten.« Ich bedankte mich für die freundlichen Worte und schrieb: »Ich fühle mich von ihm und dieser Geschichte auf eine Art beschädigt, die ich nicht einmal ausdrücken kann. Er lockte mich mit einem Traum, der von vornherein nie wahr werden sollte. Es war immer nur um einen Weg in meine Unterwäsche gegangen, nicht um mein Gehirn. Und dafür hasse ich ihn.« Worauf Mark, der nach 28 Jahren beim *Esquire* gerade Cheflektor bei Random House geworden war, mir antwortete: »Ich möchte Sie ermutigen, sich schreibend einen Weg durch diesen Satz zu bahnen: ›Ich fühle mich von ihm und dieser Geschichte auf eine Art beschädigt, die ich nicht einmal ausdrücken kann.‹« *Ladyparts* ist das Ergebnis dieser Ermunterung. Der Ermunterung, mich sechzehn Monate lang jeden Tag hinzusetzen und auszudrücken, was mir so unaussprechbar erschienen war, dass ich aufgegeben hatte, es zu versuchen. Mark ist ein talentierter Lektor und der tollste Deus ex Machina, der je vom Himmel gefallen ist, aber vor allem ist er ein Feminist. Ich wünschte, es gäbe mehr Männer wie ihn.

AUGEN: Für jedes meiner Bücher hat mir Tad Friend seine Augen geliehen. Er ist immer mein erster und mein großzügigster Leser, und er ist seit beinahe vier Jahrzehnten mein lieber Freund. Wenn ich die Jahre, die ich in diesem Buch beschreibe, Revue passieren lasse, taucht am häufigsten das Bild von mir auf, wie ich mit ihm und seiner Frau Amanda Hesser an ihrem Küchentisch sitze, während unsere Kleinen sich gegenseitig durch die Wohnung jagen. Wir lachen, und manchmal weinen wir auch, aber immer fühle ich mich geliebt und gehört und wohlgenährt. Diane Sokolow, Meisterin in Scharade, las das Gebärmutter-Kapitel in seinem Frühstadium, nachdem ich sie gebeten hatte, mir dabei zu helfen, das Wesen und den Ton unserer so schmerzlich vermissten Nora richtig wiederzugeben. Tommy Siegel, Stephen Alexander, Elizabeth Perkins, James Tucker, Zibby Owens, Joaquín Güell, Hara Woltz, Marion Mertens, Darren Star, Samantha Morrice, Eric Alterman, Monique El-Faizy und Matt Whitaker haben jeweils verschiedene frühe Versionen von Kapiteln gelesen und mir wertvolle Gedanken und Vorschläge geliefert. Ayelet Waldman, Mary Pender, Kate Adler und Whitney Berry gehören nicht nur zu den ersten Leserinnen, sie sind auch der Grund dafür, dass *Ladyparts* es aus meinem Computer auf eure Fernseher schaffen könnte. Suzi Schiffer Parrasch übernahm die undankbare Aufgabe, das gesamte Manuskript in den drei Tagen vor Abgabetermin zu redigieren. Wenn nun endlich jeder falsche Apostroph entfernt ist, dann ist das allein Suzis Verdienst. (Ich dachte, es hieße *the 60's* und *the 70's*, nicht *'60s* und *'70s*. Was denn? Ich finde immer noch, dass das falsch aussieht.)

BRUST: Ich kann gar nicht genug betonen, wie dankbar ich dafür bin, nach zwanzig Jahren endlich zum nährenden Mutterschiff Random House zurückzukehren. Das letzte Mal war ich im Jahr 2000 dort gewesen, als ich persönlich einen Karton mit einem Ausdruck vom *Shutterbabe*-Manuskript vorbeibrachte – plus Diskette. Mein nächster Besuch erfolgte dann im Frühjahr 2019, nachdem ich den ersten Batzen geschrieben hatte. Die mittlerweile verstorbene Susan Kamil drückte freudig meine Hand und rief: »Wir sind so gespannt auf *Ladyparts!* Willkommen zurück!« Vier Monate später starb sie an Lungenkrebs. Ich hoffe, ich konnte ihrem Enthusiasmus, ihrer Liebe zu Worten und ihrer Erinnerung ein kleines Denkmal setzen. Auch Andy Ward hieß mich herzlich willkommen und lud mich auf einen langen, freundlichen Plausch zu sich ins Büro ein, ganz so, als hätte er alle Zeit der Welt und nicht einen riesigen Verlag zu leiten. Cheyenne Skeete hatte den Terminplan im Blick und hielt uns auf Linie, kümmerte sich um alle Rechte und lachte mit mir (nicht über mich), als wir gemeinsam über die einzelnen persönlichen Attacken, die im Buch abgedruckt werden sollten, nachgrübelten. (»Ja, wirklich, so ein ›fehlender Durchblick‹, sich vergewaltigen zu lassen, ts …«) Ella Laytham kreierte unermüdlich über ein Dutzend verschiedener Coverversionen, und Robbin Schiff, die zufällig auch am Cover von *Shutterbabe* mitgearbeitet hatte, war nicht nur nicht genervt von meinem Input, sie begrüßte ihn sogar ausdrücklich. In dem Moment, als wir alle den jetzigen Entwurf sahen, wussten wir: Ella hatte den Nagel auf den Kopf getroffen. Danke auch an Marlene Glazer für ihre kritische Lektüre und all die Videokonferenzen, egal ob Tag, Nacht oder Wochenende (»Wochenende, was ist das?«), an Liz Carbonell für ihre originellen Randbemerkungen und dafür, dass jedes »i« einen Punkt und jedes »t« einen Querstrich hat, jede Wiederholung und jeder Rechtschreibfehler ausgemerzt wurden. Danke an Cindy Berman, die die Herstellung des Buches unter einer äußerst straffen Deadline beaufsichtigte, weil Trumps Last-Minute-Begnadigung von Kurson uns weitere zwei Wochen gekostet hatte. An Jo Anne Metsch für ihr tolles Design im Inneren des Buches, das auf Anhieb passte, an Thomas Perry, der dieses Projekt leidenschaftlich unterstützte, und an Rachel Rokicki, Barbara Fillon, Ayelet Gruenspecht und Penny Belnap dafür, dass sie dafür sorgen, dass überhaupt jemand dieses Buch wahrnahm: Was die Marketing- und PR-Abteilungen auf die Beine stellen, wird viel zu wenig gesehen. Ich bin ihnen sehr dankbar für ihre Arbeit.

HÄNDE: Viele Hände haben mir während dieser letzten anderthalb Jahre den Rücken gestärkt. Ehrlich gesagt zu viele, um sie hier alle aufzählen zu können, aber ein paar möchte ich doch erwähnen: Adrienne LaFrance gab mir eine Plattform beim *Atlantic* und die Gelegenheit, mit Paul Bisceglio und Julie Beck zu arbeiten, Google-Docs-Magier*innen. Elli Kaplan gab mir erstmals den größten Freiraum meines Erwachsenenlebens: einen Lohn, Sozialleistungen und einen flexiblen Job im Silicon Valley, der in Brooklyn erst mittags begann, sodass ich von zu Hause arbeiten und zwischen Sonnenaufgang und Mittagessen an diesem Buch schreiben konnte. Meine Familie bei *Emily in Paris* gab mir nicht nur über drei Monate hinweg jeden einzelnen Tag Anlass zum Lachen, die Arbeit in diesem Writers' Room war auch (während ich mich durch einige der dunkleren Kapitel in diesem Buch hindurchschlug) ein täglicher Reminder, stets den Humor im Blick zu behalten. Er ist immer da und meistens nicht einmal besonders gut versteckt. Und was meine Freunde und Freundinnen angeht: Ihr wisst, dass ich euch meine. Ihr seid entweder in diesem Buch oder in meinem Handy, wart mit mir auf einem Corona-Spaziergang oder wart ein Lächeln in einem traurigen kleinen Viereck auf meinem Computer. Apropos Zoom-Vierecke: Ein besonderer Gruß geht auch an meine Schreib-Freundinnen überall in Amerika und in Paris raus, außerdem an unsere zwei ehrenamtlichen Schreib-Jungs in ihrem mit hölzernen Deckenbalken versehenen Viereck in Ligurien, die uns jeden Tag ein siebenminütiges Workout aufzwangen und während dieser merkwürdigen Zeit der Trennung und Isolation für ein Gefühl von Gemeinschaft sorgten.

HIPPOCAMPUS: In den paar Jahren, in denen ich eine ordentliche Krankenversicherung hatte, verbrachte ich jede Woche eine Stunde in der Praxis von Dr. Steven Tublin. Ich erzählte ihm Dinge und brauchte seine Kleenex auf. Er lauschte auf Muster und holte mich wieder zurück. Es tut mir leid, dass ich irgendwann kein Geld und keine Versicherung mehr hatte, um diese wöchentlichen Treffen fortsetzen zu können. (Lass uns das regeln, Amerika. Psychische Gesundheit ist keine eigene Kategorie neben genereller Gesundheit. Sie ist nicht nur ein wesentlicher Bestandteil des Immunsystems; je weniger finanzielle Sicherheit ein Mensch hat, desto mehr braucht er sie auch.)

HERZ: Meine Kinder haben mir mehr gegeben, als ich ihnen je geben könnte: Liebe, Leben, Struktur, Freude, Begeisterung und all die anderen kitschigen Dinge dazwischen. Dieser *cri de cœur*, was übersetzt Schrei des Herzens bedeutet, ist für sie. Ich will nicht, dass meine Tochter Jahrzehnte des Sexismus und der Ungleichheit durchleben muss, wie es bei mir und meiner Mutter der Fall war, und ich will nicht, dass meine Söhne in einer Welt aufwachsen, die ihre Schwester als weniger wert betrachtet – weniger eines Einkommens, einer wissenschaftlichen Erforschung und des Respekts würdig als sie. Oder in einer Welt, die ihren Körper als Ware begreift, als Objekt, Babyfabrik oder Faustpfand in Jobverhandlungen. Ich will auch nicht, dass meine Kinder sich zwischen ihrer beruflichen Leidenschaft und einer Krankenversicherung entscheiden müssen. Wenn dieses Buch dabei hilft, ein klein wenig Licht auf unser schändliches Krankenversicherungs-Roulette zu werfen, *dajenu,* so soll es genügen. Ich danke meinen Schwestern Jen, Julie und Laura Copaken: Ihr habt mich durch diese drei Monate der Pleite im Sommer 2014 gebracht, und das werde ich euch nie vergessen. Ich freue mich darauf, euch das Geld mit unbegrenzt vielen Eisbechern zurückzuzahlen. Tante Marilyn? Du hast mich zum Lachen gebracht und dafür gesorgt, dass ich bei Verstand bleibe – die beste Medizin, die ich kenne. Und Mom? Ich hoffe, dieses Buch macht nicht nur deutlich, dass ich dich liebe, sondern auch, dass ich dich sehe, dass ich dich schätze und dass ich weiß, egal wie schlimm es für die Frauen meiner Generation war, für deine Generation war es schlimmer. Danke an meine neue Familie, die Betts, die Perkins und die Danas: Danke, dass ihr mir einen Platz an eurem Herd freigemacht habt. Dessen Wärme ist ein tröstlicher Balsam. Und Will. Mein Gott, Will. Du bist der Ruhepunkt meiner sich drehenden Welt.

Endnoten

Vorwort

1 Laura Mulvey, »Visual Pleasure and Narrative Cinema«, *Screen* 16.3 (1975), S. 6–18, www.sas.upenn.edu/~cavitch/pdf-library/Mulvey_%20Visual%20 Pleasure.pdf (20.02.2024); deutsch: »Visuelle Lust und narratives Kino«, in: Liliane Weissberg (Hrsg.), *Weiblichkeit als Maskerade*, Frankfurt am Main: Fischer, 1994, S. 48–65.

2 Deborah Copaken, »My So-Called ›Post-Feminist‹ Life in Arts and Letters«, *The Nation*, 9. April 2013, www.thenation.com/article/archive/my-so-called-post-feminist-life-arts-and-letters/ (20.02.2024).

2: Lunch mit Nora, Freds

3 Julia Unteregger, »Yes, This Is a Sexist Term and Here Is Why …«, *TEDx Wien*, 6. April 2019; Paula Günther, »Von Männern erfunden: Diagnose Hysterie als Machtmittel gegen das weibliche Geschlecht«, *Qiio Magazin*, 26. April 2023, www.qiio.de/von-maennern-erfunden-diagnose-hysterie-als-machtmittel-gegen-das-weibliche-geschlecht/ (20.02.2024).

4 Laura Kiesel, »Women and pain: Disparities in experience and treatment«, *Harvard Health Publishing*, 9. Oktober 2017, www.health.harvard.edu/blog/women-and-pain-disparities-in-experience-and-treatment-2017100912562 (20.02.2024).

5 »Researcher says women less likely to get painkillers«, *UPI Archives*, 11. März 1989, www.upi.com/Archives/1989/03/11/Researcher-says-women-less-likely-to-get-painkillers/2047605595600/ (20.02.2024).

6 Diane E. Hoffmann, Anita J. Tarzian, »The Girl Who Cried Pain: A Bias Against Women in the Treatment of Pain«, *The Journal of Law, Medicine & Ethics* (2001), https://papers.ssrn.com/sol3/papers.cfm?abstract_id=383803 (20.02.2024).

7 Olivia Goldhill, »Period pain can be ›almost as bad as a heart attack.‹ Why aren't we researching how to treat it?«, *Quartz*, 15. Februar 2016, www.qz.com/

611774/period-pain-can-be-as-bad-as-a-heart-attack-so-why-arent-we-researching-how-to-treat-it/ (20.02.2024).

8   R. Dmitrovic, A. R. Kunselman, R. S. Legro, »Sildenafil citrate in the treatment of pain in primary dysmenorrhea: a randomized controlled trial«, *Human Reproduction* 28.11 (2013), www.academic.oup.com/humrep/article/28/11/2958/628626 (20.02.2024).

9   Caroline Criado Perez, *Invisible Women: Exposing Data Bias in a World Designed for Men*, New York: Abrams, 2019; deutsch: *Unsichtbare Frauen: Wie eine von Daten beherrschte Welt die Hälfte der Bevölkerung ignoriert* übersetzt von Stephanie Singh, München: btb, 2020.

10 Ebd, S. 310.

11 Radhika Sanghani, »Period pain can feel ›as bad as a heart attack‹– so why is it being ignored?«, *The Telegraph*, 6. September 2017, www.telegraph.co.uk/women/life/period-pain-can-feel-bad-heart-attack-ignored/ (20.02.2024).

12 Nora Ephron, »A Few Words About Breasts«, *Esquire*, 19. April 2021 [1. Mai 1972], www.esquire.com/lifestyle/sex/a35927049/nora-ephron-a-few-words-about-breasts-essay/ (20.02.2024).

5: Empathie

13 Tony Attwood, *The Complete Guide to Asperger's Syndrome*, London: Jessica Kingsley Publishers, 2008.

14 Daniel Schöttle, Peer Briken, Oliver Tüscher et al., »Sexuality in autism: hypersexual and paraphilic behavior in women and men with highfunctioning autism spectrum disorder«, *Dialogues in Clinical Neuroscience* 19.4 (2017), S. 381–393, www.ncbi.nlm.nih.gov/pmc/articles/PMC5789215/ (20.02.2024).

15 Ashley Stanford, *Asperger Syndrome and Long-Term Relationships*, London: Jessica Kingsley Publishers, 2014.

6: Fluchten

16 Deborah Copaken, »I am very sad because my heart is bleeding«, *O, The Oprah Magazine*, 15. März 2002, www.deborahcopaken.com/#/essaysjournalism/ (20.02.2024).

17 T. Attwood, *The Complete Guide to Asperger's Syndrome* (siehe Endnote 13).

7: Lunch mit Nora, E.A.T.

18 Malcolm Gladwell, »The Formula«, *The New Yorker*, 9. Oktober 2006, www.newyorker.com/magazine/2006/10/16/the-formula (20.02.2024).

19 Richard Copaken, »Plumbing the Depths«, *Happy Dick is Sick*, 17. August 2008.

20 Deborah Copaken, »La Vie en Rose, the Takeout Version«, *The New York Times*, 15. April 2007, www.nytimes.com/2007/04/15/fashion/15love.html (20.02.2024).

8: Wo ist der Ehemann?

21 Minna Salami, »This is a 3D model of a clitoris—and the start of a sexual revolution«, *The Guardian*, 15. September 2016, www.theguardian.com/commentis free/2016/sep/15/3d-model-clitoris-sexual-revolution-sex-education-womenssexuality (20.02.2024).

22 »Overview – Hysterectomy«, *NHS*, Stand 11. Oktober 2022, www.nhs.uk/conditions/hysterectomy/#:~:text=A%20hysterectomy%20is%20a%20surgical,women%20aged%2040%20to%2050 (20.02.2024).

23 Gillian Harvey, »My Operation in France: Hysterectomy«, *The Connexion*, 21. Februar 2018, www.connexionfrance.com/Practical/Health/My-operation-in-France-Hysterectomy (20.02.2024); »Hysterectomy – Topic Overview«, Alberta Health Services, https://myhealth.alberta.ca/Health/pages/conditions. aspx?hwid=hw212587#:~:text=Most%20often%2C%20a%20hysterectomy%20is,uterus%2C%20cervix%2C%20or%20ovaries (20.02.2024).

24 Kenneth Roberson, »Adult Asperger's and the Cassandra Phenomena«, 19. Juni 2019, www.kennethrobersonphd.com/adult-aspergers-and-the-cassandra-phenomena/ (20.02.2024).

9: Erdrutsch

25 Markham Heid, »How stress affects cancer risk«, *The University of Texas MD Anderson Cancer Center*, Dezember 2014, www.mdanderson.org/publications/focused-on-health/how-stress-affects-cancer-risk.h21-1589046.html (20.02.2024).

26 Valentina-Fineta Chiriac, Adriana Baban, Dan L. Dumitrascu, »Psychological stress and breast cancer incidence: a systematic review«, *Clujul Medical* 91.1 (2018), S. 18–26, www.ncbi.nlm.nih.gov/pmc/articles/PMC5808262/ (20.02.2024).

27 Joan C. Williams, Jessica Manvell, Stephanie Bornstein, »›Opt Out‹ or Pushed Out?: How the Press Covers Work/Family Conflict, The Untold Story of Why Women Leave the Workforce«, *The Center for WorkLife Law, UC Hastings College of the Law*, 2006, https://worklifelaw.org/wp-content/uploads/2016/11/Opt-Out-or-Pushed-Out-report.pdf (20.02.2024).

28 Robert Winston, Rebecca Chicot, »The importance of early bonding on the long-term mental health and resilience of children«, *London Journal of Primary*

Care 8.1 (2016), S. 12–14, www.ncbi.nlm.nih.gov/pmc/articles/PMC5330336/ (20.02.2024).

29   Kate Taylor, »Harlem Schools Are Left to Fail as Those Not Far Away Thrive«, *The New York Times*, 24. Januar 2017, www.nytimes.com/2017/01/24/nyregion/harlem-schools-are-left-to-fail-as-those-not-far-away-thrive.html (20.02.2024).

30   Richard Severo, »Kenneth Clark, Who Fought Segregation, Dies«, *The New York Times*, 2. Mai 2005, www.nytimes.com/2005/05/02/nyregion/kenneth-clark-whofought-segregation-dies.html (20.02.2024).

31   Isabel Wilkerson, *Caste: The Origins of our Discontents*, New York: Random House, 2020; deutsch: *Kaste: Die Ursprünge unseres Unbehagens*, übersetzt von Jan Wilm, München: Kjona 2023.

32   UNICEF, »Talking to your kids about racism: How to start the important conversation and keep it going«, 9. Juni 2020, www.unicef.org/parenting/talking-to-your-kids-about-racism (20.02.2024).

33   Dominic Rushe, »US bosses now earn 312 times the average worker's wage, figures show«, *The Guardian*, 16. August 2018, www.theguardian.com/business/2018/aug/16/ceo-versus-worker-wage-american-companies-pay-gap-study-2018 (21.02.2024).

34   »Income Inequality«, *Inequality.org*, www.inequality.org/facts/income-inequality/ (21.02.2024).

35   Lawrence Mishel, Jori Kandra, »CEO compensation surged 14 % in 2019 to $21.3 million«, *Economic Policy Institute*, 18. August 2020, www.epi.org/publication/ceo-compensation-surged-14-in-2019-to-21-3-million-ceos-now-earn-320-times-as-much-as-a-typical-worker/ (21.02.2024).

36   »Highest Paid CEOs,« *AFL-CIO*, www.aflcio.org/paywatch/highest-paid-ceos (21.02.2024).

37   Dina Gerdeman, »Why Employers Favor Men,« *Harvard Business School Working Knowledge*, 11. September 2017, https://hbswk.hbs.edu/item/why-employers-favor-men (21.02.2024).

38   David Neumark, Ian Burn, Patrick Button, »Is it Harder for Older Workers to Find Jobs? New and Improved Evidence from a Field Experiment«, *National Bureau of Economic Research*, 15. Oktober 2015, überarbeitet im November 2017, www.nber.org/system/files/working_papers/w21669/w21669.pdf (21.02.2024).

10: Chiaroscuro

39   Jan Riordan, Betty Ann Countryman, »Part I: Infant Feeding Patterns Past and Present«, *JOGN Nursing* 9.4 (1980), S. 207, www.sciencedirect.com/science/article/abs/pii/S0090031115303276 (21.02.2024).

40 Alex Borgella, »Science deconstructs humor: What makes some things funny?«, *The Conversation*, 2. November 2016, https://theconversation.com/science-deconstructs-humor-what-makes-some-things-funny-64414 (21.02.2024).

41 Danny Lewis, »Finally There's a Scientific Theory for Why Some Words are Funny: The science behind Dr. Seuss«, *Smithsonian Magazine*, 7. Dezember 2015, www.smithsonianmag.com/smart-news/finally-theres-scientific-theory-why-some-words-are-funny-180957462/ (21.02.2024).

11: Ja, und ...

42 D. Copaken, »My So-Called ›Post-Feminist‹ Life ...« (siehe Endnote 2).

43 Douglas Martin, »Yvonne Brill, a Pioneering Rocket Scientist, Dies at 88«, *The New York Times*, 30. März 2013, www.nytimes.com/2013/03/31/science/space/yvonne-brill-rocket-scientist-dies-at-88.html (21.02.2024).

44 Janet Reitman, »Bang-Bang girl«, *Salon*, 30. Januar 2001, www.salon.com/2001/01/29/shutterbabe/ (21.02.2024); Rebecca Johnson, »Shutterbabe: A photojournalist chronicles love and death around the globe«, *Talk,* Januar 2001; Miriam Peskowitz, *The Truth Behind the Mommy Wars: Who Decides What Makes a Good Mother?*, New York: Seal Press, 2005, S. 24–25.

45 Nick Clark, »Women's Prize for Fiction nominee Deborah Copaken Kogan lifts the lid on sexism in publishing and the arts«, *The Independent*, 12. April 2013, www.independent.co.uk/arts-entertainment/books/news/women-s-prize-for-fiction-nominee-deborah-copaken-kogan-lifts-the-lid-on-sexism-in-publishing-and-the-arts-8570468.html (21.02.2024).

46 Melissa Silverstein, »Heroine of the Day: Deborah Copaken Kogan«, *Women and Hollywood*, 11. April 2013, www.womenandhollywood.com/heroine-of-the-day-deborah-copaken-kogan/ (21.02.2024).

47 Deborah Copaken, »This is what sexism does best: it makes you feel crazy for desiring parity and hopeless about ever achieving it«, *Quote Fancy*, https://quotefancy.com/quote/1788712/Deborah-Copaken-This-is-what-sexism-does-best-it-makes-you-feel-crazy-for-desiring-parity (21.02.2024).

48 Andrew Leonard, »Wikipedia cleans up its mess«, *Salon*, 21. Mai 2013, www.salon.com/2013/05/21/wikipedia_cleans_up_its_mess/ (21.02.2024).

49 Etta Kralovic, John Buell, *The End of Homework: How Homework Disrupts Families, Overburdens Children, and Limits Learning*, Boston: Beacon Press, 2000.

50 Andrew Keshner, »Child-care costs in America have soared to nearly $10K per year«, *MarketWatch*, 8. März 2019, www.marketwatch.com/story/child-care-costs-just-hit-a-new-high-2018-10-22 (21.02.2024).

51 Lynette M. Fraga, »Parents and the High Cost of Child Care: 2017 Report«,

Child Care Aware of America, www.childcareaware.org/wp-content/uploads/2017/12/2017_CCA_High_Cost_Report_FINAL.pdf (21.02.2024).

52 A. Keshner, »Child-care costs in America ...« (siehe Endnote 50).

53 »Report on the Economic Well-Being of U.S. Households in 2018«, *Board of Governors of the Federal Reserve System*, Mai 2019, www.federalreserve.gov/publications/files/2018-report-economic-well-being-us-households-201905.pdf (21.02.2024).

54 Sarah Jones, »Another Person Has Died After Rationing Insulin«, *New York*, 15. Juli 2019, www.nymag.com/intelligencer/2019/07/another-person-has-died-from-rationing-insulin.html (21.02.2024).

55 George W. Merck, »Medicine is for people, not for profits«, *Time*, 18. August 1952, https://content.time.com/time/covers/0,16641,19520818,00.html (21.02.2024).

56 Kenneth C. Frazier, »Executive Compensation«, https://www1.salary.com/Kenneth-C-Frazier-Salary-Bonus-Stock-Options-for-MERCK-and-CO.html (21.02.2024).

57 Jerry Useem, »The Stock-Buyback Swindle«, *The Atlantic*, August 2019, letzte Überarbeitung am 26. Juli 2019, www.theatlantic.com/magazine/archive/2019/08/the-stock-buyback-swindle/592774/ (21.02.2024).

58 William Lazonick, Matt Hopkins, Ken Jacobson, Mustafa Erdem Sakinç, Öner Tulum, »US Pharma's Financialized Business Model«, *Institute for New Economic Thinking*, 13. Juli 2017, www.ineteconomics.org/uploads/papers/WP_60-Lazonick-et-al-US-Pharma-Business-Model.pdf (21.02.2024).

59 J. Useem, »The Stock-Buyback Swindle« (siehe Endnote 57).

60 Riley Griffin, Anders Melin, »Merck Prepares for CEO's Departure With Internal Successor Hunt«, 19. June 2019, www.bloomberg.com/news/articles/2019-06-19/merck-prepares-for-ceo-s-departure-with-internal-successor-hunt (21.02.2024).

61 »Industries«, *Open Secrets*, www.opensecrets.org/federal-lobbying/industries?cycle=a (21.02.2024).

62 »Industry Profile: Pharmaceuticals/Health Products«, *Open Secrets*, www.opensecrets.org/federal-lobbying/industries/summary?cycle=2019&id=h04 (21.02.2024).

63 Rick Claypool, »Pharma's Orders: U.S. Representatives Who Sided With Big Pharma in Medicare Lobbying Fight Received 82 % More Industry Campaign Contributions«, Public Citizen, 11. July 2016, www.citizen.org/wp-content/uploads/pharmas-orders-medicare-part-b-campaign-finance-report-july-2016.pdf (21.02.2024).

64 Kathryn Watson, »GOP congressman: ›Nobody dies because they don't have

access to health care«", *CBS News*, 6. Mai 2017, www.cbsnews.com/news/gop-congressman-nobody-dies-because-they-dont-have-access-to-health-care/ (21.02.2024).

65   Sara Rosenbaum, Timothy M. Westmoreland, »The Supreme Court's Surprising Decision On The Medicaid Expansion: How Will The Federal Government And States Proceed?«, *Health Affairs*, August 2012, www.healthaffairs.org/doi/abs/10.1377/hlthaff.2012.0766 (21.02.2024).

66   Josef Stalin (zugeschrieben), »If only one man dies of hunger, that is a tragedy. If millions die, that's only statistics.«, *The Washington Post*, 20. Januar 1947, www.oxfordreference.com/display/10.1093/acref/9780191826719.001.0001/q-oro-ed4-00010383 (21.02.2024).

67   Rob Delaney, »How to say this simply?...«, *X*, 17. Juli 2019, www.twitter.com/robdelaney/status/1151567475814948866 (21.02.2024).

68   »Treatable and preventable deaths«, Tabelle/Grafik: »Healthcare Access and Quality (HAQ) Index«, *Peterson-KFF Health System Tracker*, www.healthsystemtracker.org/indicator/quality/mortality-amenable-healthcare/#Preventable%20deaths%20per%20100,000%20population,%202000-2020%20(or%20nearest%20year) (21.02.2024).

69   Gerard F. Anderson, Peter Hussey, Varduhi Petrosyan, »It's Still The Prices, Stupid: Why The US Spends So Much On Health Care, And A Tribute To Uwe Reinhardt«, *Health Affairs* 38.1 (2019), www.healthaffairs.org/doi/10.1377/hlthaff.2018.05144 (21.02.2024).

70   »Richest Countries In The World 2020«, *World Population Review*, www.worldpopulationreview.com/country-rankings/richest-countries-in-the-world (21.02.2024).

71   Nicholas Kristof, »At a Clinic Threatened by Trump's Rules, She Asks, ›Why Attack Women?‹«, *The New York Times*, 27. Juli 2019, www.nytimes.com/2019/07/27/opinion/sunday/women-health-trump.html (21.02.2024).

72   Ruth Franklin, *Shirley Jackson: A Rather Haunted Life*, New York: Liveright, 2016.

12: Health Today

73   Peggy Orenstein, »Our Feel-Good War on Breast Cancer«, *The New York Times Magazine*, 25. April 2013, www.nytimes.com/2013/04/28/magazine/our-feel-good-war-on-breast-cancer.html (21.02.2024).

74   Matthew Desmond, »In order to understand the brutality of American capitalism, you have to start on the plantation«, *The New York Times Magazine*, 14. August 2019, www.nytimes.com/interactive/2019/08/14/magazine/slavery-capitalism.html (21.02.2024).

75 Erik Olin Wright, Joel Rogers, *American Society: How It Really Works*, New York: W. W. Norton, 2011.

76 OECD, »Compare your Country. Employment Protection Legislation«, www.compareyourcountry.org/employment-protection-legislation (21.02.2024).

77 Niels van de Ven, Maartje H. J. Meijs, Ad Vingerhoets, »What emotional tears convey: Tearful individuals are seen as warmer, but also as less competent«, *British Journal of Social Psychology* 56.1 (2017), S. 146–160, https://bpspsychub.onlinelibrary.wiley.com/doi/10.1111/bjso.12162 (21.02.2024).

13: In flagranti

78 Jennifer Booton, »Dating app Tinder set to explode to $1 billion«, *Market-Watch*, 5. September 2014, www.marketwatch.com/story/tinder-valuation-to-explode-to-1-billion-2014-09-04 (21.02.2024).

79 Valerie C. Robinson, »Support for the hypothesis that sexual breast stimulation is an ancestral practice and a key to understanding women's health«, *Medical Hypotheses* 85.6 (2015), S. 976–985, www.pubmed.ncbi.nlm.nih.gov/26386486 (21.02.2024).

80 Ebd.

14: Sie haben das große Los gezogen!

81 Zu Informationen in Fußnote: Studie von 1994: P. Cassoni, A. Sapino, F. Negro, G. Bussolati, »Oxytocin inhibits proliferation of human breast cancer cell lines«, *Virchows Archiv* 425.5 (1994), S. 467–472, https://pubmed.ncbi.nlm.nih.gov/7850070/ (21.02.2024); Artikel von 2020: Huiping Liu, Christian W. Gruber, Paul F. Alewood et al., »The oxytocin receptor signalling system and breast cancer: a critical review«, *Oncogene* 39 (2020), S. 5917–5932, www.nature.com/articles/s41388-020-01415-8 (21.02.2024).

15: Inwood

82 »Premature ventricular contractions (PVCs)«, *Mayo Clinic*, www.mayoclinic.org/diseases-conditions/premature-ventricular-contractions/symptoms-causes/syc-20376757 (21.02.2024).

83 Matthew Haag, »It's Manhattan's Last Affordable Neighborhood. But for How Long?«, *The New York Times*, 27. September 2019, www.nytimes.com/2019/09/27/nyregion/inwood-manhattan-affordable-housing.html (21.02.2024).

84 Jessica Bennett, »I Am (an Older) Woman. Hear Me Roar«, *The New York Times*, 8. Januar 2019, www.nytimes.com/2019/01/08/style/women-age-glenn-close.html (21.02.2024).

85 Irene Zisblatt, *The Fifth Diamond*, Reading: Ithaca Press, 2008.

16: Geld

86 Rupert Neate, »Billionaires' wealth rises to $10.2 trillion amid Covid crisis«, *The Guardian*, 6. Oktober 2020, www.theguardian.com/business/2020/oct/07/covid-19-crisis-boosts-the-fortunes-of-worlds-billionaires (21.02.2024).

87 Ebd.

88 Jeff Bezos, »2019 Letter to Shareholders«, *About Amazon*, 16. April 2020, www.aboutamazon.com/news/company-news/2019-letter-to-shareholders (21.02.2024).

89 United States Government Accountability Office, »Retirement Security: Women Still Face Challenges«, GAO-12-699, Report to the Chairman, Special Committee on Aging, U.S. Senate, Juli 2012, www.aging.senate.gov/imo/media/doc/hr250gao.pdf (21.02.2024).

90 Deborah Copaken, »The Last Time She Saw Paris: In her twenties, she was an intrepid war photographer. Now Deborah Copaken Kogan's memoir, *Shutterbabe*, is being made into a movie by *Sex and the City*'s Darren Star. So she went to France to walk him through her snappy past ...«, *O, The Oprah Magazine*, August 2002.

91 »An Overview of America's Working Poor«, *PolicyLink*, www.policylink.org/data-in-action/overview-america-working-poor (21.02.2024).

17: Am Ruhepunkt der sich drehenden Welt

92 T. S. Eliot, »Burnt Norton«, in: ders.: *Collected Poems, 1909–1962*. New York: Harcourt, 1991. Deutsche Übersetzung des Zitats von Sophie Zeitz.

93 Debra Umberson, Jennifer Karas Montez, »Social Relationships and Health: A Flashpoint for Health Policy«, *Journal of Health and Social Behavior* 51 (Suppl) (2010), S. S54–S66, www.ncbi.nlm.nih.gov/pmc/articles/PMC3150158/ (21.02.2024).

94 Ebd.

95 Kristin Tice Studeman, »Hinge, a Dating App, Introduces Friends of Friends«, *The New York Times*, 28. März 2014, www.nytimes.com/2014/03/30/fashion/hinge-a-dating-app-introduces-friends-of-friends.html (21.02.2024).

96 Alison Herman, »Kara Walker Knew People Would Take Dumb Selfies With ›A Subtlety‹, and That Shouldn't Surprise Us«, *Flavorwire*, 14. Oktober 2014, www.flavorwire.com/482585/kara-walker-knew-people-would-take-dumb-selfies-with-a-subtlety-and-that-shouldnt-surprise-us (21.02.2024).

18: Fehlender Durchblick

97 Deborah Copaken, »Harvard Grad, 48, Loses Job And Insurance, Gets Rejected By Container Store«, *Forbes*, 4. November 2014, www.forbes.com/sites/

nextavenue/2014/11/04/harvard-grad-48-loses-job-and-insurance-gets-rejected-by-container-store/?sh=10ffe0c4132a (21.02.2024).

98 Nicole Duignan, »Good enough for an Emmy, but not The Container Store«, *Yahoo! Finance*, 7. November 2014, https://finance.yahoo.com/news/bestselling-author--rejected--by-the-container-store-201526323.html (21.02.2024).

99 »Living Wage Calculation for New York-Newark-Jersey City, NY«, Massachusetts Institute of Technology, https://livingwage.mit.edu/metros/35620 (21.02.2024).

100 KJ Dell'Antonia, »Writer, Rejected for a Retail Job, Is Embraced and Vilified on Facebook«, *The New York Times*, 3. November 2014, https://archive.nytimes.com/parenting.blogs.nytimes.com/2014/11/03/writer-rejected-for-a-retail-job-is-embraced-and-vilified-on-facebook/ (21.02.2024).

101 J. Reitman, »Bang-bang girl« (siehe Endnote 44).

102 R. Johnson, »Shutterbabe...« (siehe Endnote 44); Deborah Solomon, »Shooting star«, *Women's Review of Books*, April 2001.

103 Kate Manne, *Down Girl: The Logic of Misogyny*, Oxford: Oxford University Press, 2017; deutsch: *Down Girl: Die Logik der Misogynie*, übersetzt von Ulrike Bischoff, Frankfurt am Main: suhrkamp, 2019.

104 KJ Dell'Antonia, »Writer, Rejected ...« (siehe Endnote 100).

105 Ayelet Waldman, »Truly, Madly, Guiltily«, *The New York Times*, 27. März 2005, www.nytimes.com/2005/03/27/fashion/truly-madly-guiltily.html (21.02.2024).

106 Kieran Snyder, »The abrasiveness trap: High-achieving men and women are described differently in reviews«, *Fortune*, 26. August 2014, www.fortune.com/2014/08/26/performance-review-gender-bias/ (21.02.2024).

107 Emily Khazan, Jesse Brooks Borden, Steve Johnson, Laura Greenshaw, »Examining Gender Bias in Student Evaluations of Teaching for Graduate Teaching Assistants«, *North American Colleges and Teachers of Agriculture Journal* 64 (2019–2020), S. 430–435, www.researchgate.net/publication/345178456_Examining_Gender_Bias_in_Student_Evaluations_of_Teaching_for_Graduate_Teaching_Assistants (21.02.2024).

19: Unerwidert

108 Lisa A. Phillips, *Unrequited: Women and Romantic Obsession*, New York: HarperCollins, 2015.

109 Deborah Copaken, »Book review: ›Unrequited: Women and Romantic Obsession‹, by Lisa A. Phillips«, *The Washington Post*, 6. Februar 2015, www.washingtonpost.com/opinions/book-review-unrequited-women-and-romantic-obsession-by-lisa-a-phillips/2015/02/05/2294c112-8091-11e4-81fd-8c4814dfa9d7_story.html (21.02.2024).

20: Die Kirche der verirrten Herzen

110 Deborah Copaken, »After the Divorce: Returning to Paris, the Place We Fell In Love«, *Glamour*, 30. November 2015, www.glamour.com/story/divorce-trip (21.02.2024).

111 Rebecca Solnit, *Men Explain Things to Me*, Chicago: Haymarket Books, 2014; deutsch: *Wenn Männer mir die Welt erklären*, übersetzt von Kathrin Razum und Bettina Münch, Hamburg: Hoffmann und Campe, 2015.

21: Lunch mit Ken Kurson

112 Clyde W. Summers, »Employment At Will in the United States: The Divine Right of Employers«, *University of Pennsylvania Journal of Business Law* 3.1 (2000), S. 65–86, https://scholarship.law.upenn.edu/cgi/viewcontent.cgi?refe rer=&httpsredir=1&article=1065&context=jbl (21.02.2024).

113 Ebd.

114 Amanda Palmer, »The art of asking«, *TED*, Februar 2013, www.ted.com/talks/ amanda_palmer_the_art_of_asking (21.02.2024).

22: Ein indirektes Tinder-Date

115 Deborah Copaken, »How to Write an Anti-Feminist Profile in Six Easy Steps«, *Medium*, 23. Februar 2016, www.medium.com/athena-talks/how-to-write-an-anti-feminist-profile-in-six-easy-steps-14ca9b885f39 (21.02.2024).

116 Elizabeth A. Armstrong, Laura T. Hamilton, Elizabeth M. Armstrong, J. Lotus Seeley, »›Good Girls‹: Gender, Social Class, and Slut Discourse on Campus«, *Social Psychology Quarterly* 77.2 (2014), S. 100–122, www.asanet.org/ sites/default/files/savvy/journals/SPQ/Jun14SPQFeature.pdf?hc_location=ufi (21.02.2024).

117 Ebd.

118 »The ›Loneliness Epidemic‹«, *Health Resources & Services Administration*, letzte Überarbeitung im Januar 2019.

119 Ebd.

120 Sarvada Chandra Tiwari, »Loneliness: A disease?«, *Indian Journal of Psychiatry* 55.4 (2013), S. 320–322, www.ncbi.nlm.nih.gov/pmc/articles/PMC3890922/ (21.02.2024).

23: Durkheim

121 Michelle Singletary, »Consumer agency's $25 million settlement with Freedom Debt Relief shows the risks of such programs«, *The Washington Post*, 12. Juli 2019, www.washingtonpost.com/business/get-there/consumer-agency-

reaches-25-million-settlement-with-freedom-debt-relief/2019/07/11/
cce920a4-a3f0-11e9-b8c8-75dae2607e60_story.html (21.02.2024).

122   Deborah Copaken, »The Best Part of Middle Age: Letting Go of Shame«, *Observer*, 16. Juli 2015, www.observer.com/2015/07/the-best-part-of-middle-age-letting-go-of-shame/ (21.02.2024).

123   Deborah Copaken, »Uncharted Territory: A Mother of Three Navigates the World of the Newly Single«, *Observer*, 18. September 2015, www.observer.com/2015/09/uncharted-territory-a-mother-of-three-navigates-the-world-of-the-newly-single/ (21.02.2024).

24: Public Relations

124   Deborah Copaken, »La Vie En Rose, the Takeout Version«, *The New York Times*, 15. April 2007, www.nytimes.com/2007/04/15/fashion/15love.html (21.02.2024).

125   Deborah Copaken, »When Cupid Is a Prying Journalist«, *The New York Times*, 26. November 2015, www.nytimes.com/2015/11/29/style/modern-love-when-cupid-is-a-prying-journalist.html (21.02.2024).

126   Anne G. Wheaton, Yong Liu, Janet B. Croft et al., »Chronic Obstructive Pulmonary Disease and Smoking Status – United States, 2017«, *Morbidity and Mortality Weekly Report*, 21. Juni 2019, www.cdc.gov/mmwr/volumes/68/wr/mm6824a1.htm (21.02.2024).

25: Private Relations

127   Elizabeth F. Emens, »Changing Name Changing: Framing Rules and the Future of Marital Names«, *University of Chicago Law Review* 74.3 (2007), S. 761–863, https://chicagounbound.uchicago.edu/uclrev/vol74/iss3/1/ (21.02.2024).

128   Deborah Copaken, »All the Young Dudes«, *Observer*, 2. Juni 2016, www.observer.com/2016/06/all-the-young-dudes/ (21.02.2024).

26: Wiedereinstieg

129   Sylvia Ann Hewlett, Carolyn Buck Luce, »Off-Ramps and On-Ramps: Keeping Talented Women on the Road to Success«, *Harvard Business Review*, März 2005, www.hbr.org/2005/03/off-ramps-and-on-ramps-keeping-talented-women-on-the-road-to-success (21.02.2024).

130   Ebd.

27: Younger

131   Ann Bauer, »›Sponsored‹ by my husband: Why it's a problem that writers never talk about where their money comes from«, *Salon*, 25. Januar 2015, www.

salon.com/control/2015/01/25/sponsored_by_my_husband_why_its_a_
problem_that_writers_never_talk_about_where_their_money_comes_from/
(21.02.2024).

28: ENFP

132 Robert Hogan, *Personality and the Fate of Organizations*, New York: Psychology Press, 2015.

133 Annie Murphy Paul, *The Cult of Personality Testing: How Personality Tests Are Leading Us to Miseducate Our Children, Mismanage Our Companies, and Misunderstand Ourselves*, New York: Free Press, 2005.

134 Wendy Lee, »Former Facebook employee sues, says he faced age discrimination«, *San Francisco Chronicle*, 23. September 2017, www.sfchronicle.com/business/article/Former-Facebook-employee-sues-claims-he-faced-12222267.php (21.02.2024).

135 Steven Kotler, »Is Silicon Valley Ageist Or Just Smart?«, *Forbes*, 14. Februar 2015, www.forbes.com/sites/stevenkotler/2015/02/14/is-silicon-valley-ageist-or-just-smart/ (21.02.2024).

136 Meg Halverson, »360 Reviews Often Lead to Cruel, Not Constructive, Criticism«, *The New York Times*, 26. Februar 2016, www.nytimes.com/2016/02/28/jobs/360-reviews-often-lead-to-cruel-not-constructive-criticism.html (21.02.2024).

137 Marcus Buckingham, »The Fatal Flaw with 360 Surveys«, *Harvard Business Review*, 17. Oktober 2011, www.hbr.org/2011/10/the-fatal-flaw-with-360-survey (21.02.2024).

30: Blutiger Muttertag

138 »30 E 85th St #PH30A, New York, NY 10028,« Zillow, www.zillow.com/homedetails/30-E-85th-St-PH30A-New-York-NY-10028/20826 39466_zpid/ (21.02.2024).

139 »Should I get the HPV vaccine?«, *Planned Parenthood*, www.plannedparenthood.org/learn/stds-hiv-safer-sex/hpv/should-i-get-hpv-vaccine#:~:text=The%20HPV%20vaccine%20works%20best,to%20get%20the%20HPV%20vaccine (21.02.2024).

31: Krankenhäuser sind nicht mein Fall

140 Anne Case, Sir Angus Deaton, »Mortality and morbidity in the 21st century«, *Brookings Papers on Economic Activity*, Frühling 2017, S. 397–476, www.ncbi.nlm.nih.gov/pmc/articles/PMC5640267/ (21.02.2024).

141 Anne Case, Sir Angus Deaton, »Rising morbidity and mortality in midlife

among white non-Hispanic Americans in the 21st century«, *PNAS* 112.49 (2015), S. 15078–15083, www.pnas.org/doi/pdf/10.1073/pnas.1518393112 (21.02.2024).

142 Jean Endicott, »History, evolution, and diagnosis of premenstrual dysphoric disorder«, *The Journal of Clinical Psychiatry* 61 (Suppl) (2000), www.pubmed. ncbi.nlm.nih.gov/11041378/ (21.02.2024).

32: Mein Tag vor Gericht (Mein Nachmittag im Krankenhaus)

143 Deborah Copaken, »The DIY Divorce: How I got divorced without hiring a lawyer«, *The Atlantic*, 12. Februar 2019, www.theatlantic.com/family/archive/2019/02/how-i-got-divorced-without-hiring-lawyer/582508/ (21.02.2024).

144 Leanne Lester, Jacinth Watson, Stacey Waters, Donna Cross, »The Association of Fly-in Fly-out Employment, Family Connectedness, Parental Presence and Adolescent Wellbeing«, *Journal of Child and Family Studies* 25.12 (2016), S. 3619–3626, https://ro.ecu.edu.au/ecuworkspost2013/2625/ (21.02.2024); Suniya S. Luthar, Shawn J. Latendresse,»Comparable ›risks‹ at the socioeconomic status extremes: Preadolescents' perceptions of parenting«, *Development and Psychopathology* 17.1 (2005), S. 207–230, www.ncbi.nlm.nih.gov/pmc/articles/PMC4373649/ (21.02.2024); Lisa Damour, »What Do Teenagers Want? Potted Plant Parents«, *The New York Times*, 14. Dezember 2016, www. nytimes.com/2016/12/14/well/family/what-do-teenagers-want-potted-plant-parents.html (21.02.2024).

145 National Committee on Pay Equity, »The Wage Gap Over Time: In Real Dollars, Women See a Continuing Gap«, www.pay-equity.org/info-time.html (21.02.2024).

33: Kopf leer

146 Deborah Copaken, »How One Woman Found Healing in the Himalayas«, Oprah.com, 29. November 2017, www.oprah.com/inspiration/deborah-copaken-how-one-woman-found-healing-in-the-himalayas (21.02.2024); Deborah Copaken, »I fled to Nepal to heal after a near-death experience, and found it to be surprisingly spiritual«, *Business Insider*, 13. März 2018, www.insider.com/spiritual-healing-trip-to-kathmandu-nepal-2018-3 (21.02.2024).

147 Peter Schumer, »When did humans first learn to count?«, *The Conversation*, 5. Juni 2018, www.theconversation.com/when-did-humans-first-learn-to-count-97511 (21.02.2024).

148 Jodi Kantor and Megan Twohey, »Harvey Weinstein Paid Off Sexual Harassment Accusers for Decades«, *The New York Times*, 5. Oktober 2017, www. nytimes.com/2017/10/05/us/harvey-weinstein-harassment-allegations.html (21.02.2024).

149 Myung Ji Kim, Seongmin Kim, Hyo Sook Bae et al., »Evaluation of risk factors of vaginal cuff dehiscence after hysterectomy«, *Obstetrics & Gynecology Science* 57.2 (2014), S. 136–143, www.ncbi.nlm.nih.gov/pmc/articles/PMC3965697/ (21.02.2024).

150 Yacine Ben Safta, Montassar Ghalleb, Aymen Baccari et al., »Vaginal cuff dehiscence and evisceration 11 years after a radical hysterectomy: A case report«, *International Journal of Surgery Case Reports* 41 (2017), S. 234–237, www.ncbi.nlm.nih.gov/pmc/articles/PMC5686219/pdf/main.pdf (21.02.2024).

151 M. J. Kim, S. Kim, H. S. Bae et al., »Evaluation of risk factors ...« (siehe Endnote 149).

152 »Hysterectomy«, *National Women's Health Network*, letzte Überarbeitung am 11. November 2022, www.nwhn.org/hysterectomy/ (21.02.2024).

153 »Sexual dysfunction after prostate surgery is more common than previously reported, says Hutchinson Center study«, *Fred Hutch Cancer Center*, 18. Januar 2000, www.fredhutch.org/en/news/releases/2000/01/JAMAprostatectomy.html (21.02.2024).

154 Beth Cronin, Vivian W. Sung, Kristen A. Matteson, »Vaginal cuff dehiscence: risk factors and management«, *American Journal of Obstetrics & Gynecology* 206.4 (2012), S. 284–288, www.ajog.org/article/S0002-9378(11)01077-5/pdf (21.02.2024).

155 Rita Charon, »Narrative Medicine: A Model for Empathy, Reflection, Profession, and Trust«, *Journal of the American Medical Association* 286.15 (2001), S. 1897–1902, www.jamanetwork.com/journals/jama/fullarticle/194300 (21.02.2024).

156 Tamara L. Goldsby, Michael E. Goldsby, Mary McWalters et al., »Effects of Singing Bowl Sound Meditation on Mood, Tension, and Well-being: An Observational Study«, *Journal of Evidence-Based Complementary & Alternative Medicine* 22.3 (2016), S. 401–406, www.ncbi.nlm.nih.gov/pmc/articles/PMC5871151/pdf/10.1177_2156587216668109.pdf (21.02.2024).

157 Ted Kaptchuk, »Placebo studies and ritual theory: a comparative analysis of Navajo, acupuncture and biomedical healing,« *Philosophical transactions of the Royal Society of London* 366.1527 (2011), S. 1849–1858, www.ncbi.nlm.nih.gov/pmc/articles/PMC3130398/ (21.02.2024).

34: #MeToo

158 Deborah Copaken, »How to Lose Your Job From Sexual Harassment in 33 Easy Steps«, *The Atlantic*, 9. März 2018, www.theatlantic.com/entertainment/archive/2018/03/how-to-lose-your-job-from-sexual-harassment-in-33-easy-steps/555197/ (21.02.2024).

159 Jesse Drucker, »Kremlin Cash Behind Billionaire's Twitter and Facebook Investments«, *The New York Times,* 5. November 2017, www.nytimes.com/2017/11/05/world/yuri-milner-facebook-twitter-russia.html (21.02.2024).

160 Jon Swaine, »Company part-owned by Jared Kushner got $90 m from unknown offshore investors since 2017«, *The Guardian*, 10. Juni 2019, www.theguardian.com/us-news/2019/jun/10/jared-kushner-real-estate-cadre-goldman-sachs (21.02.2024).

161 Keith J. Kelly, »Ex-Observer editor joked about my breasts: writer«, *New York Post*, 12. März 2018, www.nypost.com/2018/03/12/ex-observer-editor-joked-about-my-breasts-writer/ (21.02.2024).

162 Keith J. Kelly, »Observer fashion editor denies knowing about freelancer's sex harassment claims«, *New York Post*, 13. März 2018, www.nypost.com/2018/03/13/observer-editor-denies-knowing-about-freelancers-sex-harassment-claims/ (21.02.2024).

163 Jesse Drucker, »The Trump Administration Considers an Old Friend: Ken Kurson«, *The New York Times*, 11. Mai 2018, www.nytimes.com/2018/05/11/business/media/ken-kurson-trump-administration.html (21.02.2024).

164 Jesse Drucker, Emily Steel, Danny Hakim, »A Kushner Ally Was Up for a Federal Post. Then the F.B.I. Began Digging«, *The New York Times*, 26. Juli 2018, www.nytimes.com/2018/07/26/business/ken-kurson-jared-kushner.html (21.02.2024).

35: Geistige Gesundheit

165 Tiia Ngandu, Jenni Lehtisalo, Alina Solomon et al., »A 2 year multidomain intervention of diet, exercise, cognitive training, and vascular risk monitoring versus control to prevent cognitive decline in at-risk elderly people (FINGER): a randomised controlled trial«, *The Lancet* 385.9984 (2005), S. 2255–2263, www.thelancet.com/journals/lancet/article/PIIS0140-6736(15)60461-5/fulltext (21.02.2024).

166 D. Copaken, »The DIY Divorce …« (siehe Endnote 143).

167 »Surprising divorce costs from around the world revealed«, *Love Money*, 14. Januar 2019, www.lovemoney.com/gallerylist/80925/surprising-divorce-costs-from-around-the-world-revealed (21.02.2024).

168 Deborah Copaken, »Exploring the Link Between Menopause and Alzheimer's«, *Medium*, 30. Mai 2019, www.medium.com/neurotrack/menopause-and-alzheimers-1c455f29fe16 (21.02.2024).

169 Maria Shriver, »Neuroscientist studies possible link between Alzheimer's and menopause«, *Today*, 1. November 2019, www.today.com/video/neuroscientist-studies-possible-link-between-alzheimer-s-and-menopause-72570437699 (21.02.2024).

170 James H. Clark, »A critique of Women's Health Initiative Studies (2002–2006)«, *NURSA – Nuclear Receptor Signaling* 4 (2006), www.ncbi.nlm.nih.gov/pmc/articles/PMC1630688/pdf/nrs04023000.pdf (21.02.2024).

171 Garnet L. Anderson, Rowan T. Chlebowski, Aaron K. Aragaki et al., »Conjugated equine oestrogen and breast cancer incidence and mortality in postmenopausal women with hysterectomy: extended follow-up of the Women's Health Initiative randomised placebo-controlled trial«, *The Lancet* 13.5 (2012), S. 476–486, www.thelancet.com/journals/lanonc/article/PIIS1470-2045(12)70075-X/fulltext (21.02.2024).

172 Jennifer Wolff, »What Doctors Don't Know About Menopause«, *AARP*, 20. Juli 2018, www.aarp.org/health/conditions-treatments/info-2018/menopause-symptoms-doctors-relief-treatment.html (21.02.2024).

173 Rachel S. Rubin, »Ok Urologists…«, *X*, 3. Mai 2019, www.twitter.com/rachelsrubin1/status/1124324324251459585?s=20 (21.02.2024).

36: Hat jemand was gesagt?

174 Florence Hartley, *The Ladies' Book of Etiquette, and Manual of Politeness: A Complete Hand Book for the Use of the Lady in Polite Society*, Boston: G.W. Cottrell, 1860, Kapitel XVI, www.gutenberg.org/files/35123/35123-h/35123-h.htm#CHPTR_XVI (21.02.2024).

175 Deborah Copaken, »The Letter I Wrote My Rapist«, *Substack*, 18. September 2018, www.deborahcopaken.com/substack (21.02.2024).

176 Deborah Copaken, »My Rapist Apologized«, *The Atlantic*, 21. September 2018, www.theatlantic.com/ideas/archive/2018/09/copaken-kavanaugh/571042/ (21.02.2024).

177 Katherine Schwarzenegger Pratt, *The Gift of Forgiveness: Inspiring Stories from Those Who Have Overcome the Unforgivable*, New York: Pamela Dorman Books, 2020.

37: Wünsch dir was

178 Yascha Mounk, »Cancel Everything«, *The Atlantic*, 10. März 2020, www.theatlantic.com/ideas/archive/2020/03/coronavirus-cancel-everything/607675/ (21.02.2024).

179 Rina Marie Doctor, »Women Love High Heels But It Causes Morton's Neuroma And That's Not Wow: What To Know«, *Tech Times*, 22. Juni 2015, www.techtimes.com/articles/62389/20150622/women-love-high-heels-but-it-causes-mortons-neuroma-and-thats-not-wow-what-to-know.htm (21.02.2024).

180 Alexis Soloski, »Darren Star Finds Sex in Another City With ›Emily in Paris‹: What do women want? Star, who created ›Sex and the City‹ and

›Younger,‹ seems to know«, *The New York Times*, 2. Oktober 2020, www.nytimes.com/2020/10/02/arts/television/darren-star-emily-in-paris.html (21.02.2024).

181 Molly Redden, »Peter Jackson: I blacklisted Ashley Judd and Mira Sorvino under pressure from Weinstein«, *The Guardian*, 16. Dezember 2017, www.theguardian.com/film/2017/dec/15/peter-jackson-harvey-weinstein-ashley-judd-mira-sorvino (21.02.2024).

182 Deborah Copaken, »Finding a Way Through an Unspeakable Loss«, *The Atlantic*, 28. Dezember 2018, www.theatlantic.com/family/archive/2018/12/finding-way-through-unspeakable-loss/579130/ (21.02.2024).

183 Zu Informationen in Fußnote: »Most Women Receive Inappropriate Treatment for Urinary Tract Infections«, *The Society for Healthcare Epidemiology of America*, 24. Februar 2021, https://shea-online.org/most-women-receive-inappropriate-treatment-for-urinary-tract-infections/ (21.02.2024).

184 Derek Watkins, Josh Holder, James Glanz et al., »How the Virus Won«, *The New York Times*, 24. Juni 2020, www.nytimes.com/interactive/2020/us/coronavirus-spread.html (21.02.2024).

185 Deborah Copaken, »What Menopause Does to Women's Brains«, *The Atlantic*, 8. November 2019, www.theatlantic.com/health/archive/2019/11/menopause-alzheimers/601642/ (21.02.2024).

186 »Headaches and hormones: What's the connection?«, *Mayo Clinic*, www.mayoclinic.org/diseases-conditions/chronic-daily-headaches/in-depth/headaches/art-20046729 (21.02.2024).

187 Ashley Fetters, »The Doctor Doesn't Listen to Her. But the Media Is Starting To«, *The Atlantic*, 10. August 2018, www.theatlantic.com/family/archive/2018/08/womens-health-care-gaslighting/567149/ (21.02.2024).

188 »Are the new migraine medications working?« *Harvard Health Publishing*, 1. Oktober 2019, www.health.harvard.edu/diseases-and-conditions/are-the-new-migraine-medications-working (21.02.2024).

189 »Migraine is an extraordinarily prevalent neurological disease, affecting 39 million men, women and children in the U.S. and 1 billion worldwide«, Migraine Research Foundation, www.migraineresearchfoundation.org/about-migraine/migraine-facts/ (21.02.2024).

190 Nu Cindy Chai, B. Lee Peterlin, Anne H. Calhoun, »Migraine and estrogen«, *Current Opinion in Neurology* 27.3 (2014), S. 315–324, www.ncbi.nlm.nih.gov/pmc/articles/PMC4102139/ (21.02.2024).

191 Neil Sherman, »Women See Doctors More than Men«, *HealthDay*, 27. Juli 2001, www.healthday.com/health-news/public-health/women-see-doctors-more-than-men-400589.html (21.02.2024).

192 Jeffrey A. Singer, »Women Should Not Have to Visit a Doctor for Birth Control«, *Time*, 14. Januar 2016, www.time.com/4180612/birth-control-prescriptions/ (21.02.2024); »Global Oral Contraceptive Availability«, The Oral Contraceptives (OCs) Over-the-Counter (OTC) Working Group, www.ocsotc.org/world-map (21.02.2024).

193 Raisa O Platte, »Urinary Tract Infections in Pregnancy Questions & Answers«, *Medscape*, letzte Überarbeitung am 13. Juli 2023, www.medscape.com/answers/452604-54622/why-are-urinary-tract-infections-utis-more-common-in-women-than-in-men (21.02.2024).

194 Deborah Copaken, »My Whole Household Has COVID-19«, *The Atlantic*, 27. März 2020, www.theatlantic.com/family/archive/2020/03/my-whole-household-has-covid-19/608902/ (21.02.2024).

195 Deborah Copaken, »How Are Parents Supposed to Deal With ›Joint Custody Right Now?«, *The Atlantic*, 8. April 2020, www.theatlantic.com/family/archive/2020/04/navigating-joint-custody-under-coronavirus-quarantine/609676/ (21.02.2024).

196 Deborah Copaken, »On Top of Everything Else, My Dog Died«, *The Atlantic*, 22. April 2020, www.theatlantic.com/family/archive/2020/04/when-your-dog-dies-during-pandemic/610339/ (21.02.2024).

197 Deborah Copaken, »I Got Fired Over Zoom«, 12. Mai 2020, www.theatlantic.com/business/archive/2020/05/fired-zoom-layoffs-coronavirus/611509/ (21.02.2024).

38: Der Preis von Sauerstoff

198 Michael Sainato, »›They set us up‹: US police arrested over 10,000 protesters, many non-violent«, *The Guardian*, 8. Juni 2020, www.theguardian.com/us-news/2020/jun/08/george-floyd-killing-police-arrest-non-violent-protesters (21.02.2024).

39: Feuerwerk reloaded

199 Philip Rucker, »Trump says Fox's Megyn Kelly had ›blood coming out of her wherever‹«, *The Washington Post*, 8. August 2015, www.washingtonpost.com/news/post-politics/wp/2015/08/07/trump-says-foxs-megyn-kelly-had-blood-coming-out-of-her-wherever/ (21.02.2024).

200 F. Hartley, *The Ladies' Book of Etiquette*... (siehe Endnote 174), Kapitel I, www.gutenberg.org/files/35123/35123-h/35123-h.htm#CHPTR_I (21.02.2024).

201 Nicole Hong, Jesse Drucker, »Trump Family Ally Is Arrested on Cyberstalking Charge«, *The New York Times*, 23. Oktober 2020, www.nytimes.com/2020/10/23/nyregion/ken-kurson-arrest-cyberstalking.html (21.02.2024).

Das Motto auf S. 7 (»Ihre Seelen wollten sie retten …«) stammt mit
freundlicher Abdruckgenehmigung aus: Upton Sinclair:
Der Dschungel. Roman. Aus dem Englischen von Ingeborg Gronke.
Zürich: Unionsverlag, 2013, S. 264.
© 2013 by Europa Verlag AG, Zürich
© by Unionsverlag 2014

MIX
Papier | Fördert
gute Waldnutzung
FSC
www.fsc.org
FSC® C014496

Penguin Random House Verlagsgruppe FSC® N001967

1. Auflage
Deutsche Erstausgabe Juli 2024
Copyright der Originalausgabe © 2021 by Deborah Copaken
Copyright der deutschsprachigen Ausgabe © 2024 by btb Verlag
in der Penguin Random House Verlagsgruppe GmbH,
Neumarkter Str. 28, 81673 München
This translation published by arrangement with Random House,
an imprint and division of Penguin Random House LLC
Covergestaltung: semper smile, München, nach einem Entwurf
und unter Verwendung einer Illustration von Ella Laytham
und unter Verwendung eines Motivs von: © Getty Images/Harry Adam
Satz: Uhl + Massopust, Aalen
Druck und Einband: GGP Media GmbH, Pößneck
AB · Herstellung: sc
Printed in Germany
ISBN 978-3-442-77254-4

www.btb-verlag.de
www.facebook.com/penguinbuecher

Caroline Criado-Perez

Unsichtbare Frauen

Wie eine von Daten beherrschte Welt
die Hälfte der Bevölkerung ignoriert

496 Seiten, ISBN 978-3-442-71887-0
Aus dem Englischen von Stephanie Singh

Ein kraftvolles und provokantes Plädoyer für Veränderung!

Unsere Welt ist von Männern für Männer gemacht und tendiert
dazu, die Hälfte der Bevölkerung zu ignorieren. Caroline
Criado-Perez erklärt, wie dieses System funktioniert. Sie legt
die geschlechtsspezifischen Unterschiede bei der Erhebung
wissenschaftlicher Daten offen. Die so entstandene Wissenslücke
liegt der kontinuierlichen und systematischen Diskriminierung
von Frauen zugrunde und erzeugt eine unsichtbare Verzerrung,
die sich stark auf das Leben von Frauen auswirkt. Kraftvoll und
provokant plädiert Criado-Perez für einen Wandel dieses Systems
und lässt uns die Welt mit neuen Augen sehen.

»Dieses Buch ist ein Wendepunkt.«
Süddeutsche Zeitung

btb